HISTORIA GENERAL DE AMERICA

HISTORIA GENERAL DE AMERICA

BAJO LA DIRECCION DE
GUILLERMO MORON

© Historia General de América
ISBN 980-222-098-1
ISBN 980-222-150-3

HISTORIA GENERAL DE AMERICA
Bajo la Dirección de Guillermo Morón

COORDINADORES:

PERIODO INDIGENA:
MARIO SANOJA O.

PERIODO COLONIAL:
RICARDO ZORRAQUIN BECU

PERIODO NACIONAL:
J. C. M. OGELSBY

SUB-COORDINADORES:

PERIODO COLONIAL ANGLOAMERICANO:
MAX SAVELLE (1896-1979 [+])

PERIODOS COLONIAL Y NACIONAL BRASIL:
MANUEL NUNES DIAS

ASUNTOS CULTURALES DE LA OEA • COMISION DE HISTORIA
DEL IPGH • UNIVERSIDAD SIMON BOLIVAR

ACADEMIA NACIONAL DE LA HISTORIA DE VENEZUELA

JOSE LUIS LORENZO

ETAPA LITICA
EN NORTE Y CENTROAMERICA
SOBRE LOS ORIGENES
DEL HOMBRE AMERICANO

EDICIONES DE LA PRESIDENCIA DE LA REPUBLICA
QUINTO CENTENARIO DEL DESCUBRIMIENTO DE AMERICA

5

HISTORIA GENERAL DE AMERICA
PERIODO INDIGENA

SUMARIO

PREFACIO

A fines de 1953 salía a la luz la tercera edición de la obra "Los orígenes americanos" de Pablo Martínez del Río. La inicial, de 1936, marcó un momento de gran importancia en este tipo de estudios, pues era la primera vez que en América se editaba algo de tal envergadura en español sobre el tema del origen del hombre en el Nuevo Mundo, fascinante y complejo.

En el mismo año de 1936 aparecía en España, en Barcelona, la monumental obra de Luis Pericot, curioso paralelismo, pues no se puede decir que el uno se inspirase en el otro, ya que ambas obras requirieron años de preparación sin duda alguna.

Como es natural, en el tiempo transcurrido entre las tres ediciones de Martínez del Río, (la segunda apareció en 1943) las investigaciones sobre este asunto habían aumentado de tal manera que la siempre complicada tarea de hacer una obra de síntesis se fue dificultando, pues el fárrago de materiales que fueron apareciendo en esos 16 años obligaba al autor a ejercer un implacable juicio crítico, ya que no todo lo aparecido era de la misma calidad y, aun entre lo bueno, era necesario sintetizar, aspecto bien difícil para aquél a quien la imposición de apriorismos era inconcebible. La manera en la que Martínez del Río, tomando en cuenta todo y ponderándolo, era capaz de presentar un cuadro general sin tomar partido ni en pro ni en contra, no ha sido superada.

Se hace necesario mencionar también la obra inolvidable del antropólogo francés, Paul Rivet, quien a su vez atacó el tema.

En la primavera de 1943 aparecía, en Montreal, la primera edición de "Les Origines de L'Homme Americain", preparado en París en 1940, pero que hubo de publicarse en el Canadá con motivo de la ocupación de Francia por los alemanes y la natural salida del doctor Rivet de su centro de actividad. A los pocos meses se publicaba en México la traducción al español, con el título "Los orígenes del Hombre Americano". En 1957 aparecería revisada, ahora en París, la segunda edición en francés, y en 1960 fue publicada su traducción en México.

Otros autores, después, se han puesto a la tarea de decir sobre el mismo tema, en español, pero siempre como parte de obras orientadas en otras líneas. Así tenemos la "Prehistoria de América" de Canals Frau, aparecida en Buenos Aires, en 1959; la enciclopédica obra de Pericot, "El Hombre Americano-Los pueblos de América" en su segunda edición de 1961, también en Barcelona; el "Manual de Arqueología Americana" de Alcina Franch, en Madrid, en 1964, y otras más que no es necesario mencionar. Desde luego el tema de los orígenes americanos es parte obligatoria, e introductiva, de una serie de obras sobre arqueología del Continente que intentan cubrir todas las etapas culturales, pero por lo general recibe un tratamiento rutinario, puede que por juzgarlo de importancia secundaria en el tema manejado, o por falta de familiaridad con el sujeto.

Tampoco se han publicado, desde hace muchos años, obras de orden enciclopédico como las de Martínez del Río, Pericot y Canals Frau, en las que se articulan arqueología, etnología, lingüística y antropología física en un conjunto sólido, lo que posiblemente sea debido al aumento de información en estos campos, haciéndolos cada día más difíciles de tratar por el no especialista.

En otros idiomas, sobre todo en inglés, la abundancia de obras al respecto es grande, en cualquiera de sus formas de presentación, pero rara vez como asunto por sí mismo, sino como parte inicial de tratamientos de mayor envergadura, o bien como catálogos más o menos explicados.

Esta breve revisión a todas luces deficiente y obligatoriamente injusta, pues pone en el mismo canasto obras bien disímbolas, intenta señalar las tres formas en que, al parecer, se ha visto tan importante aspecto de la Historia del Hombre. Tenemos las obras que abarcan el conjunto en un todo coherente y como tema único; las que lo engloban como parte obligatoria e inicial de una obra de orden general, ante la cual pierde carácter e importancia, pues es más rico y atractivo el resto.

o está más en el interés del autor y, por último, el tratamiento conciso, en forma de artículo de síntesis, partícipe con otros de una división temática encargada de varios autores, en un tipo de obra que en nuestros días se está haciendo insistente: la historia del hombre y su civilización, con sentido universalista en donde el tema motivo de nuestro interés se concentra en un número de páginas siempre insuficiente para la latitud e importancia de lo que se quiere presentar. Hay, por supuesto y en cada caso, el trasfondo filosófico del autor con su visión del problema que suele polarizarse en evolución o difusión. Martínez del Río, es sin duda, el más equilibrado, y Rivet el de las hipótesis más aventuradas.

Desde que el tema se presentó por primera vez ante el público, con carácter monográfico, el número de materiales ha aumentado, como ya se señaló, pero conviene indicar que el aumento no ha sido sólo sobre el tema escueto; ahora es necesario incluir un caudal enorme de estudios que participan directamente aunque, en apariencia, se hayan originado en campos científicos que nada tienen que ver con el hombre, su cultura y sus andanzas y por la heterogeneidad de su origen es cada vez más difícil el incorporar correctamente tantos datos dificultándose la integración por las múltiples disciplinas que participan.

Disponemos ahora de muchos más materiales, producto indudable del interés creciente y, sobre todo, de grandes mejoras técnicas. Inclusive países pobres como México, en los que el peso de una arqueología monumental impedía el desarrollo de los estudios de las etapas más antiguas, tan poco presentables al gran público y para las cuales dentro de las eternas carencias poco o nada era lo que se podía destinar, una vez que este tipo de estudios se consolidó y, esto también fue obra de Martínez del Río, han comenzado a encontrarse huellas claras de tan pobres culturas. Cubrir todo el campo de estas investigaciones, en las fechas actuales, con todos los aspectos relacionados, supone manejar una bibliografía de algunos miles de títulos para captar, hasta donde la capacidad personal lo permita, el conjunto.

Ante tal panorama, el autor, dándose cuenta cabal de sus reducidas fuerzas y, sobre todo, de los antecedentes brillantes que existen, al acometer la tarea de presentar el estado actual del problema del origen del hombre en América, no puede por menos de amilanarse. Tiene en su descargo el estar a la suficiente distancia temporal de aquellos a los que siempre reconoció como sus mayores, pero el desagrado de que, por ya haber fallecido no podrá poner el original en sus manos, para recibir la justa crítica y sabio consejo que siempre, hasta en asuntos de menor cuantía, supieron prodigarle. Ellos hubieran sabido incorporar a las indudables nuevas ediciones de sus obras los elementos necesarios para poner al día sus trabajos, con ese complejo filtrado que da la sabiduría real. Pienso que alguien debe acercarse a ello, en su memoria.

Sería iluso el tratar de mantener el ordenamiento lógico que cada uno de ellos tuvo en las varias ediciones de sus trabajos, por lo tanto aquí se seguirá otro, y no me engaño al decir que tampoco seré capaz de escribir con la elegante soltura que ambos tenían.

Con sincero respeto a las figuras de Paul Rivet (1874-1958) y Pablo Martínez del Río (1892-1963) y en su memoria intento aproximarme a su obra.

CAPITULO I

TEORIAS SOBRE EL ORIGEN DEL HOMBRE AMERICANO

Los primeros navegantes y colonizadores españoles y portugueses que llegaron a América, se encontraron ante un serio problema de conciencia una vez que lo recién descubierto se confirmó como un Nuevo Mundo y que dejó de ser Cipango, Catay o ciertas islas cercanas a estos sitios y parte de esos lugares.

Colón en sus cuatro viajes sigue buscando la manera de llegar hasta el Gran Can y en cada lugar que toca en su periplo recibe informes animadores, pues en todos los casos le dicen que en tal o cual dirección existe un gran señor, más grande siempre que aquel ya encontrado, dueño de riquezas y gobernante de mucha gente y grandes territorios. Es cierto que en algunas ocasiones toca tierra firme, pero es una tierra firme que no cumple con lo esperado, por lo que no alcanza a entenderla como tal.

Durante esta primera etapa, los últimos años del siglo xv y los primeros del xvi, ante la seguridad de que ha llegado a una región que geográficamente es parte de China o Japón, de Asia, no se plantea problema de ninguna índole. Puede ser que el descubrimiento del Pacífico, de la "Mar del Sur", por Vasco Núñez de Balboa en 1513, al confirmar más allá de toda duda la existencia de otro continente, ahora sí, de un Nuevo Mundo, haya sido la causa de la crisis que iba a sobrevenir.

Desde 1493 el Papa Alejandro VI había dirimido entre los reinos de España y Portugal la propiedad de lo recién descubierto, y lo por descubrir, mediante cinco bulas, las cuales se conocen por la apelación de la primera: "Inter-Caetera". Implícitamente también se legislaba sobre la naturaleza de los americanos, pero al constatar que lo descubierto se trataba de un mundo nuevo, se hizo necesario aclarar la naturaleza de sus habitantes. Problema teológico grave, pues de su resolución derivaban otros factores, de orden jurídico, tan importantes que la decisión necesitaba ser tomada tanto por teólogos como por juristas.

Primero era definir si se trataba de humanos o de animales. Definición que hoy puede parecer absurda pero que hay que entenderla dentro del pensamiento de la época.

La situación, en su sencillez, planteaba terribles dudas. De acuerdo con las Sagradas Escrituras el Mundo había tenido un origen divino, al igual que los seres humanos, todos ellos descendientes de la primera pareja: Adán y Eva. Había clara noticia de todos sus descendientes en largas genealogías, así como de los territorios que ocuparon u ocupaban.

Un Mundo coherente y estable de repente se vio impugnado por el Nuevo Mundo, esto es, por un enorme territorio y un sinnúmero de habitantes que, aciagamente, no eran identificables.

La terrible pregunta era la de si se trataban de humanos o de animales, por un lado, pero a la vez, como segunda pregunta, estaba la de si eran infieles o gentiles.

El problema de conciencia del primer planteamiento era drástico y hasta cierto punto era imposible negar la humanidad de aquellos seres, para lo cual las mismas Sagradas Escrituras contenían la fórmula propicia: las Diez Tribus perdidas de Israel. De haber sido animales se hubieran podido utilizar como eso, como animales, sin otra preocupación que la del servicio que pudieran dar a sus propietarios pero, al ser humano, sobrevenía el otro planteamiento, el de si eran infieles o gentiles, lo cual jurídicamente significaba mucho pues, en el primer caso eran botín lógicamente esclavizable, pero no así en el segundo, pues no era su culpa ignorar al Salvador.

Extenderse sobre este tema, pese a su enorme interés y a todo lo que en él se liga, nos conduciría a repeticiones nada oportunas pues muchos, y muy buenos, lo han cubierto en lo que es una extensa bibliografía accesible.

Como se ha indicado del descubrimiento del Nuevo Mundo y, sobre todo, de sus habitantes y de las polémicas que se entablaron, nos han informado ampliamente diversos autores, siguiendo distintos enfoques, tomando en cuenta que los debates, con sus varias facetas, duraron algunos siglos, O'Gorman 1958; Gerbi, 1960; Palacios Rubio y de Paz, 1954; Zavala, 1977, etcétera.

Sin embargo conviene hacer un breve análisis de los puntos de vista y posiciones que a lo largo del tiempo se han manejado respecto a los americanos.

El planteamiento inicial: quiénes eran y cuándo y por dónde habían llegado los habitantes de aquellas islas y de la tierra firme, es algo que se sigue discutiendo, desde luego con otras perspectivas y por otros motivos.

El tema del origen de los americanos fue tratado, por primera vez con extensión y rara clarividencia, por el jesuita José de Acosta, en la obra titulada "Historia Natural y Moral de las Indias" que vio la luz en Sevilla en 1590. Es imposible mencionar este escrito sin entresacar de él algunos párrafos, pues en ellos se expresa con una gran lógica la única explicación que, en aquellas épocas, era coherente y que, en una serie de aspectos, sigue teniendo plena validez.

Del Libro Primero de Acosta (1962) en el Capítulo 16, titulado "De que modo pudieron venir a Indias los primeros hombres, y que no navegaron de propósito a estas partes", encontramos una serie de interesantes párrafos:

> "Y pues por una parte sabemos de cierto, que ha muchos siglos que hay hombres en estas partes, y por otra no podemos negar lo que la Divina Escritura claramente enseña, de haber procedido todos los hombres de un primer hombre, quedamos sin duda obligados a confesar, que pasaron acá los hombres de allá de Europa o de Asia o de Africa, pero el cómo y por qué camino vinieron todavía lo inquirimos y deseamos saber."

Más adelante:

> "Porque no se trata de que es lo que puede hacer Dios sino que es conforme a razón y al orden y estilo de las cosas humanas."

Y sigue:

> "Más diciendo verdad, yo estoy de muy diferente opinión, y no me puedo persuadir que hayan venido los primeros indios a este Nuevo Mundo por navegación ordenada y hecha de propósito, ni aún quiero conceder que los antigüos hayan alcanzado la destreza de navegar, con que hoy día los hombres pasan el mar Océano de cualquier parte a cualquier otra que se les antoja, lo cual hacen con increíble presteza y certinidad, pues de cosa tan grande y tan notable no hallo rastros en toda la antigüedad."

En el Capítulo 20 titulado: "Que con todo eso, es más conforme a buena razón pensar que vinieron por tierra los primeros pobladores de Indias".

Leemos:

> "Concluyó pues con decir, que es bien probable de pensar que los primeros aportaron a Indias por naufragio y tempestad de mar; más ofrécese aquí una dificultad que me da mucho en que entender y es que ya que demos que hayan venido hombres por mar a tierras tan remotas, y que de ellos se han multiplicado las naciones que vemos, pero de bestias y alimañas que cría el Nuevo Orbe, muchas y grandes, no sé como nos demos maña a embarcallas y llevallas por mar a las Indias. La razón por la que nos hallamos forzados a decir que los hombres de las Indias fueron de Europa o de Asia, es por no contradecir a la Sagrada Escritura, que claramente enseña que todos los hombres descienden de Adán, y así no podemos dar otro origen a los hombres de Indias, pues la misma Divina Escritura también nos dice que todas las bes-

tias y animales de la tierra perecieron, sino las que se reservaron para propagación de su género en el Arca de Noé. Así también es fuerza reducir la propagación de todos los animales dichos, a los que salieron del arca en los montes de Ararat, donde ella hizo pie; de manera que como para los hombres, así también para las bestias nos es necesidad buscar camino por donde hayan pasado del Viejo Mundo al Nuevo."

En la página siguiente:

"Este discurso que he hecho es para mí una gran conjetura, para pensar que el nuevo orbe, que llamamos Indias, no está del todo diviso y apartado del otro orbe. Y por decir mi opinión, tengo para mí días ha, que la una tierra y la otra en alguna parte se juntan y continúan o a lo menos se avecinan y allegan mucho."

Del Capítulo 21 titulado: "En qué manera pasaron bestias y ganados a las tierras de Indias" extractamos otros interesantes pasajes:

"La razón es porque no navegaban los antigüos sino a playas cercanas y cuasi siempre a vista de tierra. A esto se alega que en ninguna tierra de Indias se han hallado navíos grandes, cuales se requieren para pasar golfos grandes. Lo que se halla con balsas o piraguas o canoas, que todas ellas son menos que chalupas; y de tales embarcaciones solas usaban los indios, con las cuales no podían engolfarse sin manifiesto y cierto peligro de perecer, y cuando tuvieran navíos bastantes para engolfarse, no sabían de aguja ni de astrolabio, ni de cuadrante."

Que corrobora con:

"De estos indicios y de otros semejantes se puede colegir que hayan pasado los indios a poblar aquella tierra, más por camino de tierra que de mar, o si hubo navegación, que no fue grande ni dificultosa, porque en efecto debe continuarse el un orbe con el otro; o a lo menos estar en una parte muy cercanos entre sí."

Los títulos de los Capítulos 22 y 23 tampoco son desdeñables, por cuanto muestran cómo, ya desde el siglo XVI, aunque fuera a fines del mismo, unas proposiciones absurdas ya eran entonces tenidas como tales. Son, respectivamente "Que no pasó el linaje de indias por la isla Atlántida, como algunos imaginan" y "Que es falsa la opinión de muchos que afirman venir los indios del linaje de los judíos".

Finalizan las partes que nos interesan en el Capítulo 24:

"Por qué razón no se puede averiguar bien el origen de los indios" de donde citamos lo siguiente:

"Mas así a bulto y por discreción podemos colegir de todo el discurso arriba hecho, que el linaje de los hombres se vino pasando poco a poco hasta llegar al Nuevo Orbe, ayudando a esto la continuidad y vecindad de las tierras, y a tiempos alguna navegación, y que este fue el orden de venir y no hacer armada de propósito ni suceder algún grande naufragio, aunque también pudo haber en parte algo de esto."

Acabando estas citas con:

"Y tengo para mí que el Nuevo Orbe e Indias Occidentales, no ha muchos millares que las habitan hombres y los primeros que entraron en ellas, más eran hombres salvajes y cazadores que no gente de república y pulida; y que aquéllos aportaron al Nuevo Mundo por haberse perdido de su tierra o por hallarse estrechos y necesitados de buscar nueva tierra, y que hallándola, comenzaron poco a poco a poblarla, no teniendo más ley que un poco de luz natural, y esa muy escurecida, y cuando mucho algunas costumbres que les quedaron de su patria primera; aunque no es cosa increíble de pensar que aunque hubiesen salido de tierras de policía y bien gobernadas, se les olvidase todo con el largo tiempo y poco uso; pues es notorio, que aún en España y en Italia, se hallan manadas de hombres que si no es el gesto y figura, no tienen otra cosa de hombres; así que por este camino vino a haber una barbaridad infinita en el Nuevo Mundo."

Virtualmente cada párrafo merece un comentario, pues en ellos, de una manera u otra, se tocan temas de fundamental importancia, no sólo para el problema básico del poblamiento del Nuevo Mundo, sino también para las características del mismo, las posibles rutas y aspectos que incluyen las particularidades socio-políticas y tecno-económicas de los pueblos americanos.

Sería ocioso hacer comentarios a expresiones tan claras y enjundiosas sobre el origen de los americanos, la ruta que siguieron, el modo en el que poblaron, el grado de cultura que poseían los primeros pobladores. Con el riesgo de elaborar sobre lo obvio, permítaseme decir que pese a los casi cuatro siglos transcurridos hay puntos en las expresiones del jesuita del siglo XVI que al parecer todavía no se han aclarado en algunas mentes, y no de legos en la materia, sino de antropólogos de fama aparente.

Esta preocupación sobre el origen de los americanos sabemos que continuó, y continúa, existiendo una amplia bibliografía al respecto, en diversos idiomas. Es necesario señalar que en los Estados Unidos de Norteamérica ha existido y existe una ignorancia muy grave, si no es un menosprecio, a lo que sobre el tema se ha publicado en otras lenguas que no sea el inglés, es decir el inglés que se escribe allá, y trabajos tan sólidos como el de Wilmsen (1965) ignoran, sin ir más lejos, la obra de Martínez del Río (1936 y 1953) y de Rivet (1925a).

Por parte de Laming-Emperaire (1962) se hizo un serio resumen de las teorías propuestas para el poblamiento de América que conviene comentar. Se inicia con el tema mayor de las primeras hipótesis, que son más que otra cosa mitos y leyendas, las cuales pueden agruparse en dos grandes conjuntos, las antiguas hipótesis y las supervivencias de los mitos. De entre las primeras la primacía, como es natural, es la de encontrar la razón de la existencia de los indios dentro de lo que pudiera relacionarse con la Biblia, pues la creación del Hombre es un acto único. Más o menos siguiendo esta línea en los siglos XVI, XVII y XVIII nos encontramos el poblamiento de América atribuido a los biznietos de Noé, a los Hebreos, a los Tirios de la flota de Salomón, enviada a Ofir, a los Fenicios, a los Cananeos expulsados por José, a las Diez Tribus perdidas de Israel, a los Cartagineses, a los Egipcios y hasta a los supervivientes de la Atlántida de Platón. Estas son las hipótesis más sencillas pues las hay que, en una mayor o menor relación con la Biblia, presentan como primeros pobladores los hijos de Jectan, biznieto de Sem, uno de los cuales, Ofir, llegó al Noroeste de América y otro, Jobat, colonizó el oeste de América, el Perú entre otros lugares. Por esta misma línea de pensamiento Ofir ha sido situado en el Perú, en Haití y en la Amazonia.

Esta visión del problema no llega a abandonarse y todavía a fines del XIX y principios del XX fenicios y egipcios siguieron siendo la explicación de algunos para los primeros americanos.

La supervivencia de los mitos ha sido de mayor duración que los intentos de llevar, por difíciles y prolongadas rutas, a los diversos pueblos cuyos nombres se citan en la Biblia, sobre todo en tiempos recientes. Por una falta de información, hasta cierto punto natural, la gente de campo y la de ciertos estratos urbanos mantiene una gran ingenuidad, comprensible en los primeros, pero difícil de entender en los segundos, para quienes el acceso a la enseñanza no presenta tantos problemas.

Con frecuencia cada vez mayor se presta atención a una cierta literatura, de gran éxito editorial, la cual, partiendo de hechos concretos se lanza en explicaciones capciosas, con verdades a medias y apoyos en sedicentes arqueólogos y hacen llegar al gran público, que no obligatoriamente es de baja formación académica, una serie de explicaciones que se reducen a hacer responsables del poblamiento de América a seres venidos de otros planetas o de lejanas galaxias, con alta cultura y tecnología tan altamente desarrollada que hace aún más inexplicable aquellos puntos que, para el arqueólogo, todavía no están muy claros, pero que espera poder entender completamente en fecha no muy lejana, como ha sido el caso con otros, incomprensibles hace algunos decenios y ahora ya explicables.

Si el preferir la explicación atribuyendo las altas culturas de América a seres extraterrenos satisface a algunos, lo que todavía esta corriente no explica es cómo llegaron y quiénes eran, con lo cual sólo difieren la real explicación. Puede decirse que es un fruto de los tiempos que corren, en los que los esoterismos de todo género tratan de ocupar el lugar de ciertos valores, sin lugar a dudas en crisis.

Situados, en forma esquemática que es como debe ser, los mitos y leyendas sobre los orígenes de los americanos, pasaremos al segundo tema mayor, el del punto de vista de los antropólogos. Dentro de él tenemos primero las teorías clásicas que, sobre bases científicas, comienzan a tomar forma de mediados del siglo XIX. Con una perspectiva de análisis histórico, exclusivamente, señalaremos las dos tendencias presentes en la etapa más antigua: aquella que sostenía que el Hombre americano se había formado en el propio continente y la que mantenía que había llegado del Viejo Mundo. Los subyacentes monogenismo y poligenismo en este caso no se relacionan mucho con posiciones religiosas.

Los partidarios del origen autóctono, teoría ahora completamente abandonada, son los miembros naturales de una posición científica que se mantenía durante el siglo XIX, misma que a la luz de los hallazgos de hombres fósiles en distintas partes del mundo, y del establecimiento de cronologías que, aunque fuesen relativas reducían el problema a sus dimensiones reales, tuvieron que irse abandonando según aumentaban el número de hallazgos, mejoraban las técnicas paleoantropológicas y surgían sistemas de datación cada vez más precisos.

Aquellos que suponían que el Hombre americano era originario del Viejo Mundo partían de una base segura tomando en cuenta la filogenia de los antropoides y los prehomínidos. Entre ellos las teorías se abren en dos ramas: una que sostiene la homogeneidad de los caracteres físicos del hombre americano y, por lo tanto, su unidad de origen y la otra que se apoya en la heterogeneidad del hombre americano y, de ahí, la diversidad de su origen. Esta última escuela, quizá la más sólida, con el tiempo y los nuevos datos ha venido suavizándose.

En la actualidad se admite un ingreso inicial por el estrecho de Bering, movimiento mucho más fácil durante una glaciación, cuando el mar descendió lo suficiente como para que Asia y América quedasen bien unidos. A este movimiento original pueden haber seguido otros por la misma ruta, en tiempos distintos y, en ocasiones, mediante el paso sobre los hielos que invernalmente se extienden por meses de continente a continente, o con el uso de algunos medios someros de navegación.

Los aportes humanos, y culturales, que puedan haber llegado mediante una larga navegación por el Pacífico, o por el Atlántico, que también hay partidarios de esta otra hipótesis, si llegaron fue en tiempos tardíos y de arribada forzosa. Hay, al parecer, ciertos indicios que apuntan en ese sentido, pero sus defensores nunca han tomado en cuenta ni las fechas, ni el número de personas que pudieron haber llegado, ni el grado de desarrollo cultural que traían con ellos, aparte de que también se debe tomar muy en cuenta el que tuvieran aquellos con quienes entraran en contacto.

Siguiendo con el tema se debe puntualizar que, desde hace muchos años diversos autores habían señalado la existencia de rasgos o elementos, entre los indios americanos, de muy distintas filiaciones, así se encontraban características que denotaban la presencia de proto-australoides, proto-negroides, mediterráneos, caspianos y alpinos, junto con ainoides, negroides y negrotoides.

Esto se interpretó o bien como que estos elementos existían en potencia entre los emigrantes al Continente Americano o como indicativos de migraciones distintas y características.

Por lo primero entendemos que los primeros hombres que llegaron al Continente Americano estaban todavía poco especializados y portaban con ellos elementos que, siendo de un stock común, con el tiempo y las situaciones darían origen a varios grupos; por lo segundo se trató de varias migraciones, cada una de ellas con sus características propias, de las cuales la última sería aquella que las tenía más mongoloides.

A lo anterior se unió el aspecto serológico, tan sencillo en sus principios, pero cada vez más complicado. Los grupos sanguíneos que se estudiaron inicialmente, según la Serología han venido avanzando, se han revelado insuficientes y ahora surgen otras posibilidades, cada vez más complejas. El número de factores sanguíneos aumenta cada vez más la desconfianza y las hipótesis que se generaron con el simplismo de los primeramente identificados ya no existe.

En el campo de la Etnología, a la época de tomar en cuenta el rasgo cultural, elemento aislado, casi formal, fuera de contexto y carente de integración social, ha seguido una elaboración mucho más lógica en la cual se busca la correlación de ese elemento con otros, su participación en un complejo cultural más amplio y su situación estructural. Algo semejante ha sucedido con las simples comparaciones lingüísticas, y esto desde hace largo tiempo, pues a las teorías de Rivet, en dos artículos (Rivet, 1926 a y b) y que más adelante volvieron a ser enunciados (Rivet, 1943) Koppers (1930) respondió muy sólidamente de tal manera que las imaginadas migraciones australianas por la Antártida dejaron de ser sustentables, al menos sobre bases lingüísticas. De la misma manera, pero con datos de otro orden, las supuestas migraciones melanesias y polinesias han ido siendo descartadas. En el primer caso, aparte de la debilidad inherente a unos rasgos físicos que pueden ser explicados de otra manera, está la dificultad, casi imposibilidad, de que los melanesios, en las fechas requeridas hayan podido navegar por el Pacífico en el número suficiente la distancia necesaria lo cual es también válido para los polinesios, pues si bien su capacidad de navegantes está bien establecida, queda sin solución el cómo lo hicieron en la fecha requerida.

El trabajo de Koppers (*op. cit.*) fue comentado y ampliado, en cuanto a la imposibilidad práctica de las relaciones con Australia, por Davidson (1937), con lo cual y desde entonces esta variante del poblamiento americano se dejó al margen.

En obra reciente Heyerdahl (1976) demuestra la facilidad del viaje de América a las islas del Pacífico, sean estas Micronesia, Polinesia, Melanesia y aún Australia, señalándose la casi imposibilidad del viaje contrario con medios de navegación primitivos, salvo por la ruta que tomaron las naos de China, es decir, de Filipinas, navegando hacia el Norte hasta alcanzar la corriente Kuro Shyo, o sea una navegación en latitudes bastante altas y de rumbo N-NE al norte de Hawaii y, siguiendo al sur de las Aleutianas hasta alcanzar las costas americanas a la altura del Golfo de Alaska, desde ahí girar el rumbo hacia el S, a lo largo de las costas de California, hasta alcanzar las de México. Corrobora totalmente los éxitos obtenidos por la navegación con elementos primitivos desde América hacia el Oeste y demuestra claramente el fracaso de todos los intentos de navegación en sentido contrario, del Oeste hacia el Este.

La travesía del Océano Pacífico en esa dirección no es tarea sencilla, como quedó demostrado desde mediados del siglo XVI, cuando por fin, en 1565 Andrés de Urdaneta completó el viaje desde las islas Filipinas a las costas de América. Resultó que la única ruta viable para este viaje tenía que alcanzar casi los 40⁰ de latitud Norte y que necesitaba de 4 a 5 meses. En los siglos siguientes, hasta principios del XIX, en que fue suprimido, era el recorrido que hacía la nao de China, en barcos de vela que iban de las 400 a las 2.000 toneladas, perdiéndose un alto número de ellos y falleciendo entre el 30 y el 50% de los tripulantes y pasajeros (Cruz, 1962). Esta es la situación real de los viajes transpacíficos de Occidente a Oriente, de Oeste a Este, con medios mucho más avanzados de los que pudieran disponer ciertos fantasmagóricos colonizadores del sureste asiático que llegaron a América.

Es cierto que en la costa del Noroeste, entre los kwakiutl, bellacoola o tlingit, se encontraron máscaras de madera que llevaban incrustadas en los ojos monedas chinas, de las que tienen una perforación cuadrada en el centro, pero esto no significa otra cosa que la plausible arribada forzosa de algunos juncos o sampanes de ese origen, arrastrados por tormentas.

Finalmente, en esta esquemática revisión a las teorías sobre el origen de los americanos, nos queda una hipótesis según la cual los olmecas, miembros de una civilización que floreció en la parte central de la costa mexicana del Golfo de México, aproximadamente un milenio antes de Cristo, serían de origen negro africano. Este descabellado aserto se debe a un pseudo antropólogo, Von Wuthenau, quien pu-

blicó un libro (Wuthenau, 1965) y presentó una exposición en Dakar, en 1965 con motivo del Festival del Arte Negro, en el cual de un total de 368 cabecitas de figuritas de cerámica, 25 mostraban rasgos que se pueden considerar negroides. El total de la colección, proveniente de saqueos y de compras, procede de distintos lugares de México y puede atribuirse a diferentes horizontes arqueológicos. Lo grave es que, de esta presentación de indudable valor artístico y de significación arqueológica totalmente nula, en una conferencia de los ministros de países francófonos africanos se adoptó una resolución, dentro de los programas comunes de historia del arte, según la cual se enuncia: "La Antigüedad: Los negros en México y en América del Sur en las civilizaciones precolombinas (los negro-africanos en la civilización olmeca)". Desde luego un artículo de Mauny (1969), pone en su lugar tan aberrante tesis pero existen otros trabajos que todavía mantienen los postulados de la ya abandonada visión de los defensores del *kultur-kreise*, el hiper difusionismo que la misma llamada Escuela de Viena ha abandonado desde hace algunos años.

El poblamiento de América puede verse desde dos puntos de vista, distintos, pero no excluyentes. Ya desde los primeros contactos los europeos se dieron cuenta de que había marcadas diferencias culturales entre unos habitantes de América y otros y estas diferencias se mostraron muy claramente con el descubrimiento de México y la América Central, por un lado, y de los pueblos de la zona andina, por otro. Se estaba ante civilizaciones desarrolladas a la vez que también se encontraban grupos de gran primitivismo.

Se busca, entonces el origen de los pueblos de alta cultura, lo cual en cierto sentido no es difícil, pues tienen tradiciones, memoria de grupo, idea de un proceso histórico propio, aunque esté todo ello dentro del mito y la leyenda y que, al llegar a cierto punto, para la ideología de los europeos, de alguna forma ese pasado de los indígenas se liga con la explicación lógica contenida en las Sagradas Escrituras.

Hay, sin embargo y dentro del dogma, atisbos fundamentales como algunos párrafos del Padre Acosta, como vimos, pero es necesario esperar hasta que en Europa se comienza a hacer Prehistoria, para que la pregunta sobre los más remotos orígenes se plantease en la debida forma.

CAPITULO II

EL MEDIO

El quehacer humano, sea el que fuere, tiene lugar en una dimensión espacial y dentro de un tiempo determinado. Coordenada y abcisa de orden objetivo: tiempo y lugar, contienen a la vez lo que hemos dado en llamar cultura, o sea el producto de la actividad humana en todos sus aspectos, como respuesta al cumplimiento de sus necesidades y al aprovechamiento y transformación del medio en el que actúa.

No sería posible llevar a término un estudio de la presencia humana en el Continente Americano sin que acompañe lo necesario para entender el medio en el que tuvo lugar, la realidad física y biológica de su entorno, así como el tiempo, los distintos tiempos de su presencia activa, con los resultados de esta actividad.

No es una novedad el decir que el hombre, cuanto más atrás en su historia, más dependencia tuvo de las condiciones mediales, del ambiente natural en el que estaba inscrito y cuyo aprovechamiento fue el modo como solucionó su supervivencia. Los medios de que se valió por su capacidad, única entre los animales, de crear instrumentos para suplir y mejorar sus pobres armas naturales, lo que en forma elemental primero, más elaborada cada vez según transcurrió el tiempo, produjo lo que es la característica humana, la cultura, la civilización. Esto no es un proceso continuo de acumulación, ni de progreso permanente, ya que hay cambios en su marcha, permanencias de casi inmovilidad, repentinas aceleraciones y aún marginaciones y retrocesos.

Otra parte de no fácil integración es la de la temporalidad, la etapa o fecha en la que acontecimientos distintivos y de fundamental importancia tuvieron lugar. Obligatoriamente entramos en divisiones temporales del orden de milenios, con fluctuaciones de aproximación muy variables. Esto, que en Historia dificulta su comprensión más cabal, en Prehistoria es un hecho normal y queda, o debe quedar, la noción de que un acto humano en esa etapa es de me-

nor importancia que el que lleva a cabo el grupo, aquel del que participa el conjunto social y que por ello son más importantes sus resultados que el hecho en si, por lo que los efectos y su multiplicación se observan después del acontecimiento, para nosotros, los arqueólogos, como restos de la cultura material.

Se une a todo lo anterior un elemento que si en nuestros días aún es de suma importancia, en el remoto pasado que aquí se trata fue de importancia fundamental: el clima, tan cambiante, tan normativo. Adentrémonos pues en una resumida explicación de todo aquello que era parte del escenario en el que se movía el hombre y, a pesar de que en este caso la circunscripción geográfica del tema es la de Norte y Centroamérica, se hace necesario no interrumpir el conjunto real y tratar de entender todo el Continente.

De entre los continentes que conforman la superficie de la Tierra, el americano muestra diferencias notables respecto a los demás. La más importante en su disposición general en un eje Norte-Sur, que va desde el paralelo 83° de latitud norte en el Cabo Columbia, Tierra de Grut, Isla de Ellesmere hasta el 56° de latitud sur, el Cabo de Hornos, sin interrupciones por unos 16.000 kilómetros. Esta disposición conlleva el que una parte quede dentro del círculo polar Artico y que el extremo sur esté bastante próximo del círculo polar Antártico, a una distancia de poco más de 10°. Por esta causa América es el continente que posee masas extratropicales en ambos hemisferios de gran extensión y comparte con Africa el tener una amplia zona ecuatorial con sus correspondientes áreas tropicales.

La característica distribución de las masas terrestres que forman América es otra calificación especial. Existen dos grandes bloques, uno en el hemisferio norte y otro en el sur, unidos por un istmo angosto, lo cual permite la división en dos subcontinentes: América del

Norte y América del Sur, a lo que se une la zona istmeña, que por conveniencia suele ser llamada Centroamérica, o América Central. La mayoría de los autores establecen la delimitación entre América del Norte y la América Central en el Istmo de Tehuantepec, aunque también hay una escuela que lo sitúa en una línea NE-SW en Guatemala, del Golfo de Honduras a la Costa del Pacífico. La América Central daría paso a la América del Sur en una zona que es la actual frontera entre Panamá y Colombia.

Como entidad geográfica independiente, pero con indudables nexos tectónicos y estructurales con Centro y Sudamérica Septentrional, está el conjunto de islas que forman el cierre del Golfo de México y del Mar Caribe respecto al Atlántico, las Antillas Menores y las Antillas Mayores.

En la Geografía del Continente americano resalta, más que otra cosa, la impresionante dorsal de montañas que, con distintos nombres, la recorre prácticamente en toda su longitud de norte a sur. Las dos grandes masas continentales de Norteamérica y Sudamérica, con llanuras que se extienden de las estribaciones bajas de la gran cadena montañosa con rumbo al Este, se unen, desde el istmo de Tehuantepec hasta el istmo de Panamá, por una serie de sierras y serranías en las cuales se sitúan el SE de México y toda Centroamérica.

La paleogeografía nos dice que lo que ahora conocemos como Continente Americano comenzó a integrarse en el Precámbrico, cuando se establecieron los escudos canadiense, de la Guayana, Brasilia y Patagonia. Para el Cámbrico superior se establecen una serie de geosinclinales que fragmentan los escudos mayores, a la vez que originan varias transgresiones marinas en ellos; la llamada Tierra Caribe, otro escudo, se había instaurado durante el Cámbrico medio.

El resto del Paleozoico: Ordovícico, Silúrico, Devónico, Carbonífero y Pérmico, presencia una sucesión de alteraciones, con marcados procesos volcánicos en la geosinclinal cordillerana, aparición de los primeros Andes y de los Montes Tacónicos, a lo que se unen numerosas regresiones y transgresiones marinas en distintas fosas y avante-fosas. Los escudos iniciales siguen manteniendo una integridad casi absoluta, pese a la fuerte tectónica de todos estos períodos.

Ya en el Mesozoico, en el Triásico y en el Jurásico se mantiene la situación descrita a grandes rasgos, y durante la fase media del Jurásico se inicia la actividad volcánica en los Andes. En el Jurásico superior se establece la orogenia que con distintos nombres genera la gran dorsal americana, mientras que la geosinclinal cordillerana no ha cesado su actividad volcánica. En el Cretácico los mares de subsidencia son muy notables, tanto en el subcontinente sur como en el norte, participando la región central que ahora los une, en la que la Tierra Caribe se sigue manteniendo más o menos estable.

Todo el Cenozoico, hasta el Plioceno, sigue líneas semejantes y es en este período cuando se estabiliza el istmo de Panamá a la vez que se sigue manteniendo el de Bering, establecido desde el Mioceno, con lo cual se nos presenta un Continente Americano muy semejante al actual que, durante el Pleistoceno se modifica en ciertas etapas con la presencia de casquetes glaciados, en el norte el Laurentido y en el sur el Patagónico, a lo que se unen grandes masas de glaciares de montaña a lo largo de las Rocallosas y de los Andes.

Fenómeno concatenado con las glaciaciones es el del descenso del nivel de los mares, causando estas regresiones la formación de grandes llanuras costeras y de algunos istmos entre ciertas islas.

De norte a sur y de oeste a este como sistema descriptivo, el subcontinente norteamericano en la parte más norteña está sometido a los rigores de un clima muy severo ya que una gran extensión queda dentro de la zona polar ártica. Desde el Mar Chukchi y el estrecho de Bering la costa ártica hasta el mar de Beaufort se forma con la ladera norte de la cadena Brooks, en la que hay varias serranías: De Long, Endicott, Philip Smith, Davidson, British y Richardson.

Esta cadena se incurva hacia el sur para unirse con las montañas Mackenzie, ya en el interior. El conjunto deja al sur y al oeste la cuenca del Yukón y al este la del Mackenzie.

Continuando hacia el este se encuentra el enorme archipiélago que se extiende entre la masa continental y Océano Artico integrado con una serie de grandes islas, como las de Banks, Victoria, Príncipe de Gales, Somerset, Baffin y grupos de ellas, así los de Parry y Reina Elizabeth. Al conjunto se le puede unir Groenlandia. Todas estas islas están muy cercanas entre sí y separadas por canales de poca anchura. El paisaje está labrado por el hielo del Pleistoceno, que todavía prevalece en numerosos glaciares. Tierra inhóspita en todos sentidos, con temperaturas muy bajas y grandes tormentas, apenas disfrutan de unas cuantas semanas veraniegas con temperaturas por encima de cero.

Groenlandia está separada de la masa americana por el mar de Baffin, el estrecho de Davis y el mar de Labrador.

Una forma especial de esta parte es la Bahía de Hudson, gran mar interior que se conecta con el mar de Labrador por el canal de Hudson y que con las tierras que le rodean forma parte del Escudo Canadiense.

Toda esta región es de tundra, llanuras herbáceas con alguna vegetación arbustiva, enana.

Desde Alaska se inician las montañas que, con distintos nombres, llegan hasta el extremo sur del Continente. Comienzan en la Sierra de las Aleutas, siguen por la de Alaska, con un ramal hacia el norte, la Kuskokwin, y otro al sur, costero, la Chugasch, que luego se define

más claramente y forma la cadena costera que termina en la Baja California.

Del parteaguas continental, que corre por las crestas de las Rocallosas, salen una serie de ríos por ambas vertientes.

Por el noroeste, el Yukón y el Kuskokwin que desaguan sus caudales en el mar de Bering y cuyas cuencas forman la mayor parte de Alaska. Más al norte, hasta desembocar en el mar de Beaufort, el Mackenzie es el único río de importancia que llega al mar, pues la mayor parte de los cursos de agua que corren hacia el norte o el este desde las Rocallosas forman una intrincadísima red fluvial en la que participan muchos lagos y es frecuente que también estos lagos estén unidos entre sí. Los nombres, como es lógico, proliferan y cambian según los tramos. Casi todos desembocan en la Bahía de Hudson salvo dos, el Fraser y el Columbia, que cambian sus cursos y cortan las Rocallosas para dar al Pacífico. Esta vertiente, la occidental, está surcada también por cursos de agua muy numerosos, pero de corto recorrido.

Hacia el noreste sigue el mismo sistema de ríos y lagos, desembocando en la Bahía de Hudson y en el mar de Labrador. Esta región, desde las Rocallosas hasta el Atlántico, es la de los bosques de coníferas, el equivalente americano de la taiga asiática, con una zona de transición entre el bosque y la tundra.

En la zona central del continente se encuentran los grandes lagos: Superior, Michigan, Hurón, Erie y Ontario, que se comunican entre sí y dan origen al río San Lorenzo, el mayor de esta parte.

El bosque de coníferas deja paso a las grandes praderas que, desde el somontano de las Rocallosas se extiende por toda la parte central de Norteamérica en la que se inscribe la muy grande cuenca fluvial del Mississippi, enmarcada hacia el Este por la cadena de los Apalaches y la meseta del mismo nombre; paralelas corren las sierras de Allegheny y Cresta Azul, desde la

1 / Casquete de hielo de Groenlandia.

cual descienden hasta el mar las llanuras costeras atlánticas de las que en cierta forma es parte la península de Florida. El otro accidente topográfico de esta zona es el conjunto de la meseta de los Ozark y las vecinas montañas de Ouachita que interrumpe las grandes llanuras del centro y centro-oeste de Norteamérica.

Conviene indicar que las grandes praderas se dividen en dos zonas distintas; por un lado las praderas propiamente dichas, que nacen en el borde WSW del bosque de coníferas y se extienden por el sur hasta los Montes Ouachita y por el oeste hasta precisamente la línea de demarcación con la otra unidad de las grandes praderas, la que se ha llamado de los grandes llanos, algo más altos pues forman el pie de las Rocallosas y más secos, por encontrarse bastante alejados de la influencia del Atlántico y en la sombra pluvial de las Rocallosas respecto al Pacífico.

Así como hacia el noroeste se encuentra la más lejana extensión de las grandes praderas que penetra en el bosque de coníferas, también por esta parte del continente se inician los desiertos, más al sur, lógicamente. Son conspícuos en el SW de Estados Unidos de Norteamérica y en el noroeste y norte central de México y de esta región, en la que la tónica es la aridez, desciende hasta el Golfo de California el río Colorado.

Las Rocallosas, que como se señaló, se abren en una gran extensión, luego parecen reagruparse para definir claramente la Sierra Madre Occidental en México con un ramal en la Baja California.

La Sierra Madre Oriental está unida por el norte a las Rocallosas con una serie de plegamientos de distinta edad y origen que la Occidental. Entre las dos se sitúa el altiplano de México, que va ganando altura hacia el sur, hasta terminar en el Eje volcánico transversal.

Del lado occidental encontramos una serie de llanuras costeras, no muy extensas, que

según se va hacia el sur desaparecen y la costa se va haciendo escarpada. Son pocos los ríos de esta vertiente y de caudales muy pobres, salvo el Balsas, que nace en el centro de México, transcurre por la depresión que recibe su nombre y desemboca en el Pacífico. Entre la depresión y el Golfo se encuentra la Sierra Madre Oriental con el Nudo de Zempoaltepetl.

La llanura costera del Golfo de México es mucho más extensa que la del Pacífico, y también va estrechando según desciende al Sur. En esa parte sí hay ríos caudalosos, siendo los más importantes el Bravo, el Pánuco, el Papaloapan, el Coatzacoalcos, Grijalva y Usumacinta. La llanura costera del Golfo se interrumpe para dejar paso a una serie de albuferas y tierras bajas que se prolongan por la costa de la península de Yucatán.

El istmo de Tehuantepec es aceptado como el punto en el que termina el subcontinente norteamericano para dar comienzo al istmo centroamericano, por lo cual los ríos Grijalva y Usumacinta, así como la península de Yucatán serían parte de esa zona que establece la conexión con Sudamérica.

Otros autores sitúan el paso de Norte a Centroamérica a lo largo de una línea que se trazaría entre el Golfo de Honduras y un punto, no preciso, en la costa pacífica de Guatemala.

Partiendo de esta división hacia el sur vemos como, desde el istmo de Tehuantepec se establece una llanura costera por el lado del Pacífico que va disminuyendo de anchura. Abundan las albuferas y los ríos, aunque caudalosos por las altas precipitaciones de esta región, son de curso corto debido a la cercanía del parteaguas continental a la costa lo que les hace tener cuencas reducidas. La vertiente del mar Caribe es mayor y da lugar a la formación de llanuras costeras más extensas y a ríos caudalosos como el Motagua, el Ulúa, Aguan, Patuca, Wans Coco y San Juan. Las altas precipitaciones y la poca pendiente de esta región originan numerosos

2 / Glaciar Gulkana, Alaska.

3 / La Sierra Madre Occidental, Sonora.

pantanos en las tierras bajas, como es el caso en la llanura costera de la Mosquitia pero la fisiografía general es montañosa, con abundancia de volcanes, muchos aún activos y fosas tectónicas que, a veces, da lugar a lagos como el de Nicaragua.

En el istmo de Tehuantepec se inicia una cadena montañosa, conocida como Sierra Madre de Chiapas, que corre paralela a la costa hasta juntarse con los Cuchumatanes en Guatemala. Al norte de la Sierra Madre de Chiapas se encuentra la depresión del Grijalva, por la que corre el río del mismo nombre, depresión que tiene su borde norte formado por una serie de sierras menores que alcanzan hasta el Petén, quedando al noreste la gran planicie caliza de Yucatán. Centroamérica pertenece prácticamente en su totalidad al cinturón orogénico circumpacífico y para su mejor comprensión puede dividirse en cuatro unidades que, por su génesis y estructura difieren entre sí. La primera, de norte a sur, está formada por las montañas septentrionales que, desde los Altos Cuchumatanes, en Guatemala se extienden hacia el Este por el Norte de Honduras para luego, con rumbo SE alcanzar Nicaragua. Unida a ésta por su flanco Sur y Sureste se encuentra la segunda, la franja volcánica centroamericana que llega hasta Panamá, donde entra en contacto, por su extremo Este, con el Oeste del sistema meridional de Centroamérica, la tercera, que ya es parte del NW de Sudamérica. La cuarta y última es la formada por las planicies costera y tierras bajas, que son relativamente extensas en la banda del Caribe y muy reducidas en la costa del Pacífico.

Aquí ya estamos en el dominio del mediterráneo que forman el Golfo de México y el mar Caribe, enmarcado por las tierras de las Antillas mayores y menores, por un lado, y el continente norteamericano, desde las costas occidentales de la península de Florida, hasta su extremo sur, póngase este en el istmo de Tehuantepec o en el Golfo de Honduras, para luego

seguir por todas las costas de América Central y a las del Norte en Sudamérica, hasta la isla de Trinidad, que es en verdad una parte del mismo subcontinente.

En el gran arco de las Antillas se distinguen tres conjuntos de islas: Las Antillas Mayores, las Antillas Menores y las Bahamas. Las Antillas Menores son una cadena de islas volcánicas, en algunas son sedimentos marinos, en las que el conjunto de las Vírgenes, en el extremo NW, son transicionales a las Antillas Mayores que a su vez son productos de diversas orogenias, acompañadas de procesos volcánicos antiguos y regresiones y transgresiones marinas. Las Bahamas son islas de muy poca altura, conformadas de caliza porosa y bastante suelta, semejante a la que se encuentra en Florida y Yucatán. Las islas se levantan sobre bancos de poca profundidad y gran extensión.

Por Antillas Mayores se entienden las islas de Cuba, Santo Domingo, Puerto Rico y Jamaica, y por Antillas Menores las numerosas islas que, describiendo un arco que se comba hacia el este, se sitúan entre Puerto Rico y la costa noreste venezolana. Tectónica y estructuralmente se consideran, las primeras, como restos de viejas cadenas montañosas que alguna vez fueron parte de una masa continental, pero que, en realidad, están conformadas sobre todo, por materiales de origen oceánico. Las Antillas Menores son de edad mucho más reciente y en ellas se encuentran asociaciones de volcánicos con construcciones coralíferas, todas ellas jóvenes.

El subcontinente sudamericano se inicia entre el Golfo de Urabá, sobre el Caribe, y siguiendo el río Atrato, quizá en el Golfo de Cupicá, en el Pacífico. La definición de provincias tecto-estructurales mayores es un asunto siempre discutido puesto que en sus delimitaciones se conjugan factores diversos, rara vez definidos con la suficiente claridad.

La cadena montañosa que funciona como columna vertebral de todo el Continente

Americano había desaparecido, al menos en sus expresiones mayores, en el istmo centroamericano para dejar paso a otra cadena, ésta de volcanes. Ahora, al iniciarse Sudamérica la vemos reaparecer. Primero como tres serranías que convergen en un punto: siendo todas denominadas como Andes, pero de acuerdo con su posición geográfica llamándose individualmente Cordillera Occidental, Cordillera Central y Cordillera Oriental, ésta última abriéndose en dos ramales, la Sierra de Perijá y la Cordillera de Mérida, entre los cuales queda la cuenca de Maracaibo. Aislada, pero estructuralmente como parte de la Sierra de Perijá se encuentra la Sierra Nevada de Santa Marta, al Noroeste, y por el Este, como ramal de la de Mérida, corre la Sierra Costera de Venezuela, que cierra por el Norte los llanos del Orinoco, mismos que, por el Sur y el Este, quedan delimitados por las estribaciones de las tierras altas de la Guayana.

Los llanos del Orinoco en su parte sur y suroeste van cambiando de fisonomía hasta desaparecer como tales y dejar paso a la cuenca del Amazonas.

Por estas latitudes las tres cadenas de los Andes se han juntado en una sola que, a la altura del Golfo de Guayaquil vuelve a abrirse en varios ramales con los nombres de Cordillera Oriental, Cordillera Central y Cordillera Occidental, hasta que quedan nada más que la Oriental y la Occidental, dejando en medio el altiplano conocido como puna, de alrededor de 4.000 m de altura sobre el nivel del mar, en el cual se aloja el lago de Titicaca.

La majestuosidad de los Andes en estas partes tan sólo superada por los Himalayas es digna de mención. Por esta causa sectores del conjunto reciben nombres propios: Sierra Blanca, Sierra Negra, Cordillera de Vilcabamba, Nudo de Vilcanota, Cordillera de los Frailes, Cordilleras de Lípez y otros más.

Los altiplanos intermontanos en los que se instauran la puna son abundantes desde el

Ecuador y luego se transforman en salares, hasta llegar al Gran Norte de Chile.

La Costa del Pacífico es húmeda y pantanosa en su sector más septentrional y va haciéndose más seca hasta que, en el Golfo de Guayaquil se establece la transición y comienza a ser semidesértica para llegar a francamente desértica. En algunas partes se encuentran serranías costeras que en Chile alcanzan importancia pues forman valles entre ellas y los Andes.

El macizo cristalino de las tierras altas de la Guayana por el norte tienen un correspondiente por el sur en las tierras altas de Brasil, conjunto complejo que abarca las sierras del noreste, el altiplano del Mato Grosso, las sierras costeras y la meseta de Paraná. Entre ambos macizos se sitúa la cuenca amazónica, de poca anchura en esta parte pero no así en la superior, en las estribaciones bajas de los Andes, donde recibe el nombre de montaña.

Hacia la región en donde se encuentra el límite tropical del Brasil hay una faja costera de altas precipitaciones.

Los llanos del Orinoco, que ocupan parte de Venezuela y Colombia, se ven interrumpidos por la cabecera del Amazonas pero más al sur hay una planicie, llamada llanos de Mamoré, o de Mojos, en las que las llanuras se reanudan, primero con carácter muy semejante a la vecina Amazonia, pero van transformándose hasta dar paso al Chaco Boreal, una de las tres partes del Gran Chaco. Sigue el Chaco Central, después el Austral y a partir de ahí comienzan las Pampas.

El Gran Chaco, de vegetación bastante xerofítica, colinda por el Este con la cuenca del Paraná-Paraguay, la cual, en su extremo final, donde se convierte en el Río de la Plata, separa las Pampas de Uruguay y del sur del Brasil de las argentinas.

Se ve como, desde los muy tropicales y húmedos llanos de los Mojos de Mamoré según va hacia el sur y al oeste va aumentando la sequedad, a la vez que comienzan a hacer acto de presencia temperaturas más bajas, esto en parte debido a que las tierras se van elevando al oeste, no sólo a que se vaya incrementando la latitud, hasta que se llega a las Pampas de Patagonia. En ciertas partes del somonte de los Andes existen formaciones vegetales que pueden considerarse como monte bajo.

Es interesante el que a lo largo de la costa del Pacífico, en Chile, se presenten condiciones muy semejantes a las que, invirtiendo el rumbo de desplazamiento, se encuentran en la costa del Pacífico de Norteamérica.

De Trujillo, en el Perú, a Coquimbo, en Chile, la costa es de una enorme aridez y con temperaturas muy bajas, para desde ahí comenzar a tener precipitaciones más altas, de tal manera que a la altura de Valdivia se encuentra una situación semejante a la de Vancouver y en la costa de Patagonia se presentan condiciones semejantes a la costa de Alaska, incluyendo los fiordos y los glaciares. En esta parte, además hay un bosque de coníferas y hayas. La Tierra del Fuego es semejante pero aproximándose más a la tundra, al igual que las islas Malvinas.

A lo largo de la costa NE de Norteamérica se encuentra la corriente fría del Labrador, originada en el Mar del mismo nombre que desciende hacia el sur hasta encontrar, a la altura del cabo Hatteras, la corriente cálida del Golfo, la cual se forma en el interior del Golfo de México, con la participación de un ramal de la corriente ecuatorial sur del Atlántico, que corre a lo largo de la costa NE del Brasil, las Guayanas y Venezuela, penetrando entre las Antillas Menores, para luego pasar entre Cabo Gracias de Dios, en Nicaragua, y la isla de Jamaica, en lo que se llama Mar Caribe, penetrar entre el cabo Catoche, en Yucatán, y el de San Antonio, en Cuba, en el Golfo de México.

La corriente Sudecuatorial Atlántica, tiene otro ramal que, como el anterior, se separa a la altura del Cabo San Roque, sólo que este otro toma el rumbo sur y con el nombre de corriente del Brasil corre a lo largo de las costas de este país hasta encontrarse con la corriente fría de las Malvinas por la desembocadura del Río de la Plata; esta corriente fría surge como ramal de la Deriva del Oeste en la Antártica.

Por las costas del Pacífico, de sur a norte, a lo largo de América del Sur y por las de Chile y Perú, está la corriente de Humboldt, o del Perú, fría, la cual, a la altura del Golfo de Guayaquil, gira hacia el Oeste para formar la corriente Sudecuatorial del Pacífico, junto con un ramal de la Contraecuatorial, que habiendo alcanzado las costas de Panamá, allí se divide en la mencionada y en otra que gira hacia el norte, a lo largo de Centroamérica, hasta modificar completamente su rumbo original y volver al Oeste como Ecuatorial Norte del Pacífico, aproximadamente a la altura del Cabo Corrientes, en México. En este punto es donde también se establece el máximo alcance de la corriente de California la cual es una corriente fría que se origina en el Golfo de Alaska, como ramal sur de la corriente del Pacífico Norte misma que se ha originado en la Kuro-Shio, cálida, con el aporte, frío, de la Oya-Shio, que a su vez deriva de la corriente ártica que va hacia el sur, a lo largo de la península de Kamchatka, saliendo del océano Artico por el estrecho de Bering. Las costas americanas del Océano Artico están bajo la influencia de una corriente que se mueve del Este al Oeste y, en ciertas épocas del año, de otra, en sentido opuesto, que penetra de sur a norte por Bering.

Esta es la situación actual de las corrientes oceánicas que corren a lo largo de las costas americanas, con las variaciones que los ciclos estacionales imponen, pero la forma en la que funcionaban durante una etapa glacial o un interglacial pleno, no es posible, hasta ahora, determinarla, pues falta mucho estudio.

Para tener una visión de los climas actuales de América, por cuanto a las implicacio-

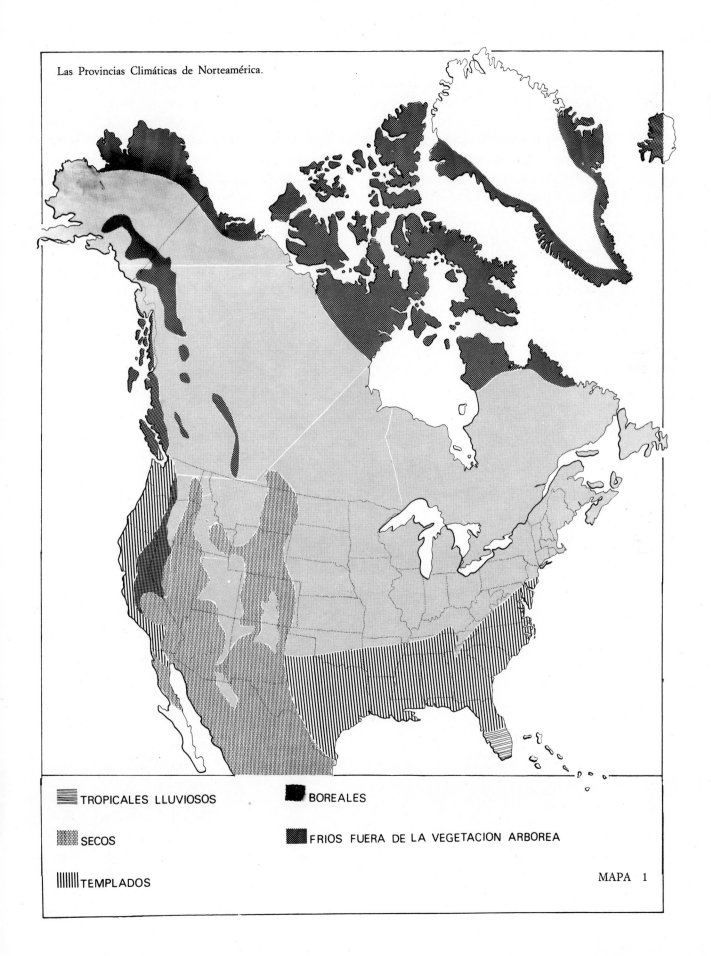

Las Provincias Climáticas de Norteamérica.

▤ TROPICALES LLUVIOSOS   ■ BOREALES

▦ SECOS   ▧ FRIOS FUERA DE LA VEGETACION ARBOREA

▥ TEMPLADOS   MAPA 1

nes que este factor tiene en la vida del hombre y más todavía en las etapas de desarrollo que aquí se tratan, se seguirá el sistema de Koeppen (1948) publicado por primera vez en 1923, en alemán, y que puede considerarse como el más completo, por lo cual es de uso corriente.

Koeppen, basándose en los estudios fitogeográficos de De Martonne, estableció cinco zonas climáticas mayores, las cuales caracterizó con las cinco primeras letras del alfabeto, así *A* es la zona de los climas tropicales, lluviosos, *B* la de los climas secos, *C* los templados, *D* los boreales y *E* la de los climas fríos fuera de la vegetación arbórea. Estas cinco grandes zonas contienen muchas variantes, como es lógico suponer, mismas que se caracterizan por los datos que proporciona la meteorología, haciéndolos mensurables y por lo tanto capaces de ser manejados estadísticamente, con lo cual sus parámetros son comparables entre sí y por ello diferenciables en valores concretos. A estos valores Koeppen les atribuyó letras distintivas, en minúsculas, que son las letras iniciales del término calificativo en alemán.

La primera categoría climática expresa la existencia de 12 climas fundamentales: *Af*, clima de selva; *Aw*, clima de sabana; *Bs*, clima de estepa; *Bw*, clima de desierto; *Cw*, clima de in-

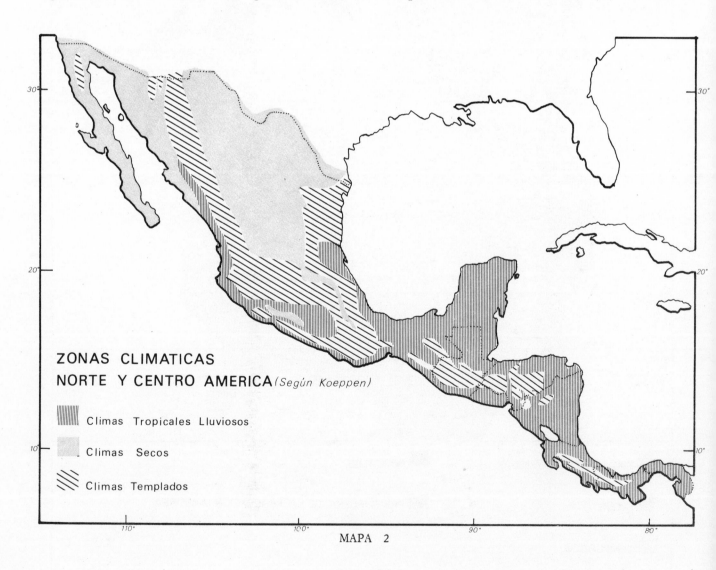

ZONAS CLIMATICAS
NORTE Y CENTRO AMERICA *(Según Koeppen)*

Climas Tropicales Lluviosos

Climas Secos

Climas Templados

MAPA 2

vierno seco, no riguroso (de pradera); *Cs*, clima de verano seco caluroso (de pradera); *Cf*, clima de temperie húmeda (de bosque); *Df*, clima de invierno húmedo frío (de bosque); *Et*, clima de tundra, sin árboles; *Ef*, clima de nieve perpetua, sin vegetación y *Eb*, clima seco de alta montaña, de tundra o de nieve perpetua. Estos climas fundamentales a su vez tienen variedades específicas y generales de las cuales en el Continente Americano se encuentran bastantes. En el mapa que acompaña se han indicado las más frecuentes aunque no todas, debido a que la escala empleada no permite la representación gráfica de muchas, por la dimensión reducida del territorio que ocupan.

Los climas *A* se caracterizan por tener altas precipitaciones y temperaturas que oscilan entre los 24 y 30°C, muy uniformes con oscilaciones anuales muy pequeñas. En el caso de las zonas montañosas hay diferencias en las precipi-

4 / Selva Tropical lluviosa, Tabasco.

5 / Vegetación xerofítica del NE de México, Baja California.

taciones según sea la dirección del viento predominante. La lluvia cae torrencialmente y a ciertas horas del día, con o sin tormenta; abundan los nublados. Los climas de este tipo en América se encuentran en las zonas tropicales y ecuatorial, pero hasta cierta altura; es caso interesante el del extremo sur de la península de Florida, extratropical, pero con la variante *Aw*. A este respecto hay cinco variantes de *A*; *Afi*, que es aquella reinante en las selvas húmedas con un mínimo de oscilación de temperatura anual; *Awi*, propio de las sabanas inmediatas a las sel-

vas, con *Aw*, en cuyo caso las oscilaciones son mayores, *Am*, en donde existen lluvias monzónicas fuertes (huracanes) en el verano correspondiente, y dos variantes de este: *Ami*, con poca oscilación de temperatura y *Amw*, con lluvia e invierno correspondiente seco.

Los climas *B* están asociados con vegetación xerófita, en los desiertos, las estepas y las regiones de matorrales espinosos. Por carecer de una temporada de lluvias lo suficientemente larga la vegetación está casi siempre en estado de reposo, que también puede ser causado por el frío. En ellas reina el viento, tanto debido a la falta de obstáculos, pues suelen ser llanas, además de que no hay fricción con bosques y también por el caldeamiento de la superficie, que provoca fuertes corrientes ascensionales, reemplazadas por otras en sentido contrario, con lo cual hay gran movimiento de masas de aire. Son frecuentes los remolinos y las rachas de viento secas o acompañadas de aguaceros repentinos. En región, o estación, calurosa los vientos fuertes son diurnos, con noches calmadas, pero en las regiones áridas de latitudes superiores en invierno hay tormentas de nieve que también soplan en la noche.

BS es el clima de las estepas, diferenciado de *BW* o clima del desierto por el grado de sequedad, incluyendo la humedad atmosférica. De las variantes del *BS* que se localizan en América tenemos el *BSh* de las estepas calientes, restringido a ciertas partes del norte de México, al norte de Venezuela y a parte de las Pampas y el Gran Chaco. El *BSK* es el clima de las praderas de Norteamérica y de ciertas partes de las Pampas; de estepas frías en invierno tiene lluvias en el verano, al principio. Las temperaturas invernales pueden alcanzar los -30^0C. Tiene como variantes el *BSK'w* y el *BSKw*, siendo el primero el de la tundra muy fría con precipitación periódica en invierno seco, como es el que se extiende en la prolongación canadiense de las praderas y algo más al norte, teniendo al *BSKw* como intermedio entre él y el más suave *BSh*.

Los *BW* son los típicos del desierto y tienen algunas variantes de las que cuatro se presentan en América: *BWh, BWK, BWK'* y *BWn*, como el que existe en el SW de los EE.UU. de Norteamérica y en el sector central del altiplano del norte de México, entre las Sierras Madre Occidental y Oriental, tratándose de un clima desértico cálido; *BWK,* también desértico, pero frío, se encuentra en las Pampas del sur, donde éstas se juntan con el somontano de los Andes; *BWK',* más frío que el anterior y ad-

yacente, pero hacia el extremo de la Patagonia y *BWn,* localizable a lo largo de la costa del Pacífico desde la Bahía de Guayaquil hasta la altura del paralelo 33^0 de latitud sur, y en las costas de California, siendo peculiar, la frecuencia de nieblas.

Manteniendo el orden establecido, siguen los climas *C,* posiblemente los que más variantes tienen y, en el caso americano, los que menos territorios ocupan, salvo los *E.* Los climas templado lluviosos *C* se distinguen de los otros, además de por gozar precipitaciones suficientes, sobre todo por tener una estación fresca, pero no muy fría, pues el mes de más baja temperatura registra entre 18 y -3^0C. En contacto con climas ecuatoriales es raro que nieve o haya escarcha, pero estos fenómenos no son desconocidos del todo y en alguna de sus variantes relativamente frecuentes. A lo largo de sus límites polares son usuales las nevadas invernales pero por estar interrumpidas por tiempo más caliente, la nieve no llega a formar cubierta de duración mayor. De los fundamentales el *Cw,* clima de pradera con invierno seco no riguroso, se encuentra en México, sobre todo en las zonas montañosas de la parte tropical y en Sudamérica como transición, tanto latitudinal como altimétrica, de los *Af* y *Aw;* su variante *Cwb,* es la de un mesoclima temperado, en este caso por la altura, situándose en los Andes del Perú y hacia el norte de la misma cadena. Los climas de pradera con verano seco caluroso hacen acto de presencia en dos variantes: *Csa* y *Csb.* La primera es la que se encuentra con cierta parte del Canadá, en las Rocallosas medias y corresponde a un clima de pradera, con verano caluroso, pero no así el resto del año; la segunda, semejante a la anterior, pero con temperaturas sensiblemente más bajas, la encontramos en algunas partes de la costa del Pacífico del Canadá y en la región media de la costa chilena.

El clima *Cf* como tal no está representado, pero sí algunas de sus variantes. *Cfa, Cfb,*

6 / Bosque alpino de zona tropical, Iztaccihuatl.

Cfbs, Cfc y Cfw. Cfa es un clima de temperie boscosa húmeda con temperaturas medias, *Cfb* es semejante pero con temperaturas algo más bajas, *Cfbs* corresponde a los lugares que tienen lluvias periódicas y verano seco, siendo igual al anterior en todo lo demás, *Cfc* se diferencia de todos los anteriores en ser bastante frío, aunque no el más frío de la serie *Cf, Cfw* tiene como característica la lluvia periódica e invierno seco. El primero lo encontramos en Norteamérica, desde el Atlántico hasta las praderas y más al sur de la región de los grandes lagos y en Sudamérica desde el Atlántico hasta las Pampas, desde Río de Janeiro hasta Bahía Blanca, incluyendo las cuencas media e inferior del Uruguay y del Paraná. El segundo, más riguroso, es el de las costas del Golfo de Alaska y de los Andes patagónicos, con la variante del *Cfbs* en la Costa del Pacífico. El tercero no es frecuente y se sitúa en las Aleutianas y por el estrecho de Magallanes. El cuarto y último lo encontramos en la costa del Golfo de México, al NE del territorio de México.

Los climas boreales *D* combinan un invierno con capa de nieve y un verano que aunque corto es capaz de provocar un deshielo parcial del pergelsol; soporta precipitaciones fuertes y es característica la cubierta vegetal de coníferas.

El *Df* tampoco está presente como tal pero sí en sus variantes *Dfa, Dfb y Dfc.* Asociado a los bosques húmedos fríos su distribución está restringida a Norteamérica y vemos que el más frío, el *Dfc,* bordea al *ET,* la tundra, y luego, más al sur y según las temperaturas van aumentado, sigue al *Dfb* y, más al sur todavía, el *Dfa.* El *Dfb* vuelve a encontrarse en ciertas partes de las Montañas Rocallosas, donde su presencia se debe al factor altimétrico y no al latitudinal. En las Rocallosas también, en el ramal de las Costeras, entre Canadá y los EE.UU. de NA, hace acto de presencia el *Dsb,* boscoso húmedo, relativamente frío, con verano seco. El clima *Dw,* uno de los fundamentales, no los encontramos en América.

Los climas fríos *E,* de fuera de la cubierta vegetal arbórea, aparecen en forma distinta según se trate de estar en parte continental o en orilla del mar, pues en estos últimos casos sus límites latitudinales se prolongan, en el hemisferio norte hasta los 50-53^0 y en el sur hasta los 44-55^0.

Los climas *E* se encuentran todos representados. El *ET,* el de tundra, lo encontramos a lo largo de toda la costa del océano Artico, en el conjunto de islas del Artico Canadiense, la mitad de las tierras de la Bahía de Hudson y hasta el mar de Labrador, en Norteamérica, y en la Patagonia insular y en las Malvinas en Sudamérica. El *EF,* además de en toda la región cubierta por el hielo en Groenlandia, en el casquete de hielo de Patagonia y en todos los glaciares que todavía existen en las latitudes bajas y medias. El *EB* al igual que existe en las cumbres de las altas montañas de las bajas latitudes, pero ni éste ni el anterior alcanzan a ser representados gráficamente.

Para tener una visión general de un elemento tan importante en la vida del hombre como es la vegetación, se ha tomado como base la obra de Good (1974) sobre las plantas fanerógamas.

En América, como en Africa, a causa de la continuidad geográfica a través del Ecuador, casi no existe diferencia entre las floras tropicales del hemisferio norte y las del sur. Por esta misma razón las diferencias mayores se encuentran en las floras extratropicales de ambos trópicos, el de Cáncer y el de Capricornio.

El conjunto extratropical del Norte tiene algunas afinidades con Asia y Europa pero las regiones de carácter tropical, en ambos Trópicos, son claramente distintas a las anteriores, aunque con semejanzas entre sí.

Las puramente Sudamericanas son muy características y nos marcan un largo aislamiento, con relaciones, muy antiguas, respecto a otras masas continentales del hemisferio sur.

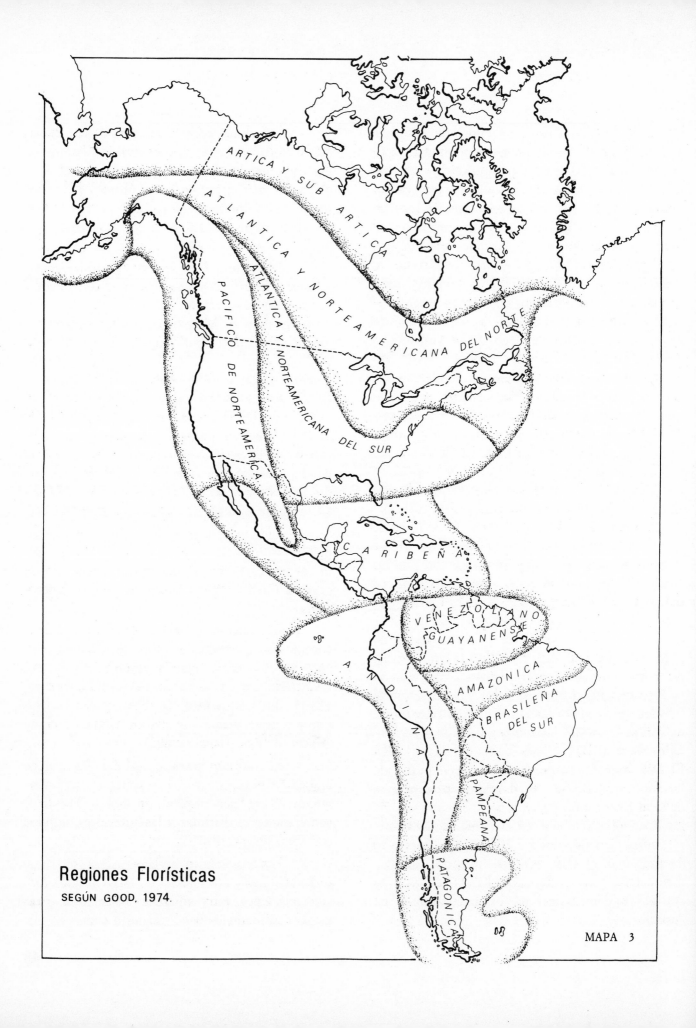

Regiones Florísticas

SEGÚN GOOD, 1974.

MAPA 3

Conviene tener en cuenta que los cambios florísticos en el tiempo, aunque existen, son de una gran lentitud y se deben, fundamentalmente, a causas climáticas, pues los demás factores que pueden influenciar, como serían los de carácter geológico, se miden en tiempos que superan los límites de este trabajo.

Se han distinguido diez regiones florísticas para el Continente Americano, pudiéndose incorporar una undécima que, a nuestros propósitos no parece tener mayor importancia. Las diez regiones son:

1) Artica y Subártica, que es compartida con esas zonas de Europa y Asia.
2) Atlántica y Norteamérica, subdividida en dos, la del Norte y la del Sur.
3) Pacífico de Norteamérica, en contacto con las dos anteriores y con la siguiente, penetra por el altiplano central de México, hacia el sur.
4) Caribeña, que cubre todo el Caribe, con las Antillas mayores y menores, la mitad sur de la península de Florida, toda Centroamérica y gran parte de México, así como la mitad sur de la Península de California, y una franja al norte de Sudamérica.
5) Venezolana-Guayanense.
6) Amazónica.
7) Brasileña del Sur.
8) Andina, extendiéndose hasta el Sur de Chile e incluyendo las islas Galápagos.
9) Pampeana.
10) Patagónica.

La onceava es la muy especial de las Islas de Juan Fernández.

La diferenciación en regiones se basa en el endemismo de las especies que contienen, entendiéndose por endémica aquella especie, o cualquier otra unidad taxonómica, cuya distribución geográfica se confina a una región o territorio particular, lo que en la geografía de plantas y animales se restringe a especies, u otras unidades que, comparativa o anormalmente, tienen un área reducida.

De las regiones florísticas americanas tres (1, 2 y 3) pertenecen al Reino Boreal, seis (4, 5, 6, 7, 8 y 9) al Neotropical y una (10) al Reino Antártico. La 11, si se toma en cuenta, es también parte del Neotropical.

REINO BOREAL

1) Artica y Subártica

También conocida como Flora Circumpolar Artica, abarca los territorios nórdicos de Eurasia (Paleártica) y de América (Neártica) junto con las pocas partes no cubiertas por el hielo en Groenlandia. Contiene dos elementos básicos, la flora propiamente ártica, cuyas especies se encuentran confinadas al nivel del mar en las latitudes más altas, y la ártica-alpina, cuyas especies se encuentran no sólo en el Artico, sino también en lugares altos en algunos sistemas montañosos del hemisferio norte, pero mucho más al sur, como es el caso de las que se encuentran en las partes más elevadas de las Rocallosas.

2) Atlántica de Norteamérica

a) Norteña

Cubre la provincia conífera de Canadá, los Grandes Lagos y los Apalaches. Tiene gran semejanza con la de la Europa templada.

b) Sureña

Se extiende por las Praderas, las costas del Atlántico y del Golfo y la Cuenca del Mississippi. En este caso hay afinidades, aunque lejanas, con las floras de China y Japón.

3) Pacífico de Norteamérica

Su territorio se encuentra en el Sur de Alaska y las islas Aleutianas, Sitka, la Columbia Británica, los Estados de Washington y Oregón,

7 / Praderas altas de
América del Norte,
Colorado.

8 / Cuenca y Sierra,
Sonora.

48

la costa de California, la Gran Cuenca, las montañas Rocallosas, la Sierra Nevada y las tierras altas de México. Muy característica en California, sobre todo en la parte sur en la que hay más especies, se extiende hacia el Este y hacia el Sur, a grandes distancias. Por su predominancia de matorral siempre verde, ha sido comparada con la mediterránea.

REINO NEOTROPICAL

4) Caribeña

Incluye las tierras bajas de México y sus costas con las islas de Guadalupe y Revillagigedo, junto con la parte sur de la baja California, el sur de Florida, las Antillas Mayores y Menores, las Bahamas y las Bermudas, Centroamérica (de Guatemala a Panamá) el Norte de Colombia y el Norte de Venezuela. Se denotan dos áreas claramente marcadas: la América ístmica y las Antillas. Contiene grandes diferencias florísticas debidas a factores geológicos, entre ellos la formación del Istmo y el cierre de la comunicación entre el Atlántico y el Pacífico. El número de especies endémicas es tan alto que se considera la región Caribeña como una de las más ricas del mundo o la más rica.

5) Venezuela y Guayana

Comprende la Cuenca del Orinoco y las tierras altas de Venezuela y parte de Colombia. Aunque existen razones para mantener esta región como existente por distintiva, sus relaciones con las Andinas y Amazónica son muy grandes y quizá lo que sucede es que todavía es poco conocida florísticamente.

6) Amazónica

Es la gran cuenca del Amazonas y una de las tres áreas de grandes selvas ecuatoriales del mundo junto con la región de selva lluviosa del Africa Occidental y la del monzón, en Asia. Tie-

ne, como rasgo característico, el que una gran extensión sufra inundaciones periódicas y otra parte no, por lo cual se distinguen dos zonas específicas, la primera mencionada llamada "ete" y la segunda, la que queda por encima del nivel de inundación, "gapo". Son notables los grandes árboles.

7) Brasileña del Sur

Se forma con las costas atlánticas del este del Brasil, las tierras altas del Brasil Central y del Este y el Gran Chaco, con partes de Bolivia, Argentina y Paraguay. También poco conocida es, sin embargo, muy rica, pues es muy extensa y variada.

8) Andina

Incorpora los flancos de los Andes y sus alturas, las islas Galápagos, el desierto de Atacama y la zona esclerófila chilena. Aunque esta región, que va desde Colombia hasta Chile y que tiene partes de Ecuador, Perú, Bolivia y del oeste argentino se presenta como una zona alargada en el eje N-S, es conveniente considerarla como compuesta por dos partes diferentes, una tropical y otra templada, a lo que se une la variabilidad que, a un punto latitudinal específico, aporta el factor altitudinal, que puede ir de 0 m sobre el nivel del mar a 7.000. Pueden admitirse cinco áreas internas como componentes: la montañosa de la zona tropical norte, la costa tropical, la costa templada, las sabanas o puna del este y el área del desierto, que incluye la parte considerada "mediterránea" en Chile. Las islas Galápagos contienen una flora más bien pobre, pero con bastante endemismo.

9) Pampeana

Ocupa el Uruguay y el Sureste del Brasil, las Pampas argentinas y el oeste del mismo país. Está integrada por las grandes llanuras herbáceas que forman las Pampas, pero además tiene un sector más seco en el oeste argentino.

REINO ANTARTICO

10) *Patagónica*

Formado por Patagonia y la Tierra del Fuego, los Andes del Sur y las islas Malvinas, es en realidad pequeña y con un clima con gran semejanza al Norte y Centro de Europa, lo cual es único en el hemisferio Sur. Puede dividirse en tres partes: los bosques de la costa oeste de la Tierra del Fuego, el extremo sur de los Andes y las estepas del sur de Patagonia a las que se unen las islas Malvinas. Tiene una cierta relación con la flora de Nueva Zelandia (Good, *op. cit.*).

Según Darlington (1957) en la Tierra existen tres grandes zonas faunísticas, Megagea, Neogea y Notogea, que a su vez se subdividen en regiones zoogeográficas: región Etiópica, con Africa salvo la parte Norte; Región Oriental, con Asia Tropical (la India y la península Indochina incluidas); Región Paleártica, Eurasia, al norte del Trópico de Cáncer y Región Neártica, Norteamérica, también al norte del Trópico de Cáncer. Estas cuatro regiones integran la Megagea. La región Neotropical se conforma con el sur de México, Centro y Sudamérica y la Región Australiana es la integrante de la Notogea.

Algunos autores unen la región Neártica y la Paleártica en una sola, la región Holártica, basándose en el hecho de que el estrecho de Bering ha sido un puente en casi todo el Cenozoico y que el movimiento faunístico de Este a Oeste y de Oeste a Este no presentaba mayores dificultades, ya que se compartía una misma zona climática, lo cual no sucedía con las transgresiones que, debido a la continuidad continental, se hubieran podido efectuar de Norte a Sur o de Sur a Norte, tanto en la masa Eurasiática como en la Americana, pues en estos casos las diferencias climáticas a lo largo de los ejes mencionados son prohibitivas, razón por la cual la existencia de la región Oriental, en un caso, y de la región Neotropical en el otro.

Esto nos deja, en América, dos regiones zoogeográficas, la Neártica y la Neotropical, las mismas que permanecieron separadas por muchos millones de años, hasta que hace unos dos, según unos autores (Schmidt-Effing, 1980) y cinco o más según otros (Maldonado-Koerdell, 1964), se unieron debido a la instauración del Istmo que conforman Nicaragua, Costa Rica y Panamá, iniciándose un doble movimiento faunístico: de Sur a Norte y de Norte a Sur, sobre la tierra, a la vez que se interrumpía la comunicación de la fauna marítima entre el Atlántico y el Pacífico.

El territorio de lo que ahora es México fue donde se estableció la zona transicional entre ambas faunas, ascendiendo la Neotropical por ambas costas hacia el Norte alcanzando más por el Pacífico que por el Golfo y descendiendo la Neártica hacia el Sur sobre todo por las zonas altas (Alvarez y Lachica, 1974).

Los Elefantides alcanzaron Sudamérica, en varias especies de mastodontes, y los bóvidos llegaron a Yucatán, habiendo venido desde la región Paleártica, mientras los équidos alcanzaban hasta la Etiópica, desde su origen en la Neártica.

REGION NEARTICA

En principio es la que ocupa la parte extratropical de Norteamérica. Se ha intentado dividirla en subregiones, las cuales en realidad surgen de las diferencias climáticas y vegetacionales, habiéndose señalado la norteña, que se extiende a lo ancho del continente en su parte norte, la del este, la oeste central (Montañas Rocallosas) y la de la costa del Pacífico ("California"). En realidad esta división no es ya tenida en cuenta. Su límite sur, la parte en la que entra en contacto con la región Neotropical, se establece en el territorio mexicano, en el que la fauna Neártica invade las zonas altas y la Neotropical las partes costeras bajas.

En muchos aspectos la fauna neártica presenta elementos de la Paleártica, siendo ca-

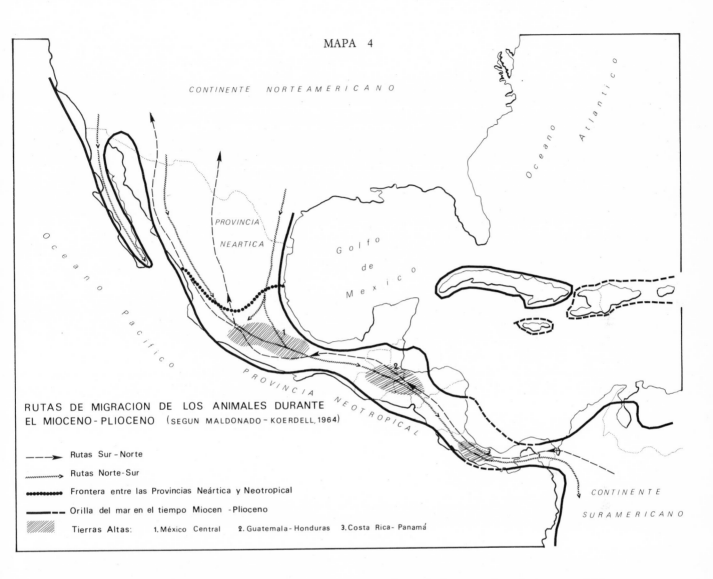

MAPA 4

CONTINENTE   NORTEAMERICANO

Oceano   Atlántico

PROVINCIA

NEARTICA

Golfo

de

México

Oceano   Pacífico

PROVINCIA   NEOTROPICAL

RUTAS DE MIGRACION DE LOS ANIMALES DURANTE
EL MIOCENO - PLIOCENO (SEGUN MALDONADO - KOERDELL, 1964)

Rutas Sur - Norte
Rutas Norte - Sur
Frontera entre las Provincias Neártica y Neotropical
Orilla del mar en el tiempo Miocen -Plioceno
Tierras Altas: 1. México Central   2. Guatemala - Honduras   3. Costa Rica - Panamá

CONTINENTE
SURAMERICANO

racterístico que, según se desciende hacia al sur aumente el número de especies.

REGION NEOTROPICAL

Se sitúa en Centro y Sudamérica, incluyendo las tierras bajas tropicales de México y la isla de Trinidad. Aunque la mayor parte es tropical también tiene zonas, como la del sur de Chile y el oeste de la Tierra de Fuego, con bajas temperaturas y alta precipitación, que producen un bosque húmedo frío. A lo anterior, que es un ejemplo de la gran diversidad climática existente, se une el que, a lo largo de los

Andes el factor altimétrico también provoque situaciones de gran diversidad.

En su conjunto la fauna neotropical tiene afinidades lejanas con Africa y partes de Asia, además de los nexos lógicos con Norteamérica.

Es de importancia la zona de transición de Centroamérica-México pues aunque, por ejemplo, las faunas neártica y neotropical de vertebrados son muy distintas entre sí, comparten muchas familias y géneros, así como algunas especies hasta el punto en el que ciertos casos más que ser transicionales de una a otra, son compartidos.

ANTILLAS

En las Antillas Mayores se encuentra una mezcla faunística de ambos orígenes que parece haber llegado ya mezclada, siendo las líneas de acceso tanto por el Norte (Cuba) como por el Sur (Jamaica), con más frecuencia por la primera ruta y en tiempos relativamente recientes, puesto que estas islas son todas de carácter oceánico y los vertebrados, por ejemplo, debieron llegar cruzando el mar en los estrechos que existieron en ciertas épocas, no muy grandes. Se piensa que el movimiento debió ser desde el oeste de Centroamérica, salvo algunos pocos casos, que llegaron desde Sudamérica, por el puente de Trinidad. La fauna de las Antillas es limitada, en cierto aspecto transicional y forma un patrón marginal.

CAPITULO III

EL CUATERNARIO

Presentados, aunque en forma esquemática, los aspectos físicos y biológicos generales que se encuentran en el Continente americano, se debe pasar ahora a la forma en la que estos estuvieron representados milenios atrás, en el tiempo en el que los primeros hombres hicieron acto de presencia, cuando iniciaron y procedieron al poblamiento de América.

La era Cenozoica, la última de la historia geológica, se conforma con dos períodos, el Terciario y el Cuaternario. Este último a su vez se ha dividido en dos épocas, la Pleistocénica y la Holocénica o Reciente, si bien en el uso se ha roto la concordancia de género y se les llama Pleistoceno y Holoceno respectivamente, debido a que en un tiempo, y todavía por ciertos autores, se consideran períodos y no épocas.

El término de Cuaternario fue propuesto por Desnoyers (1829) para nombrar el tiempo geológico y los estratos que sucedían al Terciario, aplicándose al conjunto de estratos que se sobreponían a aquél en la Cuenca de París. Se debe a Reboul (1833) el haber extendido el apelativo a los estratos que contenían formas vegetales y animales aún vivos, para distinguirlos, pensó, de las formas ya desaparecidas que se encontraban en los estratos del Terciario, con lo cual la definición del Cuaternario se estableció tomando en cuenta el estado de evolución de los fósiles relacionados. Aunque la idea de Reboul no era muy correcta Lyell (1830-33) la empleó para dividir internamente el Terciario, tomando en cuenta los porcentajes de especies de moluscos fósiles todavía vivas. Más adelante el mismo Lyell (1839) acuñó el término de Pleistoceno, neologismo de raíces griegas que quiere decir lo muy nuevo, aplicándolo a los estratos cuyos moluscos fósiles incluían más del 70% de especies vivas. Después Haug (1907-11) mejoró el enunciado de Reboul y definió el Pleistoceno por la repentina aparición en Europa de los géneros *Bos, Elephas* y *Equus*, en el sentido más amplio, para, en edición posterior (1921-22), finalizar la definición considerando al Hombre también como característico del Cuaternario. El principio teórico es el de la presencia o ausencia de ciertos vertebrados fósiles, independiente de cualquier relación directa con las glaciaciones, o "edad de hielo".

Hay que tomar en cuenta que desde mediados del siglo XIX se había establecido un esquema geológico para los tiempos más recientes de la Tierra que se basaba en las alteraciones climáticas, de las que eran testimonio una serie de formaciones y estratos, empleándose expresiones como "Aluvial", "Diluvial" y "Glacial", esta última, o Epoca glacial, llegando a ser definida como: el tiempo que se distingue por condiciones severas en una parte del hemisferio norte (Forbes, 1846). Con este enfoque, Morlot (1856) estructura el Cuaternario en una primera Epoca Glacial, Epoca Diluvial, Segunda Epoca Glacial y Epoca Moderna. La que podríamos llamar visión paleoclimática, como rectora de la sistemática cronológica, dejó paso a la paleontológica, sin por ello despreciar la importancia que las variaciones de clima han tenido en los últimos millones de años.

La sucesión de capas de detritus glacial en alternancia con sedimentaciones de carácter no glacial fue normativa para la estructuración interna del Pleistoceno en las latitudes medias del hemisferio Norte, de lo cual es prueba, y primer esquema, lo establecido por Penk y Bruckner (1909), que todavía se emplea, a pesar de las críticas de que ha sido objeto, cuando se aplica fuera de los Alpes, su lugar de origen, quienes establecieron un ordenamiento de glaciaciones que, de la más antigua a la más reciente, fueron llamadas: Gunz, Mindel, Riss y Wurm, con sus correspondientes interglaciares: Gunz-Mindel, Mindel-Riss y Riss-Wurm. En Norteamérica el ordenamiento más o menos paralelo que se estableció, se debe a diversos autores (Geikie, 1894, Chamberlin, 1894 y 1895, Leverett, 1898 y Shimek, 1909) con cuatro glaciaciones mayores, de la más antigua a la más reciente: Nebraskense, Kansense, Illinoiense y Wisconsiniense, y tres interglaciares; entre la primera y la segunda glaciación, el Aftoniense; entre la segunda y la tercera, el Yarmutiense y entre la tercera y la cuarta, el Sangamoniense.

Antes de seguir adelante, es conveniente prestar atención al sistema conceptual que ahora se emplea en la nomenclatura geológica, de acuerdo con la Comisión Americana de Nomenclatura Estatigráfica (C.A.N.E., 1970). Desde luego, hay que tener en cuenta que, en nuestros días, no hay un sistema de terminología y nomenclatura de unidades estratigráficas que sea seguido universalmente siendo, quizá, la mencionada la más explícita y la que normalmente se sigue en el Continente americano.

El esquema se fundamenta en la distinción entre unidades estrictamente litoestratigráficas, definidas por las características de las rocas que las conforman, independientemente del tiempo, y las unidades cronoestratigráficas, definidas por el tiempo y básicamente determinadas por los fósiles que contienen o por fechamientos radiométricos. Dentro de la misma sistemática existen otros tipos de unidades: geocronológicas, bioestratigráficas, edafoestratigráficas y geoclimáticas, siendo estas últimas de aplicación restringida al Cuaternario.

Las unidades litoestratigráficas, la mayoría de las cuales probablemente abarcan varias unidades temporales, se organizan en grupo, formación, miembro y capa, en orden jerárquico descendente. Las cronoestratigráficas en sistema, serie, piso y subpiso. En el ordenamiento geocronológico las unidades, de mayor a menor, son: eon, era, período, época y edad.

El Sistema Cuaternario es una unidad cronoestratigráfica que constituye la parte superior de toda la secuencia de estratos que forman la corteza terrestre, incluyendo los sedimentos de toda índole que se están depositando en la actualidad. Debido a esto, el estudio del Cua-

ternario es la clase de investigación que nos permite entender los ambientes y las formas de deposición de los estratos de otras edades, o sea que nos da la posibilidad que Archibald Geikie enunció como: "el presente es la llave del pasado" resumiendo así las ideas de Hutton y sus seguidores. Pero, en otro sentido, el Cuaternario es característico puesto que incluye una serie de cambios climáticos substantivos, de gran amplitud y, al parecer, de mayor rapidez que los que tuvieron lugar en el resto del pasado geológico.

El cuaternario es el período geológico del que más información tenemos. Sus alteraciones climáticas produjeron avances y retrocesos de los glaciares, en regiones ahora de climas moderados, la formación de grandes lagos, subidas y bajadas del nivel de mares y océanos en el orden de decenas de metros y grandes variaciones en la distribución de plantas y animales. Puede decirse que el paisaje que nos rodea, aquél en el que vivimos, es producto de factores que actuaron durante el Cuaternario y que siguen actuando.

Su estudio obliga a un planteamiento interdisciplinario en el cual no es parte menor la arqueología que se ha dado en llamar prehistoria. La investigación del Cuaternario hace hincapié en las causas y las interacciones que han dado forma a nuestro entorno, físico y biológico, a lo que se une cada vez con mayor intensidad y con resultados más catastróficos, la actividad humana (Washburn, 1970).

A la opinión anterior se añade la de Cailleux (1956) según la cual el Cuaternario es una de las épocas geológicas más difíciles de estudiar a causa de la minuciosidad de sus exigencias, la complejidad de sus problemas y la extrema diversidad de sus métodos. Probablemente a ello se debe el hecho de que sean pocos los geólogos dedicados a tales investigaciones, las cuales gozan de un crédito inferior al que merecen. No obstante, debido a su gran riqueza y variedad, el Cuaternario ofrece al geólogo una ocasión excepcional para poner a prueba sus métodos, para aplicar otros nuevos, para revisar sus postulados y, en definitiva, para ensanchar sus ideas. El Cuaternario es una gran escuela.

A causa de su complicación existen muchos debates sobre los diferentes aspectos que conforman el Cuaternario y sus subdivisiones. Algunos autores no creen que el Pleistoceno sea necesario como división geológica pues consideran que el Plioceno sigue existiendo y que no hubo elementos para establecer la delimitación, la cual, ciertamente, es muy difícil de situar.

Los criterios que normalmente se emplean para marcar una separación de esta índole parece que no funcionan muy bien en este caso. Hay indicios de que en tiempos pliocénicos se registraron glaciaciones, como es el caso de la Danubiana en Europa, y existen pruebas que denotan un descenso del nivel del mar entre el Calabriense y el Siciliense, lo que puede deberse a un incremento de las áreas glaciadas, algo que ya sucedía en la Antártida, donde la glaciación se instauró desde el Mioceno. Tampoco se encuentran diferencias mayores en cuanto al vulcanismo y al diastrofismo entre el Plioceno y el Pleistoceno, al igual que con la fauna y la flora.

Pese a todo, y por considerarse conveniente, aunque no sea aceptado por algunos como de valor científico, se estableció la separación entre Plioceno y Pleistoceno, en el XVIII Congreso Internacional de Geología, celebrado en Londres en 1948, en el nivel de mar Calabriense, que quedaba como parte del Cuaternario, pues se marcaba ya claramente una fase fría. De esta manera el Cuaternario incluye el nivel Siciliense y se acordó que el Villafranquense también quedara incluido.

El resultado es que la delimitación entre ambos se establece con una gran oscilación temporal, puesto que unos autores adjudican al Pleistoceno 1.5 millones de años y otros 3 millones.

Ante esta situación, autores como Flint (1971), son partidarios de abandonar la separación entre los Sistemas Terciario y Cuaternario y llamar Pleistoceno a todos aquellos estratos que son post-pliocénicos, volviendo así a la definición que dio Lyell en 1839.

Al Pleistoceno sigue el Holoceno, nombrado por Gervais en 1869 y es el tiempo desde el inicio de la retirada de los hielos de la última glaciación, neologismo del griego que indica que es "todo reciente" (Klebesberg, 1948-49).

También es difícil separarlo del Pleistoceno, sin lugar a dudas por su corta temporalidad y la cercanía de su límite que, de acuerdo con unos autores se debe fijar 10.000 años aP. y, según otros, en 7.000. Como la fecha se fija en el tiempo en el que tuvo lugar el fin de la última glaciación, ésta, de acuerdo con las distintas latitudes y los diferentes sistemas glaciales, oscila entre las dos fechas, en cuanto a la desaparición de los grandes casquetes, pero resulta que la desaparición de éstos se inicia algunos milenios antes, con lo cual las diferencias cronológicas son aparentes. De manera arbitraria, si se quiere, pero necesaria para poder tener un punto de referencia general, se acepta la cifra de 10.000 por la mayoría.

Además de las discusiones y puntos de vista señalados, existe otro punto de vista, debatido desde hace mucho tiempo, sobre la manera correcta de lo que denominamos Cuaternario: la de tomar en cuenta la presencia del Hombre, así como la modificación del paisaje que su actividad normal provoca. Partiendo de esta posición se ha hablado del Antropoico (Reboul, 1833); del Antropógeno (Pavlov, 1922), del Antropozoico (Petrovski, et. al., 1932) y del Psicozoico (Grabau, 1940), siendo usual en la Unión Soviética y en algunos otros países el empleo del término Antropógeno.

Por todo lo dicho en los párrafos anteriores se puede ver, entre otras cosas, la insuficiencia metodológica que supone caracterizar, como se hizo, el Pleistoceno nada más que por sus grandes oscilaciones climáticas, causantes de incrementos y decrementos de las masas de hielo sobre diversos lugares de la corteza terrestre, pues está demostrada la existencia de este mismo proceso en distintas épocas a lo largo de la Historia geológica.

Según Harland y Herod (1975), en el Precámbrico, entre 3.000 y 2.000 millones de años, hubo glaciaciones en Norteamérica, en lo que ahora es el Este del Canadá, el Norte de la península de Michigan, el Sureste de Wyoming, los territorios canadienses del Noroeste y en el Norte del Quebec y también en Africa del Sur y en la India.

Las de Norteamérica se incluyen en el Huroniano y se dividen en tres fases, cada una de las cuales se caracteriza por una formación específica de detritus glacial consolidado. La más antigua es la Formación Ramsay Lake, sigue la Bruce y la última es la Gowganda, fechada en 2.288 ± 87 millones de años.

En el Precámbrico final, entre 1.000 y 500 millones de años se vuelven a encontrar restos de grandes glaciaciones en Groenlandia, Spitzbergen, Escandinavia, Islas Británicas, Normandía, Bohemia, India, Oeste de la URSS, China, India, Australia, Africa del Norte, Central y del Sur, California, Utah, Yukón y Terranova y en el Brasil. Se han distinguido tres etapas glaciares que, de la más antigua a la más reciente son: Gnejsso, de 950 a 850 millones de años; Sturtiense, de alrededor de 750 m.a. y Varangiense, de 680 a 650.

En el Ordovícico (500 a 435 millones de años) se vuelven a encontrar restos de glaciación, hacia el final. Hay huellas, no muy claras, en Alemania, Normandía y España, y mucho más seguras en Africa del Norte, en el Sahara, en Perú y Bolivia, Africa del Sur, Africa Centro-oeste, Escocia y Nueva Escocia.

En el Silúrico (435/395 millones de años) se han registrado glaciaciones en Sudáfrica, Argentina y Bolivia, con una fecha de 420 millones de años.

La glaciación correspondiente al Carbonífero-Pérmico está ampliamente documentada aunque las edades fluctúan, pues hay restos que se atribuyen al Carbonífero inferior (aprox. 345 millones de años) y al Carbonífero superior-Pérmico inferior (aprox. 280 millones de años). Se ha registrado en la India, en los Himalayas y en el Pakistán, en el Sur de Australia y en Tasmania, en las Islas Falkland, Argentina, Uruguay, Paraguay y Brasil, en la Cuenca del Congo, Etiopía, Sudáfrica y Madagascar y existen unos restos en varios lugares de la Antártida que hasta ahora sólo se han podido clasificar como Paleozoico superior, pero que podrían ser del Carbonífero-Pérmico.

Durante el Mesozoico y el Cenozoico temprano no parece que haya habido glaciaciones, aunque en la Antártida se han encontrado huellas de una, no correlacionable con las indicadas en el párrafo anterior, que podrían ser del Jurásico.

Hay huellas de glaciaciones en la Antártida y en Alaska que son de unos 10 millones de años, cuando un enfriamiento rápido hizo que se formasen mantos de hielo en ambos lugares.

Para terminar lo haremos con las palabras de los autores comentados: "Las glaciaciones del Cenozoico tardío pertenecen a una edad del hielo que es mejor conocida en el Pleistoceno, pero en la cual, las temperaturas del Holoceno, podrían ser sencillamente las de un interglacial" (*op. cit.*: 191-92).

Los factores que se han considerado como causantes posibles de las glaciaciones, en el sentido de generadores de "edades de hielo", deben agruparse en dos conjuntos mayores, de acuerdo con sus características más importantes por cuanto a que sean producto de fenómenos que tienen lugar en la misma Tierra o bien que se originen fuera de ella, por lo cual los encabezados serán "terrestres" y "extraterrestres".

De entre los terrestres, tenemos los de orden general, los de carácter que llamaremos configuracional, los geotectónicos y los de la moción planetaria propia de la Tierra; los extraterrestres forman el otro grupo.

Entre los terrestres generales está el *polvo volcánico*, cuya presencia, por grandes explosiones volcánicas, puede disminuir la radiación solar que recibe la tierra, pero cuando esto sucede, los efectos de disminución de calor tan sólo duran unos cuantos años, aunque hay que tener en cuenta que pueden haberse dado ciclos de erupciones repetidas que sin lugar a dudas deben haber generado enfriamiento general.

El *agua atmosférica*, en forma de nubes, aumenta el albedo y, simultáneamente, reduce la radiación recibida en la superficie de la Tierra. Por otro lado, la nubosidad crea un efecto de "invernadero". Sin embargo, hay que aceptar que la variación de vapor de agua en la atmósfera depende de la temperatura.

El *bióxido de carbono* también tiene efecto de invernadero y, al contrario del agua, puede variar considerablemente. La actividad volcánica y la quema de "combustibles" lo aumentan; la deposición de carbonatos y carbones lo disminuyen. Así, para que se produzcan bajas temperaturas, lo contrario del efecto de invernadero, se requiere una litogénesis con gran contenido de carbono. Hay épocas geológicas en las que puede haber existido este proceso, pero no es más que una hipótesis el que puedan haberse producido glaciaciones mayores por esta causa.

También entre los factores de este grupo están los hipsográficos, que deben considerarse en dos parámetros que, al parecer, funcionan conjuntamente con frecuencia. Por un lado está la *continentalidad*, que es la relación entre áreas de océano y de tierra. Si disminuye la interfase oceánica con la atmosférica, el efecto amortiguador del océano se reduce y pueden existir grandes extremos en el clima, tanto entre los polos y el Ecuador, como entre invierno y verano. De aquí que cualquiera que afecte la posibilidad de formación de hielo, con el incremento concatenado de albedo, sea significante. Los océanos originan una reserva termal de tales características que cambios de calor de pequeño incremento, en tiempos cortos, se almacenan para que el calor sea transferido posteriormente, como sucede entre los hemisferios. En tiempos de glaciación se desarrollan diferencias medias de temperaturas entre los océanos de más de $10^{\circ}C$, quizá también en los interglaciares. De todas maneras, la pérdida de calor del interior de la Tierra, relativamente pequeña, podría afectar significativamente la temperatura de las profundidades de los océanos, si es que la circulación de las aguas es poco intensa.

Otro de los factores es la elevación, que se refiere tanto al grado de relieve, como a la altura general de las tierras sobre el nivel del mar. Este factor orográfico promueve la glaciación directa, al reducirse la temperatura con la altura y con ello una mayor tendencia a la existencia de la nieve, con el natural albedo que ésta tiene.

También son factores terrestres generales los que podemos llamar configuracionales, más complejos que los anteriores y que se basan en la distribución actual de mares y tierras, así como la configuración de sus relieves, todo ello en relación al giro de la Tierra.

La posición de los polos es otra, ya que dado el movimiento de la Tierra en relación al sol, como un factor básico en la determinación de la intensidad de la radiación solar de acuerdo con la latitud, la forma en la que los continentes y los océanos se distribuyen en relación a los polos, es significativa. Desde hace mucho se tomó en cuenta la migración de los polos, en su relación a la configuración actual de continentes y océanos, para entender las edades glaciales.

De la misma manera la *distribución de continentes y océanos*; con estas bases se aplicó con el concepto de deriva continental, la primera vez por Wegener (1912) y más tarde, más desarrollada, por Köppen y Wegener (1924), para explicar las glaciaciones del Paleozoico tardío, siendo cada vez más posible alcanzar ciertas reconstrucciones hasta los tiempos Fanerozoicos.

La cambiante disposición de océanos y continentes afecta la naturaleza de las corrientes oceánicas y de los vientos. Por lo tanto, es de suma importancia la posición de los polos respecto a los grandes continentes y si las corrientes marinas se conectaban en sentido E-W o N-S. Esto permitió la hipótesis de Ewing y Donn (1956) de oscilación autogenerada de ciclo corto. Por la misma línea de pensamiento resulta que en el Cenozoico, al ocupar la Antártida una posición polar, produjo un enfriamiento mayor en la Tierra desde el Mioceno en adelante, hasta que también fue afectando el polo Norte, más tarde, por su posición dentro de un mar casi cerrado por masas continentales. Es probable que la configuración general de la tierra en el Mesozoico y el Cenozoico inferior tuviera polos oceánicos y que los océanos ecuatoriales estuvieran en sentido E-W, mientras que las varias glaciaciones del Paleozoico estuvieron claramente relacionadas con un polo Sur por el cual se movía el continente de Gondwana.

Otro de los factores terrestres es el *geotectónico*. Se acepta generalmente que una edad glacial se produce con más facilidad si los polos se encuentran sobre masas continentales mejor que sobre océanos y es verdad que la secuencia de configuraciones paleogeográficas se deriva de la evolución tectónica de la Tierra. Más aún, por lo general un incremento en los movimientos de placas debe correlacionarse con un aumento de la actividad orogénica, con lo cual el balance entre procesos morfogenéticos y gradacionales debe inclinarse en favor del relieve orográfico, en sentido local, y en un nivel de mar relativamente reducido, con lo cual se incrementa la continentalidad. Para edades sin hielo, lo contrario es válido, puesto que, con gradación sube el nivel del mar, debido a la transferencia de depósitos terrestres al mar, así como también hay transgresiones causadas por el más bajo nivel de la tierra. Un factor más en el cambio eustático es el nivel del relieve continental y submarino, que se relaciona con la expansión termal del manto.

Por lo tanto, mientras que los ciclos glaciales de término corto originan una secuencia glacioeustática con respuesta isostática local, los cambios globales de nivel de mar, como respuesta a movimientos verticales y horizontales, pueden contribuir significativamente a fluctuaciones climáticas mayores.

También deben considerarse, entre los factores terrestres o endógenos, los movimientos de la Tierra como planeta, que se han llamado por algunas teorías astronómicas, en las cuales se encuentran tres clases de relaciones. Tenemos en primer lugar las *variaciones de la órbita terrestre*. Es indudable que la distancia respecto al sol es preponderante en lo que se refiere a los regímenes térmicos de los distintos planetas. Los cambios en este sentido son más bien lentos e irrelevantes en la recurrencia de edades glaciales, ahora bien, la órbita elíptica de la tierra varía esta elipsidad en un período de 90.000 años de 0.017 a 0.053, con lo que se ocasiona un efecto ligero en la intensidad de la radiación solar que es calculable; más todavía, la órbita elíptica se altera con un período de 21.000 años, de tal manera que su diámetro mayor varía dentro de los 360°. Esto produce otro efecto, pequeño, pero calculable: *Variaciones de la inclinación del eje de giro respecto al plano orbital.* Obviamente, todo el régimen climático terrestre depende de la relación del giro de la tierra respecto al Sol. No existen evidencias suficientes para pensar en relaciones diferentes de las actuales, como a veces se ha dicho. Sin embargo, las fluctuaciones observadas, entre $21\frac{1}{2}°$ y $24\frac{1}{2}°$ tienen un período de 40.000 años, siendo esta fluctuación la base de la hipótesis de Milankovitch (1920), que muchos geólogos aplican al ciclo glacial-interglacial del Cuaternario. El ciclo de 40.000 años se modifica por los efectos combinados de las variaciones orbitales, de tal manera que no hay dos ciclos idénticos. Desde luego, no hay duda en lo que respecta a este ciclo; en lo que sí existen dudas es en cuanto a la correlación de episodios glaciales particulares con la escala temporal cíclica. Pese a ello, esto tiene muy poco que ver con el origen de las edades glaciales, aunque puede ser muy efectivo para generar glaciaciones e interglaciaciones.

Sin embargo, en un ciclo climático, con un régimen térmico no-glacial, una fluctuación extrema con glaciación puede actuar como detonador en una situación de enfriamiento secular; el efecto de "rueda de volante" entonces podría servir para transportar parte del enfriamiento de un ciclo a otro.

También las *variaciones de mareas* han sido tomadas en cuenta. Las variaciones de mareas en la Tierra, debidas al efecto combinado del Sol y la Luna, se dice que dan un ciclo de 17.000 a 34.000 años que ha sido utilizado por algunos para entender las fluctuaciones climáticas. No parece ser de mucha importancia, para explicarse las grandes glaciaciones.

Tomando en cuenta los factores extraterrestres, es importante considerar las *variaciones de emisión solar*. Si la energía radiante que emite el sol variase, aunque fuera ligeramente, su efecto en los climas de la Tierra se sobrepondría a todas las demás variables y, con el tiempo, llegaría a excederlas. Esta posibilidad, indudable, está siendo tomada en cuenta recientemente y, aunque todavía es algo confusa, no hay lugar a dudas de su gran importancia.

Al igual está la posibilidad de que haya habido algún agente que cause la *obstrucción de la emisión solar*. Si en el sistema solar llegase a introducirse polvo cósmico, habría una disminución en la radiación recibida del Sol, lo que causaría una baja de temperatura. De hecho no existen datos ni informes de índole alguna como para tomar en cuenta esta posibilidad y tampoco existe nada que permita suponer una cierta regularidad en este aspecto. En realidad se trata de un último recurso, sin comprobación.

Ewing y Donn (*op. cit.*) propusieron una teoría sobre el origen de las glaciaciones, muy interesante y tomando en cuenta analíticamente diversos factores, pero que pecaba de que su aplicación era válida para el Atlántico norte, y nada más, claro está que al decir Atlántico Norte se implican los continentes inmediatos. En versiones posteriores (1958 y 1966) se han hecho modificaciones substantivas, sobre las mismas bases, sobre todo en el intento de alcanzar una generalización de carácter mundial.

Hay algunos aspectos en su teoría que deben comentarse, aunque sea brevemente, para centrar mejor el caso general de las glaciaciones y uno de ellos es el que los autores citados atribuyen como causa de las glaciaciones, la migración de los polos geográficos a lo que llaman regiones de aislamiento térmico. Esta hipótesis, inobjetable, adolece de un enfoque que sin ser erróneo sí está mal presentado, pues desde el punto de vista de los movimientos de placas, no es necesario pensar en el casi imposible accidente de que los polos geográficos, es decir, el eje de giro terrestre, tenga que cambiar de posición, sino que las masas continentales han podido pasar por posiciones polares en el transcurso de los miles de millones de años que tiene la Tierra.

Otra de las hipótesis que mantienen es concordante con muchos otros autores, la de que

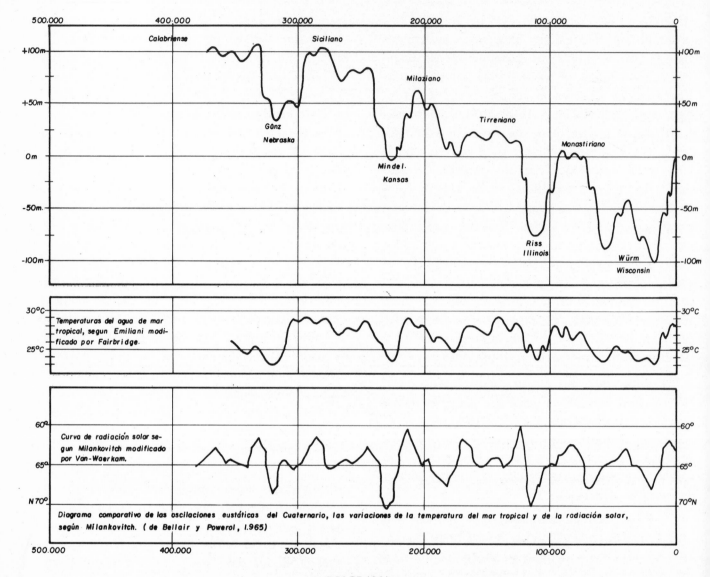

DIAGRAMA 1

las glaciaciones del Cenozoico superior se originaron en la Antártida y hay otra hipótesis más, de mucha importancia para este estudio que, en su última versión, coincide con los puntos de vista mantenidos por otros investigadores, la de que para la iniciación de las glaciaciones continentales del hemisferio norte se hace necesaria la existencia de un océano Artico desprovisto de casquete helado, al menos al principio, aunque luego haya quedado formado y haya permanecido.

En realidad el principio de la hipótesis de Ewing y Donn ya había sido planteado por Gerner en 1930, considerando un proceso climático autorregulador, según el cual cuando los océanos se calientan aumenta su evaporación, produciéndose una precipitación que, en los lugares apropiados es de nieve, que se convierte en hielo y de acuerdo con el tamaño de la masa glaciada se genera una influencia en el clima hasta llegar a una etapa en la que domina el frío, disminuyendo la precipitación y, junto con la aridez, sobreviene una retirada del hielo (Chizov, 1969).

De la lectura de Wright y Mosley (1975) ayudado por la de los demás artículos del mismo volumen, se saca en conclusión que el Polo geográfico de la Tierra siempre está sometido a un régimen climático capaz de generar una cubierta de hielo, siendo ésta más importante si en posición polar se encuentra una masa continental o un mar cerrado, de tamaño pequeño, condiciones ambas que ahora se presentan, la primera en el Polo Sur y la segunda en el Norte. Al decir ahora, se debe tomar en cuenta que la historia geológica y la paleogeografía nos indican que esta situación comenzó a establecerse desde el Mioceno, por lo cual la posibilidad de glaciación en estos lugares se inicia desde entonces, como parece haber sido.

Por lo anterior, se deduce que muchas de las huellas que se presentan en tiempos geológicos de gran antigüedad pueden deberse, sencillamente, a que en esas fechas los lugares (ahora inclusive tropicales) en los que hubo glaciaciones se debieron encontrar en posición polar. A esto se une la otra posibilidad, la de que esas regiones hayan sido montañas de gran altura, aunque se encuentren en los trópicos, pues montañas de suficiente elevación si reciben la apropiada precipitación, como sucede en Africa del Este y en los Andes, a pesar de estar inmediatas al Ecuador térmico, tienen glaciares.

Las causas que pueden generar una edad del hielo son diversas, como se ha visto, y es muy posible que el fenómeno se deba a la conjunción de varias de ellas, aunque recientemente se centra cada vez más la opinión de que el origen pueda deberse a las posiciones polares de masas continentales o de océanos cerrados. Pero si bien nos vamos acercando a una respuesta para este problema, todavía no está nada claro el proceso por el cual hubo pulsaciones, es decir, alternancias de avances y retrocesos del hielo. Quizá hayan tenido lugar procesos de retroalimentación de algún género que todavía no es posible explicar .

Para terminar puede decirse que la especulación sobre este tema aumenta su interés, pero hace falta reunir más datos.

Las evidencias existentes indican que a mediados del Mioceno ya existía un casquete glacial en la Antártida y que, desde el Eoceno inferior parece que existieron glaciares de montaña que llegaban hasta el mar, pero que el clima general era más bien templado. El movimiento de placas que llevó la Antártida a su actual posición, separándola de Australia, con la que estaba unida, tuvo lugar desde el Mioceno inferior, moviéndose Australia hacia el Norte, con un desplazamiento mayor que el de la Antártida, la cual en comparación, apenas se movió hacia el Sur (Denton, et al., 1971).

En opinión de Hughes, et al. (1977), el Artico estuvo ocupado durante la última glaciación por un casquete continuo de hielo, en el que existían varios domos mayores y que se conectaba directamente con los casquetes continentales de Europa, América y Asia, dejando pequeños espacios sin cubrir, como el mar de Laptev, en el norte de Beringia y el Noroeste de Alaska, lugares en los que el descenso del mar había hecho aparecer grandes planicies, por lo que el hielo del Artico no alcanzaba a cubrirlas ni tampoco en ellas se generaron casquetes ni glaciares de montaña suficientemente grandes como para alcanzar el hielo del casquete Artico.

Por Hunkins, et. al. (1971) sabemos que todas las evidencias sugieren que el Océano Artico ha mantenido un casquete de hielo casi sin cambios por los últimos 80.000 años. Con anterioridad hubo una serie de ciclos con condiciones semejantes a las actuales que alternaron con otros de aún peores, en las que el casquete de hielo estuvo tan cerrado que no permitió aguas libres ni en verano.

En el subcontinente norteamericano el Pleistoceno se ha caracterizado por una serie de

CORRELACION GENERAL DE PULSACIONES DURANTE EL PLEISTOCENO SUPERIOR (WISCONSIN) EN NORTEAMERICA.(diversas fuentes).-

Miles de años aP.	ALASKA	PUGET SOUND	LOBULO DE MICHIGAN	GRANDES LAGOS DEL ESTE		
0					HOLOCENO	0
5						
10	ESTADIAL ANIVIK-TANYA		ESTADIAL GREAT-JAKES	INTER-NORTH BAY		10
	INTERESTADIAL KRUSEUSTERU	AVANCE SUMAS	INTERESTADIAL TWO CREEKS	EST. VALDERS		
				INTER TWO CREEKS		
		AVANCE EVEROA		EST. PORT HURON		
				INTER MACKINAW		
15	ESTADIAL	AVANCE VASHOU	ESTADIAL	EST. PORT BRUCE		15
				INTER ERIE		
	MINT RIVER-WAPTOWNE	ESTADIAL FRASER	WOODFORD	ESTADIAL NISSOURI		
20					PLEISTOCENO SUPERIOR	20
25	INTERESTADIAL		INTERESTADIAL	INTERESTADIAL		25
	WORONZOF	INTERESTADIAL	FARMDALE	PLUM-POINT		
30						30
35		SUPERIOR ESTADIAL SALMON SPRINGS (Desde 70.000 aP.)		ESTADIAL		35
40	ESTADIAL YORK-KUIK (desde 70.000 aP)		ESTADIAL ALTOU (desde 70.000 aP)	INTERESTADIAL		40
45				PORT-TALBOT (desde 52.000 aP.)		45

CUADRO 1

oscilaciones climáticas de las que dan testimonio un conjunto de depósitos causados por la acción del hielo, junto con otros derivados de arrastres fluviales, acción eólica y aluviones de diversos orígenes. Cada uno de ellos denota un tipo de actividad característica, normada por las pulsaciones glaciales: la incisión erosional de los valles durante el inicio de la glaciación; los grandes arrastres del tiempo de terminación del pulso glacial y la formación de suelos en el tiempo de estabilidad relativa que se sitúa entre los pulsos glaciales.

Las huellas y restos de estos procesos cubren un extenso territorio presentándose, localmente, con abundancia de detalles, por lo cual, y para entender el conjunto, hay que dejar a un lado los detalles menores, aquéllos que denotan los fenómenos de poca duración y de intensidad reducida, para poder conjuntar los procesos de mayor envergadura y obtener su correlación general.

Todo Norteamérica estuvo cubierto por una gran masa de hielo que, por el Norte, se extendía hasta alcanzar a cubrir toda la isla de Ellesmere y entrar en contacto con el extremo NW del casquete que cubría Groenlandia. Al Este alcanzaba y cubría Terranova y toda la costa hasta llegar a la altura del actual Nueva York, donde giraba hacia el interior formando un extenso lóbulo que se desprendía desde la región de los Grandes Lagos hasta casi llegar al paralelo 39 de latitud norte. Hacia el Oeste se encontraban otros dos lóbulos menores, llamados respectivamente Des Moines y James, de este a oeste; el borde suriano del casquete, que se ha llamado Laurentido, corría hacia el oeste hasta encontrarse con los glaciares que se originaban en la vertiente este de las montañas Rocallosas. Estos formaban un cuerpo de glaciares independiente que descendían a lo largo de ambas laderas, la del este para juntarse con el borde oeste del casquete Laurentido y la del Oeste para llegar hasta el Pacífico; la isla de Vancou-

ver generaba sus propios glaciares, que coalescían con los desprendidos de las Rocallosas en los estrechos de la Reina Carlota y de Georgia y las islas de la Reina Carlota y el Archipiélago de Alexander estaban cubiertos por los glaciares que se desprendían de la masa continental. Estos glaciares originados en las Rocallosas que descendían hasta el Pacífico, se continuaban con los que bajaban de la cordillera de Alaska, a lo largo del Golfo del mismo nombre y, sin solución de continuidad, proseguían por las Aleutianas cubriéndolas, bordeaban la Bahía de Bristol y la de Kuskokwin para penetrar por la península de Alaska dejando libre de hielos la mayor parte de la Cuenca media e inferior del río Yukón; luego giraba hacia el sur, formando un corredor exento de hielo que tenía del lado oeste los extremos terminales de los glaciares que descendían del extremo norte de las Rocallosas y por el lado este el borde del casquete Laurentido, el cual cubría la cuenca del Mackenzie hasta la bahía del mismo nombre, para unirse, con entrantes y salientes del hielo, a la masa de los de la isla de Ellesmere.

Con independencia de lo anteriormente descrito estaban los glaciares de las montañas de la península de Seward y los de la cadena de Brooks, en Alaska.

Puede decirse que la masa de hielo que cubría Norteamérica estaba dividida en tres regiones mayores: la que dependía del régimen climático del Atlántico; la que pertenecía al continental del interior y del Norte, pues al Océano Artico por estar glaciado puede atribuirsele un carácter también continental, y la sometida a la influencia de la masa oceánica del Pacífico. Es posible que esta última región, que es la de las Rocallosas, mostrase alguna diferencia entre los glaciares que descendían hacia el interior del continente y los que bajaban al Pacífico.

Desde luego, tanto los glaciares de la península de Seward como los de la cadena de Brooks se atenían a la continentalidad producida por su alejamiento de los cuerpos de agua, pues ya se señaló que el Artico estaba helado y el estrecho de Bering era parte de la masa continental de Beringia.

Para Norteamérica se conocen cuatro avances mayores del hielo en el tiempo pleistocénico, de los cuales la mayor información corresponde al último. Esto es algo perfectamente lógico ya que es el más reciente y, por lo tanto, del que más huellas han persistido, sin que ello quiera decir que haya sido el mayor. Al parecer la primera glaciación de la que se han encontrado huellas claras en el borde del antiguo casquete es la que se ha nombrado Nebrasquense; siguió una etapa de deglaciación, el Altoniense, y luego otra glaciación, la Kansense. Al terminar ésta, siguió una etapa de mejoría climática, el Yarmutiense y luego otra glaciación, el Illinoiense. Luego otra mejoría, Sangamoniense y, por último, la glaciación Wisconsin. Al término de ésta se acabó el Pleistoceno y dio comienzo el Holoceno o Reciente, durante el cual se registraron varios avances menores.

Desde luego es comprensible que, de las glaciaciones más antiguas queden pocas huellas, pues al tiempo transcurrido se unen los procesos de erosión y deposición que esos restos sufrieron, siendo de los efectos más poderosos, en lo que a destrucción de evidencias se refiere, el que glaciaciones posteriores hayan pasado sobre los restos de las previas, desmontando y recubriendo sus restos. Así es natural que de la última glaciación sea de la que más huellas persisten aunque, al parecer, la Illinoisiense haya sido la que tuvo mayor extensión.

Para mayor facilidad en este estudio se empleará la nomenclatura general más en uso, la que corresponde a la región interior central de los Estados Unidos de Norteamérica (Frye, 1973) que es en la que se registraron los fenómenos más conspícuos y, quizá, la mejor estudiada y fechada.

La cronología de estos movimientos del hielo no es segura tampoco, salvo para la última glaciación que por otro lado, es la que más interesa, ya que durante su transcurso fue cuando el hombre llegó por primera vez a América.

Para las fases internas de la glaciación Wisconsiniana en Norteamérica nos atendremos a la forma más simplificada, la que toma en cuenta los movimientos del hielo en la parte central sur del casquete, pues hay divergencias según las partes de este casquete, ya que las condiciones no son las mismas, ni mucho menos, en su borde atlántico que al pie oriental de las Rocallosas, ni que en la vertiente de éstas sobre el Pacífico, existiendo de unas regiones a otras diferencias tanto cronológicas como en el número de avances y retrocesos, así como en la categoría de estos (Frye et. al., 1968; Black et. al., 1973).

Hace unos 100.000 años, y desde aquí y en todos los casos la cronología se va a dar partiendo de lo que se conoce como "antes del Presente", estaba en su apogeo el interglacial Sangamon pero de 90.000 y hasta 70.000 sobrevino un fuerte enfriamiento que culminó estableciéndose el estado glacial Altoniense que duró hasta el 28.000; prolongado como fue, sin embargo, su intensidad, en lo que respecta a la cubierta de hielo generada, no fue muy grande. Siguió un subestadio interglacial, el Farmdaliense, entre 28 y 22.000, al que continúa el subestadio glacial Woodfordiense que termina en 12.500 y tuvo una gran intensidad alcanzando a cubrir con sus hielos mucho más territorio que el Altoniense.

Después vino el subestadial interglacial Twocreekense, mismo del que algunos autores dudan, por considerarlo de expresión muy localizada, reducida, además de haber tenido muy corta temporalidad, del 12.500 al 11.000, y después siguió el subestadio glacial Valderense, del 11 al 7.000. Con posterioridad a esta fecha

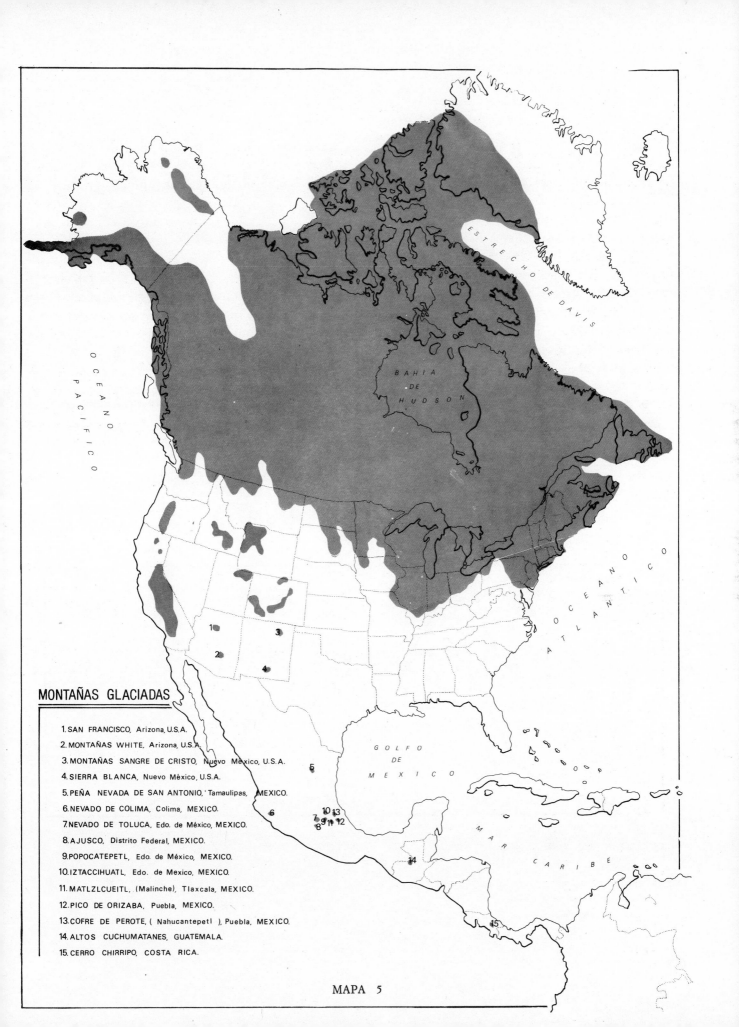

MONTAÑAS GLACIADAS

1. SAN FRANCISCO, Arizona, U.S.A.

2. MONTAÑAS WHITE, Arizona, U.S.A.

3. MONTAÑAS SANGRE DE CRISTO, Nuevo México, U.S.A.

4. SIERRA BLANCA, Nuevo México, U.S.A.

5. PEÑA NEVADA DE SAN ANTONIO, Tamaulipas, MEXICO.

6. NEVADO DE COLIMA, Colima, MEXICO.

7. NEVADO DE TOLUCA, Edo. de México, MEXICO.

8. AJUSCO, Distrito Federal, MEXICO.

9. POPOCATEPETL, Edo. de México, MEXICO.

10. IZTACCIHUATL, Edo. de Mexico, MEXICO.

11. MATLZLCUEITL, (Malinche), Tlaxcala, MEXICO.

12. PICO DE ORIZABA, Puebla, MEXICO.

13. COFRE DE PEROTE, (Nahucantepetl), Puebla, MEXICO.

14. ALTOS CUCHUMATANES, GUATEMALA.

15. CERRO CHIRRIPO, COSTA RICA.

MAPA 5

se suceden una serie de pequeños avances y retrocesos de los hielos que marcan en realidad un retroceso continuo, hasta nuestros días.

Con motivo de que enormes masas de agua, al convertirse en hielo, y ocupar los continentes, el nivel de los mares bajó muchos metros, con bastante precisión puede decirse que durante el Woodfordiense alcanzó cuando menos 70 metros y casi seguro 120. El descenso del mar durante el Altoniense no se conoce bien pero también parece haber sido superior a los 70 metros. Es muy importante tener en cuenta este factor, pues al descender el nivel de los mares se conformó una paleogeografía según la cual se establecieron puentes terrestres entre diversas islas y, el más importante entre Asia y América, ya que la profundidad del estrecho de Bering es poca y con un descenso de 45 metros ambos continentes quedan unidos.

El enorme casquete glaciar que ocupó Norteamérica, conocido como casquete Laurentido, estaba acompañado de una cadena de glaciares que se extendía por todas las montañas Rocallosas, bajando hasta el Pacífico por su vertiente Oeste y en algunos lugares uniéndose por la ladera este al borde oeste del casquete Laurentido. Durante el subestadio glacial Altoniense parece que esta coalescencia de los glaciares de las Rocallosas con el casquete Laurentido no se efectuó en su totalidad, quizá inclusive no tuvo lugar, pero durante el Woodfordiense, mucho más intenso, sí existió a lo largo de casi to-

ALTURA DE LAS NIEVES PERPETUAS EN DISTINTAS LATITUDES EN LA EPOCA ACTUAL. (según LAMB, I.972). -

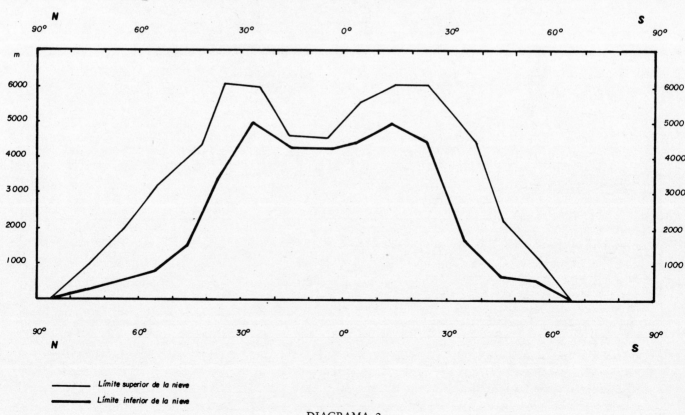

Límite superior de la nieve
Límite inferior de la nieve

DIAGRAMA 2

do el borde del casquete; también parece ser que las fechas de avance de una y otra masa de hielo no son sincrónicas, sino que hay desfasamientos.

La dificultad de establecer correlaciones y teleconexiones con las pulsaciones de los glaciares las tenemos claramente expresadas en el trabajo de McDonald (1971) pues en la región Este del Canadá la estratigrafía wisconsiniana muestra tres avances del hielo, que localmente se han llamado Wisconsin temprano, Wisconsin medio y Wisconsin tardío, separados por dos subestadios, marcados por grandes retrocesos del hielo, el St. Pierre, entre el avance temprano y el medio, y el Port Talbot, entre el medio y el tardío. Ya en esto se muestran algunas diferencias, pero en donde éstas se hacen francamente marcadas es en la cronología, pues el Wisconsin inferior tiene su apogeo entre 75-70.000 años aP., St. Pierre alrededor de 65.000, Wisconsin medio de 60 a 55.000, Port Talbot entre 50 y 25.000 y Wisconsin tardío de 18 a 15.000 años aP.

Esto en términos generales, pues en varios lugares las secciones no sólo no comparten todas las fases, lo cual es frecuente en Geología, sino que tienen fuertes oscilaciones en las fechas.

Al Sur del casquete Laurentido los efectos de las glaciaciones se hicieron sentir con profundas alteraciones en la flora y la fauna y, a lo largo de las Rocallosas, generando glaciares de montaña en numerosos lugares, allí donde la altura lo permitía. Al conjunto se le ha llamado Complejo Glacial Cordillerano y presenta muy interesantes características ya que latitudinalmente, se extiende desde las montañas Cascade, en el Estado de Oregon, hacia los 46" de latitud norte y próximas al Océano Pacífico, hasta los Montes White, en Arizona, el punto más al sur de este Complejo, a los 36" de latitud norte, o sea que cubre aproximadamente 10" de latitud, casi 1.500 km en línea recta, aunque

en la realidad no es así, pues la longitud de los Montes White es de 109°35' y la de las Montañas Cascade es de unos 122°, a lo que se une que los más surianos se encuentran a gran distancia del mar, punto que debe ser tenido en cuenta.

Dentro del Complejo Glacial Cordillerano existieron varios casquetes menores, de montaña, tales como el de las Montañas del Salmón River, Idaho, las montañas Uinta, Utah, la Sierra de Colorado, las Montañas San Juan Colorado y la Sierra Nevada de California.

Más al sur de los restos glaciales de las Montañas White no se encuentra nada semejante hasta que se llega a la región central de México, pero ya dentro de la zona Tropical, pues hasta ahora todos los sitios están al sur del Trópico de Cáncer, salvo los posibles localizados en la Peña Nevada de San Antonio, en la Sierra Madre Oriental, colindancias de los Estados de Nuevo León y Tamaulipas, unos 50 km al norte del Trópico (Flores, 1969).

Siguiendo a Birkeland et. al. (1971), en la región del Oeste del Estado de Washington, el extremo SW de los glaciares de las Rocallosas, hay huellas de un estadio glacial, Salmon Springs, que se inicia aproximadamente hacia 41.000 aP. y termina alrededor de 29.000, para dar paso a un interestadial, Olympia, que dura hasta 18.500; luego se instaura otro estadio glacial, Fraser, con un primer avance, Vashon, de 18.500 a 13.000; un interestadial, Everson, de 13.000 a 11.000 y un pequeño avance, Sumas, que culmina hacia el 10.000.

Para la Sierra Nevada de California hay también huellas de pasadas glaciaciones, que comienzan con la de Mono Basin, anterior a 80.000, fecha en la que termina; sigue un interestadial y luego, en 60.000 da comienzo el avance Tahoe, hasta 40.000, al que sigue un interestadial que termina en 29.000, para dar paso al avance Tenaya al cual, sin que se pueda determinar la presencia de interestadial en cada caso, siguen los avances Tioga e Hilgard, el que termina hacia 9.000 siguiendo otro pequeño avance del hielo, sin nombre, hacia el 7.000, otro más, llamado Recess, en 2.500, y en los últimos 1.000 años uno también sin nombre, primero, y el llamado Matthes, después.

Las glaciaciones registradas en la Sierra de Wind River, en Wyoming, y las de la Sierra Front, en Colorado, participan de los mismos movimientos y de la misma cronología que, con pequeñas variantes, es la atribuida a las glaciaciones del parque Yellowstone, 3.352 m la cumbre más alta, en los Montes Gallakin y sus inmediaciones. Dan comienzo con el miembro inferior de la glaciación Bull Lake, que puede haberse iniciado entre 130 y 120.000 años aP, para terminar en 75.000, con una recesión que

dura hasta 70.000, dando paso a otro avance, el miembro superior de Bull Lake, que termina entre 55 y 50.000. Hay entonces un interestadial que alcanza hasta 25.000, fecha en la cual se sitúa la base del avance correspondiente al detritus glacial Pinedale inferior, seguido del Pinedale medio, fase que termina en más o menos 11.000, reanudándose el avance del hielo en 10.000 con el Pinedale superior, que cierra poco antes de 5.000, con un pequeño interestadial de algo más de 1.000 años de duración, al cual sigue otro pequeño avance del hielo en Yellowstone, que en Wind River y Front presenta dos pulsaciones, y es llamado generalmente glaciación Temple Lake. Finalmente, entre el 950 y el 1850 de nuestra era, tiene lugar otro pequeño avance, Gannet Peak.

9 / Glaciar de montaña tropical, Citlaltepetl.

Sobre la misma región, Porter (1971) es de la idea de que los glaciares de montaña mantienen un cierto grado de sincronía en cuanto a pulsaciones: avances y retrocesos, dentro de tiempos del orden de 100.000 años o más, incluyendo en esta sincronía también al borde sur del casquete Laurentido. Sin embargo, las fluctuaciones de 10.000 años o menos no mantienen la sincronía, pudiendo presentarse discordancias de región a región.

No es posible demostrar que existan causas climáticas para estas variaciones y bien puede ser que se trate de avances debidos a causas isostáticas, o erráticas. Inclusive, aún en los casos en los que las causas pueden haber sido climáticas, las grandes variantes en cuanto a condiciones mediales, tamaño y relaciones de causa-efecto que presentan los glaciares cordilleranos, hacen que se acepten los cambios mayores, primarios, pero que no se puedan establecer sincronías con los de orden secundario.

Con posterioridad a las publicaciones citadas (Pierce, *et. al.* 1976), basándose en fechas de hidratación de obsidiana, pero tomando también cuenta de las existentes de C14, de K-Ar y otros elementos más de fechamiento geológico, llevan la glaciación Bull Lake a más de 140.000 años, o cuando menos a esa fecha, con lo cual quedaría dentro del tiempo Illinois, anterior al interglacial Sangamon. De acuerdo con lo anterior, y por las fechas de hidratación de obsidiana que se han obtenido de mantos de este material, recubiertos con morrenas específicas, la glaciación Pinedale inferior queda entre 75 y 28.000 años, con lo cual es correlacionable con el Altoniense y la que se ha llamado Pinedale medio, con el Woodfordiense, al ser fechada entre 22 y 12.500 años aP. Aparte de sus pulsaciones, la glaciación Pinedale cubre un tiempo total que va de alrededor de 45.000 hasta 14.000 años aP.

Los picos de San Francisco, en Arizona, aproximadamente a los 38°20' de lat. Norte y a los 111°37' de long. W., alcanzan los 3.850 m

en su cumbre más alta, el Pico Humphrey. En la zona NE del conjunto se han localizado pruebas de varios avances de hielo, siendo el más antiguo el Sugarloaf, fechado por Potasio-Argon en unos 500.000 años, por lo cual es pre-Wisconsin, y también un avance, Core Ridge, sin fecha, el más antiguo pero como el siguiente, Wisconsiniano; este otro es el Snowslide Spring, con dos fases, Templana y Tardía. La serie cierra con los acontecimientos Neoglaciales, un temprano y un Tardío.

En la obra que se cita no se dieron los valores métricos de los avances y se recurrió a teleconectar la cronología con la que en aquellas fechas se aplicaba a las Montañas Rocallosas y a la Sierra Nevada (Updike y Péwé, 1970).

Sin duda la expresión más sureña hasta ahora encontrada de las glaciaciones de los Estados Unidos de Norteamérica, se encuentra a los 33°55' de lat. Norte y a los 109°35' de long. W. Tiene dos cumbres mayores, el Pico Baldy, de 3.530 m y el Monte Ord, de 3.461. De ambos se desprendieron glaciares durante el Pleistoceno y se han verificado varios avances: el mayor, Purcell, descendió hasta los 2.850/2.990 m y se considera pre-Wisconsiniano; sigue el avance Smith Cienega, de 2.865/3.050; el Pico Baldy, 2.925/3.150, con dos pulsaciones, una temprana y otra tardía y la serie finaliza con el avance Monte Ord, Neoglacial, que llegó hasta los 3.250. De este avance se tiene una fecha, en el coluvio formado atrás de la morrena, de 2.815 ± 140 años aP., con lo cual se puede inferir que el avance del hielo pudo ocurrir hace unos 6.700 años (Merrit y Péwé, 1972).

Más al Sur de las glaciaciones de Arizona, en el territorio de los Estados Unidos Mexicanos, o República de México, encontramos muy pocos trabajos sobre Geología glacial del Pleistoceno. Es cierto que, al disminuir de latitud las probabilidades de glaciación de montaña se van modificando con el índice altimétrico, es decir, cuanto más al sur, en este hemisferio norte, más altura

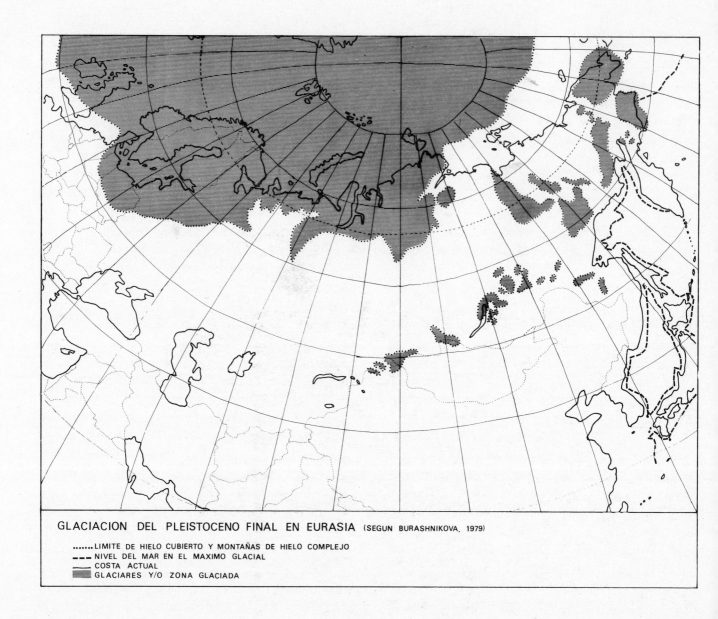

GLACIACION DEL PLEISTOCENO FINAL EN EURASIA (SEGUN BURASHNIKOVA, 1979)

......LIMITE DE HIELO CUBIERTO Y MONTAÑAS DE HIELO COMPLEJO
- - - NIVEL DEL MAR EN EL MAXIMO GLACIAL
—— COSTA ACTUAL
▓▓▓ GLACIARES Y/O ZONA GLACIADA

MAPA 6

sobre el nivel del mar será necesario para que, en tiempos de glaciaciones, se hayan podido producir fenómenos glaciales en las altas montañas, con lo cual disminuyen las posibilidades de encontrar huellas de glaciaciones, salvo en los casos de montañas de gran altura en zonas de suficiente precipitación.

Sin lugar a dudas el primer trabajo sobre Geología glacial de México es el que debemos a Jaeger (1926), pues aunque el tema fundamental de sus investigaciones no era ese, sino el de la Cuenca lacustre de México, incorporó una serie de datos sobre las huellas de glaciaciones en las laderas S, W y NW del Iztaccíhuatl, en las que encontró series de morrenas en diferentes valles, unas, las más bajas, en el valle de Apatlaco, al sur; otra serie de cinco en posición intermedia, en el valle de Hueyatlaco, y una serie alta, de tres morrenas, abajo del glaciar de Ayoloco. No atribuye fecha ni establece correlaciones.

Siguió el estudio de De Terra (1947), quien con algunos recorridos y la inestimable ayuda de fotografías aéreas, además de estudios sobre supuestos niveles del lago de México y de terrazas fluviales de algunos de los cursos de agua que desembocan en dicho lago, estableció una se-

10 / Páramo de alta montaña tropical, Iztaccihuatl.

cuencia paleoclimática que el tiempo ha demostrado no ser correcta. En cuanto a la Geología glacial en obra posterior (De Terra, *et. al.,* 1949) combina factores y elementos y presenta un ordenamiento de nueve fases climáticas entre las cuales las hay con fenómenos glaciales. La más antigua, el Avance Salto, de gran antigüedad, no corresponde a ninguna de las fases establecidas, al igual que sucede con el siguiente, el Avance Xopaná; Salto alcanzó los 3.100 m y Xopaná los 3.200/3.300. Hacia 15.000 aP. sitúa el Avance Trancas, que alcanzó la cota 3.400; por 10.000/9.000 aP. el Avance Ayoloco, localizado por la cota 4.300; luego siguen dos pequeñas morrenas recesionales, entre los 4.475 y 4.480 m, Morrenas 3 y 2 que fechan hacia 2.500 aP., y la serie termina con la Morrena 1, en los 4.535 metros de 1.000 aP.

Cualquier crítica sobre los trabajos de De Terra en México, tras las que ya merecidamente se han hecho, no aportaría nada de valor, pero es preciso señalar que, pese a las graves deficiencias de procedimiento y a lo endeble de las conclusiones, su trabajo fue el agente catalizador que provocó el interés en estos problemas.

Otro aporte a la Geología glacial mexicano es el referente al Nevado de Colima (Lorenzo, 1961a) que, con 4.016 m de altura, a los 19°37' de latitud N y los 103°37' de longitud W, presenta claras huellas de cuando menos dos avances glaciares mayores, uno, el más antiguo, descendió hasta los 3.510 m; otro, más reciente, hasta los 3.665 m. No muy claras también hay huellas de un tercer avance, mucho más reciente, que alcanzó hasta los 3.700 m. Además de las morrenas definitorias de estos avances, existen abundantes huellas de procesos de carácter periglacial.

Sin lugar a dudas se deben a Sidney E. White los mayores aportes a la Glaciología mexicana, pues desde 1954 (White, 1954) ya había señalado, sin especificarlos, restos de pasadas glaciaciones en el Popocatepetl. Poco después ade-

lanta algunos datos sobre el Iztaccíhuatl (White, 1956) y su estudio sobre las huellas de glaciación en este edificio volcánico se plasma en 1962 en dos obras (White, 1962a y 1962b).

El Iztaccíhuatl está formado por una serie de edificios volcánicos en un eje general NNW-SSE que se alinean a lo largo de unos 10 kilómetros, siendo su punto más elevado el llamado Pecho, con 5.286 m. Existen todavía varios glaciares (Lorenzo, 1964a), que dan prueba de lo que debió ser la masa glaciada que, durante el Pleistoceno, cubrió un área muy extensa. La cumbre mayor se localiza a los 19°11' de latitud N y a los 98°39' de longitud W.

Se establecieron las unidades estratigráfico-temporales y las estratigráfico-rocas, calificando primero, como unidad estratigráfico-roca, unos depósitos semejantes a los glaciales, que localiza dentro de depósitos aluviales más antiguos, entre las cotas 2.450/2.950, a los que no atribuye denominación como unidad estratigráfico-temporal y juzga que se trata de un tiempo pre-wisconsiniano. Sigue el depósito glacial Nexcoalango, ya dentro de la etapa Wisconsiniana, en lo que considera sub-etapa Tonicoxco, sin diferenciar avances separados. Sigue la sub-etapa Diamantes, dividida en dos avances, formada por el depósito glacial Hueyatlaco, al que sigue el depósito glacial Milpulco, que es la sub-etapa glacial Alcalican. Sobreviene después el que el autor acepta como intervalo Hipsitermal, parte de la etapa Neotermal, o sea post-Wisconsiniana, en la que encuentra el que llama depósito glacial Ayoloco, subdividido en sub-etapa Ayolotepito y fases recesionales del mismo nombre.

El depósito glacial Nexcoalango alcanzó desde los 2.750 a los 3.050 m; el Hueyatlaco, de 3.135 a los 3.650; el Milpulco, de los 3.630 a los 3.760 y el Ayoloco, de 4.270 a 4.410 m.

De acuerdo con los datos proporcionados por White (1981) en la sub-etapa de glaciación Tonicoxco las áreas estudiadas de Iztaccíhuatl, las laderas SW, W y NW, ocupadas por glaciaciones eran de 100 km², en el primer avance de la sub-etapa Diamantes, 30 km², y en el segundo 24. No da cifras para las sub-etapas Alcalican I y II, pero pueden calcularse en aproximadamente 14 y 6.6 km² respectivamente, y da la cifra de 3 km² para la sub-etapa Ayolotepito. En trabajos anteriores, citados, White a falta de fechamientos directos, estableció una correlación con lo fechado que quedaba más cercano, geográficamente, las Montañas Rocallosas, en su parte de la Sierra Nevada, en California, con los valores que entonces se le atribuían (Richmond, 1955).

A los 23°45' de latitud Norte y 99°50' de longitud W, existe en México una cumbre de 4.016 m de altura, quizá la única de más de 4.000 m que no sea volcánica, pues se trata de roca caliza la Peña Nevada de San Antonio. En ella Flores (*op. cit.*) encontró huellas de dos morrenas, dos avances del hielo, originados en un circo que se apoya en la cumbre, orientado hacia el suroeste. No hay más datos que pudieran ampliar nuestro conocimiento.

Hay que esperar los productos de la investigación inter y multidisciplinaria que la Fundación Alemana para la Investigación Científica llevara a cabo en la zona Puebla Tlaxcala, para obtener nuevas informaciones sobre la Geología glacial de esta parte de América.

Heine y Heide-Weise (1972) presentan un pequeño trabajo en el que dan un esquema sobre los procesos glaciales de la Malinche de Tlaxcala, montaña de 4.551 m de altura, situada aproximadamente a los 19°15' de latitud Norte y 98°02' de longitud W. El trabajo citado, al igual que otros que siguieron y que fundamentalmente eran iguales (Heine y Heide-Weise, 1973; Heine, 1973a y 1973b) contenían una serie de errores de nomenclatura y de correlaciones cronológicas, que fueron señalados por Lorenzo (1973). Heine (1978) sin mencionar la crítica señalada, lo cual tampoco era necesario, corrige los errores anteriores y presenta una nueva cro-

nología fundamentalmente semejante a la que Lorenzo (*op. cit*) había señalado. Es cierto que en el tiempo transcurrido entre el artículo de 1972 y el de 1978 se habían obtenido muchas más fechas de C14, con lo cual era posible afinar la cronología de los subestadiales, de tal manera que, ahora, es posible presentar una correlación mucho más precisa sobre los acontecimientos paleoclimáticos que durante los últimos 40.000 años tuvieron lugar en el centro de México.

La glaciación que según la nomenclatura de Heine y Heide-Weise se ha llamado Morrena I, correspondería a la sub-etapa Diamantes, sin que se pueda establecer con claridad la división en dos avances; su duración quedaría comprendida entre 38.896 ± 1.200 y 25.920 ± 1.000, con la posibilidad de centrar mejor la fecha de su apogeo entre $33.500 \pm$ (3.200 o 2.300) y 27.260 ± 650. Sigue una sub-etapa intraglacial, el Suelo Fósil 1 de Heine, desarrollado entre 20.735 ± 460 y 16.765 ± 550, para dar paso a la sub-etapa glacial Alcalican I, la Morrena II, que debió iniciarse por 14.770 ± 280, tener su apogeo en 12.060 ± 165 y terminar en 11.470 ± 70, cuando se inició el intraglacial que produjo el Suelo Fósil 2, fase que dio paso a la Morrena III, o Alcalican 2, de 11.050 ± 130 a 8.210 ± 300. El Suelo Fósil 3 se forma desde esa última fecha hasta que, hacia 3.095 ± 750 tiene lugar otra sub-etapa glacial, la Ayolotepito, o Morrena IV, a la que siguen una serie de morrenas recesionales, de las cuales la última es de aproximadamente 515 ± 65, la Morrena V.

Según Heine (1978) en el Nevado de Toluca hay restos de las Morrenas I y III, y las IV y V están representadas por glaciares de rocas, o canchales; también el Pico de Orizaba tiene huellas de glaciaciones, estando presentes las Morrenas II, III (con tres avances), IV y V. El Nevado de Toluca se encuentra a los 99°46' de longitud Oeste y a los 19°07', de latitud Norte y tiene 4.558 m de altura; el Pico de Orizaba o Citlaltepetl está a los 19°14' de latitud Norte y a los 99°01' de longitud Oeste, siendo la cumbre más alta de México, con 5.680 m.

Rompiendo el orden de fechas en los trabajos que se refieren a la Geología Glacial, se terminará con el área de México citando un artículo relativamente reciente, antes de pasar a describir lo que se sabe de la América Central en este campo.

En el viejo edificio volcánico Ajusco, en el centro de México (19°13' de lat. Norte y 99°16' de longitud W) de 3.937 m de altura sobre el nivel del mar, se han encontrado huellas de acontecimientos glaciales (White, 1978). Se han identificado cuatro avances glaciales, el primero, glaciación Aguila, alcanzó hasta los 3.000 metros; el segundo, glaciación Santo Tomás, en promedio a los 3.070; el tercero, glaciación Albergue, a los 3.190 y el último, Neoglacial, compuesto de dos movimientos menores, presenta un primer avance hasta los 3.340 y un segundo a los 3.360. Los valles en los que se presentan estas huellas están los tres orientados hacia el norte y en el resto de las laderas hay indudables huellas, de género diverso, que muestran proceso periglaciales.

En los Cuchumatanes, al Oeste de Guatemala, aproximadamente a los 15°25' de latitud N y los 91°32' de longitud W, en los valles altos conocidos como Llanos de San Miguel y Llano Ventura, se localiza un conjunto de restos de pasadas glaciaciones entre los que se cuenta una serie de cuatro morrenas, las que parecen haber sido originadas por una masa de hielo desprendida de los picos inmediatos, cuyas alturas son de 3.837 m, 3.724 m y 3.651 m. Las morrenas están entre los 3.520, la más alta, y los 3.450 la más baja (Hastenrath, 1974).

Aproximadamente a los 9°30' de latitud Norte y 83°30' de longitud W, en Costa Rica, se encuentra el Cerro Chirripó, de 3.819 m de altura en la Cordillera de Talamanca. Cerca de él están el Pico Pirámide, 3.807 m y el Pico de los Ventisqueros, 3.812 m y otros más que sobrepa-

san los 3.700 dando lugar a una serie de valles altos en los cuales hay huellas claras de pasadas glaciaciones. Se localiza un conjunto de tres morrenas, habiendo llegado el mayor avance de los hielos hasta los 3.100 m y otro avance más tardío, también con tres morrenas, de menor tamaño, que alcanzó de los 3.300 a los 3.350. (Weyl, 1965; Hastenrath, 1973).

Tema íntimamente relacionado con el de los glaciares y las glaciaciones es el de los restos de condicionamientos periglaciales que se encuentran en las altas montañas de las bajas latitudes, que no llegaron a tener glaciares. El descenso de la isoterma cero durante un tiempo glacial es fenómeno conocido mediante, por ejemplo, los cambios de vegetación que se acusan en diversos perfiles polínicos que en las latitudes altas indican fuertes cambios en la vegetación, más marcados todavía cuando interviene el factor altimétrico.

Aceptando esta norma existen posibilidades de encontrar huellas de suelos estructurales, los característicos de las zonas sometidas a fuertes alteraciones de temperatura diarias y estacionales, en lugares como el Cerro de la Encantada, en Baja California, a los 31° de latitud Norte y de 3.069 m de altura, por las crestas que corresponden al Estado de Chihuahua, en la Sierra Madre Occidental, de cumbres superiores a los 3.200 m y en la misma sierra, más al sur, el cerro de Huehuento, en el estado de Durango, de 3.150 m. Sin lugar a dudas en el Cerro Potosí, 24°40' de latitud Norte y de 3.635 m de alto, el Tancítaro, en Michoacán, de 3.845 m, el Teotepec, en Guerrero, de más de 3.700 m, la cumbre del sistema del Cempoaltepec en Oaxaca, de 3.396 m y otros muchos más, como el Tacaná, en la frontera de México con Guatemala, de 4.060 m.

En Centroamérica existen también cumbres que pudieran haber estado sometidas a procesos periglaciales, como el volcán de Acatenango, en Guatemala, 3.978 m, o el de Chiriquí, en Panamá, de 3.477 m, pero en estos dos casos como en otros, por tratarse de edificios volcánicos recientes, o todavía activos, las huellas de los procesos a que nos referimos si es que existieron están cubiertas o destruidas.

Es posible pensar que los restos de glaciaciones, de condicionamientos periglaciales, cuando se encuentran en las zonas tropicales o subtropicales, al ser estudiados y fechadas sus pulsaciones, proporcionen informes de gran importancia en cuanto a los debatidos puntos de cronologías y fases reales de estos procesos, asunto de enorme interés para el conocimiento de la paleoclimatología de estas regiones y su concatenada paleoecología.

Del centro de México puede hipotetizarse, pues todavía las observaciones son escasas (Lorenzo, 1969), que los glaciares se nutren, o se forman, cuando las precipitaciones veraniegas y otoñales, las más abundantes, al caer en las grandes alturas, en forma de nieve, se conservan, debido a las bajas temperaturas reinantes y a la mayor nubosidad, que impide la insolación y la sublimación. La imagen veraniega u otoñal como la que produce una glaciación no es sencillo aceptarla, salvo si se tiene en cuenta que, en el invierno, la época fría, el total de precipitaciones es de un 6% del anual, siendo del 26% en primavera, 56% en el verano y 13% en otoño. Esto permite suponer que en las bajas latitudes las glaciaciones de montaña corresponden al inicio de una glaciación en las altas latitudes, cuando la precipitación es alta, las temperaturas son bajas, pero aún no se instaura el anticiclón polar en su máxima extensión hacia el sur, que provoca condiciones de gran sequedad. Durante un máximo glacial de alta latitud, los glaciares de las bajas se mantendrán estables, quizá con alguna pérdida, por falta de precipitación que compense la fuerte pérdida por ablación.

En términos de ciclo mayor esto significa que el avance de los glaciares de zonas tropicales y ecuatoriales podría muy bien tener lugar en el tiempo de una glaciación general mayor, pero al principio de ella, estabilizándose la masa de hielo,

perdiendo tamaño durante el máximo, pudiendo avanzar de nuevo al inicio de la deglaciación, cuando vuelven a mejorar las precipitaciones localmente. Claro está que si la montaña es de suficiente altura como para tener la isoterma cero en posición lo bastante baja como para que queden extensas áreas de sus laderas cubriéndose de nieve, se pueden tener lenguas de hielo que desciendan muy adentro de la región no apta, dejando morrenas y otros restos de glaciación en cotas bajas, sin que esto signifique una refrigeración mayor. A este respecto, lo hasta ahora estudiado de restos de procesos periglaciales en bajas latitudes (Lorenzo, *op. cit.*) indican que el fenómeno parece haberse reducido a la inmediata vecindad de las masas de hielo, no a una cota extendida en la que se diesen las condiciones necesarias.

Un fenómeno asociado con las glaciaciones y sus alternancias climáticas es el registro que ha quedado de cómo, durante el Pleistoceno, se formaron una serie de cuencas lacustres y lagos aislados que luego desaparecieron, o de los que quedan mínimas representaciones en la actualidad. Su importancia, en nuestro tema, es grande, pues es bien sabida la afinidad que el hombre ha tenido por los cuerpos de agua, lagos, sobre todo en aquella etapa cultural en la que su base económica era la cacería y la recolección, ya que las orillas de los lagos proveían abundancia de aves, pesca y animales que allí iban a abrevar. Pero además de estos factores está el paleoclimático, pues muchos de esos lagos, más bien sus huellas, se encuentran en lugares que ahora son desérticos o semidesérticos, lo que indica alteraciones de mucho interés.

Yendo de Norte a Sur, los primeros lagos pleistocénicos que atraen la atención son los formados en el borde sur del casquete lauréntido. Unos se formaron a partir del represamiento que generaba la misma masa de hielo del casquete, al impedir el drenaje natural, pues ocupaba el curso medio de algunos ríos que fluían normalmente hasta encontrarse con la barrera de hielo;

otros como producto natural de los arroyos pro-glaciales, surgidos de los varios lóbulos glaciales, que en su fusión primaveral y veraniega enviaban agua abundante en sentido opuesto al del drenaje topográfico, formando así un embalse; parte de este mecanismo es el de las depresiones topográficas causadas por la isostasia, esto es, la depresión que la gran masa de hielo causó en la corteza terrestre en esa región. La mayor parte de los cuerpos de agua corresponden a etapas de deglaciación y de entre ellos podemos citar, como los más importantes el Maumee, el Champlain y el mayor de todos, el Agassiz (Mayer-Oakes; 1967).

Más al Sur, entre los meridianos 111°30' y 121° de longitud Oeste, y los paralelos 35°30' y 42° de latitud Norte, existieron una serie de

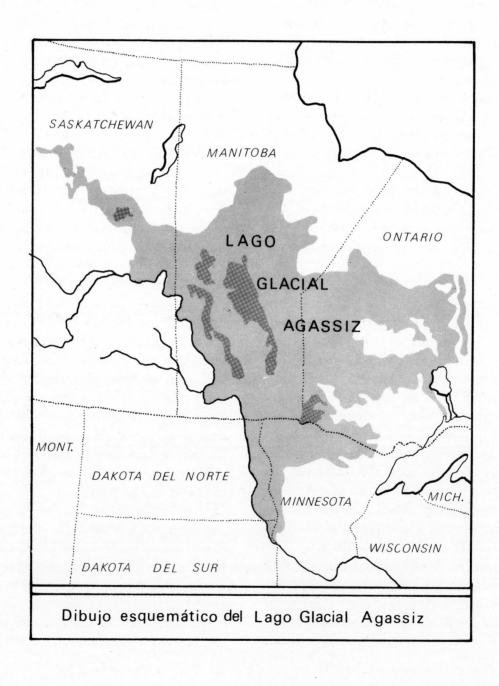

Dibujo esquemático del Lago Glacial Agassiz

MAPA 7

lagos de los que los más grandes eran el Bonneville y el Lahontan. Del primero quedan todavía huellas, los pequeños lagos Bear, Grand Salt, Utah y Sevier, del segundo en los Pyramid, Tahoe, Humboldt y Walker. Muestran haber tenido grandes fluctuaciones en el pasado, lo que se discierne de los varios niveles de playas y de suelos entreverados, testigos de transgresiones y regresiones (Morrison y Frye, 1965).

En esta región se han identificado dos glaciaciones de edad wisconsiniana, de las cuales la primera fue mucho más extensa y duradera que la segunda más tardía, lo cual se refleja en el nivel de los lagos Lahontan y Bonneville, en los que hay registrada una elevación de nivel de gran importancia, Eetza y Alpine, más alta y extensa que la segunda, Sehoo y Bonneville-Draper, hecho curioso pues, en el Oeste medio de Norteamérica la primera glaciación wisconsiniana, el Altoniense, fue menor que la segunda, el Woodfordiense.

Siguiendo a Morrison (1968) este tipo de lagos se atribuye a lo que llama un pluvial, o sea a lagos que se deben a la respuesta a cambios climáticos primarios causantes de grandes fluctuaciones periódicas en volumen y extensión de las aguas, creyéndose que la mayor parte, si no todos, son de edad cuaternaria. En América del Norte la concentración mayor de estos lagos se encuentra en la llamada Gran Cuenca, el Norte de la provincia fisiográfica conocida como de Cuenca y Sierra. En esta región tan extensa, árida o semi-árida, sin drenaje al mar, existen muchas cuencas intermontanas, cerradas, que se formaron en el Plioceno final y en el Pleistoceno, a causa de afallamientos de gran ángulo. En el tiempo del Pleistoceno final existieron más de 120 lagos, aparte de los dos grandes ya mencionados, entre ellos el sistema Russel-Lago Manley. Se ha podido establecer una correlación directa entre las fluctuaciones de los glaciares y las de los cuerpos lacustres,

de tal manera que a un avance de los hielos, corresponde una subida de nivel de los lagos.

Fuera de esta región parecen haber tenido el mismo mecanismo el Lago Searles, en California, y algunos otros, más pequeños, en Texas (Butzer, 1971).

Sin embargo, Morrison (*op. cit.*) piensa que la correlación entre glacial-pluvial, para estas regiones, puede tener validez cuando se trata de los acontecimientos mayores, pero que las fluctuaciones menores se atienen a mecanismos diversos y no es posible establecer correlaciones efectivas para estas pulsaciones de menor categoría.

En la zona Norte de México, fisiográficamente conectada con el sur de los Estados Unidos de Norteamérica, en el altiplano Central Norte, así como en el Central y en el Noroeste, existen huellas de que, durante el Pleistoceno, hubo grandes lagos. Se distinguen dos grandes cuencas, la del Norte, genéricamente asociada al Bolsón de Mapimí, y la Nor-Central o de El Salado. En la primera se agrupan, en la ac-actualidad, un total de 13 cuerpos de agua o sus remanentes estacionales y en la segunda 17 (Alcorta, 1964). Es difícil pensar que, en cada conjunto, haya habido un solo lago, en cada caso, y que por causas climáticas en tiempos postpleitocénicos, se haya fragmentado en los diversos cuerpos de agua que ahora, precariamente, persistan, pues se dan casos, como el de Babícora, en Chihuahua, que si bien se incorpora al conjunto, del Bolsón de Mapimí, se encuentra a unos 2.200 m, es prácticamente imposible que haya podido formar parte de los que están más al Este, en las partes llanas del mismo Estado, más bajas.

Prosiguiendo con la descripción general, nos encontramos con uno de los pocos cuerpos de agua de México que ha sido objeto de estudio, la laguna seca de Chapala en Baja California, centrada en los 29°15' de latitud Norte y los

Mapa mostrando la expansión máxima de los lagos pluviales de la Gran Cuenca
durante el Pleistoceno Superior.

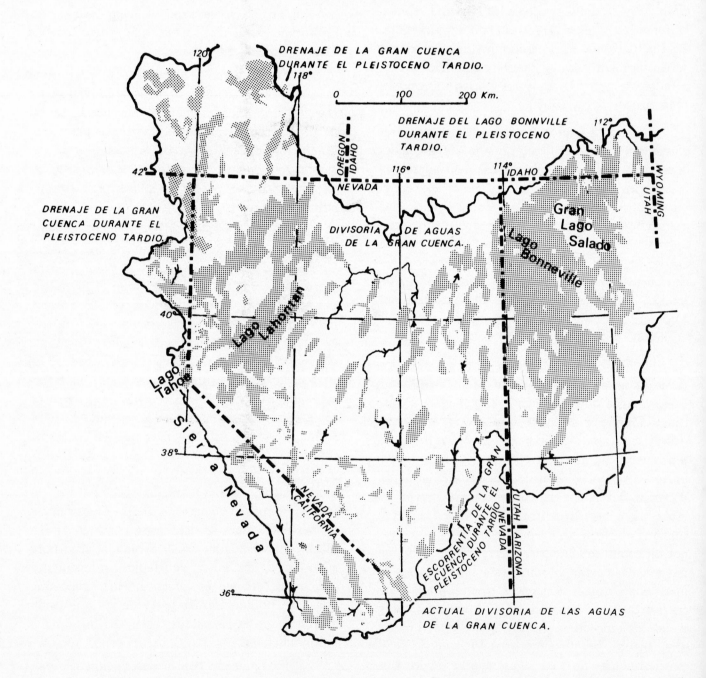

DRENAJE DE LA GRAN CUENCA
DURANTE EL PLEISTOCENO TARDIO.

0   100   200 Km.

DRENAJE DEL LAGO BONNVILLE
DURANTE EL PLEISTOCENO
TARDIO.

DRENAJE DE LA GRAN
CUENCA DURANTE EL
PLEISTOCENO TARDIO.

DIVISORIA DE AGUAS
DE LA GRAN CUENCA.

Gran
Lago
Salado

Lago Bonneville

Lago Lahontan

Lago Tahoe

Sierra Nevada

NEVADA
CALIFORNIA

ESCORRENTIA DE LA GRAN
CUENCA DURANTE EL
PLEISTOCENO TARDIO

UTAH ARIZONA
NEVADA

OREGON
IDAHO
NEVADA

IDAHO

WYOMING
UTAH

120°   118°   42°   116°   114°   112°   40°   38°   36°

ACTUAL DIVISORIA DE LAS AGUAS
DE LA GRAN CUENCA.

MAPA 8

80

11/ Lago Pleistocénico del NE de México, Baja California.

114°15' de longitud Oeste, y a unos 450 m sobre el nivel del mar (Arnold, 1957), lugar en el que se ha encontrado una secuencia de cinco terrazas que indican importantes fluctuaciones pluviales durante el Pleistoceno. Según se verá, aquí se han localizado huellas obvias de presencia humana, que serán discutidas en el lugar oportuno.

Aunque parte del conjunto de lagos que se incluyen en la unidad mayor llamada El Salado penetran en la zona tropical, dentro de ésta existen una serie de lagos, o restos de ellos, todos atribuibles a cuencas endorreicas, de los que se mencionarán algunos, dejando la referencia general a lo citado por West (1964). Dentro del territorio actual de México existen una serie de lagos, de los cuales se deben establecer diferencias, dentro del propósito que guía este estudio, pues por un lado tenemos lagos generados recientemente por represamientos ocasionados por mantos de lava, como quizá el ejemplo más aparente es el lago Zirahuen, en Michoacán, junto con otros, resultado de procesos de "horst" y "graben" (pilar y fosa) tal como ejemplifican la cuenca de México y, posiblemente, la Cuenca de Oriental, a lo que se unen casos de lagos producidos como parte de sistemas de fallas mayores, ejemplo de lo cual es el lago de Chapala, o, como derivado de las anteriores, por fallas tensionales, el sistema Atotonilco-Sayula-Zapotitlán.

Originados por procesos de represamientos causados por mantos de lava que cerraron, represando, sistemas fluviales sobre todo superiores, generando lagos de esta manera; de entre ellos, podemos señalar los lagos de Pátzcuaro, Zacapu y el mencionado de Zirahuen, siendo algo más complicados, por la intervención de la tectónica, los de Yuriria-Cuitzeo, el de Lerma y el citado Chapala. También volcánico en su origen es el de Catemaco, sobre el Golfo de México.

De carácter también tectónico, pero en la respuesta atribuibles a procesos cársticos, son los de Ahuacatenango y Amatenango, de los que se hablará más adelante. Plenamente cárstico es el conjunto que Alcorta (*op. cit.*) denomina Quintana Roo, enclavado en el vértice de los Estados de Campeche, Yucatán y Quintana Roo, en México, sobre formaciones estrictamente de calizas marinas.

En la zona fronteriza entre México y Guatemala, en las tierras altas, se encuentra el conjunto de lagos cársticos que se llaman Tepancoapan-Tziscao-Montebello, dignos de estudio.

En Guatemala abundan los lagos de origen volcánico, tales como los de Atitlán, Amatitlán e Izabal. Frontera con El Salvador, se encuentra el Guija, y en este último país Coatepeque y el Ilopango. En Honduras está el Yojoa, exorreico, y en Nicaragua el Managua y el Nicaragua, terminando con el Arenal, en Costa Rica.

No hay datos que permitan comentar su comportamiento durante el Pleistoceno, salvo que, en algunos de ellos, se han registrado datos indicadores de haber sufrido fluctuaciones de importancia en tiempos juzgados pleistocénicos.

Otro renglón del tema de los cuerpos de agua que existieron en el Pleistoceno, es el relacionado con las lagunas costeras, o albuferas, tan ricas o más en posibilidades explotativas por el hombre que los cuerpos de agua dulce. Formadas por la combinación de barras litorales y deltas fluviales, son, geológicamente, de corta vida, pero suficiente para haber dado lugar a asentamientos humanos en sus riberas durante los últimos milenios del Pleistoceno, nuestro tema.

Hacer la larga enumeración de todas las que existen a lo largo de las costas Atlántica, Pacífica y del Golfo en Norte y Centro América, no conduciría a nada concreto, pues a las albuferas se deben unir, bajo el mismo punto de vista de posibilidades para el hombre, los estuarios. Sin embargo, esta magnífica posibili-

12 /Lago altiplánico de México, Patzcuaro.

dad tiene graves impedimentos. Por un lado los yacimientos más antiguos que, como es natural debieron estar situados en las orillas del mar en el tiempo en el que se ocuparon, perdonando la perogrullada, resulta que ahora deben encontrarse a algunas decenas de metros bajo el nivel del mar actual; otros, establecidos en las orillas internas de las albuferas, es posible que ahora se encuentren a bastantes metros por debajo de la actual superficie, por el mantenido azolvamiento, al igual que sucede con otros posibles asentamientos, los establecidos en los canales de las formaciones deltaicas. A este panorama desolador hay que unir la tectónica, local, zonal o regional, que ha producido levantamientos de las costas, desalojando con ello los sitios ocupados por el hombre a alturas que desorientan a los investigadores, o hundimientos que hacen que los sitios habitados se encuentren bajo el agua, o bajo sedimentos.

El potencial de estos posibles sitios es grande, pero requiere un cambio de perspectiva en los planteamientos tácticos.

Efecto de las alteraciones climáticas fueron una serie de modificaciones en la Geomorfología, de carácter temporal, como los avances y retrocesos de las masas de hielo, la formación y desaparición de grandes lagos, el descenso de nivel de los mares, con la ampliación de las llanuras costeras, formación de puentes entre islas o unión de unos continentes con otros, y la elevación de ese nivel de los mares, disminuyendo la extensión de las costas, provocando insularidades y aislando continentes. Todas estas variaciones en las formas del paisaje debidas a las oscilaciones climáticas, estuvieron unidas a profundos cambios en la flora y la fauna.

Una aproximación a las condiciones climáticas imperantes en el hemisferio norte durante una etapa glacial, sin que comporte cambios geomorfológicos, ni alteraciones biológicas, sería tomar en cuenta las que existen durante el invierno, admitiendo de antemano que no son precisamente iguales, puesto que no se trata de un ciclo de tan corta temporalidad, sino muchísimo más largo, de milenios de duración, y si tomamos un invierno como modelo se está forzando la situación, por ejemplo, en cuanto a que en ese lapso disminuye la insolación, hasta el punto de que en algunas latitudes es nula, lo que no sucede durante un glacial, ya que existen veranos, admitiendo que durante éstos la insolación veraniega aunque presente es de temperaturas más bajas. Lo que sí parece semejarse mucho es la circulación atmosférica.

En las descripciones generales sobre medio físico y biológico de América que han precedido a estas páginas, se encuentran algunos datos que puedan dar base a ciertas interpretaciones sobre el tema que aquí se inicia, pero que requiere un mayor desarrollo y una mejor señalación de problemas y situaciones, sin por ello llegar al detalle refinado. Así se deben dar a conocer ciertos elementos meteorológicos del Ártico, para una mejor comprensión de lo que puede haber sido durante una etapa glacial.

Actualmente los registros de temperaturas indican promedios invernales (de octubre a mayo) entre los -18^0C y los -28^0 que, en los meses más fríos (enero o febrero) alcanzan los -25^0C y -41^0C. Durante los meses veraniegos ascienden las temperaturas, pero rara vez están por encima de los 10^0, con la peculiaridad de fuertes oscilaciones diarias, hasta de 20^0C en pocas horas. Estas bajas temperaturas se hacen todavía más insoportables en ciertas regiones cuando van acompañadas de fuertes vientos cuyas velocidades pueden alcanzar los 38/50 m por segundo. A estas temperaturas se unen precipitaciones bajas, entre los 200 y 100 mm anuales, pues la presencia del anticiclón polar mantiene una zona de baja presión, con grandes calmas (Zavatti, 1967).

Por esta causa se sitúa el llamado frente polar hacia los 60^0 de latitud Norte durante

GRAFICO 1

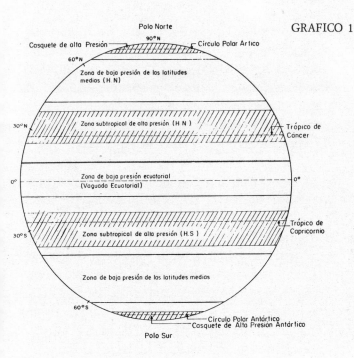

Zonas de alta y baja presión atmosférica en superficie que dan origen a los vientos superficiales.

GRAFICO 2

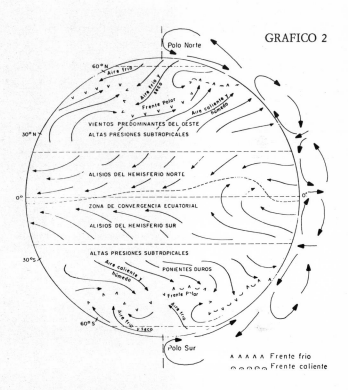

Fajas o cinturones de vientos. Circulación superficial zonal en una tierra sin continentes.

GRAFICO 3

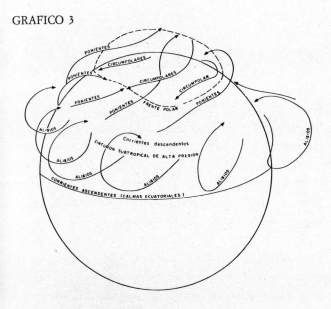

Perspectiva que muestra cómo se mantiene la continuidad de la circulación atmosférica en el hemisferio norte, mediante circuitos cerrados formados por vientos y corrientes ascendentes y descendentes en el plano vertical.

85

el verano, que en el invierno puede descender unos 10°, o algo más. Este frente frío adquiere, en visión polar, una forma ondeada en la que se significan hasta seis lóbulos u ondas incipientes que penetran en latitudes más bajas. Estas ondas del vértice circumpolar en un momento dado comienzan a recibir vientos del sur, los contralisios, por las vaguadas intermedias, mientras las ondas comienzan a desplazarse, en número de 4, inclusive sólo tres, primero hacia el este y luego hacia el sur, invadiendo regiones de latitud media y alcanzando hasta las de baja, con una secuela de ciclones subtropicales, anticiclones y vórtices ciclónicos fríos.

En términos más concretos esto significa que durante un invierno (una glaciación) se desprenden del anticiclón ártico unas masas de aire frío que viajan hacia el sur, vaguadas polares alargadas hacia el Ecuador que dan lugar a ciertos remolinos aéreos, llamados vórtices subtropicales, las que tienen la tendencia de aparecer hacia fines de enero, principios de abril en las costas occidentales de América del Norte que, al entrar en la masa continental, provocan lluvias en las partes bajas y fuertes nevadas en las montañas. Cuando se trata de años particularmente fríos estos vórtices penetran en tierra más al sur, por lo que en la altiplanicie de la República mexicana ocasionan lluvias invernales, que son nevadas en las altas cumbres. Es posible, que en algunos años, también hagan acto de presencia en los meses veraniegos, julio y agosto, interrumpiendo el movimiento normal de los alisios profundos y modificando el movimiento natural del avance y las trayectorias de los sistemas depresionarios típicos del verano, tales como los ciclones tropicales u ondas del este.

También se producen otros procesos climáticos invernales, específicos, los que en México son conocidos como "nortes", frentes fríos que se originan en las planicies del centro de Norteamérica, acompañados de fuertes vientos que soplan con velocidad extraordinaria sobre las aguas del Golfo de México durante el invierno y la primavera, manifestándose con gran violencia sobre las costas mexicanas de dicho Golfo, alcanzando hasta el Istmo de Tehuantepec y la península de Yucatán.

La gran masa de aire continental polar que se derrama puede ser un "norte somero", cuando recorre la trayectoria dicha, sin afectar el altiplano, a ser "norte profundo" cuando se origina en la Gran Cuenca estadounidense y, entonces sí penetra en la altiplanicie. Los que afectan las costas del Golfo, son secos en su origen, pero adquieren humedad al pasar sobre las aguas, con lo cual producen fuertes precipitaciones invernales, además de baja en la temperatura; los que afectan la altiplanicie son secos y fríos, produciendo bajas temperaturas y, a veces, precipitaciones en la zona central de México, al encontrarse vientos húmedos que provienen del SW.

Entre junio y agosto, si es que se presenta esta vaguada, produce una canícula, caracterizada por unas semanas de sequía intensa en las zonas afectadas.

Es factible que, al predominar sobre México y el Centro de los Estados Unidos de Norteamérica sistemas circulatorios que son más típicos en el invierno, no hayan hecho acto de presencia las ondas del Este, que son ondulaciones de los alisios profundos presentes en la temporada veraniega, portadoras de humedad que se traduce en lluvias de convección a lo largo de la Sierra Madre Oriental.

Algo que debe tenerse en cuenta con las consecuencias de una glaciación, en la referente al clima entonces reinante en baja latitud, es lo que pueda haber acontecido con los ciclones tropicales, los huracanes del Caribe, Centroamérica, México y el Sureste de Norteamérica, así como los menos frecuentes que corren por el Pacífico, del Golfo de Tehuantepec al extremo

Sur de la Península de California o por las costas NW de México.

Los ciclones se forman en las regiones oceánicas en las que reinan las calmas ecuatoriales y en el verano, más bien a fines de éste y principios del otoño, cuando el calentamiento de los océanos alcanza su máximo, pues es entonces cuando las calmas ecuatoriales se desplazan hacia el norte, soliendo aparecer entre los 6° y 20° de latitud Norte, en el Atlántico. La región que nos interesa en este caso, y en las mismas latitudes del hemisferio Norte en el Pacífico oeste. En el hemisferio Sur se forman en el Pacífico central, y en el Oeste, así como en el Océano Indico. Es notable el hecho de que en el Atlántico Sur los ciclones tropicales no se registran, lo que sin duda es debido a que las calmas tropicales no pasan del Ecuador hacia el Sur. La incidencia más alta de los ciclones es en el mes de octubre y, normalmente, su presencia es notable desde agosto, sobre todo en el área del Caribe y del Golfo de México, habiendo muchos que, originándose en esa zona, saltan con facilidad por la zona istmica centroamericana para conformarse en la región correspondiente del Pacífico. Su trayectoria es de Este a Oeste, inicialmente, para luego cambiar de rumbo y moverse hacia el Norte, en unos casos Noroeste, en otros Noreste, siendo más frecuente la primera dirección (Pettersen, 1951).

En trabajo breve, pero exhaustivo en cuanto a la información que incluye, 34 citas bibliográficas en dos páginas de texto, Adam (1975) dice que los ciclones tropicales deben haber sido muy raros, o haber dejado de existir durante las glaciaciones, pues no se dan las condiciones necesarias para su formación en los océanos, por el descenso de la temperatura del agua.

Es de mucha importancia el que, en Centroamérica, su límite sur sea la subpenínsula de Mosquitia y se puede pensar, razonablemente, que durante un máximo glacial, al ser imposible que las calmas ecuatoriales alcanzasen la extensión que ahora tienen, unido a una refrigeración de las aguas oceánicas, los ciclones del Caribe y del Golfo hayan desaparecido, como tales, se hayan restringido en tamaño o bien hayan ocupado regiones mucho más sureñas que las que en la actualidad ocupan. Cualquiera de estas posibilidades implica que, en ciertas regiones, la precipitación debió disminuir en relación directa con la ausencia o debilitamiento de los huracanes, lo cual supone una grave disminución de las precipitaciones en su total anual.

Interesante es el contemplar el diagrama de Koeppen, para el límite inferior de las nieves, de acuerdo con las latitudes, pues según se puede observar entre los 5° de latitud Sur y los 20° de latitud N exista una depresión en el límite altitudinal (en este caso) de las nieves, posiblemente debido al incremento de la precipitación, que va unido al de una mayor nubosidad y un aumento de la refrigeración, el primero a causa de la mayor lluvia, el segundo causado por ella. Esto, una vez más, nos lleva a prestar atención a la gráfica en la que se muestra como, una situación invernal de nuestros días, para el hemisferio norte, puede ser tomada como modelo para lo que sucedió en el mismo hemisferio durante un glacial y la situación veraniega, el equivalente a un interglacial con las precauciones necesarias en cada caso.

Indudablemente queda por resolver el intrincado caso de qué es lo que aconteció en la zona ecuatorial, a lo que se une indisolublemente lo que pasaba en el hemisferio Sur. No hay una respuesta concreta acerca de, si durante una glaciación del hemisferio Norte, en simultaneidad tenía lugar otra en el Sur, o eran opuestas o, simplemente, desfasadas. Con esto se implica, a la vez, el no poder decidir si las franjas climáticas estaban sometidas a una especie de pulsaciones que las hacían desplazarse uniformemente en cada hemisferio, llegando de esta manera a comprimirse en la zona ecuatorial, incluyendo en esta constricción la desaparición de alguna, lo cual acontecería en el caso de simultaneidad en tiempo e intensidad, o si, por el contrario y en caso de haber un desfasamiento, el Ecuador térmico viajaría intruyendo en un hemisferio o en el otro, con su secuela de franjas climáticas, pero substancialmente permaneciendo igual.

Ante esas conjeturas se nota de inmediato la falta de información concreta.

Hasta ahora lo poco que se sabe de la Paleoclimatología tropical en el Continente Americano parece señalar una aridificación de los trópicos (el de Cáncer, al menos) durante una glaciación de altas latitudes, y a la disminución en pluviosidad acompaña una baja de temperatura. Un índice de pluviosidad más bajo que el actual en la zona ecuatorial es comprensible en el hemisferio Norte, por la modificación que las masas glaciadas continentales pueden haber causado en la circulación general, fenómeno que comportaría la disminución en las precipitaciones sin llegar por ello a un tipo de sequía de carácter grave, a la vez que el descenso de temperatura general, también se haría notable. Esta nota es incontrovertible a la luz del hallazgo de restos de glaciaciones pleistocénicas en regiones tropicales, no de excesiva altura. Queda pendiente un aspecto muy importante, que es el de la cronología de estos fenómenos.

En el Suroeste árido de los Estados Unidos de Norteamérica las precipitaciones invernales son las de mayor importancia y se producen por movimientos ciclónicos que se originan en el Pacífico; ahora bien, sucede que en años muy fríos este movimiento de oeste a este se desplaza mucho más al norte, o no alcanza las costas americanas, con lo cual se intensifica la sequía. De otro orden pero algo semejante sucede por la costa Atlántica, donde la trayectoria de las tormentas de media latitud, que viene del este, también sufre alteraciones de rumbo y de

intensidad con el avance hacia el sur del frente polar. (Bryson y Julian, 1963).

La cuña de vientos húmedos del Oeste parece que se estabiliza y mantiene por ciclos relativamente largos, provocando un cambio notable en las condiciones climáticas de la región en la que actúa. Esta cuña de vientos del oeste cuando es fuerte alcanza hasta la zona de los Grandes Lagos, con fuertes vientos, pero secos, aunque cálidos y, si son débiles, reduciéndose al Suroeste, son fríos y húmedos, aunque también pueden ser secos.

Una situación interesante es la que se presenta en el SW de Norteamérica que afecta desde el Oeste de Texas hasta California y desde el Norte de México hasta los Estados de Utah y Colorado. Por presentar un sistema de vientos que sufre una reversión anual casi completa, acompañados de lluvias, se ha llamado "monzón mexicano", a pesar de que no cumple con la posición geográfica que se atribuye a tal fenómeno meteorológico, el presentarse en las partes orientales de los grandes continentes, en los trópicos, de éstos, aunque también pueden hacer acto de presencia extratropicalmente.

En el SW tenemos lluvias en dos estaciones, las de verano, de mayo a octubre, con un 60/70% del total, y las de invierno, de diciembre a febrero, con 40/30%. Al Este y Sur, en Texas y el altiplano norte de México, el valor de las lluvias veraniegas en más alto y al Oeste y al Noroeste las lluvias de verano disminuyen, siendo de un 35 a 45% en la California del SE y del 44% en Salt Lake City.

Esta doble temporada de lluvias se debe a que, por una parte, en julio y agosto se tiene el influjo de las masas de aire del Caribe que penetran muy adentro del Continente por el movimiento de la celda de alta presión del Este del Pacífico hacia el NE, con lo cual la extensión hacia el Oeste del lado SW de la celda de alta presión de Bermuda hace llegar vientos húmedos al SW. La llegada y la intensidad de estas lluvias

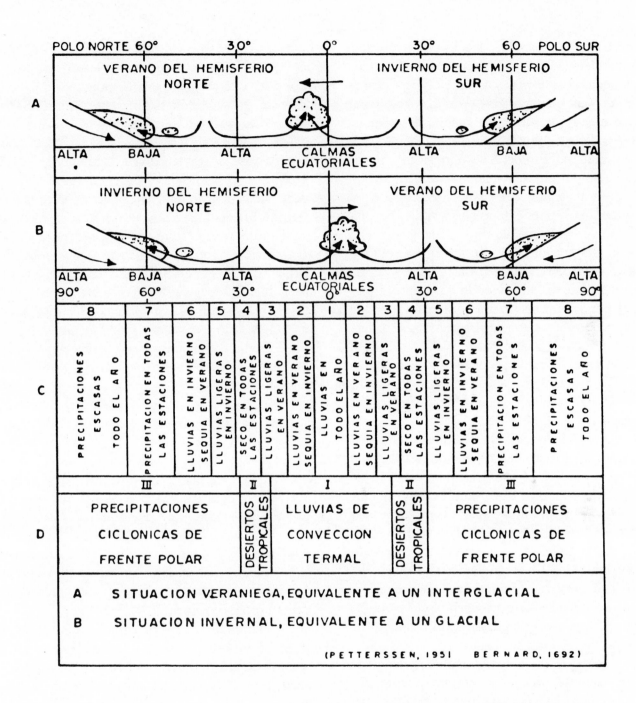

Modelos de alternancia climática estacional.

GRAFICO 4

es mucho menos variable que la de las tormentas invernales, lo que indica que las plantas anuales veraniegas y la fauna de herbívoros asociada padecen menos temporadas de disminución por sequía que la que sufren las anuales de germinación debida a las lluvias invernales.

Este monzón del SW, o mexicano, puede ocasionarse por el calentamiento continental producido en la región del Oeste Medio y de los Grandes Lagos, pues entonces se produce un desplazamiento hacia el Polo de las celdas subtropicales de alta presión, con transición hacia el Oeste de la celda veraniega del Mar Caribe y un reforzamiento de los alisios, en lo que también participa, por las mismas causas originales, cuando la celda semiestacionaria de alta presión del Atlántico se desplaza hacia el Norte y al Oeste de su posición normal. Esto sólo puede suceder cuando las temperaturas de las altas latitudes del hemisferio Norte están por encima de las normales (Martin, *et. al.,* 1961).

Por todo lo indicado los autores señalados en el párrafo anterior hacen ver que el llamado Altitermal del SW no fue de sequía, como se ha mantenido por tantos otros autores, sino que se caracterizó por un clima capaz de producir una vegetación más abundante que la actual.

A lo anterior debe unirse lo expresado por Wright (1971) de que en ningún lugar del SW existe evidencia válida de una oscilación climática que pueda correlacionarse con la que se infiere para la secuencia Two Creeks-Valders de la región de los Grandes Lagos.

Sobre la masa continental norteamericana, en su sector oriental y central, durante una glaciación debe haberse dado una situación climática como la siguiente.

Ya que las líneas frontales que demarcan las masas de aire y las vaguadas se fijan en las interrupciones mayores de las Rocallosas y que la física del clima requiere que los promedios de la posición de los frentes mantengan formas amplias, vastas, se pueden esbozar los modos en los

que se presentaban ciertas estructuras, tales como el borde sur del aire "ártico" en el invierno. Debe haber estado tangente a la cara este de las Rocallosas, en dirección al sur de las Sand Hills de Nebraska, justo al norte del pantano Dismal, o a través de él, en Virginia y a lo largo del contacto entre la corriente del Labrador y la del Golfo. En verano el borde norte del aire tropical debe haber estado tangente a las montañas del este de México, acercarse al noroeste de Kansas para luego girar al este, cruzando Pennsylvania. La posición veraniega del frente Ártico debe haberse situado en el borde del casquete glacial, probablemente algo al norte, si tomamos en cuenta que ese borde estaba formado por morrenas, de color oscuro. Esta posición, que se sugiere, corresponde perfectamente con la preconizada por Manley (1951) para el Atlántico del Norte en la misma época.

Con el hielo ocupando todo el Canadá y la masa de aire tropical llegando al paralelo 40^0 de latitud N, los vientos superiores del Oeste deben haber sido fuertes a lo largo de los paralelos $40/45^0$ de lat. N en el verano, empujando el aire del Pacífico hacia el Este, por el Norte de Illinois, Indiana, Ohio y Pennsylvania. La mayor parte de esta masa de aire debe haber llegado por el paso de Wyoming, extendiéndose tanto hacia el Sur como hacia el Este, de tal manera que el Suroeste de Kansas debe haber tenido muy poco aire tropical continental del Suroeste.

Durante el invierno la masa del casquete glacial debe haber sido una barrera que retenía la masa de aire muy frío del Ártico, de poca altura, en la Cuenca Ártica, obligando a que se formasen vaguadas de aire ártico por el mar de Bering y por el Océano Atlántico. Esto se debe a que la masa de hielo continental se ha estimado que tuvo una altura mínima de 3.500 m sobre Norteamérica y como las masas de aire frío son de menor altura, quedaron bloqueadas en su posible movimiento hacia el Sur. Es comprensible que el aire del Norte hacia la región del Oeste

Medio haya sido de origen katabático, con un calentamiento adiabático del orden de 30-35°C por lo cual sí se asume que el aire sobre la masa de hielo pudo haber sido de más de −60°C, el aire que provenía de allí no debió ser más frío que el actual y normalmente más caliente.

El calentamiento adiabático del aire desde el Oeste debe haber sido tan grande como en la actualidad y el aire del Sur al igual de caliente que ahora.

Si aceptamos la comprensión adiabática del aire que proviene del casquete glacial, debe haber habido menos cubierta nubosa y una humedad relativa muy baja, sobre todo en las turbulencias que de allí surgían y que se desplazaban hacia el Sur. Esto hace que, hacia el final de la última glaciación la región al Sur del manto de hielo deba haber tenido durante los inviernos poca nubosidad, sequedad y temperatura relativamente alta, con fuertes vientos del Oeste en verano, marcando una situación general algo seca, a lo que se une que, por ser de latitud más baja, también recibía en verano una radiación mayor.

También hay que asumir fuertes vientos del norte a lo largo de la costa Oeste de Norteamérica que, al asociarse contrastantemente con la temperatura del Pacífico, libre de hielos en las latitudes medias, lo que no sucedía con el Atlántico, deben haber provocado fuertes bajas de presión en el Suroeste, lo que significa cielo nuboso, con precipitaciones altas en invierno (Bryson y Wendland, 1967).

El papel que jugaron las modificaciones de las corrientes marinas durante el mismo tiempo es uno de los factores que debe tomarse en cuenta, aunque en muchas ocasiones las sumas de estos no nos den resultados muy precisos, llegando a ser inclusive divergentes, situación que no es de gravedad sino demostrativa de que todavía funcionamos con muchos huecos en nuestro conocimiento.

A este respecto uno de los problemas que desde el inicio se plantea con el comportamiento de las corrientes marinas durante el Pleistoceno es el de los pocos datos que existen acerca de sus alteraciones en la dirección general y en las intensidades. Sólo es posible partir de las características que actualmente tienen (Fairbridge, 1966) y tomar en cuenta los factores implícitos durante una glaciación.

De Oeste a Este, del Pacífico al Atlántico, la primera corriente que debe tomarse en cuenta, para el mejor encuadre de los factores climáticos que influyeron en Norteamérica, es la corriente de Kuro-shio. De origen compuesto, se inicia al Este de Formosa, con la participación del flujo hacia el Norte que supone la Corriente Ecuatorial Norte, al encontrar la costa asiática en su marcha hacia el Oeste; modifica luego su curso al NE, a lo largo de las costas japonesas del Este, con aproximadamente la mitad de su volumen, ya que la otra parte se regresa al Este, como Corriente Contra-Ecuatorial, enviando un ramal hacia el mar Amarillo, que en el extremo Sur de la península de Corea se desvía al NE, para entrar por el estrecho de Tsushima o Corea, formando la corriente cálida del mismo nombre, que alcanza al mar del Japón, hasta bañar la costa SW de la isla de Sajalin, antes de lo cual otro ramal penetra por el estrecho de Tsugaru, entre las islas de Honshu y Hokkaido.

Este ramal de Tsugaru se pierde ante el influjo de la corriente fría de Oya-shio, la que a la vez hace que la corriente de Kuro-shio flexione hacia el Este, en varios ramales, con diversas direcciones pero todas dentro del cuadrante NE.

La corriente fría de Oya-shio, o de las Kuriles, se origina en el Mar de Bering y fluye a lo largo de la costa de Kamchatka, con dirección SW, arrastrando aguas del Mar de Okhostk. Es una masa de agua subártica que forma parte del remolino subpolar del Pacífico Norte y, aunque muy fría, es abundante en nutrientes, que son escasos en la Kuro-shio. En la zona de confluencia de ambas corrientes, y de mutuo recha-

PRINCIPALES CORRIENTES DE LOS OCEANOS

(según LAMB, 1.972)

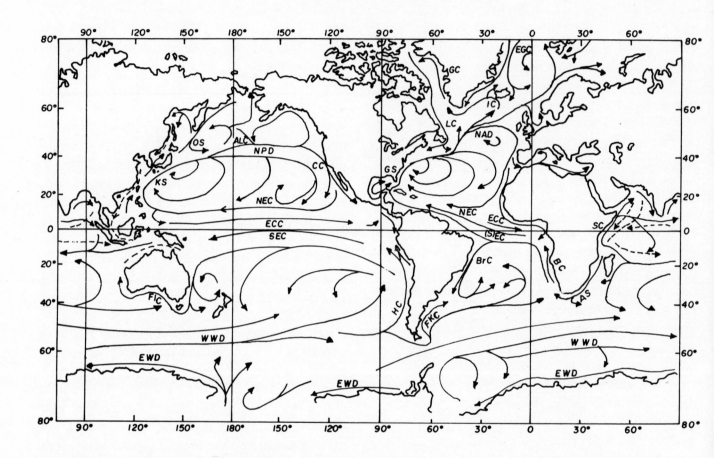

GS = CG	Corriente del Golfo
NAD = DAN	Deriva del Atlántico del Norte
EGC = CEG	Corriente del Este de Groenlandia
WGC = COG	Corriente del Oeste de Groenlandia
LC = CL	Corriente del Labrador
EC = CE	Corriente Ecuatorial
BrC = CBr	Corriente del Brasil
BC = CB	Corriente de Benguela
AS = FA	Flujo de Agulhas
SC = CS	Corriente Somalí
WWD = CCA	Corriente Circumpolar Antártica
EWD = DVEA	Deriva del Viento Este Antártico
HC = CH	Corriente de Humboldt
SEC = CESP	Corriente Ecuatorial del Sur Pacífico
KS = KS	Kuro Shio
NPD = DPN	Deriva del Pacífico del Norte
ALC = CAL	Corriente Aleutiana
OS = OS	Oya Shio
CC = CC	Corriente de California

MAPA 9

CORRIENTES MARINAS DEL PACIFICO NORTE Y DEL ARTICO
(DIVERSAS FUENTES)

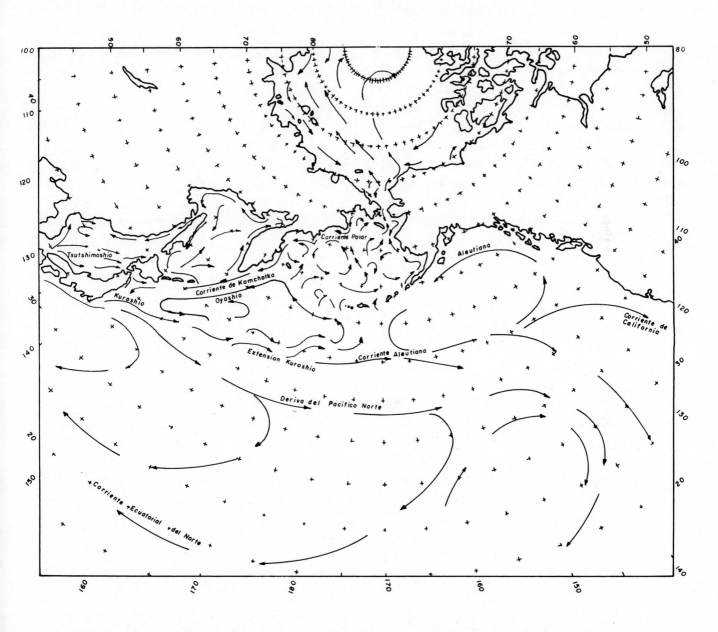

MAPA 10

zo, podríamos decir, la Kuro-shio alcanza su mayor velocidad, algo más de 9 km por hora entre enero y febrero, que es cuando la de Oya-shio es más reducida. La corriente de Kuro-shio es muy variable en todos aspectos, por ejemplo se intensifica entre mayo y agosto, además de enero y febrero, como se ha dicho; crea meandros impredictibles; cambia secularmente de dirección y temperatura y presenta surgencias de agua fría algunos años, posiblemente debidas a mayores enfriamientos de la zona ártica y subártica, en lo que participan los aportes del mar de Okhotsk, sometido a la influencia climática de los vientos del Oeste que cruzan Siberia y que en condiciones de enfriamiento general son los más extremos.

Con las variaciones dichas, mantiene su curso y entra en el Golfo de Alaska con el nombre de Deriva del Pacífico Norte, ya enfriada, pero, por el clima reinante en las costas del Pacífico de Norteamérica en esa región, esa frialdad deja de serlo y pasa a ser de temperatura superior a la reinante. El movimiento general hace que gire en sentido contrario al de las manecillas del reloj y alcance las Aleutianas, donde se enfría más y aumenta la densidad, una parte pasa entre las diversas islas, con rumbo hacia el Norte, y sigue a lo largo de la costa occidental de Alaska, hasta alcanzar el Océano Artico, pudiéndosele considerar como una corriente caliente, dentro de la frialdad de la región; otra parte pasa por debajo de la Deriva del Pacífico Norte, para surgir a lo largo de las costas de California, a la altura del Cabo Mendocino, enfriando toda la costa y provocando la aridez de la misma, en un fenómeno también conocido en Sudamérica con la corriente de Humboldt, o del Perú. Aquí se entra en otro gran torbellino o giro, que en este caso se mueve como las manecillas del reloj, cerrándose por el Este con la corriente de California el gran óvalo, irregular, del Sistema que forman la Corriente Ecuatorial Norte-Kuro-shio y su extensión hacia el Este, Deriva del Pacífico Norte y Corriente de California.

La intensidad de la corriente de California varía estacionalmente, invadiendo las costas del Pacífico de México hacia el Sur, en invierno y primavera, y dejando que la corriente de Panamá vaya hacia el Norte en verano y otoño. La corriente de Panamá es el ramal de la Contra Corriente Ecuatorial del Pacífico que, al llegar a las costas de Centroamérica se ramifica hacia el Norte, existiendo otro ramal que toma dirección Sur, para unirse a la corriente Ecuatorial del Sur.

Por la parte del Atlántico primero se presenta la angosta divisoria entre la isla de Ellesmere, la más oriental del archipiélago ártico canadiense, y Groenlandia, formada, de norte a sur, por el estrecho de Robeson, que va desde el mar de Lincoln hasta la cuenca de Hall, el estrecho de Kennedy, de la cuenca citada a la de Kane que, a su vez, se une a la Bahía de Baffin por la sonda de Smith. De Norte a Sur corre un ramal del gran giro Artico al que, dentro de la Bahía de Baffin, se le une el giro que se forma dentro de ella por la corriente del Oeste de Groenlandia, que se desplaza de Sur a Norte. Ya con el nombre de Corriente de la Tierra de Baffin, sigue hacia el Sur, a lo largo de la costa Este hasta que, a la altura del estrecho de Davis, con la incorporación desde el Este de otro ramal de la Corriente del Oeste de Groenlandia, se forma la llamada Corriente del Labrador, que penetra en el mar del mismo nombre, a lo largo de esa península hasta el SE de la isla de Terranova, donde se encuentra con la corriente del Golfo.

La corriente del Golfo, así llamada por haberse pensado mucho tiempo que se originaba en el Golfo de México, en realidad es un ramal que se desprende de la Corriente Sudecuatorial del Atlántico, con rumbo WNW, corriendo a lo largo de las costas del NE del Brasil, las Guayanas, pasando entre las Antillas Menores para entrar al mar Caribe, pasar por el canal de Yucatán, ya con franco rumbo NW, girar hacia el Este por la punta W de la isla de Cuba y pasar entre esta isla y el extremo sur de la Península de Florida,

CORRIENTES DEL PACIFICO NORTE Y DEL ARTICO

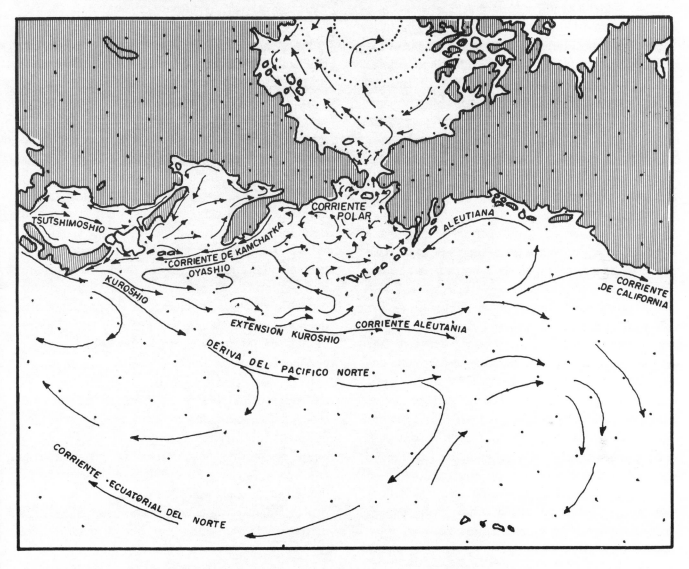

MAPA 11

en donde se le da el nombre de Corriente de Florida y luego seguir a lo largo de la costa Este de los Estados Unidos de Norteamérica, hasta la altura del cabo Hatteras, aproximadamente a los 35°45' de latitud N, desde donde toma rumbo ENE, para alcanzar las costas de NW de Europa y prolongar sus efectos hasta las islas Spitzbergen.

La resultante de las corrientes marinas que bañan la costa Atlántica de Norteamérica es la de crear dos regiones sumamente diferenciadas: la sometida a los efectos de la corriente fría del Labrador y la sometida a los efectos de la corriente tropical del Golfo.

La composición de corrientes que se ha descrito, en sus términos generales es posible, hasta cierto punto, extrapolarla a una etapa glacial. Comenzando con el Pacífico Norte aquí tenemos lo que quizá pueda ser la mayor alteración de todas, pues al descender el nivel del mar unos 50 m resulta que se cierra el estrecho de Bering y con ello el Giro del Mar de Bering; la corriente del Este de Kamchatka y el Giro del Mar de Okhostk o desaparecen o se debilitan de tal manera que la corriente de Oya-shio debe haber sufrido la misma suerte: desaparecer o debilitarse tanto que sus efectos sobre la Kuro-shio deben haber sido nulos, en el primer caso, mínimos en el segundo.

Es indudable que, a su vez, la Kuro-shio no debió ser tan cálida como ahora, por el proceso general de enfriamiento, pero es muy posible que haya alcanzado a bañar las costas sur de Beringia con aguas de temperaturas superiores a las que ahora fluyen por esas mismas zonas como parte del Giro de la Corriente de Alaska. De la misma manera las costas del Golfo de Alaska deben haber recibido una influencia térmica muy contrastante con las temperaturas del Continente y, de ahí, la corriente de California hasta es posible que no haya sido de temperaturas más bajas que las que tiene en la actualidad o, al menos, no ser excesivamente frías. Por la misma causa la corriente cálida que ahora corre de SE a NW a lo largo de la costa

mexicana del Pacífico podría haber alcanzado más al Norte de lo que ahora alcanza.

Del lado del Atlántico el mismo efecto del descenso del nivel del mar, unido a la fuerte glaciación en las altas latitudes, debió cerrar el paso de la corriente ártica que, más al sur, alcanza a unirse con la del Labrador, pero siendo tan pequeño este aporte, no debió modificar mucho las condiciones de esta última corriente, desde luego más desplazada al sur de lo que ahora está y enviando sus aguas heladas a lo largo de la costa atlántica mucho más meridionalmente que el cabo Hatteras, pues la corriente del Golfo debió disminuir.

Esta disminución debemos contemplarla tomando en cuenta varios factores. La corriente Sud Ecuatorial debió restringirse, ante el empuje, mucho más al Norte, de la corriente fría de Benguela, si es que se acepta la contemporaneidad de glaciaciones en ambos polos, por lo cual y, otra vez, con el descenso del nivel del mar, el paso por los canales entre la costa NE de América del Sur y las Antillas Menores debió quedar reducido, al igual que sucedió con el Canal de Yucatán y, en mucha mayor escala con el de Florida, pues entre el Banco de la Gran Bahama y la costa Suroriental de la Florida no debieron quedar mucho más de 80 km., con profundidades máximas de no más de 1.000 metros. A lo anterior se une que el mismo Golfo de México se había reducido en área más de un 30%, con lo que el calentamiento por insolación también se había reducido, sumándose a esto que el Mississippi acarreaba todas las aguas de deshielo del casquete Laurentido, en su drenaje hacia el Sur.

Es razonable pensar por lo tanto en una corriente del Golfo muy reducida, en volumen, potencia y temperatura.

A este cuadro debe unirse el que, con un Océano Artico congelado, la enorme banquisa establecida durante el máximo glacial wisconsiniano, por el lado norte de Beringia llegaba has-

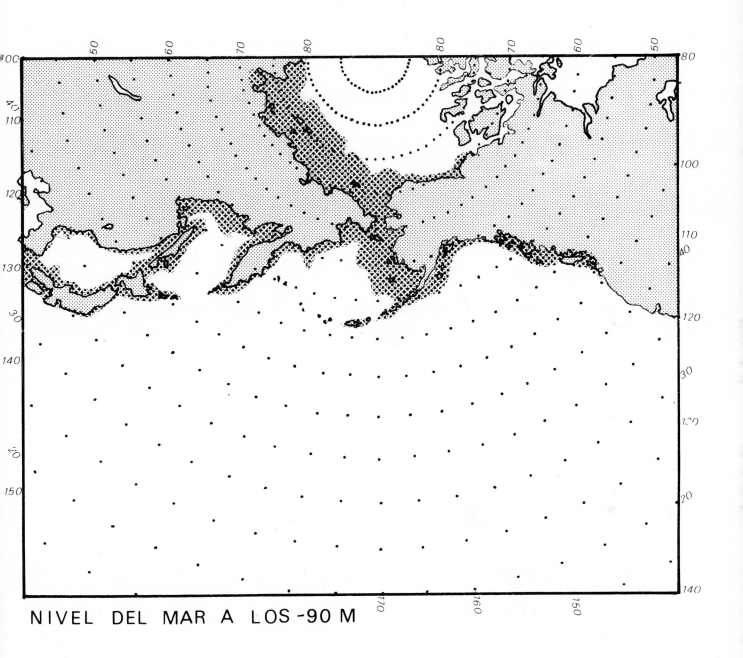

NIVEL DEL MAR A LOS -90 M

MAPA 12

ta esta costa y por el lado NE de Norteamérica ocupaba las costas desde la península de Nueva Escocia hacia el NE, pasando al Sur de Terranova, para girar al Norte, hasta aproximadamente el meridiano 48° de longitud W, cambiando luego de rumbo al NE, nuevamente, para pasar al S de Groenlandia en una línea que quedaba al Sur de Islandia, girando en una amplia curva para terminar en la costa NW de Irlanda.

Lo que sucedía por el Caribe y Centro-América es más difícil de saber, inclusive de conjeturar, salvo el fenómeno registrado en varios lugares de que, durante un máximo glacial el clima era más seco y que, por el tantas veces mencionado descenso del nivel del mar, se modificaron mucho las costas, extendiéndose grandes distancias en algunas regiones.

La existencia de glaciares en las altas montañas de las zonas tropicales y del Ecuador es un hecho de todos conocido y que se explica en función del factor altimétrico por el cual las precipitaciones, a partir de alturas determinadas por la latitud, es de nieve y si otros factores, tales como inclinación de ladera, orientación respecto a la mayor insolación, índice de precipitación, nubosidad, etcétera, son positivos, es factible la formación de un glaciar de montaña, inclusive de casquete, en las bajas latitudes.

Ahora bien, los restos de pasadas glaciaciones son muy abundantes en esas latitudes y se ha planteado el problema de establecer las causas que generaron esos grandes glaciares en el pasado. Por muchos años, y ante las pruebas existentes en las zonas de menor altura, se conjugó el fenómeno de los pluviales tropicales, cuyas huellas también abundan, con el de las glaciaciones, de tal manera, que se estableció un binomio glacial-pluvial por el cual las glaciaciones de las altas latitudes tenían como secuela etapas pluviales en las bajas, cómoda y aparentemente lógica explicación, pues, dada la gran altura de las montañas en las que todavía hay glaciares en los trópicos, o de las que muestran

huellas de haberlos tenido, lo único necesario es precipitación suficiente.

Sin embargo, esa teoría ha tenido que ser abandonada ante la acumulación de pruebas de lo contrario. Uno de los primeros en llamar la atención sobre la inviabilidad del simplismo glacial-pluvial fue Bernard (1962) con un profundo estudio sobre las oscilaciones climáticas en África que, a pesar de su centramiento geográfico, tiene validez para los continentes que, como aquél, ocupan áreas de ambos trópicos y del Ecuador, concretamente el americano. Según Bernard (*op. cit.*) basándose en la teoría astronómica de Milankovitch (*op. cit.*) y aplicando modificaciones en el cálculo del efecto térmico, presenta una nueva proposición que abarca en realidad toda la Tierra y que es capaz de explicar el ordenamiento de los pluviales e interpluviales africanos.

La idea fundamental es que, al igual que el ciclo de climas estacionales en un año señala una serie de variaciones ligadas por causas y efectos unas a otras, las alternancias climáticas de ciclo mayor se comportan exactamente igual. Esto es, el clima de invierno del África tropical es el mismo que existió durante una glaciación y el del verano corresponde a un interglacial. Así entendido, durante una glaciación existe un descenso de temperatura en las aguas superficiales de los mares tropicales que ocasionan el que la evaporación y con ello el ciclo externo de precipitaciones, disminuyan; desaparece el pluvial convectivo ecuatorial en toda su fuerza y se presenta en la parte extratropical el pluvial ciclónico de lluvias invernales, como resultado del desplazamiento hacia el sur del frente polar empujado por el avance del casquete de hielo; con ello, simultáneamente, en la zona tropical se instala una etapa de sequía.

Durante un interglacial en el hemisferio norte existe una mayor evaporación en los mares tropicales, con lo cual se incrementa el ciclo externo de precipitación (relación océano-continente). La franja desértica que en la ocasión anterior se había desplazado hacia el sur, es empujada hacia el norte quedando un pluvial establecido en la zona tropical.

De acuerdo con sus características el autor citado especifica dos clases de pluviales: el displuvial, modalidad tropical del pluvial, de disparidad estacional y contrastado en el régimen pluviométrico, con lluvias intensas en verano y gran sequedad invernal; el isopluvial, modalidad ecuatorial del pluvial en la que la disparidad estacional y el contraste de régimen pluviométrico están muy disminuidas, manteniéndose precipitaciones más continuas. Tomando en cuenta lo anterior, los grandes avances de los glaciares de montañas ecuatoriales y tropicales están provocados por un isopluvial, correspondiendo el displuvial al crecimiento de lagos, sin avance glacial, aunque claro está, también los lagos aumentan de nivel durante el isopluvial. Para terminar, la existencia de glaciaciones en las latitudes superiores, norte o sur, sitúa en las zonas extratropicales de Africa pluviales de lluvias ciclónicas invernales, caracterizados por un clima más frío y más húmedo.

Siguiendo el mismo orden de pensamiento, las glaciaciones de Norteamérica, incluyendo las de las Montañas Rocallosas, en su parte Sur, serían coincidentes con las de casquete continental, puesto que se encuentran en la zona extratropical, pero en la inmediata zona tropical, al sur de ella, sobrevendría una época de desertización.

Durante un interglacial de alta latitud, Norte o Sur, en las zonas extratropicales de Africa existieron climas más áridos, veranos cálidos con lluvias escasas y en las partes tropicales del hemisferio correspondiente, displuviales, y de acuerdo con ello y como parte del fenómeno general de desplazamiento de zonas climáticas, las partes de climas extremos de Africa soportaron climas húmedos y fríos en las épocas de regresión oceánica (glaciación) y climas ári-

dos de verano caluroso en la época de transgresión oceánica (interglacial).

Por otra línea de investigación, Galloway (1965) corrobora uno de los aspectos más importantes de la hipótesis de Bernard. Tomando en cuenta que el 72% del total de precipitación mundial cae entre los paralelos 40 de latitud Norte y 40 de latitud sur y asumiendo que durante una glaciación la evaporación era inferior a la actual en un 20% por lo que la precipitación también disminuyó en un 20%, no es posible que en ese tiempo haya habido pluviales en esas latitudes.

Manejando diversas fuentes de información, Emiliani (1971) nos indica que, durante las glaciaciones, el clima era frío y seco según se avanzaba hacia el sur, en el hemisferio norte, en contra de la afirmación largo tiempo mantenida de que era más húmedo y sólo más frío en términos secundarios.

Una glaciación en alta montaña de región tropical, puede empezar al iniciarse una glaciación en altas latitudes, por la natural refrigeración general que existe y, con ello, el descenso general de la isoterma $0°$. Según avanza la glaciación, hay, como resultado, una disminución en P, mayor en las zonas de alta montaña (Weischet y Havlik, 1966) hasta alcanzar un bloqueo efectivo del desarrollo de los glaciares durante el máximo de glaciación. En este tiempo, los glaciares de las altas montañas tropicales y ecuatoriales, pueden existir, pero están inmóviles, inclusive en retroceso. Al iniciarse la deglaciación, sobreviene un incremento en P y, si la montaña es lo bastante elevada en la zona que queda sobre la isoterma $0°$, ahora ascendente, hay área bastante para la acumulación y sobreviene entonces un avance de los glaciares, quizá el máximo, que termina al instaurarse el interglacial o interestadial correspondiente.

Es indudable que el fenómeno de los pluviales y su relación con los glaciales pudo ser investigado a fondo en Africa, tanto por lo muy

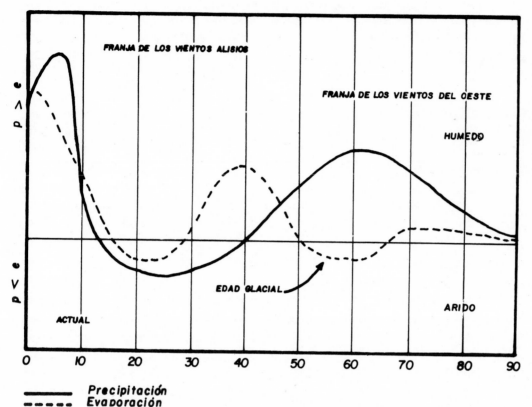

Modelo que sugiere el patrón de desplazamiento de las franjas de vientos planetarios en el hemisferio norte durante una glaciación, comparada con el patrón actual. El modelo muestra una zona de baja latitud en la que la relación precipitación/evaporación (p/e) fue menor durante una glaciación de lo que es ahora.

GRAFICO 5

aparentes que son allí sus efectos como por el gran adelanto que tienen allí los estudios prehistóricos, tan íntimamente ligados a los procesos de cambio climático. De ahí que la demostración de las alternancias climáticas en zonas tropicales y ecuatoriales, así como sus características sean abundantes y, por lo tanto y con las salvedades naturales, puedan y deban ser empleadas como punto comparativo de esta otra parte del Atlántico, donde estudios semejantes son tristemente escasos.

Un ejemplo de estos estudios es el de Servant y Servant (1970) sobre el lago Chad, al que han seguido otros muchos, que han afinado algunos puntos, pero que en el fondo mantienen la misma posición. Según la obra citada, en el lago Chad (13°N—14°E) se individuali-

zan dos grandes formaciones, la primera de las cuales se atribuye al Pleistoceno superior y está formada por arenas de duna que se intercalan con sedimentos lacustres, lo que señala alternancias varias, y se fecha entre 41.000—22.000 aP. La segunda tiene dos secuencias principales de deposición, que corresponde a dos transgreciones lacustres, la más antigua entre 12 y 11.000 aP y la segunda de 10 a 2.500 aP. Parece probable, entonces, que las etapas áridas correspondan a los episodios de glaciación wurmiana al norte.

En un trabajo de orden más amplio, Burke et. al. (1971) demuestran que en Africa, al sur del Sáhara y dentro de la zona tropical, antes de 30.000 aP era húmedo, pero más o menos desde esas fechas comenzó una deseca-

100

ción que alcanzó su máximo en 20.000 aP; luego volvió a ser húmedo en 10.000, hubo una pequeña fase seca entre 7 y 5.000 y desde esa fecha hasta 3.000 fue más húmedo que en la actualidad. La situación, por lo tanto, es la de sequía para los máximos de glaciación europea, lo que confirman Butzer *et. al.* (1972) en los lagos del Este de Africa, a lo que se une el trabajo de Street y Grove (1976) quienes aportan todavía más elementos para afirmar que entre 21 y 12.500 aP existió una terrible aridez en el Africa intertropical, sobre todo de 15 a 13.000, que había sido antecedida por una fase húmeda. De 10.000 a 6.000 aP hubo altos niveles de lago, con una etapa, hacia 7.500—7.000 de bajos niveles, habiéndose establecido un proceso de oscilaciones que han ido llevando a la sequedad actual.

Las informaciones que proveen las fluctuaciones de los lagos de Africa también se corroboran por los datos aportados del estudio de sedimentos marinos. Deuser *et. al.* (1976) encuentran en los sedimentos del Mar Rojo y del Golfo de Aden que durante las fechas de períodos glaciales de alta latitud en la franja de desiertos de Africa y Arabia tenía lugar un interpluvial, mientras que los interglaciales de las altas latitudes son coincidentes con estadios pluviales en esas zonas. Por su parte Giresse y Le Ribault (1981) en el litoral del Congo encuentran que, dentro de un clima que siempre ha sido tropical, los períodos de tendencia árida coinciden con los de regresión marina, o sea un descenso del nivel del mar causado por las glaciaciones, mientras que los períodos de tendencia húmeda corresponden a las fases transgresivas, las deglaciaciones.

Para Africa del Sur tenemos un panorama durante el Cuaternario que Zinderen Bakker (1976) nos ilustra ampliamente. En la actualidad el sistema climático de Africa del Sur está dominado por la Zona de Convergencia Tropical en el norte y por la franja de alta presión que cubre la parte central, y los vientos del oeste, con su lluvia ciclónica acompañante en el Sur. Este sistema se originó en tiempos del Terciario, tras que la corriente circum-antártica quedó establecida, cuando la Antártida ocupó un lugar aproximadamente como el que tiene ahora. Desde entonces existe una correlación bastante clara entre el enfriamiento de la Antártida, la circulación de superficie y de profundidad del Océano del Sur y el sistema general climático de Africa del Sur. Durante las glaciaciones del Cuaternario el Frente Polar del Atlántico del Sur y del Océano Indico se movió hacia el norte y masas de agua fría pudieron penetrar hacia el Ecuador, especialmente a lo largo de las costas del oeste. El descenso de temperatura general por todo el mundo se agravó en la parte sur del continente africano por el influjo del aire frío polar, que penetraba regularmente por estas regiones, quizá hasta el 24 de latitud Sur. Durante estos períodos fríos se originaron estructuras "periglaciales" en las montañas de la escarpa este y en los taludes de la costa del Cabo. Africa del Sur quedó dividida entonces en una extensa sección austral, que en invierno tenía un clima muy frío y bastante húmedo, y una parte norte que recibía lluvia veraniega limitada pero no era excesivamente frío, puesto que no había aire polar que penetrase tan al norte.

La consecuencia de estos cambios en las franjas climáticas fue que durante el último máximo glacial el desierto de Namibia se extendió hacia el norte, junto con las arenas de Kalahari, las montañas de más de 3.000 metros de altura quedaron desprovistas de vegetación, el altiplano del Estado Libre de Orange quedó cubierto con pastizales alpinos y la extensa región costera del Cabo fue dominada por los pastizales.

O sea que a un glacial de altas latitudes corresponde una etapa fría y seca en las bajas, como hemos visto que también sucedió en el hemisferio Norte.

En párrafos anteriores se establecía la necesidad de relacionar los estudios de Africa con los de América, al menos para las zonas tropicales, sobre todo aquellas que se unen por el hecho de estar bañadas por el mismo Océano, el Atlántico, como unidad de contacto. Por esta línea de pensamiento tenemos el trabajo de Fairbridge (1961) quien propone un tiempo de aridez en América del Sur para el máximo glacial wisconsiniano, lo que en cierto grado impugna Zonneveld (1968) tomando en cuenta, sobre todo, los trabajos de Van der Hammen y Wijmstra en Colombia (Hammen, 1961, Hammen y González, 1960, Wijmstra y Hammen, 1966) quienes establecen una correspondencia paleoclimática absoluta entre Colombia y el NW de Europa, lo que se presta a muchas discusiones, pero pese a lo cual Zonneveld no puede menos que admitir que la situación, tal como se plantea en cuanto a esa correspondencia, no es posible definirla y tiene que admitir las discordancias respecto a la teleconexión señalada, así como a las pruebas que demuestran períodos de aridez en el norte de Sudamérica durante los máximos de glaciación en las altas latitudes.

Esta oposición se consolida en el trabajo de Mousinho de Meis (1971) hecho bajo el punto de vista geomorfológico, pues encuentra que los procesos de degradación en el área media del Amazonas, correspondientes al bajo nivel del mar provocado por las glaciaciones, son de clima más árido que el actual, y que los de agradación, o sea los de alto nivel del mar, interglacial o interestadial, son húmedos.

A todos los anteriores datos debe unirse algo de indudable interés, en cuanto a las glaciaciones, tanto en su aspecto local, en este caso el efecto que tuvieron en los océanos, como en lo general, las temperaturas que durante esos episodios tuvieron los grandes cuerpos de agua.

En el máximo de la glaciación Woodfordiense, alrededor de 18.000 aP., los sistemas de frentes polares se habían desplazado hacia el Ecuador, la temperatura promedio de los mares había descendido no menos de 2.3ºC, a lo que se unían frecuentes surgencias de aguas frías profundas a lo largo de las divergencias ecuatoriales en el Atlántico y en el Pacífico, junto con advecciones, lo que hacía que existieran bajas temperaturas a lo largo de la costa W de Africa, Australia y Sudamérica, mientras que los giros centrales del Atlántico, del Pacífico y del Indico mantuvieron casi estables sus posiciones y sus temperaturas. (CLIMAP, 1976).

Las temperaturas de la superficie del Atlántico en verano, hace unos 17.000 años, demuestran que, en la zona en la que se originan los ciclones que se abaten sobre México, el Caribe y el Sureste de los Estados Unidos de Norteamérica, la temperatura era de 0ºC o de −2ºC, (Lamb, 1972) con lo cual no era posible que se generaran.

Otro aspecto de interés, según lo han demostrado los estudios de Wollin et. al. (1971) es la posibilidad de que las aguas de superficie de algunas zonas del Pacífico eran cálidas mientras que las del Atlántico, en las mismas fechas, eran frías.

Todos los procesos que esquemáticamente se han explicado estuvieron acompañados de modificaciones muy importantes en la distribución de plantas y animales, así como en la formación de suelos. Respecto a esta paleoecología la cantidad de información y la categoría de la misma es muy disímbola, pues existen regiones de las que tenemos bastantes y buenos datos, junto con vacíos casi absolutos en otras, siendo frecuente el llegar a generalizaciones, pese al peligro que éstas contienen, aunque haya que correr el riesgo, para dar un cuadro amplio admitiendo de antemano que muchos de los asertos serán y deberán ser, modificados según se vaya ampliando nuestro conocimiento. En palabras de Wright (op. cit.) aún en Norteamérica se está muy lejos de tener el conocimiento bioestratigráfico y biogeográfico que se tiene del Cuaternario de Europa.

En la región cordillerana del Noroeste, la que se extiende de Oregon a Alaska, las zonas de vegetación estaban 1.500 m. por debajo de sus posiciones actuales. Se debe tener en cuenta que en ningún caso se trató de un descenso general de zonas, manteniendo entre ellas las posiciones absolutas, sino que cada taxon fue ocupando las partes que estaban más de acuerdo con sus requerimientos, funcionando según la orientación respecto al sol, los vientos, la humedad y la temperatura, lo que provocaba cambios de detalle distribucional, inclusive la presencia de asociaciones vegetales distintas de las que ahora existen, sin por ello establecerse alteraciones fundamentales, salvo la ya señalada, altimétrica.

La parte de Alaska del Norte y del Oeste tuvo la delimitación entre la tundra y el bosque boreal mucho más al sur y al este, a la vez que la tundra de la costa ártica se hacía el reflejo de condiciones mucho más frías y áridas. A lo largo de los ríos de la zona interior de Alaska, no glaciada, se establecieron bosques semejantes a los de galería, con praderas intermitentes, de carácter alpino. Las lenguas de los grandes glaciares de montaña intruían por las zonas de vegetación manteniendo una estrecha faja de carácter de tundra en la proximidad inmediata al hielo. La línea altimétrica del bosque en esa parte central estaba cuando menos 400 metros por debajo de su posición actual y, al parecer, salvo los aspectos señalados, las diferencias entre el Wisconsiniano y la situación actual no fueron excesivas.

En la región del Suroeste, desde el oeste de Texas al sur de California, era muy distinta a la del Pacífico del Noroeste. Las zonas vegetales estaban por lo menos 600 m por debajo de posiciones actuales y en ciertas regiones mucho más, por ejemplo en el Suroeste de Nevada, el bosque de enebro-pino había descendido unos 1.000 m. Estos cambios se debían a la interrelación precipitación-evaporación, o sea a las alternancias de los climas pluviales. El descenso altitudinal de las zonas vegetales de las tierras altas convirtió mucho de lo que ahora son praderas en pinares abiertos y las ahora extensas zonas de vegetación del desierto se vieron muy reducidas, habiéndose ampliado también la región de bosques xerofíticos.

La vegetación de las Grandes Llanuras, en su zona sur, tenía muchos más bosques que los que hay en la actualidad y, por ciertos moluscos fósiles, puede decirse que en el verano llovía más que ahora. En el Oeste de Texas la vegetación de bosque seco estaba unos 800 m por debajo de su límite actual.

El Este y la parte Central de los Estados Unidos de Norteamérica son de topografía muy poco accidentada por lo cual los desplazamientos de los taxa vegetales, motivados por las glaciaciones, fueron en sentido latitudinal, más que en sentido altitudinal.

En estas regiones la tundra se resumía a una estrecha zona que bordeaba la línea de máximo avance de los glaciares y la cumbre de las montañas no glaciadas. En contacto con ella, tanto en latitud como en altura, se encontraba la zona de bosque abierto en paisaje semejante a tundra la cual se extendía hacia el sur a lo largo de las partes elevadas de los Apalaches mientras que en las partes más bajas, más secas, se estableció una vegetación rala, con algunos árboles aislados o en pequeños grupos.

Una situación semejante debió existir, en lo que a una franja estrecha de tundra seguida de bosque y tundra se refiere, al pie oeste de las Rocallosas, con una zona de tundra mucho más amplia al Este de los Apalaches.

Entre los curiosos problemas que plantea la vegetación de Norteamérica está la diversidad de vegetación arbórea que posee, por lo cual hablar de "bosque" como unidad vegetal,

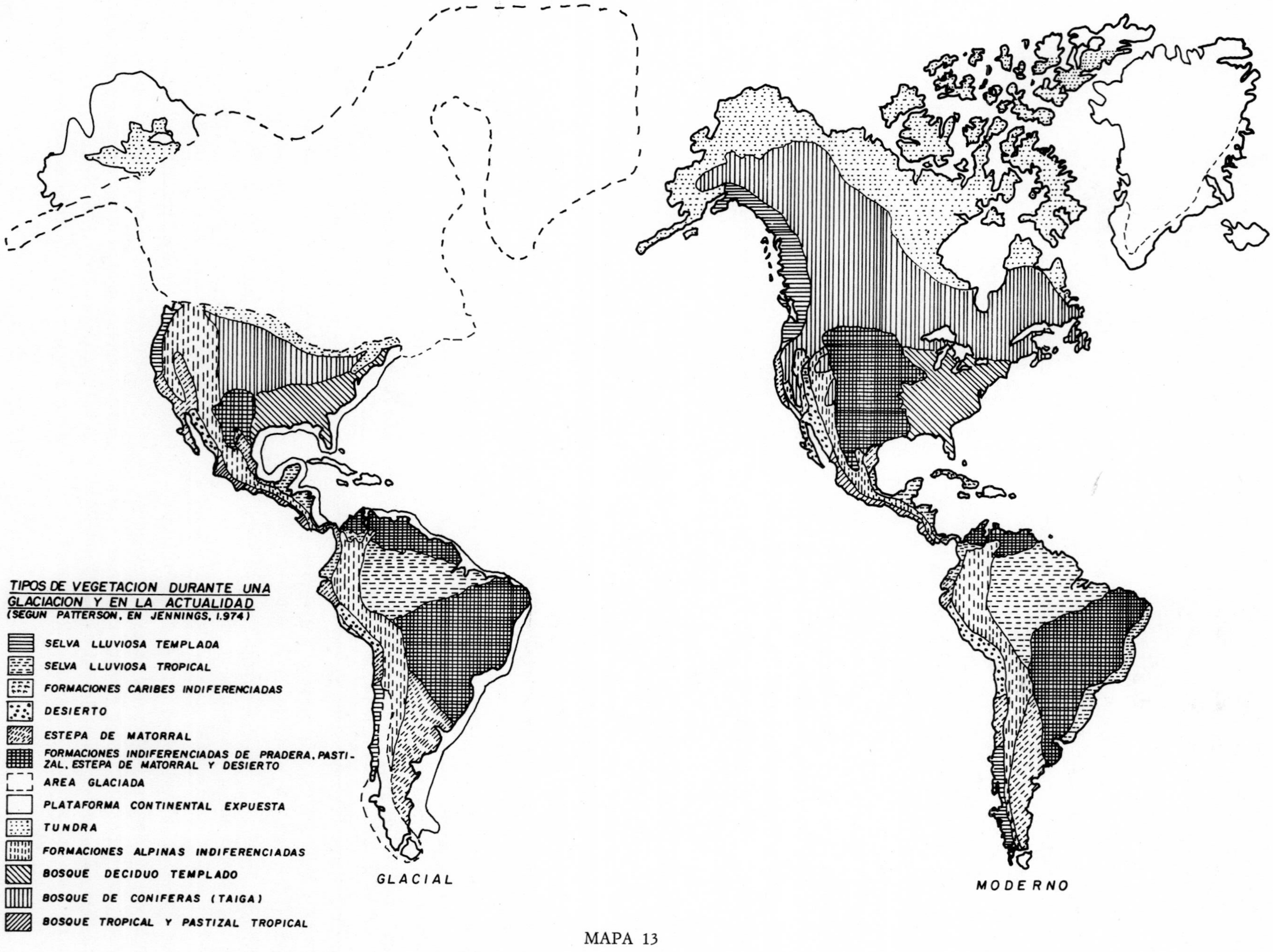

TIPOS DE VEGETACION DURANTE UNA
GLACIACION Y EN LA ACTUALIDAD
(SEGUN PATTERSON, EN JENNINGS, 1.974)

SELVA LLUVIOSA TEMPLADA

SELVA LLUVIOSA TROPICAL

FORMACIONES CARIBES INDIFERENCIADAS

DESIERTO

ESTEPA DE MATORRAL

FORMACIONES INDIFERENCIADAS DE PRADERA, PASTI-
ZAL, ESTEPA DE MATORRAL Y DESIERTO

AREA GLACIADA

PLATAFORMA CONTINENTAL EXPUESTA

TUNDRA

FORMACIONES ALPINAS INDIFERENCIADAS

BOSQUE DECIDUO TEMPLADO

BOSQUE DE CONIFERAS (TAIGA)

BOSQUE TROPICAL Y PASTIZAL TROPICAL

MODERNO

GLACIAL

MAPA 13

es algo de muy difícil interpretación, debido a los muy diversos géneros de árboles que pueden componerlo.

La escasez de estudios polínicos conduce a que se mantengan dos posiciones extremas, en cuanto a los desplazamientos de las franjas vegetales. De un lado aquélla según la cual sólo las taxa cercanas al casquete glacial fueron las afectadas, de tal manera que la tundra y el bosque pino-abeto formaron dos zonas muy angostas y que al sur de ellas la cubierta de bosque templado tuvo cambios muy pequeños. La otra posición es la de que virtualmente todas las zonas sufrieron un desplazamiento hacia el sur de 1.000 km en algunos casos. Las evidencias de que se dispone, por ahora, no son capaces de definir la realidad de una o de otra posición.

Lo único que puede asegurarse es que el clima del pleniglacial wisconsiniano era bastante más frío, por lo cual se encuentra presencia de pícea y pino más al sur de lo que ahora se sitúan.

Más bien parece que lo que sucedió fue que especies de carácter boreal invadieron las regiones en las que las especies de climas templados todavía resistían, sin por ello desaparecer. Por esta situación, al Oeste de los Apalaches penetraron, hasta formar bosques más allá de la zona de bosque-tundra, abedul, aliso y alerce que, en las partes más al Norte y más altas, como los Dakotas, eran de bosque boreal.

El bosque boreal debe haberse instalado al pie de las montañas Rocallosas modificándose en bosque abierto de pino y sabana hacia el oeste, que en el Suroeste de Texas y Nuevo México se convertían en bosque xerófilo de pino.

Como colofón puede decirse que la vegetación de Norteamérica estuvo sometida a una inestabilidad continua, motivada por los cambios en el clima y la presencia de los glaciares. A lo largo de la región Cordillerana las zonas de vegetación descendieron a lo largo de las laderas hasta encontrar altitudes más bajas estableciendo mezclas vegetacionales en el proceso. Al Este de estas montañas, al menos en las llanuras al Este de Indiana, el manto de hielo estaba bordeado por una tundra-parque que se extendía al sur, por las crestas de los Apalaches. Al Sur de esta tundra estaba el bosque dominado por el abeto, que se extendía desde el Atlántico al menos hasta los Dakotas. Más al Sur disminuía el abeto y el bosque se iba transformando en uno mixto, siempre abierto a la masa de aire marítimo que se movía hacia el norte desde sus orígenes en el Atlántico tropical. Al Norte de Texas el bosque estaba flanqueado al Oeste por bosque abierto de pino-abeto y con bosque deciduo a lo largo de los cursos de agua. La base de todos los cambios florísticos se centra en la disminución general de la temperatura, en algunos grados, y los cambios en los sistemas de precipitación, no sólo en la disminución o aumento de ésta.

Por desgracia la paleofitografía de las zonas tropicales está en sus inicios, pues aparte de las complicaciones que metodológicamente comporta, no es posible determinar oscilaciones importantes salvo con unos pocos casos aislados, de mínima profundidad temporal, si es que acaso existen fechamientos. Al parecer uno de los problemas serios es la abundancia de plantas entomófilas, en detrimento de las anemófilas, lo cual deja muy pocas huellas en los sedimentos.

También debe tomarse en cuenta que existe una franja entre los mesoclimas de Norteamérica y los tropicales de difícil estudio, la de las zonas desérticas y semidesérticas, que en su parte de los Estados Unidos de Norteamérica ha merecido bastante atención pero que, en la correspondiente al Norte de México no ha sido tocada.

Para el centro de México tenemos algunos trabajos, una vez sobrepasados los errores cometidos inicialmente cuando las interpretaciones de los espectros polínicos de esa zona se comparaban con los de latitudes muy superiores, en cuanto a su interpretación paleoclimática (Sears, 1955; Sears y Clisby, 1955; Clisby y Sears, 1955; Foreman, 1955; Bopp-Oeste, 1961a y 1961b), que se centran en realidad en el análisis de unos pocos núcleos, por lo cual las caracterizaciones lo son de la región circunvecina, sin que sea conveniente, como hay que confesar han hecho algunos autores, extender su validez, en el orden general.

Tomando en cuenta los resultados del análisis polínico de tres perfiles, obtenidos en las inmediaciones del cerro de Tlapacoya, en el rincón SE de la Cuenca de México, a 2.250 m sobre el nivel del mar aproximadamente, González Quintero (1972) presenta las oscilaciones climáticas acontecidas en los últimos 35.000 años de indudable valor local y con ciertas posibilidades de extenderlo a la región inmediata.

Tlapacoya se encuentra a orillas de lo que fue el lago de Chalco, desecado artificialmente a principios de este siglo, y a unos 30 kilómetros de la cumbre de Iztaccihuatl, montaña de más de 5.000 m de altura en la que todavía existen glaciares, además de que, por estar en la esquina Sureste de la Cuenca de México queda próximo a la zona subtropical.

El análisis polínico permitió establecer ocho fases mayores que, de la más antigua a la más reciente, tienen las siguientes características. La Fase I, 33 a 23.000 años aP, fue húmeda y templada, más húmeda entre 33 y 27.000 que desde esa fecha hasta el final y, por el polen, se ha podido discernir la coexistencia de varias comunidades vegetales, indudablemente debido a factores altimétricos y a la presencia del lago. Hubo bosque alpino planiaciculifolio, en partes altas, bosque templado aciculifolio, más abajo y posiblemente en lugares abrigados, matorral subtropical platicrasicaule, a lo que se unía pradera acuática latifolia en las orillas del lago, existiendo también un bosque templado pendulifolio a orillas del agua, que, a partir de

27.000 comenzó a reducirse, sin duda por la disminución de humedad.

La Fase II, de 23 a 14.000 está marcada por un descenso de la temperatura y de la humedad y dos comunidades vegetales, la pradera halófila cespiticaule y el matorral desértico platicrasicaule, que en la Fase III señalada por una mejoría de temperatura e incremento de la humedad desde 14 a 8.000 cuando el bosque templado acucifolio y la pradera acuática latifolia vuelven a ser dominantes.

La Fase IV, de 8 a 4.500 es de clima templado, con clara oscilación estacional y predominio del bosque templado caducifolio, bosque alpino planiacucifolio y bosque templado escuamifolio. La Fase V, de 4.500 a 4.200, es marcadamente xerofítica con predominancia del matorral desértico crasicaule. Sigue la Fase VI, de 4.200 a 2.600, más húmeda que la anterior y de temperaturas poco extremas teniendo predominio el bosque templado acicifolio y la pradera acuática latifolia; ya desde esta fase se ve con claridad la intervención humana, en forma de granos de polen de diversos cultivos, lo cual alcanza el máximo en la Fase VII, de 2.600 a 1.900, con pradera desértica dispersiarbórea para que, en la última fase, la Fase VIII, de 1.900 a nuestros días, la intervención humana alcance tales dimensiones que, polínicamente, enmascaran la vegetación natural.

Otro estudio del centro de México es el que hicieron Ohngemach y Straka (1978) de cuatro perfiles polínicos en las laderas de la Malinche de Tlaxcala y en los llanos de Oriental. Sus resultados, en cuanto a las oscilaciones climáticas que detectan, los refieren a la conducta de los glaciares cuyas huellas se encontraron en la misma montaña de acuerdo con la cronología que Heine publicó inicialmente y que luego modificó, con lo cual lo encontrado en los perfiles polínicos pierde valor.

Más al sur también se estableció otra secuencia polínica por Schoenwetter (1974), en el extremo NE del valle de Oaxaca, pero se centra en el período que va de 8 a 6.000 años aP y se orienta más a la detección de procesos agrícolas que a una caracterización paleoclimática, la cual, por otro lado y por la cortedad del tiempo a que se atribuye, es de resultados de valor mínimo para los propósitos que se siguen. Al parecer ese tiempo era, en esa parte del Valle de Oaxaca, más frío que ahora y más xérico.

Para las zonas tropicales es poco el material con que se cuenta, que pueda aportar informaciones de orden general, con gran amplitud temporal, sobresaliendo el que hizo Martin (1964) en Costa Rica, precisamente en las inmediaciones del cerro de Chirripó, donde se han localizado restos de glaciaciones del Pleistoceno superior. Se detecta una depresión de las zonas vegetacionales durante la última etapa wisconsiniana, asociada a un enfriamiento general, en una región en la que la precipitación parece haber sido siempre abundante. Es posible que la vegetación tipo páramo haya descendido 650 m por debajo del actual límite, entre los 3.100 y los 3.050 m.

Es factible que durante cada época glacial la franja de alta presión subtropical se haya estrechado, a la vez que era empujada hacia el Ecuador, por lo que podría esperarse una etapa pluvial en la zona hacia el Polo de lo que en la actualidad es región desértica. Al mismo tiempo habría tenido lugar una situación inversa en los lugares en los que la zona de vientos se acercaba al Ecuador. Sin embargo, como no se han encontrado huellas de un aumento de aridez en las fronteras de la franja ecuatorial durante las glaciaciones, pudiera ser que toda la franja desértica se hubiera debilitado, debido a anticiclones más móviles, con pasos bastante frecuentes entre celdas de alta presión sucesivas.

Las faunas pleistocénicas plantean otra clase de problema. Normalmente se toman en cuenta las megafaunas, aquéllas que, por el tamaño de sus restos son las más conspícuas, pues son de localización más fácil y se conservan mejor. Sucede que, precisamente, los grandes animales son de tan amplia zona de actividad que la presencia de sus restos puede señalar el posible extremo de sus movimientos estacionales o esporádicos, por lo cual no son buenos marcadores de extensión climática, y los que mejor indican estas variaciones más que nadie, los roedores, rara vez se toman en cuenta, salvo en contextos culturales, es decir, en excavaciones arqueológicas, donde su presencia puede ser no natural, sino cultural.

Dentro del Continente americano es posible establecer los límites de expansión sur-norte o norte-sur de las grandes familias de megafauna, pero con propósitos culturales esto no es de mayor importancia y con propósitos faunísticos nos marca tendencias ya conocidas. Hace falta un trabajo mucho más detallado de especies y géneros de desplazamiento y condicionamiento menor, para que la fauna pueda aportar las mismas indicaciones paleoecológicas que la flora nos señala.

Sin embargo, conviene señalar, más bien reiterar, el movimiento faunístico que tuvo lugar de sur a norte y de norte a sur en el territorio de lo que ahora es la porción suriana de México y la parte norte de Centroamérica, en lo que respecta a las faunas de la Provincia Neotropical y de la Neártica. La divisoria se establece en un punto ligeramente al sur del Trópico de Cáncer sobre la costa del Golfo, flexiona hacia el sur, incurvándose en ese sentido por el altiplano central más o menos hasta el paralelo 20° de lat. N y luego asciende hacia el N hasta alcanzar la línea del Trópico. Naturalmente esta delimitación tiene que ser de orden muy general y de lógica imprecisión.

Es importante connotar la existencia de una serie de elementos de fauna Neártica en las partes altas, montañosas, del Norte de América Central, así como las intrusiones de la fauna Neotropical a lo largo de las planicies costeras, tanto las del Golfo como las del Pacífico, causada por la diferencia climática que existe entre las zonas bajas, concordes con su latitud, y las zonas altiplánicas, normadas por la altimetría.

Hall (1981), favorece la vieja división en provincias bióticas de Merriam (1898), ampliándola geográficamente hacia el Sur y, aunque puede considerársela algo primaria, tomando en cuenta que en este caso una división general es suficiente, en lo que mucho participa la escala del mapa de referencia, también se incluye.

Parte de una división en tres grandes regiones: Boreal, Austral y Tropical, de las cuales la primera a su vez se subdivide en: Artica, Hudsoniana y Canadiense, y la segunda en: Transicional, Austral alta y Austral baja. La Tropical no tiene subdivisiones.

Se observa que las subdivisiones de la Región Boreal están claramente definidas, pero que, en el caso de la Región Austral se establece un complicado mosaico con la peculiaridad de que la subdivisión Transicional, fuera de la posición geográfica en la que tiene continuidad, se encuentra en posiciones en las que la altimetría compensa la latitud, mismo caso que sucede con la presencia de la subdivisión Austral alta en bajas latitudes, donde, como la Transicional, aparece en las montañas de mayor altura.

Por la misma causa, pero en sentido inverso, vemos que la Región Tropical invade territorios hacia el Norte, pero a lo largo de las costas de México, mucho más en las del Pacífico que en las del Golfo.

Hall (*op. cit.*) al señalar la existencia en el SW de los Estados Unidos de Norteamérica de más subespecies que en ningún otro sitio, hace hincapié en la razón por la cual esto sucede, que es lo accidentado de la geografía, con grandes diferencias altimétricas en corta distancia y cuencas endorreicas, a lo que se une diferencias climáticas substantivas. Este punto es necesario tenerlo en consideración en lo que

respecta a la variabilidad que el hombre puede manejar en la línea de recursos alimenticios, por un lado, y por otro, la practicabilidad de obtención de esos recursos con desplazamientos menores.

Conviene, sin embargo, compendiar una serie de nociones sobre movimientos faunísticos en el Continente americano que son ilustrativos de los cambios de condiciones entre las esferas geográficas que, por principio, eran las que contenían las faunas de las que el hombre iba a vivir, o vivió.

Las faunas de mamíferos de Norteamérica se han dividido en varias edades, de las cuales las del Cenozoico final, las que nos interesan, son las siguientes: Hemphiliense, del Plioceno medio, entre 10 y 4 millones de años, o sea unos 6 de duración; Blanquense, del Plioceno superior y Pleistoceno inferior, duró aproximadamente 2 millones de años, de hace 4 a hace 2 millones; Irvingtoniense, en el Pleistoceno medio, con una duración de un millón de años, y Rancholabreense, en el Pleistoceno superior, también con duración de un millón de años, aproximadamente.

La división anterior, como casi todas las de esta índole, puede que sea arbitraria, pero es una necesidad metodológica y ha sido generalmente aceptada.

La más antigua de estas edades, el Hemphillense, tuvo un gran intercambio faunístico entre Norteamérica y Eurasia, encontrándose unos 23 géneros Holárticos de los que 9 tuvieron dispersión en la Neártica y 5 en la Paleártica, o sea que 9 géneros llegaron al Nuevo Mundo desde el Viejo y 5 recorrieron el camino contrario. Los diez restantes no tienen continente atribuible con certeza, o ya tenían una distribución Holártica anterior. La mayor parte de los de dispersión Neártica y Paleártica indican un medio ambiente boscoso o acuático y ninguno se puede atribuir claramente a formas de llanura o estepa.

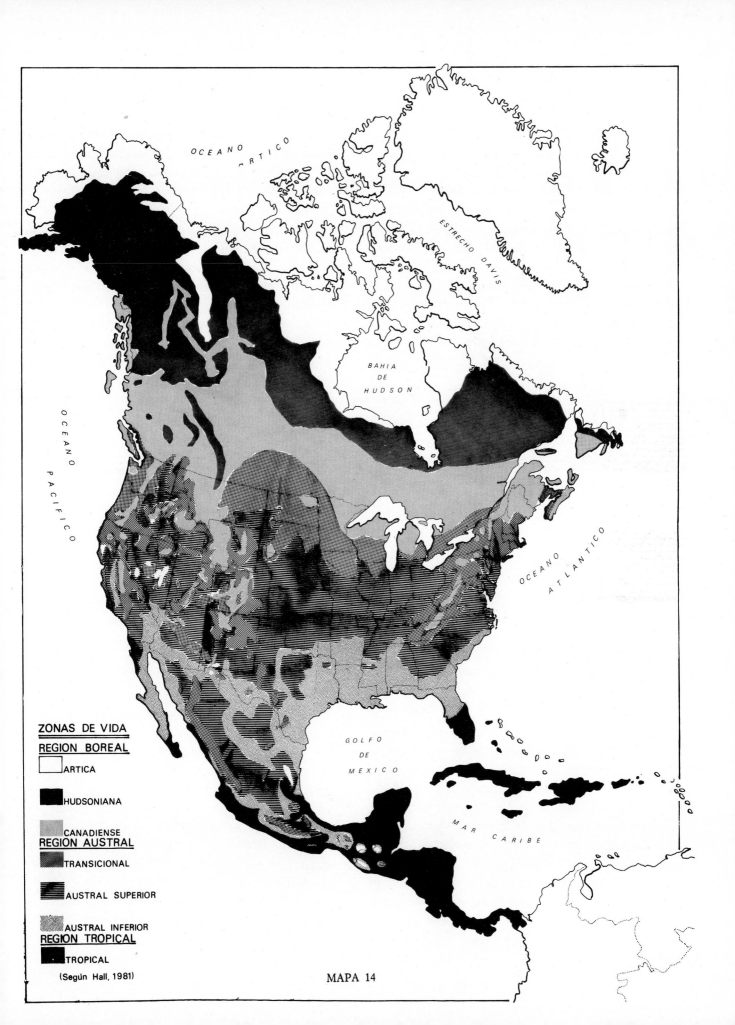

OCEANO ÁRTICO

ESTRECHO DAVIS

OCEANO PACIFICO

BAHIA DE HUDSON

OCEANO ATLANTICO

GOLFO DE MEXICO

MAR CARIBE

ZONAS DE VIDA

REGION BOREAL

ARTICA

HUDSONIANA

CANADIENSE

REGION AUSTRAL

TRANSICIONAL

AUSTRAL SUPERIOR

AUSTRAL INFERIOR

REGION TROPICAL

TROPICAL

(Según Hall, 1981)

MAPA 14

La edad Blanquense podría haber tenido dos fases, una temprana y otra tardía, puesto que de formas ancestrales Hemphilienses se encuentran series filogenéticas que así lo señalan. Parece que llegaron a Norteamérica unos 14 géneros y sólo 4, quizá 5, pasaron al Viejo Mundo. Las formas que se dispersaron por el estrecho de Bering, en un sentido u otro, no difieren nada de las del Hemphiliense en cuanto a posible habitat, pues todas parecen pertenecer a zona boscosa o acuática; sólo la cebra *Plesippus* sugiere la existencia de pastizales.

El Irvingtoniense se caracteriza por la llegada de una gran variedad de emigrantes del Viejo Mundo, tales como los primeros elefántidos y bóvidos. Se mantiene la falta de equilibrio en las dispersiones de uno a otro continente, quizá se acentúa, pues aparecen en el Nuevo Mundo 11 géneros que vienen del Viejo y en sentido contrario sólo pasan dos. Parece que el medio ambiente de Bering había cambiado hacia praderas, o bien bosque abierto con manchones de pastizal.

La fauna Rancholabreense presenta unos 23 géneros que llegaron del Viejo Mundo, sin que hubiera movimiento faunístico alguno en sentido opuesto. De los que vinieron 8 géneros permanecieron en Alaska pudiéndose considerar que formaban una provincia faunística con el Noreste de Siberia, aunque 5 de esos géneros forman ahora parte de la fauna norteamericana.

Aproximadamente 21 formas están repretadas en los registros fósiles de las cuales 9 se han registrado en el Rancholabreense pre Wisconsiniano y 12 se han encontrado fuera de Alaska. Como tan sólo 11 de los 23 mamíferos emigrantes del Viejo Mundo corresponden al Rancholabreense tardío, o sea Wisconsiniano, puede pensarse en una doble migración. Desde luego casi todas las formas pertenecen a paisajes de tundra o de taiga, lo cual marca una diferencia fundamental con los tiempos anteriores.

El número de géneros que toman parte en el intercambio Paleártico-Neártico fue bastante semejante en las diversas edades faunísticas: unos 14 en el Hemphiliense, como 19 en el Blanquense, alrededor de 13 en el Irvingtoniense y más o menos 23 en el Rancholabreense, aunque el tiempo de duración de cada edad se va reduciendo progresivamente, de unos 6 millones de años en el Hemphiliense, de unos 2 en el Blanquense y de 1 millón cada uno en el Irvingtoniense y el Rancholabreense. Asimismo, a través del tiempo se nota un incremento de emigrantes Paleárticos hacia el Nuevo Mundo, en detrimento del movimiento contrario, siendo las proporciones respectivas 2:1 en el Hemphiliense; 3:1 en el Blanquense, 5:1 en el Irvingtoniense y 23:0 en el Rancholabreense.

Se deduce que pudieron haber existido cuatro oleadas mayores de Oeste a Este: en el Blanquense temprano, en el Irvingtoniense temprano, en el Rancholabreense temprano y en el Rancholabreense tardío. Aunque los mamíferos son muy adaptables a diversos medios ambientes, los registros de los mamíferos del Hemphiliense permiten inferir que el puente de Bering en aquella edad era cálido-templado, húmedo y forestado; en el Blanquense las condiciones eran templado, húmedo y boscoso, quizá con algunas praderas; en el Irvingtoniense templado con bosques y praderas igualmente distribuidos y en el Rancholabreense, condiciones árticas, con tundra y estepa y algunos manchones de taiga. (Repenning, 1967).

El intercambio faunístico interamericano cubrió los últimos 6 millones de años de la historia de los mamíferos terrestres de Sudamérica. Los participantes en este intercambio pueden dividirse en dos grupos que se basan en la fecha de llegada y su modo de dispersión. El primer grupo, formado por la familia de los racoon, Procyonidae y los roedores cricetidos sigmodontidos, llegaron como emigrantes solitarios hace 7-5 millones de años durante el descenso

"Messiniano" del mar, un descenso glacioeustático de carácter mundial del nivel de los mares, del orden de unos 50 m. Los Procyonidos aparecen en Sudamérica por primera vez en las capas Huayquerienses (Mioceno superior), justo bajo un nivel fechado en 6 millones de años. Los Criticidos aparecen por vez primera en capas de edad Montehermosense (Plioceno inferior y medio), unos 3.5 millones de años, considerándose que su ausencia en capas más antiguas se debe a causas unidas a la recolección.

El segundo grupo incluye a los invasores de Norteamérica que caminaron por el puente de Panamá, tras su emergencia. Durante el Chapadmalense (Plioceno final) aparecieron los Mustelidos y los Tayasuidos; Cánidos, Félidos, Ursidos, Camélidos, Cérvidos, Equidos, Tapiridos y Gomphoteridos durante el Uquiense (Pleistoceno inferior); los Sciuridos Soricidos y Leporidos sólo se conocen de capas Holocénicas. El Chapadmalense se correlaciona muy bien con el Blanquense final de Norteamérica (2.5 millones de años). La aparición y subsecuente diversificación de estos grupos coincide con una disminución abrupta y significativa de diversidad en las taxa nativas de Sudamérica. Esto se interpreta como un reemplazamiento ecológico. (Webb, 1979).

Las primeras apariciones de especies sudamericanas en la nutrida sucesión nortearicana de mamíferos del Cenozoico tardío son el *Pliometanastes*, un perezoso megalonyquido del tamaño de un oso y el *Thinobastides*, un perezoso y mylodóntido del tamaño de un mastodonte. Ambos se encuentran en el Hemphiliense inferior (unos 9 millones de años) y juntos en sitios del Hemphiliense medio. Megalonyquidos semejantes al *Pliometanastes* llegaron a América Central y las islas del Caribe aproximadamente por la misma fecha. Hasta mucho más tarde, 3 a 2.5 millones de años, no volvió a haber emigrantes sudamericanos en Norteamérica.

El comienzo del intercambio mayor se señala en Centro y Norteamérica por un conjunto ecológicamente diverso de especies sudamericanas especialmente edentados y roedores caviomorfos. Los más distintivos y más fácilmente preservados son los edentados con concha, *Dasypus Kraglievichia* y *Glyptotherium*. El *Glossotherium Chapadmalense* es un mylodonte recién llegado remarcable por su casi absoluta semejanza con los ejemplos del Chapadmalense de Argentina. El capibara *Neochoerus* y el erizo *Erithizion* son los primeros roedores que llegan. Otros inmigrantes distintivos de Sudamérica son el gran pájaro predador *Titanis* y el manatí *Trichechus*. Estas taxa aparecen en el Blanquense superior pero no se encuentran en el Blanquense inferior. En el sitio Wolf Ranch, del valle de San Pedro, en Arizona, en el sitio Cita Canyon, del Panhandle de Texas y en la sección Anza-Borrego California Sur se encuentran en el crono magnético normal de Gauss (3−2.5 millones de años). Otros taxa surianos aparecen en el tiempo Irvingtoniano inferior, durante la parte inicial del cambio magnético Matuyama, alrededor de hace 2 millones de años; estos son el capibara moderno Hydrochoerus y dos perezosos megatéridos, el gran Eremotherium y el pequeño *Nothrotheriops* y el opossum *Didelphis*. Los ancestros del mapache sudamericano Cyonasua, de 6 millones de años, se encuentran en el Clarendoniense de Florida (Marshall, 1980).

De la lectura de todos los autores citados quizá se desprendan una serie de contradicciones, pero esto no es totalmente serio sino la expresión del estado de la Ciencia, en lo cual se encuentran opiniones parcialmente contrarias, producto de interpretaciones personales que siguen las indicaciones de los datos manejados. Esto lleva a concluir que, de acuerdo con la información puede y debe variar la interpretación y asimismo que todavía estamos lejos de alcanzar una definición real.

Es posible que la conclusión que se desprenda de todo es la de tener la suficiente humildad científica que lleva a decir: hasta ahí estamos en el momento actual, con la inherente necesidad de llegar a conclusiones generales cuando todavía sabemos que el ámbito de nuestro conocimiento tiene más huecos que realidades, como también es visible en las páginas que siguen.

También es necesario señalar que la teoría del actualismo, en la Geología, lo es en el sentido geológico que gobierna la Geología histórica, donde algunos cientos de miles de años no son causa de problemas. El Cuaternario, como se ha señalado, tiene una circunscripción temporal menor, en la que el Pleistoceno es una fracción pequeña de cualquier equivalente geológico y, en el mismo sentido, el Holoceno es la reducción al absurdo de lo que se entiende por geo-cronología. Por lo tanto, mantengamos el sentido de la medida o no seremos capaces de entender ni la menor cosa.

Parte de estos problemas de dimensión temporal son los desfasamientos cronológicos que se presentan en cuanto a los tiempos de origen, apogeo y terminación de las glaciaciones, por ejemplo y de la extraordinaria facilidad con la que se establecen las más extrañas teleconexiones de fenómenos climáticos, sin tomar en cuenta que, sin ir más lejos, en nuestros días existen diferencias fundamentales, regidas por las inexorables leyes de la alta circulación atmosférica, que son las que dictaminan la existencia de zonas climáticas de carácter latitudinal.

Por la vía fácil de las teleconexiones irresponsables se establecieron sistemas conectados de fechas de glaciaciones, como el de las Rocallosas con el resto de la América del hemisferio Norte, incluyendo el tropical. Ya se ha visto que, para empezar, el fechamiento era erróneo en el lugar mismo de los hechos, debido a una serie de asunciones que no pudieron tener, ni tenían, realidad ante los hechos concretos. Independientemente de los errores de origen era también irreal, y lo seguirá siendo, la extrapolación cronológica de procesos climáticos en otras latitudes, como los fechamientos de los caracterizados en las zonas tropicales, México, en este caso, lo están demostrando.

Sin caer en regionalismos, siempre equivocados, como es aparente el caso, se hace necesario admitir que sólo existen los datos concretos y fehacientes, aunque queden fuera de los esquemas establecidos, esquemas que, por otro lado, lo son a priori y sobre bases estrictamente referidas a una visión extratropical, de alta o media latitud del hemisferio norte. El problema, o uno de los problemas, es el de que todavía los informes de las zonas tropicales son escasos, a la vez que pobres en datos, pero el tiempo vendrá en auxilio y, con la misma lentitud que se han ido conformando los esquemas paleoclimáticos de las altas latitudes, se irá conformando el de las bajas. Lo que no es admisible es el conformismo, o la subyugación, de tratar de poner de acuerdo el dato local, o inventarlo, con los que rigen las altas latitudes que, por otro lado, no son ni de lo más preciso, ni de lo más honesto.

Resulta que cada autor no practicante de la Geología glacial que quiere establecer correlaciones entre el comportamiento del borde del casquete glacial Laurentido con cualquier otro sitio, debido a la falta de sincronía de las pulsaciones de dicho casquete, siempre dispone de elementos más o menos congeniables con sus propios movimientos, sin que esto quiera decir que en orden general lo sean. A pesar de ello, o quizá por esta causa, se requiere de un cuadro en el que se muestren las varias posibilidades que existen para establecer correlaciones, con lo cual la irrealidad de algunas será aparente. Todo depende de las intenciones de quien las emplee o del conocimiento de causa que tenga.

Una vez más, y como corroboración al punto de vista mantenido de la imposibilidad de extrapolar los detalles de las pulsaciones locales menores, es obvio que todo lo anterior se refiere a los avances y retrocesos del hielo en una región determinada, y reducida, concretamente a los movimientos del hielo Laurentido en la región de los grandes Lagos, pero siendo la división cronoestratigráfica de esta parte de Norteamérica la que se ha elegido como mejor representativa de los movimientos del casquete de hielo, era necesario establecer sus pulsaciones correctamente.

Ahora, se hizo necesario entrar en el aspecto más detallado de las glaciaciones en Norteamérica, necesidad marcada por las condiciones locales especiales del caso concreto de un casquete, el Laurentido, y de glaciares de montaña, los de las Rocallosas, con las implicaciones ya conocidas, es necesario hacer constar que, aun en la región más conocida, la central, han surgido serias objeciones al esquema litoestratigráfico y cronoestratigráfico que se adoptó en páginas anteriores, cuando se trataba de estos fenómenos y procesos en orden general, pero que es necesario afinar cuando se manejan en detalle.

Evenson (1973) había demostrado su inconformidad con la cronología del Twocreekense y la realidad litoestratigráfica del Valderense, puesto que encontraba que, en localizaciones precisas a orillas de los Grandes Lagos, no había correspondencia entre unos y otros, reservándose, para una vez ampliados los estudios, el dar nombre nuevo y más calificativo a los hallazgos realizados. Años después (Everson, et. al., 1976), sobre el mismo tema, hacía ver que el subestadio interglacial Two Creeks en realidad terminó en 11.950 aP. y que duró tan sólo unos cuantos siglos, los que van de 12.350 a esa fecha, o sea cinco, aparte de haber tenido una extensión geográfica muy limitada y que el subestadio interglacial Cary-Port Huron, de alrededor de 13.400 aP. fue mucho más importante, tanto en intensidad como en extensión.

Sobrevino una discusión muy importante, de carácter eminentemente local, en la que sobresalió el planteamiento de Evenson de reemplazar el término de Valderense, como subestadio glacial, por el de Greatlakense como lógico, puesto que al ser unidad cronoestratigráfica, apoyada en la litoestratigráfica del mismo nombre, resultaba que en este caso no existía la necesaria correspondencia, ya que el detritus glacial bautizado como Valders estratigráficamente anterior al tiempo de ese avance del hielo. Entonces no es posible aceptar esta contradicción que es negativa de los principios que rigen la nomenclatura estratigráfica.

Por esta causa se ha hecho necesario modificar en este trabajo tanto la nomenclatura como la cronología de la parte final de la glaciación Wisconsiniana, adoptando la propuesta por Evenson, et. al. (op. cit.) pese a las objeciones relativas que hicieron Karrow (1978) y Black (1978) pues la respuesta (Evenson, et. al., 1978) no dejó lugar a dudas en cuanto a lo bien cimentado de su proposición.

Al aceptar la proposición comentada resulta que el Twocreekense es de mayor antigüedad de la hasta ahora atribuida de 12.350 a 11.850, pues el avance de hielo que cubrió el bosque de Two Creeks, de cuyos restos se obtuvieron las fechas, tiene como unidad litoestratigráfica el detritus glacial Two Rivers, que fue el que destruyó y cubrió el citado bosque en la fecha dada y alcanzó entonces su culminación, o poco después. Además el subestadio glacial Greatlakense (antes Valderense) queda dentro del Pleistoceno en cuanto a su máximo avance.

La complejidad de los avances y retrocesos del hielo durante el Wisconsiniano en Norteamérica está claramente reflejada en la obra de Mahaney et. al., (1976) donde en 24 trabajos sobre el tema de la estratigrafía general del Cuaternario, que van desde el Canadá Artico del Este hasta Alaska, pasando por todo el borde del casquete Laurentido y las distintas expresiones de las glaciaciones en las Rocallosas, incluyendo las de los Estados del Suroeste de los Estados Unidos de Norteamérica, nos encontramos con importantes divergencias, si se quiere no de las que puedan hacer dudar de los grandes ciclos, pero sí de aquellas que impiden la correlación precisa de los estadios e interestadios.

CAPITULO IV

BERINGIA

Se han presentado, en las páginas anteriores, los elementos básicos para entender cómo estaba el Continente americano en los tiempos en los que los primeros hombres pudieron haber llegado a él, indudablemente desde Asia. Ha sido preciso, en una serie de aspectos, sobrepasar el ámbito geográfico atribuido a esta obra, pero se hacía necesario comprender el conjunto continental, en sus complejas articulaciones de orden físico y biológico, a la vez que se hacía hincapié en el Subcontinente Norte.

Ahora es necesario ampliar parte de lo dicho, en lo concerniente a la zona del probable paso de uno a otro continente, el extremo Noroeste de América y el extremo Noreste de Asia. Esta zona, desde hace tiempo y por una serie de razones que se presentan a continuación, ha sido llamada Beringia, extendiendo el contenido del término que se aplica al estrecho que separa a ambos continentes a un territorio mayor, a cuyas condiciones y cambios se dedican las siguientes páginas.

Las partes que ahora componen la región del estrecho de Bering, de tanta importancia en nuestro caso, tienen una larga historia geológica que se explica por la tectónica de placas, teoría que en los últimos años ha venido a facilitar una mejor comprensión de los viejos planteamientos sobre la deriva de los continentes, presentada por Wegener a principios de este siglo.

La corteza terrestre está conformada por una serie de piezas rígidas, llamadas placas, cada una de las cuales consiste en continentes u océanos, o ambas cosas a la vez. Las formas y tamaños de estas placas han cambiado en el tiempo, así como su posición, pues entran en colisión unas con otras, se separan o se deslizan entre sí y estas colisiones o fricciones laterales han dado origen a las montañas, por los empujes que se generan desde las crestas oceánicas, a su vez causadas por la surgencia de lava desde las celdas de convección térmica que funcionan a gran profundidad.

Debido a este movimiento continuo es muy difícil explicar la paleogeografía de la Tierra en los tiempos más lejanos, pues los restos de esos tiempos, por su antigüedad, por lo general son escasos, tanto cuanto más viejos, y la mayor parte de las veces se encuentran en afloramientos dispersos, cuando no han sido metamorfizados hasta hacerlos irreconocibles.

Lo más antiguo que se identifica en la zona es lo que corresponde al Precámbrico, en forma de dos escudos, o cratones, el canadiense y el siberiano, con edades que van de los 3.300 millones de años a los 900 millones. Ambos escudos se encuentran más bien en posiciones marginales a la región, el canadiense al este y norte y el siberiano francamente al oeste. Durante el Cámbrico existió un conjunto formado por masas ancestrales de Europa y América del Norte que se situaban en lo que entonces fue zona ecuatorial. También existía la Siberia ancestral, en la misma posición ecuatorial, quedando entre uno y otro conjunto la Kolima ancestral; otro sector de Europa estaba separado de la misma masa primeramente mencionada por el llamado Océano Japetus.

A la terminación del Paleozoico, en el Pérmico, la masa de Gondwana se unió al conjunto que se había integrado con las ancestrales Siberia del este, Norteamérica, Kolyma y Europa y Asia, que formaron un nuevo conjunto, llamado Laurasia, por el escudo Laurentido que formaba parte en el Canadá, y por Asia, integrando una unidad en la que también tenían parte todos los demás continentes. Este enorme conjunto se extendía de polo a polo y, en algunas partes, contuvo glaciares de casquete, de los cuales han quedado diversas huellas.

La concentración de masas continentales alcanza su apogeo a principios del Mesozoico, en el Triásico, cuando conforma lo que se ha llamado Pangea, esto es, "toda la tierra". De los componentes iniciales comienzan a separarse Laurasia y Gondwana y el último conjunto se fragmenta con mayor rapidez, apareciendo América del Sur, Africa, la India, Australia y la Antártida, antes de que se establezca la separación entre el bloque Europa-Asia y Norteamérica que se alejan definitivamente a fines del Cretácico de tal manera que a principios del Cenozoico, en el Paleogeno, que incluye Paleoceno, Eoceno y Oligoceno, ya tienen independencia clara, misma que se confirma en el Neogeno (Mioceno, Plioceno, Pleistoceno y Holoceno) hasta adquirir la configuración actual (Mintz, 1977).

En lo local, en lo que concierne a la región de la Tierra en la que Asia y América están tan próximas, siguiendo a Scholl *et. al.* (1975), antes de la formación de la cresta de las Aleutas, en el Cretácico final o en el Terciario inicial, la placa de Kula parece que se deslizó por debajo de Kamchatka, por el margen sur de la plataforma de Bering y por el sur de Alaska, o sea por debajo de la placa Eurásico-norteamericana; puede asumirse que en esas partes se formaron las trincheras de las Kuriles-Kamchatka y la de las Aleutianas. Después sobrevino la formación de la cresta Aleutiana, la que produjo un marcado movimiento hacia el sur en la zona de convergencia de la placa de Kula con la trinchera Aleutiana, por lo cual se aisló el borde de la plataforma de Bering de las consecuencias directas del deslizamiento de la plataforma de Kula. Esto, sin embargo, causó efectos orogenéticos en Alaska y, posiblemente, el encurvamiento hacia el sur de la plataforma de Bering por esas fechas.

Expresado en otros términos, algo más amplios, antes de la formación de la cresta de las Aleutianas, la placa litosférica del Pacífico Norte (placa de Kula) hizo colisión con la Eurasico-norteamericana a lo largo de una línea aproximadamente paralela a la de la posición de los bordes continentales preexistentes, que conectaban ambas partes. El movimiento entre las dos placas era de un orden general norte o noroeste.

Durante el Mesozoico medio y tardío este margen y los bordes continentales contiguos del sur de Alaska y del este de Kamchatka, fueron los lugares en los que se llevaron a cabo deposiciones eugeosinclinales y pulsaciones orogenéticas repetidas, conducentes a plegamientos, fallamientos y emplazamientos de masas ultramáficas. Tanto la sedimentación eugeosinclinal como el magmatismo tuvieron lugar sobre una ladera continental o insular, que descendía desde un arco volcánico hacia el mar o, si no, en una cuenca de arco interno asociada a uno volcánico, del lado del mar del margen de un continente. También hubo sedimentación en las trincheras, pero fue de menor importancia en los depósitos eugeosinclinales. Puede admitirse que la orogénesis marginal resultó de las interacciones mecánicas y magmáticas de las placas litosféricas convergentes.

En el Terciario temprano cesó virtualmente la orogénesis marginal al norte de la cresta Aleutiana. Este cambio en la mecánica tectónica, de haber sido predominantemente de dirección lateral, a esfuerzos dirigidos verticalmente, se piensa que puede correlacionarse con el comienzo de la formación de la cresta Aleutiana y, lo más importante, con una relocalización hacia el sur de la zona de convergencia de la cresta Aleutiana hacia el lado marino de la cresta. La formación de una zona de convergencia, nueva y oceánica en la trinchera Aleutiana, aisló tectónicamente el margen continental de Bering de otras interacciones con el borde deslizante descendente de la placa oceánica. Esto inició un episodio no orogénico de colapso marginal y fragmentación menor por un levantamiento y plegamiento en la región Kamchatka-Koriak, que se hizo más acusado desde el Mioceno medio hasta el Plioceno temprano. Por lo tanto se piensa que los depósitos pre y post-orogénicos del borde continental corresponden, respectivamente, a tiempos pre y post cresta Aleutiana.

118

La generalización que se ha presentado no es totalmente aplicable a la parte norte de Kamchatka, el área de la depresión de Oliutorsky. Aquí la sedimentación eugeosinclinal y el magmatismo no terminaron en el Cretácico tardío, sino que continuaron durante el Oligoceno y quizá alcanzaron hasta el Mioceno temprano. Este sector "anómalo" del margen continental bordea la Cuenca de Kamchatka, la "anómala" región oeste de la Cuenca del mar de Bering, que se caracteriza por un relleno sedimentario delgado y magmatismo Cenozoico. Se supone que un mecanismo litosférico común, o íntimamente relacionado, es el responsable de las historias magmáticas del Cenozoico de estas dos regiones, extrañas pero unidas y que un mecanismo también relacionado formó la cresta Shirskov, que los separa de una Cuenca del mar de Bering "normal" al este y de un margen continental al noreste.

La disminución del volcanismo costero y submarino hacia el fin del tiempo miocénico puede que esté asociada con el levantamiento de la costa desde el Mioceno medio hasta el Plioceno temprano. Hay que hacer hincapié en que el volcanismo Cenozoico no estuvo restringido al área de Oliutorsky, sino que fue general en la región Koriak-Kamchatka, al igual que lo fue el suave tectonismo del Mioceno-Plioceno. En contraste, el levantamiento y el volcanismo del Cenozoico sólo afectaron áreas pequeñas de la amplia plataforma del mar de Bering que bordea a Alaska, donde las exposiciones de capas marinas de edad terciaria son virtualmente desconocidas.

Aunque la placa litosférica del Pacífico dejó de meterse por debajo del margen de Bering más o menos hacia el Cretácico tardío-Terciario temprano (entre hace 65 y 60 millones de años) la placa de Kula siguió deslizándose por debajo de la ascendente cresta Aleutiana, hasta entrado el Eoceno, hará unos 45 millones de años. Por este tiempo la cresta de Kula se

había subducido y el deslizamiento, o desapareció o disminuyó casi por completo. Por esta causa disminuyó también el crecimiento volcánico de la cresta y se acumularon sobre su cima y flacos grandes cantidades de detritos de origen erosional. Puede que no haya habido volcanismo importante otra vez sino hasta el Mioceno medio, cuando la cresta sufrió plutonismo y fue levantada. Estos acontecimientos pueden asociarse con el comienzo de un nuevo episodio de deslizamiento de placa en el Cenozoico tardío, el cual culminó con la formación de los magníficos estratovolcanes de Kamchatka y de las islas Aleutianas. Sin embargo, todavía son muchos los problemas y las dudas que quedan, asociados con la tectónica de placas y la historia del magmatismo en la región de las Aleutianas-Mar de Bering.

Por ejemplo, la secuencia de movimientos de placas que se ha presentado durante casi todo el Mesozoico tardío y el Cenozoico, con su deslizamiento descendente intenso de placas, debería haber sido del orden de miles de kilómetros, sin embargo la evidencia estratigráfica y estructural sugiere que ese deslizamiento no fue de más de unos cuantos cientos de kilómetros, lo que en el orden de magnitud es menos de lo esperado. Podríamos decir que lo expresado en las páginas anteriores es más una explicación cualitativa que cuantitativa. Este y otros problemas relacionados necesitan otros planteamientos, que se esbozan a continuación, brevemente.

Primero: Después de que el crecimiento magmático de la cresta Aleutiana disminuyó grandemente en el Eoceno, no se volvió a producir ningún nuevo episodio significativo de volcanismo de cresta hasta el Mioceno medio, cuando la cresta sufrió plutonismo y se levantó. También comenzó en el Mioceno medio el levantamiento y el plegamiento de la lejana área costera de Koriak-Kamchatka y de la plataforma que la flanquea y también fue muy extenso el volcanismo en esta área. Se hace muy tentador asociar estos acontecimientos tectónicos y magmáticos con un episodio renovado de deslizamiento descendente de placa en la trinchera Aleutiana, probablemente uno que comenzó en el Oligoceno tardío, pero esta solución es difícil de aceptar, debido a que las rocas volcánicas del Mioceno tardío y del Plioceno temprano no son muy abundantes a lo largo de la cresta Aleutiana y las tefras de esta edad son escasas en los depósitos sedimentarios marinos de los que se han tomado núcleos en sitios cercanos. También por este tiempo, o algo antes, había disminuido o cesado el volcanismo de la cresta Shirskov y el del fondo de la cercana Cuenca de Kamchatka. La disminución del magmatismo en esta área sugiere el final rápido de un nuevo episodio de subducción, lo cual se conjuga con la construcción subsecuente de los magníficos estratovolcanes de las Aleutianas y de Kamchatka, después del Plioceno inicial. Puede que el comienzo de la subducción haya sido tan temprano como el Mioceno medio o tardío, pero parece que es demasiado tardío para haber sido el causante del plutonismo, volcanismo y levantamiento del Mioceno medio.

Es evidente que la historia de la tectónica de placas en el área de las Aleutianas-Mar de Bering, no puede deducirse correctamente con nuestro actual conocimiento de la historia del magmatismo de esta región tan grande, que es muy precario.

Segundo: Cálculos conservadores indican que la costra oceánica que se deslizó por debajo del margen Koriak-Kamchatka durante el tiempo Mioceno medio y tardío debió ser de unos 7.000 kilómetros. Un cálculo bajo del volumen de depósitos pelágicos marinos de gran profundidad que debieron ser barridos por la placa descendente es de aproximadamente el 30% del volumen que se calcula para los complejos eugeosinclinales del área. Aunque se conocen depósitos silícicos y calcáreos de probable origen pelágico, su volumen no es tan grande. Más aún; estratigráficamente están asociados con depósitos terrígenos, lo cual indica que se acumularon cerca o en la base del margen continental y no en un ambiente de mar adentro. Por lo tanto no están presentes los arrastres pelágicos que indicarían los miles de kilómetros de deslizamiento de placa. Se ha sugerido que los restos pelágicos empujados a las trincheras de las zonas de subducción son metidos bajo la costra adyacente más que ser incorporados como "barreduras" en la masa eugeosinclinal, lo que es algo difícil de imaginar, pues esto implica que los depósitos de trinchera no forman parte significativa de las acumulaciones eugeosinclinales.

Tercero: También pueden considerarse las rocas eugosinclinales, o "talasogeosinclinales", de la región Koriaka como la contraparte estructural y estratigráfica del conjunto Franciscano, tan estudiado en California. Su cartografía ha mostrado que la masa rocosa Franciscana fue empujada hacia tierra y hacia abajo a lo largo de varias zonas mayores de empuje; en la región Koriaka la cantidad de zonas de empuje telescopiadas es del orden de varios cientos de kilómetros, pero no de los miles que implica el mecanismo de tectónica de placas, a lo que se une el que el amasijo de las rocas Franciscanas, que tuvo lugar entre los sectores de los empujes mayores, es precisamente la medida de los restos del deslizamiento y aunque las rocas de origen eugeosinclinal de la región Koriaka también incluyen estructuras caóticas, se pueden distinguir unidades estructurales y estratigráficas mayores, lo cual no representa el amasijo atribuible a miles de kilómetros de deslizamiento.

Cuarto: El ejemplo de tectónica de placas que se ha presentado para la evolución estructural del margen continental de Bering exije que la línea actual, en forma de Z, entre Alaska y Kamchatka se haya establecido en tiempos pre-Terciarios. Esta forma permite especular que la convergencia de placas más rápida y presumiblemente la de mayor movilidad estructural haya tenido lugar bajo las gruesas masas eugeosinclinales de Koriak-Kamchatka y las regiones del sur de Alaska y que la menos rápida (strike-slip) o suave componente vertical de la moción de fractura tuvo lugar a lo largo de unas rocas Mesozoicas ahora sumergidas y estructurables, más delgadas, que subyacen el segmento Pribiloff del margen de Bering que las conecta. Sin embargo, esta opción por sí misma no explica la forma en Z del margen de Bering y podemos conjeturar que se trata de un arreglo de bloques estructurales que se desarrollaron predominantemente durante tiempos cretácicos o del Terciario temprano, quizá antes, como resultado de la deriva continental de Norteamérica, la formación de la franja orogénica flexionada de Alaska, de la expansión de los oceános Atlántico y Artico, o de la combinación de dos o más de estos mecanismos.

Quinto: Durante los tiempos del Mesozoico, el segmento de tendencia noroeste de Pribiloff, del margen de Bering que conecta Alaska, con Siberia, puede que en parte haya estado situado a lo largo de los límites de una fractura de deslizamiento con componente vertical entre placas continental y oceánica. Si una parte de la placa continental quedó unida a la oceánica se podría haber desarrollado un sistema de fallas de delimitación a lo largo del margen de Beringia, semejante a la falla de San Andrés. Por lo tanto, es posible que en esta área se hayan yuxtapuesto segmentos tectónicos de grupos de rocas estructural y litológicamente distintos, en forma semejante a la que se ha propuesto para California. Según esto la compresión estructural de las rocas preorogénicas que subyacen el sector este del margen continental de Beringia, podría ser una tarea de excepcionales dificultades.

El estrecho de Bering, en su parte más angosta, es la división entre el Mar del mismo nombre, al Sur, y el de Chukotka. Ambos mares cubren la gran plataforma continental de Bering-Chukotka y el primero es el extremo norte de la enorme masa de agua, que es el Océano Pacífico, y el segundo, una parte del también muy extenso Océano Artico. Para mantener la tradición descriptiva occidental comenzaremos de norte a sur y de oeste a este, por lo tanto, con el mar de Chukotka, conocido en la literatura geográfica como mar Chukchi.

Delimitado del mar de Siberia al este por una línea que va por el estrecho de De Long, entre la costa norte de Siberia y el Sur de la isla de Wrangel, sigue desde este punto el meridiano 180^0 hasta el borde de la plataforma continental, manteniendo esta marca como límite norte y noreste hasta la Punta Barrow, en el extremo norte de Alaska. De clima ártico, con temperaturas del aire en invierno de hasta -46^0C y con máximos veraniegos de 6^0C, recibe menos de 500 mm anuales de precipitación y predominan los vientos del N y del NW, registrándose algunas veces, en el verano y otoño, del S y del SE, producidos por la influencia de los ciclones del Pacífico que alcanzan al mar de Bering, inmediatamente al Sur.

Hacia octubre comienza a formarse hielo en el mar, en la zona sur que es la única que se llega a liberar de él completamente por unos dos o tres meses. Por el estrecho de Bering penetra una corriente marina, contorneando la costa de Alaska, que se divide en dos ramales, uno hacia el NE y otro hacia el NW. La primera, pegada a la costa, alcanza el mar de Beaufort y la segunda se integra al movimiento general del Océano Artico, al Norte de la isla de Wrangel, mientras una parte de ella retorna hacia el estrecho de Bering al ser arrastrada por la corriente fría polar que desplazándose a lo largo de las costas norteñas de la península de Chukotka, toma rumbo al Sur desde el cabo Dezhnev; esta corriente es de tan poca importancia que sólo se observa a veces.

Funcionalmente relacionado con el mar de Chukotka está el de Bering. Ambos entran en contacto en el estrecho y queda confinado entre las costas oeste de Alaska y las del Este de Siberia Nororiental. Su límite sur se fija en el arco de las islas Aleutianas, hasta las Komandorski, todas ellas puntas culminantes de la cresta volcánica Aleutiana. Este arco al parecer ha formado un enorme dique contra el que se acumulan, por su parte Norte, sedimentos de 2 a 4 km de espesor, pesando sobre la costra oceánica normal de tal manera que deprime el manto a una profundidad de cerca de 15 km. La cuenca se cree que está llegando a su máximo de acumulación posible y que comenzará a vaciarse, hacia el SE, por la trinchera de las Kuriles.

El mar de Bering, ya se dijo, está alojado en una plataforma continental, en realidad en una parte de la masa continental única que integran partes de Siberia y de Alaska. Esta área, según indican la Geología y la Paleontología, ha sufrido varios hundimientos en los últimos 60 ó 50 millones de años, la última a fines del Plioceno o principios del Pleistoceno.

El clima, aunque mal conocido, es menos extremoso que en el mar de Chukotka, con temperaturas mínimas de 1.25^0 en el estrecho a 2^0C en las Aleutianas, durante el invierno, y de 6^0 a 10^0C en el verano. Las precipitaciones son superiores a los 500 mm, alcanzando hasta los 1.500 y normalmente nieva de septiembre a junio. El peligro que para la navegación suponen los "icebergs" es prácticamente inexistente, puesto que el estrecho de Bering, por donde podrían pasar viniendo desde el Océano Artico, no participa de las líneas mayores del movimiento de los hielos. Es cierto que se forma hielo en las costas, cubriéndose bahías y ensenadas, pero nunca alcanza espesores peligrosos para cuando deriva y el aporte de los glaciares que llegan al mar del lado de Alaska es nulo.

Los ríos que desembocan en el sistema Chukotka-Bering no son muchos, ni muy importantes, sobre todo cuando se considera que están congelados gran parte del año, aunque sólo sea en superficie. Del lado americano, de Norte a Sur, están los ríos Noatak y Kobuk, que desembocan en la Sonda de Kotzebue, al Norte de la Península de Seward. Separado de ésta por la Sonda de Norton se encuentra la llanura costera formada por los aluviones del Yukón y del Kuskokwin, de los cuales el primero es el más importante de toda la región y forma un gran delta, a diferencia del Kuskokwin que alcanza el mar en forma de estuario. Al Sur de este punto en la costa sólo se encuentra el río Nushagak de cierta importancia.

Por el lado asiático el único río importante es el Anadyr que desemboca formando un estuario en el Golfo del mismo nombre. Hay, desde luego, otros cursos de agua, tanto en la Península de Chukotka como en la costa Koriaka, en la parte de Kamchatka, que corresponde al mar de Bering, pero lo corto de sus cursos y la baja precipitación regional, inferior a los 500 mm anuales, hace que su importancia sea poca.

Respecto a la Biología de estos mares, el de Chukotka, a pesar de ser polar, es bastante rico tanto en fauna como en flora, pues las aguas que penetran del Sur por el estrecho de Bering, cálidas relativamente, muestran una fauna boreal. Desde luego esta fauna y la flora asociada, son más abundantes en el mar de Bering, por lo cual puede decirse que estas aguas están bien provistas, aunque no sean las más ricas del Pacífico.

El factor que parece controlar la extensión de la cubierta de hielo invernal en el mar de Bering es la corriente del Pacífico, que en esa época del año corre a lo largo del frente de hielo, el cual es casi coincidente con la plataforma continental.

El hielo de orilla comienza a formarse en la costa NW del mar de Bering a principios de octubre y unas dos o tres semanas más tarde en la costa Este. El máximo se alcanza entre febrero y marzo y la retirada se inicia de abril a mayo. Desaparece en junio en la costa de Alaska, pero en la Siberiana prevalece hasta bien avanzado julio. El hielo polar penetra por el estrecho de Bering por su lado Oeste, en el Otoño, en pequeñas cantidades y no todos los años y la deriva de hielo es hacia el Sur, hacia afuera de la costa y a partir del Cabo Navarino, en Siberia, donde coinciden la corriente y el viento predominantes (Dunbar, 1967).

Es importante señalar que para el paso, navegando, como algunos autores suponen, en épocas de muy escasa posibilidad tecnológica para construir los elementos capaces de soportar la travesía, el sistema de corrientes superficiales que se instaura en el verano no facilita, ni mucho menos, el cruce y que en el invierno la cubierta de hielo no es sencilla de caminar, por las tormentas reinantes, a lo que se une el que no es de gran espesor (Dunbar, *op. cit.*).

En lo que respecta a la penúltima glaciación, la Illinoisiana de Norteamérica, en esta región los investigadores soviéticos y norteamericanos están bastante de acuerdo respecto a su extensión, habiendo ligeras contradicciones en cuanto a la correlación de morrenas y sobre las áreas cubiertas por el hielo en Alaska durante la Wisconsiniana, siendo mucho más difícil la situación en el noreste de Siberia.

Partiendo de que la penúltima glaciación fue la más extensa del Pleistoceno medio y del tardío, los autores soviéticos tienen entre ellos serias discrepancias al respecto. Según algunos autores la penúltima glaciación fue menos extensa que la última y, en el caso concreto de la península de Kamchatka, unos encuentran glaciares de montaña sumamente reducidos y otros consideran que estuvo totalmente cubierta por el hielo, situación que se repite en la península de Chukotka, con glaciares de montaña, reducidos, para unos, y cubierta total de hielo, para otros.

Más complicada todavía es la posición de algún autor que piensa en glaciares reducidos en la península de Chukotka durante la transgresión de Kotzebue, mientras que otros comprueban que los glaciares de Chukotka se extendían más de 100 km hacia el sur y el este, por la plataforma de Bering, a lo que se une el que existen pruebas de que los glaciares desprendidos de las costas siberianas alcanzaban hasta la isla de San Lorenzo durante la penúltima glaciación.

En conclusión puede decirse que durante la penúltima glaciación, después de la transgresión Kotzebue, el hielo alcanzó su máxima extensión, mayor a la que llegó a tener durante la última glaciación (Hopkins, 1972).

A pesar de que faltan estudios adecuados de carácter estratigráfico y geocronológico, con lo que se ignoran los detalles del desarrollo y la expansión de los glaciares durante la penúltima glaciación, existen algunos datos mediante los cuales es posible pensar que la glaciación comenzó en la Península de Chukotka durante la transgresión Kotzebue, cuando el nivel del mar era más alto que el actual y, por lo tanto, durante un intervalo que en las latitudes bajas debió ser interglacial. Por ser la penúltima glaciación en Beringia un tiempo de máxima cubierta de hielo el límite inferior de la nieve en Alaska debió bajar entre 600 y 850 m por debajo de su posición actual y de 150 a 250 m por debajo del límite inferior alcanzado durante la glaciación siguiente, la Wisconsiniana. Las montañas y las tierras altas del Sur de Alaska debieron estar cubiertas por un manto de hielo formado por los glaciares de ciertas partes y los casquetes de algunas montañas, que se extendía por las tierras bajas inmediatas y sobre la estrecha franja costera, formando una extensión al Oeste del manto de hielo cordillerano del Norte. Al Norte y al Noroeste las tierras altas del centro de Alaska y la plataforma continental emergida del Noreste del mar de Bering, estuvieron casi libres de hielo, pero más al Norte y al oeste un manto de hielo cubría la costa montañosa de Kamchatka en el mar de Bering, corriendo al noreste hasta el lugar en el que ahora se encuentra el estrecho del mismo nombre. El área peninsular de Seward-Sonda de Kotzebue era un mosaico de glaciares locales y partes libres de hielo, que separaban el casquete de hielo de Chukotka de otra zona de glaciares interconectados y de somontano, que se extendía por toda la cordillera Brooks del norte de Alaska hasta casi el borde del casquete Laurentido en el Noroeste del Canadá.

La humedad requerida para la formación de todas estas masas de hielo venía del sur y del suroeste, del Pacífico del Norte y del reducido mar de Bering; los glaciares eran más extensos en la parte sur de Beringia que en la norte y también era notable que en los glaciares de montaña, los de la cara norte eran más reducidos que los de la cara sur. El límite inferior de las nieves era más elevado en la parte norte de Alaska que en la sur, así como también al este y alcanzaba su punto más bajo en la península de Seward, lo que según algunos autores era debido a que en la plataforma continental del Golfo de Anadyr se había formado un mar interno, que proporcionaba la necesaria humedad, pero lo más lógico es que lo sucedido se debiera a la influencia local del cercano casquete de hielo de Chukotka.

La disposición general de los hielos y la posición del límite inferior de la nieve indican que el Océano Artico no era significativo como aportador de humedad pues con toda probabilidad formaba una masa de hielo continua que carecía de aguas libres en cualquier época del año.

Por el drástico descenso de la línea de la nieve y la gran extensión del hielo puede llegarse a la interpretación de que el clima era extremadamente frío, o más húmedo que durante la glaciación Wisconsiniana. Es atractiva la idea de especular sobre si la penúltima glaciación fue tan distinta de la última a causa de que aquélla tuvo mucha más precipitación en forma de nieve que ésta, pero la información paleoecológica de que se dispone, aunque reducida por ahora, sugiere que el clima de la penúltima glaciación fue por lo menos tan severo y el paisaje tan árido como en la última glaciación.

La amplia distribución de depósitos eólicos pertenecientes a la penúltima glaciación señalan la existencia de fuertes vientos y vegetación dispersa, al igual que el espesor de las capas de loess, igual o mayor a los de la glaciación Wisconsiniana, así como la arena de origen eólico que se encuentra en una franja de 50 km de ancho, al norte de la parte central de la cordillera de Alaska, en donde durante la última glaciación sólo depositó loess.

Los espectros polínicos atribuibles a la glaciación Illinoisiana son algo divergentes, pues en unos se encuentran elementos para considerar la existencia de una tundra de matorrales, siendo menos "ártico" y menos "xérico" que durante la Wisconsiniana en las mismas zonas, mientras que en otros es posible percibir el paso de la tundra de arbustos, con abedul enano abundante, a una tundra herbácea, tipo ártico extremo, siendo importante la presencia de Artemisa, un matorral xerófilo, siempre abundante, indicando el carácter fuertemente estepario de ambas fases.

Basándose en tan escasa información Hopkins (*op. cit.*), teoriza y dice que, durante el máximo de la penúltima glaciación, la parte expuesta de la plataforma continental del mar de Bering tenía un clima marítimo relativamente moderado y que la región soportaba una cubierta vegetal de tundra de matorral hipoártica. Como se han encontrado límites de las nieves más elevados en unas partes que en otras, esto quiere decir que en las partes en las que estaban más altos reinaba un clima más seco y, posiblemente, más continental que en las partes en las que ese límite se encontraba más bajo. La península de Seward tenía una vegetación de estepa-tundra, al igual que gran parte del centro de Alaska, semejante a la que cubrió grandes extensiones durante el máximo de la última glaciación.

La vertiente ártica de Alaska, la plataforma continental de los mares Chukchi y del Este de Siberia, así como las tierras altas de la península de Chukotka, debieron quedar separadas de la posible fuente de humedad del sur por las cadenas de montañas glaciadas que se extendían desde Kamchatka hasta el casquete Laurentido, lo que debió producir un desierto ártico en la región que tenía los glaciares al sur y el Océano Ártico congelado al norte.

En el último interglaciar, es decir en el que separó la glaciación Illinoisiana de la Wisconsiniana, que llamamos Interglaciar Sangamon, presenció en la zona a que nos referimos la Transgresión Pelukian, registrada en un alto número de terrazas marinas, distribuidas ampliamente, en las que se marca un nivel del mar que va de 5 a 10 m por encima del nivel actual, a lo largo de la costa de Alaska, y por terrazas de hasta 100 m de altura a lo largo de la costa siberiana, demostrativas de actividad tectónica.

Las faunas de moluscos de esta transgresión se caracterizan por la presencia de especies de aguas frías, pero la fáunula de aguas poco profundas es informativa del tipo de circulación de las aguas en los mares de Bering y Chukchi durante este tiempo. Refleja temperaturas del agua más altas que las actuales y puede inferirse que las aguas del Pacífico penetraban en el mar de Bering por los amplios pasos que existen entre las islas Aleutianas y las Komandorsky, más que entre las Aleutianas del este, como ahora sucede. La trayectoria de la corriente mayor cruzaba diagonalmente hacia el noreste, hacia el delta del río Yukón, y desde allí flexionaba alcanzando la costa cerca de Nome, para pasar por el estrecho de Bering hacia el

norte en su parte oriental. Un remolino anfidrómico llevó el agua caliente del Pacífico y las larvas de los moluscos que contenía hasta la costa de Kamchatka y la isla de Karagin y otro permitió que fáunula del mismo carácter colonizase la sonda de Kotzebue. Como también se ha encontrado una especie de molusco de agua poco fría en la isla de Wrangel se puede decir que la corriente mayor continuaba hacia el noroeste, cruzando la plataforma continental del mar Chukchi, como ahora sucede.

La presencia de especies de aguas templadas y poco profundas conduce a pensar que no era posible la existencia de un mar cubierto por hielo invernal y que el banco de hielo ártico debía quedar bastante al norte del actual estrecho de Bering, lo cual no impide que, en las bahías profundas, se formasen bancos de hielo invernales.

La vegetación de esta región era muy semejante a la actual en la parte de Alaska, pero distinta de la de la península de Chukotka. El interior de Alaska estaba cubierto, como ahora, por una taiga de pícea-abedul-álamo y había bosque de árboles de mayor tamaño en la vertiente ártica de la cadena Brooks, en zonas que ahora sólo tienen tundra de matorral.

En el oeste de Alaska la línea demarcadora de la tundra-bosque se extendía irregularmente hacia el sur y más bien parece que, en algunos lugares relativamente reducidos, en los que determinadas condiciones mediales confluían, hubo bosques de coníferas, aunque también existía la tundra de matorral y la isla de San Lorenzo estaba, como ahora, cubierta de tundra herbácea con algunos matorrales.

Por el lado asiático prevalecía la tundra de matorrales, con algunos bosquecillos aislados de coníferas, así como bosquecillos de abedules en los valles abrigados. La tundra de matorral de las zonas costeras estaba dominada por el abedul enano y los alisos y por sus po-

13 / La taiga de Alaska.

14 / Paisaje de Tundra, Alaska.

siciones puede decirse que se encontraban unos 150 km más al este de lo que ahora están en Siberia.

Los restos de fenómenos periglaciares de este interglacial nos muestran que en la zona central de Alaska y en las costas correspondientes el pergelsol se había fundido completamente, aunque lo más seguro es que tuviera lugar esporádicamente, y en otras partes eran de carácter discontinuo y permanente en la península de Seward.

Todos estos datos nos conducen a estimar que el clima en Beringia central, durante el apogeo del interglacial, era tal que en el interior de Alaska había un clima continental, con veranos cálidos y temperatura media anual algo superior al punto de congelación en lugares de poca altura. La isoterma de los 10°C de julio, que por lo general sigue la línea límite de la vegetación arbórea, probablemente quedaba al norte del extremo este de la cadena de Brooks y en Alaska del oeste se extendía al sur desde la sonda de Kotzebue, pasando por la península de Seward. La temperatura media anual de esta región estaba cerca de los 0°C y bastante por debajo de cero en el noroeste de la península de Seward. En los valles protegidos de Chukotka el verano era cálido, con temperaturas medias en el mes de julio que se acercaban a los 10°C.

Aunque las temperaturas del mar eran superiores a las actuales, las regiones costeras de ambas orillas del mar de Bering estaban enfriadas por las nieblas veraniegas. Dada su insularidad la isla de San Lorenzo tenía veranos nubosos y fríos, por lo cual era el enclave más al sur de la tundra del alto Artico. Probablemente el hielo marino estuvo limitado la mayor parte del tiempo a las regiones norteñas del mar de Bering, lo que puede haber producido inviernos mucho más suaves en las zonas costeras.

En algunas partes se han encontrado pruebas de una etapa de enfriamiento severo durante el interglacial, correspondiente a una regresión del nivel marino, fenómeno que es tentador correlacionarlo con el descenso del nivel del mar registrado en las zonas tropicales, que tuvo dos fases, en 103.000 y en 82.000 años aP.

La última glaciación, la Wisconsiniana, muestra en Beringia una serie complicada de enfriamientos y calentamientos, al igual que en otros lugares del mundo. Glaciaciones y deglaciaciones, transgresiones y regresiones del mar hicieron acto de presencia y estos acontecimientos tan diversos son mal conocidos en el tiempo que va de 70 a 20.000 años aP, el subestadio glacial Altoniense, pero algo mejor a partir de la última fecha.

Entre 20 y 13.000 años aP, en el subestadio glacial Woodfordiense, las regiones montañosas costeras del Océano Pacífico Norte y el reducido mar de Bering tuvieron una glaciación ligeramente menor a la de la penúltima glaciación, pero en las tierras altas de Chukotka y en la península de Seward la glaciación se redujo drásticamente. El límite inferior de la nieve estuvo 300 m por debajo del actual y la parte central de Alaska, la plataforma continental del mar de Bering, las plataformas continentales de los márgenes del Océano Artico y casi todo el noreste de Siberia al oeste de Chukotka, estuvieron libres de hielo. Como en la glaciación anterior el origen de la humedad estaba en el sur y en el suroeste, en el Océano Pacífico y en lo que quedaba del mar de Bering.

Todavía no se ha obtenido una curva precisa de las oscilaciones del nivel del mar en Beringia, pero en otras regiones hubo una gran oscilación durante el máximo de esta glaciación, descendiendo de una posición algunas decenas de metros menor que la actual, hará unos 30.000 años, a casi menos de 125 m entre 20 y 15.000 años, para luego ascender rápidamente entre 15 y 7.000 años. Existen evidencias de que cuando el nivel estaba en su punto más bajo, la orilla del mar de Bering quedaba al sur de las islas de Pribiloff, a menos de 100 m del nivel actual. Toda la plataforma continental quedó virtualmente expuesta, pero el nivel del mar no permaneció mucho tiempo en esa posición y, aunque es anormalmente poco profunda, existió una orilla a menos de 35 m en los mares de Bering y Chukchi hacia 13.000 años aP.

Los glaciares que alcanzaban hasta el mar indudablemente debieron desprender icebergs y es también posible que se formase hielo en la parte abisal del mar de Bering durante el invierno, pero no debió persistir en el verano. Hasta ahora todos los indicios muestran que el Océano Ártico tuvo una cubierta de hielo permanente durante los últimos 70.000 años.

Una serie de estudios batimétricos y perfiles sísmicos han permitido establecer las bases para reconstruir los cursos de los ríos mayores por la plataforma continental, cuando ésta quedó expuesta. La divisoria entre el mar de Bering y el de Chukotka pasaba por la isla de San Lorenzo, en vez de por el estrecho de Bering. La mayor parte de Chukotka, toda la península de Seward y gran parte del suroeste de la cadena de Brooks eran tributarias de un gran curso de agua que corría hacia el norte, que fue el que excavó el valle marino Hope a través del mar de Chukchi, para entrar en el Océano Ártico por el cañón submarino Herald, al noreste de la isla de Wrangel. El curso superior de este río estaba obstruido por la escarpa de una falla activa, por lo cual se formó un gran lago, que alcanzaba más de 100 km de largo aguas arriba de la obstrucción con rumbo hacia el suroeste del estrecho de Bering. La posición del río Yukón es difícil de precisar cuando corría por la plataforma continental emergida, debido a que pudo tener muchas variaciones, tal como lo demuestra su delta actual. Sin embargo, cuando la orilla del mar de Bering quedaba al sur de las islas Pribiloff, el río corría al sureste de la isla de Nunivak y entraba en el mar por el cañón submarino Pribiloff.

Hay indicios de vientos fuertes persistentes en los muy extensamente distribuidos depósitos eólicos fechables en la última glaciación, muchos de los cuales están asociados directamente con arrastres glaciofluviales de valle y evidentemente su origen se debe a la proximidad de esta fuente de materiales abundantes. Al Noroeste de la península de Seward existe un manto de arena de duna y loess de unos 12.000 km^2 que debe haberse derivado sobre todo de las arenas marinas expuestas cuando la regresión Pelukiana. Este complejo eólico contiene abundantes partículas redepositadas de sedimentos marinos del Cuaternario y la morfología de duna indica que el origen estaba hacia el Noreste, bajo lo que ahora es el mar Chukchi; en la actualidad estas dunas están estabilizadas bajo un manto de tundra mésica de Eriophorum. Debieron formarse cuando la llanura arenosa del Pelukiense estaba apenas cubierta por una vegetación rala, lo que facilitó la deflación eólica. También las dunas parcialmente estabilizadas de la llanura costera del Ártico tuvieron su fuente de materiales en las arenas marinas superficiales de edad interglacial cuaternaria.

La arena micácea eólica que cubre los basaltos de la isla de San Pablo y de las Pribiloff sugiere que en proximidad de la orilla sur del puente terrestre había poca vegetación y fuertes vientos del noreste, siendo el origen de esta arena, quizá, los canales y barras del río Yukón, cuando éste corría por las cercanías, aunque otros indicios señalan que estas arenas siguieron depositándose también cuando el nivel del mar había ascendido lo bastante como para que las islas Pribiloff se aislaran de Alaska.

Suelos estructurales fósiles y microrrelieve de congelación, abundantes en el sector alasqueño de Beringia, nos entregan datos invaluables sobre la paleoclimatología; por ejemplo, sabemos que las cuñas de hielo sólo están presentes en donde hay suelos permanentemente helados y las cuñas activas se circunscriben a las regiones en las que la temperatura media anual está bastante por debajo de los cero grados. Crecen en las grietas de contracción que se forman cuando las temperaturas en la parte superior del pergelsol se enfrían rápidamente, en el orden de $-20/-30^0$C, por lo cual su presencia es indicadora de inviernos de gran severidad y de una cubierta ligera de nieve de ventisca.

Son frecuentes las redes de seudomorfos de cuñas de hielo en los abanicos aluviales de las, en el pasado ventosas, vertientes nórdicas de las montañas de la península de Alaska, hasta la frontera con el Canadá, y también se encuentran en las arenas eólicas de la isla de San Pablo.

En el área de Fairbanks, que ahora se cubre en el invierno con nieve suelta, son frecuentes las grandes cuñas de hielo inactivas en los sedimentos wisconsinianos, cuando actualmente no hay agrietamientos por bajas temperaturas, por lo cual se colige que las cuñas de hielo inactivas que existen se formaron en una época en la que había vientos muy fuertes en el invierno y no existía una cubierta boscosa capaz de romper su fuerza, de tal manera que la nieve era levantada y compactada por el viento. También en el noreste de la isla de San Lorenzo hay cuñas inactivas, lo que lleva a suponer inviernos más severos o menor cubierta de nieve durante ellos en el tiempo de la última edad del hielo. Por todo lo dicho acerca de la distribución de cuñas de hielo, fósiles o inactivas, puede afirmarse que existía un pergelsol frío y que la cubierta de nieve invernal o era muy delgada o era levantada por el viento por toda Beringia al norte de las montañas costeras.

En Alaska son frecuentes los campos de bloques de roca, fracturados por congelifracción y ahora estables, lo que tuvo lugar en el último período frío por el fracturamiento térmico de la roca madre y son especialmente instructivos los desarrollados en los mantos de lava "pahoe-

hoe" de edad Pleistoceno tardío a una altura de 300 m y a casi el nivel del mar en la isla de San Pablo. Para su desarrollo se necesita que haya habido un nivel alto de suelo permanentemente helado y humedad durante el tiempo de congelación, en otoño, producto de la fusión de los bancos de nieve que persistieron durante el verano. La existencia de estos campos de bloques nos hace ver que hubo veranos cortos y de ventiscas durante los inviernos en los lugares en los que ahora se encuentran.

Estudios recientes paleoecológicos y biogeográficos han reforzado el punto de vista según el cual durante la última glaciación el centro y el norte de Beringia tenían una forma xérica de tundra, con abundancia de herbáceas, artemisa y diversas plantas de estepa. Píceas y otros árboles y grandes matorrales desaparecieron, persistiendo quizá abedules enanos y sauces, pero en formas de pequeño tamaño. La ausencia de turba intercalada con loess de edad wisconsiniana es indicadora de que la cubierta de tundra de herbáceas en macollos que ahora se extiende por grandes áreas estaba ausente y, por el contrario, en los valles húmedos existía una vegetación del tipo pradera, mientras que laderas, llanuras y tierras altas probablemente tenían una cubierta vegetal dispersa, discontinua. Los restos de antílope estepario saiga, hallados en diversos lugares, refuerzan la evidencia de que el terreno no era accidentado y de que la cubierta de nieve invernal no era continua.

En la parte muy glaciada del sur de Beringia hubo, sin embargo, zonas libres de hielo en las que se encontraban bosques de abedules, como en Kamchatka, y vegetación alpina en la región montañosa occidental de la isla Kodiak. Es posible que en algún lugar del suroeste de la ensenada de Cook, hayan persistido restos del bosque costero de picea de Sitka y pinabete de montaña, aunque es más fácil pensar que en los lugares libres de hielo que había al sur de Alaska la vegetación reinante era la tundra. El bosque costero debe haber recolonizado el sur de Alaska desde un refugio no más cercano que la Columbia Británica.

Las evidencias que existen en la isla de San Pablo, en la parte cercana al margen suriano del puente terrestre, en forma de restos de la acción del hielo, redistribución de arena y algunos datos polínicos, sugieren que la vegetación era escasa y depauperada, que los veranos eran fríos y que los inviernos eran muy severos.

Algunas zonas de la Beringia sur-central tuvieron un clima lo bastante agradable como para abrigar otro pequeño refugio de bosque, de donde el que en el área península de Seward-sonda de Kotzebue se hayan establecido especies forestales en fecha temprana, hará unos 9.800 años, y que el viento del norte haya estado llevando grandes cantidades de polen de pícea a la isla de San Pablo desde antes de 10.000 aP.

Ahora, por lo tanto, se plantean dos preguntas fundamentales: ¿las píceas y otros elementos de bosque se dispersaron más de 2.500 km hacia el noroeste desde el sur de Alberta y el norte de Montana pocos siglos después de que se estableciese el corredor libre de hielo entre los glaciares cordilleranos y el casquete laurentido? o bien ¿permanecieron estos elementos boreales en algún lugar mucho más cercano a las islas Pribiloff y a la península de Seward?

Como respuesta parcial a las anteriores preguntas debe tenerse en cuenta que la zona central de una extensión terrestre tan grande como fue Beringia, debe haber tenido un clima de carácter continental en su parte central, con veranos lo suficientemente calurosos como para permitir el crecimiento de árboles. Sin embargo, la baja frecuencia de polen de pícea y la ausencia de megafósiles de lo mismo en los depósitos del centro y norte de Beringia atribuibles a esas fechas, nos indican que las píceas deben haber desaparecido de la región.

Puesto que los veranos, indudablemente, deben haber sido bastante calurosos, el factor limitante puede que haya sido la humedad; la Beringia central y del norte sencillamente eran demasiado secas como para soportar bosques.

Ahora bien, puede postularse que la mayor parte de las especies que ahora forman la taiga de Alaska prevalecieron en una pequeña región de la Beringia sur central lo bastante alejada de la costa para disfrutar de veranos suaves a la vez que estaba lo bastante cerca del mar de Bering como para tener humedad suficiente. La zona en la que estas condiciones pudieron reunirse: suficiente calor veraniego, precipitación necesaria y buenos suelos, es la antigua llanura de inundación del Yukón, dentro del área deltaica del mismo río, o en la plataforma continental cercana, cuando quedó expuesta.

Las observaciones anteriores permiten suponer que la Beringia del norte y del centro tuvo un clima seco, casi árido, con inviernos severos y veranos cortos, pero bastante cálidos, lo cual permitía una vegetación tipo estepa-tundra, lo bastante abundante y nutritiva como para soportar manadas de animales herbívoros. Esta zona se extendía en la aflorada plataforma continental del Océano Artico y en las tierras bajas árticas, así como en las tierras altas de Alaska y Chukotka. El viento debía reinar en todas las estaciones, durante el verano empujado por un fuerte gradiente de presión desde la persistente alta barométrica establecida sobre el Océano Artico, a las bajas barométricas situadas en las plataformas continentales expuestas y, durante el invierno, por los vientos katabáticos que venían de los campos de hielo.

Una región cerca del delta actual del Yukón puede haber tenido un clima veraniego bastante soportable, hasta permitir la existencia de vegetación boscosa, pero sin duda los inviernos eran severos. Debido a que el polen de abeto acarreado por el viento no es abundante en las islas Pribiloff sino tardíamente, el refugio del bosque en la zona sur-central de Beringia debe haber estado en una región al sur de la de vientos fuertes en el período que va de 20 a 13.000 años aP. La costa del mar de Bering probablemente estaba enfriada en invierno por la capa de hielo costero y en verano por la proximidad de un mar frío y húmedo. Las partes no glaciadas de Kamchatka y del sur de Alaska deben haber tenido un clima marítimo suave, no muy distinto al de la actualidad.

Al haber sido más reducida la última glaciación que la primera en las regiones de la península de Seward y en Chukotka, puede que esta diferencia haya tenido consecuencias biogeográficas y antropológicas. En el máximo de la penúltima glaciación era imposible el paso por las tierras altas de Chukotka y el mosaico de partes glaciadas y partes pantanosas de la península de Seward debe haber constituido un acceso muy duro desde la plataforma polar al centro de Alaska. Por el contrario, durante la última glaciación el centro de Alaska permaneció abierto al acceso de hombres y animales, que se dispersaron hacia el este desde el centro de Siberia, bien haya sido por la plataforma polar o por las tierras altas de Chukotka (Hopkins, *op. cit.*).

El que Beringia era una unidad fitogeográfica lo demuestran una serie de trabajos, producto de años de paciente labor, y es necesario hacer notar que si bien la unidad señalada era un hecho, también es verdad que existieron diferencias dentro del conjunto, al igual de orden altimétrico que de orden latitudinal, en lo que se mezclaron ciertas características climáticas zonales.

La primera razón para suponer que las floras de Yakutia y Norteamérica están relacionadas fue el descubrimiento, entre los restos de flora fósil del río Omoloy y del Monte Mammout (río Aldan) de piñas de *Pinus monticola* Dougl y *Pícea Wollosowiczii* Suk, así como frutos de la nuez gris americana, que ahora sólo crecen en Norteamérica. Más tarde estos descu-

brimientos también se hicieron en otros lugares de Yakutia. El polen de la nuez es típico de los depósitos del Terciario por todo Yakutia. En los depósitos de Pleistoceno temprano de la cuenca del río Indigirka encontramos polen de *Triosteum,* de la familia de la madreselva, de la cual en la actualidad crecen cuatro familias en Norteamérica y sólo una en el lejano Este soviético. Estos hechos, junto con la semejanza de los complejos palinológicos de Yakutia y Norteamérica, muestran que en el período Cuaternario, Yakutia, el Noreste y lejano Este soviético y las costas pacíficas de Norteamérica formaban un área florística.

Los complejos palinológicos paleogenos de Yakutia también incluyen un gran número de formas similares e idénticas a las encontradas en los depósitos terciarios de Norteamérica. Las semejanzas de los complejos palinológicos del Jurásico superior también son perceptibles en la depresión de Vilui y en la suite Kootenai de Canadá. Todo esto indica que existieron floras comunes a los dos continentes en el pasado remoto, quizá comenzando en el Mesozoico. La inundación completa de Beringia probablemente tuvo lugar en el Holoceno. Esto se demuestra por los patrones comunes del desarrollo evolucionario de la vegetación de Alaska y de la Yakutia del Noreste al final del Pleistoceno y el Holoceno (Tomskaya, 1976).

Las costas elevadas de Yakutia del norte, que consistían en hielo fósil grueso, tuvieron una desintegración termal rápida que comenzó en el Holoceno y todavía es perceptible. La fusión de este hielo de fondo, erosionado por el mar, continúa en la plataforma del este de Siberia. Estos procesos de termoabrasión irrefrenable y termocarst submarino, como también la fusión y deterioro de varias islas con banquisa de hielo en el mar siberiano del Este, convincentemente demuestran que la llanura de hielo y loess, llamada "yedoma", que se desarrolló en Yakutia del Norte, ocupaba vastas áreas de la plataforma continental en un pasado reciente. La llanura fue destruida por el mar tan sólo en el Holoceno, sin ser inundada; esto sucedió como un resultado de la fusión de hielos subterráneos expuestos en la costa por las olas. De acuerdo con el autor las columnas de loess congelado incorporadas al hielo son de origen eólico. Cuando se acumularon, en el Pleistoceno superior, el grueso escudo de hielo del Océano Artico producía un clima continental extremo y la formación de paisajes con estepas de hierba alta, en la reciente plataforma inclusive y en las islas del Este de Siberia. Por estas estepas árticas de Asia y América tuvo lugar un intenso intercambio de theriofauna durante el Pleistoceno Superior (Tomirdiaro, 1976).

Numerosos datos recientes, geológicos y paleontológicos, confirman la hipótesis concerniente a la existencia de una conexión continental entre Asia y América en el Pleistoceno. El puente terrestre de Bering emergió durante tiempos fríos (glacial) en el Pleistoceno, como resultado de descensos notables del nivel del Océano Artico (ocasionalmente hasta de 50—100 m más bajos que el nivel reciente), cuando el territorio de la plataforma continental reciente de los mares de Laptev, Siberia del Este, Chukchi y Bering quedaron en seco. Dentro de Beringia se distinguen dos áreas: una, la región polar, que incluye la plataforma reciente de los mares del norte y otra, la región Pacífica, que incluye el actual mar de Bering.

Los estudios palinológicos de depósitos caracterizados faunísticamente, que fueron sincrónicos con las épocas frías (glaciales) del Pleistoceno inferior, medio y superior, épocas que fueron sincrónicas con las glaciaciones de valle en las montañas en el NE de la URSS, estando todavía pendiente una solución no ambigua al problema de la glaciación del Pleistoceno inferior, conducen a imaginar el carácter de la vegetación que ocupó vastas áreas de la Beringia polar. Estos fueron paisajes periglacia-

les bastante peculiares, que existieron bajo condiciones de un clima extremadamente frío y seco y presentaban una combinación de tundra, tundra-estepa, estepa y comunidades hipoárticas.

A pesar de la aparente uniformidad de las cenosis de plantas periglaciales, durante el Pleistoceno se observa una tendencia definitiva hacia cambios, debida a la creciente continentalización del clima. Los dichos cambios se manifiestan en el papel menor de las asociaciones hipo-árticas y las áreas mayores ocupadas por comunidades de tundra abierta y estepa (Giterman, 1976).

Durante el período que siguió la primera interglaciación de gran escala del Pleistoceno tardío y que se extendió por un intervalo de unos 70.000 años, existieron fluctuaciones climáticas expresadas en alternancias de períodos más cálidos y más fríos que prevalecieron en el extremo noreste del continente asiático. Por lo general estas fluctuaciones coincidieron con los cambios climáticos en otras áreas del hemisferio Norte.

El segundo recalentamiento del clima en el Pleistoceno tardío (Karginsk-Khudzakhsk) empezó no antes de hace 50.000 años. Se establecieron dos máximos calurosos con una fecha intervalo entre 44.000-41.000 y 32.000-24.000 años respectivamente. Los enfriamientos que se registran en el intervalo Karginsk son de 38.000-37.000 y en 33.000 años, separados por un tiempo más cálido alrededor de 35.000 años.

El intervalo frío (período Sartansk-Inokchansk) que comenzó hace unos 22.000 años duró aproximadamente 10.000 años. Las fechas paleoclimáticas muestran que un recalentamiento aparente comenzó hace unos 8.500-8.000 años. Este período estuvo ostensiblemente relacionado con la tendencia hacia el mejoramiento de las temperaturas de hace unos 13-11.000 años. Condiciones climáticas semejantes a las actuales se hicieron notar en el territorio de Beringia occidental hace unos 2.500 años.

PALEOGEOGRAFIA DEL ARTICO ENTRE 20.000 Y 14.000 A. PRESENTE

SEGUN HOPKINS, 1979

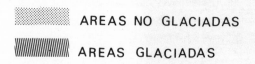 AREAS NO GLACIADAS 　　 |||||||| HIELO PERMANENTE

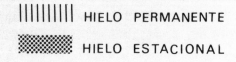 AREAS GLACIADAS 　　 HIELO ESTACIONAL

MAPA 15

134

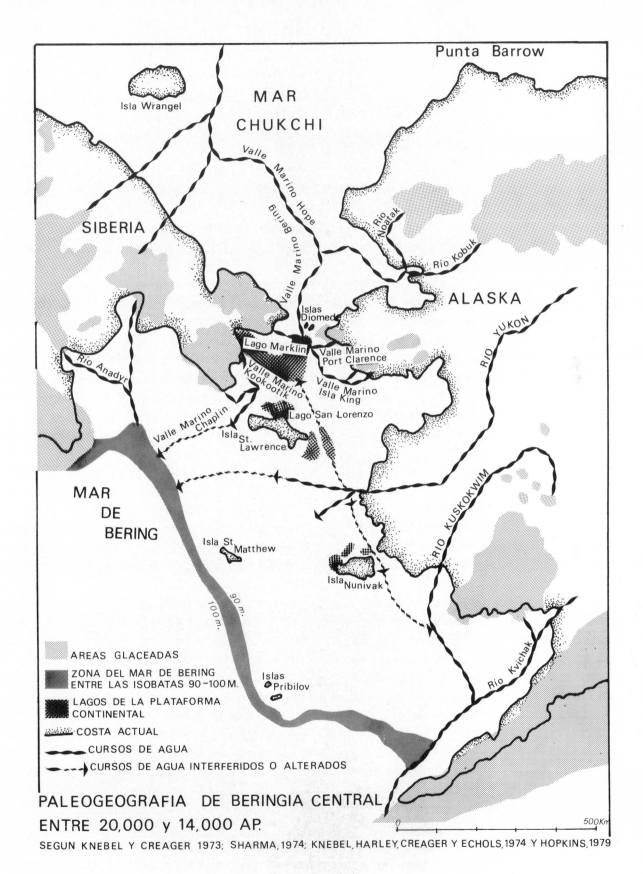

Punta Barrow

MAR
CHUKCHI

Isla Wrangel

SIBERIA

Valle Marino Hope

Valle Marino Bering

Río Noatak

Río Kobuk

ALASKA

Islas Diomede

Lago Marklin

Valle Marino Port Clarence

RÍO YUKON

Río Anadyr

Valle Marino Kookootik

Valle Marino Isla King

Valle Marino Chaplin

Lago San Lorenzo

Isla St. Lawrence

MAR
DE
BERING

RÍO KUSKOKWIM

Isla St. Matthew

Isla Nunivak

100 m.

90 m.

Islas Pribilov

Río Kvichak

AREAS GLACEADAS

ZONA DEL MAR DE BERING
ENTRE LAS ISOBATAS 90-100 M.

LAGOS DE LA PLATAFORMA
CONTINENTAL

COSTA ACTUAL

CURSOS DE AGUA

CURSOS DE AGUA INTERFERIDOS O ALTERADOS

PALEOGEOGRAFIA DE BERINGIA CENTRAL
ENTRE 20,000 y 14,000 AP.

SEGUN KNEBEL Y CREAGER 1973; SHARMA, 1974; KNEBEL, HARLEY, CREAGER Y ECHOLS, 1974 Y HOPKINS, 1979

0   500Km

MAPA 16

Los cambios climáticos del Pleistoceno tardío condujeron a oscilaciones en las zonas transicionales de tres tripos mayores de vegetación, a saber: bosques de coníferas con hojas, escasos; bosque-tundra y tundra. En los intervalos de calentamiento la línea de frontera del bosque se situó entre 150-200 km al norte de su localización actual (Lozhkin, 1976).

Si la semejanza entre floras es la que se ha podido indicar, la fauna, lógicamente, no podía por más que seguir la misma pauta y la referencia es la fauna terrestre, pues para la fauna marina y acuícola terrestre no podía existir más que semejanza, ya que la primera compartía los mismos océanos y mares y la segunda los cursos de agua derivados de una misma condición terrestre.

Desde luego toda la fauna mantenía el natural denominador común de serlo de zona polar ártica, o subártica, según la zona.

Combinando la información provista por varios autores (Hopkins, 1979; Vangengeim, 1967, Scheffer, 1967, etc.), el territorio que se ha llamado Beringia debe integrarse en un sentido más amplio que el de reducirlo al fondo marino emergido durante una glaciación y conformarlo con los territorios continentales previos, los que forman las orillas de los mares de esa región, estableciendo como límites las zonas glaciadas siberianas que, en forma de una cadena más o menos ligada, cerraban el paso tanto al sur como al oeste; el Océano Artico, como bloque de hielo permanente y los glaciares de las montañas de Alaska y del borde del casquete laurentido que enmarcaban por el Este, siendo el límite del sur el mar de Bering.

Este territorio, durante una glaciación, compartía flora y fauna terrestres, fauna marítima de vertebrados e invertebrados y clima, todo ello con las indudables variantes menores que suponía la gran extensión territorial y los diversos dominios topográficos. El proceso que pudiéramos llamar de homogeneización había sido establecido por el de la glaciación y aquí se debe tener muy en cuenta que esto no sucede de un día para otro, sino que sucede a lo largo de varios milenios, en forma transicional lenta.

Sin lugar a dudas el grupo humano de Siberia del noreste fue el que, por su presencia previa en la región, también se fue adaptando a las nuevas condiciones y sacando el mayor provecho de ellas, también a lo largo de un proceso que llevó algunos milenios, pero en su caso debe tenerse en cuenta que se trataba de gente ya acostumbrada e inscrita en la explotación de un medio ambiente subártico con lo cual debieron tener pocas modificaciones sobre su patrón cultural previo. Que fueron siberianos los primeros pobladores de América, a través de Beringia, es indudable, pues no es posible pensar en un movimiento humano originado más al sur; no es razonable suponer que haya quienes se muevan a una zona de difíciles condiciones de vida respecto a aquellas existentes en donde se está. Lo único que cambió fue la ampliación de su territorio enormemente hacia el este y que lo ocuparon, pues tampoco se hace necesario suponer en una presión demográfica que obligase a buscar tierras nuevas. Queda pendiente, como siempre sucede, entender las razones que motivaron el movimiento hacia el este pero, precisamente, de lo expresado por los autores citados en páginas anteriores, surge la posibilidad de que en el territorio emergido y en ciertos lugares se hayan dado mejores condiciones que en otros y entre aquéllos que las tenían de buena calidad estaba la gran cuenca intermedia y baja del Yukón, con lo que la llegada a América se había consumado al ocuparlo.

CAPITULO V

LOS PRIMEROS POBLADORES

Hasta aquí se ha presentado un cuadro general de las condiciones ambientales que el hombre encontró al llegar al Continente americano, considerando las variaciones que en ese cuadro general significan los cambios climáticos acaecidos con motivo de las glaciaciones, en realidad la última, con sus estadiales e interestadiales y lo que esto puede haber ocasionado, en cada caso, a lo largo y a lo ancho de América.

El magnífico y cambiante escenario en el que se va a desarrollar la gran obra que fue el poblamiento de todo un Continente espera a sus personajes y una de las preguntas, la primera, es la de quiénes fueron, con lo cual también se plantea de dónde vinieron, pues todos los demás continentes, salvo Australia, estaban ya poblados por seres humanos.

Al decir quiénes fueron y de dónde vinieron, aparentemente dos preguntas distintas, se resume a una sola, pues según de donde hayan venido se trata de un grupo humano específico o de otro. A este respecto se han manejado, desde que se comenzó a inquirir sobre este asunto, diversas posibilidades, concretamente cuatro: de Asia, por Bering; también de Asia, pero navegando por el Pacífico; de Australia, por la Antártida y de Europa, por el Atlántico. También, como se indicó en páginas anteriores, se ha querido que de Africa llegasen negros a América, pero esta teoría no merece más atención que la que ya se ha dado.

Se ha señalado que la posición actual es la de aceptar que los primeros habitantes de América llegaron pasando por Bering, pero se hace necesario ampliar algo las razones que conducen a tal afirmación, para lo cual conviene analizar, aunque sea brevemente, las otras teorías.

La idea de una navegación por el Pacífico, tomando en cuenta los datos de Cruz (*op. cit.*) y el análisis de Heyerdahl (*op. cit.*) queda descartada, por cuanto a las corrientes o vientos contrarios para efectuarla, a lo que se une otro aspecto, nada despreciable, de la imposibilidad tecnológi-

ca puesto que, para las fechas en las que los habitantes de las costas del Pacífico, del lado asiático, estaban en posibilidad de construir elementos de transporte marítimo de la suficiente capacidad como para cruzar tan nada pacífico océano, América ya estaba habitada por seres humanos.

Los primeros habitantes de Polinesia llegaron a esta área poco después de 1500 a.C., a las islas Tonga, con un indudable conocimiento de la navegación y la capacidad de construir grandes canoas, para efectuar travesías prolongadas. Desde ahí, a lo largo de los siguientes 2.000 años se fueron asentando en el resto de Polinesia, visitando virtualmente todos los lugares comprendidos en el triángulo que forman Hawaii, la Isla de Pascua y Nueva Zelandia (Bellwood, 1978). Por las fechas, si alguna vez alcanzaron América, no participaron en su poblamiento.

También dentro de las ideas difusionistas está el trabajo de Greenman (1963) quien hace llegar a América gente del Paleolítico superior europeo, en el que incorpora al Musteriense. Para llegar combinaron el viaje entre kayaks, que como tales interpreta algunos dibujos de cuevas europeas, y umiaks, también surgidos de la misma fuente informativa, a lo que se une el ir de iceberg en iceberg, de los muchos que hacia el sur surcaban el Atlántico del Norte durante la última glaciación, encontrando en las masas de hielo flotante el agua dulce para beber, fundiendo el hielo, y el pedernal y la pirita que, como rocas englobadas en el hielo, les permitían hacer artefactos y producir fuego durante la travesía, alimentándose de los productos de la pesca y cacería de mamíferos marinos. La crítica recibida, obviamente, no deja lugar a dudas en cuanto a lo descabellado de la idea.

El poblamiento por gente de origen australiano, que en un tiempo fue considerado como posible, en realidad tiene dificultades insuperables. La hipótesis fue lanzada por Mendes Correa (1925, 1928) y retomada por Rivet (1925b, 1926b y 1943) y consiste en un movimiento que desde Australia pasa por Tasmania y desde ahí pudo haber seguido dos rutas, una por las islas Macquarie, Esmeralda, Auckland, Campbell y Balleny, hasta alcanzar la masa continental antártica en el Cabo Adare, y a la entrada del mar de Ross, el cual hubieran cruzado para luego recorrer las Tierras de Marie Bird, Ellsworth, Palmer y Graham, hasta alcanzar las islas de Shetland del Sur, desde donde llegarían al Cabo de Hornos; la otra ruta hubiera sido en sentido opuesto, dándole al Polo Sur la vuelta por el otro lado hasta también llegar al mismo punto del movimiento anterior.

Se partía del concepto de que una retirada del hielo dejaría la costa libre, aunque se reconocía la mínima habilidad de navegación de los australianos, pero el problema mayor estriba en que, aun en la actualidad, cuando se admite que estamos en un interestadial, los hielos alcanzan el paralelo 60° de latitud S. normalmente, los pequeños sectores de costa que se liberan por pocas semanas del hielo durante ese tiempo apenas sobrepasan temperaturas sobre cero y se reconoce que la Antártida registra las temperaturas más bajas del mundo (hasta −92,7°C), que el viento, que sopla constantemente, es huracanado con frecuencia, juzgándose los mares que bañan ese continente helado los más tormentosos de la Tierra.

Es admisible que, en el tiempo en el que se emitió esta hipótesis, los conocimientos científicos sobre la Antártida no estaban tan adelantados como hoy en día (Zavatti, 1969; National Geographic Society, 1981) por lo cual podía verse la situación con cierto optimismo.

Hay que añadir que ahora sabemos que el poblamiento de Tasmania es de hace unos 8-9.000 años, lo que se contrapone con las fechas de los hallazgos de América, (Mirambell, 1980).

De todo lo expresado queda en claro que la posibilidad de paso por Bering es la más segura y que lo que queda por dilucidar es la fecha más temprana de la llegada del hombre a América, sin negar, como ya se ha expresado, el que en tiempos más tardíos haya podido haber otros aportes.

En la historia geológica del estrecho de Bering durante el Cenozoico tardío (Petrov, 1976) se ve que el papel más importante en la formación del estrecho y del puente fue el que jugó la tectónica, aunque el puente existió desde el Mioceno medio hasta el Plioceno temprano y al principio del Pleistoceno medio y el superior.

Los límites occidentales del puente terrestre de Bering fueron muy modificados por la neotectónica durante una etapa que va del Plioceno final al Pleistoceno temprano. Esta modificación fue causada más bien por un cambio en el orden mayor de la distribución y complicación de las morfoestructuras, que por la activación de movimientos diferenciales de bloque. Así, la actividad de la zona principal de fallas transversas de Krasnoozerk, junto con la actividad volcánica de la elevación Koryak central, alteraron el curso de los ríos, instaurando un nuevo parteaguas Okhost-Bering hacia el oeste de la meseta de Anadyr (Dort-Goltz y Tereskhova, 1976).

El mar de Bering consiste en una cuenca abisal que quedó aislada del Océano Pacífico por el desarrollo de la cresta Aleutiana, hacia fines del Cretácico, y por la formación de una ancha área de plataforma continental que primero se hundió, hacia mediados del Terciario. Se ha postulado que los sedimentos erosionados en Alaska y en Siberia durante el Cenozoico quedaron atrapados en cuencas de hundimiento de la plataforma de Bering y en cuencas abisales durante el Terciario, reunidos en levantamientos continentales y en depósitos de llanuras abisales del mar de Bering durante los períodos en los que en el Pleistoceno el mar estuvo en niveles bajos, y generalmente han sido transportados hacia el norte desde la plataforma de Bering por el estrecho del mismo nombre al Océano Artico en las etapas de alto nivel del mar en tiempos pleistocénicos y holocénicos.

El rellenamiento de las cuencas de hundimiento de la plataforma estuvo dominado por la sedimentación continental en el Terciario temprano y por la deposición marina en el Terciario tardío. La alteración del curso de los ríos, originada en el levantamiento de la cordillera de Alaska durante el Mioceno incrementó el área de drenaje del Yukón en más del doble y por este cambio quedó el Yukón como la mayor fuente de sedimentos fluviales (el 90%) que alcanzaron el mar de Bering y aceleraron fuertemente los procesos de sedimentación en las cuencas.

En el período Cuaternario asistimos probablemente al que fue el cambio de dos modos de sedimentación. Cuando el nivel del mar descendía glacioeustáticamente, el Yukón y otros ríos extendían sus cursos por la plataforma continental y enviaban sus sedimentos en la mayor parte a la cuenca abisal. Cuando el nivel del mar era alto, gran parte de los sedimentos del Yukón eran barridos hacia el norte por la acción de las corrientes a través del estrecho de Bering y se depositaban en la plataforma continental del norte (Nelson, *et. al.,* 1974).

Durante un interglacial, o durante un interestadial, las condiciones del mar de Bering en el estrecho del mismo nombre y en el Pacífico Norte, así como en las costas del Océano Artico, son las que existen en la actualidad, con mínimas diferencias, si es que existe alguna. De acuerdo con ello el mar de Bering y el estrecho, están cubiertos de hielo en su mayor parte, teniendo la mayor extensión en el mes de febrero, área que se va reduciendo hasta que el mar ocupa todo a fines del verano y gran parte de otoño, cuando el hielo vuelve a establecerse (Dunbar, 1967). Por la parte del Océano Artico, la severidad del clima hace que la masa de hielo flotante que lo cubre prácticamente libere las costas árticas unos pocos meses del año, los últimos del verano, por lo cual los partidarios del paso sobre el hielo, en cualquier momento dentro de los interestadiales o interglaciares, pueden reclamar la posibilidad,

o practicabilidad. Esto sin tomar en cuenta que en los meses del año en los que el paso sobre el hielo es posible tienen, a la vez, fuertes tormentas y que no se hace necesario arriesgar la vida salvo, ya se ha dicho, si hubiera fuertes presiones demográficas, que no parece haber sido el caso.

Por la zona del Océano Artico el hielo se une a la costa durante la mayor parte del año, siendo pocos los meses, más bien semanas, del verano en los que el mar, en cercanías de la costa, es navegable. Por la parte de Siberia Noreste, desde el mar de Laptev al Chukchi, incluyendo el del Este de Siberia, la plataforma continental se extiende hasta casi el paralelo 75, con lo cual, durante los tiempos de bajo nivel del mar, las islas de la Nueva Siberia, las De Long y la Wrangel quedaron incorporadas al continente, mientras que los grandes ríos siberianos Lena, Indigirka y Kolyma, extendían sus meandros por la gran planicie ártica que había quedado al descubierto. También esta zona, en los inviernos actuales, se cubre por hielo ártico hasta la costa, liberándose pocas semanas al año (Naugler, *et. al.,* 1974).

En opinión de diversos autores, resumidas en Herman (1974) el Océano Artico estuvo totalmente cubierto de hielo durante las glaciaciones.

Una reconstrucción teórica del clima de Beringia durante las épocas glaciares, en los períodos más bajos, fue presentada por Sergin y Shcheglova (1976) partiendo de la combinación de los factores globales y locales que climáticamente se presentan en la actualidad en las partes bajas de las líneas costeras de los continentes del hemisferio Norte y se tomaron como características los promedios relativos de la temperatura del aire, anuales y de enero y julio, así como la precipitación anual y de invierno, a lo que se unen los datos del clima glacial del Pacífico Norte. De acuerdo con los resultados, las temperaturas anual y de enero disminuyen considerablemente, mientras que la de julio aumenta. Las precipitaciones anual e invernal también disminuyen abruptamente. El resultado es que las mejores condiciones para el desarrollo de la vegetación, y con ello para los movimientos de los grandes mamíferos, probablemente existieron en la zona central de Beringia, caracterizada por veranos más calientes y soleados y poca cubierta de nieve en el invierno.

Yurtsev (1976) en un trabajo en el que caracteriza la Paleogeografía de Beringia mediante la Fitogeografía, delimita Beringia como unido a las épocas en las que existía el puente terrestre, delimitándolo como el área que se extiende desde el río Kolyma al río Mackenzie, siendo biogeográficamente diferente de Hultenia (la cadena de las islas Commander-Aleutia) y Angaris Norte (Norte de Siberia Central) a la vez que establece el término Megaberingia, incorporando todo el sector de Beringia, Hultenia, Okhotia, Angaris Norte y la mayor parte del sector Eoártico, esencialmente al laboratorio florogenético de las zonas norteñas del Holártico. En lo que nos compete, Grichuk (1976) señala que las áreas que ocuparon algunas especies y géneros extintos, o fuertemente disminuidos, del noroeste de Eurasia y Norteamérica, permiten establecer la existencia de un *continuum* florístico. La reconstrucción de estas áreas continuas, con la evidencia paleobotánica, testifica que en distintas épocas del Cenozoico tardío existió Beringia, tanto en los períodos de calentamiento como en los de enfriamiento y que la separación de Asia de América lo fue por períodos relativamente cortos. Claro está que este enfoque, al incluir todo el Cenozoico tardío, incorpora tiempos mayores de los que atañen al Pleistoceno, pero es significativo por cuanto a que los seres humanos no encontraron diferencias mayores entre las floras de uno u otro lado del estrecho.

La prueba de ello la aporta Kozhevnikov (1976) pues en la flora reciente de Chukotka señala que se han identificado más de 30 elementos americanos, representantes de especies que, en su mayor parte se encuentran en Norteamé-

rica y que penetraron en Asia cuando existió el puente terrestre de Bering. Algunas de estas especies americanas tienen sus raíces genéticas en Asia, habiendo emigrado sus antecesores en tiempo Illinois (*Dryas intergrifolia, Acomastylis rosii,* etcétera) pero la mayoría de las especies americanas se originaron en el NW americano donde se observa diversidad específica de numerosos géneros: Arnica, Dodecatheon, Antennaria, Castilleja, etc. Es de suponer que esta diferenciación tuvo lugar durante las glaciaciones del Pleistoceno, cuando en el Noroeste norteamericano quedaron libres de hielo algunas áreas.

La interpretación evolutiva de la distribución reciente de las especies americanas en Chukotka, conduce a la conclusión de que hubo dos olas migratorias desde Alaska, una durante el Wisconsin temprano y otra durante el Wisconsin tardío. Los representantes de la primera oleada penetraron profundamente en Asia.

Por características climáticas y edáficas es posible decir que unas especies emigraron por la parte continental nórdica de Beringia, mientras que otras lo hicieron por las partes oceánicas del sur.

Dentro de la fauna existe la seguridad de movimientos intermigratorios transberíngicos en tres episodios: en el Blancan temprano, en el Blancan tardío y la transición Irvingtonian-Rancholabrean, en lo concerniente a los carnívoros (Kurtén, 1976).

Si se examinan las migraciones de mamíferos a través del puente terrestre de Bering desde el punto de vista ecológico y zoogeográfico, los mamíferos recientes norteamericanos pueden agruparse de acuerdo con comunidades ecológicas mayores: tundra, taiga, bosques deciduo, estepa, desierto y alpina. La proporción de especies y superespecies de tundra que tienen distribución Holártica es muy alta entre los mamíferos y las aves, algo menor entre las especies de la taiga y la alpina y muy pequeña para el resto.

Yendo más lejos en el estudio, el grado de afinidades taxonómicas es mucho más alto para las especies de tundra y algo menos para las de taiga y alpinas. Los taxa de desierto y estepa del Neártico y Paleártico están relacionadas a nivel sub-genérico o de "grupos de especies", y las formas de bosque deciduo tan sólo muestran afinidades cuestionables.

Los datos ecológicos y zoogeográficos, por lo tanto, sostienen las conclusiones siguientes: 1) el medio ambiente del puente terrestre de Bering era de tundra o estepa fría en el Pleistoceno tardío, parcialmente taiga en el Pleistoceno medio o temprano y también parcialmente estepa en el Pleistoceno temprano y tardío; 2) las barreras aislantes entre el Neártico y el Paleártico han sido competitivas, tanto como ecológicas y físicas; 3) existe una correlación entre el tiempo de aislamiento en el área de Bering y el grado de diferencia genética de poblaciones holárgicas relacionadas, que puede permitir estimaciones de la velocidad de evolución en varios linajes de aves y mamíferos (Hoffmann, 1976).

Se ha visto que desde tiempos geológicos muy remotos la región no ha sufrido cambios mayores y cuando los ha habido fueron a causa de las oscilaciones climáticas que han marcado las etapas glaciares e interglaciares. Entre el extremo oriental siberiano y el occidental de América en esta parte del mundo no hay diferencias mayores, salvo, quizá, las de orden orográfico que se perciben entre Chukotka y Alaska, pues esta última tiene un gran valle central, el del Yukón, y no hay nada semejante del otro lado. Flora y fauna son las mismas y ambas partes comparten los mismos mares, el Chuktokta y el Bering.

El efecto climático de mayor importancia fue el del descenso del nivel del mar. Si desde que éste bajó 45-50 m. Asia y América quedaron unidas al desaparecer el estrecho de Bering y poder pasar de un lado a otro a pie enjuto, quedaba abierta una ruta practicable todo el año.

Es cierto que la distancia entre el cabo Dezhev, la proyección más oriental de la península de Chukotka, y el cabo Príncipe de Gales la más occidental de la península de Seward, es de apenas 90 kilómetros y que además, a medio camino existen dos islas, la Pequeña y la Gran Diomede y que desde el mes de noviembre hasta el de junio el estrecho de Bering se cubre de hielo, con lo cual puede hacerse el tránsito a pie, pero hay que tomar en cuenta que en esa época del año hay terribles tormentas que rompen y amontonan el hielo, con lo cual el pasar no es tan sencillo; también se puede pensar que en los meses veraniegos, cuando no hay hielo es posible cruzar el estrecho navegando, pero para hacerlo, como lo hacen todavía los ribereños, se necesita disponer de elementos de navegación, los cuales no parecen haber podido existir en las fechas de llegada de los que fueron los primeros, a causa de su bajo desarrollo tecnológico. Es más sencillo y racional suponer que gente que vivía en Asia, ya aclimatada a la zona ártica, cuando bajó el nivel del mar fue penetrando, insensiblemente, hasta alcanzar América. Si el mar bajó 70 o 120 metros la plataforma submarina Bering-Okhotsk quedó en gran parte al descubierto, pudiendo haber alcanzado, en su eje N-S más de 1.000 km.

Inhóspita en su ribera ártica, no sucedía lo mismo en la que corresponde al Pacífico Norte, pues la corriente cálida de Kuro-shio, al no encontrar la ártica que corre al sur a lo largo de las costas de Kamchatka, estaría menos refrigerada, con lo cual las posibilidades de explotación de los abundantes recursos marinos debieron ser muy grandes. Se sabe por estudios del contenido polínico de algunos núcleos de perforaciones en lo que ahora está bajo el agua, que la vegetación era de tundra y que, a lo largo de los cursos de agua y de los lagos y lagunas que se formaron en la llamada Beringia, existían árboles, por lo cual es natural que existiera también la fauna apropiada a esas latitudes.

En el lado siberiano las cordilleras de Verkhoyansk, Shuntar Khayata y Kolyma forman un arco, abierto hacia el norte, que estuvo cubierto de glaciares durante los máximos glaciales, dejando las cuencas de los ríos Yana, Indigirka y Kolyma libres de hielos y, a causa del descenso de los mares, extendiendo ampliamente sus cursos hacia el mar de Leptev y el mar Oriental de Siberia, siendo tal la extensión de estas llanuras que incluían, como montañas, el archipiélago de Nueva Siberia y la isla de Wrangel, en las cuales se han hecho hallazgos de osamentas de mamutes y otros animales.

Más al Noreste, entre las montañas Chukchi, el extremo NE de las Kolyma y las Koryak se extendía la cuenca del río Anadyr, que desemboca en el mar de Bering. La Cordillera Central de la península de Kamchatka, al igual que todos los conjuntos montañosos mencionados, poseía abundantes glaciares, que llegaban hasta el mar de Bering unos y al de Okhost, otros. El mar últimamente citado era casi inexistente durante una glaciación, pues su poca profundidad hacía que casi todo él quedase en seco.

Lo que ahora es el estrecho de Bering, con el mar Chukchi al norte y el de Bering al sur, presentaba un panorama interesante.

Se habían producido cambios mayores en los sistemas hidrológicos, con motivo del descenso del nivel del mar que, a su vez hizo que las islas Diomedes, la King, la San Lorenzo, la San Mateo, la Nunivak y las Pribiloff quedasen como altas montañas que se elevaban sobre un paisaje de colinas y valles por los que corrían los ríos formados al extenderse por el territorio que había abandonado el mar los cursos de agua que todavía existen en la región, más los que surgieron de origen proglacial, desprendidos de los glaciares formados en las cadenas montañosas inmediatas. El río Anadyr tenía lo que es su cauce actual totalmente cubierto por un glaciar que llegaba algo más allá de lo que es su actual desembocadura, pero subsistía en forma de curso proglacial, reci-

biendo por su izquierda otro cauce, desprendido del conjunto de glaciares existente en el extremo Oeste de la Cadena Chukchi, para ir a desembocar en la parte Noroeste del mar de Bering de aquella época. A poca distancia de esta desembocadura estaba la del río que se alojaba en el ahora valle marino de Chaplin, río que recibía aguas de fusión de los glaciares de la zona Este de la cadena Chukchi y del lago Merklin.

Este lago, de gran extensión, se había formado al pie escarpado del extremo Noreste de la península Chukchi, ocupado por otro conjunto de glaciares, y también recibía aguas desde el lago San Lorenzo, formado al Norte de la isla que le da el nombre, y que drenaba por el ahora valle marino Kookoolik. A este gran lago Merklin también llegaban, por el Noreste, los cursos de agua inscritos en los actuales valles marinos de la isla King y de Port Clarence, con la posibilidad de que en algún tiempo el río Yukón, cuyo cauce divagó de sur a norte y de norte a sur, también haya enviado sus aguas, a través de las depresiones que se alojan en el estrecho de Shpanberg, al este de la isla de San Lorenzo.

Por el extremo norte del lago Merklin salía un cauce, por el valle marino de Bering, que recibía por su margen derecha un afluente formado por la unión del río Kobuk con el Nonatak, para formar, desde esa confluencia, el valle marino Hope que, a la altura de la isla de Wrangel, al SE de ella, recibía los cauces de lo que ahora son el Vankarem y el Anguem, el primero venido desde los glaciares de la porción oeste de la cadena de Chukotka y el segundo del norte de la cadena de Anadyr.

Parece ser que el río Yukón tenía un cauce, antes de 16.000 aP., que iba hacia el sur, pasando entre la costa E de la isla de Nunivak y la llanura deltaica formada ahora por la desembocadura del río Kuskokwin, el cual sería su afluente por la orilla izquierda, para luego correr a lo largo de la península de Alaska con rumbo SW, y desembocar en el Pacífico Norte por cualquiera de los canales que se forman entre las varias islas que se extienden de la de Unimak a la de Unalaska. Más tarde comenzó a desplazarse hacia el Oeste, primero, quizá pasando al norte de la isla de San Mateo, luego ligeramente al Noroeste de la posición anterior, por el sur de la isla de San Lorenzo, y finalmente por el estrecho de Shpanberg hacia el Norte, posiblemente enviando sus aguas al lago formado en la costa norte de esta isla, a través de las depresiones que se encuentran al este de ella, que pueden ser los cauces antiguos del Yukón o bien haber sido lagos nutridos con sus aguas (Knebel y Creager, 1973; Knebel, et. al., 1974).

Del lado americano de Alaska, al norte estaban las montañas Brooks, completamente glaciadas, al Este, el borde noroeste del casquete Laurentido, y por el sur la masa de glaciares de montaña que se desprendía de la cordillera de Alaska, dejando en medio, sin glaciación, toda la cuenca media del Yukón y la del Kuskokwin.

En tierra había bisontes, bueyes almizcleros, antílopes saiga, renos y mamutes, además de otros animales más pequeños, todos ellos comestibles. En las orillas del mar, sobre todo en la parte sur, en las riberas de lo que había quedado del mar de Bering, de clima menos riguroso que las prácticamente inhabitables del Océano Artico, se encontraban numerosos moluscos y crustáceos, focas de distintas especies, morsas, ballenas y abundantes peces, entre ellos los anádromos que, en la estación propicia, remontaban los ríos que llegaban hasta ese mar, con sus nuevos cursos labrados en las grandes planicies que había dejado el mar al retirarse.

Había algo de vegetación arbórea a lo largo de esos ríos y en ciertas depresiones topográficas se habían formado lagos, algunos de ellos de carácter tectónico, otros en las fosas de viejo origen marino. Se elevaban algunas montañas, ahora islas las de mayor altura, pero había también algunas menores, lo que ahora son bancos cubiertos por el mar. En pocas palabras

se había establecido un nuevo territorio, con suficiente capacidad biótica como para permitir la vida humana de la misma manera que, hasta entonces, se había podido llevar a cabo en la parte siberiana.

Según sabemos entre 125 y 70.000 se instauró el interglacial Sangamon, de 70 y 28.000 años aP tuvo lugar el subestadio glacial Altoniense, con un descenso del mar entre 55 y 60 metros de 63 a 58.000, otro de 65 y 70 metros, de 53 a 42.000 años aP que permitió la formación del puente terrestre de Asia y América que llamamos Beringia, de 33 a 31.000 el nivel volvió a descender y se formó otra vez el puente. Nada hubo para impedir el paso del oeste al este, salvo la oposición mental de los prehistoriadores actuales. Entre 28 y 22.000 se situó el subestadio interglacial Farmdale, tiempo en el cual ascendió el nivel del mar, aunque por un corto tiempo; y en el subestadio glacial Woodfordiano permaneció sin oscilaciones de 23 a 15.000 años aP alcanzando el descenso del mar más de 90 metros.

Es obvio que en esos períodos de descenso del nivel del mar los hombres pudieron deambular de un continente, a otro, o establecerse en lo que ahora está cubierto por el mar, sin que tuvieran noción alguna de lo que hoy nosotros sufrimos con esa imprecisión.

Si fue durante el Altoniense, hasta donde sabemos la parte asiática del extremo noreste quedó aislada del interior por masas de glaciares de montaña que descendían de todas las cadenas montañosas y se unían, a veces, formando extensos campos de hielo. Del lado americano estaban los glaciares de montaña, por una parte, y por la otra el borde oeste y noroeste del casquete laurentido, sin que llegaran a coalescer ambos conjuntos, dejando entre ellos un corredor, relativamente amplio, frígido y lleno de lagos proglaciales, ya que el curso natural de las aguas de superficie estaba bloqueado por el hielo laurentido y, aunque el escurrimiento no fuera muy grande, por las propias condiciones de la glaciación, indudablemente existía.

En el interglacial Farmdaliense las condiciones climáticas mejoraron en las latitudes más altas, pero no se crea que alcanzaron a ser ni siquiera como las actuales, sin embargo, es razonable pensar que en ese tiempo se hizo más practicable el paso hacia el sur, si es que en esos momentos, al igual que en el tiempo anterior, cuando la glaciación Altoniense, algunos tuvieron la ocurrencia de abandonar el territorio conocido y explotable con la tecnología a su alcance, ya ajustada a ese medio, para buscar otros territorios, nuevos y distintos.

El subestadio glacial Woodfordiano no genera muchos glaciares en la región siberiana, pero en la americana es de mayor intensidad. Se establece otra vez Beringia y se facilita, de vuelta, la posibilidad de explotación de sus recursos y con ella, la de ocupación del territorio y el tránsito hacia el este; sin lugar a dudas el valle del Yukón, libre de hielos, era mucho más apto para la vida que las planicies de Beringia, barridas por el viento helado, en las que tan sólo la costa del sur, quizá, tenía mejores condiciones que el resto de la región.

Aquí tocamos un punto de mucha importancia y es que, lo que pudieran ser los yacimientos arqueológicos clave están ahora bajo algunas decenas de metros bajo el agua, a lo que se une el que los posibles sitios del continente, por las especiales condiciones del pergelsol, por un lado, unidas a los materiales aluviales y coluviales, por otro, dificultan mucho su hallazgo, sin olvidar un factor de enorme importancia, el demográfico.

Al mencionar el factor demográfico este debe tomarse en su doble aspecto. En uno, el de los primeros ocupantes de la región, que no debieron ser muchos, aunado a que tampoco pudieron dejar restos muy abundantes. En el segundo es en el actual, pues tanto en el lado siberiano como en el alasqueño, nos encontra-

mos ante regiones de muy baja densidad demográfica, lo que lleva a que los hallazgos casuales que normalmente guían las posteriores investigaciones científicas, son escasos, debido a que no son frecuentes las obras de gran envergadura que ponen al descubierto los restos de ocupación humana. Está, además, que por causa de las características climáticas regionales, tampoco es posible dedicar el tiempo suficiente a los recorridos de localización, ni a los trabajos de excavación, pues los ciclos en los que el pergelsol superior se funde son cortos y la posibilidad de trabajo, restringida al verano, es de muy poco tiempo, a lo que se suman los altos costos que cualquier trabajo arqueológico representa en estas regiones.

Conviene recordar que a lo largo y a lo ancho del Continente americano se han hecho una serie de hallazgos de ocupación humana que envían las fechas de la presencia del hombre bastantes milenios hacia atrás, pero aquí se topa uno con la existencia de un grupo de profesionales de la prehistoria que se niega a admitir la realidad de esos hallazgos, pobres, es cierto, pero indudables, también es verdad.

No es posible dejar de mencionar que el hallazgo que dio el espaldarazo a una mayor antigüedad del hombre en América de la pensada, el de Folsom, en Nuevo México, en 1926, fue mucho más pobre de los que por cierto sector ahora son negados. Asimismo, las fechas de presencia humana, aparte de las fantasiosas emitidas por algunos, han ido retrocediendo y que si hace unos 20 años no se pensaba en más de 10.000, luego, por razones nunca explicadas, se admitió la de 11.000, para que ahora, incluyendo algunos recalcitrantes se hable de 15.000. También es verdad que en muchos casos, la mayoría, se acepta la posibilidad de antigüedad mucho mayor, de 30 ó 40.000, sin por ello admitir la validez de los hasta ahora más antiguos.

La presencia del hombre en el interior del Continente americano, en su porción Norte, desde fechas remotas, implica su ingreso por el camino del Bering. Ahora bien, la manera en la que desde ese extremo en el noroeste del Continente alcanzó a hacer acto de presencia en los lugares interiores en los que se han encontrado sus restos culturales ha motivado dos líneas mayores de hipótesis que, a la vez se deben a dos posibles rutas. La más antigua es la que preconiza la existencia de un corredor, libre de hielo, que se formaba entre los bordes lobulados del casquete glacial laurentido, por el Este, y las lenguas extremas de los glaciares que descendían de las cumbres de las montañas Rocallosas, al Oeste.

La idea de un corredor entre el casquete de hielo Laurentido y los glaciares de las montañas Rocosas surgió como una necesidad fundamental para explicar la presencia del hombre en América del Norte, en la parte a la que los hielos no alcanzaron, en fechas alrededor de los 12.000 años aP. El paso franco desde Alaska hasta el centro de lo que ahora son los Estados Unidos de Norteamérica era una necesidad absoluta, sobre todo para aquella escuela de pensamiento que aduce la imposibilidad de la presencia del hombre en fechas anteriores a los 11.500 años.

Si se parte de que la última expresión de la glaciación Wisconsin, el estadio Woodford, se extiende desde 30.000 a 8.000, incluyendo el interestadial Two Creeks, o Great Lake, como se le quiera llamar, y el estadio Alton, había que buscar la manera en la que la visión arbitraria que se mantenía tuviese posibilidades reales. Entonces se comenzó a pensar en ese corredor, del que no había pruebas, pero que era factible, ya que en su extremo Norte, en la zona de las montañas Mackenzie y a lo largo de la frontera actual entre el Yukón y los territorios del Noroeste había huellas de que los hielos de ambos sectores no habían mostrado gran actividad, no habían hecho coalescencia, y de que en su extremo Sur, la parte del somontano de las Rocosas en el contacto con las praderas altas de Alberta, presentaban las mismas condiciones que las anteriormente citadas.

Este corredor, su existencia o su ausencia; los movimientos de avances y retrocesos de los bordes de ambas masas de hielo en la zona de su existencia; las condiciones climáticas del territorio involucrado; las características ecológicas (fauna y flora fundamentalmente) que pudiera haber tenido, etcétera, fueron motivo de una reunión de la Sociedad Americana del Cuaternario que se plasmó en la publicación de un volumen editado por Rutter y Schweger (1980).

Es interesante el que los movimientos de ambas masas de hielo no hayan sido simultáneos y así resulta que los glaciares que hacia el Este descendían de las Rocallosas avanzaban antes de que los lóbulos que se desprendían hacia el Oeste desde el casquete Laurentido llegasen a la región del corredor y que cuando por fin llegaban, los glaciares de montaña están retirándose. A esto se une el que tampoco hayan tenido el mismo número de avances y son notables las discordancias en el número de depósitos de detritus glacial presente en diversos lugares. Parece que el avance de los hielos, dentro de sus desfasamientos, comenzaba por la zona Norte, en lo que ahora son el Yukón y los territorios del Noreste, para ir desplazándose hacia el sur, terminando en Alberta y la Columbia Británica, región en la que se iniciaba el movimiento de retroceso, o sea un movimiento de avance de frentes de los glaciares de Norte a Sur y el de retroceso de Sur a Norte.

El cotejo de los diversos autores cuyos trabajos conforman el volumen citado permite asentar que el corredor estuvo posiblemente abierto durante el Altoniense, de 70 a 28.000 aP. Abierto, lógicamente, en el interestadial Farmdale, de 28 a 22.000 aP, y a veces abierto, a veces cerrado, durante el Woodfordiense, de 22 a 10.000 aP.

LIMITE DE LOS HIELOS EN EL NW. DE NORTEAMERICA, EN EL MAXIMO ESTADIAL WOODFORDIAN
(SEGUN RUTTER, 1.978 Y 1.980)

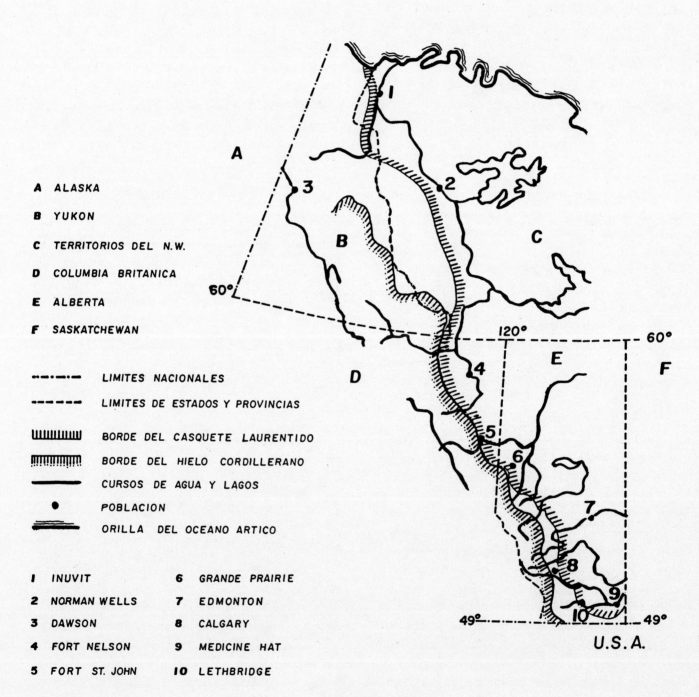

A ALASKA

B YUKON

C TERRITORIOS DEL N.W.

D COLUMBIA BRITANICA

E ALBERTA

F SASKATCHEWAN

—·—·—·— LIMITES NACIONALES

– – – – – LIMITES DE ESTADOS Y PROVINCIAS

⊥⊥⊥⊥⊥⊥ BORDE DEL CASQUETE LAURENTIDO

⊥⊥⊥⊥⊥⊥ BORDE DEL HIELO CORDILLERANO

———— CURSOS DE AGUA Y LAGOS

• POBLACION

≈≈≈ ORILLA DEL OCEANO ARTICO

1	INUVIT	6	GRANDE PRAIRIE
2	NORMAN WELLS	7	EDMONTON
3	DAWSON	8	CALGARY
4	FORT NELSON	9	MEDICINE HAT
5	FORT ST. JOHN	10	LETHBRIDGE

MAPA 17

148

A estos datos tan interesantes, deben añadirse dos observaciones. La primera es respecto a las condiciones que debió tener el corredor durante las glaciaciones Altoniense y Woodfordiense, en los tiempos en los que permaneció abierto. Debe tomarse en cuenta que por la ladera Este de las Rocallosas descienden una serie de cursos de agua que conforman las cabeceras superiores de los ríos Mackenzie, Liard, Peace, Athabasca, Saskatchewan Norte y Saskatchewan Sur. El primero de los citados desemboca en el Océano Artico y los demás pasan a forman parte del enorme conjunto de lagos interconectados que, en un terrible laberinto de ríos y canales de conexión, finalmente llevan sus aguas a la Bahía de Hudson. Si, como se nos explica, existió un desfasamiento en el movimiento de las masas de hielo que provenían del Este y las que descendían del Oeste y que, cuando avanzó el frente Laurentido el de las Rocallosas estaba en retirada, es razonable pensar que, al estar en retirada, enviaban numerosos cursos de agua proglaciares hacia el Este, pero que éstos encontraban cerrado el camino por el hielo Laurentido; de aquí se infiere que, por lo tanto, por todo el borde de ese hielo se debieron formar una serie de lagos, también condicionados por la depresión isostática, lo cual se corrobora con los estudios que en el dicho volumen se publican, en varios de los cuales se señala la presencia de sedimentos lacustres en las estratificaciones en las que también hay productos de origen glacial o glaciofluvial y turbas que han permitido fechamientos que los sitúan en la glaciación Wisconsin. Parte de estos procesos de represamiento de cursos proglaciales son los sistemas lacustres de la cuenca de Old Crow, la de Bluefish, la de Bell y la de Bonnet Plume en el territorio del Yukón cuando el extremo NW del casquete Laurentido impidió el flujo natural del sistema hidrológico del Mackenzie, como un ejemplo.

Luego entonces, sin negar la existencia de un corredor entre ambas masas de hielo, nos enfrentamos a una situación según la cual el corredor existió en ciertos tiempos, pudo no existir en otros, tuvo intermitencias tanto en lo temporal como en lo posicional, algunas veces fue completo, otras tan sólo parcial, en ciertas partes muy ancho y en otras angosto pero prácticamente ocupado por lagos proglaciales y establecido entre dos murallas de hielo. No parece muy plausible que quienes encontraban medios de vida suficientes en las tundras y estepas que durante las etapas de avance de los hielos cubrían el curso medio y el inferior del Yukón y las cabeceras de los afluentes occidentales del Mackenzie, se aventurasen por semejante pasaje, con un clima muy extremoso, sometido diariamente a los vientos katabáticos y con escasas fuentes alimenticias.

Otra ruta que se ha querido encontrar para hacer llegar a la masa continental norteamericana al hombre, a su debido tiempo, es decir para contentar a quienes no aceptan una fecha anterior a los 15.000 años aP, es la que se supone corre a lo largo de la costa del Pacífico en la región del Golfo de Alaska y de la Columbia Británica.

El paso hacia el sur, a lo largo de la costa del Pacífico, durante un máximo glacial es aparentemente factible, dado que con el descenso del nivel del mar se amplía la planicie costera, aunque no sea mucho pues la plataforma continental no es muy extensa, salvo en algunas zonas, pero lo suficiente para dejar una planicie de buen tamaño.

Hay que tener en cuenta algunos factores, sin embargo, que van en contra de la viabilidad de ese corredor. En esta región, precisamente, existen fuertes precipitaciones, superiores a los 2.000 mm anuales, a lo que se unen bajas temperaturas, con lo cual la cantidad de nieve que cae es impresionante. Si la faja costera se amplía durante una glaciación, lo normal

Areas no glaceadas incluyendo tierra emergente de los 100 m. de profundidad bajo el nivel actual del mar.

MARGEN HIPOTETICO DEL MAXIMO DE LA GLACIACION WISCONSIN EN LA COSTA NOROESTE

MAPA 18

150

es que a la vez las temperaturas sean todavía bajas, aunque la precipitación no aumente, inclusive disminuya, con lo que la nieve que cae se conserva mejor, ya que se asocian veranos más fríos. Se tiene entonces la posibilidad de que los glaciares que descienden hacia el mar desde las montañas inmediatas hayan aumentado sus volúmenes en forma muy grande, con lo cual a lo largo de la costa se conforma una enorme orla de terminales de glaciares.

Este panorama durante una glaciación no es hipotético, como se demuestra al enumerar algunos de los glaciares que todavía existen en la región.

Comenzando con las Aleutianas, en la isla de Umnak hay glaciares en el monte Vsevidof (2.110 m) y en el inmediato Recheschnoi (1.985 m). En la isla de Unalaska, el Volcán Makushin (2.037 m) tiene glaciares y en la isla de Unimak tienen glaciares el Pico Faris (1.655 metros) y el Westdahl (1.560 m).

Ya en la península de Alaska, el volcán Pavlov (2.520 m) tiene glaciares, al igual que el monte Dutton (1.475 m). En el monte Veniaminof (2.560 m) también, así como en el Chiginagak (2.135 m) y en el Pico Icy (1.280 metros). En la península de Katmai existen dos conjuntos de glaciares, uno en la zona del Monte Katmai (2.214 m) y otro en la del Monte Douglas (2.154 m), con lo que se termina la enumeración de glaciares de la península de Alaska.

En el extremo sur de la cordillera de Alaska, en la parte inmediata a la profunda y amplia cala de Cook existen varios conjuntos de glaciares que se desprenden del volcán Iliamna (3.053 m), del Pico Double (2.193 m), de la zona norte del Pico Black (1.985 m) y un gran conjunto en los picos Spurr (3.376 m), Torbert (3.480 m) y Gerdine (3.283 m). La península de Kenai, en la cadena del mismo nombre, tiene una serie de glaciares, entre ellos dos grandes campos de hielo, el Hardin y el Sargent.

De las montañas Chugash y de sus grandes cumbres, Monte Marcus Baker (4.018 m), Whiterspoon (3.607 m) y otros, salen muchos glaciares, algunos de los cuales, como Harriman, Cataract, Surprise, Baker, Serpentine, Cascade, Barnard, Wellesley, Vassar, Bryn Mawr, Smith, Harvard, Yale, Columbia y Shoup, llegan hasta el mar, existiendo otro conjunto, en la misma zona, desprendido del Pico Córdova (2.335 metros) también de buen tamaño.

Pero el conjunto mayor de todos es el que existe entre el río Copper y la Bahía Yakutak, pues ahí se encuentra el campo de hielo Bagley, del que se desprende el glaciar Bering, que llega al mar, lo que también le sucede al Guyot, que tiene origen en el mismo campo de hielo. Más hacia el Este está un campo de hielo formado por varias cadenas montañosas, de donde salen, entre otros muchos, los glaciares Malaspina, Turner, Haenke y Miller, que alcanzan el mar. Por cierto, el glaciar Malaspina es epónimo de un tipo específico, que lleva su nombre y consiste en un glaciar que sale de la montaña por un valle angosto, para extenderse en la llanura costera formando un enorme lóbulo que alcanza hasta el mar, donde la capa de hielo se va destruyendo por un fenómeno semejante al que tiene lugar en las "banquisas", pues por su menor densidad flota y va siendo fragmentado en grandes bloques que derivan flotando, "icebergs".

A partir de esta zona se inician los glaciares de las Montañas de San Elías, que alcanzan hasta el comienzo del archipiélago Alexander, y nuevamente encontramos una serie de glaciares que llegan al mar, siendo los más importantes Grand Plateau, La Perouse, Brady, Melburn y Carroll.

Tanto las islas que componen el archipiélago Alexander, como la gran isla del Príncipe de Gales y el archipiélago de la Reina Carlota tuvieron grandes glaciares, quedando algunos pequeños restos, y por la parte del Continente están los que bajan de la Cadena Costera de las Rocallosas, siendo dignos de mención los de Mendenhall, Taku, Sawyer, South Sawyer, North Dawes, Baird, Pateerson, Le Conee y Popof por terminar todos ellos en el mar. A lo largo de la Cresta de la Cadena Costera hay más glaciares, que culminan en la región del Monte Waddington (4.044 m), a la altura de la isla de Vancouver. (Field, 1975).

Pues bien, esta es la costa, llena de calas profundas, verdaderos "fjordos", que nos hablan de una fuertísima actividad glacial por la que hay quienes hacen llegar al hombre, desde Beringia hacia el sur. Al estado actual, de por sí muy demostrativo de lo que esta costa debió ser durante una glaciación, se une el trabajo de Prest (1969) en el cual se demuestra cómo los glaciares que se desprendían de las distintas cadenas que integran las Rocallosas, alcanzaban y se adentraban en lo que ahora es el Océano Pacífico.

Partiendo del principio de que de cada valle de los que van a desembocar en la costa salía un glaciar, y no es esta una premisa sin demostrar, sino un hecho concreto, es factible que quedasen algunos islotes sin estar cubiertos por el hielo, respetados por las terminales de los glaciares que, posiblemente, en algunos puntos no se anastomosaban; el resto era mar y hielo. Se hace difícil pensar en un grupo, o varios, de seres humanos, que tomasen ese camino en un desplazamiento hacia el sur, pues si bien es cierto que los recursos marinos estarían fácilmente a su alcance, también es verdad que se hace muy difícil entender un género de vida nomádico sobre leguas de glaciares, salvo que hayan tenido una adaptación al frío y al hielo basada en una tecnología tan avanzada como la de los esquimales, lo cual no es plausible en las fechas en las que ese desplazamiento debió tener lugar, a lo que se une que tampoco los esquimales viven continuamente sobre el hielo y que no existía razón alguna para abandonar

las tierras de Beringia para lanzarse a peregrinar por un terreno completamente inhóspito.

Gente que haya tenido un habitat costero durante los milenios necesarios para recorrer la distancia que existe entre Alaska y el Estado de Washington, no abandona su patrón cultural tan fácilmente. Cuando el nivel del mar comenzó a subir, si es que existían esas porciones de costa libres de hielo, las mismas áreas comenzaron a ampliarse hacia el interior, como parte del mismo proceso de deshielo, y lo que perdían en territorio ante el avance del mar, lo ganaban ante el retroceso del hielo, a lo que acompañaba la mejoría climática, que era la causante de ambos procesos.

Es congruente suponer que si hubo quienes emplearon el corredor costero como paso, algunos de ellos se quedasen, para aprovechar las buenas condiciones que allí existían y que, al comenzar la deglaciación, sencillamente se fueran a ocupar el territorio que el hielo abandonaba, pero no existen huellas de esa gente.

Un caso ilustrativo de la situación a lo largo de la costa del Pacífico a la que nos referimos es el que presenta Borden (1979). Para empezar, confirma lo ya señalado de que durante el climax de la glaciación Vashon, el nombre que recibe localmente el avance de hielo correspondiente en términos generales al Woodfordian, toda la costa de la Columbia Británica, así como las costas de Washington, al sur, y las de Alaska, al norte, estaban totalmente cubiertas de hielo. Con base en una serie de excavaciones arqueológicas fechadas y apoyado en el análisis de los restos culturales encontrados en ellas, traza dos movimientos de grupos humanos, uno de norte a sur, que comienza hacia el 11.000 aP. en el lago Healy, en Alaska, alcanza su extremo sur en Ryegrass Coulee, en Washington, en 6.500 aP., habiendo sido este movimiento por la zona intermontana, a la vez, que una rama del mismo alcanzaba la costa en la bahía Groundhog, al sureste de Alaska, en 9.300

aP y se extendía al sur, hasta Namu, en la Columbia Británica, en 9.140 aP.

A este movimiento doble de expansión se atribuye una cultura que se denomina Tradición Boreal temprano.

Con algún retraso temporal respecto al movimiento citado, se inicia otro, de sur a norte de carácter cultural que el autor considera Tradición Proto-Oeste y que, partiendo de los sitios intermontanos de la cueva de Wilson Butte, Idaho, fechado en 15.000 y la cueva Fort Rock, en Washington, en 13.200 que alcanzan el interior en Millikenk-Esilao, hacia 9.000 aP y la isla de Cracroft en 6.250 aP, el primero a orillas del cañón del río Fraser, en Columbia Británica y el segundo en una isla del extremo oeste del estrecho de Johnstone, también en la Columbia Británica.

Es obvio, por las fechas registradas, que la costa no podía estar ocupada antes de que el hielo que la cubría durante la glaciación Wisconsin clásica hubiera desaparecido, de lo cual la imposibilidad del corredor costero.

Lo anterior deniega, o pone en graves dudas, la hipótesis de Fladmark (1978, 1979), quien tras de denegar, con pruebas, la practicabilidad del corredor interno, encuentra la posibilidad de un paso sencillo a lo largo de la costa del Pacífico durante las glaciaciones, la última concretamente, pues cree tener evidencias de una serie de lugares que nunca fueron cubiertos por el hielo y que emergieron con el descenso de nivel del mar. Niega valor al mapa de glaciaciones de Prest (*op. cit.*) aduciendo que, según el autor dice, muchos de los avances del hielo que señala, son hipotéticos, pero, por su lado, también confiesa que el suyo es hipotético. De entre ambas hipótesis, a la vista de las condiciones geomorfológicas de la costa y de las climáticas que tuvo durante el Pleistoceno final, unido a los hallazgos de restos culturales y a sus fechas, no queda otro camino que dudar mucho, cuan-

do no denegar, la practicabilidad de ese posible corredor costero.

Es cierto que, a lo largo de la costa del Pacífico que se extiende desde el Golfo de Alaska hasta el estrecho de Juan de Fuca pudieron existir una serie de zonas que no estuvieron cubiertas por el hielo proveniente de las Rocosas, aunque la cronología de esta posibilidad no esté clara y existan fuertes divergencias entre los diversos autores, considerando a los que han llevado a cabo trabajos de investigación sobre el terreno. Aún el más ardiente defensor de esta supuesta ruta (Fladmark, *op. cit.*), en verdad su inventor, se ve obligado a admitir que si bien es verdad que en una serie de lugares el hielo dejó largos trechos de costa sin cubrir, también es verdad que en otros el hielo llegaba a alcanzar al mar, por lo cual, dice, debieron recurrir a medios de navegación primitivos.

Ante este aserto es permisible plantear la duda en cuanto a los medios de navegación de que pudieran disponer en fechas tan remotas, pues la tecnología de navegación marítima, sea ésta la menos complicada, la ribereña, requiere un grado de evolución bastante desarrollado o la presencia de madera en abundancia, troncos de árboles de arribazón con los que construir almadías mediante cordajes suficientes para mantenerlos juntos, además de algún medio de propulsión, en este caso cuando menos remos. También es dudoso el que gente que encontrase medios de vida en cualquier punto de la costa se aventurara a proseguir hacia el sur, hacia lo desconocido, como habría sido el caso de adentrarse en el mar, desde la costa Sureste de Beringia, para recorrer cuando menos unas 400 millas marinas hasta la isla Kodiak, parcialmente sin hielo, o haber cruzado la cadena Aleutiana desde lo que ahora es la Bahía Bristol hasta la dicha, por glaciares de montaña, unos 300 kilómetros.

La realidad hace innecesario buscar corredores puesto que el paso de norte a sur pudo hacerse con facilidad durante el Farmdale, de 28 a 22.000 o durante el Altoniense, de 70 a 28.000, cuando los hielos, efectivamente, no coalescieron. Pero admitir esto significa aceptar el haber estado equivocado, lo cual no creo que tenga mayor importancia, sobre todo si se toma en cuenta que todo lo que en determinada fecha se expresa como conclusiones, siéndolas, son las que se obtienen con los datos a nuestra disposición en esa fecha, por lo tanto no pasan de hipótesis de trabajo sujetas a los cambios que naturalmente se producen con más investigaciones, nuevos hallazgos y nuevos fechamientos.

Aunque ya en páginas anteriores se han presentado datos abundantes sobre las glaciaciones, sus causas, procesos y resultados, conviene ampliar con cierto detalle lo referente a la última glaciación que, en Norteamérica, se ha llamado Wisconsin, pues de aquí en adelante se hará referencia frecuente a ella y a sus estadios e interestadios. En este sentido se empleará la terminología que preconiza el Código de nomenclatura estratigráfica de la Comisión Americana de Nomenclatura Estratigráfica (1970) por lo que, para mejor comprensión de la terminología, se transcribe el artículo correspondiente y las observaciones a él unidas:

ARTÍCULO 40.—La glaciación e interglaciación son unidades fundamentales de la clasificación geoclimática; estadio e interestadio son subdivisiones de una glaciación.

Observaciones

(a) Definiciones: (i) Una glaciación fue un episodio climático durante el cual se desarrollaron extensos glaciares, alcanzando una extensión máxima y retrocediendo. (ii) Un interglacial fue un episodio durante el cual el clima fue incompatible con la extensión amplia de glaciares que caracterizó una glaciación. (iii) Un estadio fue un episodio climático dentro de una glaciación durante el cual tuvo lugar un avance secundario de glaciares.

(iv) Un interestadio fue un episodio climático dentro de una glaciación durante el cual tuvo lugar una recesión secundaria o un estado estacionario de los glaciares.

También de acuerdo con el Código de Nomenclatura Estratigráfica se llama unidad litoestratigráfica a la subdivisión de las rocas de la corteza terrestre que se distingue y se delimita tomando como base sus características litológicas y la unidad cronoestratigráfica es una subdivisión de las rocas consideradas sólo como un testimonio de un intervalo específico de tiempo geológico.

La glaciación Wisconsin fue llamada "Formación Wisconsin Este" por Chamberlin en 1894 por primera vez y aunque entonces se refería a tan sólo una parte de su total, el nombre prevaleció con la modificación de reducirlo al del Este de los Estados Unidos de Norteamérica en donde su expresión más clara fue localizada por primera vez. Es la última glaciación del Pleistoceno y en el hemisferio Norte se identifica con nombres diferentes, según las regiones: Devensian, en las Islas Británicas; Weichsel, en Europa del Norte; Wurm, en los Alpes; Valdai, en Rusia europea; Neopleistoceno en Siberia Central y Pleistoceno Superior en Chukotka.

Sin lugar a dudas es la glaciación de la que existen más informes y mejor cronología, pues casi la mitad de su duración queda dentro del rango de fechamiento del C14, aparte de las demás técnicas de fechamiento radiogénicas y los correlacionables cambios de magnetismo terrestre. Esto, que sin lugar a dudas es una gran ventaja, por otro lado viene a complicar terriblemente el panorama, ya que, por ser la última glaciación los restos de presencia son muy abundantes y las facilidades de fechamiento también son muy frecuentes, de lo que resulta un número elevadísimo de datos y fechas que, con gran frecuencia, son contradictorios, llevando a polémicas y planteamientos discordantes en los que los contendientes, aunque mantengan posiciones opuestas, tienen ambos, o todos, la razón. La causa es sencilla, dentro de la complicación general, pues se trata de que la conducta de los glaciares si bien es regular en los grandes ciclos, se compone de movimientos locales menores de avances, paralizaciones y retrocesos, pulsaciones de menor cuantía que el tiempo, el igualador de todo, no ha podido todavía limar en sus altibajos.

Ejemplo de lo expresado lo encontramos en Dreimanis y Goldthwait (1973) y Frye y Willman (1973) quienes nos muestran los movimientos de la glaciación Wisconsin en los lóbulos de Huron, Erie y Ontario y en el del lago Michigan, respectivamente.

Siguiendo a los primeramente citados, tenemos que la glaciación Wisconsin, en el estadial Alton, da comienzo con un avance del hielo caracterizado por el detritus glacial Bécancour, hacia 68.000 aP al que sigue, de 66 a 63.000, una retirada, St. Pierre. Luego, de 63 a 56.000 un gran avance que culmina con la deposición del detritus glacial Whitewater, iniciándose una retirada, Port Talbot, con dos fases Port Talbot I, en 51.000, y Port Talbot II, la mayor, entre 46 y 43.000. Nuevamente avanza el hielo, culminando en 33.000 con la deposición del detritus glacial Southwold, seguida de una retirada, Plum Point, que alcanza su máximo en 29.000, iniciándose otro avance que termina hacia 18.500 con el detritus glacial Caesar, un retroceso, Erie, en 16.000, un rápido avance, el detritus glacial Lake, hacia 14.000 y el retroceso Cary-Port Huron en 13.500 al que sigue el avance detritus glacial Upper Leaside, en 13.000. A partir de esa fecha se inicia una retirada general en esa región que ya no vuelve a tener cubierta de hielo.

Para el lóbulo del lago Michigan (Frye y Willman, *op. cit.*) existe una muy detallada historia en la parte correspondiente al tiempo del estadio Woodford. Aproximadamente en 22.000 se inicia un gran avance que alcanza su extensión mayor alrededor de 19.500, depositando el detritus glacial Shelbyville, sigue una retracción del hielo que se puede fechar en 19.100 y luego un avance menor, el detritus glacial Shirley-Le Roy, en más o menos 18.800; otro retroceso, mayor que el anterior, en 18.500 y un reavance, el detritus glacial Bloomington, en 18.100, con una gran retirada en 17.500, cuando se formó el suelo Julse, a lo que sigue el avance del detritus glacial Eureka-Normal, de 17 a 16.800, dándose principio a un paulatino retroceso, con pequeños avances intermedios, que culmina en 15.800. El detritus glacial Marseilles indica un reavance en 15.500, con un retroceso hacia 15.100 y otro avance en 14.900. En 14.600 un fuerte retroceso, al que siguen pequeños avances que integran el detritus glacial Wadsworth, desapareciendo el hielo de la región estudiada hacia 13.500 aP.

Entre los trabajos comentados existen cambios de escala temporal, pues el primero incluye toda la glaciación Wisconsin y el segundo tan sólo el estadio Woodford. Ahora, para alcanzar a entender mejor el grado de complejidad, y de exactitud, que se ha alcanzado en este género de estudios, en algunas regiones y para ciertas fechas, se examinará someramente el trabajo de Evenson *et. al.* (1976) referido a la cuenca del Lago Michigan en los últimos 15.000 años, con lo que se ligan los tres trabajos perfectamente, en área y tiempo.

Hacia 14.500 da comienzo un avance del hielo, el que deja los componentes Valparaíso, Tinley y Lake Border, que conforman el detritus glacial Wadsworth, avance que termina hacia el 14.000, para dar paso al retroceso Cary-Port Huron, pues el avance citado es el que, en otro tiempo, fue llamado Cary. Este retroceso, fechable en su máximo en 13.500, se acaba con un nuevo avance que deja el detritus glacial Shorewood, en 13.000, un ligero retroceso y otro avance, menor que el anterior el del detritus glacial Manitowoc, en 12.700, y el retroceso llamado Two Creeks, de 12,300 a 11.850, al que sigue el avance que depositó el detritus glacial Two Rivers, luego un fuerte retroceso que se detiene en 11.000 con la deposición de la morrena Sands-Sturgeon. De aquí en adelante comienza el avance que se había llamado Valders, ya dentro del Holoceno y que los autores que comentamos demuestran debe llamarse Granlago (Greatlakean) por razones contundentes.

Es importante mencionar que, también en esta misma obra, se hace ver que el interestadial Two Creeks tan sólo se identifica estratigráficamente con claridad en área muy reducida, aunque en algunas otras regiones se haya registrado una mejoría climática por las mismas fechas, con lo cual su validez se restringe a la región del lago Michigan occidental.

En los resúmenes que anteceden se han manejado simultánea e indistintamente las unidades crono-estratigráficas y las lito-estratigráficas, estas últimas cuando no existen las primeras, pero dándoles, en cada caso, su posición temporal.

Con lo expuesto en páginas anteriores, sobre las complejidades que para el arqueólogo prehistoriador representan las nomenclaturas que maneja la Geología glacial, tan importantes colateralmente por sus implicaciones ambientales, se hace necesario presentar, esquemáticamente, si se quiere, las cronologías y fases de la última glaciación en algunos lugares clave de Norteamérica y México, pues como ya se vio, no en todos los lugares en los que se han encontrado restos de pasadas glaciaciones hay trabajos lo suficientemente completos, por lo que no de todos se dispone de las unidades crono-estratigráficas suficientes, así que se emplearán aquellas que, conteniendo datos mínimos si se quiere, son suficientes para establecer un marco de referencia.

Como sucede a lo largo de toda esta exposición, no hay otro remedio que comenzar por el estrecho de Bering, pues ahí empezó todo. Por cierto, para esa región, también se hace necesario presentar el cuadro general de los movimientos del mar, pues de ellos dependió la posibilidad de paso a pie enjuto, de comunicación de un lado a otro.

Para este propósito tomamos la obra de Hopkins (1973). Es cierto que este trabajo abarca los últimos 250.000 años, pero en los momentos actuales se han presentado elementos, aunque muy dudosos, que proyectan la primera presencia de seres humanos en América a fechas aún más remotas. Sin llegar a tales excesos, en lo que concierne a los primeros pobladores, sí es conveniente comenzar a entender las fluctuaciones de nivel de mar desde las fechas remotas, para, a la vez, entender una serie de movimientos faunísticos y botánicos que tuvieron lugar entre ambos continentes.

Hipotéticamente hace 250.000 años el mar estaba unos 80 m por debajo del nivel actual y, hacia los 235.000 había alcanzado lo menos 125 m. Desde esa fecha comenzó a ascender hasta que, en quizá 220.000, en la que en la zona de Bering se ha llamado transgresión Einahnutian, coincidente con la Terminación III de Broecker y Van Donk (1970) ascendió unos 30 m sobre el nivel actual, reflejo de una gran deglaciación. Desde esa fecha se inicia un descenso, con alternancias, que culmina aproximadamente en 180.000 con casi 40 m para, en 175.000 subir rápidamente a unos 10 m sobre el nivel actual, en la transgresión Kotzebuan. A partir de esa fecha comienza un descenso general del nivel del mar, con alternativas, que alcanza su máxima en 130.000, cuando debió quedar a unos 130 m por debajo de su nivel actual, poco antes de la transgresión Pelukian I, de 120.000 cuando el nivel del mar se elevó poco más de 10 m sobre el nivel actual, correspondiendo a la Terminación II. Hacia 110.000 desciende unos 55 m y eleva su nivel entre 105 y 100.000, en la Transgresión Pelukian II, que es coincidente, en términos generales, con el principio de la glaciación Wisconsin. Se deriva de las alternancias del nivel del mar señaladas y de las fechas adjudicadas que de una fecha no precisada hasta 230.000 Bering quedó al descubierto, al igual que de 270 al 251.000, con un pequeño episodio de poco más de 5.000 años de duración, alrededor de 155.000, en el que puede que Bering se haya vuelto a cubrir de agua, someramente. También por un lapso semejante al descenso de 110.000.

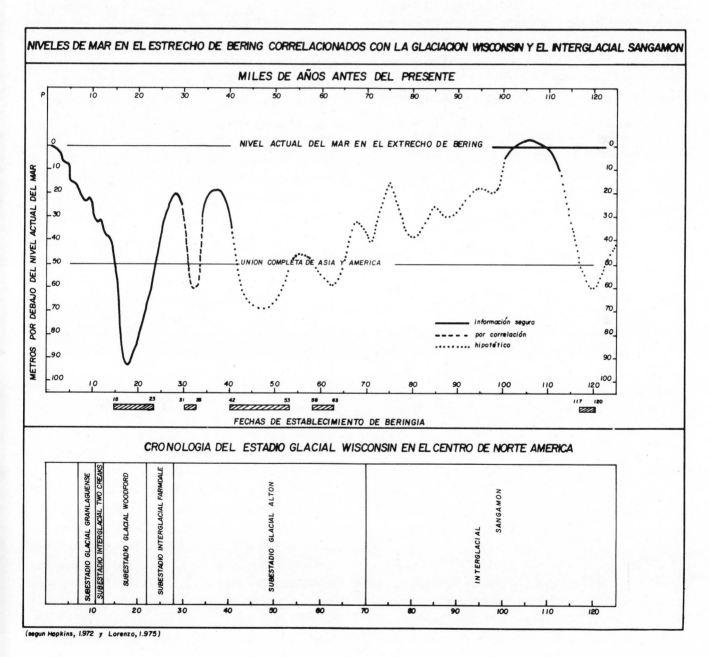

GRAFICO 6

El Océano comenzó a descender, con alternancias, pero continuamente, desde la instauración de la glaciación Wisconsin, hasta 63-58.000, cuando Beringia hace acto de aparición, por breve tiempo, pero de esta fecha en adelante, más bien desde 53.000 hasta 42.000, todo el estrecho queda expuesto, cuando el mar descendió hasta casi los 70 m, teniendo luego un rápido ascenso que llevó el nivel del mar 20 m por encima del actual, de lo que quedan huellas cerca de Nome, hace 38.000. Sigue otro descenso, breve, hasta los 60 m, entre 33-31.000, con posibilidades de paso, una transgresión, semejante a la anterior, en 28.000, y desde 23.000 hasta 15.000, al descender el nivel del mar hasta los 95 m, otra vez quedó Beringia establecida. Desde 15.000 hasta nuestros días el mar ascendió fuertemente al principio, con más lentitud después, con una elevación de más o menos 5 m sobre el nivel actual en 8.000, aparentemente.

La posibilidad de paso de un continente a otro, caminando, existió, dentro de la glaciación Wisconsin, de 63 a 58.000; de 53 a 42.000, de 33 a 31.000 y de 23 a 15.000. Esto sin contar con que de uno a dos milenios antes y después de cada una de estas fechas extremas, aunque las aguas hubieran cubierto el estrecho de Bering, lo habrían hecho en una forma poco extensa, de tal forma que era posible, con un mínimo de riesgo, o bien caminar sobre el hielo durante la mayoría de los meses del año, o intentar la travesía con los muy pobres medios de transporte marítimo que pudieran tener, tomando en cuenta que la vegetación de esta región y en esas fechas no era capaz de proveer la madera suficiente como para construir almadías de tamaño necesario.

A la luz de la situación en Beringia y de la reinante en el extremo noreste de Asia y el Noroeste de América, en las fechas en las que el paso de uno a otro continente era practicable, surge clara la cronología para esta posibilidad.

Existen, de norte a sur del Continente americano, una serie de hallazgos que proyectan hacia el pasado la fecha de la primera llegada del hombre a América, pero no son comúnmente aceptadas por la comunidad de arqueólogos profesionales.

Es curioso el hecho de que numerosos arqueólogos norteamericanos, al tocar el tema de los hallazgos culturales fechados en más de 12-11.500 aP., empleen la expresión pre-Clovis o pre-Llano, como si con este eufemismo fuera posible eludir el significado cultural de hallazgos de mayor antigüedad, mismos que invalidan definitivamente el suave difusionismo de los Mochaev, Muller-Beck, Haynes y demás, centrado en la idea de oleadas humanas sucesivas, cada una de ellas portadora de una tradición cultural derivada de fantasmagóricos musterienses y auriñacienses.

Sin lugar a dudas los primeros hombres que alcanzaron América vinieron del Noreste asiático, pero en el transcurso de milenios y una vez alejados de la zona ecológica de origen, tuvieron que sufrir o pasar por muchos y substantivos cambios, no siendo ilógico el que lograsen un desarrollo independiente, sobre todo si tomamos en cuenta que los grupos humanos que se iban desplazando hacia el sur quedaban cada día más alejados de la fuente original y de toda posible relación con ella.

En la caracterización de las primeras culturas líticas que se han localizado en Norteamérica, ha participado en mucho el criterio tipológico establecido con las puntas de proyectil. La mentalidad del formalismo concreto, tan presente en ese género de artefactos, unida a la clara ignorancia de la pieza no formal, sino sencillamente funcional, aunada a la negación de la originalidad americana, si es que se hablaba de tipos tales como navajas retocadas, denticulados, raederas o raspadores, sin decir buriles, era propia de la época a la que nos referimos, atribuida plenamente al evolucionismo. Esto, como es lógico, condujo, en lo prehistórico, a un aislacionismo que llevaba de la mano el obligar la explicación de fenómenos y procesos culturales al simplismo de centrarlo en la evolución genética de las puntas líticas de proyectil, únicas, según ese punto de vista, que tenían calidades culturales diferenciativas. De ahí que los hallazgos en los que tales puntas no estaban presentes no pudieran tomarse en cuenta.

Desde luego a esto se une una grave ignorancia de la lítica tecno y morfológicamente hablando, subsanada en apariencia con el empleo de viejos textos europeos en los que lo único que se ilustra en la "belle pièce", la más rara, la menos frecuente.

Llano, Plano, Aqua Plano, etcétera son entelequias fundadas en la presencia o ausencia de un determiando tipo de punta de proyectil lítica, sin considerar todos los demás elementos culturales que deben tomarse en cuenta para calificar una cultura o tradición. Siguiendo el mismo criterio, cada tipo específico de punta sería el marcador de una cultura, la presencia de varios de ellos en un mismo contexto, la reunión de varias culturas con propósitos indeterminados y la falta de puntas de proyectil líticas, la ausencia de cultura, como sucede. La debilidad de este punto de vista la ha señalado Bryan (1980).

Retomando el tema, cuando un grupo humano penetró en el extremo Noroeste de América, llevaba consigo un patrón cultural específico, correspondiente a una zona ártica y subártica, atenido a la explotación de un ecosistema general, con una serie de variantes, o subecosistemas. Es posible que algunos grupos, sean bandas o micro-bandas, familias o clanes, pues no podemos pasar de conjeturas, todas discutibles, estuviesen más y mejor afiliados a la explotación de recursos marinos, ribereños, y otros a la de los esteparios, incluyendo ríos y lagos, a lo que debemos unir el que, por su for-

zado nomadismo, tuviesen acceso a distintos nichos ecológicos dentro de un territorio más o menos determinado el cual, estacionalmente, podía ser de explotación mancomunada accediendo a una región dada una serie de grupos, no obligatoriamente afiliados, pero que encontraban por un tiempo recursos más que suficientes para todos.

Mientras esta serie de unidades sociales se mantuvieron en Beringia o en la cuenca del Yukón o en cualquier parte de esa zona, el equipo cultural de que disponían debió serles suficiente para los modos de explotación que les proveían de sustento.

Pero es necesario pensar en lo que llamaríamos ocupación del Continente. Ya en otra parte se ha señalado la diversidad geográfica y ecológica que el hombre, al internarse en el Continente, debió encontrar, al igual que también se ha indicado el factor, importantísimo, del tiempo transcurrido entre el inicio de su movimiento hacia el sur. Este movimiento, mientras fue de oeste a este, a lo largo de la franja subártica, no significó necesidad de cambios mayores en el patrón cultural, pues tenía lugar en un mismo medio, para el que ya estaban dadas las respuestas. Se trata de la penetración, lenta pero continua, en diversos ecosistemas, a la que se tenía que unir la necesaria parsimonia con la cual se iban modificando unas técnicas y adoptando otras, pero no era sólo el transgredir ecosistemas y aprender a explotarlos, pues al movimiento humano, que lo era en el espacio y en el tiempo, se unía inexorablemente, el factor que puede considerarse como normativo: el cambio climático. No es este el natural cambio climático unido al desplazamiento hacia el sur, hacia la zona de mesoclimas, primero, la del trópico y después la ecuatorial, sino al hecho, registrado y constatado, de que en esos milenios se sucedieron cambios climáticos mayores y con ellos alteraciones geográficas de enorme importancia.

Los tipos de los artefactos tuvieron que ir modificándose, salvo aquellos, los más "informales", diríamos, los que cumplían funciones elementales, de tal manera que, salvo en ellos, se hace muy difícil tratar de establecer comparaciones formales entre los artefactos que se utilizaron en un tiempo, en una región, con las características propias de esa región y en ese tiempo y de un grupo que, por estar en esa temporalidad representaba, a la vez, una posición dentro de una línea de desarrollo.

Es cierto que determinados ambientes requieren instrumentos y técnicas semejantes para su mejor aprovechamiento, lo cual puede conducir a forzados paralelismos, o reinvenciones, pero entonces hay que tomar en cuenta no el artefacto aislado y hacer con él comparaciones de carácter formalista, sino emplear todo lo demás de la cultura material de que se disponga.

Necesariamente, puesto que estamos tratando una sola etapa cultural, en su transcurso temporal y geográfico se encuentran similitudes y en bastantes instancias es posible percibir y delimitar unidades culturales ocupando un territorio definible en un lapso determinable, al igual que también ver sus variantes zonales en el tiempo, hasta llegar a cambios que diversifican grandemente la unidad de un tiempo.

Fueron muchos años, demasiados, durante los cuales la investigación prehistórica se centró en las puntas líticas de proyectil, ignorando, descartando o no identificando el resto del material lítico u óseo que acompañaba a estos objetos. Es posible que parte de este error se deba a que se han trabajado casi exclusivamente los sitios que se ha dado en llamar "killsites", es decir los lugares de matanza y destazamiento de animales en los que los restos óseos de la megafauna fueron tan evidentes que atrajeron la atención y por ello se excavaron. De aquí se deriva la obtención de restos culturales escasos y específicos: los rotos o descartados que corresponden a la actividad allí efectuada, matar

y destazar las piezas de cacería. Es posible que ante la enorme cantidad de carne que supone un mamut o un mastodonte, la gente haya acampado en su vecindad por un tiempo, comiendo parte y preparando el resto mediante alguna técnica de preservación, ahumado, secado o salado, pero como siempre se excava el área restringida de la osamenta, los restos culturales asociados son lógicamente reducidos y de entre ellos los más característicos son las puntas de proyectil que a veces (Mirambell, 1964) se emplearon como cuchillos.

Por ser la mayoría de los sitios que se han excavado de esta índole, de ahí una seria falta de información y un grave equívoco al considerar que eran casi estrictamente "cazadores de megafauna", cuando esto debió ser un acto casual o bien buscado, pero no frecuente.

Existen, como adelante veremos, hallazgos que se fechan en un pasado muy remoto, más allá de la presencia de las primeras puntas líticas de proyectil, en una fase u horizonte que alguno calificó como de "preproyectil" (Krieger, 1964).

Respecto a estos hallazgos, algunos colegas son muy escépticos, pero ante la acumulación de pruebas han adoptado una posición que consideran de rigidez científica, y que no es otra cosa que un puritanismo en cuanto a los elementos que, según ellos, un hallazgo de esa índole debe contener. Así, si tomamos en cuenta las exigencias de, por ejemplo, Jennings (1974) o de Griffin (1979) muy pocos de los hallazgos de cuya veracidad no dudan los citados ni por un momento, serían aceptados. Recordemos la pobreza del de Folsom y ahí tenemos el ejemplo de lo que tendría que ser descartado con semejantes procedimientos inquisitorios.

Hay que aceptar que las dudas, en cuanto a la gran antigüedad de algunos hallazgos arqueológicos deben existir siempre, a partir de las que honestamente tiene quien los hace y, cuando se presentan elementos o circunstancias contradictorios, se debe incrementar la investigación, buscando respuestas a las interrogantes en diversos campos científicos.

Casos hay, y bien conocidos, que demuestran la importancia de las dudas bien planteadas, ante ciertos elementos que presentaban anormalidades en algunos hallazgos. Tenemos el caso de Tule Springs, en Nevada (Harrington y Simpson, 1961) donde el hallazgo de huesos de fauna pleistocénica numerosa, asociada a algunos artefactos líticos y a lo que parecían restos de hogares, arrojaba fechas que oscilaban entre los 23.800 y los 28.000 aP. Trabajos posteriores (Shutler, 1965; Vance Haynes *et. al.*, 1966) han mostrado que, siendo el hallazgo real en conjunto de fauna y artefactos, los hogares es posible que se hayan hecho con algún género de material que produjera fechas ciertas, pero ajenas al momento de la combustión.

A este género corresponde el caso de los hallazgos de Lewisville, en Texas, lugar en el que fueron encontrados hogares, restos de fauna pleistocénica y artefactos en asociación, pero que daban fechas de más de 38.000 años. La situación era complicada ya que entre los artefactos se encontraba una punta de proyectil de tipo Clovis (Crook y Harris, 1957 y 1958). Hubo quien adujo que la punta la había "plantado alguien malintencionado" (Krieger, 1957), quienes dijeron que no se trataba de hogares, sino de nidos de rata quemados por causas naturales (Heizer y Brooks, 1965) hasta que recientemente se ha sabido que la fecha, que quedaba fuera del rango del C14, era cierta, pero lo que pasó fue que quienes hicieron las hogueras cuyos restos se fecharon, emplearon lignito como combustible (Stanford, 1981).

El caso de la cueva de Friesenhan, en Texas, es otro de los ilustrativos de estas situaciones. Se trata de una cueva conocida desde hace tiempo por su riqueza en restos de fauna pleistocénica (Kennerly, 1956; Lundelius, 1960) entre la que abundan huesos que muestran, para algu-

nos, claras huellas de trabajo humano (Evans, 1961; Krieger, 1964). Parece que el asunto se ha resuelto hace pocos años cuando Graham (1976) pudo demostrar, mediante un laborioso trabajo, que las aparentes huellas de actividad humana eran el producto de las de los grandes carnívoros que usaron la cueva para llevar y devorar sus presas.

Semejante es el caso de la frecuentemente mencionada industria de Tequixquiac, a la cual se le da fecha del Pleistoceno medio. No existe ni un solo dato que permita suponer la existencia de tal industria, ni hay el menor elemento para fechar los erráticos y mínimos hallazgos (Lorenzo, 1974b).

Existen, además, otros a los que se dan edades que se alejan grandemente aun de las más antiguas que se han señalado. Se trata de los que Jopling *et. al.*, (1981) atribuyen a ciertos materiales óseos de Old Crow Flats, en Yukón, que según ellos habría que fecharlos en un tiempo anterior al interglacial Sangamon, esto es, en más de 125.000 años aP. Están los del sitio Calico, en California, motivo de muchas discusiones, que ahora se fechan entre 192 y 200.000 años aP. (Shlemon y Bischoff, 1981), a los que se une el de Hueyatlaco, en México, con edades entre 180 y 300.000 años aP. (Szabo *et. al.*, 1969 y Steen-McIntyre, 1981).

Cualquiera de ellos nos sitúa en la penúltima glaciación, sea Riss-Saale-Illinois, lo cual nos pone en el tiempo del *Sinanthropus pekinensis*, en cuanto a la posible llegada de humanoides a América, como grupo más cercano. Nada existe en contra de esta posibilidad y, en el caso en el que más hallazgos demostraran su verosimilitud habría que aceptar, también, que ese grupo humano no prosperó y que apenas se extendió por ciertas regiones de Norteamérica, a juzgar por la carencia de elementos posteriores inmediatos a esas fechas que puedan indicar derivaciones de él.

La duda, en cuanto a estas fechas, prevalece, debido a las técnicas de fechamiento empleadas, en unos casos y, en otros, a que se apoyan en Geología del Cuaternario, la cual no está lo bastante desarrollada en Norteamérica como para ser confiable. Del caso de Hueyatlaco ya se dijo, a su debido tiempo, lo que había que decir y a pesar de la violenta reacción que tan solo demostraba un "esprit de corps" visceral, los hechos corroboran lo expresado (Lorenzo, 1967).

Ahora se hará una rápida revisión de los hallazgos más antiguos del Continente, sin entrar en mucho detalle en lo que concierne a artefactos, y tomando en cuenta aquellos que tienen fechamientos de C14 o geocronológicos de indudable certeza. El que los nuevos *Catones censores* no los acepten no impugna su realidad.

Incluir también los de Sudamérica es obligatorio en este caso, pues se hará aparente que no es posible mantener la fecha tope que se mantiene para los primeros hallazgos a los que se otorga validez en Norteamérica, cuando simultáneamente, o antes, había hombres que dejaron huellas de su actividad en Sudamérica.

En esta rápida, pero significativa, revisión de sitios y fechas recorremos el Continente Americano de Norte a Sur y de Oeste a Este, manteniendo un orden geográfico en este sentido que, por otro lado, es el de la lectura según nuestro sistema de escritura.

En cada caso se indicará el lugar del hallazgo, restos de índole diversa pero siempre denotadores de la presencia del hombre, dejando el aspecto descriptivo para más adelante.

Trail Creek, Alaska, 13.070±280 (K-1327) y 15.750±350 (K-1211); Larsen (1968).

Planicies de Old Crow, en Yukón, 29.100± (3.000-2.000) (GX-1567) y 25.750± (1.800-1.500) (GX-1568); Morlan, (1980).

Cuevas de Blue Fish, Yukón, en la cueva II, 15.500±130 (GSC-2880) Cinq-Mars (com. pers.).

American Falls, Idaho, más de 43.000 (Grn.-3031); Hopkins y Butler (1961).

Cueva de Wilson Butte, Idaho, 14.500±500 (M-1409) y 15.800±800 (M-1410) Gruhn, (1961 y 1965); Crabtree, (1969).

Coopertown, Oklahoma, 20.400±450 (GX-1216) y 17.575±550 (GX-1215); Anderson, (1975).

Lamb Spring, Colorado, más de 13.140±1.000 (M-1464); Stanford, *et. al.* (1981).

Meadowcroft, Pennsylvania, 19.610±2.400 (SI-2060) y 19.100±810 (SI-2062); Adovasio *et. al.* (1980).

Shriver, Missouri, 14.800±1.500; Reagan *et. al.* (1978). Esta fecha fue obtenida por termoluminiscencia, todas las demás por radiocarbono.

Santa Rosa, California, más de 37.000 (UCLA-749); Orr (1968) y cuatro fechas de más de 40.000 (UCLA-2100A, 2100B, 2100C y 2100D); Berger (1980).

Laguna Chapala, Baja California Norte, 14.610± 270 (GK-4362); Ritter (1976).

Cedral, San Luis Potosí, 31.850±1.600 (I-10.438) y 33.300± (2.700-1.800) (GX-7686); Lorenzo y Alvarez (1979) y Lorenzo y Mirambel (1979, 1980 y 1982).

Tlapacoya, Edo. de México, 24.400±4.000 (A-794B) y 21.700±500 (I-4449); Lorenzo (1972) y Mirambell (1978).

Caulapan, Puebla, 21.850±850 (W-1895); Szabo, *et. al.* (1969).

El Bosque, Nicaragua, más de 32.000 (GX-3623) y 22.640± (1.100-900) (GX-3504); Espinosa (1976).

Taima-Taima, Venezuela, 16.375±400 (H-0-999) y Muaco, 14.010±140 (IVIC-672); Gruhn y Bryan (1981).

El Abra, Colombia, 12.400±160 (Grn. 85); Correal y Van der Hammen (1970).

Cueva de Guitarrero, Perú, 12.560±360 (GX-1859); Lynch (1980).

Cueva de Pikimachay, Perú, 14.150±180 (UCLA-1464); MacNeish (1979).

Cueva de Huargo, Perú, 13.460±700 (BNV-s/n); Cardich, 1973.

SITIOS CON LAS FECHAS MAS ANTIGUAS

1.- TRAIL CREEK, (ALASKA) U.S.A.
2.- OLD CROW FLATS, CANADA
3.- BLUE FISH, CANADA
4.- TABER, CANADA
5.- SHEGUIANDAH, CANADA
6.- AMERICAN FALLS, U.S.A.
7.- WILSON BUTTE, U.S.A.
8.- SELBY- DUTTON, U.S.A.
9.- LAMB SPRINGS, U.S.A.
10.- MEADOWCROFT, U.S.A.
11.- SHRIVER, U.S.A.
12.- COOPERTOWN, U.S.A.
13.- ISLA SANTA ROSA, U.S.A.
14.- LAGUNA CHAPALA, MEXICO
15.- EL CEDRAL, MEXICO
16.- ZACOALCO - CHAPALA, MEXICO
17.- TLAPACOYA, MEXICO
18.- CAULAPAN, MEXICO
19.- LOLTUN, MEXICO

20.- TEOPISCA-AMATENANGO, MEXICO
21.- RIO PASION, GUATEMALA
22.- RICHMOND HILL, BELICE
23.- EL BOSQUE, NICARAGUA
24.- TURRIALBA, COSTA RICA
25.- TAIMA TAIMA, VENEZUELA
26.- MUACO, VENEZUELA
27.- EL ABRA, COLOMBIA
28.- GUITARRERO, PERU
29.- HUARGO, PERU
30.- PIKIMACHAY, PERU
31.- DO MEIO, BRASIL
32.- QUEREO, CHILE
33.- ALICE BOER, BRASIL
34.- ARROYO DOS FOSSEIS, BRASIL
35.- TAGUA TAGUA, CHILE
36.- MONTE VERDE, CHILE
37.- LOS TOLDOS, ARGENTINA
38.- LAS BUITRERAS, ARGENTINA

MAPA 19

Alice Boer, Brasil, 12.350±1.150 (SI-1208); Beltrao (1974).

Arroyo dos Fósseis, Brasil, 12.720±220 (SI-800); Miller (1976).

Do Meio, Brasil, 12.200±600 (Gif-4628); Guidon (1981).

Tagua-Tagua, Chile, 11.380±320 (GX-1205); Montané (1968).

Los Toldos, Argentina, 12.600±600 (Fra-98); Cardich, et. al. (1973).

Los yacimientos arqueológicos que se han listado, repetimos, son aquellos que, de una forma u otra, deniegan con claridad la posición de los partidarios de los 11.500 años como fecha máxima de ocupación humana del Continente.

No importa si en unos casos hay fechas de 30 o 20.000 años junto con otras de escasos 13 o 14.000. Unas y otras son ejemplares en la demostración de la invalidez del conservatismo que algunos mantienen.

Es cierto que, entre los casos citados, los hay débiles, pero no todos lo son, ni mucho menos, y el tiempo junto con la intensificación de los trabajos en esos contextos, comprobará la veracidad de los hallazgos.

Como observación, no deja de ser interesante el modo en el que, de Norte a Sur y en su conjunto, se ordenan las fechas: las más antiguas al Norte, las más recientes, al Sur. Si esto no es, a la vez, una prueba del movimiento de ocupación territorial por el hombre, será muy difícil encontrar otra explicación.

CAPITULO VI

LA ETAPA LITICA

Tras haber visto las pruebas de la antigüedad del hombre en América se hace necesario estudiar en algún detalle la forma en la que, a través de los milenios, supo sobrevivir, aprovechando lo que el medio en el que habitaba le ofrecía, a la vez que se iba adentrando y ocupando el continente, modificando sus sistemas de explotación modificando sus instrumentos para conseguir mejores resultados, habituándose a nuevas y distintas condiciones mediales, en otras palabras, evolucionando culturalmente mediante el lento proceso de acumulación social de conocimientos y transmisión de los mismos.

Los resultados de este largo proceso están aparentes en los artefactos que, como restos de cultura material, nos han llegado y son los que el arqueólogo maneja.

Se hace necesario, entonces, establecer un sistema que nos permita, manejando unos conceptos básicos sencillos, incorporar toda la etapa de cacería y recolección, incluyendo pesca y marisqueo, que llamamos Lítica, naturalmente, en una forma integrada orgánicamente dentro de un proceso evolutivo que, a la vez, se inscriba dentro de las condiciones cambiantes, tanto en los aspectos climáticos que se modifican periódicamente, según regiones, como en los aspectos geográficos. Para esto, en la arqueología, se emplean los sistemas de periodización, entendiendo por ello un sistema que nos da la situación temporal de estadios culturales caracterizados, pero que debe tomarse como un armazón básico para la etapa que nos ocupa puesto que los milenios que abarca y el territorio en el que se extiende no permiten las generalizaciones.

Por periodización entendemos un sistema que proporcione la situación temporal de estadios culturales y los elementos calificativos de éstos, debiéndose tomar como una armazón en la que sea factible disponer de un cierto ordenamiento de las expresiones culturales más características y de los procesos de cambio que acontecieron. Las periodizaciones son necesarias, son instru-

mentos de trabajo imprescindibles para el arqueólogo, aunque en cierto momento puedan constituir un estorbo, pues se originan en una fecha determinada, de acuerdo con los elementos de juicio entonces existentes, pero estos datos e informaciones se modifican con el tiempo y con la actividad de la investigación que lleva a la incorporación de nuevos materiales, produciéndose cambios, a veces fundamentales, mismos que dejan tambaleante a la periodización que se haya estado siguiendo.

Tan sólo tomando en cuenta la inmensa territorialidad que se maneja, sus complicaciones regionales y las variables ecológicas existentes, junto con el tiempo implicado en este estudio, que abarca algunas decenas de miles de años, es comprensible que no se pueda conceptuar, y los datos lo demuestran, una homogeneidad cultural simultánea en todos los lugares.

Las síntesis son el producto del análisis y resumen de una multiplicidad de datos con el nada sencillo propósito de homogeneizar informaciones de fuentes distintas, en las que hay naturales divergencias de enfoque, aparte de las intrínsecas de los datos en sí mismos, por cuanto a su propia calidad y a los modos de obtención. Por lo tanto, cuando se trata de sintetizar lo que no sólo proviene de distintos enfoques sino que, además es de tiempos diferentes, la tarea se hace complicada y sus resultados hasta cierto punto endebles. A lo anterior se une en este caso la amplia extensión territorial y su diversidad ecológica, la misma que se conjuga con la diversidad climática, todo ello aunado a la larga temporalidad que se maneja.

Este último aspecto es bastante más complicado de lo que parece y de lo que las investigaciones y trabajos hechos hasta ahora permiten explicar. Si, en la actualidad, tomamos una carta climática de Norte y Centroamérica, de acuerdo con la escala de representación, tenemos distintos grados de síntesis cuyo valor se sitúa en la correlación del fenómeno que querramos explicar y el de la escala presente.

Pero el hombre se mueve, durante su vida, dentro de un ambiente y territorio de pequeña magnitud; queremos decir el hombre primitivo, naturalmente. Luego entonces lo que debemos entender es un ámbito de unos cuantos centenares de kilómetros cuadrados en cada caso, en cada vida, en cada generación humana. De ahí que a cada etapa cultural y su correspondiente tiempo tenga que atribuírsele una posibilidad territorial que se entiende en escala geográfica menor, pero que requiere, para comprenderlo, estar representado en una escala mayor, aquélla que permita entender todos los accidentes topográficos, todos los recursos naturales a su alcance y los cambios que en el paisaje producen las regulares oscilaciones climáticas estacionales.

Hemos de aprehender el concepto de territorio, potencial explotativo y cambios anuales, dentro de una temporalidad dada, cuestión nada fácil para nosotros que podemos cubrir varios miles de kilómetros en unas horas y ya hace milenios que hemos dejado de ser productores directos. Nos queda, en cuanto a temporalidad, un sentido histórico por la relación directa con el pasado, pero también alterado por una serie de otras causas en las que mucho tienen que ver factores culturales.

Aquellos que practican eso que llaman arqueología conductivista (behavioural) desde las distintas variantes de la cultura occidental deberían reflexionar sobre la enorme diferencia de nuestro mundo actual y el de hace 15 o 30.000 años. Insistir sobre el punto sería participar en semejante falacia, la de quienes desde el gabinete y ya casi en el siglo XXI son capaces de pontificar sobre la conducta de aquellos que vivieron hace miles de años.

Con los datos obtenidos y acumulados sobre lo que se suponía eran los restos de actividad humana más antiguos del Continente, en el transcurso de los años hubo la necesidad de organizar-

los en un conjunto más o menos sistemático y coherente, para encuadrar y explicar lo que siendo del dominio especializado del arqueólogo, debía alcanzar a otros públicos, como parte de la historia más antigua, la Prehistoria, de América. Surgieron varias obras que, obligatoriamente, eran de carácter descriptivo, pues la posibilidad interpretativa no era fácilmente practicable, tanto por la pobreza intrínseca de los datos obtenidos, como porque en la época se manejaba una honestidad científica que impedía crear un mundo de explicaciones sobre premisas no demostradas.

Se establecieron varias periodizaciones, es decir, se hicieron y publicaron varios trabajos en los que, con los datos existentes se trató de establecer las pautas de un proceso según el cual se intentaba entender la llegada de los hombres a América, el grado cultural que tenían y sus subsecuentes movimientos y desarrollos.

En arqueología una periodización no es sólo un intento de sistematización del proceso o del orden que ha tenido el desarrollo cultural de la sociedad en una región o zona, sino que también es un caso de metodología, según los elementos que se empleen para establecerla y valor jerárquico que se les atribuya. Hay en esto visiones ambiciosas que tratan de incluir, e incluyen, vastos territorios y grandes temporalidades, siendo factible lo primero, sobre todo en etapas de poca especialización o en territorios que pese a su gran extensión sean semejantes en lo ecológico, pero muy difícil de sustentar cuando la temporalidad es grande, pues presupone una especie de parálisis cultural, a la vez que una ecología estática, lo cual es insostenible cuando en el tiempo transcurrido se sabe que hubo cambios significativos climáticos que sin duda incidieron en el patrón cultural.

Es posible, por lo tanto, que de acuerdo con el enfoque que se adopte, surjan, para la misma región, el mismo lapso y las mismas culturas, periodizaciones diversas las cuales serán cada vez más distintas según el grado de complicación de las sociedades que se pretenda sistematizar. Yendo de las estructuras más sencillas a las más complicadas, la diversidad de su contenido en todos los aspectos, nos deja ver las numerosas posibilidades que contienen para, primero, ser clasificadas y segundo, cómo formar parte de una periodización. Siendo la línea rectora la cronológica, la periodización variará según el criterio, la formación y la intención de quien lo haga.

En este terreno, e independientemente de las ideas del autor que sea, la periodización de las etapas más antiguas está obligada a apoyarse en muy pocos elementos de juicio, por lo elemental y escaso de los materiales de que se dispone, conduciendo con facilidad a esquemas primarios. Para estas etapas en América la arqueología cuenta con muy poco, como es lógico, debido a las dificultades de conservación y al corto número de seres humanos.

La primera clasificación que se hizo fue la sencilla de llamar "Hombre temprano" (Early Man) a todos los hallazgos que, por una u otra causa se pensaba eran de gran antigüedad. Fue Hrdlicka el primero en emplearlo y en su caso tenía una connotación algo especial, ya que se refería a una presencia humana, posible, pero no probada, de carácter pre-sapiens, sino que sub-humana. Naturalmente de acuerdo con este criterio los hallazgos no eran tan antiguos. Esta expresión originalmente aplicada a los restos humanos exclusivamente, ha quedado como calificativo general en la literatura en inglés para la etapa cultural más antigua (Jennings, 1968).

La situación se transformó cuando, en 1926, junto con el esqueleto de un tipo de bisonte fósil, apareció una punta de proyectil, de piedra. La resistencia no se rompió con este hallazgo y al año siguiente en el mismo lugar, Folsom, Nuevo México, el encuentro de otras puntas, en relación indudable con la osamenta y en capas no alteradas ni intruidas, hicieron que el hallazgo fuese aceptado como prueba de la antigüedad del hombre en el Continente americano.

Posiblemente, al igual que el hallazgo a que nos referimos tuvo por origen un trabajo paleontológico, la falta de información sobre el Cuaternario que todavía existe entre los arqueólogos prehistoriadores de América haya sido una de las causas de la lentitud en el desarrollo de esta especialidad.

Parte de esta situación también está en que la formación de los arqueólogos muy pronto fue en la línea de la antropología, con lo cual en aquellos que se dedicaron a las etapas más antiguas los defectos de sus trabajos, en este tipo de materiales, se hicieron más patentes. En los lugares en los que la formación de los arqueólogos fue dentro de una orientación naturalista, la debilidad residía en que al manejar los enunciados de la escuela de los círculos culturales, las interpretaciones formales se pusieron a la orden del día y tampoco se avanzó.

Posiblemente se deba al descubrimiento de la técnica de fechado por el C14 un cambio radical en el enfoque del problema de la llegada de los primeros hombres al Continente americano, pues aunque el C14 no es de una confianza total, por causas como las contaminaciones, a veces la muestra no está bien tomada, todavía no sabemos con seguridad los efectos que el tiempo haya podido tener en la fijación o en la pérdida de C14 y el máximo alcance para fechar se reduce a menos de 40.000 años, es indudable que proporcionó un instrumento único, la base de la cronología y si a esto se une el que ya se toma en cuenta los factores paleoambientales, la tecnología presente en los artefactos y ciertas correlaciones etnográficas posibles, esta clase de estudios en los últimos años ha mejorado bastante en América, pues en el Viejo Continente siempre tuvo vigencia precisamente en esa metodología.

La expresión "hombre temprano" se mantiene, sin las implicaciones que su originador tuviera en mente, pero después surgió una nomenclatura que si bien puede haber sido útil en cierta época, ha persistido e inclusive se ha ampliado, conservando su falta de ponderación científica original. Nos referimos al "paleoindio" ampliado luego ingenuamente con "mesoindio" y "neoindio" y más recientemente con "pre-paleoindio".

Como claramente expresa Wormington (1953:3): "El término *paleoindio* (paleo-antiguo) con frecuencia se refiere a los primeros habitantes de Norteamérica para poder diferenciarlos de pueblos posteriores (Roberts, 1940). Es una palabra indeseable si le damos una connotación racial. Los últimos indios americanos eran mongoloides, pero este no es, necesariamente, el tipo racial de los primeros llegados al Continente americano. Algunos antropólogos físicos piensan que la raza mongoloide es de reciente desarrollo en Asia. Ya que no sabemos cuando llegaron los primeros hombres a este hemisferio, no podemos decir cuál era su tipo racial. De todas formas, si empleamos el término de paleoindio tan sólo en el sentido de designar los más antiguos habitantes, puede ser aceptado. Lo usaremos para referirnos a la gente que cazó animales ahora extinguidos, para la gente que ocupó el oeste de los Estados Unidos antes de hará unos 6.000 años, y de los fabricantes de las puntas acanaladas que se encuentran en el este de los Estados Unidos. No hay fechas sólidas para los últimos, pero hay razones para pensar que algunos, al menos, son bastante antiguos".

Después de paleoindio se acuñaron los términos "neoindio" por Griffin (1946) y "mesoindio", por Smith (1957) y es curioso constatar subyacente un concepto difusionista, pues al anteceder a "indio" las partículas "paleo", "meso" y "neo", que califican tanto una temporalidad como un estadio de desarrollo cultural, se trata en cada caso de un grupo nuevo, de otro grupo humano, no pudiéndose seguir las líneas de evolución, los procesos de cambio que debieron llevar de uno a otro, si es que este género de desarrollo se dio.

Desde luego, si las dudas expresadas respecto a los *paleoindios* se toman en consideración, mesoindios y neoindios son innecesarios, aparte de barbáricos, cuando menos.

Hemos de aceptar que la visión implícita en "hombre primitivo" y "paleoindio" está profundamente marcada por la antropología física, y bajo ese punto de vista, es de gran debilidad y, si se trata de conceptos culturales, nos encontramos con una situación todavía peor. Dejemos pues estos calificativos en su lugar, en un pasado de pioneros, llenos de buenas intenciones y muy capaces dentro de las posibilidades del tiempo y de los problemas que entonces se planteaban. Ahora, y desde Roberts (*op. cit.*) hay que admitir que los más de 40 años transcurridos no han sido del todo en balde, tanto en el muchísimo mayor número de hallazgos efectuados, como en la técnica de estudios y análisis de materiales y de la mera obtención de ellos; también en los enfoques metodológicos y la subyacente teoría (más bien teorías) que se manejan.

Está también la clasificación de Suhm, Krieger y Jelks (1954) en su famosa obra, clave de la tipología de las puntas líticas de proyectil, todavía no mejorada, en donde emplearon las expresiones Paleo-americano, Arcaico y Neo-americano, basados en las informaciones y materiales provenientes del Estado de Texas, pero que pueden aplicarse en sentido más general.

Hay que esperar bastante tiempo hasta que Willey y Phillips (1955) dan a la luz una periodificación en la cual ya es posible ver un proceso de cambio cultural a través del tiempo.

La etapa más temprana de las culturas que se desarrollaron en Norteamérica fue llamada "Lítico temprano". Esta etapa se concebía como abarcando dos categorías mayores de tecnología lítica: (1) industrias de lasca y núcleo, sin especialización y poco definidas, con talla por percusión predominante, siendo quizá la única técnica empleada, y (2) industrias que muestran técnicas más desarrolladas de "navaja" en la talla de la piedra con puntas lanceoladas especializadas con o sin acanaladuras como los artefactos más característicos.

Los mismos autores en obra posterior (Willey y Phillips, 1958) abandonan la división en "inferior" y "superior", implícita en la anterior, y se quedan con "Etapa Lítica" nada más, aceptando que, cuando existan más evidencias se podrá establecer la diferenciación, que es indudable existe, pero debe ser confirmada con más datos.

El siguiente y superior nivel de desarrollo cultural es el que llaman "Etapa Arcaica", encontrando dificultades para darle su situación espacial completa y señalando que, en opinión de algunos autores, debería dividirse en "inferior" y "superior", estribando la distinción en que el superior dispondría de instrumentos de piedra pulida y el inferior no.

En una definición general, la Etapa Arcaica consiste en un estadio en el que continúan las culturas nomádicas de cazadores recolectores, pero en una fase climática semejante o casi igual a la actual. Por haberse extinguido la megafauna la dependencia es total en animales de menor tamaño y es posible que hayan ampliado el número de especies aprovechadas. Existe un aumento aparente en la recolección que se demuestra por el incremento de utensilios de piedra que se juzga son utilizados en la preparación de alimentos vegetales silvestres. Aparecen también instrumentos de piedra pulida aptos para el trabajo de la madera. En ciertos lugares los morteros de piedra son de forma precursora de las piezas de cerámica que vendrán después.

Tomando en cuenta los antecedentes que existían en esa fecha (Willey y Phillips, 1958; Krieger, 1962) Krieger en un artículo de 1964 replantea y analiza el problema enfocándolo en sentido de abarcar todo el Continente americano.* Junta, para formar la Etapa Lítica la ya así mencionada, junto con el Arcaico, redefiniendo este último y señalando que además de los instrumentos de molienda y de una variada tipología de puntas de proyectil, que son elementos característicos, el límite inferior debe fijarse para los hallazgos que no estén asociados con restos de fauna pleistocénica y el superior en el que no hayan llegado al Formativo, o sea a la agricultura. Esto hace que en muchos lugares la Etapa Lítica, incluyendo el antiguo Arcaico, haya sido contemporáneo de la llegada de los occidentales, hasta el siglo XIX muchas veces.

La Etapa que llama paleoamericana se inicia con unas tradiciones, no muy claras pero perceptibles, llamando tradición a la expresión espacio-temporal de una clase de objetos materiales compuesta de elementos definibles. Estas tradiciones son: de artefactos de núcleo, relacionables con el complejo tajador-tajadera del SE asiático; una tradición de artefactos de hueso y una tradición básica de puntas foliáceas, de gran tamaño, quizá derivada del Paleolítico inferior euro-asiático, que no parecen haberse presentado en orden cronológico.

A estos antecedentes siguen, por orden de temporalidad:

Tradición de puntas acanaladas
Tradición de las puntas con retoque paralelo
Tradición de las puntas no especializadas:
    forma de hoja de sauce, puntiagudas en ambos extremos
    forma romboide
    con muescas angulares o laterales
    con espiga (muesca angular formándola)
Pero finalmente nos da la siguiente periodización.

---

* Maneja una etapa, la más antigua, a la que llama "Pre-puntas de proyectil".

Estadio pre-puntas de proyectil

Un bajo nivel en la tecnología del trabajo en piedra, semejante al del estadio del Paleolítico inferior del Viejo Mundo. Todos los objetos se hacen exclusivamente por talla por percusión; podrían llamarse utensilios de lasca y núcleo, pero esta distinción con frecuencia es difícil hacerla. A veces, pero no siempre, son bastante grandes y pesados. También están presentes los artefactos sobre canto rodado, pero cambian mucho en frecuencia. El hecho de la percusión no describe adecuadamente la tecnología; es más importante la aparente inhabilidad de la gente de esta época para aplanar y adelgazar los artefactos lo bastante como para producir lo que podrían llamarse puntas de proyectil y cuchillos delgados y bifaciales. Ocasionalmente hay instrumentos de hueso, en forma de astillas de huesos largos de grandes mamíferos, con huellas de uso en uno o ambos extremos, como si hubieran sido empleados para perforar; también hay astillas que pueden haber sido cortadas o biseladas y, en dos o tres casos, los huesos de las patas de animales chicos se cortaron para hacer tubos. En algunos lugares se encuentran hogares poco profundos, cóncavos, pero nunca, hasta donde sabemos, forrados de piedras. Tales hogares, en algunos casos, pueden haber sido excavados o estar en depresiones naturales, o ambas cosas. No se conocen entierros humanos.

Estadio paleo-indio

Continúa el lasqueo por percusión para hacer artefactos, pero ahora está mucho mejor controlado, por lo que las superficies están trabajadas de tal manera que producen artefactos relativamente delgados y planos que pueden ser llamados puntas de proyectil y/o cuchillas. A pesar de estos nombres de categoría por lo general empleados con seguridad, con frecuencia

se asume que era necesario el lasqueado por presión para obtener puntas o cuchillos bifaciales, experimentalmente se ha mostrado, por ejemplo, que se pueden obtener puntas Clovis enteramente por percusión, pero los artefactos delicadamente hechos, como las puntas Folsom verdaderas requieren el empleo del trabajo por presión (Wormington, com. pers.). Las puntas de proyectil son lanceoladas, por lo general, o foliáceas (se pueden incluir a las puntas Sandia, con una escotadura ligera) pero también se conocen puntas pedunculadas con muescas laterales someras. Sea cual sea la forma, las puntas de proyectil y los cuchillos, por lo general si no siempre, son los primeros en aparecer en cualquier región. La variabilidad de artefactos de hueso y de piedra tallada sigue siendo reducida, cuando se compara con estadios posteriores, pero cambia de acuerdo con los distintos sitios. En las grandes llanuras la mayoría de los sitios conocidos son lugares de destazamiento de animales pleistocénicos, por lo que no contienen muchos más de algunas puntas de proyectil y artefactos de corte o raído. El sitio Lindenmeier, en Colorado, es una excepción, por cuanto fue un campamento y contiene un cuadro más amplio de artefactos de hueso y piedra tallada. Por otro lado en el Este de los Estados Unidos, la mayor parte de los sitios son campamentos, no lugares de destazamiento y todavía están por encontrarse los restos de mamíferos pleistocénicos. En otras regiones a veces se encuentra fauna asociada con los restos culturales, en otras ocasiones no. Se conocen fosas de hogar, por lo general (quizá siempre) forradas de piedras. Son desconocidos los entierros formales. Los instrumentos de molienda son muy raros, si no es que ausentes.

La expresión "Cultura Llano" que se caracteriza por las puntas acanaladas se emplea en el SW y en las grandes llanuras para los sitios "Clovis" y con mamíferos pleistocénicos extinguidos. Se debería emplear otro término para los sitios semejantes del E de los Estados Unidos que tienen puntas Clovis, Cumberland y quizá otros tipos, además de un conjunto más amplio de artefactos. Para los sitios de la región de las grandes llanuras que tienen puntas Folson se emplea el término "Cultura Lindenmeier". Y para las del NW del Pacífico que tienen puntas Cascade, "Vieja cultura cordillerana". En otros casos los sitios y complejos reciben el nombre de regiones más amplias, pero no de culturas pues todavía faltan conocimientos para poder hacerlo.

Estadio proto-arcaico

En ambos subcontinentes americanos se señala por la aparición de artefactos de molienda de alimentos, tales como manos y piedras de moler, en grado menor por morteros y manos de mortero y también, en ocasiones, por instrumentos semejantes empleados para pulverizar pigmentos. Cuando se dio forma a estos objetos fue mediante picoteado y por lo tanto sus superficies cuando se suavizaron por el uso más que por la formación. Estos instrumentos no se encuentran en todos los sitios, estando notablemente ausentes en Alaska, Canadá y algunos de los estados más norteños de los Estados Unidos y en áreas donde los artefactos de piedra son raros. Tampoco se encuentran en los lugares en los que se mataron animales, en los que este tipo de artefacto casero no es de esperarse. En estos casos, como indicadores de este estadio pueden encontrare otros artefactos que sin pertenecer al estadio Paleo-indio, ni al Arcaico pleno son marcadores. Se siguen cazando algunas especies de mamíferos pleistocénicos que aún sobreviven, sobre todo bisonte de especies ahora fósiles en las grandes llanuras y quizá mastodontes en el E de los Estados Unidos. En algunas áreas parecen haber sobrevivido las puntas acanaladas en pequeño número, pero en general ceden el paso a un gran número de puntas lanceoladas sin acanaladura; bastantes formas con pedúnculo y muescas angulares; técnicas nuevas tales como biselado y lasqueado paralelo por presión y un número más grande de artefactos de piedra y hueso de los que hasta ahora se conocían. Aparecen enterramientos humanos hechos en fosas excavadas.

Años después se presentó otra periodización, (Lorenzo, 1967: 23-28) exponiendo las razones que conducían a nombrar Etapa Lítica a lo que, en algunos textos, se llama Prehistoria, por lo que, en su sentido más usual, se entiende la parte del pasado carente de fuentes escritas, con lo cual toda América permanece en la Prehistoria hasta que llegan a ella los primeros occidentales, se asientan y comienzan a establecer la necesaria documentación escrita. Quizá, en algunas zonas, como la que se ha llamado Mesoamérica (Kirchhoff, 1943) podría hablarse de una Protohistoria, es decir, la época en la que existen los primeros rudimentos de documentación escrita, como es el caso con los Códices y la Epigrafía prehispánicos y el hecho de que llega gente con escritura que describe lo que encuentran.

Es cierto que bajo el denominador de Etapa Lítica se engloba lo que en otros continentes es llamado el Paleolítico, pero debemos evitar el uso de términos que, a la vez, implican un contenido cronológico y periodificaciones culturales propias que no pueden extrapolarse a América y que corren el riesgo de serlo, como ha sucedido en bastantes casos. Es preferible adoptar la posición que enunció Desmond Clark (1959) para Africa, al sur del Sáhara, adoptando una terminología clasificatoria de amplios vuelos y una periodificación general sin mayores compromisos cronológicos, salvo los imprescindibles para crear una sistemática de suficiente flexibilidad, pues hay que reconocer que todavía no se dispone de mucha información y que la intensificación de excavaciones a lo largo del tiempo será la de alcanzar a producir los datos suficientes, todavía escasos o muy restringidos en área.

En 1964 recibí el encargo de montar la Sala de los Orígenes americanos para el entonces en construcción Museo de Antropología de la ciudad de México, que sería inaugurado en septiembre del mismo año, recibiendo el encargo en junio. El problema era la manera en la que se debía presentar, museográficamente, algo tan abstruso para el gran público como son los restos culturales de esos tiempos. Tenía que ser algo alejado de la visión del especialista, pero que, a la vez, contuviese información científica. Esto me obligó a establecer una periodificación sencilla, de acuerdo con los conocimientos y materiales encontrados en México y reflejo de lo acontecido en ese territorio en aquellas remotas fechas.

El criterio fundamental fue el tecnológico por su sencillez y veracidad frente a otras disyuntivas. De él se podían manejar inferencias económicas bien sólidas, ya que en los sitios excavados hay materiales que atestiguan fidedignamente la esfera de la vida económica. Los aspectos socio-políticos, que sin lugar a dudas también existieron, aunque fuera en formas de poca complicación, son imperceptibles por lo común, salvo que se aplique una imaginación rayana en la invención o que se apliquen los, en este caso, lugares comunes especificados por Morgan y Engels, o sea emplear el recurso de autoridad aplicando conceptos generales que parecen una extrapolación lógica pero no pasan de un razonamiento circular.

La cronología presentaba dificultades pues las fechas de que se disponía no eran muchas, los materiales asociados escasos y los estudios dignos de confianza, pocos. Esto obligaba a que la periodización que se estableciese tuviera la flexibilidad suficiente como para poder incorporar hallazgos futuros, partiendo del principio de que lo que se había encontrado, o se encontrase en México no era obligatorio que tuviera el mismo encuadre cronológico de lo que se había encontrado, o se encontrase en los Estados Unidos de Norteamérica, al Norte, y de donde, sin lugar a dudas, habían llegado los primeros habitantes de México, pero que, en su recorrido era natural que hubieran sufrido cambios de importancia, tanto por el tiempo transcurrido como por las adaptaciones necesarias ante nuevos climas, faunas y floras. Con esto se quiere decir que la periodización establecida quedaba abierta a fenómenos tales como marginaciones o fijaciones en un patrón cultural que, una vez demostrada su validez en un territorio o situación determinados, prevalece, con muy pequeñas variaciones, ya que es suficiente para permitir la subsistencia sin problemas, con lo cual quedaba implícito el principio de evolución multilineal, mismo que las fuentes antiguas de México nos demostraban, con la convivencia, en el momento del contacto de los europeos con la realidad de América, de sociedades en muy diferentes categorías de cultura, aunque estuviesen en contacto directo.

Internamente se ha dividido en horizontes teniendo como elemento diferencial la técnica de fabricación y empleo de la industria lítica, con sus resultantes económicos y sociales posibles participando de la diferenciación como auxiliares.

La nomenclatura de estos horizontes fue fruto de un proceso selectivo, tratando de encontrar términos que entre sí tuviesen el denominador común necesario, en este caso "lithos" y un calificativo que, diferenciándolos, señalase el grado de distinción. Para el más antiguo, se tomó el de "Arqueolítico" por su connotación de antigüedad. Esta palabra, que hemos encontrado en Morgan (1947) forma parte del encabezado al capítulo segundo "Las Industrias Arqueolíticas de Europa" de la obra mencionada, pero en este caso se usa para caracterizar las correspondientes al Paleolítico superior; una nota de los traductores, Pericot y San Valero, indica que el término no tuvo difusión en la literatura arqueológica y que su imprecisión llevó a que otros autores la utilizaran para designar las industrias del Paleolítico inferior. Es en ese sentido, de mayor antigüedad que aquí se aplica.

El siguiente es el que llamamos "Cenolítico", que en un tiempo creímos ideado por Manuel Maldonado-Koerdell (Lorenzo, 1967), pero que algo más tarde me encontré con que ya había sido empleado. Creo sinceramente que se trata de una convergencia debida a la necesidad sentida por Maldonado-Koerdell de acuñar un neologismo, sobre las requeridas bases etimológicas griegas, que diera la expresión correcta de una época lítica reciente para México, sin involucrar el conjunto de connotaciones que lleva el término Paleolítico a lo cual, en su caso, se unió su formación de paleontólogo, lo que condujo, necesariamente, a encontrar el mismo término.

El antecesor en el empleo del término fue Hodder M. Westropp (Daniel, 1967) quien en una conferencia que presentó a la Anthropological Society en 1866 dividía los estadios culturales anteriores al Neolítico en tres fases, Paleolítico, Mesolítico y Kainolítico y este último no corrió con la misma suerte que los anteriores. Sin saberlo lo tomamos únicamente por el contenido clasificatorio que incluye y que no lo hace confundible con otros, como creemos debe ser en un sentido más restringido, ya que el creador del nombre lo utilizaría para designar todas las industrias líticas precerámicas de América. Su indudable origen geológico aparte, califica lo que a nuestro juicio es más importante, el ser "la piedra más reciente".

Por último el Protoneolítico, ya fue aplicado por Obermaier (1925) quien por cierto deniega, por injustificado, el apelativo de Mesolítico que entonces comenzaba a emplearse, y dice que las etapas póstumas al Paleolítico deben llamarse Epipaleolítico, comprendiendo el Capsiense final, el Tardenoisiense (con el Maglemose nórdico) y el Aziliense, en España, substituidos por el Asturiense, el cual no parece relacionarse con ninguna otra industria, ni anterior, ni posterior, por lo que la sitúa como un Preneolítico. Luego encuentra una etapa en la que se inicia una nueva civilización, completamente distinta a las anteriores, a la cual denomina Protoneolítico, que abarca el Campiñense y la facies nórdica de los concheros. En nuestro caso se emplea por ser precisamente el comienzo del Neolítico, con todas las implicaciones que ello supone y preferimos llamarlo así a cualquier otra expresión, incluyendo entre ellas la también poco usual de Subneolítico.

La elección se hizo tomando términos que alguna vez fueron empleados y no tuvieron éxito. También está claro que no era posible acuñar otros neologismos pues los requisitos filológicos no lo permitían fácilmente.

Arqueolítico

Artefactos grandes, tallados por percusión directa de piedra contra piedra. Hay talla bifacial en artefactos grandes y también en los pocos chicos que se encuentran, aunque es menos frecuente en estos. El material de tamaño chico consiste en lascas gruesas y anchas, con las que se fabrican raspadores y raederas; también hay denticulados y es frecuente encontrar ángulo de fractura muy abierto, como el presente en la técnica clactoniense. No existen instrumentos de molienda y es característica la ausencia de puntas de proyectil de piedra, sin descartar que hayan podido ser hechas de materiales perecederos.

En términos generales la tipología es bastante reducida y denota en los artefactos un mínimo de especialización. Puede pensarse en una etapa de recolección con poca cacería, a juzgar por las piezas. Algunos autores la consideran parte de la tradición de núcleos y lascas, con origen en el SE asiático. Al respecto diremos que tecnológicamente no puede existir un núcleo sin que hayan salido lascas de él lascas al formarlo y que tampoco podemos tener lascas sin un núcleo del que provengan; es un binomio inseparable que por lo tanto se encuentra presente en todas las culturas líticas y por ello, hablar de una tradición de lascas y núcleos, no es procedente.

Es posible que en este horizonte nos encontremos ante el embrión o la forma menos desarrollada de lo que más tarde se va a llamar "culturas del desierto".

Cenolítico inferior

En su transcurso hacen acto de presencia las puntas de proyectil líticas. Entre ellas las de forma foliácea y las que, en mayor o menor grado, presentan acanaladuras; estas últimas, al parecer, invención americana. Existen otras varias puntas que de una forma u otra se relacionan con las anteriores, comenzando a aparecer las pedunculadas, quizá debido al exceso de desgaste por abrasión hecho en los bordes del tercio inferior de la parte proximal, técnica que regularmente se practicaba en las puntas de los tipos anteriores. Se observa la suficiente diversificación tipolítica como para poder hablar de especialización de los artefactos, con las naturales concomitancias tecnológicas y económicas.

La técnica del retoque por presión ya está presente, así como la talla con percutor blando (madera o hueso) y hay una tendencia general al mejor acabado de las piezas. Se encuentran navajas prismáticas, de núcleos poliédricos, ya existen instrumentos de molienda y parece que la base económica se desplaza hacia la cacería, aunque en contemporaneidad se encuentran ciertas fases de las "Culturas del Desierto", si bien reducidas en extensión e importancia, como podría ser el conjunto cepillo-raspador de Baja California (Arnold, 1957).

Bajo ningún concepto debe llamarse a este tiempo de "cazadores de megafauna", como ha sido el caso, pues a pesar de que mataban animales de gran tamaño, debido al nivel tecnológico existente, esto debió suceder en ocasiones y condiciones casi únicas. No es posible atribuir base económica a una situación en la que la vida del individuo, o de todos los que participaban en la matanza de un gran animal, tuviera que ser puesta en peligro eminente en cada caso.

Cenolítico superior

Hay una gran variedad de piezas talladas, por percusión, por presión y con retoque por presión. Se cuida bastante la forma y el acabado. Es peculiar la proliferación de puntas de proyectil con pedúnculo y aletas. Aparecen los instrumentos de molienda, tanto morteros como piedras planas. Es posible percibir los comienzos de la técnica del pulimento de la piedra, no sólo en los instrumentos anteriores, sino también en algunas partes de otros instrumentos. La complejidad tecnológica del momento es indudable a juzgar por la multitud de tipos presentes.

Se inicia con la desaparición de la fauna pleistocénica y la recolección toma el auge proporcional, comenzándose los primeros cultivos o los primeros pasos en la domesticación de plantas, entre ellas la calabaza, el chile, el amaranto, el maíz y quizá, el frijol.

Protoneolítico

De hecho es de transición cultural. Localizado en algunos lugares es posible que en sus comienzos haya tenido mayor extensión de la que llegó a tener después y también es fácil que ante la carencia testimonial de las plantas de cultivo, su característica, sus sitios se confundan con los de las llamadas "Culturas del Desierto".

15 / Cenolítico Inferior.
Instrumentos de molienda.

16 / Cenolítico Superior.
Instrumentos de molienda.

El maíz y el frijol se afianzan como cultivos, intensificándose y mejorándose los iniciados en la fase anterior. Con todo ello esta agricultura incipiente es reducida y la dieta sigue siendo proporcionada en su mayor parte por la recolección y la caza. Sin embargo la necesidad de cuidar los campos sembrados obliga a la residencia fija, al menos por unos cuantos meses al año, aunque es muy posible que estas primeras aldeas hayan sido ocupadas todo el tiempo y los campamentos desde los que se explotaban los recursos locales de carácter estacional sean los que hayan sido residencias temporales de parte del grupo. Comienza el cultivo de algodón, sin que aún se tengan pruebas de su modo de empleo.

En el aspecto lítico hay una disminución general en el tamaño de los artefactos y un gran cuidado en el retoque secundario. Esta tendencia al buen acabado de la forma es también muy visible en los objetos de piedra pulida y los morteros y muelas planas, que ya no son sólo funcionales, sino que también se busca en ellos una buena apariencia y regularidad. La técnica de la piedra pulida se aplica claramente a otras piezas, como son cuentas, hachas, hachuelas, etc.

Puede darse como fin de este horizonte el comienzo de la manufactura de cerámica, la cual, en sus inicios, es un material de substitución de la piedra en la fabricación de recipientes.

Haynes (1969) establece su periodización sobre bases crono-estratigráficas, de acuerdo con las subdivisiones del estadio Wisconsiniano, atribuyendo los subperíodos del llamado Paleo-indio, a sus aspectos más bien tipológicos que culturales. De esta manera establece un subperíodo Temprano, otro Medio y uno Tardío.

El subperíodo Temprano lo sitúa durante el Altoniense, atribuyéndole una edad anterior a 30.000 años aP y lo considera prácticamente inexistente, pese a que acepta el que se

hayan encontrado algunos indicios, en forma de pedernales de dudosa talla humana.

Para el Farmdaliense (de 28.000 hasta 22.000) con el Woodfordiense (de 22 a 12.500) e incluyendo también el Twocreekense (12.500-11.500), o sea entre 28.000 y 11.500, sitúa el subestadio Paleo-indio Medio, al cual caracteriza, en sus comienzos (Farmdaliense) por tener puntas sobre lascas, raederas unifaciales y cuñas, poniendo como dudosa la existencia de navajas. Incluye más tarde puntas foliáceas bifaciales, llamándolas lanceoladas y, como puede suponerse en un tiempo de duración tan largo, 16.500 años, otros artefactos más, tales como puntas de proyectil líticas con pedúnculo, puntas de hueso, agujas del mismo material y diversos tipos de raederas.

El Paleo-indio Tardío, de 11.500 a 7.000 aP es el de las puntas acanaladas, en sus diversas variante, además de todo el material, lítico y óseo, que se encuentra en los lugares que se han excavado de esas fechas.

Al enfocar su periodificación con el criterio geológico señalado, hace tabla rasa con una serie de factores de importancia, a la vez que mantiene implícita la unidad cultural de todo el Continente americano, pues no toma en cuenta que, si como en su propio trabajo indica, el hombre entra a América por el estrecho de Bering, pudiéndolo hacer con facilidad entre 28 y 25.000 años aP, se acepta de hecho un movimiento de norte a sur, con lo cual la presencia de puntas acanaladas en el extremo sur de Sud América está separado en menos de 2.000 años de las de Norteamérica.

Es una visión interesante, por cuanto muestra los errores de interpretación, básicos, de la posición de su autor.

La periodización más reciente se debe a Nelken-Terner y MacNeish (1977) y damos un resumen de ella, recomendando al lector grandes precauciones en la terminología sobre tipos líticos, pues aunque se ha recurrido a las obras clásicas de tipología lítica, la que se maneja en este artículo es de gran novedad, como puede verse, sin que en ningún momento se den explicaciones de qué es un *percutor sobre lasca* capaz de generar una *lasca percusionada*. Es posible, también, que mi traducción del francés adolezca de defectos.

Fase I

Artefactos líticos grandes (percutores sobre lasca [?]) que se desarrollan para llegar a artefactos (lascas percusionadas [?]) en los que el aspecto bifacial se debe al uso y/o a la preparación que han sufrido, así como por la presencia de algunas piezas monofaciales de talla grande que presentan bordes cortantes, con perfil cóncavo o convexo.

Las lascas delgadas son escasas, por no decir ausentes, lo cual elimina de hecho todo tipo de punta de proyectil de piedra, pero esto no se opone a la presencia (existencia) de este tipo de objeto hecho de madera o hueso.

Por los contextos en los que han sido hallados es posible asociar estos instrumentos con actividades de destazamiento de cacería, preparación y corte de pieles, lo que sugiere que el modo de subsistencia de los primeros ocupantes del Continente estaba tan poco especializado como su nivel tecnológico.

Existen pocos datos y su repartición es desperdigada. La precisión de su definición arqueológica deja que desear, pero aún con estas reservas, no se puede negar su existencia.

Fase II

Caracterizada por la presencia de piezas unifaciales, retocadas por percusión controlada y por presión, cuyo empleo no elimina el uso de los artefactos más toscos de la Fase anterior. Las piezas unifaciales pueden estar asociadas a

la manufactura de un instrumental en hueso y por ello, hay presentes un cierto número de artefactos de hueso. Algunas puntas de proyectil de hueso y lascas del mismo material podrían indicar una técnica mejorada para la cacería, pero dentro del cuadro de un modelo de subsistencia que nos es impreciso. Además, si bien es cierto que algunos instrumentos siguen asociados a las tareas poco especializadas de destazamiento de animales, otras parecen más claramente adaptadas al trabajo de las pieles y de la madera. En este nivel, aunque los grupos humanos que se consideran todavía estén lejos de poder ser tomados como especialistas en la caza, no dejan de manifestar algún progreso en ese sentido y su tecnología se ha refinado un poco.

Algo difícil de situar, esta segunda Fase se verifica en numerosos yacimientos, bastante dispersos por el Continente, por un número limitado de restos de artefactos líticos agrupados, en asociación con otros vestigios, para los cuales se dispone de muchas fechas de C14.

Fase III

Los yacimientos que se pueden atribuir a la Fase III no son más numerosos que los que forman la Fase precedente, pero los elementos diagnósticos se marcan mejor y son más abundantes: utilización de bifaciales, entre los que hay algunas puntas de proyectil foliadas, manufactura de navajas mediante técnicas de talla de piedra por el "golpe de buril" y troncadura.

Continúan las actividades inherentes al trabajo de la madera, el hueso y las pieles que se señalaron con anterioridad, pero la asociación de puntas de proyectil bifaciales en áreas claramente definidas de muerte y destazamiento, sugiere un progreso y una especialización mayor de cazadores, más hábiles en la explotación de sus territorios, empleando mejores utensilios y quizá nuevos procedimientos de cacería.

Fase IV

Podría considerarse como el simple desarrollo de la precedente, quizá denotándose en la diversidad de estilos al hacer puntas de proyectil, la existencia de técnicas de cacería más especialmente adaptadas a las distintas características de algunas zonas ecológicas grandes. Esta especialización parece manifestarse no sólo en el hecho de que los bifaciales puntiagudos pueden ser enmangados, sino también en la presencia de instrumentos monofaciales (que pueden o no ser enmangados) retocados por presión y en forma más variada, que sin duda los hace aptos para tareas claramente especializadas. Algunos de ellos, como los raspadores de retoques pequeños, serían buenos para el raído de pieles; otros, polivalentes, pueden haber servido para coser, aserrar, cortar, raer, etc.

De todas maneras, por muy notable que sea esta adaptación técnica capaz de asegurar, en términos generales, un uso de la megafauna del Pleistoceno a los habitantes del Continente americano, y de otros animales ya desaparecidos, nos parece importante llamar la atención sobre los diversos dispositivos técnicos especializados que poseían para explotar los demás recursos de la época. Tenemos la impresión de que si mantenían, como durante la Fase anterior, mecanismos satisfactorios de adaptación que les aseguraban una subsistencia básica mediante la explotación de la fauna pleistocénica, habrían puesto en marcha opciones tecnológicas nuevas, que implicaban modelos de subsistencia complementarios cuyo desarrollo (accesibles a la información) después de la desaparición de la megafauna, les permitía adaptarse al nuevo ambiente post-pleistocénico.

En síntesis tenemos:

Fase I

NA (Norteamérica) 70-40.000
SA (Sudamérica) más de 20.000

Tajaderas bifaciales, tajadores grandes, probables hachas, unifaciales de lado cóncavo y lascas retocadas. Muy especulativa y pobremente definida.

Fase II

NA 40-25.000
SA 16-12.000
CA (Centroamérica) 25-15.000

Mejor definida que la anterior. Proyectiles unifaciales, puntas burilantes, lascas planas grandes con bordes retocados y lascas plano-convexas con retoque denticular en los bordes. En la industria ósea, puntas de proyectil, raederas y tajadores. Artefactos unifaciales bastante especializados.

Fase III

NA 20-13.000
CA y SA 15-11.000

No bien definida. Puntas bifaciales foliáceas, navajas, tajadores, buriles, raspadores plano-convexos, raspadores aquillados, grabadores, unifaciales semilunares.

Fase IV

NA, CA y SA 13-10.000

Los complejos conocidos Llano, Plano, más las colas de pescado.

Con diferencias en los nombres que se aplican, los autores revisados coinciden (coincimos), salvo Haynes (*op. cit.*) en establecer cuatro fases, estadios u horizontes, en un orden general de menor a mayor complejidad cultural, pero que no deben tomarse en cuenta como línea evolutiva forzosa, ni tampoco pensar que los elementos que se consideran para su calificación y definición son los únicos que pueden haber existido con carácter informativo y nadie se atrevería a pensar que la información de que disponemos sea ya total. En verdad debe faltar todavía mucho o, al menos, debe suponerse así, de tal manera que aquello que ahora es un esquema se enriquezca al conseguirse más datos, para mejorarse e inclusive para modificarse en lo substantivo.

La periodización, en todos los casos, tiene que tomar en cuenta el factor espacial, o sea considerar las relaciones que puedan existir en cuanto al área que se maneja, desde lo local a lo general, pasando por lo zonal y regional. El material, los hallazgos, han de ser tomados en cuenta en su contenido tecno-económico, el más accesible en una primera instancia.

En los casos de una evolución continua, que suelen ser los más frecuentes, los arqueólogos establecemos divisiones artificiales para enmarcar aquellos momentos en los que hacen acto de presencia una serie de factores, por lo general formales, que se presentan agrupados y a los que juzgamos representativos de ese tiempo, en ese sitio y, por lo tanto, diferentes a los que les antecedieron y a los que les continuaran. El criterio depende en mucho del arqueólogo, soliendo ser él quien fija los elementos de juicio, que llaman "marcadores". Desde luego es con frecuencia un juicio de valor, matizado por la posición teórica del arqueólogo del caso.

Según escuelas y autores se han establecido categorías de toda índole, siempre arbitrarias, pues el peso de los conocimientos es poco y aún no disponemos de los suficientes como para establecer diferencias concretas ni agrupaciones específicas y así nos encontramos con términos como etapa, horizonte, fase, tradición, complejo, industria, componente y alguna que otra más. Se trata de conjuntos de materiales arqueológicos, recurrentes en las categorías formales que incluyen, que se encuentran en áreas determinadas y un tiempo dado.

Ahora bien, al tener en cuenta el factor temporal entramos en otro terreno, también conflictivo en el caso del Continente americano.

Uniendo puntos mediante una línea quebrada de tramos rectos entre la orilla americana del estrecho de Bering y la Patagonia, tenemos aproximadamente 15.000 kilómetros que, en realidad suponen cuando menos un tercio más, o sean unos 5.000 km más, lo que nos dan alrededor de 20.000 kilómetros en total de recorrido. No es arriesgado suponer que en ese tiempo cualquier grupo humano que haya penetrado a América con un patrón cultural concreto lo haya modificado pero no se trata tan sólo de lo que el tiempo haya modificado, sino también en lo que el hombre se haya visto obligado a modificar al pasar de una a otra zona geográfica, con los inherentes cambios ecológicos.

Al tomar en cuenta lo anterior se hace aún más difícil el aceptar la unidad temporal de los grandes horizontes culturales en que se puede dividir, según hemos visto, la etapa lítica. Por lo tanto el establecimiento de demarcaciones temporales es factible en lo regional, con los naturales desfasamientos de unas a otras en lo cronológico y lo relativamente pasajero de los modos de expresión cultural. Esto sin tomar en cuenta que hubo marginalismos o casos semejantes a bloqueos en el proceso evolutivo general.

Es por lo tanto necesario considerar una visión diacrónica, por un lado, a la vez que una dinámica de cambio tecnoeconómico, con especie de reversiones, en algunos casos, pues en el movimiento general Norte-Sur la zona ecuatorial puede funcionar como un efecto de simetría bilateral, al ofrecer, al Norte y al Sur del Ecuador, un reordenamiento, inverso, de zonas geográficas, ecológicas, a lo que se unen los habitats fundamentalmente de montaña o de costa, como elementos de gran semejanza, pese a las diferencias latitudinales.

CAPITULO VII

EL ARQUEOLITICO

Debido a la falta de un criterio uniforme en la calificación de los artefactos líticos, se hace difícil conservar las nomenclaturas empleadas por distintos autores en cada caso, con lo cual se llega al punto de no poder establecer honestamente listas-tipo para sitios, tradiciones, culturas y horizontes. Esta heterogeneidad en los criterios calificativos parece ser, quizá, el mayor pecado de los prehistoriadores, pues según Daniel (1950) en 1866 en el primer Congreso de Antropología y Arqueología Pheristórica, en Neuchâtel, se formó una Comisión para establecer un vocabulario común en la nomenclatura de la lítica. Más de 100 años después seguimos en la misma situación, en realidad peor, pues se ha incrementado el material en cifras elevadísimas, sobre todo frente a! que existía en aquellas fechas.

Por lo anteriormente expuesto, los aspectos descriptivos de la tipología lítica, y los, a veces, extraños nombres atribuidos impiden un tratamiento detallado, ya que la observación de artefactos fotografiados que ilustran la mayoría de las publicaciones de nuestros colegas norteamericanos, tan sólo muestran una de las caras del artefacto, a veces dos, con lo cual no es posible una interpretación visual tecno-tipológica y apenas se alcanza una formal y la manera en la que en cada caso bautizan la pieza, las piezas, como se ha dicho, impide una interpretación verídica.

Asimismo se hace necesario presentar al lector los elementos mínimos para que se familiarice con los procesos de la talla de la piedra, en el campo de los que se manejaron para obtener el conjunto de artefactos que son el fundamento de la etapa lítica.

En el intento de cumplir con ambos propósitos se ha manejado una bibliografía amplia y ponderada que va de lo conceptual a lo tecnológico: Bordes (1947 y 1961), Brézillon (1971), Crabtree (1972), García Cook (1967), Knowles (1953), Laplace (1966), Leroi-Gourhan *et. al.* (1966), Lorenzo (1965), Merino (1980), Mirambell y Lorenzo (1974), Oakley (1952), Simone (1980) y Watson (1950).

En este caso se debe comenzar con una explicación, concisa pero suficiente, acerca de las piedras que con mayor frecuencia se emplearon para la fabricación de objetos, la materia prima de la que se hicieron. Para el propósito se extraerán de la obra de Reyes y Lorenzo (1980) algunos datos.

Las piedras, o rocas, son motivo de estudio mediante la Petrografía, una de las ramas de la Geología. Sin embargo, las rocas al estar formadas por minerales también requieren en su estudio el conocimiento básico de esta otra ciencia, la mineralogía pues todas las rocas están formadas por minerales, en distintas combinaciones. Baste saber que se conocen más de 1.700 minerales pero que 30 de ellos son aquellos que, con más frecuencia que los restantes, forman las rocas. Los demás componentes minerales pueden o no estar presentes y, si lo están, por su rareza son capaces de hacer que la roca que los contiene sea diferenciada de sus semejantes con mayor facilidad, aspecto muy importante para establecer determinaciones más precisas.

Las rocas, según su origen, se dividen en tres grandes grupos: ígneas, metamórficas y sedimentarias. Son rocas ígneas las producto de la solidificación de masas fundidas a las que se llama magmas cuando están en el interior de la tierra, y lavas cuando afloran a la superficie. En el primer caso también se les llama intrusivas y extrusivas en el segundo. Las rocas metamórficas provienen de la transformación física y/o química de otra roca preexistente, que puede ser de cualquier tipo y que ha sufrido cambios, pero sin haber sido fundida. Las rocas sedimentarias son producto de la acumulación de fragmentos de otras rocas que han sido disociadas por agentes tales como los mecánicos o químicos, en tamaños que van desde los moleculares hasta los que miden algunos centímetros. Son arrastrados por corrientes fluviales, eólicas, glaciares o marinas y, una vez depositadas, procesos diagenéticos, o sea compactación, cementación y litificación principalmente, las consolidan; producto de la acumulación de los fragmentos de otras se llaman rocas sedimentarias clásticas; los restos de organismos acumulados dan origen a las rocas sedimentarias orgánicas y las rocas que se forman por la acumulación de substancias químicas que reaccionan entre sí, o con el medio acuoso en el que se encuentran disueltas y son precipitadas al fondo, rocas sedimentarias químicas.

Un aspecto muy de tener en cuenta en la clasificación de las rocas es el de su textura, en el que participan tres factores: grado de cristalización de la roca; tamaño de los granos componentes y forma de los mismos. De acuerdo con el grado de cristalización tenemos rocas holocristalinas en las que todos los componentes de las roca son cristales; merocristalinas cuando existen cristales y vidrio y holohialinas en el caso en el que todos los componentes son vidrio. Según el tamaño del grano se dividen en faneríticas, de grano grueso, si éstos son mayores de 5 mm, de grano medio si oscilan entre 5 y 1 mm, y afaníticas cuando tienen menos de 1 mm. Por la forma de los cristales están divididas en euhedrales si tienen todas las caras de los cristales desarrolladas, subhedrales cuando algunas caras están sin desarrollar y anhedrales si los cristales son amorfos, no tienen caras desarrolladas.

También de mucha importancia es la dureza, para lo cual en mineralogía se emplea la escala de Mohs, formada por una serie de 10 minerales, bien conocidos, a los que se les han adjudicado arbitrariamente valores de dureza que van de 1, el talco, al 10, el diamante, pasando por yeso, 2; calcita, 3; fluorita, 4; apatita, 5; ortoclasa, 6; cuarzo, 7; topacio, 8 y corindon, 9. Desde luego, cuando los minerales componentes de una roca se presentan en cristales de tamaño grande, o sea cuando las rocas muestran con claridad sus componentes a la vista, la dureza de la roca es muy difícil de precisar, casi imposible en

realidad, pues cada mineral tiene, o puede tener, dureza distinta. Es sencillo, sin embargo, establecer la dureza en los casos de rocas afaníticas, cuando los cristales por su pequeñez no se distinguen a simple vista y la roca presenta un aspecto homogéneo.

Para nuestro propósito también es muy importante la resistencia al impacto que pueda tener la roca. Algunas pueden resistir muy altas compresiones de incremento paulatino, debido a la naturaleza elástica de sus componentes, pero su resistencia a un golpe instantáneo y en un solo punto puede ser mínima. También dentro de esta línea está el que la roca se preste a exfoliación, o sea a romperse en planos paralelos y en capas delgadas o sufra fracturas siguiendo planos atribuibles a los cristales que la forman; pueda partirse en forma irregular, pero controlable, o tenga lo que se llama fractura concoidea, esto es, en planos curvos que recuerdan la superficie incurvada de las conchas.

Se puede decir, a la luz de lo anterior, que ante el hombre se presentaron, en su momento, una serie de rocas de las cuales, como principio, se pueden hacer artefactos, pero en realidad no son tantas las rocas que reúnen las propiedades adecuadas, por lo cual vemos que, desde fechas muy tempranas, se tuvo un criterio selectivo y que las pruebas, con sus errores y sus éxitos, fueron dejando un conocimiento claro y preciso de las mejores materias primas, de acuerdo con el propósito que se perseguía. De esta manera se prefirieron las rocas de cierta dureza y fractura concoidea para unos artefactos y las coherentes, resistentes al impacto, para otros. Esto cuando era posible seleccionar la mejor materia prima de entre varias, accesibles todas, pero cuando, por la naturaleza geológica de cierta región no era posible recurrir a aquella o aquellas rocas que daban el mejor producto, sencillamente se empleaba lo accesible, aunque esto supusiera, como es observable en muchos casos, manufacturas de peor calidad y, por lo tanto, de más bajo rendimiento, aunado a mayores dificultades en la hechura. Es observable, a la vez, que en muchos yacimientos arqueológicos se encuentran rocas, en forma de artefactos o en matrices, que provienen de grandes distancias y su presencia se debe a la buena calidad de la materia prima, lo que permite suponer largos viajes para obtenerla o algún sistema de trueque, de grupo a grupo, para que se pudiera obtener por este incipiente comercio aquello que era más conveniente.

Dentro de los medios elementales que el hombre ejerce sobre la materia, en la etapa lítica nos encontramos con tres fundamentales: la percusión, el corte y el desgaste, todos ellos de carácter físico, sin olvidar otro, fundamental, el primer procedimiento de transformación físico-química que el hombre ejerció sobre la materia, el fuego.

Percusión es una acción primaria en la transformación de la materia que consiste en golpear un objeto contra otro (el agente contra el paciente) para conseguir una fractura o una disgregación y, mediante golpes sucesivos y controlados, obtener un artefacto que cumpla una función a la vez que se consigue una forma por la que la función esperada se hace más factible. La percusión presenta una serie de variantes. En primer lugar hay diferencias en cuanto a que el golpe sea perpendicular u oblicuo, así como si la percusión es lanzada o apoyada y si, en cualquiera de los casos dichos, existe un agente intermedio, especie de cincel o punzón, o si no hay agente intermedio; en el primer caso, el golpe es indirecto y es percusión directa en el segundo. Cuando se trata de una percusión indirecta, con agente intermedio, puede golpearse el agente o bien, una vez apoyado, en vez de golpearle, ejercer fuerza directa sobre el agente, lo cual es una percusión apoyada con agente intermedio. A lo anterior se une la diferencia que supone entre que el golpe, o el agente intermedio sea de piedra, o que el golpe o el agente intermedio sean de material semiduro, madera, hueso, asta, cuerno o marfil.

Por lo general la materia prima se desbasta mediante percusión lanzada directa, con percutor de piedra, perpendicular u oblicua, según la necesidad del desbaste, la que imponga la necesidad de obtener una matriz o forma primaria, que luego se va modificando, en la búsqueda de un buen acabado, tanto para obtener una forma específica como una función determinada, aunando ambos aspectos en lo posible; en esta segunda, y aun tercera fase, se emplea con frecuencia la percusión lanzada indirecta, con agente intermedio semiduro, o la percusión apoyada indirecta, también con agente intermedio semiduro. Desde luego, no existen leyes rígidas al respecto y las variantes del proceso de talla de un artefacto de piedra dependen en mucho del nivel tecnológico del grupo cuyos restos se estén estudiando, de la calidad de la materia prima, y de la habilidad del tallador.

Un caso, poco frecuente, pero que hay que tener en cuenta, es el de la percusión lanzada sobre yunque. Consiste en aplicar el golpe con la piedra que se quiere tallar contra otra, fija en el suelo, sea naturalmente o que se haya fijado a propósito; de esta manera el agente en cierto sentido se convierte en paciente y el paciente en agente. Se emplea por lo general para desprender fragmentos de gran tamaño.

El corte es otra de las acciones fundamentales que el hombre ejerce sobre la materia y puede describirse diciendo que es la acción que se efectúa para transformar la materia mediante un instrumento provisto de una zona de trabajo consistente en un diedro, un poliedro o el vértice de un cono, inferior a los 90^0 y superior a los 10^0, que separa partes de la materia original hasta obtener la forma y función unida deseada. También tiene variantes y las de mayor importancia son el corte lineal, en el que actúa un diedro formado por dos planos convergentes, que crea un borde o filo el cual actúa al ponerse en movimiento el objeto, sea con un golpe, como percutor lanzado, o como percutor apoyado, en movimiento lineal simple en un solo sentido, a lo largo del eje que el mismo borde o filo marca, o con movimiento en la misma línea pero de vaivén. cuando la zona de trabajo está formada por un poliedro apuntado o por el vértice de un cono, tenemos el caso del corte puntiforme, o perforación, que también puede ser lanzado o apoyado. Surge, como es obvio, una técnica intermedia, la del corte por percusión, lineal o puntiforme, según el caso.

El desgaste es otro modo de transformación de la materia a la que se quitan o consumen poco a poco partes hasta obtener el artefacto deseado. En ciertos casos tiene una fase inicial en la que se aplica la percusión, sobre todo mediante golpes regulares con otra piedra, puntiaguda, más dura, para desbastar buscando acercarse en este proceso a la forma deseada. Pero el desgaste más característico es el que se efectúa mediante el empleo de materiales intermedios, los que la actual tecnología llama abrasivos, ahora producto de elaborados procedimientos, pero que también existen en la naturaleza en forma de arenas, de granos diversos y distintos minerales de gran dureza, o de rocas areniscas, alguna vez conocidas como asperones. Del grosor y la dureza de estos materiales dependen los modos mediante los que se consigue la mejoría de forma y el acabado de la pieza en proceso de fabricación.

Aunque en realidad se trate de variaciones de un mismo *modus operandi,* pueden admitirse tres pasos, además del ya señalado, cuando este existe: abrasión o raído, efectuado con materiales gruesos y duros o con bordes duros rayentes; pulido, que es semejante al anterior con la diferencia de que en él se emplean materiales de menor grosor y también de menos dureza, aunque esto último no necesariamente y, por úlmo, el bruñido, acción en todo semejante a las anteriores, no siempre llevada a cabo, pues en realidad la forma y la posibilidad de función deben haberse obtenido en las fases anteriores y ésta es más de mejoría estética que otra cosa y

que se lleva a cabo con materiales mucho más finos, inclusive de muy poca dureza. En varios casos lo que se hace es emplear un objeto blando, con algún humectante o pegamento ligero, mediante el cual se pone en movimiento, por acción humana, el abrasivo, grueso, mediano o fino; es cierto que el material que pone en movimiento al que actúa también se desgasta pero se obtienen mejores resultados que aplicándolo directamente, a mano limpia. Recuérdese el tipo de perforación tubular de la piedra que se conseguía mediante el uso de un agente intermedio, una caña de pequeño diámetro, que movida por la mano humana transmitía ese movimiento rotatorio alterno a ciertas arenas que se adherían al borde de la caña con algún aglutinante o con agua, sencillamente, hasta desgastar la piedra, perforándola. Que la caña y la arena se desgastaban, sobre todo la primera, es indudable, pero la perforación se hacía con gran limpieza.

Las posibilidades del desgaste son diversas y varían de acuerdo con el fin que se persiga, así tenemos el desgaste de bulto, en el que una piedra va siendo rebajada tridimensionalmente por percusión o si no mediante cortes lineales o puntiformes, por desgaste, con lo que encontramos otra técnica intermedia, el corte por desgaste.

Tras esta imprescindible digresión retornaremos al tema de la petrografía, indicando cuáles son las rocas más usuales como materia prima durante la Etapa Lítica.

Por seguir un cierto orden se comenzará con las de origen ígneo:

Dacita: Pertenece a la familia de la dacita y riodacita, una de las cinco en las que se dividen las rocas volcánicas, dentro del gran grupo de la andesita-riolita. Es una roca ácida intermedia que contiene andesina, biotita, hornblenda, piroxena y también, a veces, pequeñas cantidades de cuarzo y sanidino, menos del 10%.

Los vidrios volcánicos de la composición de esta roca sólo son identificables mediante análisis químico, sin embargo, están presentes en casi todas las pastas cementantes de las dacitas y la mayoría de ellas son porfiríticas con fenocristales de endesina, cuarzo y sanidino.

La coloración es muy semejante a la de las riolitas, aunque puede presentar colores algo más oscuros, puesto que la dacita es menos ácida que la riolita; su característica principal es que siendo una roca volcánica por lo general es porfídica.

Además de esta característica es también merocristalina y contiene vidrio, que suele ser la parte fundamental de las dacitas.

De acuerdo con el promedio de los minerales que la conforman la dureza de esta roca es de aproximadamente unos 6 de la escala de Mohs y su resistencia al impacto depende de que domine el vidrio en su composición, en cuyo caso es bastante coherente, o si es muy porfídica, dominando los cristales de sus minerales, poco resistente.

Es un género de roca muy abundante en las regiones en las que predomina el material volcánico de carácter ácido.

Obsidiana: Vidrio volcánico de carácter ácido, por lo general de origen riolítico; por su composición química variada puede quedar dentro de las traquitas, las dacitas, las traquiandesitas e inclusive las fonolitas, por lo cual puede estar asociada con erupciones de cualquiera de estos tipos. Sumamente común en los yacimientos arqueológicos de las regiones en las que predomina el volcanismo de carácter ácido, además se encuentra muy extendida en otras regiones, inclusive las alejadas de estos procesos volcánicos, por ser de muy buena calidad en la confección de artefactos por lasqueado, ya que proporciona muy buena fractura concoidea y se obtienen bordes muy cortantes, y es bastante fácil de trabajar.

Presenta colores muy variados, siendo el más frecuente el negro pero es común encontrarla roja y aun verde; la manera más usual de definir su color es por transparencia. En algunos casos contiene cristales microscópicos de biotita que le imparten reflejos dorados muy especiales.

Su textura es completamente vítrea incorporando muy frecuentemente pequeñas inclusiones a las que se les da el nombre de esferulitas, de color blanco, que son producidas por agrupaciones de esqueletos de cristales de feldespatos. Cuantas más esferulitas contiene, más disminuye su calidad para la buena talla.

La dureza, como la de todos los cristales volcánicos, oscila entre 5 y 6.

Piedra pez: Roca intermedia entre la obsidiana y la riolita cristalina, que más bien debiera ser llamada riolita vítrea. De lustre resinoso, más que vítreo, es de color negro, pudiendo ser parda, roja o verde; no es translúcida y muestra una textura granulada que la hace menos apta que la obsidiana para la talla. La dureza es la misma que la de aquella.

Riolita: El nombre se deriva de la peculiar manera en la que sus componentes se presentan, como líneas de flujo o corrientes en el interior del conjunto. Los principales minerales que entran en su composición son cuarzo, sanidino y plagioclasas sódicas que van desde albita hasta oligoclasa. También hay ferromagnesianos en pequeña proporción, tales como la biotita y la hornblenda, siendo aún más raros la magnetita, el zircón y la apatita. Precisamente por la escasez o ausencia del ferromagnesianos el color es claro, con tonalidades rosadas, verdosas, amarillentas y grises. En ciertos casos y debido a alteraciones posteriores a su origen, adquiere un color verde muy marcado, con lo cual a simple vista se confunde y es frecuente que se llame jade o jadeíta por los inexpertos.

Su textura es merocristalina y fluidal, siendo de dureza menor de 6, aunque puede contener cuarzo criptocristalino y llegar a 6,5 en cuyo caso es muy apta para la talla y produce muy buenas fracturas concoideas acompañadas de filos cortantes. También se encuentra asociada a efusiones lávicas de carácter ácido, por lo que es muy frecuente en las montañas de origen volcánico a lo largo de todo el Continente americano.

Basalto: Roca volcánica, de color casi negro a gris claro, formada por plagioclasas calcosódicas, olivino, piroxenos, lamprobolita, magnetita y vidrio básico (taquilita). Es una roca básica.

Se presenta en formas muy diversas que van desde la vesicular hasta la más compacta y puede ser granular porfídica o afanítica, en parte vidriada, alcanzando dureza de 5,5. En los casos en los que es muy compacta puede ser empleada, y lo fue, como materia prima para artefactos tallados, aunque no permite muchos refinamientos.

Por tratarse de una roca de carácter básico se asocia con fenómenos volcánicos de este tipo y es bastante abundante, pero los basaltos buenos para la talla no lo son tanto.

De entre las rocas correspondientes al grupo de las sedimentarias son muy pocas las empleadas en la talla de artefactos y las que se emplean se debe a que están silicificadas, esto es, a que debido a diversos procesos han incorporado a su constitución SiO_2, el compuesto químico que les imparte mayor dureza que la de sus congéneres que carecen de él.

La más importante, por su abundancia, es la caliza, roca sedimentaria que puede ser de origen químico o detrítico. Es de origen químico cuando, en cuerpos de agua, se alcanza una cierta densidad de sales carbonatadas de calcio ($CaCO_3$) y se produce la precipitación, y detrítica cuando se compone de pequeños fragmentos de rocas calizas pre-existentes. De colores que van del negro al blanco con algunas de rosa claro a fuerte y muy abundantes las grises, su dureza es muy baja, salvo en el caso, ya dicho, en el que hayan sufrido un proceso de silicificación. A veces contiene nódulos o bandas de pedernal, también de carácter químico.

Las lutitas son otro género de rocas sedimentarias compuestas de lodo y sílice, existiendo las que su dureza sobrepasa los 5, como en el caso anterior.

Indudablemente ambas rocas son de dureza baja y tan sólo se emplearon cuando la materia prima de mejor calidad, en este caso de mayor dureza y mejor fractura concoidea, era inexistente en la vecindad inmediata.

Las rocas silícicas o silicificadas son, junto con la obsidiana, las que mejores resultados producen al ser talladas por percusión, en cualquiera de sus modalidades. Bajo la fórmula general de SiO_2 encontramos un gran grupo, del que el cuarzo es muy importante. Existen diversos cuarzos: amatista, ahumado, citrino, lechoso y rutilado, diferenciados entre sí por tener pequeñas impurezas; están, además, el ojo del tigre y la venturina, muchos de los cuales entran en la calificación de piedras semipreciosas. Bajo el punto de vista del arqueólogo prehistoriador es el conjunto que engloba las calcedonias, el de mayor importancia, pues incluye la misma calcedonia, el ágata, ónix (el verdadero, no el llamado ónix mexicano, que es un travertino), cornalina, sardo, crisoprasa, heliotropo, jaspe y el pedernal. De entre los mencionados la calcedonia, el jaspe y el pedernal son los más frecuentemente encontrados formando objetos de piedra tallada. Están, además de los mencionados como variantes de la fórmula SiO_2 la tridimita, el ópalo y el xilópalo, existiendo las variantes de cuarzo alfa y cuarzo beta que son las que marcan las diferencias en cuanto al origen de las diferentes especies mencionadas.

Aquí se plantea una situación, todavía no dilucidada y que está pendiente de un trabajo en proceso, la diferenciación, si es que existe, entre lo que los arqueólogos llamamos pedernal y lo que llamamos silex, que, en cierto sentido incluye también las calcedonias pues en unos casos parecen ser producto de precipitados químicos, en otros de carácter metamórfico y en otros volcánico, como resultante de procesos pneumatolíticos.

Sea como fuere y para lo que ahora y aquí nos interesa, el pedernal o silex junto con las variantes de la calcedonia mencionadas en párrafo anterior, son las materias primas por excelencia del artefacto prehistórico debido a su dureza, su coherencia, grande por ser afaníticas, y la muy buena fractura concoidea que producen.

El pedernal, o silex, es una roca formada por un conjunto micro y criptocristalino de granos de cuarzo hidratado que puede o no contener como impurezas óxidos de hierro, calcita, dolomita y minerales arcillosos. De colores muy variables que van del blanco al negro, pasando por el rojo, café, gris y amarillento; es de dureza cercana a 7 y se localiza en asociación con las calizas.

Finalmente está la cuarcita, roca metamórfica monomineral formada casi exclusivamente por granos de arena de cuarzo con cementante del material, lo que proporciona una cohesión muy grande y a pesar de que su fractura es subconcoidal, también fue muy empleada, ya que su dureza es de 7. Es de colores bastante variados pero sobre todo blanca, gris clara y amarillenta.

Con las rocas someramente descritas es con las que se fabricaron los artefactos líticos durante milenios en el Continente americano, empleando los procedimientos ya mencionados. El primer paso, tras de haber seleccionado el tipo de materia prima por emplear, era el de golpear la roca elegida con otra, de igual o mayor resistencia al impacto, para ir obteniendo el objeto deseado. A este respecto se han hecho distinciones entre culturas de núcleo, culturas de lasca y culturas de lasca y núcleo. Núcleo es cualquier fragmento de roca, sea derivado directamente de la roca madre por accidente natural o mediante algún golpe, o bien un canto de los que se pueden encontrar en los cursos de agua. Este núcleo se procura que sea manejable, pero a la vez de las dimensiones que permitan obtener el objeto deseado. Al golpearlo, con cualquiera de las variantes de la percusión lanzada, se trata de que de él salte un fragmento, que llamamos lasca, siendo posible conformar el artefacto en cuestión obteniendo la forma mediante una serie de golpes

que levantan sendas lascas, o bien de alguna de las lascas desprendidas, elegirla y trabajarla para la obtención del artefacto.

Desde luego no hay núcleos sin lascas ni lascas sin núcleos, con lo cual la diferenciación en culturas de uno u otro género es algo errática, aunque hay que confesar que en ciertos casos las culturas, una cultura determinada, hace hincapié en uno de los productos más que en el otro. Las lascas tienen que salir del núcleo y un núcleo lo es por ser la matriz de donde se sacan las lascas. Es, por lo tanto, un razonamiento circular que no merecería mayor comentario salvo, el expresado, de que ciertamente existen industrias en las que predominan los núcleos y otras en las que la mayoría de los artefactos o son lascas o se han obtenido de ellas, pero hay casos, muy frecuentes, en los que ante el artefacto terminado no es posible definir si en su origen fue núcleo o lasca, dado que existen lascas de gran tamaño y núcleos de pequeñas dimensiones.

Los núcleos se han clasificado según sus formas y conviene indicar que, en muchas ocasiones, esta forma está normada por la manera en la que se presenta la materia prima, al igual que esta norma también actúa sobre el tipo de lascas que se deriva. Tenemos núcleos poliédricos y poliédricos irregulares que alcanzan forma esferoide; núcleos aquillados, muchas veces confundidos con artefactos, como veremos más adelante; núcleos poliédricos unidireccionales, con una sola plataforma de percusión y poliédricos bipolares, con plataformas de percusión en los extremos opuestos. Dentro de estas variantes mayores se pueden dar diversas combinaciones, llegándose al caso de núcleos agotados, o sea aquéllos de los cuales ya no es posible obtener lascas que merezcan la pena el esfuerzo aplicado. En algunos casos un núcleo aquillado puede confundirse con una tajadera o con una raedera doble, por la forma que la obtención repetida de lascas ha dado a la pieza, pero también es posible que ese núcleo, a esas alturas de uso, se haya empleado como cualquiera de los dos tipos de artefactos dichos, al no ser ya utilizable para la función original.

Lasca es cualquier fragmento obtenido de un núcleo por percusión y la llamamos navaja cuando su longitud es igual o mayor que dos veces su ancho, diferenciación arbitraria, si se quiere, pero suficiente y comúnmente aplicada por su sencillez.

En una lasca diferenciamos en primer lugar un resto de lo que fue la plataforma de percusión, o sea el plano de la roca sobre el que se aplicó el golpe que desprendió la lasca y el plano de fractura, que es la superficie por la que se fracturó la roca, quedando en la lasca el positivo de la fractura y como parte del núcleo, el negativo. Este plano de fractura conforma la cara ventral y el opuesto la dorsal. En la superficie del plano de fractura son observables, aunque no siempre todos, varios elementos: el bulbo de percusión, que es un pequeño hemicono, poco perceptible, cuyo vértice nos marca el punto de la plataforma de percusión en el que se aplicó el golpe; la cicatriz bulbar, pequeña astilla que se desprende hacia la base del bulbo de percusión; las ondas concéntricas u ondulaciones, o sea una serie de ondas, algo abultadas, que marcan las propias ondas del impacto y son irregulares, en cuanto a una posible distribución rítmica, pero cada vez más amplias, según se alejan del punto de percusión, su origen, finalmente una serie de pequeñas estrías que son aparentes en diversos puntos del plano de fractura en forma radial a partir del punto de percusión. Hay casos en los que el extremo de la lasca presenta una fuerte curvadura hacia adentro, lo que se ha llamado fractura en charnela o bisagra, que algunos también nombran choque terminal. Se cree es debido al encuentro de un tren de ondas descendente con uno ascendente, lo que puede darse cuando el núcleo estaba apoyado en una superficie dura al recibir el golpe que desprendió la lasca.

Toda lasca tiene un ancho, que lo es en la parte más ancha de la misma, y un largo, para lo cual se toma la distancia entre el punto de percusión y el punto más alejado del borde distal de la lasca, independientemente de que no sea normal al eje de la mayor anchura. Es distal la parte más alejada de la de origen de la lasca, su punto de percusión, y proximal a éste. Unas lascas pueden tener norma rectilínea, otras oblícua, derecha o izquierda, las puede haber más o menos redondeadas, o triangulares y también varían bastante en su grosor, que se toma en donde es mayor el espesor, entre cara dorsal y cara ventral.

Ya establecida la pauta diferencial entre navaja y lasca, puede decirse que la navaja presenta todos los elementos que se encuentran y se han señalado para las lascas.

La Prehistoria mundial nos hace ver que el artefacto más antiguo hasta ahora identificado es el que llamamos tajador, "chopper" en la literatura anglosajona, consistente en un canto rodado o un fragmento de roca, más o menos alargado, al que se le han quitado dos o tres lascas de uno de sus extremos, a veces una sola, por un solo lado, constituyendo así un artefacto monofacial, esto es, trabajado en una sola cara. Es natural que las lascas que dieron forma a estos rudimentarios artefactos fueran también empleadas, por tener bordes cortantes, pero de este otro género de artefacto no se hacen mayores menciones como tal. Sigue, en orden de complicación, la tajadera o "chopping-tool" que es semejante al anterior, diferenciándose en que está tallado en ambas caras, formando un borde irregular cortante de pequeño tamaño, pues las lascas extraídas son dos o tres en cada lado. Esta especie de diedro es de talla bifacial, por lo dicho, ya que está trabajado en las dos caras.

Un guijarro, o canto rodado, puede ser también núcleo, para obtener lascas de él, mismas que posteriormente serán trabajadas en

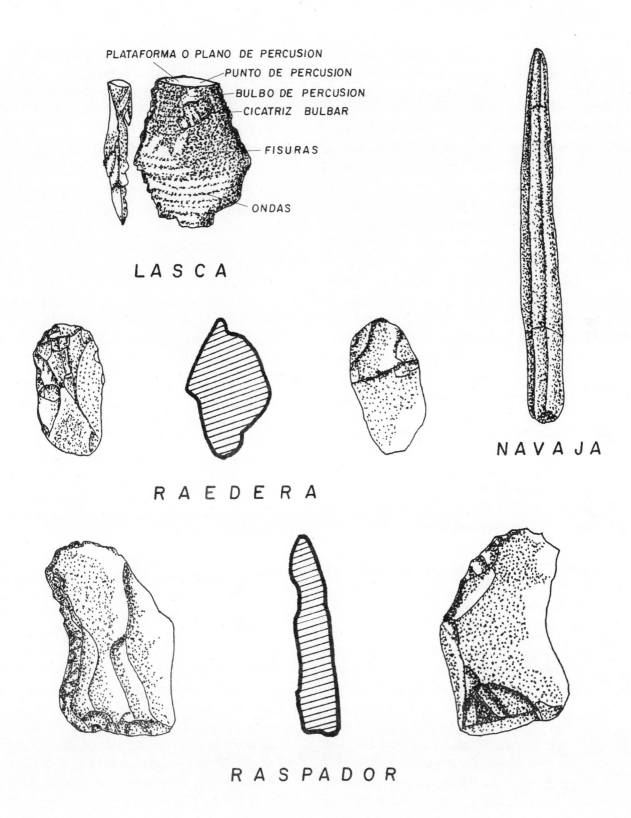

PLATAFORMA O PLANO DE PERCUSION
PUNTO DE PERCUSION
BULBO DE PERCUSION
CICATRIZ BULBAR
FISURAS
ONDAS

LASCA

RAEDERA

NAVAJA

RASPADOR

17 / Tipos genéricos de industria lítica.

otros artefactos y es relativamente frecuente encontrar restos del *cortex* sea en artefactos cuyo origen haya sido un núcleo, o en lascas o navajas provenientes de un núcleo que lo tuviera, llamándose *cortex* o corteza a la parte externa de un canto o fragmento de roca que se ha transformado físico-químicamente presentando un aspecto distinto al de la roca original. Esta corteza, cuando está presente, es una buena guía para denotar el origen de los artefactos respecto a su proveniencia de algún núcleo determinado.

La roca, sometida a los agentes meteorológicos, al intemperismo, sufre alteraciones en la cara externa, la que está en contacto con ellos, como se ha dicho, pero también se altera en su superficie con el mismo transcurrir del tiempo, bien sea que se encuentre en la superficie o enterrada, produciéndose cambios de orden físico-químico que le imparten la llamada pátina, la que en diversas ocasiones ha servido como criterio para atribuir mayor o menor edad a piezas encontradas en superficie o en yacimientos de estratificación inexistente. Es un criterio poco seguro, aunque hay que reconocer que en ocasiones es el único manejable.

Otro aspecto de importancia es el modo en el que se retocan los bordes de los artefactos, pudiendo encontrarse retoques casi planos, de angularidad mínima, o retoques llamados abruptos, en verdad verticales.

El plano de fractura de todas las lascas forma un ángulo determinado con el plano de percusión, y en muchas ocasiones es difícil encontrar restos de este último. Este ángulo para unos autores se mide entre la prolongación ideal del plano de percusión con el de fractura, con lo cual obtienen una medida que es la de un ángulo agudo cuando la del resto del plano de percusión con el de fractura es obtusa, o sea que aquéllos toman el suplementario agudo y otros el obtuso.

Se atribuye ángulo obtuso, entre el resto del plano de percusión y el de fractura, a la talla por percusión con piedra y prácticamente recto cuando se emplea percutor semiduro, madera, hueso, etcétera.

Para obtener un borde efectivo, o frente de trabajo, la piedra se talla de manera que se forme un ángulo diedro, lo cual puede obtenerse aplicando los golpes a manera de formar uno o dos planos. Si sólo se trabaja para formar uno de los planos es porque con él ya se obtienen las características de angularidad requeridas o sea se modifica una de las caras, dejando la otra en su estado natural. Cuando se trabajan las dos caras adyacentes es para conformarlas hasta que coincidan, formando un ángulo propicio para el trabajo que se va a exigir del objeto.

Angulos de menos de 5^0 son muy cortantes, pero muy débiles, pues la masa de piedra afectada se fractura con facilidad, aún en el caso de rocas muy tenaces. Angulos de 5 a 45^0 son los mejores para dar una buena línea de corte, haciendo constar que, para mejores resultados, el valor angular mínimo debe ser de 15^0. Así pues, el borde cortante más útil oscila entre 15 y 45^0.

Los ángulos cuyo valor va de 45 a 80^0 son los que tienen las mejores posibilidades de ser empleados, en funciones de raído o raspado, sea como raspador o como raedera, pues ambos instrumentos pueden efectuar cualquiera de las dos funciones. Es cierto que la misma función puede efectuarla un borde con ángulo entre 15^0 y 45^0, pero entonces el borde de trabajo se fractura con mayor facilidad, por la resistencia al modo de presión que requieren el raído o el raspado. A este respecto conviene señalar que los instrumentos que se aplican a esta función en su mayoría sólo presentan retoque en uno de los lados del diedro y suele ser retoque abrupto o vertical. Una minoría es la que presenta retoque en ambas caras del diedro y cuando esto sucede puede atribuirse a que había una protuberancia u otro accidente que deformaba el borde de trabajo o a que éste se fracturó parcialmente en el proceso y fue rehecho mediante este modo de retoque.

Una vez obtenida la lasca o navaja, o bien modificando el núcleo hasta acercarse a la forma deseada mediante percusión lanzada, con mayor frecuencia en los primeros casos que en el segundo, se inicia la labor de retoque, casi siempre por presión. Esta parte del trabajo formativo se aplica sobre todo a los bordes y se pueden definir varios tipos de retoque, según el ángulo que se forma entre la escama o pequeña lasca que se levanta y la cara opuesta en el mismo lugar del levantamiento. Cuando el ángulo es de 10^0 o menos, se llama retoque rasante; cuando es demás de 10^0 y menos de 30^0, muy oblícuo; entre 30^0 y 70^0, abrupto y de más de 70^0 a 90^0, vertical.

En ciertas técnicas, como la levaloisiense, el núcleo se trabaja de tal manera que se determina previamente la forma de la lasca que se va a obtener; en otros casos se prepara el plano de percusión del núcleo mediante un cierto lasqueado, para facilitar el impacto.

Aunque en muchos casos, en realidad la mayoría, la lasca es sometida a un trabajo formativo posterior, también se dan aquéllos en los que la lasca se utiliza directamente, sin retoque, dependiendo esto de que presente buenos bordes cortantes o punzantes, según el uso para el que se aplique. Las navajas también suelen retocarse, sobre todo para facilitar su empleo, alterando mediante retoque abrupto o vertical uno de sus bordes para así poder utilizar el otro sin riesgo de que quien lo usa se corte.

La mayor parte de los retoques que se hacen en las lascas son para crear una zona de raído, pero también se dan casos en los que la lasca se retoca para reavivar un borde cortante. Del retoque de lascas surgen dos artefactos básicos, la raedera y el raspador, que en francés se llaman respectivamente *racloir* y *grattoir*, y en inglés *side-scraper* y *end-scraper*. Como es muy usual que los artefactos no sean de la perfección de los que aparecen en las láminas ilustrativas de los trabajos de Prehistoria y con frecuencia, en verdad casi siempre, los artefactos perfectos son los más escasos, la ambigüedad de la terminología en inglés lleva a que sean mal calificados muchas veces, pues son abundantísimos los casos de artefactos mixtos, artefactos con zonas varias de trabajo, atribuibles a distintos procesos, básicamente corte y raído, pero poco diferenciables y más bien, de gran dificultad para atribuirles función primordial. Es cierto que tanto la raedera como el raspador sirven para raer, pero es frecuente que se confundan, sobre todo en la literatura norteamericana.

En ciertos casos el borde de una navaja o de una lasca se retoca formando muescas de curvatura variable, más o menos profunda, que pueden haber servido para redondear, alisando, varas o palos, atribuibles a distintos usos. También se pueden encontrar retoques profundos y alternos que dejan entre ellos proyecciones, llamándoseles denticulados, pudiéndose inferir que su empleo era para funciones semejantes a las de descortezar y hay casos en los que un borde ha sido retocado con pequeñas muescas, regulares y continuas, creando una especie de aserramiento, borde pues serrado que se pudo utilizar en esa función.

Están también los artefactos llamados buriles, de muchas y muy diversas formas y siempre consistentes en un diedro, de muy pequeño tamaño, por lo general en la zona distal de lascas o navajas. Este diedro tiene su limitación en dos pequeños triedros, de gran agudeza, que son los propiamente utilizados para burilar, al igual que también se emplean con mayor frecuencia los diedros laterales.

Para terminar con esta obligadamente somera descripción de técnicas y artefactos líticos, dentro de la percusión, están las puntas de proyectil, merecedoras de un capítulo por su importancia, pero reducidas, en este caso, al mínimo imprescindible.

De una punta de proyectil, sea de piedra o de cualquier otro material, lo que se pide es que tenga características formales que le permitan ser penetrante, esto es, que la zona que entra en contacto violento con el objetivo o destinatario, penetre en él por la fuerza con la que ha sido enviada, aunque en la etnografía y en la prehistoria se conozcan puntas que no son tales, sino bordes cortantes que, en sentido oblícuo, también penetran, pero son las menos.

Partimos, por lo tanto, de que toda punta de proyectil es puntiaguda, excelsa perogrullada, pero necesaria aclaración para comprender el resto de la descripción. Los bordes pueden ser rectilíneos, o curvos, en este último caso cóncavos o convexos y en todos pueden mostrar aserramientos. La punta será el extremo distal y la base el proximal siendo en este donde se encuentran las mayores variantes, aquellas que permiten las mejores diferenciaciones morfo y tipológicas.

La base es la zona en la que se hace el enmangado con el ástil o asta y puede ser puntiaguda, recta o curva, incluyendo también cóncava o convexa. En algunos casos una parte se trabaja de tal manera que se forma un pedúnculo y en otras se hacen aletas, existiendo también las formas pedunculadas con aletas. Las variantes, por lo tanto, son numerosísimas y muy características, entrando en ellas otros clasificativos, como la anchura, en distintas partes, el grosor o espesor y el tamaño total. Hay sin embargo y en lo que respecta al tamaño, unas dimensiones que no permiten definir con exactitud si se trata de puntas grandes de proyectil o de cuchillos pequeños o, también, de puntas lanza, al igual que desde hace muchos años se dirime, sin resultados efectivos, si las puntas pequeñas lo son de flecha y las mayores de dardo o si el tamaño no tiene que ver con el género de en-

mangado y, hasta cierto punto, de empleo. También es dato de importancia tecnológica y a veces cronológica, el grosor de la pieza. En verdad entran aquí aspectos de aerodinamia y balística poco estudiados.

Hasta aquí hemos tratado de presentar algunas orientaciones para la mejor comprensión, en las páginas siguientes, de la tecnonimia de la lítica, pero quedan por explicar ciertos aspectos de la lítica, los referidos a la lítica producto de la formación por desgaste.

Lo más importante que, para el alcance de este trabajo, se fabricó, fueron instrumentos de molienda: muelas, conocidas, como metates, o morteros, en ambos casos con sus respectivas manos. Para nuestro mejor entendimiento, la muela es objeto paciente y su correspondiente mano, agente, al igual que sucede con el mortero, paciente, y la mano del mismo, agente. Está también la numerosa serie de artefactos de diversa índole, funcionales u ornamentales, que se fabricaron por medio de la técnica del desgaste: cuentas, colgantes, hachas, azuelas, cinceles, punzones, leznas, agujas con o sin ojo, etcétera, las últimas siempre de hueso, asta, cuerno o marfil.

Sin lugar a dudas el instrumental lítico característico de la etapa que nos ocupa, estuvo acompañado por artefactos de otros materiales, sobre todo de los de origen orgánico, pero ya se ha dicho que estos muy rara vez han llegado a nosotros, y cuando así ha sido, siempre en pequeñas cantidades y en estado fragmentario, por lo tanto, y por desgracia, no se hace necesario presentar una breve introducción a ello, como se ha hecho con los de piedra.

Tras la inevitable digresión que antecede, corta para su contenido real, quizá larga para el lector, se pasa ahora al que yo, junto con algunos más, llamo Arqueolítico, y me pongo el primero por ser el autor de esto que otros consideran una aberración, por emplear el calificativo más suave.

De temporalidad que se inicia con los primeros habitantes del Continente americano, llegados a través de Beringia a Alaska en tiempos que se pueden remontar a 50, quizá 70.000 años; su terminación es mucho más imprecisa, pues en ciertos aspectos el modo de vida que lo caracteriza, a través del material encontrado y calificado, puede haber persistido por muchos milenios o bien ser parte integrante de ciertas actividades que, como tales, duraron un tiempo mayor todavía.

Originalmente definido (Lorenzo, 1967: 28-29) como de documentación bastante escasa, fechable para México entre 25.000 o más años y 14.000 aP., ahora podemos decir que al menos se inicia en 33.000, para México (Lorenzo y Alvarez, 1979; Lorenzo y Mirambell, 1982). Significa que si para México comienza antes de 30.000 años aP. lógicamente en Norteamérica debe tener mayor antigüedad, pues de allí llegaron en un lento movimiento hacia el Sur y, por la misma razón de movimiento y geografía, cuanto más al sur se vaya, más tardía será la fecha local de su inicio, que en cada caso marcará la primera ocupación humana, aunque esto no es de un mecanicismo total pues por un lado tenemos que a los dos vectores fundamentales: tiempo y espacio, debemos un tercero, el de la propia evolución cultural, con lo que el incremento de tiempo y espacio supone, a la vez, variaciones en el acervo cultural que puede hacer difícil una comparación directa entre congéneres de distintas latitudes y fechas. A esto se debe unir el que tampoco sea seguro que los portadores de este patrón cultural llegaran a ocupar todo el ámbito americano, con lo que se encontrarán regiones en las que los primeros pobladores lo sean de patrón cultural distinto, forzosamente posterior en el tiempo y en carácter evolutivo.

Según la definición ya dada, se trata de conjuntos de artefactos grandes, tallados por percusión directa de piedra contra piedra. Hay talla bifacial, tanto en artefactos grandes como en chicos, aunque estos son menos frecuentes. El material de tamaño chico consiste en lascas gruesas y anchas con las que se fabricaron raspadores y raederas; también hay denticulados.

Suelen aparecer algunas navajas que más bien son producto accidental en el proceso de talla de núcleos poliédricos o acciones primarias, que provenientes de núcleos especialmente preparados para su obtención, como fue el uso más tarde y por grupos cuya lítica presenta navajas en profusión, o piezas de otro género, pero derivadas de ellas.

Se encuentran lascas con las características de talla propias de la técnica clactoniense, o sea con ángulo obtuso entre el plano que forma la plataforma de percusión y la cara ventral de la lasca. Al decir empleo de la técnica clactoniense bajo ningún concepto se trata de admitir, ni siquiera considerar, la más mínima relación con el Clactoniense de la Europa Occidental, el cual está reducido a un área y un tiempo determinados, este último de una edad tan remota que hace imposible cualquier idea de relación.

Pensemos que, al fin y al cabo, los procedimientos de talla de la piedra por percusión, como es el caso, no son tantos y por la misma causa no es difícil que se repitan en tiempos y lugares distintos sin necesidad de relación entre grupos humanos, ni de emigraciones.

No existen instrumentos de molienda y es característica la ausencia de puntas de proyectil de piedra, sin descartar el que éstas hayan podido ser de material perecedero.

Con el tiempo y nuevos hallazgos atribuibles a este horizonte, su conocimiento ha sido incrementado substantivamente, así ahora podemos decir que también hay representaciones en las que dominan los artefactos pequeños, indudablemente en su conjunto normados por la calidad de la materia prima local (Lorenzo, 1977b; Guevara, 1981; García Bárcena, com.

pers.). Estas adendas, y algunas corrigendas, no alteran los principios básicos de la definición, sino que la enriquecen.

Por ejemplo, parece ser que en las fases más tardías existieron puntas de proyectil de piedra, de forma lanceolada, y lo que es más importante desde los comienzos una peculiar industria ósea.

La pobreza formal que caracteriza las distintas representaciones del Arqueolítico nos llevan a inferir que los artefactos de piedra encontrados, que en su mayoría consisten en lascas de bordes rayentes o cortantes, eran dedicados a la confección de otros artefactos, de material orgánico, para lo cual tan restringida zona de trabajo era suficiente, sin poder ir más allá en el terreno especulativo salvo concluir que las necesidades instrumentales que demandaban las distintas actividades de subsistencia debieron estar ampliamente cubiertas con instrumental de madera o fibras vegetales, cuero, tendones, hueso, asta o cuerno y, en algunas regiones, marfil.

Corroborando esta hipótesis, al menos parcialmente, está el caso de la industria de hueso.

Desde hace ya unos cincuenta años se han estado haciendo estudios sobre los huesos encontrados en sitios prehistóricos, centrándose estos trabajos sobre ciertos problemas, inherentes a este tipo de material. En primer lugar está el de la identificación de los artefactos de hueso que podemos llamar no formales, es decir, de aquéllos que no son punzones, agujas, retocadores, etcétera, sino objetos de indudable origen humano, tanto en su formación como en su empleo, pero carentes de una morfología sistematizada. Para poder diferenciarlos de los huesos fragmentados por causas naturales hay que tomar en cuenta las huellas de los procedimientos de factura o formación y las de uso, precisamente como enfoque opuesto al anterior y a la vez necesario para definirlo, hay que poder identifi-

car los efectos que pueden dejar en los huesos esos agentes naturales, considerando como tales los producidos por agentes físico-químicos y los que dejan los distintos modos de actividad, otros que los humanos, tales como los producidos por animales al morder, roer o fracturar los huesos frescos de sus presas, la actividad de los animales carroñeros y aún las de ciertos roedores.

Este género de artefactos fue denunciado por primera vez en Chukutien, dando origen a un trabajo primero de Breuil (1932) de orden general, luego a uno de Pei (1938) que fue un estudio de las causas naturales que podían llevar a generar alteraciones confundibles con huellas de actividad humana, conduciendo a interpretaciones erróneas, al que siguió el de Breuil (1939) precisamente para indicar los de hueso y asta que eran verdaderamente producto de actividad humana.

Años más tarde Breuil y Barral (1955) retoman el tema y Dart (1957) vuelve sobre el asunto, ampliando el campo del empleo del hueso para la fabricación de artefactos a las piezas dentarias y a los cuernos en la que bautizó industria osteondontoquerática, atribuyendo el uso de estos materiales al entonces conocido como *Australopithecus Prometheus*. El trabajo, lleno de sugerencias y novedades, contenía, sin embargo, algunas tesis un tanto extrañas, pero prevalecía el hecho de que una serie de piezas de hueso, de ramas mandibulares con sus dientes y cuernos entre otros habían sido utilizados e inclusive parecía existir modificaciones hasta cierto grado para ello.

La existencia de piezas de hueso, asta, cuerno y marfil en distintos contextos no modificó el concepto de que el hombre empleaba esta clase de materiales para fabricar determinados objetos hasta que surgieron perspectivas, en nuestro Continente, con los hallazgos paleontológicos de Old Crow Flats, en el Territorio del Noroeste del Canadá, entre los cuales muchos de ellos mostraban huellas indudables de modificación por actividad que sólo podía ser humana a lo que se unía un artefacto inobjetable fechado directamente en 27.000$\pm$ (3.000-2.000) aP. (Gx-1640) (Irving y Harrington, 1973). Otros huesos alcanzaron más de 39.000 años aP.

La vieja guardia de arqueólogos y geólogos que no aceptan antigüedad mayor de unos 12.000 años para la presencia del hombre en América vio estas pruebas de gran edad con escepticismo, cuando no con sarcástico desprecio, por lo cual se suscitó una gran polémica entre los defensores de que se trataba de huesos modificados por acción humana y de gran antigüedad y los que, aceptándola, rechazaban la actividad humana como el agente transformador, atribuyéndolo a causas naturales.

La bibliografía de esta polémica es muy amplia y dos títulos de Morlan (1979 y 1980) nos ilustran ampliamente, abarcando todo el caso. En fecha relativamente reciente un grupo de investigadores de estos problemas pudo disponer del cuerpo de una elefanta africana fallecida por causas naturales en un circo y entonces con sus restos llevaron a cabo una serie de experimentos, tanto procedimientos de destazamiento con instrumental lítico primitivo, o sus réplicas, como con artefactos de hueso, obtenidos de los del mismo animal, con técnicas primitivas (Stanford, Bonnichsen y Morlan, 1981).

Breuil (*op. cit.*) ya había señalado que en Chukutien se talló el hueso de proboscídeos y de otros animales como piedra, por percusión, e ilustró su obra con varios huesos lasqueados y mucho más tarde Biberson y Aguirre (1965) experimentaron con hueso fresco de elefante africano. Se hace incomprensible que el experimento llevado a cabo con huesos de la elefanta africana Grinsberg (Stanford *et. al., op. cit.*) no haya tomado en cuenta para nada los trabajos citados y que en él, a pesar de su indudable solidez teórica y práctica, se hayan ignorado los antecedentes, lo que por otro lado es caso con tristeza frecuente en nuestros colegas del Norte, que sólo juzgan existente y válido lo hecho por ellos y publicado en su idioma, por lo que con frecuencia logran muy interesantes descubrimientos de lo ya sabido.

La búsqueda de elementos plenamente justificativos de la gran antigüedad del hombre en América es la que ha conducido a refinamientos en la investigación de materiales impensados para otros horizontes, inclusive innecesarios, pues esos otros horizontes si se dan por existentes, aunque en ciertos casos con menos elementos. La situación pues, respecto al Arqueolítico, es la de su negación por muchos, aceptación por pocos, con negación del apelativo que aquí se emplea y la existencia de una minoría que acepta nombre y contenido.

Sin embargo, es un hecho y en páginas anteriores se ha mantenido, al demostrar la gran edad que tiene el hombre en el Continente americano. Se señalaron los lugares y fechas de los hallazgos que lo certifican, pues en todos los casos vimos que sus fechados son anteriores a los 12.000 años aP., considerando que si algunos de los de Sudamérica tienen algo menos, su inclusión es lógica por la razón de que fechas del doceavo milenio antes del Presidente en esas regiones sencillamente están señalando la obligatoria llegada del hombre a Norteamérica con varios milenios de anterioridad.

Se mencionaron los sitios de Trail Creek, en Alaska; Old Crow Flats y cueva de Bluefish, en Yukón; Taber, en Alberta (aunque no se trate de restos culturales); Sheguiandah, en Ontario; American Falls y Wilson Butte, en Idaho; Selby, Dutton y Lamb Springs, en Colorado; Meadowcroft, en Pennsylvania; Coopertown, en Oklahoma; Shriver, en Missouri; Santa Rosa, en California; Laguna Chapala en Baja California Norte; El Cedral (rancho La Amapola), en San Luis Potosí; Tlapacoya, en el Estado de México; Caulapan, en Puebla; Loltun, en Yucatán; Ahuacatenango-Teopisca, en Chiapas y El Bosque, en Nicaragua. A estos debemos añadir otros, entonces no mencionados, pero que a todas luces deben ser incluidos:

Se trata del sitio Timlin, New York (Raemsch, 1977; Raemsch y Vernon, 1977) en donde se han encontrado artefactos líticos y restos óseos en una terraza fluvial. En la parte superior hay presencia de materiales afiliables con las fases iniciales del Arcaico local, pero en los estratos subyacentes abundan las lascas y los núcleos, siendo característicos los bifaciales/ovalados. Al parecer existen huellas de núcleos preparados. Los hallazgos se sitúan en varios paleosuelos y también hay huellas de varios avances glaciales entre ellos. Los artefactos más antiguos se han fechado en unos 70.000 años aP., de acuerdo con la estratigrafía geológica local.

Provenientes de varios lugares en las proximidades del lago de Chapala y del de Zacolalco, en Jalisco, México, se han descrito (Solórzano, 1962 y 1976) una serie de artefactos de hueso, altamente mineralizados entre los que se incluyen, aunque no trabajados, algunos huesos y piezas dentarias humanas.

En la región de Chiapas, México, que incluye la vecindad de Teopisca y Ahuacatenango existieron lagos durante el Pleistoceno, de los que en el lugar citado al final todavía conserva un resto de pequeño tamaño. Ya hace algún tiempo (Lorenzo, 1977b) se había dado a conocer lo que entonces se llamó un "conjunto" lítico, por carecer de materiales suficientes como para tipificar una industria. Trabajos posteriores (Guevara Sánchez, 1981; García Bárcena, en prensa y com. personal) han corroborado la existencia, ahora sí, de una industria caracterizada por lascas y raederas, fundamentalmente, a lo que se unen denticulados, algunos raspadores y escasos bifaciales.

Entre este género de hallazgos, poco claros, pero ciertos, están también los de Caribou Island en Alberta Central-Este con tajadores (Bryan, 1968) y el sitio de Bayrock, en el sureste de Alberta, donde apareció un tajador aso-

ciado con un cráneo de bisonte (Wormington y Forbis, 1965). La presencia de artefactos tan primarios podría significar que el horizonte Arqueolítico, como estadio tecnológico, puede haber perdurado sea como estadio integral o como presencia parcial, lo que significa la fabricación y empleo de artefactos primarios dentro de conjuntos instrumentales de tecnología más elaborada, correspondientes a algunos de los horizontes más avanzados. Sin recurrir a grandes indagaciones bibliográficas se puede demostrar, con el ejemplo de la Prehistoria europea, cómo, en el Paleolítico superior se seguían usando y, por lo tanto, haciendo, artefactos que por su morfología y técnica de fabricación, corresponden al Paleolítico inferior. En el Continente americano, su gran extensión y el indudable corto número de habitantes iniciales debió favorecer la persistencia de patrones culturales de gran edad, como la etnografía de los siglos de contacto nos lo demuestra.

A los sitios citados no queda más remedio que añadir otros materiales a los que se ha prestado poca atención, posiblemente por el temor que causan tantos Catones censores como parecen existir en relación a este problema de los primeros pobladores.

Se trata de ciertos conjuntos de artefactos líticos, encontrados por lo general en superficie, presentes en grandes extensiones y caracterizados por tener un mínimo de talla y poca elaboración en lo que respecta a una función especializada, conforman un grupo que, genéricamente, se ha llamado complejo. Son, sobre todo, bifaciales de gran tamaño, tajadores y tajaderas, raederas, lascas retocadas y denticulados. En todos los casos se han comparado, formal y tecnológicamente, con industrias europeas de gran edad.

Muy discutidos, y discutibles, rechazados por la mayoría, sin embargo existen y no puede soslayarse su presencia. Si son o no son de gran edad, es algo que debiera ser aclarado seriamente, emprendiendo trabajos de excavación, bien llevados, en los lugares de su aparición, pues aunque la información de que se dispone, generalmente, no permite adjudicarles una gran edad, en realidad ninguna concreta, las críticas que se han hecho lo son por principio, sin apoyo efectivo en datos demostrativos, o sea que la misma falta de información insuficiente que se atribuye a los "complejos" es la que tiene la crítica que reciben.

Una explicación frecuente ha sido la de que se trata de restos de talla presentes en canteras de buena materia prima para hacer artefactos líticos, pero esto no permite la adjudicación de una edad, con lo cual el problema sigue vigente, ya que el empleo de una buena materia prima puede darse desde los tiempos más antiguos del tallado de la piedra. Tampoco es aclaratorio el que se hayan encontrado artefactos de estos tipos asociados a materiales fechados tardíamente pues es frecuente el caso de piezas originadas en fechas muy antiguas, que se siguen fabricando y empleando, por su facilidad de hechura y facilidad de empleo en tareas diversas, de tal manera que prevalecen, aunque su número sea escaso.

Las piezas que conforman estos conjuntos de materiales líticos son de talla elemental lo que les confiere una apariencia tan primaria que pueden juzgarse como pertenecientes a horizontes culturales primitivos o bien tratarse de matrices o desechos de talla de cualquier otro nivel cultural.

El término "matriz" es el que corresponde en español a lo que en inglés de Norteamérica se llama "blank", o sea el bloque de materia prima que se selecciona y desbasta en el afloramiento rocoso del caso, para llevárselo y sacar de él núcleos menores, emplearlo para obtener lascas que se transformen en diversos artefactos, usarlo como núcleo para la obtención de grandes navajas que también pueden ser modificadas, o emplearlo como objeto de trueque.

Los "complejos" se extienden por regiones amplias y los elementos líticos que los integran pueden agruparse en varios tipos básicos. Por lo general se asocian a zonas de afloramiento de determinadas materias primas, de buena calidad, para la talla si no la mejor, dentro de las condiciones petrográficas regionales.

Su atribución de gran antigüedad, por cuestión tecnomorfológica, es siempre arriesgada pues al ser normalmente encontrados en superficie es de suponer que son de edad relativamente reciente, aunque ésta tampoco debe ser excluida por esa razón puesto que hay procesos de erosión por deflación de partículas menores que deja en su posición original las piezas mayores, y cuando se trata de afloramientos de buena materia prima es indudable que estos fueron empleados por todos los que tuvieron conocimiento de ellos, si es que fabricaban artefactos líticos, y las condiciones de la materia prima norman la forma y el tamaño de las matrices con mucha efectividad.

El hecho concreto es que existen, distribuidos por todo el ámbito de Norteamérica y México, al igual que en Sudamérica, donde Menghin y sus seguidores los han constituido en "industrias" a tambor batiente. Sin llegar a este extremo, pero tampoco esquivando su existencia con una marginación pseudo-científica, se dedicarán algunos párrafos a ellos. No dudamos que, algún día, materiales de los que conforman estos "complejos" serán encontrados en posiciones estratigráficas inobjetables, lo que en ciertos casos ya ha sucedido.

Complejo Kogruk, Alaska
(Campbell, 1961, 1962)

En el paso de Anaktuvuk, a profundidades que oscilan entre los 5 y los 60 cm se han encontrado artefactos tales como tajadores, raederas, bifaciales, denticulados, navajas y núcleos poliédricos, siendo los artefactos anchos y del-

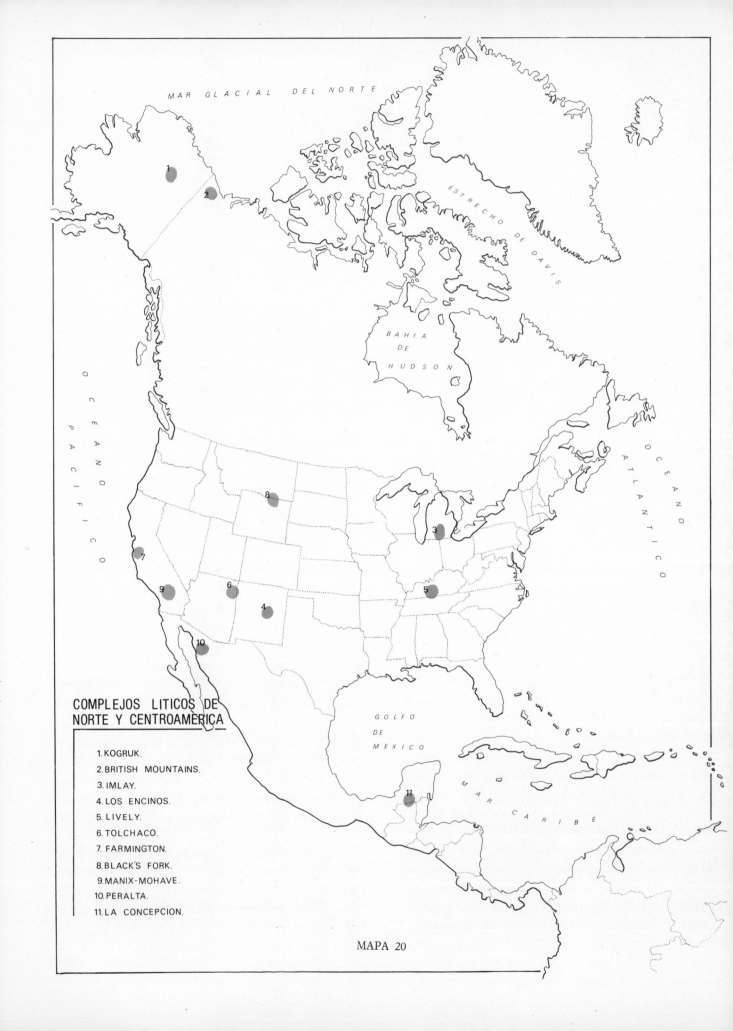

MAR GLACIAL DEL NORTE

ESTRECHO DE DAVIS

OCEANO PACIFICO

OCEANO ATLANTICO

BAHIA DE HUDSON

GOLFO DE MEXICO

MAR CARIBE

COMPLEJOS LITICOS DE
NORTE Y CENTROAMERICA

1. KOGRUK.
2. BRITISH MOUNTAINS.
3. IMLAY.
4. LOS ENCINOS.
5. LIVELY.
6. TOLCHACO.
7. FARMINGTON.
8. BLACK'S FORK.
9. MANIX-MOHAVE.
10. PERALTA.
11. LA CONCEPCION.

MAPA 20

gados. Se les han encontrado reminiscencias de técnica levallo-musteriense y es de señalar el que muchas de las piezas carecen de retoque. Campbell (1962) lo conecta con la tradición British Mountain.

Complejo British Mountain, Yukón
(MacNeish, 1956, 1964)

Localizado por primera vez en el sitio de Engigsiak, a orillas del Océano Artico (Mac Neish, 1956, 1964), poco se pudo averiguar debido al efecto de los procesos de solifluxión y el pergelsol, que alteraron las capas de las ocupaciones humanas, modificaron artefactos y revolvieron los materiales. Trabajos posteriores en otros lugares permitieron establecer una tipología en la cual encontramos núcleos discoidales y lascas obtenidas de ellos, de las cuales, mediante retoques, se consiguieron raederas o cuchillos y raspadores. También hay lascas, denticulados, navajas y tajadores. Es muy importante la presencia de puntas, quizá de proyectil, de talla bifacial y norma foliácea, siendo peculiares las talladas por una sola cara y con retoque muy somero en la otra; parte de este aspecto son algunos bifaciales burdos. Otros artefactos son grandes cuchillos con retoques en ambos bordes y lascas discoidales con retoque por todo el borde, salvo en la zona en la que quedan restos de la plataforma de percusión. En algunos casos hay tajadores de retoque abrupto.

Complejo Imlay
(Baggerly, 1954, 1956)

Apareció en el estado de Michigan, en una morrena y en barras arenosas del canal Imlay, un drenaje del lago glacial Maumee. Se han colectado algunos miles de piezas que son piedras fracturadas, muchas de ellas por agentes naturales, pero otras son difíciles de considerar como tales, sino más bien producto de la actividad humana.

Complejo Los Encinos, Nuevo México
(Bryan, 1939)

En una cantera de pedernal, en la parte SW de un cerro llamado Pedernal, en el norte central de Nuevo México, se encontraron artefactos que recuerdan a los característicos del Paleolítico inferior: bifaciales, tipo hacha de mano, y lascas retocadas, parecidas a las Levallois. En algunos casos parecen implementos a medio hacer, pero en otros son obvias las huellas de uso; todas son completamente distintas a los artefactos líticos de carácter arqueológico, de carácter relativamente reciente que se encuentran en la región. Según el autor en el arroyo Los Encinos, cercano a la cantera, se pueden discernir tres rellenos aluviales, de los que el más antiguo no produjo material cultural, pero sí restos de proboscídeo; el intermedio contenía artefactos como lodo de la cantera y el más reciente restos de talla de artefactos líticos y algunos hogares.

Complejo Lively, Alabama
(Lively, 1965; Josselyn, 1965).

Por la cuenca media del río Tennessee, en la parte Norte y Noroeste del Estado de Alabama se han encontrado innumerables tajadores y tajaderas, de tamaños que oscilan entre los 5 y los 10 cm en su eje mayor, nunca menos de 1.5 centímetros de espesor, alcanzando a veces los 5 cm, por lo que pueden considerarse de pequeño tamaño. Están fabricados en cantos rodados de jaspe, en una variedad de color amarillo sobre todo, y también los hay de pedernal. Los autores citados identifican unos 20 tipos distintos sobre lo que parecen ser algunos miles de piezas.

Complejo Tolchaco, Arizona
(Bartlett, 1943)

A lo largo del valle del río Little Colorado se han localizado una serie de sitios en los que se encuentran artefactos bifaciales, de talla burda, reminiscentes de algunas formas del Paleolítico inferior de Europa; también se encuentran raederas aquilladas y hay una notable ausencia de navajas y puntas de proyectil, a la vez que de cerámica. Todos los artefactos han sido obtenidos en la superficie.

Complejo Farmington, California
(Treganza, 1952; Treganza y Heizer, 1953)

Cerca de Farmington, en el Norte de California, a lo largo del arroyo Hood, se encontraron piedras lasqueadas burdamente, consideradas como desechos de talla, en matriz que es de gravas auríferas. En otros lugares cercanos se han encontrado materiales semejantes en superficie y el complejo, por inferencia paleoclimática de la formación de las gravas, se ha fechado tentativamente entre 9 y 7.000 años aP.

Complejo Black's Fork, Wyoming
(Renaud, 1938, 1940)

En terrazas fluviales altas, con claras huellas de meteorismo, que parece ser de origen eólico, se han encontrado miles de artefactos en la superficie, semejantes a los del Paleolítico inferior y medio de Europa. En otras partes de Wyoming y de Montana se han encontrado artefactos semejantes asociados a sitios de ocupación tardía.

Por pátina y por tipología se pueden identificar, según Renaud, tres culturas, de las cuales la que ha llamado "Típica" es la integrada con los artefactos de mayores semejanzas tipológicas con los del Paleolítico inferior y medio; la "Periférica", no claramente definida, incorpora algunos de los artefactos del grupo anterior y la de "Dunas de arena" está referida a la localización de los hallazgos. En las mismas localidades se encuentran puntas líticas de proyectil, piedras de molienda y restos de hogares.

Complejos lagos Manix-Mohave, California
(Simpson, 1958, 1960, 1961)

En las orillas de una serie de cuencas que tuvieron agua en el Pleistoceno y alcanzaron gran extensión, en el S y SW de California, se encuentran artefactos bifaciales, lascas, navajas, raspadores y otros restos de actividad humana de factura semejante a sus equivalentes formales del Paleolítico inferior y medio. Los trabajos llevados a cabo en el sitio de Calicó, a orillas del lago Manix, han sido objetados por la mayoría, pero existen una serie de elementos entre las piezas encontradas, que hacen difícil su explicación si no es como de factura humana.

Entre estos complejos se encuentra también el Peralta, localizado a unos 15 km al WSW de la Ciudad de Hermosillo, Sonora, en un área de algunas decenas de kilómetros cuadrados. Localizada y nombrada por primera vez en 1953 (Fay, 1959) resultó ser un aspecto sonorense de la que se ha dado en llamar "Cultura del Desierto".

Durante algún tiempo y todavía en ciertas obras de carácter general, se encuentran mencionadas la Industria de San Juan, la Industria de Tepexpan y el Complejo Cultural Chalco, debidas a De Terra (1949). Ya desde su origen fueron claramente impugnadas, por carecer de elementos justificativos para su existencia (Aveleyra, 1950) y el mismo autor algún tiempo después (Aveleyra, 1964) aclara las pocas dudas que pudieran quedar sobre la inexistencia de las dos industrias y el complejo cultural.

Otro caso es el de los artefactos de Tequixquiac, mencionados en diferentes tratados mayores de arqueología prehistórica mexicana o continental, a la hora de referirse a México, considerándolos de gran antigüedad y asociados a una fauna que podría ser del Pleistoceno medio. Un análisis riguroso (Lorenzo, 1974) ha demostrado que tanto los litos, los huesos trabajados como los fósiles, son producto de acarreo y que no es posible, por razones geológicas, atribuirles edad mayor que Pleistoceno final.

Pese a lo expresado en párrafos anteriores, algunos de los materiales de las llamadas industrias de Tepexpan y San Juan, así como otros de Tequixquiac no deben tomarse en cuenta, estribando su debilidad en ser casi todos de colectas de superficie o encontrados en paredes de barrancas, sin que en este caso se tomaran los datos necesarios en tal clase de hallazgos. El caso del Complejo Cultural Chalco, curiosa mezcolanza de materiales, ha sido parcialmente justificado con trabajos posteriores en los que se puso a la luz, con datos ahora sí irrefutables, que pertenecen al horizonte Protoneolítico.

Complejo La Concepción, Campeche
(Engerrand, 1910, 1912)

Consiste en materiales de superficie, definidos básicamente como "hachas de mano", núcleos y lascas sin retoque; los bifaciales, ovalados y amigdaloides, podrían atribuirse al Paleolítico medio europeo. Aunque de superficie, no se encontró material cerámico asociado, ni puntas líticas de proyectil. El material es pedernal casi blanco.

Hay también raspadores y muchas de las piezas muestran huellas de uso. Podría tratarse de una zona de talleres en la que, por la buena calidad de la materia prima, se preparasen matrices para transportarlas y usarlas como núcleos en otros lugares.

Ahora se hace necesario revisar, en un rápido recorrido, los sitios en los que se han encontrado restos de ocupación humana que, por sus características, se pueden atribuir al Arqueolítico, manteniendo el mismo sistema que se siguió en páginas anteriores, cuando se enunciaron, simplemente, o sea de Norte a Sur y de Oeste a Este.

Lo primero que encontramos es el lugar de Trail Creek, en Alaska (Larsen, 1968) donde se hallaron, junto con materiales abundantes

de fecha más reciente en las capas superiores, un omóplato roto de caballo, sin intervención humana, que dio una fecha de 15.750±350 (K-1211) y un calcáneo de bisonte, con el extremo distal removido por trabajo humano, que fue fechado directamente en 13.070±280 (K-1327) sin que hubiera artefactos líticos asociados.

Las planicies de Old Crow, en el Yukón, han arrojado una serie de materiales óseos trabajados y algunos litos, en sedimentos lacustres, con fechas que oscilan entre los 29.100± (3.000-2.000) (GX-1567) y 25.750± (1.800-1.500) (GX-1568) incluyendo un claro artefacto de hueso, un raspador fabricado en tibia de reno que se fechó en 27.000± (3.000-2.000) (GX-1640) en su contenido en apatita. La bibliografía sobre estos hallazgos y esta región es muy abundante, por lo que se da como referencia la publicación más reciente que abarca el conjunto y en la que se citan los trabajos pertinentes (Morlan, 1980).

La importancia de estos hallazgos condujo a que se ampliaran los estudios en la zona y, resultado de esta ampliación son los hallazgos en las cuevas de Blue Fish, al sur de las planicies de Old Crow, también en el Yukón, donde Cinq-Mars (1979 y com. pers. de Alan L. Bryan) nos dicen que en la Cueva II, cerca de la parte inferior de una capa de loess se fechó en 15.500±130 (GSC-2880) un omóplato de mamut con incisiones, prueba de haber sido carneado por el hombre. En la misma capa de loess aparecieron más huesos, de caballo, mamut y bisonte, con marcas demostrativas de haber sido carneados también, así como un buril sobre navaja grande en la parte superior del mismo loess. En la Cueva I un hueso de caballo, un fémur, dio la fecha de 12.900±100 (GSC-2881) con lo cual se puede inferir que en condiciones periglaciares estas cuevas se encontraban habitadas por el hombre entre 15 y 13.000 años antes del Presente.

En Taber, Alberta, se encontraron los huesos fosilizados de un niño por un geólogo (Stalker, 1963, 1969, 1977) hallazgo que fue dado a conocer en un artículo básicamente sobre la geología del sitio, cronoestratigráfico, en una posición según la cual los restos, que eran gran parte del cráneo y poco del esqueleto postcraneal, son de más de 25.000 años. Fechas de radio-carbono, obtenidas de materia orgánica de capas sobreyacentes han dado 30.000 (5-65), 35.000 (GSC-888) y 34.030±1.070 (GSC-728). En opinión del autor estos restos son de más de 37.000 años y podrían alcanzar los 60.000. Se ha tomado en cuenta este hallazgo por su enorme importancia, a pesar de tratarse de restos humanos, no artefactos, con el agravante de que no hay posibilidad de especificar tipo físico, por tratarse de un niño de unos dos años de edad. (Langston y Oschinsky, 1963).

Otro caso poco conocido, como el anterior, o despreciado, es el de Sheguiandah, en Ontario. Localizado en la isla de Manitoulin, al norte del Lago Superior, los informes de la primera y de la segunda temporada de trabajo en el lugar proporcionaron descripciones poco claras de lo encontrado, con una estratificación confusa (Lee, 1954, 1955). Se trataba de noticias preliminares de un trabajo mayor, todavía no publicado. Más tarde apareció un artículo (Sanford, 1971) en el que se daban muchos y mejores datos sobre el lugar. Se trata de un sitio complejo, con varios estratos de posible ocupación, lo que se debe a que en ese lugar existe un tipo de cuarcita que es un excelente material para la fabricación de .artefactos líticos. Se encontraron varios conjuntos de artefactos, incluyendo algunos que estaban entremezclados con detritus glaciales en la parte inferior de la estratigrafía. Todos los estudios de geología glacial de la región indican que los restos que no están mezclados con acarreos glaciales son posteriores a 12.500 aP., pero que los que están mezclados con ese acarreo son de más de 30.000 años.

(Prest, 1969; Flint, 1971; Dreimanis y Goldthwait, 1973).

En American Falls, Idaho (Hopkins y Butler, 1961) se encontraron abundantes huesos de *Bison latifrons* a orillas de la presa de aquel nombre, unos 20 km al oeste de Pocatello. Entre ellos había un isquion en el que aparecía una muesca simétrica, en ángulo obtuso, y una perforación circular de aproximadamente 1 cm de diámetro y 3.5 cm de profundidad. No hay artefactos de piedra asociados pero una capa de turba, estratigráficamente por encima de la que produjo los fósiles dio una edad de más de 43.000 años (Grn.-3031). Aunque el ejemplar con las huellas descritas no procede de la capa fosilífera, sino que es un hallazgo de superficie, la pigmentación y el ser una especie de fósil hacen posible la atribución de la misma edad que los "in situ".

En la cueva de Wilson Butte, en el sur central de Idaho, se han obtenido fechas de 14.500±500 (M-1409) y 15.000±800 aP. de una capa con artefactos líticos, entre ellos fragmentos de bifaciales, que están por encima de otra capa con restos de actividad humana, aunque sin materiales específicos en lo tipológico. Es interesante constatar que entre los directamente fechados hay un fragmento de lo que pudo ser una punta bifacial foliácea, o un cuchillo, pues es posible que haya tenido más de 8 cm de largo (Gruhn, 1961 y 1965; Crabtree, 1969).

Los sitios de Selby y Dutton, en el NE del Estado de Colorado, colindando con Kansas, han producido un conjunto de artefactos de hueso, no típicos, junto con algunos otros de piedra, también irregulares que, por posición estratigráfica y por tener el sitio Dutton un horizonte cultural Clovis que sella los hallazgos primeramente indicados, hace que su fecha posible sea de entre 20 y 15.000 años aP. (Stanford, 1979).

En el SW de Oklahoma, en Coopertown, condado de Kiowa, se hallaron restos de un mamut al que se le rompieron los huesos cuando todavía estaban frescos y, al parecer, se emplearon en fabricar artefactos. Hay en el yacimiento una serie de grandes piedras que pueden haber sido usadas para romper los huesos, pero también es posible que se hayan desprendido del borde de la barranca en la que se encuentra la osamenta y al caer hayan roto los huesos accidentalmente (Anderson, 1975). Los huesos se fecharon en 20.400±450 (GX-1216) y 17.575±550 (GX-1215).

Modificaciones de grandes huesos de mamut, por talla mediante cantos rodados de mucho tamaño, también se han hecho evidentes en el sitio de Lamb Spring, en el condado de Douglas, en Colorado, donde se han encontrado precisamente huesos de mamut, fragmentados, parte de algunos animales de esa especie que fueron muertos allí, a los que se asocia un gran canto, de aproximadamente 15 kilos de peso, con huellas de uso como martillador, que sólo puede provenir de un río, a 1.5 km. del yacimiento. Por encima de la capa de estos hallazgos otras han dado fechas de 5.920±240 (SI-45), 6.920±350 (M-1463) y 13.140±1.000 (M-1464), (Stanford, Wedel y Scott, 1981).

Un lugar sumamente importante es la covacha de Meadowcroft, unos 50 km. al sur de Pittsburg, Pennsylvania. Lugar que quedó fuera del área cubierta de hielo por la glaciación Wisconsin, tiene huellas de que la ocupación de esta covacha por el hombre comenzó en una fecha que se situaría entre 30.750±1.140 y 21.380±800, con plena seguridad entre 19.600±2.400 y 19.100±810, aunque no hay artefactos líticos asociados, en la ocupación más antigua, presentándose éstos en abundancia, en la suprayacente, una serie de lascas y navajas, junto con una punta muy semejante a una Clovis, sin acanaladura pero con adelgazamiento basal; en otra capa, fechada entre 16.175±175 y 12.800±

870. Los materiales encontrados no presentan restos de megafauna, ni de fauna extinta, pero sí muy abundantes de fauna como la que todavía se halla en esas regiones, a lo que se unen muchos restos de vegetales, o sea una economía de recolector-cazador, pero no de mamutes, o al menos los restos óseos de éstos no se llevaron a la covacha. (Adovasio *et. al.*, 1980).

El sitio Shriver, en el NW del estado de Missouri tiene una ocupación fechada en 14.800±1.500 aP. por termoluminiscencia, que subyace otra en la que existe una punta de Folsom atípica (Reagan, *et. al.*, 1978).

La isla de Santa Rosa, en la costa californiana, al norte de Los Angeles, ha producido informaciones muy importantes sobre la más antigua presencia del hombre en América. Dentro de la formación geológica Isla Santa Rosa, en el miembro Tecolote, se han encontrado dos tipos de hogar, uno de aproximadamente 60 cm de diámetro, por la misma profundidad, y otro, de forma lenticular, que oscila entre los 3,5 y los 5 metros, alcanzando 60 cm en la parte central. En estos, o asociados directamente, se hallan huesos quemados de fauna pleistocénica, entre ellos del elefante enano *Elephas exilis,* típico de la isla, además de conchas de abulón. También hay abundantes instrumentos de piedra, algunos de ellos de rocas que no se encuentran en la isla, sino en la vecina costa, y de los carbones de los hogares y de los huesos se han obtenido fechas que van desde más de 37.000 años aP. (UCLA-749) hasta 11.800±800 (UCLA-106). (Orr, 1968). Un hogar, con litos asociados, ha dado fechas de más de 40.000 años aP. (Berger, 1980) según cuatro fechamientos por C14 de los carbones de madera de dicho hogar: UCLA-2100A, 2100B, 2100C y 2100D.

En la península de Baja California existen las huellas de lo que fue una laguna de tamaño regular, la laguna Chapala, que en ciertos años todavía alcanza a tener algo de agua. En las terrazas que denotan pasadas fluctuaciones de nivel se han encontrado muy numerosos artefactos de piedra. Una de estas terrazas ha producido la fecha de 14.610±270 (Gak-4362) en una costra de caliche; se trata de la segunda terraza, de 8,5 metros sobre el piso de la laguna. Por tratarse de un caliche, que es un horizonte B/Ca es de suponer que en esa fecha el agua se encontraba por debajo de tal nivel, o sea que estaba formando lo que sería la tercera terraza, la de 4,5 metros con lo cual el material de las terrazas primera y segunda es anterior a tal fecha. Los materiales líticos consisten en grandes bifaciales y lascas, también grandes, junto con tajadores y tajaderas, en realidad predominantes. No se han encontrado

restos óseos atribuibles a fauna pleistocénica, pero también es cierto que apenas se han hecho otra cosa que algunas excavaciones menores. (Arnold, 1957; Ritter, 1976).

En el Rancho de la Amapola, inmediaciones de la población de Cedral, en el Estado de San Luis Potosí, se ha encontrado un hogar fechado en 31.850±1.600 (I-10.438) aP. y un raspador discoidal en 33.300± (2.700-1.800) (GX-7686) a lo que se unen otros artefactos de hueso y litos de fechas no precisadas con claridad, pero algunos de los cuales quedan entre los 20 y 17.000 aP. (Lorenzo y Alvarez, 1979; Lorenzo y Mirambell, 1978, 1979, 1980 y 1982).

18 / Sitio El Cedral, San Luis Potosí, México. Arqueolítico.

19 / Arqueolítico. Provenientes de El Cedral, San Luis Potosí, México.

De la región central del Estado de Jalisco, México, Solórzano (1976) describió un total de 30 artefactos de hueso, 15 provenientes de las riberas del lago de Chapala y otros tantos de las de Zacoalco. Todos muestran huellas de haber sido trabajados por corte, pulimento o perforación y están altamente mineralizados. Dos de ellos, ambos percutores, son metapodiales de caballo y debido a que todos los demás muestran mineralización semejante o superior y provienen de la misma región, puede atribuírseles una edad pleistocénica, sin riesgo de error en la predicción. Existe, sin embargo, un "caveat" que debe tomarse en cuenta. Mirambell (1969) describió un fragmento de madera mineralizada (xilolito) proveniente de la misma región que mostraba huellas de haber sido cortado cuando fresco con un hacha que, por el tamaño de los cortes y la limpieza de los mismos, sólo podía ser de acero, pues las prehispánicas de piedra o de cobre de la zona no tienen tan grande la hoja; la mineralización puede haber sido causada por la proximidad de algún hidrotermalismo, ya que consistía en una fuerte silicificación, lo cual, por otro lado, no acontece con los huesos mencionados.

Ya anteriormente Solórzano (1962) había descrito otros artefactos y algún material óseo humano, con la misma fosilización. Los restos humanos consisten en un segundo gran molar inferior derecho, de una persona de no menos de 50 años y de un fragmento de maxilar, rama derecha, con lo que podría ser el segundo premolar. Ambas piezas provienen de la región de Chapala y están muy fosilizadas.

De una playa pleistocénica del lago de Chalco, en Tlapacoya, cerca de la ciudad de México, se tienen dos fechas de C14, provenientes de los carbones de sendos hogares: 24.000± 4.000 (A-794B) y 21.700±500 (I-4449). En asociación directa con estos hogares y con otros más, no fechado, se encontraron montones de huesos, entre ellos de animales ahora extinguidos, tres lascas de obsidiana y varias de la roca local, además de dos huesos, también trabajados. (Lorenzo, 1972; Mirambell, 1978).

20 / Arqueolítico. Hilera superior: Tlapacoya, México. Hilera inferior: Teopisca, Chiapas, México.

21 / Sitio Tlapacoya, México. Arqueolítico.

Al norte de la presa de Valsequillo, cercana a la ciudad de Puebla, en un lugar llamado barranca de Caulapan y en una capa aluvial, se encontró una raedera sobre lasca que fue fechada, por los moluscos contenidos en la misma capa, en 21.850±850 (W-1895) antes del Presente (Szabo, *et. al.*, 1969).

En las tierras altas del Estado de Chiapas, en la zona de Teopisca-Aguacatenango se localizó un conjunto de artefactos líticos en su-perficie (Lorenzo, 1977) que fueron motivo de trabajos posteriores. Guevara Sánchez (1981) presentó otro trabajo y ya fue posible definir la presencia de una industria característica que más tarde García Bárcena (com. personal) ha seguido trabajando. Se trata de dos horizontes de ocupación de la misma industria, con muy pocas variantes y la particularidad de que la ocupación inferior viene asociada fauna pleisto-cénica, mamut y caballo.

211

Esta industria parece ser la misma que la localizada por Puleston (1975) en un lugar llamado Richmond Hill, en Belize. Básicamente consiste en lascas retocadas, raederas y denticulados, con ausencia de puntas de proyectil, siendo las piezas de tamaño reducido como norma. Independientemente de un fechado directo y de lo que éste pueda decirnos, se trata de una industria cuyas características tipológicas permiten incluirla, aunque sea tentativamente, en el Arqueolítico. El criterio puede parecer simplista, pero es sistemático y coherente y no es posible aplicar otro mientras no tengamos más y mejor información.

En el caso anterior se ha alterado el orden descriptivo en razón a tratar lo que parece ser una sola industria, a pesar de encontrarse a cierta distancia un lugar del otro.

Prosiguiendo el recorrido, en la península de Yucatán era conocido, desde hacía mucho tiempo, el conjunto de cuevas de Loltún, en realidad complejo de hundimientos, galerías y cavitaciones de origen cárstico de donde se había obtenido un molar de caballo, al parecer fósil, pero no con seguridad. En uno de los cenotes secos del lugar, el de Huechil, están en proceso excavaciones que han puesto a la luz una fauna pleistocénica, con *Equus conversidens* y *Bison bison*, entre otras especies, a lo que se unen restos indicadores de numerosas ocupaciones humanas y una industria de pedernal. Existe una capa de tefra, subyacente a los hallazgos, identificada como la ceniza volcánica Roseau, originada en la isla Dominica y fechada en 28.400 años aP. Hasta ahora no se ha encontrado material fechable en las capas de ocupación (González Crespo, com. personal).

Saliendo de México en América Central son pocos los hallazgos que pueden atribuirse al horizonte Arqueolítico y algunos de ellos muy dudosos, como el del río de la Pasión, en el Petén guatemalteco (Shook, 1951) donde se encontraron restos óseos fósiles de camélidos, mastodonte, megaterio y gliptodonte, además de algunas lascas de piedra. Uno de los huesos mostraba tres incisiones que en corte presentaba forma de V, originada por un objeto duro, cortante, como puede serlo el borde de una lasca de piedra.

En Nicaragua, en el lugar llamado El Bosque, ha sido encontrado un conjunto de restos de fauna pleistocénica, de carácter eminentemente sudamericano, junto con algunos litos. La apatita de los huesos ha producido fechas que van de más de 32.000 (GX-3623) a 22.640$\pm$ (1.100-900) (GX-3504) (Espinosa, 1976).

Es posible que parte de los conjuntos líticos encontrados por Snarskis (1979) en Turrialba, Costa Rica, puedan quedar incluidos en el Arqueolítico, pero hasta ahora no existen elementos suficientes de juicio.

Con esto terminamos lo concerniente al Arqueolítico en Norte y Centroamérica, la fase cultural más antigua del Continente, y no se puede resistir la tentación de ampliarla, como corroboración de su existencia, a los sitios que, con el mismo criterio clasificatorio, quedan incluidos en este horizonte.

De Venezuela sabemos que los yacimientos de Taima-Taima y Muaco, 16.375$\pm$400 (H-O-999) y 14.300$\pm$500 (M- 1068) el último, 12.580$\pm$150 (IVIC-627) y 14.010$\pm$140 (IVIC-672) donde ambos sitios presentan huesos fracturados, algunos otros aparentemente quemados, litos que podrían haber servido como martilladores y, recientemente un fragmento de un bifacial "joboide" en asociación con un mastodonte juvenil en Taima-Taima (Gruhn y Bryan, 1981). Se trata en los dos casos de manantiales a los que siempre han acudido hombres y animales con lo cual las alteraciones estratigráficas y las intrusiones son fáciles.

El sitio de El Abra, en la sabana de Bogotá, Colombia, ha dado una fecha de 12.400$\pm$ 160 (GrN-85) para un horizonte con artefactos

22 / Sitio El Bosque, Nicaragua. Arqueolítico.

líticos (Correal y Van der Hammen, 1970) y también en la sabana de Bogotá, en unas covachas en Tequendama, se han encontrado restos de ocupación humana, con una industria lítica que se fecha hasta en 10.920±260 (GrN-6539) (Correal y Van der Hammen, 1977).

Un sitio de mucho interés y de difícil interpretación es el de Garzón, a orillas del río Magdalena, en Colombia, pues en él se han encontrado en asociación indudable restos de fau-na pleistocénica, de megaterio y de mastodonte, con artefactos tallados en xilópalo, así como con algunas piedras más o menos redondeadas. (Bürgl, 1957). El problema es que, de acuerdo con la cronología de la terraza, en extrapolación con la cronología glacial europea, correspondería al equivalente a Mindel, fecha por demás remota, aunque también podría ser que esa extrapolación no tenga la validez que se le otorga. (Van der Hammen, 1957).

La cueva de Guitarrero, unos 6 km al sur de la desaparecida población de Yungay, en el Callejón de Huaylas, en el Perú, ha producido en las capas más profundas, fechadas en 12.560±360 (Gx-1859) un conjunto de lascas retocadas y sin retocar, algunas raederas con retoque abrupto, fabricadas en grandes lascas, algunas tajaderas, martilladores, grabadores-raederas, un pequeño cuchillo bifacial, dos micronavajas y una punta con pedúnculo y aletas, lo cual es extraño, en cierto sentido. A pesar de la presencia de este artefacto, el horizonte llamado Guitarrero I puede incluirse en el Arqueolítico como horizonte general, al que indudablemente pertenecen todos los demás artefactos, sobre todo tomando en cuenta el contenido cultural de la fase siguiente, Guitarrero II, plenamente Cenolítica (Lynch, 1980).

La cueva de Pikimachay, cerca de Ayacucho, en el Perú, ha dado una serie de niveles de ocupación que cubren prácticamente el Pleistoceno final y el Holoceno. Los hallazgos de este lugar, junto con los de otra cueva cercana, Jayamachay, permiten establecer una secuencia muy completa de la Etapa lítica. El complejo más antiguo, Paccaicasa, tiene fechas que se remontan a más de 22.000 años las más antiguas y a unos 14.000 las más recientes. Los artefactos encontrados son de difícil calificación, por tratarse de rocas desprendidas de la misma cueva, así que, sin poner en duda la posibilidad, es más seguro tomar la fase siguiente, la Ayacucho, que comienza alrededor de 14.150±180 (UCLA-1464). (MacNeish, 1979).

En la cueva de Huargo, 50 km al Norte de la de Lauricocha, en el Perú, en la capa 8, de 13.460±700 (BVA-s/n) aP., aparecieron dos huesos trabajados (Cardich, 1973).

El sitio de Alice Boer, cercano a la ciudad de Río Claro, Edo. de São Paulo, Brasil, contiene una estratificación clara en la cual el nivel más profundo que se ha fechado es de unos 14.000 aP. Por debajo de este nivel existe una industria abundante de pedernal (Beltrão, 1974; Bryan y Beltrão, 1978). Recientemente se han dado informes acerca de la presencia de puntas líticas toscas, lanceoladas y navajas retocadas, que se han llamado "leznas", fechadas por C14 entre 12.350±1.150 y 4.100±100, corroborado por un fechamiento por termoluminiscencia de material tomado por encima de la capa de 12.000, que ha dado 10.000 años aP. (Hurt, 1981).

En la zona SW del Estado de Rio Grande do Sul, en el lugar llamado Arroyo dos Fósseis, Miller (1976) encontró artefactos líticos en asociación con un cráneo de *Glossotherium robustum* que al ser fechado dio 12.720±220 (SI-800) lo que fue corroborado en trabajos posteriores por Bombin y Bryan (1978).

En el sudeste del Estado de Piaui, Brasil, en la zona de São Raimundo Nonato, uno de los sitios, el Do Meio, ha producido una fecha de 13.900 aP. (GIF-74618) y, por debajo de ese estrato, una industria lítica (Guidon, 1981).

Otro lugar es Tagua-Tagua, en Chile, de 11.380±320 (Gx-1205) aP. Una laguna a cuyas orillas el hombre en varias ocasiones mató y destazó distintas presas, dejando huellas claras de su presencia, pero un instrumental muy reducido (Montane, 1968).

En Quereo, Chile, un nivel de ocupación anterior a 12.000 años y posiblemente del orden de 25-20.000 (Núñez, *et. al.*, 1981).

En la provincia de Llanquihue, Chile, en el sitio de Monte Verde, a orillas del río Maullin, uno de los ocho estratos localizados, el 6º contiene materiales arqueológicos que se fechan en no menos de 13-12.000 años (Dillehay, 1981).

La cueva de Las Buitreras, a orillas del río Gallegos, en la Patagonia argentina contiene un estrato que subyace una tefra de alrededor de 9.000 aP. en el que se han encontrado litos y restos de animales pleistocénicos, que pueden fecharse en más de 13.000 aP. (Borrero, 1981).

Los hallazgos de lugares ocupados por el hombre se cierran en el extremo sur del Continente en la cueva de Los Toldos, en Argentina, en donde, en la capa 11, fechada en 12.600± 600 (FRA-98) se encontró una industria de raspadores y raederas sobre lascas grandes, puntas monofaciales subtriangulares "musteroides", con ausencia de talla bifacial y de puntas líticas verdaderas (Cardich, et. al., 1973).

Con esto terminan los 16.000 kilómetros de caminata, o algo más, que van desde las orillas del estrecho de Bering hasta Patagonia y, permítase la insistencia, se hace clara la incongruencia de aferrarse a una llegada del hombre a América, por esa vía, hace 12 ó 14.000 años. La simple revisión de las fechas de que se dispone y que se han dado en páginas anteriores, hace ver la debilidad de esa posición.

Si suponemos la llegada de los primeros hombres desde hace unos 50.000 años, durante el subestadio glacial Altoniense, hemos de admitir que vinieron en varios grupos o bandas, llámeseles como se quiera, y a lo largo de varios milenios, pues el tránsito era posible de uno a otro lado del estrecho de Bering o desde la misma Beringia. Deben haber tenido todos el mismo patrón cultural básico, de adaptación al medio ártico y subártico, de donde procedían y en el que en parte permanecieron, hasta que comenzaron a desplazarse hacia el Sur y, al llegar a las zonas no glaciadas, fue posible extenderse a enormes territorios, produciéndose indudables aislamientos en algunos grupos, con lo cual se deben haber dado diferenciaciones al tener que adaptarse a distintas zonas ecológicas. Hace unos 28.000 años comienza el subestadio interglacial Farmdale, con una mejoría climática que alcanza hasta hace 22.000 años, cuando se inicia el subestadio glacial Woodford, o sea que la gente del horizonte cultural Arqueolítico pasó por dos subestadiales glaciales y un interglacial, con los efectos que estos grandes procesos climáticos significan en cualquier latitud en la que los hombres se encontraran. Tan larga temporalidad, tan intensos cambios climáticos y las migraciones por muy distintas zonas climáticas deben haber conducido a importantes procesos de adaptación. Sin embargo, las pruebas de que hasta ahora disponemos, cierto que pocas, nos muestran una gran unidad, como si se tratase de un solo patrón cultural, perdurable por suficiente, a lo que se une la casi segura baja demografía y aislamiento.

CAPITULO VIII

EL CENOLITICO

Siempre es difícil, al menos en arqueología prehistórica, establecer con claridad las fases de transición, y a veces parece que todo un horizonte es en sí y por sí transicional. En el caso concreto del paso del Arqueolítico al Cenolítico inferior en realidad no tenemos elementos para definirlo mediante los hallazgos de uno o más sitios donde la natural transición se presente. Desde luego falta todavía mucho trabajo, diríamos muchos descubrimientos, y ya llegará el momento en el que tengamos los suficientes datos, pero si el tránsito fue a lo largo del tiempo, se tratará de un cambio apenas perceptible en cada instancia y se requerirá el hallazgo de un sitio que haya sido ocupado durante un largo lapso, o bien, como se hace en estratigrafía geológica, componer tomando de diversos yacimientos, siendo difícil, de todas maneras, fijar cronológicamente cuando se inicia el cambio y cuando termina, razón por la cual los arqueólogos siempre estamos obligados a atribuir fechas determinadas que no son más que arbitrios necesarios.

En ciertos casos puede suceder que se encuentre un conjunto lítico cuyos materiales comparten las categorías de los del Arqueolítico, pero que sean de tiempo posterior. Esto puede deberse a: 1) una supervivencia del patrón cultural, en posición de grupo marginado; 2) una representación parcial de los instrumentos de un grupo más avanzado pero que conserva aquellos tipos para ciertas actividades concretas; 3) un aparente retroceso causado por la mala calidad de la materia prima disponible en la localidad del caso, lo que conduce a la fabricación de artefactos menos elaborados, aunque sean capaces de cumplir determinadas funciones.

Por lo anterior, se fija el cambio del Arqueolítico al Cenolítico inferior en alrededor de 14.000 años aP. para Norteamérica, incluyendo la porción de México que queda al Norte del Istmo de Tehuantepec, siendo posible que, para Centro y Sudamérica, sea más tardío, ya que puede haberse tratado de grupos humanos que partiendo del Arqueolítico como patrón cultural básico, fueran evolucionando en su transcurso temporal y espacial y por ahora nos son desconocidas las líneas de este proceso evolutivo que pueden haber tenido patrones culturales derivados y condicionados por los distintos medios físicos y bióticos, hasta hacer irreconocible su origen, o también es posible que hayan recibido influencias de grupos poseedores del patrón cultural correspondiente al Cenolítico inferior, ya también en proceso de transformación, y haberse generado patrones mixtos. Pero todo esto es sencillamente conjetural y la verdad es que nos falta información.

El problema cronológico que pudiera suscitarse en la periodificación que manejo, no lo es tanto, ni tal, pues al desplazarse un cierto patrón cultural hacia el sur, desde su origen, lo cual es espacio, requirió un tiempo y es natural que en ese lapso haya sufrido transformaciones aunque no en lo básico y vemos que esto funciona pues los sitios de más antiguas fechas, de norte a sur del continente, tienen como denominador común la carencia de puntas de proyectil en términos generales, pues a pesar de que aquí o allá aparezca alguna, no son la norma.

El Cenolítico inferior no es factible que pueda aislarse con facilidad en Sudamérica, pues el elemento fundamental que diferencia al Cenolítico inferior del superior, las puntas acanaladas, no parece conjugarse con la realidad Sudamericana, lo cual es natural si tomamos en cuenta tiempo y distancia, ya que las puntas "colas de pescado" que permitirían establecer la continuidad del Cenolítico inferior, cronológica y corológicamente no funcionan de esa manera (García Bárcena, 1982) y al igual parece ser que el elemento calificativo del Cenolítico superior, la presencia de incipientes instrumentos de molienda, no siempre es contemporánea. Esto no es extraño dentro de un proceso dialéctico y al contrario, lo que sería incomprensible sería la permanencia a través del tiempo y del espacio y de los cambios de ecosistemas de un mismo patrón cultural. Debemos admitir que los marcadores de horizontes que sirven para Norteamérica y alcanzan ciertas partes de la América Central, no funcionen para Sudamérica y que existan otros, todavía no perceptibles por la escasez de trabajos y que, además, puedan ser muy diversos, debido a las grandes variaciones del subcontinente sudamericano.

En muchos autores encontramos un estadio que llaman de "cazadores de megafauna", expresión con la cual se califica el hallazgo de sitios de matanza y destazamiento de mamutes y mastodontes y los artefactos o sus fragmentos a ellos asociados, como dictaminativos de nada menos que un horizonte cultural.

El hecho, innegable, de que se cazaban grandes piezas cuando se eleva a la categoría de patrón cultural básico, es exagerar una situación accidental hasta hacerla llegar a normal. Sin lugar a dudas son frecuentes los hallazgos de osamentas de mamutes o de mastodontes con huellas obvias de haber sido carneados por el hombre, pero hay que aceptar que la frecuencia de estos hallazgos está relacionada directamente con la espectacularidad de esas osamentas, el enorme tamaño de los huesos, que han llevado a que en muchos lugares y tiempos se les llamasen "huesos de gigante". Mucho más extraño es el caso de encontrar los pequeños huesos de un conejo, o de una liebre, siendo indudable que también los comían quienes aprovecharon el proboscídeo.

La cacería de los grandes mamíferos implica la posesión de armas capaces de perforar con la suficiente penetración y fuerza como para alcanzar órganos vitales de la presa, lo que no era el caso, pues además de los requisitos mencionados debía también cumplirse, que el arma tuviera el necesario alcance. También es posible que la presa se pudiera obtener mediante un sistema de organización social, por parte de los cazadores, capaz de provocar y dirigir una estampida de la manada de animales, de tal manera que se precipitasen por un acantilado, cayesen en trampas profundas o se empantanasen. Es más razonable pensar que la muerte de un proboscídeo se llevase a cabo cuando éste tenía mermada su capacidad de defensa, lo que podría ser por estar herido o enfermo, sin dejar de lado la posibilidad de que también se hubiera empantanado sin intervención humana. Es muy frecuente el encontrar esos restos de proboscídeos en lugares que fueron pantanosos, a lo que se une el que en muchas ocasiones una o dos patas del animal se encuentran en perfecta relación anatómica y verticales, esto es, como si se hubieran enterrado profundamente, con lo cual el animal quedaba indefenso, siendo relativamente fácil aprovechar la situación para ultimarlo. Es cierto que los elefantes actuales tienen en las patas una especie de acojinamiento que hace a la vez que la planta de "pes" o "manus" se dilate al apoyarse en ellos, ampliando la superficie para mejor distribuir el enorme peso, pero también se empantanan. Sencillamente, la muerte de grandes piezas no es posible que se considere como elemento diagnóstico marcador de una actividad capaz de caracterizar un horizonte cultural.

Se mantiene, sin embargo, un problema importante y es el de que los sitios de matanza y destazamiento producen cierto género de restos culturales, los normados por la actividad específica que allí se realizó, o sea puntas de proyectil líticas que quedaron perdidas u olvidadas entre la osamenta, que a veces se emplearon como cuchillos (Mirambell, 1964), más que como proyectiles, algunas lascas de borde cortante, o bien pequeños restos de talla que indican el reavivado de algún borde de corte. En ciertas ocasiones también hay alguno que otro instrumento de hueso y, también esporádicamente, huellas de hogares.

La razón de tal pobreza de elementos culturales es lógica, pues siempre se excavan los restos óseos, donde no puede haber otras cosas. Sin lugar a dudas sería más productivo excavar el sitio donde se estableció el campamento de los cazadores quienes, por varios días, tuvieron que dedicarse, en primer lugar, a darse un festín pantagruélico, mientras que secaban, ahumaban o salaban la mayor cantidad de carne posible. Hasta ahora no se ha dado el caso, no ya de excavar uno de estos obligados campamentos asociados, sino siquiera de encontrarlo en vecindad inmediata. Lo que se sabe, lo poco que se sabe, de las demás actividades de estos grupos que aprovecharon los proboscídeos, se ha obtenido en lugares de campamento, pocos hasta ahora en proporción con los de matanza, y en ellos se ve que los restos óseos de animales encontrados pertenecen a muchas especies, lo cual es normal.

De lo anterior se deriva otra aclaración necesaria y es la concerniente a la supuesta hecatombe que, entre la megafauna pleistocénica, causó en América la llegada del hombre tema que ha causado una larga polémica y numerosas publicaciones.

Una de las premisas para esa hecatombe es la de la llegada del hombre a América no antes del catorceavo o quinceavo milenio, lo cual, como se ha visto, a estas alturas ya es insostenible. Otra es la de un crecimiento demográfico de los seres humanos en América que no se conjuga con la escasez de sitios en los que se encuentran sus restos. Pero hay otra, muy importante, a la que nos atendremos.

Según Graham (1979) la extinción de mastofauna durante el Pleistoceno se caracteriza por la desaparición de los grandes herbívoros y la de los depredadores que se asocian a ellos. En las latitudes medias de Eurasia únicamente se extinguieron cuatro géneros: *Mammuthus*, *Coelodonta*, *Megaloceros* y *Ovibos*. Sin embargo, en el continente americano, al norte de México, la extinción incluye 32 géneros de mamíferos; grandes herbívoros, carnívoros y roedores gigantes.

En la Geología histórica hallamos extinciones masivas con relativa frecuencia, pero la cercanía temporal y la posibilidad de fechamiento preciso que tiene la del Pleistoceno final, la hacen única en su género, por cuanto al profundo conocimiento que se tiene de este fenómeno, a lo que se une la presencia del hombre, lo cual hace que esta extinción sea distinta, en su enfoque, a las demás.

No es sostenible, por lo tanto, mantener la tesis de que la megafauna pleistocénica de América desapareció por causa de la actividad humana, ya que, entre otras cosas, la densidad demográfica de los cazadores del Pleistoceno superior en Eurasia fue mucho más alta que en América, según lo demuestran la cantidad y calidad de hallazgos de campamentos de estos grupos en uno y otro lado, por lo que no es posible siquiera imaginar cómo los menos numerosos acabaron 32 géneros, mientras los más numerosos apenas lo hicieron con cuatro.

A lo anterior puede unirse la perplejidad que causa el que los cazadores del Pleistoceno superior (y para el caso del Holoceno) de Africa y de grandes extensiones de Asia no acabaran también con los proboscídeos locales. En este último punto surge la reflexión de que, precisamente en Africa o las regiones asiáticas en las que hay, o hubo, elefantes, lo más cercano al mamut, su cacería no es frecuente, por las dificultades y riesgos que implica, pese a que disponen de instrumental metálico, incluyendo acero, desde hace milenios, y armas de fuego desde hace siglos. La matanza estúpida de estos animales durante el último siglo tiene otras causas.

La fantasmagoría del hombre-cazador-de-mamutes-como-único-sustento ha alcanzado categorías poco imaginables, y así nos es posible leer cosas en las que la ingenuidad, que no el ingenio, alcanza grados superlativos. Tómese como ejemplo lo que Saunders (1980) nos explica al respecto: "Hoy en día parece que los elefantes son cazados por diversos medios adecuados y por varias razones, pero por muy pocos de los nativos. Esta carencia de diversidad por parte del cazador, al igual de que no hay pueblo indígena que yo conozca que cace otra cosa que elefantes aislados, arroja dudas sobre la utilidad de pensar en los métodos de cacería de los indígenas modernos o de las motivaciones para esta actividad si es que buscamos una comprensión del hecho dentro de una visual en el Pleistoceno. Más bien, la literatura moderna (Coon, 1979: 110-119; Sikes, 1971: 302-315) me demuestra que un modo de vida de cazador de elefantes ya no se practica más. Esto sugiere que los métodos nativos de cacería que hoy están en uso son una pobre analogía para entender cómo se llevaba a cabo un modo de vida del Pleistoceno". (*Op. cit.*: 951. Traducción J. L. L.).

O sea que como el sistema comparativo con la etnografía no funciona para su modelo, algo anda mal, y eso sin lugar a dudas es la etnografía, jamás las premisas en las que se basa todo el modelo. Hay una indudable honestidad por parte del autor, a la vez que una sujeción negativa al positivismo lógico que ha impuesto a los modelos como explicación apriorística, con los resultados que vemos.

Respecto al mismo tema y ampliando lo señalado en páginas anteriores, creo conveniente copiar entero un párrafo de obra reciente (Dollfus, 1981: 71).

"Hay otra interrogante no resuelta: la desaparición en algunos milenios de varias especies de mamíferos: hipparion, mastodonte, gliptodonte y varios cérvidos grandes. La causa de su extinción está mal sustentada en cuanto los cambios climáticos no han sido mayores. Por otra parte, ningún medio constituía una trampa, pues quedaba siempre la posibilidad de desplazarse. El argumento de la caza, que puede expli-

car la desaparición del perezoso gigante, animal manso, difícilmente puede generalizarse a las demás especies. En efecto, la densidad de cazadores entre el XII y VII milenio antes del presente (época en la que desaparecieron las principales especies) debió ser muy débil (no mayor de 10 habitantes por 100 km^2). Por otra parte, en Africa oriental, donde la presencia humana es la más antigua del mundo (tres millones de años) y relativamente importante, la gran fauna salvaje ha sido y sigue siendo notable en cuanto al número de especies y densidad de la biomasa animal por unidad de superficie".

No juzgo necesario añadir otra cosa a tan clara expresión de la nulidad de la hipótesis de la desaparición de la megafauna debida a la actividad humana.

En Driver y Massey (1957) encontramos información que muestra cómo ciertos grupos humanos, en determinadas ocasiones anuales, reunían sus elementos dispersos para organizar arreadas y así obtener gran cantidad de presas con un mínimo esfuerzo, por cuanto a la proporción obtenida de carne. La presa más frecuente eran los conejos. Ahora bien, lo que interesa es el que se tuviese el sentido y la capacidad de colaboración social para determinados propósitos y que se utilizaran redes o callejones construidos con piedras, se supiera llevar a las hordas de animales a precipicios o a zonas pantanosas e inclusive a cuerpos de agua, donde eran rematados con facilidad. A esto debe unirse el ya comentado enfoque de que los aguerridos cazadores de mamutes, a juzgar por los restos óseos dejados de sus actividades, eran mucho más conscientes de su capacidad real y consumían muchísimas más piezas menores que grandes animales.

Así, en la región de Tehuacán, para la última fase del Cenolítico inferior, allí denominada Ajuereado, de más de 10.000 aP. a aproximadamente 9.000 aP., los huesos encontrados demuestran un altísimo porcentaje de conejo y menores, pero importantes, de lagartijas, serpientes y diversas aves; de fauna mayor hay restos de caballo y de antílope (Flannery, 1967).

En una región muy diferente bajo todos aspectos, donde se encuentra enclavado el sitio de Meadowcroft (Adovasio et. al., 1977) se consumían venados cola blanca y conejos, con algunos ratones de campo, fundamentalmente, también en el Cenolítico inferior.

El aspecto de alimentación de productos vegetales obtenidos mediante recolección, también estaba presente, lo cual no es dudoso por principio, pero afortunadamente se tienen evidencias de ello. En Tehuacán (Smith, 1967) para el horizonte que nos ocupa, se consumían granos de Setaria, de varias otras gramíneas que no han podido identificarse, y de Amaranto. También aguacate, semillas de mezquite, tunas y frutos de la chupandilla y ya usaban plantas fibrosas concretamente hojas de palma, para elaborar posiblemente cordajes.

Tomando en cuenta que las condiciones de preservación del material vegetal son muy distintas entre los dos lugares que mencionamos, de Meadowcroft también han llegado algunos restos, de nueces, piñones, cerezas y una gran diversidad de bayas. También allí se tenían plantas en uso que podemos llamar industrial, como es el caso de un fragmento de canasta, quemado, hecho de tiras de corteza de abedul.

Desde luego no negamos, ni mucho, que en el tiempo del Cenolítico inferior se consumieran mamutes y mastodontes y que no se puede tomar en cuenta que sus restos no se hayan encontrado en lugares habitados, como son las cuevas de los sitios mencionados, ya que su ausencia es a todas luces normal, pues no es cómodo, ni necesario, andar cargando una pata de proboscídeo, si es que se puede descarnar y llevar nada más la carne para consumo, de lo que no quedan huellas.

Tampoco se niega el que, en algunos casos, se hayan practicado arreadas de proboscídeos encaminándolos bien sea hacia algún precipicio o a una zona pantanosa, para que se matasen en la caída, en el primer caso, y para que quedasen empantanados en el segundo y así rematarlos con facilidad. De esto último se tienen evidencias por algunos mamutes que se han excavado en la Cuenca de México en los cuales una o dos extremidades estaban profundamente enterradas en estratos lacustres, sobre los que yacía el resto del esqueleto, desmembrado. De cuántas personas se componía el grupo que efectuaba la arreada y de las partes que a cada quien correspondía en la actividad, no es posible decir nada, salvo remitirnos a la literatura etnográfica del caso y conjeturar, por extrapolación, cómo pudo haber sido, pero esto con gran cuidado y siempre como conjetural. El ir más lejos y perorar sobre si se trataba de un grupo de tal o cual tamaño, con o sin división sexual y social en las actividades, me parece juego de artificio.

Las microbandas y macrobandas pertenecen a una terminología lógica (Steward, 1933) en la etnografía, pero difícil de sostener en la prehistoria como calificativos reales ante las pruebas en que se basan. Lo que en Steward (op. cit. y 1955) son ejemplos tomados de los shoshone de la Gran Cuenca se adoptan luego como inferencia ante ciertos materiales arqueológicos y de mera conjetura con el tiempo, nos encontramos con un axioma: hogares chicos, microbanda; hogares grandes, macrobanda.

Si las dimensiones de los hogares son el parámetro que nos va a dar las características de la composición social de los ocupantes de un sitio también podríamos decir: hogares pequeños, descomposición de una macrobanda a la hora de preparar los alimentos en unidades familiares nucleares; hogar grande, microbanda que hace una gran hoguera. Dejando aparte el posible enfoque jocoso del problema es necesario advertir que carecemos de elementos reales para buscar la integración de los grupos sociales bajo estudio, por lo menos hasta ahora.

El tiempo de duración del Cenolítico, de 14 a 7.000 aP., queda incluido en una fase climática crucial: el paso de una glaciación a un clima como el actual. En la división establecida el Cenolítico inferior va de 14 a 9.000 años aP. y el Cenolítico superior de 9 a 7.000 años aP.; el primero es el tiempo en el que termina el Pleistoceno y comienza el Holoceno o Reciente, nada menos. Si bien ambos horizontes culturales conforman una unidad, podría compararse con el Paleolítico superior europeo, del que es parcialmente contemporáneo, cuando comenzaron a establecerse distinciones aparentes en los materiales arqueológicos, según regiones, que muy bien pudieran indicarnos diferencias étnicas, pues bien algo semejante parece haber tenido lugar en América. Desde luego y antes que nada tenemos que tomar en cuenta las enormes diferencias en todos aspectos, marcados por la extensión territorial y la continuidad latitudinal, características del Nuevo Continente, frente al área reducida que, en comparación, supone la Europa occidental y la hasta cierto punto uniformidad climática.

En América nada más natural que pronto se hayan establecido diferencias concretas, aún entre grupos del mismo origen, una vez que se hayan extendido en territorios tan amplios, con tantas diferencias ecológicas en distancias cortas y bajo la influencia de un clima en proceso de cambio. De aquí que, en los primeros milenios, las zonas habitadas por el hombre, aquellas en las que, con su caudal de conocimientos, con eso que en la Antropología llamamos Cultura o patrón cultural, hayan sido relativamente restringidas, quizá estacionalmente reducidas, a causa del factor clima cuando éste era constante, pero una vez iniciado el cambio, las transformaciones del paisaje fueron numerosas y con ello la necesidad de transformación de usos y costumbres.

Así pues, de una unidad cultural bastante general en los primeros milenios que ponemos precisamente en el llamado Cenolítico inferior, la crisis que supone el cambio climático del subestadio glacial Woodford al subestadio interglacial Two-Creeks, aunque no haya sido muy notable, y luego el subestadio glacial Greatlakense, debe haber obligado a numerosos cambios, de toda índole, pues los habitats en los que el hombre ya se encontraba instalado y adaptado fueron alterados, no tanto entre los de vecindad inmediata, pero sí mucho entre los alejados entre sí, provocando una situación de reto al que responder para sobrevivir. No se quiere forzar la posible situación y negar el que ya hayan existido casos de especialización, aunque ésta correspondiera a fases estacionales o especializaciones como puede ser la que se requiere para obtener la subsistencia al borde de una albufera o la necesaria para el mismo propósito en una sabana. A juzgar por los hallazgos, la gente de las puntas acanaladas prefería el paisaje de praderas y si en algunos casos sus restos están directamente asociados a cursos de agua o a lagunas o lagunetas, nada más normal y menos indicador de especialización en la explotación ribereña, pues la cercanía del agua marca a la vez el uso que tanto ellos como sus presas hacían de ella.

El Cenolítico inferior se inicia, pues, en un tiempo determinado, con climas específicos según las diversas posiciones geográficas, lo que quiere decir floras y faunas características. Mientras dominan el frío y la aridez glacial, se mantienen las mismas formas de actividad subsistencial, pero sobreviene el gran cambio que es el fin del Pleistoceno, con las pulsaciones menores que cada región haya tenido, y entonces se hacen necesarias modificaciones substanciales y diversas o, si no, emigrar moviéndose dentro de la zona ecológica a la que se estaba habituado, como sucedió con el Magdaleniense en Europa, que del Suroeste de Francia fue yendo hacia el Norte, hasta Inglaterra, detrás de la franja esteparia que existía en la zona periférica del casquete glacial que se iba retirando al Norte, al correrse el manto de hielo que la originaba.

Hasta ahora el Cenolítico inferior en ciertas regiones de América tiene como característica las puntas líticas acanaladas de proyectil. En las regiones en las que este tipo de artefacto no existe, la presencia del Cenolítico inferior se señala por elementos que marcan un modo de vida fundamentalmente cazador, con menor dependencia aparente en la recolección de productos vegetales, lo cual es demostrable por la ausencia de instrumentos de molienda.

Es cierto que, a veces, hacen acto de presencia en este horizonte piedras planas en las que se observan huellas de haber sido empleadas para moler sobre ellas, pero se trata de artefactos informes de los que se espera una función determinada pero que no han sufrido modificaciones para ello o, si acaso, estas fueron mínimas; podrían calificarse de artefactos casuales, como alguna vez ya se hizo (Lorenzo, 1965).

La desmesurada atención que por decenios se ha prestado a las puntas líticas de proyectil y la marginación que el resto del material lítico ha sufrido, en cuanto a su caracterización tipológica, hace que cualquier estudio de la Etapa lítica obligadamente se vea forzado a dedicarle un gran espacio a las descripciones, análisis y comparaciones de las puntas líticas de proyectil, en obligado menoscabo del resto del material.

Partiendo de esta situación no queda otro remedio que dedicarle a ese género de materiales algunas páginas, en realidad más de las que en justicia se merecen, pues al fin y al cabo se trata de uno más entre una serie de artefactos y de los demás, poco es lo que se puede decir. Existe, además, algo que conviene tener en cuenta que aunque ya se ha mencionado, ahora viene a cuento, y es el caso de las "puntas de proyectil" asociadas a un mamut que, en estudio de Mirambell (1964) se demostró que en realidad se habían usado como cuchillos.

Desde la definición que se hiciera del Cenolítico inferior (Lorenzo, 1967 a y b) han transcurrido los suficientes años como para que se hayan producido una serie de hallazgos, hayan surgido revisiones y reinterpretaciones y existe más material publicado, y no se olvide que la periodificación de entonces fue hecha para México, exclusivamente. Los últimos resultados y el tener en cuenta otras regiones conducen a modificaciones de aquellos puntos de vista, como es natural.

Antes que nada debe señalarse que nuestros colegas de los Estados Unidos de Norteamérica no han podido desentrañar el problema de su nomenclatura tipológica lítica, teniendo los materiales a la mano, por lo tanto, sería presunción vana, o intento metafísico, tratar de arreglar el caos en el que se encuentran mediante el análisis de las ilustraciones de las publicaciones que existen. Se hará lo que se pueda, que no va a ser mucho, pues al ilustrar se busca siempre lo mejor y por desgracia no es posible, debido a los costos, ilustrar todo lo encontrado, a lo que se une que en la mayor parte de los casos se trata de fotografías de una sola cara del objeto, cuando mucho de las dos o bien son dibujos sumamente esquemáticos, rara vez bien dibujados y son dignos de mención los pocos casos en los que se ilustran ambas caras, con cortes en diferentes partes y todo aquello que una buena descripción gráfica requiere. La situación ya la señaló Wormington (1957) y pese a los años transcurridos no sólo perdura, sino que se ha empeorado ante la abundancia de publicaciones que mantienen la misma carencia de técnica ilustrativa.

También es justo hacer notar que la amplitud y número, cuando no la calidad de estudios en los Estados Unidos de Norteamérica es tal, en comparación con el resto del Continente, que permite considerar seriamente extensiones geográficas y temporales de tipos y sus variantes, pese a los defectos de su definición, y así captar un cuadro de extensiones, posibles movimientos y modos de producción que en otros lugares todavía no se alcanza.

De aquí surge un claro desbalance entre el tratamiento posible de una región frente a las otras y siendo las causas fáciles de discernir, no se hará hinçapié en ellas.

Debido a la situación enunciada no queda otro remedio que el de iniciar el estudio del Cenolítico inferior por las puntas líticas de proyectil que lo caracterizan, incorporando algunas adiciones a las cosas dichas hace algunos años (Lorenzo, *op. cit.*).

Aunque los elementos calificativos del horizonte Cenolítico inferior se hayan ampliado, entre otras cosas en lo que a restos de industria lítica se refiere, además de las puntas de hueso o marfil y las avante astas de los mismos materiales, así como entierros secundarios con ocre, es indudable que las puntas acanaladas siguen siendo el aspecto fundamental de clasificación, cuando existen, y por ello se debe pasar a su descripción.

De la obra clásica de Suhm, Krieger y Jelks (1954) y otros trabajos, como los de Wormington (1957), Bell (1958) y Van Buren (1974) puede sacarse en conclusión que en Norteamérica existen unas cuantas tradiciones en las puntas líticas de proyectil más antiguas, discernibles con relativa seguridad en cuanto a sus categorías morfológicas, tecnológicas, temporales y espaciales, pues el material al que más atención se ha prestado y, en ocasiones, el único estudiado y publicado.

Las puntas Clovis, hasta ahora las puntas líticas de proyectil que se consideran como las más antiguas en el Continente americano,

23 / Cenolítico Inferior. Variantes formales del tipo Clovis.

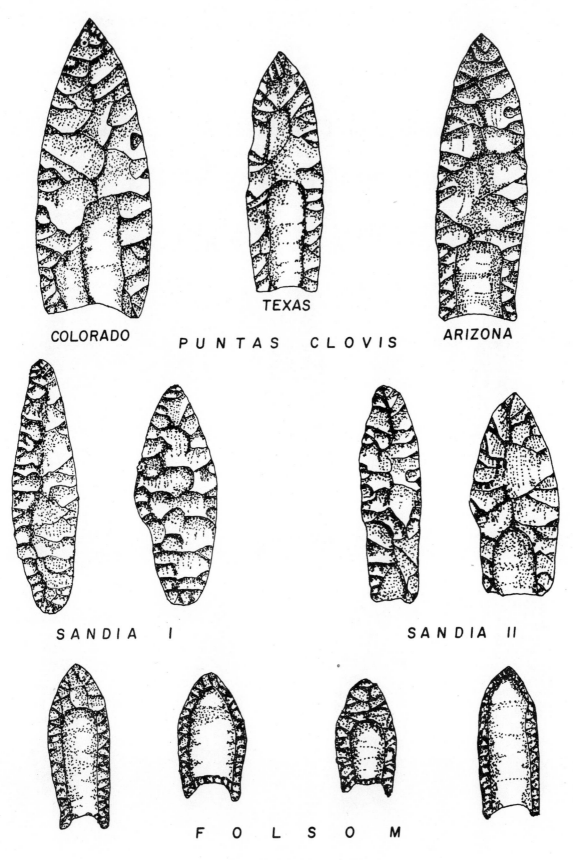

COLORADO   P U N T A S   C L O V I S   ARIZONA

TEXAS

S A N D I A   I   S A N D I A   II

F O L S O M

24 / Puntas Clovis, Sandía y Folsom.

DALTON

MESERVE

MCKEAN

25 / Puntas acanaladas de otros tipos.

se encontraron abundantemente en una zona entre los poblados de Clovis y Portales, en Nuevo México, en el Llano Estacado, colindante con Texas, y de uno de esos lugares recibieron el nombre. En una primera fase, debido a la acanaladura típica, se tomaron por Folsom, ya conocidas.

Por lo normal son de forma foliácea angosta, con la parte más ancha cerca de la zona media o la parte de ésta más próxima a la punta, de base cóncava no muy marcada, en algunos casos, pocos, la parte más ancha se encuentra en la zona cercana a la base de la parte media, o en ésta, dando una forma subtriangular. Los bordes son convexos, pero pueden ser bastante rectos, sobre todo hacia el extremo proximal, donde suelen estar desgastados por abrasión, lo que a veces produce una constricción en esa parte de la silueta. Su fabricación es tosca, por percusión lanzada de piedra contra piedra, quizá de instrumento semiduro en algunas partes y no tiene mayores retoques. Las acanaladuras están producidas por varios golpes, esto es, por varias lascas, siendo lo más frecuente el que una de las caras las muestre más alargadas que la otra; ocupan de un tercio a la mitad de la cara correspondiente. La base es siempre cóncava y sus dimensiones oscilan entre 6 a 14 cm de longitud por 2 a 4 de anchura siendo lo típico que tengan unos 8 cm de longitud por alrededor de 3 cm de ancho. En el Este de los Estados Unidos de Norteamérica aparece una variedad de la que señalamos los tipos Ohio y Cumberland, en las cuales la constricción lateral del tercio inferior es sumamente marcada hasta producir una silueta que recuerda la cola, larga, de un pez. También existen, como afiliables, unas puntas que tienen el tercio proximal totalmente Clovis, pero cuyo tercio medio y distal se agudizan, conformando un fuerte ángulo de lados rectos. De las primeras, las de cola larga de pez, se citan los tipos Niobrara, Jackson, Cumberland, Coxey, Hazel, Kuttawa, Inez, Montgomery y Leon y

de las segundas Dalton, Vandale y Meserve. Están, además las variantes de Clovis de tamaño chico que han recibido calificativo propio y son las Dover y Anderson.

Es obvio que la pluralidad de apelativos para tipos iguales es innecesaria.

Las condiciones geomorfológicas y, sobre todo, la actividad de agentes erosivos, a la vez que un menor desarrollo agrícola y urbano, han permitido que en las zonas semiáridas de Estados Unidos se hayan efectuado más hallazgos de sitios con puntas acanaladas, mientras que en el Este, en el Centro Este y el Sureste, a pesar de que en número se han encontrado muchas más puntas de ese tipo, los sitios son muy escasos y los hallazgos en su mayor porcentaje lo han sido aislados y de superficie, sin duda debido a procesos de roturación profunda que han removido los sitios hasta hacerlos irreconocibles y también a que la cubierta vegetal, siendo mayor, ha protegido los restos y muchos de ellos deben encontrarse todavía enterrados, y la mayor destrucción de indicios y sitios, debida a mayores centros urbanos.

No se trata, pues, de que del Oeste y del Suroeste en tiempos tardíos haya habido un movimiento de la gente de las puntas Clovis hacia el Este y Noreste, sino que inclusive podría ser todo lo contrario, a juzgar por algunas fechas.

Según Haynes (1980) la gente que entre otras utilizaba la punta Clovis, pues hay gran variedad entre ellas y reaguzados frecuentes, tenía artefactos hechos sobre lascas grandes, tales como raspadores y raederas, raederas con muesca cóncava, navajas unifaciales, grabadores, buriles y artefactos mixtos. Eran frecuentes los bifaciales y disponían de artefactos de hueso y marfil, tales como puntas semejantes a las del Paleolítico superior europeo y avante-astas de hueso (Lahren y Bonnichsen, 1974) pero la industria ósea no se detenía ahí y había también punzones y raederas, inclusive se conoce un caso de un enderezador de ástiles, también semejante en todo a los del Paleolítico superior europeo. Estas semejanzas, que mejor debemos considerarlas como convergencias, llegan hasta el punto de que las puntas de hueso tienen base biselada inclusive estriada para tener mejor adherencia.

Volviendo sobre la industria lítica la técnica era la de percusión lanzada, con percutor semiduro, o bien una fase inicial de percutor duro, piedra contra piedra, que se acababa con el otro procedimiento. No ignoraban el retoque por presión, que se aplicaba en muchos casos, como para levantar el bulbo de percusión en algunas lascas o piezas. Se prestaba mucha atención a la selección del mejor pedernal, tanto en su calidad física como en su aspecto estético. En los carneaderos es frecuente encontrar pequeñas lascas indicadoras de procesos de reavivado de bordes cortantes.

Se han localizado algunos hogares y éstos no sobrepasan los 3 m de diámetro y su profundidad es de unos 20 cm y no se han encontrado piedras en ellos.

Muy importante es la presencia de entierros secundarios con ocre rojo, lo cual nos indica la existencia de ciertas ideas sobre los muertos y, por lo tanto, un cuidado de sus restos (Lahren y Bonnichsen, *op. cit.*).

Ciertos atributos que se les han otorgado, como el de que carneaban mejor los bisontes que los mamutes (Haury, *op. cit.*) puede que no sea relevante, pues es obvio que cuesta mucho más trabajo desarticular un mamut que un bisonte, y esto no debe tomarse como patrón cultural.

Como ya se ha expresado, no hay duda de que en el transcurso de más de un milenio y en un área de varios cientos de miles de kilómetros cuadrados, las puntas Clovis nos muestran una lógica variabilidad, hasta el punto que han recibido distintos nombres en diferentes lugares y es frecuente que en un solo yacimiento, como el sitio Lehner (Haury, 1956) se encuen-

tren asociadas puntas que, si se hubieran encontrado aisladas, habrían recibido varios nombres.

Existe la tendencia de considerar a los fabricantes de las puntas Clovis como unos recién llegados al Continente americano, que hicieron acto de presencia para, precisamente, fabricar esas puntas y luego desaparecieron o se transformaron en fabricantes de puntas Folsom, que también pudo haber sido otro grupo del mismo o semejante misterioso origen, y luego los de las puntas Folsom también desaparecieron y llegaron otros con otro tipo de puntas y... y así hasta el infinito. Estas apariciones y desapariciones súbitas no concuerdan con nada concreto, si es que entendemos los procesos de evolución cultural y no nos seguimos aferrando a los conceptos de los ciclos culturales, que es lo que en el fondo significan esos movimientos de portadores de distintas culturas o, como también se ha querido hacer ver, que la gente de las puntas Clovis son portadores de una variante de la cultura auriñaciense, asunto del que nos ocuparemos más adelante.

En realidad contamos con el hecho de la aparición de las primeras Clovis hacia 11.500 aP. (Haynes, *op. cit.*) y la de las primeras Folsom hacia 11.000 (Miller y Dort, 1978) perdurando las primeras hasta aproximadamente 10.800 y las segundas hasta más o menos 9.800, en Norteamérica.

Las extensiones geográficas máximas de las puntas acanaladas alcanzan distancias sorprendentes desde sus supuestos lugares de origen y, en algunos en fechas insospechables. En el extremo NE de la zona con posibilidades de habitación por parte del hombre, debido a la existencia de la calota glacial, tenemos, como el más alejado, el sitio Debert, en Nueva Escocia, con puntas de indudable filiación Clovis, aunque no sean exactamente como las más típicas pues tienen una muesca basal muy acusada, por lo que han sido llamadas de acuerdo con su

26 / Sitio Lehner, Arizona. Cenolítico Inferior.

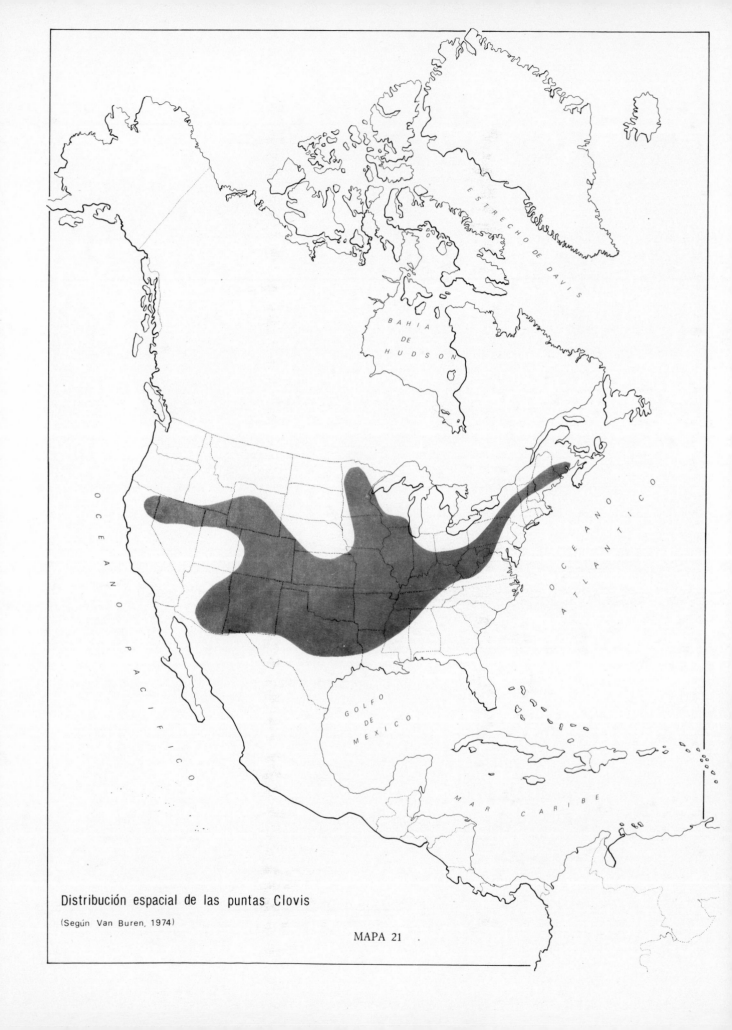

Distribución espacial de las puntas Clovis

(Según Van Buren, 1974)

MAPA 21

lugar de origen, tipo Debert. Junto con ellas se encuentran equivalentes a Plainview o Milnesand y algunas foliáceas de gran tamaño. Desde luego, raederas, raspadores, perforadores y toda la demás industria acompañante. Se fecha el sitio en 10.824±300 (P-974) y 11.011±225 (P-975) según Stuckenrath (1966) y MacDonald (1966). Ver también Byers (1966) y Borns (1966).

Está también el sitio de Parkhill, en Ontario (Roosa, 1977), en el que se han encontrado, asociadas con un hogar que se ha fechado en 10.750 aP. (GSC-1006 y 1028) puntas acanaladas y fragmentos afiliables a las puntas Clovis clásicas y a las cola de pez largas así como algunas que están más cerca de las Folsom que de otro tipo cualquiera.

En Meadowcroft, Pennsylvania, la ocupación de la unidad estratigráfica podría ser de gente con la tradición lítica Clovis que ahí se encuentra, entre otras una punta bifacial de las que pueden llamarse indistintamente Clovis sin acanaladura o Milnesand y que localmente puede tener una fecha entre 16.375±975 (SI-2.354) y 8.010±110 (SI-2.064) siendo lo más certero la relación con la primeramente mencionada. (Adovasio, *et. al.*, 1977).

El movimiento hacia el norte de puntas Clovis se verifica con la presencia de puntas características cerca de Banff y Grand Cache, en Alberta (Fladmark, 1979), Fort Saint John, en el NE de la Columbia Británica (Fladmark, 1978) así como otros hallazgos semejantes en las zonas sur y central de Alberta (Bryan, 1968; Haynes, 1980; Wormington y Forbes, 1965). Más al Norte hay un fragmento de punta encontrado en los llanos de Old Crow, en el Territorio del Yukón (Irving y Cinq-Mars, 1974).

El hallazgo de Fort Saint John fue hecho en una zona de las que se consideran parte del corredor terrestre entre los glaciares que descendían de las Rocallosas y el borde del casquete Laurentido, precisamente en una de las partes que se cree rara vez estuvo desprovista de hielo, o sea donde no hubo corredor.

Por el extremo NW de Norteamérica, en Alaska, tenemos el sitio Putu, a orillas del río Sagarniktok, que en su complejo inferior, llamado Putu, tienen puntas acanaladas tipo Clovis. Una fecha general para el yacimiento, la cual por lo tanto incluiría también el complejo superior, llamado Bedwell, con puntas foliáceas del tipo hoja de sauce, nos da 8.450±130 (WSU-318) aP. y en cierto sentido es asociable con las puntas acanaladas de Batza Téna, en la cadena Brooks, también en Alaska. La extensión máxima de las puntas del tipo Clovis se encuentra en la cuenca del río Utukok, al W del sitio anterior y como él en la vertiente ártica, en donde se han encontrado puntas acanaladas (Alexander, 1976).

Yendo ahora hacia el Sur, desde la zona nuclear de los hallazgos tipo Clovis y puntas de proyectil relacionables, en el territorio de México ha habido una serie de hallazgos de puntas acanaladas, casi todas en superficie. En el Estado de Sonora, al NW de México, es donde más se han encontrado hasta ahora y parecen conformar una extensión de las de Arizona, por la igualdad de materia prima en algunos casos. Las primeras que se localizaron en este Estado fueron las halladas por Di Peso, en proximidad de Guaymas (Di Peso, 1955) pero ya había habido un hallazgo en el vecino Estado de Baja California Sur, en San Joaquín, por Aschmann (1952). Robles Ortiz (1974) informó acerca de 15 localidades de Sonora en las que se han encontrado fragmentos basales de puntas Clovis y cuatro enteras. En verdad pueden verse representadas todas las variedades de Clovis, incluyendo aquellas que son más frecuentes en el Este de los Estados Unidos de Norteamérica, que llamo colas de pescado largas. En Chihuahua se han encontrado en Rancho Colorado (Di Peso, 1965) y en Samalayucan (Aveleyra, 1961) una que parece ser Folsom; La Chuparrosa, en Coahuila (González Rul,

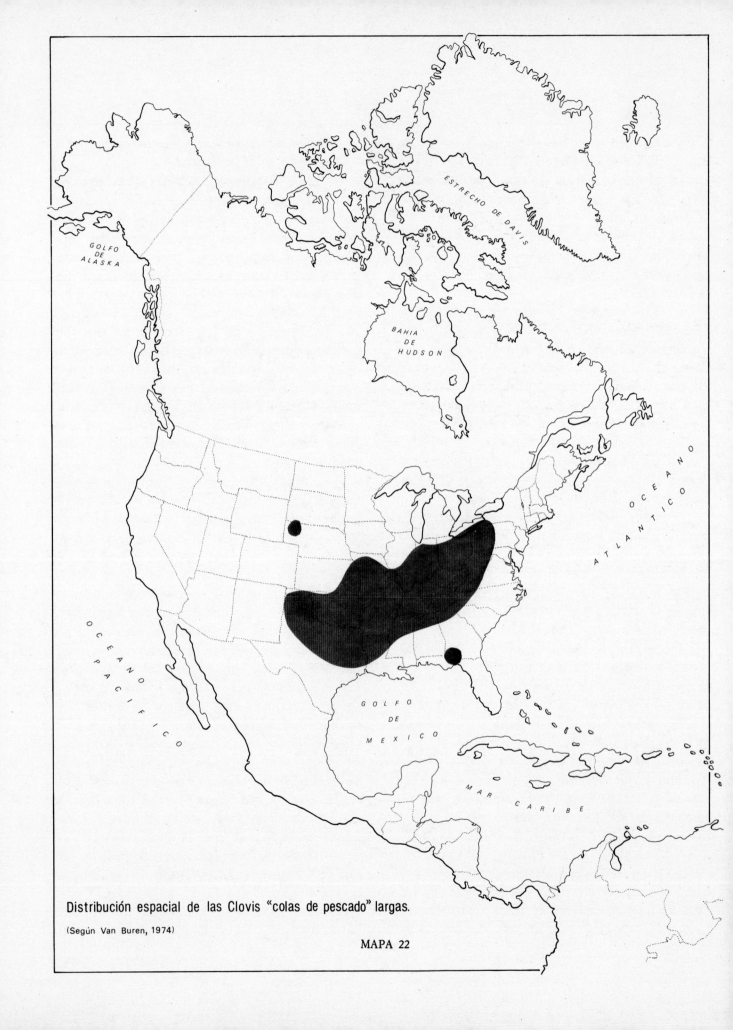

Distribución espacial de las Clovis "colas de pescado" largas.

(Según Van Buren, 1974)

MAPA 22

1959); Puntita Negra, Nuevo León (Epstein, 1961); Rancho Weicker, Durango (Lorenzo, 1953); San Sebastián Teponahuastla, Jalisco (Weygand, 1970); San Marcos, Jalisco (Lorenzo, 1964); y San Juan Chaucingo, Tlaxcala (García Cook, 1973). De excavación arqueológica tenemos muy pocos en México, a saber: Cueva del Tecolote, Hidalgo (Irwin, 1963) donde en una grieta del piso, en la parte excavada, se encontró una punta acanalada, pero no hay fecha radiocarbónica ni de otro género para ella, y la Cueva de los Grifos, en la que ha sido fechada una punta Clovis en 9.460±150 (I-10761) (García-Bárcena y Santamaría, en prensa). Producto de una recolección de superficie hay una punta "cola de pescado" encontrada unos 25 km al NW de Belice (MacNeish, *et. al.,* 1980).

En América Central, en Guatemala, se han localizado puntas Clovis en superficie en dos lugares: Chajbal (Bray, 1978) y San Rafael (Coe, 1960) y hay que llegar hasta Costa Rica para encontrar otras también de superficie (Snarskis, 1979). En otro sentido, en el sitio de Los Tapiales, en Guatemala, también se han conseguido materiales de tipo Clovis, en excavación, que ha producido la fecha de 10.710±170 (Tx-1631) y en superficie otros, en un lugar cercano, Piedra del Coyote (Gruhn, Bryan y Nance, 1977).

Pero al llegar al Sureste de México y a la América Central nos enfrentamos a otro problema, que es el de la presencia de las puntas llamadas "cola de pescado", también acanaladas y que en Los Grifos (García-Bárcena y Santamaría, *op. cit.*) se han encontrado asociadas con Clovis, tanto las típicas como las de lados cóncavos en su porción basal, las que he llamado "colas de pescado largas". Según los autores citados en último término y en la síntesis que éstos hacen de los trabajos de Snarskis (*op. cit.*) y Bray (*op. cit.*) la Clovis típica, su tipo 1, es de una edad que va de 11.500 a 9.000 años aP. y por el Sur alcanza hasta Turrialba, en Costa Rica; el tipo 2, o sea la acanalada con lados cóncavos en la porción basal, iría desde el Rancho Weicker, en Durango, hasta el Lago Madden en Panamá (Sander, 1964; Bird y Cooke, 1978) y le atribuyen una fecha mínima de 9.100 años aP. Las puntas "colas de pescado" o tipo 3 de amplia distribución suda-mericana (Schobinger, 1973) hacen acto de presencia en la Cueva Fell, en la Patagonia, en 11.700±170 (I-3988) (Bird, 1970) y según los autores que comentamos, García Bárcena y Santamaría, alcanzan hasta la Cueva de Los Grifos, Chiapas, México. en la fecha de 9.660 años ya mencionada.

Hemos de añadir que las puntas del tipo 2 son semejantes en todo a algunas de las acanaladas de las que se encuentran mayoritariamente en el Centro y Este de Norteamérica y que hay un hallazgo de superficie, en Nuevo México, de una punta "cola de pescado" asociado a puntas Folsom (Dennis Stanford, com. personal).

La hipótesis de que las puntas "cola de pescado" son un derivado formal, tipológico y temporal de las Clovis (Schobinger, *op. cit*) no puede seguir manteniéndose a la luz de los hallazgos y de los fechamientos recientes y vemos que en realidad son al menos contemporáneas, aunque puede que hayan tenido una larga duración.

Las contemporaneidades y las supervivencias de los diversos tipos de puntas de proyectil del Cenolítico inferior en Norteamérica no nos dan un panorama lo suficientemente claro, a mi juicio, pese a que se han establecido complejos culturales amplios, como el Llano, para el conjunto Clovis y el conjunto Folsom, esto es, las acanaladas, y el conjunto **Plano** que le sigue en tiempo, para las puntas de siluetas lanceoladas y, por lo general, de retoque diagonal muy fino, encontrándose también las que tienen un pedúnculo basal y las de silueta semejante a la de las que forman el primer conjunto Llano, o sea una clara confusión.

Un caso que hubiera podido ser la solución de algunos de los muchos problemas que nos aquejan es el del lago Borax (Harrington, 1948) donde, según se informa, aparecieron asociadas puntas Clovis (llamadas Folsom), puntas Borax Lake (con entalladuras angulares que forman aletas y pedúnculo), puntas Silver Lake (foliáceas con contracción medial) y foliáceas de silueta de hoja de sauce (Lerma-Cascade). Además metates burdos, con manos, y un mortero de piedra bastante tosco, a lo que se unen raspadores, raederas, perforadores, grabadores, navajas aserradas, semilunares, cuchillos, tajaderas, núcleos, etcétera. Una fantástica riqueza, mal comprendida. Otro caso es el del sitio Levi, en el centro de Texas (Alexander, 1963) también clave pero cuyo informe es a todas luces insuficiente para la importancia de los datos que se manejan. Pienso que ambos sitios eran merecedores, en el primer caso, de mayores y mejores conclusiones aunque, al parecer, la técnica de excavación y anotación no lo permitía, y en el segundo de una obra monográfica más de acuerdo con la importancia del sitio.

El caso de las puntas Sandía es digno de mención pues pese a que se ha dicho que existen en varios lugares, aparte del epónimo y el de Lucy, cercano, las pruebas no parecen confirmar la idea. Está, además, que entre las dos variantes una de ellas presenta base recta con retoques de adelgazamiento que parecen un inicio de acanaladura (¿acaso es éste el comienzo de la acanaladura basal?) a lo que se une el que suprayaciéndolas se encuentren puntas Folsom, lo·que muestra que las puntas Sandía son anteriores.

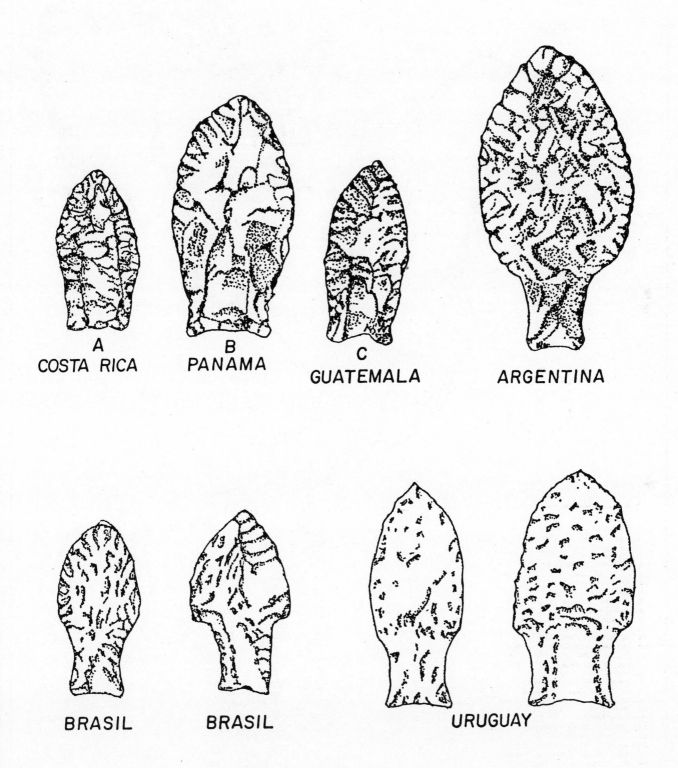

A
COSTA RICA

B
PANAMA

C
GUATEMALA

ARGENTINA

BRASIL

BRASIL

URUGUAY

28 / Puntas "cola de pescado".

DISTRIBUCION DE LAS PUNTAS "COLA DE PESCADO"

1.- NUEVO MEXICO, U.S.A.
2.- LOS GRIFOS, MEXICO
3.- SAND HILL, BELICE
4.- LA ESPERANZA, HONDURAS
5.- TURRIALBE, COSTA RICA
6.- BALBOA, PANAMA
7.- LAGO MADDEN, PANAMA
8.- EL INGA, ECUADOR
9.- GUITARRERO, PERU
10.- AYACUCHO, PERU
11.- ITAPITANGA, BRASIL
12.- RIO GRANDE DO SUL, BRASIL
13.- TACUAREMBO Y CERRO LARGO, URUGUAY
14.- LAGUNA MIRIM, BRASIL
15.- SURESTE DEL URUGUAY
16.- ARROYO PINTO, URUGUAY
17.- CERRO SOMBRERO, ARGENTINA
18.- VILLA DEL DIQUE, ARGENTINA
19.- LA CRUCESITA, ARGENTINA
20.- TAGUA TAGUA, CHILE
21.- NOCHACO, CHILE
22.- PIEDRA DEL AGUILA, ARGENTINA
23.- LOS TOLDOS, ARGENTINA
24.- LAGUNA SALADA, ARGENTINA
25.- ABRIGO DE LOS PESCADORES, ARGENTINA
26.- FELL Y PALLI AIKE, CHILE

(SEGUN SCHOBINGER, 1.973, GARCIA BERCENA Y SANTAMARIA,
1.983; MACNEISHET AL, 1.980 Y ESTA OBRA)

MAPA 23

29 / Cenolítico Inferior. De izquierda a derecha, punta Lerma (rota), punta Folsom,
punta Sandía.

Estas puntas son foliáceas y están caracterizadas por un rebaje en el tercio basal de uno de los lados, mismo que produce una especie de hombrera. Varían en longitud de 5 a 10 cm, con un promedio de 7,5 cm; algunas están talladas muy burdamente. Se reconocen dos subtipos: Sandía 1, más ojival en silueta y base redondeada, y Sandía 2, de lados más paralelos que la anterior y base recta, a veces cóncava, bastante marcada, inclusive con pequeñas acanaladuras. Sólo se ha encontrado en dos sitios, el epónimo y Lucy,

aunque se han creído ver en otros muchos (Bell, 1958; Suhm, Krieger y Jelks, 1954; Van Buren, 1974 y Wormington, 1957).

Plantean un caso muy complicado, pues con seguridad sólo se han encontrado en los dos lugares mencionados: Cueva Sandía (Hibben, 1941) y Lucy, Nuevo México, lugar cercano al anterior (Roosa, 1956). Consideradas cuando su hallazgo como previas en tiempo a las Folsom, también se ha pensado que lo son a las Clovis, pero la realidad es que no existen evidencias cla-

239

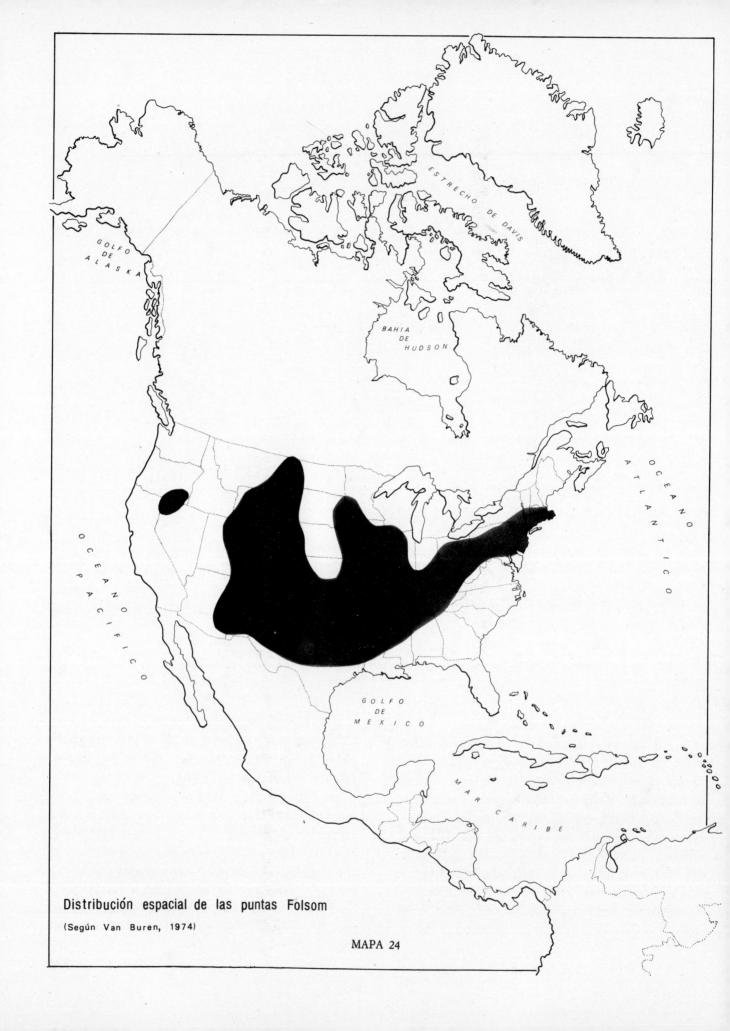

Distribución espacial de las puntas Folsom

(Según Van Buren, 1974)

MAPA 24

ras y que las fechas de C14 atribuidas no son fidedignas, todo lo cual fue convenientemente analizado por Krieger (1963).

Del patrón de vida de los hacedores de estas puntas poco puede decirse que no sea inferido, pues, como se ha visto, pocos son los sitios en los que han aparecido, por lo cual lo único que puede decirse es que, si existieron como un grupo, lo cual es dudoso, no debieron diferir en nada de la gente contemporánea, si es que son de tiempo Clovis, ni de los Folsom que siguieron. Sinceramente cada día existen mayores dudas acerca de su existencia, pese a su presencia, y podría ser el caso de un gran engaño, sin que tampoco existan elementos para atribuirlo a uno o a otro.

El tipo Folsom es más especializado que el Clovis y está fabricado con gran maestría, creyéndose que deriva de aquél. Son por lo general más pequeñas que las Clovis y su longitud varía entre los 2 y 7,5 cm, con un promedio de 5 cm. De silueta ojival con base cóncava, muy acusada, debido a que la parte terminal de los bordes sobrepasa la línea de la base del cuerpo y forma dos pequeños apéndices, uno a cada lado; a veces, en el centro de la concavidad basal, se encuentra otra pequeña proyección. En la mayor parte de los casos la acanaladura está formada por la remoción de una sola lasca que cubre la mayor parte del cuerpo en la cara correspondiente; hay casos en los que la acanaladura se presenta en una de las caras nada más. En la mayoría de las veces muestra un retoque marginal muy cuidadoso y los bordes, en la parte proximal, tienen huellas de abrasión para matar el filo cortante en esa parte.

También se han encontrado puntas de siluetas totalmente Folsom, pero sin acanaladura, como en Cueva Ventana, Arizona (Haury, 1950) y en el sitio Scharbauer o Midland, en Texas (Wendorf, et. al., 1955).

De un sitio Folsom de gran riqueza en materiales, el de Lindenmeier, en Colorado (Roberts, 1935 y 1936) sabemos que aquella gente disponía de raederas y raspadores, cuchillos, perforadores y trabajaba el hueso. Por el estudio de los desechos de talla se pudo apreciar la técnica de fabricación de las puntas. Primero se tallaba toda la punta, por presión, y luego se sacaban las lascas que producen la acanaladura, también por presión, o golpeando con un agente intermedio en una protuberancia que se dejaba en la base para este propósito, de lo que en algunos casos queda la huella; luego se procedía al retoque fino que la terminaba.

Para Haynes (1980) una diferencia existe entre los campamentos de la gente Clovis y la Folsom, y es la de que los de estos últimos eran mayores, debido a visitas repetidas por largo tiempo.

Practicaban la cacería de arreo, conduciendo manadas de bisontes a precipitarse por farallones, como se sabe del sitio de Agate Blasin, fechado en 10.430±570 (RI-557), donde además, entre los materiales culturales que se encontraron asociados a las osamentas de los bisontes, había varias puntas de proyectil de hueso, rotas (Frison y Zeimens, 1980).

La presencia en un sitio de puntas acanaladas no debe conducir forzosamente a pensar que los habitantes de tal lugar eran cazadores de grandes presas. Asimismo debemos pensar que la existencia de modos distintos de lasquear las puntas acanaladas o de formar los adelgazamientos laterales que conducen a la aparición de un pedúnculo característico, no implican la rápida expansión de un grupo humano caracterizable por esas diferencias en la talla, sino que se trata de un estilo formal que tiene aceptación y se expande por contacto.

Las puntas acanaladas suponen para algunos la existencia de un grupo de gente del Paleolítico superior, venida de Asia, de Siberia, para ser concretos, que se extendió con gran rapidez por toda América del Norte, primero por la zona de las altas llanuras del Oeste y luego hacia el Noreste, Este, Sureste y Sur. Demostrar que las

30 / Sitio Lindenmeier, Colorado. Cenolítico Inferior.

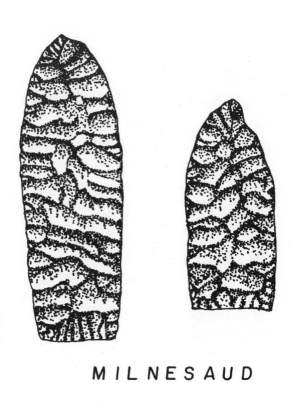

MILNESAUD

KINNEY

PLAINVIEW

31 / Puntas pre-forma acanalada.

puntas Clovis, las más antiguas de entre las acanaladas, provienen de un solo grupo humano no es sencillo, es más, se carece de elementos de juicio para afirmarlo, sean estos elementos los que fueren, luego la existencia no ya la llegada, de un grupo humano caracterizable por esas puntas es algo insostenible, pues no se ha encontrado ni un solo ejemplar de punta acanalada en Siberia y los hallados en Alaska son todos de fecha tardía.

Para otros (Davis, 1978) la tradición de puntas acanaladas se habría originado en la Gran Cuenca y da como origen las que llama "puntas-cuchillo" con acanaladuras múltiples y hombrera sencilla, poco marcada, fuertemente patinadas, halladas en superficie en el Lago China en el desierto de Mohave, que fecha entre 15 y 13.000 años aP. Las Clovis clásicas habrían evolucionado de las formas anteriores, algo antes de 11.500 pues las de este tipo que se encuentran en la misma región carecen de la pátina de las anteriores por lo que son más recientes, y de aquí se expandieron por las llanuras altas, cuando la mejoría climática que marca el fin del Pleistoceno, hizo que los bosques que ocupaban esa zona se fueran retirando, dejando lugar a los pastizales de las llanuras.

La tradición de las puntas de proyectil pedunculadas no se relaciona tecnológicamente con la de las puntas acanaladas y podría derivarse de la de las puntas Agata Basin, Hell Gap y Eden, dice Bryan (1980). También, digo yo, podría surgir de las formas foliáceas al intensificar la construcción en sus tercios medio y basal, como resultado de incrementar la abrasión de los bordes en esa zona.

Debe haber comenzado en la Gran Cuenca, a fines del Pleistoceno, y sus comienzos son tan antiguos, al menos, como el de la tradición de las acanaladas. En Rock Cave, Oregón, una punta identificada como tipo Lake Mohave está fechada en 13.200 aP. Las puntas Parman con

hombrera, a veces con una sola, no hay dudas de que se usaron en la Gran Cuenca entre 13 y 7.000 aP. y formas semejantes aparecen en la Meseta de Columbia antes de 10.000 alcanzando hasta 8.000 aP. Sus semejantes estuvieron en uso en el sur de la Columbia Británica entre 9 y 8.000 aP. Las de pedúnculo rectangular con aletas eran dominantes durante un tiempo desde por lo menos 10.000 aP. pues en el valle de Rock Fort estaban ya presentes desde 9.000 y en las Llanuras las formas afiliadas a las Scottsbluff, tales como las puntas St. John y Firstview, en el sureste del Colorado, antes de 10.000 aP. Con el nombre de puntas Alberta se conocen en Nebraska alrededor de 9.800 aP. y puede ser que como subtradición hayan prevalecido hasta 7.300 en el sur de Alberta.

Una forma con pedúnculo alargado, que se expande a su mayor anchura cerca del extremo basal, se conoce en el sur de Idaho como Haskett y han sido fechadas antes de 10.000 a 9.000 aP. en Oregón e Idaho. Esta forma, con variantes en la técnica de lasqueado, lo que puede reflejar una tradición local, se conoce como tipo Hell Gap y está consistentemente fechada entre 10.240 y 9.600 aP. En sitios más al norte, aunque está presente no ha sido fechada con certeza.

Puntas foliáceas, de lados incurvados y bases redondeadas a veces rectas fueron reutilizadas en la Cueva de Smith Creek, al este de Nevada, entre 12 y 10.000 aP. y puntas semejantes aparecen en Rock Valley hacia 11.700 y persisten por varios milenios; fragmentos basales de las mismas puntas se han encontrado en los niveles más antiguos de las cuevas de Birch Creek, en el sureste de Idaho hacia 10.000 aP. y en la cueva de Wilson Butte, también se encuentran asociadas con huesos de camélidos que se debieron extinguir hacia 10.000 o antes.

Aunque al principio hayan sido una forma menor, las puntas de silueta de hoja de sauce Cascade, aparecen en la Meseta de Columbia des-

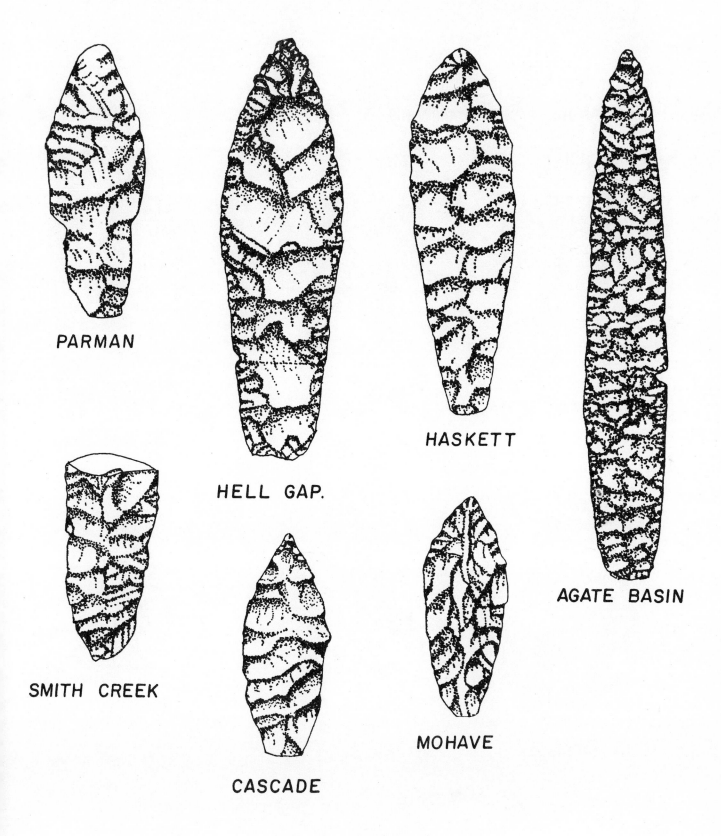

PARMAN

HELL GAP.

HASKETT

SMITH CREEK

CASCADE

MOHAVE

AGATE BASIN

32 / Puntas pedunculadas.

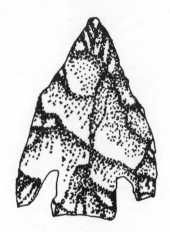

M A R S H A L L

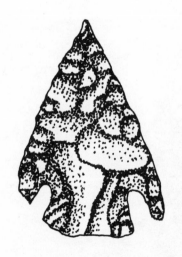

M A R C O S

33 / Puntas con pedúnculo y aletas, mediante muescas angulares.

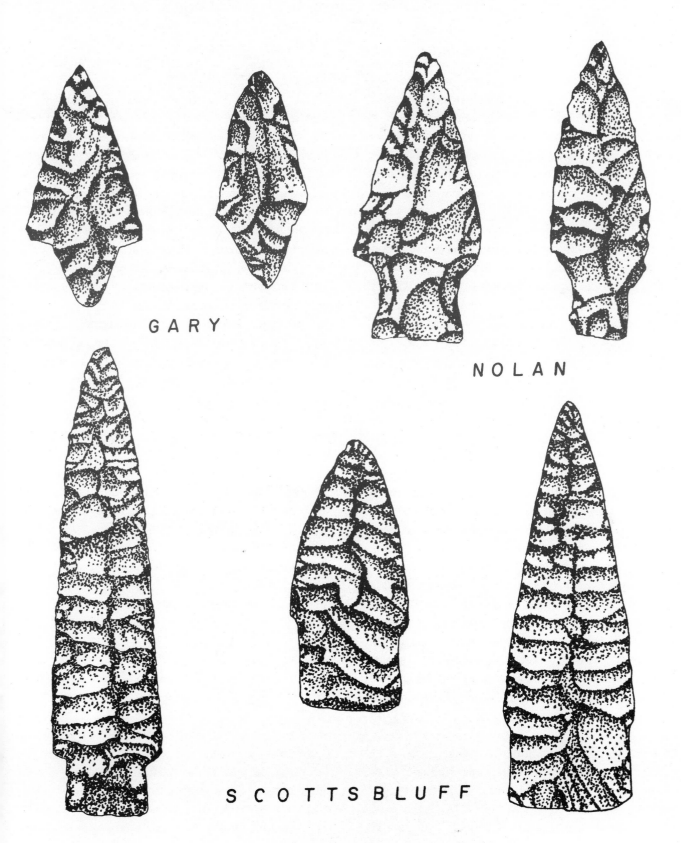

GARY

NOLAN

SCOTTSBLUFF

34 / Puntas con escotaduras angulares, formando pedúnculo.

de 10.600 y duran hasta 5.000 aP. siendo dominantes hacia el final, cuando ya habían mostrado una tendencia a ser más cortas pero mejor hechas.

También de silueta de hoja de sauce las puntas Agate Basin hacen su aparición en las Llanuras Altas del Noroeste hacia 10.500 aP. y en Alberta central se han encontrado asociadas con puntas de muescas laterales entre 7.800 y 7.200.

Surge la posibilidad de que se trate de una tradición tecnológica de conjunto, con un proceso de evolución multilinear, más que considerar a las puntas pedunculadas como marcadoras de estilos-horizonte. La tradición tecnológica se fue expandiendo a través del tiempo y del espacio, siendo probable que en algunos casos haya a la vez participado de movimientos migratorios, como en el caso del Distrito de Keewatin, en Canadá, donde se encuentran puntas Agata Basin asociadas con los cazadores de reno, ya de una etapa muy tardía (Bryan, *op. cit.*).

Podemos admitir que las puntas con pedúnculo o con espiga son las descendientes de las lanceoladas, pues el pedúnculo que ostentan es un simple angostamiento del tercio o dos tercios proximales, de muy fácil hechura pero de gran importancia, pues facilita el enmangado en mucho.

Son puntas lanceoladas, con un lasqueado más intenso y profundo en los bordes, desde la mitad o desde el tercio proximal hasta la base, con lo cual se obtiene un largo pedúnculo, poco acentuado, pero suficiente. Si hacemos caso omiso de esta contracción en la silueta general y prolongamos idealmente los bordes de la parte que no presenta el retoque productor del pedúnculo hasta la base, nos encontramos ante una punta foliácea de base recta o suavemente redondeada, en algunos casos ligeramente puntiaguda. Hay instancias, como en las tipo Lake Mohave o algunas Parman, en las que el angostamiento de los bordes ocupa dos tercios, el medio y el proximal. La técnica de las muescas laterales o angulares basales es muy posterior y parece haberse iniciado

hace unos 9.000 años, en algún lugar al Este del Mississippi (Bryan, 1977).

Se ha visto que un calificativo para el Cenolítico inferior son las puntas acanaladas pero la tradición de las puntas foliáceas o lanceoladas es factible que sea la más antigua de todas, aunque **todavía** no existen suficientes pruebas de ello, pues en la talla de la piedra por percusión es la forma más sencilla de obtener. Puede pronosticarse la aparición de puntas foliáceas bifaciales de gran antigüedad, mayor que las Clovis, como una posibilidad lógica pues la gente que fue capaz de hacer este tipo de puntas pudo hacer con menos trabajo las foliáceas, lo cual se une a un tiempo anterior, de menor destreza además de tener en cuenta que las puntas Clovis salen de una matriz foliácea, paso anterior a las acanaladuras.

Con distintos nombres: Cascade, Lerma, Jobo, Ayampitín, etcétera, siempre son de forma foliácea, de hoja de laurel o de sauce, inclusive en algunos casos con base recta. Su talla, bifacial, con el tiempo va mejorando y, si la materia prima lo permite, se van aplanando, haciéndose el corte menos rómbico y más lenticular, indicador de una mejoría en la talla que pasa de la percusión lanzada a la apoyada. Por principio, en este grupo deben quedar las misteriosas Sandía pues su forma es más cercana a la foliácea que a ninguna otra.

Debe mencionarse, con las reservas del caso, un sitio en el SE de Alaska, Bahía Ground Hog, en el estrecho Icy a los 58° de latitud N y 136° de longitud W que ha dado una fecha de 10.000 años aP. en una capa cultural que sobreyace otras dos, las cuales, por lo tanto, son de mayor antigüedad, y en la que se ha encontrado una tajedera sobre canto rodado, unida a varios fragmentos de punta o cuchillo bifaciales, de obsidiana y de pizarra lasqueada. Este caso, que se incluye como uno de los que muestran pruebas de posibles proyectiles bifaciales de mayor edad de la comúnmente aceptada, sin embargo, nos lleva a otro problema que es el de la ocupación

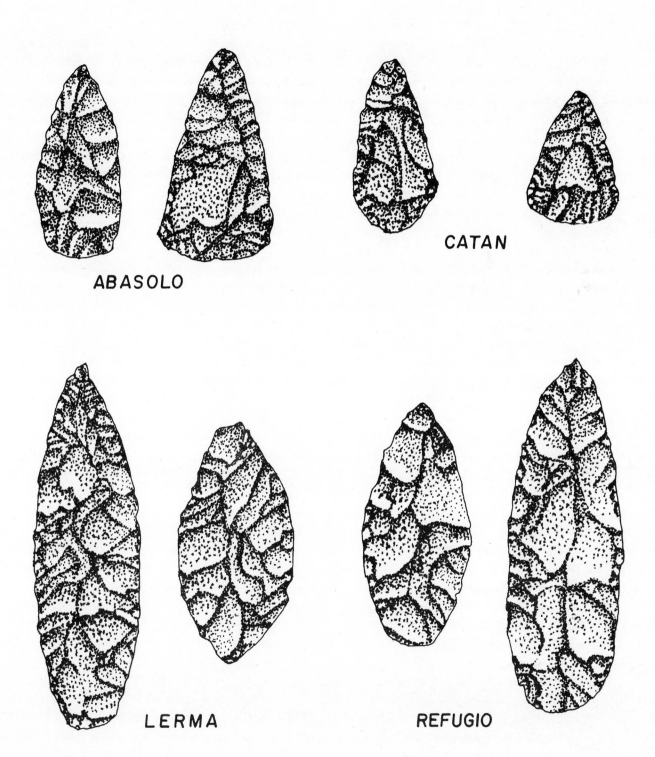

ABASOLO

CATAN

LERMA

REFUGIO

35 / Puntas de proyectil foliáceas.

temprana de las islas Aleutianas y la costa adyacente, aunque la fecha y el material cumplen con nuestros propósitos demostrativos de una posible, a veces probable, tradición de puntas bifaciales y foliáceas, de mayor antigüedad que la hasta ahora aceptada (Anderson, 1978).

Es interesante constatar que alrededor de 35.000 y hasta 22.000 años aP. existió en la Siberia Nororiental una industria, la Diuktai en la que había puntas foliáceas y que éstas perduraron en Siberia hasta el 20.000 en lo que se ha llamado tradición del Este de Siberia (Mochanov, 1976).

En Tlapacoya, México, se encontró una pequeña punta bifacial que a pesar de no estar directamente asociada con los hogares fechados en más de 20.000 aP. fue hallada en la misma capa y como parte del relleno de una madriguera de roedor, contemporánea, pues el relleno era del mismo material de la capa y (Mirambell, 1978), al ser fechada por hidratación de obsidiana produjo una fecha de 22.000 aP. (García-Barcena, 1976). Por cierto, debido a las pequeñas muescas laterales que posee la pieza comentada es muy semejante al tipo Silver Lake (Harrington, 1948).

Por Sudamérica tenemos el caso de un fragmento de puntas foliáceas, encontrado en Taima-Taima, Venezuela, en asociación con fauna pleistocénica, que ha sido fechado en 13.000 aP. (Bryan, *et. al.,* 1978) como mínimo, lo que demuestra también la antigüedad de este tipo, Jobo, y el que estas puntas sean gruesas y muy ojivales se debe a la calidad de la materia prima, cuarcita o jaspe, que no permite grandes refinamientos.

Si difícil es encontrar la fecha, o las características explícitas, del paso del Arqueolítico al Cenolítico inferior, más lo es encontrar las pruebas del igual proceso entre el Cenolítico inferior y el superior salvo el cómodo, hasta cierto punto, de situarlo por la ausencia de ciertos materiales y la presencia de otros, pero hemos visto que,

por ejemplo, el criterio de presencia/ausencia de puntas acanaladas no es suficiente ya que contamos con algunas de ellas, como las "colas de pescado" que parecen haber tenido una larga vida; tampoco las puntas foliáceas, llámeseles como se quiera, implican por su presencia o ausencia la estancia en uno u otro sub-horizonte, pues como es sabido se trata de una forma simple y por ello capaz de aparecer en diversos tiempos, como al igual sucede con las puntas de pedúnculo simple. Quizá el elemento cultural de mejor caracterización sea la aparición de instrumentos formales o simples de molienda, acompañados de la proliferación de tipos de puntas de proyectil, los derivados de las pedunculadas primarias, a los que se unen aquellos de aletas producidas por retoque angular basal marcado y, más tarde, las de aletas surgidas de retoques en la porción lateral basal. En este aspecto se incluye la disminución general de tamaños que algunos toman como señal de la aparición del arco y la flecha, en vez del dardo o la azagaya, modificación de gran importancia en el sistema de propulsión, pero como lo demostró Brown (1940) es prácticamente imposible discernir si una punta de proyectil es atribuible a uno u otro sistema con la simple consideración de su tamaño.

Una vez más se asiste a una transición lenta y poco perceptible en sitios aislados, a la que la explotación de diversos ecosistemas en muy amplio territorio, por lo tanto muy diversos, anula las posibles relaciones múltiples entre distintos grupos humanos con una posible fijación territorial mucho mayor que la hasta entonces practicada y, se puede conjeturar, más reducidos por incipientes razones socio-políticas. Puede pensarse ya en divisiones étnicas.

Algo que debe tomarse muy en cuenta para entender el fondo de la periodificación que aquí se sigue es el hecho, muy bien ejemplificado en el Cenolítico superior, que en términos generales se considera da comienzo en Norteamérica hacia el 9.000 aP., sin embargo es el mismo que los pioneros yanquis se encontraron funcionando hasta el segundo tercio del siglo XIX en muchos lugares de los que ahora son los Estados Unidos de Norteamérica y que, de hecho, a pesar de las importaciones de la cultura occidental imperante, es el mismo que aún persiste en vastas regiones del Canadá.

El uso ha hecho que el arqueólogo establezca gráficamente sus periodificaciones creando una serie de cajoneras que se organizan en columnas para así dar el sentido, visualmente, de las secuencias culturales que se localizan en un sitio arqueológico determinado o, en forma de síntesis, de toda una gran región cultural. Las líneas que separan una fase de otra o período u horizonte, sea la unidad que sea, en realidad vemos que, al tratar el tema en términos mayores no funcionan como debe ser o, más bien, como pensamos que sea, pues hay desarrollos zonales más acelerados que otros, paralizaciones temporales, marginaciones, en fin procesos de distintas dinámicas unidos al factor tiempo, con lo cual las cajoneras muestran su incapacidad, salvo quizá en la presentación de procesos de un solo sitio.

Por esta causa la forma en la que se ha tratado el tiempo y los fenómenos culturales que integran el que aquí se denomina Cenolítico superior, incluye tal número de tradiciones, focos, complejos, culturas y demás que pienso que la única forma de tratarlo es en su conjunto, intentando presentar los procesos y aspectos más significativos regionalmente y a grandes rasgos, con la obligada independencia del factor cronológico ya indicada a lo que se une que, de ciertas regiones, la información es mucho más abundante para otras, con lo cual se ve un cierto desequilibrio en nuestros conocimientos.

Es interesante la similitud existente entre el instrumental lítico de las "Culturas del Desierto" y el "Arcaico", lo cual lleva a pensar en una distinción poco fundamentada, pues los elementos más característicos de la "Cultura del Desierto" son los de materia orgánica, aquellos

que las condiciones locales de aridez han permitido que se conserven, lo cual no es posible por las condiciones reinantes en la zona en la que geográficamente se sitúa la cultura "Arcaica", luego no es buena base para establecer comparaciones que conducen a diferencias fundamentales al hacerlo, arqueológicamente, entre regiones cuyas características fisiográficas y climáticas son fundamentalmente distintas y lo fueron en todo el pasado.

Las posibilidades de preservación de objetos de materia orgánica, parte de la cultura "Arcaica" en el Este y en el Centro y Sureste de los Estados Unidos de Norteamérica, es prácticamente nula, y la de los objetos semejantes en las zonas áridas o semiáridas del Suroeste y la Gran Cuenca son indudablemente mayores, luego cualquier intento de estudio comparativo se hace irreal y, si no se toman en cuenta estas condiciones distintas en el enfoque del pasado, siempre caeremos en el mismo error y llegaremos eternamente a las mismas conclusiones erróneas.

Al respecto, también es necesario señalar que el apelativo "Culturas del Desierto" está alejado de la verdad, por cuanto a que los restos encontrados en ciertas regiones ahora desérticas, corresponden a restos dejados por gente que habitó aquellos lugares cuando estos no eran desérticos; difícilmente se desarrolla una cultura en un desierto, aunque sea de muy baja categoría.

También es oportuno señalar la íntima relación que existe entre las culturas del desierto y el Arcaico respecto a la agricultura incipiente, que aunque sea tema de un capítulo posterior es conveniente señalarlo desde ahora, pudiéndose decir que pasaron a la categoría de agricultores los grupos humanos que, con anterioridad, habían desarrollado una mejor y mayor manera de aprovechar los productos vegetales, siempre y cuando en la flora del territorio que ocupaban existieran especies capaces de ser utilizadas como cultivo. Más tarde, cuando ya se tenían algunas especies domesticadas, el procedimiento para la instalación de una agricultura plena debió seguir otras vías, entre otras, pudiendo haber sido la colonización de territorios agrícolamente aptos por un grupo de gente que ya tenía bases agrícolas o la transmisión de ese conocimiento y los adecuados materiales de grupos agrícolas a otros no agrícolas en inmediata vecindad.

El Arcaico ha sido explicado como un horizonte en el que la actividad subsistencial se basaba en la recolección vegetal y se acepta su coexistencia con los fabricantes de puntas Folsom y Plano. Para algunos se trata de un derivado de un complejo lítico muy antiguo, el que se ha llamado de tajador-raedera. El hecho concreto es que los sitios representativos de este patrón cultural muestran una enorme variedad de instrumentos líticos especializados, así como otros de materia orgánica: madera, fibras, hueso, concha, etcétera, demostrativos de una tecnología mucho más variada que la existente en horizontes previos, de lo que se infiere la posibilidad de instrumental diferente para cada caso de explotación de recursos estacionales.

Una parte del instrumental lítico, por sus dimensiones, parece haber sido utilizado para trabajar la madera, aspecto muy natural cuando pensamos que gran parte de las expresiones del Arcaico se encuentran en zonas que son o fueron boscosas. También es de gran importancia el conjunto de artefactos de molienda, con formas de muy buen acabado a la vez que de gran funcionalidad, incluyendo recipientes de piedra. Desde luego la abundancia del instrumental de molienda es explicable considerando que, en sus movimientos nomádicos estacionales, era preferible tener en cada lugar de campamento de los que formaban el sistema, un metate por ejemplo, que andar cargándolo y al igual las demás piezas pesadas del equipo, sobre todo las líticas.

La aparición en gran número de piezas líticas trabajadas con la técnica del desgaste incrementa las posibilidades de una serie de otros procedimientos dependientes y así vemos también la aplicación de nuevas materias primas, como la pizarra, para la fabricación de cuchillos mediante desgaste. Las funciones de raído siguen manejándose con raspadores y raederas que difieren en muy poco o nada de los de horizontes anteriores. Sí se desarrolla algo nuevo y es el perforador de piedra, muy bien elaborado.

Donde se acusa la mayor variedad instrumental es en las puntas de proyectil líticas y aunque prevalecen las formas foliáceas las indentaciones que forman pedúnculos, las angulares que generan pedúnculo y aletas y las que ocupan los lados del cuerpo en su tercio basal son muy abundantes. También son dignas de mención, por su gran número, una serie de piezas hechas en piedra con un mínimo de labrado, casi en su forma natural con atención a crear zonas de trabajo exclusivamente y un aspecto de mucha importancia es la presencia de numerosas piedras fragmentadas por el fuego, que señalan el uso de hornos de barbacoa así como el de piedras para hervir alimentos en recipientes de materia orgánica.

El hueso, cuerno, asta y marfil son utilizados en multitud de artefactos, sobre todo punzones y agujas, que nos explican la utilización de cestería y talabartería, a lo que se unen objetos que señalan la pesca, tales como anzuelos y arpones.

La concha se emplea sobre todo en la fabricación de ornamentos, salvo en las zonas costeras donde también es utilizada en la fabricación de determinados artefactos funcionales y es común el empleo del asfalto, en las zonas productoras de este mineral, así como del cobre nativo, en determinada zona del norte central de los Estados Unidos de Norteamérica, donde se utilizó como roca maleable, capaz de ser transformada sin recurrir a otro proceso metalúrgico que no sea el martillado.

Existe un claro formalismo en la disposición de los cadáveres, que además son enterrados con ciertos objetos, y también es importante la existencia de basurales, denotadores de la ocupación por largos períodos, de los lugares en los que se encuentran. Es pobre, sin embargo, la presencia de restos de habitación que cuando se encuentran son muy someros, y tampoco se hallan restos de pozos u otras construcciones para almacenamiento de bienes, sean de uso o de consumo.

Podemos decir que el Arcaico es más fácil de entender como una forma básica de vida que no es particular de ningún ecosistema, sino que tiene la flexibilidad de poder adaptarse a todos, con lo cual las diferencias regionales pierden importancia ante el hecho histórico dominante.

Lo que ahora es posible decir, de que se trata de una forma cultural de validez continental, no fue bien entendido cuando las primeras expresiones de ella fueron encontradas. En sus inicios fue considerada como una forma cultural propia de los conchales del Este de los Estados Unidos de Norteamérica y más tarde se le agregaron los restos de otras culturas no agrícolas y acerámicas (Jennings, 1974).

Según Willey y Phillips (1958), el Arcaico contempla la continuación de las culturas de cacería y recolección de los tiempos anteriores en condiciones ambientales aproximadamente semejantes a las actuales. Existe una dependencia en una fauna más pequeña y, quizá, más variada que en la etapa anterior (*los autores citados establecen una diferencia entre la Etapa lítica y el Arcaico que el presente autor no toma en cuenta*) y en muchos lugares un incremento en la recolección. En esta etapa vemos la aparición por primera vez de artefactos de piedra y utensilios empleados en la preparación de alimentos vegetales silvestres, estando muchos de ellos conformados más por el uso que por previo diseño, aunque en muchas culturas de la etapa arcaica ya se conocían las técnicas del desgaste y del pulido de la piedra. En algunos contextos del Arcaico se encuentran plantas domesticadas, maíz inclusive, pero se debe connotar que la presencia de estas plantas alimenticias no es evidencia de la existencia de agricultura en el pleno sentido del término. En lo que el arqueólogo puede decir, las culturas arcaicas a las que nos referimos no tuvieron más que una ligera dependencia económica en esos cultivos primitivos. En la mayor parte de los casos en los que estas plantas luego domesticadas aparecen en el Arcaico, las poblaciones arcaicas involucradas parecen haber sido numéricamente inferiores que las de otras culturas arcaicas, en las que la pesca o la recolección era la forma subsistencial.

Muchos sitios de la etapa Arcaica en los ríos y en las costas del Este de Norteamérica, de las de California y de las del Pacífico del Norte así como del litoral Atlántico del Brasil, muestran grandes depósitos de restos de conchas que sugieren poblaciones grandes y estables. En adición a numerosos instrumentos de piedra desgastada o pulida y ornamentos producidos por las mismas técnicas, a veces también hay alfarería, al igual que hueso, concha y cuerno trabajados con las mismas técnicas que la piedra. En muchas regiones un elemento asociado es madera muy elaboradamente trabajada.

De todo esto se infiere que una economía de tipo Arcaico proveía la base de una riqueza material, al igual que una complejidad socio-política y religiosa en aquellas sociedades en las que la provisión de alimentos era suficiente. Así, en cierto sentido, algunas fases, como las de California o los bosques del Este, representan un climax en la tradición de los cazadores recolectores del Nuevo Mundo.

Es difícil poner una delimitación cronológica sensata a los límites del Arcaico. Por un lado existe un traslape obvio entre las culturas que estamos forzados a clasificar como arcaicas y aquellas cuyo inventario tecnológico y contexto ambiental es del tipo de la etapa Lítica. Por esta causa algunas culturas del Arcaico parecen ser anteriores a los 7.000 aP., nuestro límite superior para la etapa Lítica, aproximado y arbitrario. Por el otro extremo de la escala temporal sabemos que muchas culturas americanas del presente histórico subsisten con un tipo arcaico de economía y tecnología. Esto no atribuye "arcaicismo" o "retrogradación" en los aspectos tecnológicos de la cultura, sino más bien implica una mayor riqueza en el campo de lo no material para muchas de las culturas prehistóricas arcaicas que nos son conocidas únicamente por lo magro del registro arqueológico (Traducción J. L. L.).

Así vemos como Willey y Phillips, en la obra citada, luchan por tratar de entender, más bien aceptar, que una etapa cultural plantea en su temporalidad un grave problema para el sistema cerrado que ellos aplican, situación que no es problema en nuestro caso, pues si bien tenemos la noción clara de un proceso evolutivo cultural de desarrollo general esto no niega, y los hechos lo confirman, la existencia de un evolucionismo multilineal en el que los orígenes de un horizonte o etapa son más o menos situables en el tiempo pero su final o transformación en otro u otra no es cuestión de la famosa raya divisoria de que hablose, tan clara a los arqueólogos. También en otro aspecto no estamos de acuerdo y es en situar en este horizonte el origen de la agricultura, aunque sea en unos pocos casos, considerando que el error estriba en juzgar como cultivados la presencia de algunos restos vegetales de las plantas que luego sí lo fueran, pues se ha de partir del principio lógico de que antes de llegar a la domesticación de una planta hay que haberla utilizado y por mucho tiempo en su estado silvestre, lo que la hace, primero, de uso preferencial para luego aislarla, ayudar en su crecimiento normal y, por fin cultivarla.

Quede pues en claro que el llamado Arcaico, que en mi caso incorporo como parte integrante del Cenolítico, más claramente expresado en el superior pero, tal como ahora se está

delineando, posiblemente ya existente desde el inferior, al ser parte del patrón básico Arqueolítico en muchos aspectos, es un modo cultural que en muchas regiones es el que encuentran los occidentales a su llegada al Continente y que, más tarde, también hallan los miembros de las repúblicas surgidas a raíz de las independencias, cuando expanden sus áreas de dominio territorial, con lo cual se vuelve a plantear la supervivencia de ciertas formas de vida como fenómeno cultural no aberrante en lo cronológico.

Si consideramos la enorme amplitud geográfica que tiene el Cenolítico superior en la expresión que se ha dado en llamar Arcaico, incluyendo en éste las llamadas Culturas del Desierto, vemos que cubre virtualmente la totalidad del territorio que se estudia aquí y, por la misma razón, es natural que dentro del patrón básico de cacería y recolección tenga diversas expresiones, tales como especializaciones en zonas marítimas o ribereñas de lagos y ríos, de zonas boscosas, de praderas o sabanas e inclusive las variantes propias de las zonas ártica, subártica y boreal.

No es posible seguir hablando de una cultura del desierto, pues en el desierto real no puede existir cultura. Debemos hablar de un aspecto del llamado Arcaico que tuvo lugar en lo que ahora son regiones desérticas y que, desde su lejano origen, sufrió diferentes destinos. En un medio de baja fauna mayor y abundancia de gramíneas, la recolección de éstas debió tener y tuvo gran importancia, desviando, sin duda, los esfuerzos del grupo a una mayor actividad recolectora que cazadora, con lo cual el grupo, los grupos, se iban penetrando de un sistema de apropiación que, si era bien controlado sociológicamente en el patrón establecido, conducía a la domesticación de las plantas, con todos los procesos de transformación social inherentes.

Siguiendo a Jennings sobre todo (1974) se dará un breve resumen en el intento de ca-

36 / Artefactos de la tradición paleoártica: a-g, cuñas moldeadas; h, fragmento de lasca; i, j, lascas bifaciales; k, punta de raspador; l-u, hojas cortantes; v, w, puntas estriadas e incipientemente acanaladas. a, p, q, lugar de hojas de anángula, Isla de Anángula; v, w, Batza Tena; todas las demás, Península de Alaska.

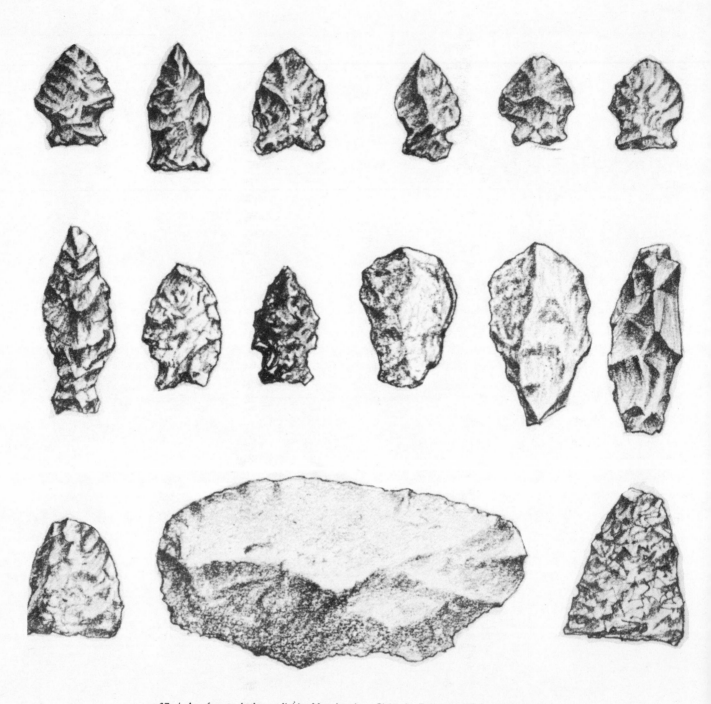

37 / Artefactos de la tradición Nor-Arcaica; Sitio de Palisades, Cabo Krusenstern.

racterizar las expresiones regionales, para luego adoptar lo dicho por MacNeish (1964) con la pequeña addenda de lo dicho por Voorhies (1976) para la costa de Chiapas, para México y Ranere para Panamá (1976) y Ranere y Hansell (1978), en el ámbito geográfico que se cubre en este trabajo.

En Alaska y sus costas, en el Artico (Harp, 1978) se distingue un Arcaico de tradición norteña que parece haber comenzado unos 6.000 aP. y en el que aparecen las típicas puntas de muescas laterales que evolucionan a las muescas angulares para producir aletas y pedúnculo, también son típicos los objetos de pizarra y ciertos artefactos de piedra, con una muesca que los circunda, posiblemente plomadas para pesca. Conforman en cierta región el llamado complejo Palisades, propiamente en el NW de Alaska.

Al anterior se une el complejo Tuktu, en el que a un ajuar en todo semejante al anterior, se unen micro-navajas, provenientes de núcleos tabulares, muy diferentes de los núcleos aquillados de la tradición paleoártica. Al parecer este complejo se extendió hacia el Este de la península de Alaska que puede haber llegado hasta el Territorio del Yukón.

Está también el complejo Denali, que puede haber tenido dos fases, una, perteneciente a la tradición Paleoártica, desde 10.000 aP. Contiene puntas de proyectil de muescas laterales y de pedúnculo y en su última fase, micronúcleos aquillados, semejantes a los de la tradición paleártica.

Más tarde, desde 4.500 aP., se define otro complejo, el Kavik, que al ajuar general ya descrito incorpora objetos como puntas espigadas o no, de asta y de hueso, así como punzones y puntas con pedúnculo de cobre martillado. Se extiende por la porción oriental de Alaska y alcanza hasta el suroeste del Yukón.

En esta región, como en todas aquellas de climas extremos, es interesante constatar la larga duración de los patrones culturales, pues una vez conseguida la adaptación al medio y su buena explotación, dentro de las líneas mayores tecno-económicas a su alcance, no existieron posibilidades mayores de cambio, hasta la llegada de los portadores de la cultura Occidental, de muy diferente tecnología.

La Costa del Pacífico, en estas regiones, es de distintas características culturales en el ajuar lítico, y así encontramos en fecha temprana, desde unos 6.000 aP., numerosas piezas del tamaño de cuchillos o grandes puntas de las del tipo foliáceo, y otras puntas de pedúnculo prolongado como también puntas barbadas de arpón e inclusive recipientes de piedra desgastada para ser utilizados como lámparas en las que se quemaba grasa de mamíferos marinos, que parecen haber sido la presa predilecta junto con peces, siendo este complejo conocido como de Ocean Bay y ocupa esta zona, la isla Kodiak y parte de las Aleutianas.

Más tarde aparece la tradición Kodiak, hacia el 5.000 aP., que es una evolución de la anterior tradición y se caracteriza por el empleo muy frecuente de la pizarra para, pudiéndola, fabricar objetos de corte y puntas de proyectil. Se encuentran bezotes y, en lo demás, se mantiene la previa tradición, habiendo puntas de proyectil y cuchillos tallados bifacialmente en foliáceos y arpones de hueso.

El complejo Denbigh ha sido llamado posteriormente tradición ártica de los pequeños artefactos y se sitúa temporalmente entre el 4 y el 3.000 aP. y geográficamente se extiende desde el mar de Bering hacia el Norte por la costa hasta las Montañas de Brooks para seguir por la costa Norte del Canadá y el Archipiélago Artico hasta Groenlandia. Todo el material lítico es de pequeño tamaño y son frecuentes los buriles, grabadores y perforadores; hay navajas de dorso rebajado, raspadores y raederas y también puntas y cuchillos foliáceos de retoque diagonal, junto con otros bifaciales menos finamente aca-

38 / Artefactos de la tradición Ocean Bay, fase Tackli Alder; a-n, puntas de proyectiles y cuchillos; o, p, q, lascas discoidales; r, hoja de azuela con una parte pulida; s, t, arpones de hueso en forma de saetas.

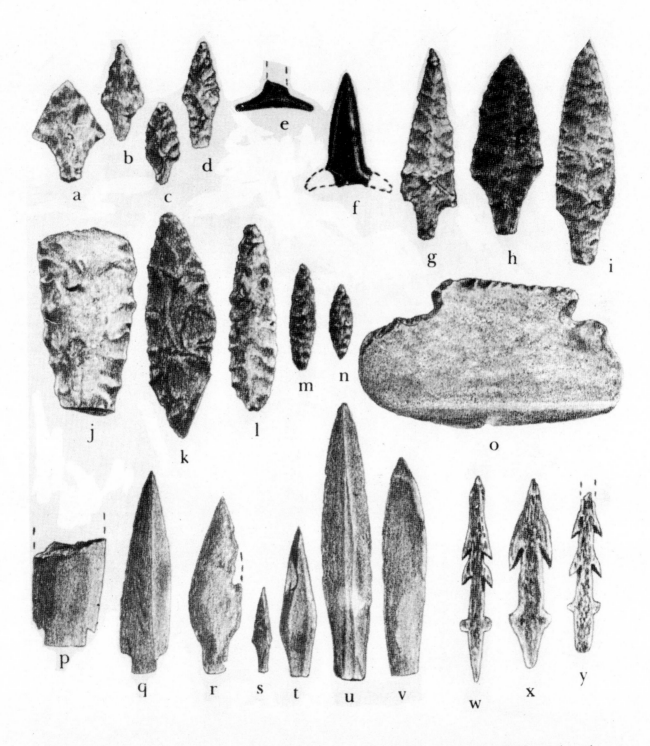

39 / Artefactos de la tradición Kodiak, Fase Takli Birch: a-d, g-i, k-n, puntas de proyectil y cuchillos lasqueados; e-f, ornamentos; j, hoja de azuela con una parte pulida; o, ulu elaborado en esquisto pulido (ulu y también "ulo" término esquimal que identifica a un cuchillo semicircular o especie de cuchilla de carnicero, tiene asa y está destinada a partir hueso y a cortar carne); p-v, hojas de proyectil de esquisto pulido; w-y, arpones de hueso con puntas en forma de saetas.

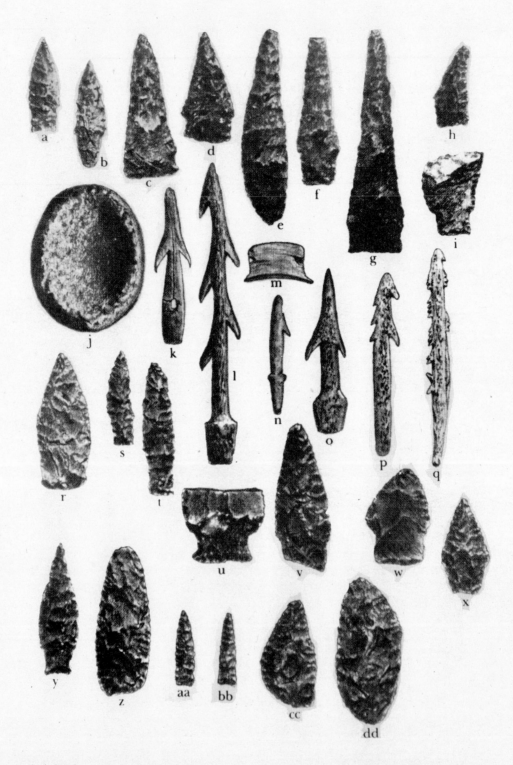

40 / Artefactos de la tradición Aleutiana: a-i, r-dd, puntas de proyectil y cuchillos de piedra; j, mortero de piedra; k, l, n, q, puntas de flechas de hueso; m, ornamento de marfil. a-q, Isla Umnak, r-dd, región de Chignik, Península de Alaska.

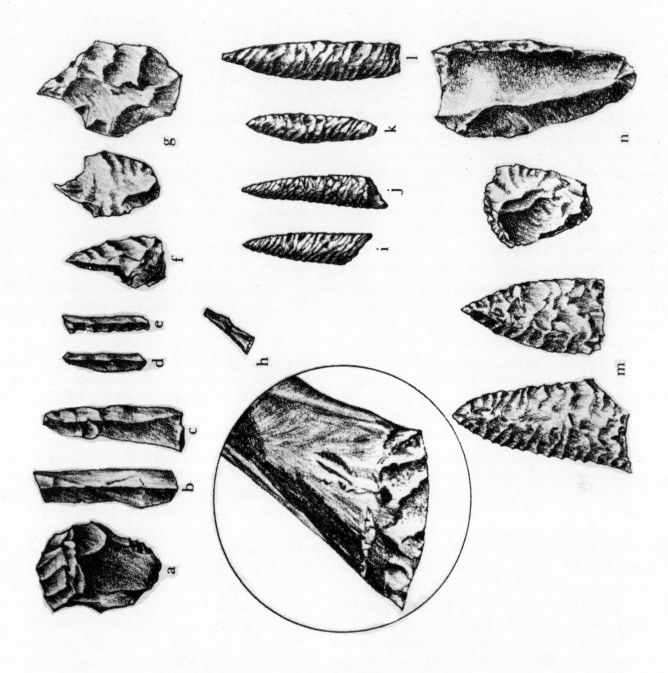

41 / Artefactos de la tradición Pequeños Utensilios del Artico, complejo Denbigh Flint: a, pequeña lasca afilada; b-d, micro-cuchillas; e, astilla de buril; f, g, buriles; h, astilla de buril. Se realiza una vista aumentada para apreciar el cortante filo pulido; i, j, filo de las hojas cortantes; k, l, puntas afiladas de proyectil; m, hojas largas de proyectil (posiblemente arpón); n, raspadores.

bados. También se encuentran lámparas de pedúnculo para insertarse en avante-asta hueca. En realidad la mayor parte de los artefactos líticos parecen haber sido fabricados para tallar hueso, asta, marfil o madera y así producir otros artefactos. La presencia de este género de instrumental: artefactos para hacer artefactos, es quizá una de las características del ajuar del Cenolítico superior, quizá menos clara en otros contextos que los norteños.

Aquí ya nos encontramos ante una situación ambiental que, como se ha señalado, a través del tiempo y de cambios que se organizan por los arqueólogos en tradiciones y fases, nos muestran un proceso acumulativo en el que las mejorías en la adaptación al medio son perceptibles y terminan en los conocidos esquimales, ya históricos, pero herederos directos de todo lo que les precedió y restringidos a una región que compartían con los aleutas, algo distintos, pero igualmente adaptados.

Existe una gran zona transicional entre el Artico y el Subártico, conocida como línea arbórea, pues en ella hacen acto de aparición los árboles, que incluye tanto la tundra como el bosque boreal o taiga, cuando está formada de coníferas. Zona de gran inestabilidad en el tiempo, por ser precisamente de transición climática, es poco conocida en lo arqueológico, debido a las dificultades de toda índole que presenta y la casi impenetrabilidad del bosque boreal.

Aparte de lo anterior el subártico presenta la situación de que fue una zona ocupada por el hielo por varios milenios, es decir, que hasta que no se llegó a un estadio muy avanzado de la deglaciación no fue posible habitarlo y que, si en tiempos anteriores y durante los pequeños retrocesos del subestadio interglacial Farmdale alguna gente se fue a explotar y vivir las regiones recién abandonadas por el hielo, en el siguiente avance, el Woodfordian, estos lugares debieron ser destruidos. Es por lo tanto admisible que estas regiones subárticas, esto es, los materiales arqueológicos que en ellas se encuentran, queden incorporados al Cenolítico superior, no tanto por su cronología sino por sus características culturales, ya distintas de las del horizonte anterior, el Cenolítico inferior, aunque hay que confesar que siempre existe la duda de línea divisoria lo suficientemente clara.

La fuente subsistencial de mayor importancia parece haber sido el reno, el caribú, como se le conoce regionalmente. Animal gregario, se mueve estacionalmente en grandes manadas que son fácil presa de los cazadores, aunque estos obtienen mejores resultados si, como es la costumbre, se organizan en grupos de cierta importancia para acechar el paso de estos animales en puntos determinados de sus invariables rutas, aquellos puntos en los que la posibilidad de una mayor matanza de animales es más factible. Pero en estas regiones se presenta el problema de la conservación del gran volumen de, pongamos por caso, carne, por medios que impidan su putrefacción en poco tiempo, por lo cual desde muy temprana época hay que admitir debieron disponer de técnicas de ahumado, secado o salado, para poder utilizar durante tiempo largo lo obtenido en un corto período. En ciertas regiones la dieta de carne no era tanto la de caribú, sino que también se consumían ciervos, alces y dantas, de hábitat fijo, no nomádico, a lo que se unían los productos piscícolas de ríos y lagos, muy abundantes, y los de la flora. Por otro lado las enormes indentaciones que en estas regiones forma el mar en la masa continental facilitaban la explotación de productos marítimos, moluscos y mamíferos marinos.

Asimismo, a la vez, a un incremento demográfico que se muestra en la mayor extensión y acumulación masiva de detritus en los sitios ocupados, lo que pudiera explicarse como una reducción de los hábitos nomádicos, o bien que el nomadismo se había circunscrito a áreas menores, lo que a su vez revela mejores técnicas de explotación que, con la mayor concentración de gente, señala la obligatoriedad de cambios en los sistemas políticos y sociales respecto a los prevalecientes en el horizonte anterior. Es, por lo tanto, normal que se encuentren ahora en estas regiones más variantes locales, como producto de desarrollos adaptativos internos.

De hecho no es posible diferenciar una zona subártica de una boreal, así que se tratarán ambas como la misma unidad, pues aunque ciertos autores establecen la diferencia, en el fondo vienen a ser la misma cosa y se trata, más bien de distinciones poco efectivas, en lo que también se incluye la zona cultural del escudo canadiense, el "Shield".

Englobando la región, además de los derivados directos pero en cierto modo extemporáneos del Cenolítico inferior, tenemos como inicio del Cenolítico superior en esta zona la cultura pre-Dorset que iniciando la ocupación del territorio hacia 5.000 aP. alcanza el Noreste de Groenlandia en el 4.000 aP., más o menos.

La cultura pre-Dorset, como parte de la tradición de la industria de pequeños artefactos, surgida del complejo Denbigh, de Alaska, en el área del estrecho de Bering. Son típicos de esta tradición los núcleos cuidadosamente preparados, las micronavajas y los buriles, con las lascas de formación de estos buriles cuidadosamente trabajadas; cuchillos incipientes con muescas laterales y otros artefactos como raspadores y raederas, más los primeros que las segundas. Los sitios encontrados son sobre todo costeros, basados en la cacería de mamíferos marinos pero no se desprecian los recursos cárnicos que pueden producir los bueyes almizcleros y el caribú. Los yacimientos encontrados demuestran movimientos estacionales y es importante la transformación del hueso y del marfil de mamíferos marinos, muy utilizados ya que se proveían abundantemente de este tipo de presas mediante arpones lanzados con lanzadardos. El conjunto de artefactos es muy abundante y va desde artefac-

tos líticos de gran tamaño y poco modificados hasta microartefactos de gran delicadeza, de talla.

El importante número de agujas de ojo nos indica la presencia de ropa de cuero cortada y unida por cosido y también son frecuentes las lámparas de piedra pulida para quemar en ellas grasa de animales con mecha de algún género de producto vegetal. Entre 3.100 y 2.950 evolucionaron a un patrón distinto de cultura que es el que se llama Dorset y parece haber coincidido con un tiempo de temperaturas menos extremas.

La cultura Dorset puede considerarse como existente desde unos 2.700 a 1.500 aP., en que alcanza su apogeo, pero todavía perdura en rincones aislados unos siglos más. Su extensión, lograda a través del tiempo de su duración, va desde Alaska hasta Terranova y hay quien cree encontrarla representada en el Este de Groenlandia, o sea que de hecho abarca toda la zona ártica y parte de la subártica. Podría tratarse de una primera fase de los Inuit o esquimales, aunque la mayor parte de los autores prefiere considerar como tal a la cultura que se sobrepone a esta Dorset, la Thule.

En lo que respecta a las actividades subsistenciales, éstas son muy semejantes a las pre-Dorset, aunque hay alguna diferencia en el equipo que es lo que sirve para establecer la distinción de unos y otros, como puede ser la mayor ligereza en los arpones. Aparecen pequeños trineos de tracción manual y se nota incremento y variación en el instrumental de pesca. No parecen haber tenido arco y flecha sino seguir empleando el dardo propulsado a mano y debieron emplear perros como ayuda en la cacería. Se aumentó el uso de lámparas para quemar grasa animal y son frecuentes los restos de tiendas de campaña en forma de anillos de piedras sueltas, las que servían de anclaje a las pieles que las conformaban, estas tiendas debieron utilizarse en el verano y en el invierno tiendas semisubterráneas, excavadas hasta 60 cm., de forma

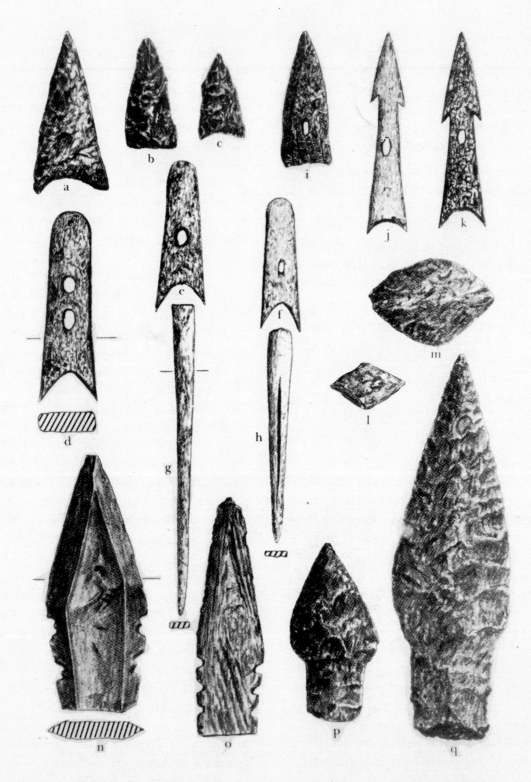

42 / Armas de caza de los esquimales de Dorset: a-c, puntas de arpón de lascas de sílice; d-f, cabezales de arpón de hueso agujereado; g, h, trinquetes de hueso; i, punta de arpón de hueso; j, k, cabezas de arpones con puntas propias; l, m, cuchillos de sílice afilados; n, o, puntas de lanza de pizarra biselada; p. q, puntas de lanza de lascas de sílice.

43 / Implementos de pesca de esquimales de Dorset: a, arpón de hueso de ballena con púas en ambos lados; b-d, puntas de colmillos para arpones de pescar.

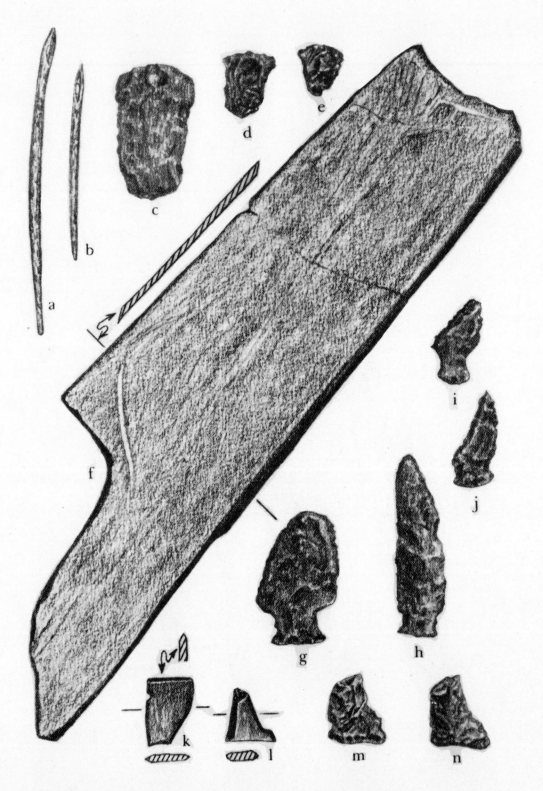

44 / Utensilios de fabricación de los esquimales de Dorset: a, b, agujas de hueso; c-e, raspadores chatos elaborados de lascas de sílice; f, cuchillo de pizarra biselada para desollar; g-j, cuchillos bifaciales de cuarzo de hojuelas asimétricas; k, l, utensilios pulidos con bordes biselados para hacer muescas; m, n, buriles de laminas de sílice.

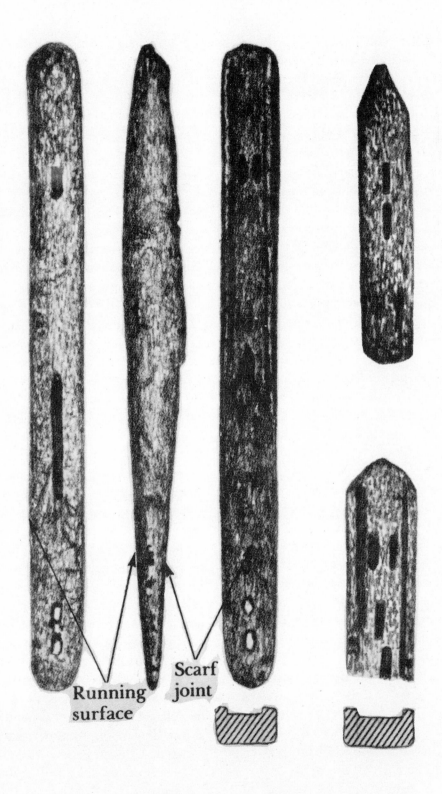

Running surface

Scarf joint

45 / Trineos o rastras de huesos de ballena de los esquimales de Dorset. Estos trineos eran arrastrados por personas y no por perros, y los corredores se ajustaban al trineo con correas de cuero crudo.

circular o cuadrangular, con bancos a los lados y hogar central. La tecnología lítica está claramente relacionada con el complejo Denbigh y en el ajuar se incluyen abundantes piezas de piedra pulida y abundante hueso, asta y marfil que se labraban y grababan muy elaboradamente, con representaciones antropo y zoomorfas que bien pudieran ser aspectos mágico-religiosos y hasta puede pensarse en un chamanismo institucionalizado.

Se cierra el ciclo de las primeras culturas del Artico y del Subártico con la Cultura Thule, como invasora y destructora de todo lo previamente establecido y conocido, con indudables filiaciones que pueden tomarse en cuenta como naturales adaptaciones a un mismo medio pero que se sobreponen al parecer de manera violenta y acaban con lo anterior para dejar la impronta de lo que históricamente conocemos como los Inuit o esquimales, última expresión del patrón de vida que hemos llamado Cenolítico superior. Lo que generalmente se llama costa del Noroeste corresponde a una franja costera del Pacífico que corre entre los actuales Canadá y Estados Unidos de Norteamérica, región profundamente indentada de mar y tierra, con multitud de islas y profundas bahías, viejos cauces de glaciares o fjordos de gran tamaño. Sometida en la actualidad a fuertes precipitaciones y bañada por el extremo Oeste de la corriente Kuro-shio, cálida dentro de la frialdad general reinante, está densamente vegetada y posee una gran riqueza piscícola, tanto en el mar como en los ríos.

La región de la Costa del Noroeste es conveniente dividirla en dos conjuntos para su mejor comprensión (Dumond, 1978). Uno sería el de la costa propiamente dicha y otro el del interior. Por haber estado cubierta por el hielo totalmente durante la mayor parte de los tiempos glaciares es natural que los más antiguos ocupantes hayan sido tardíos y así tenemos que lo más antiguo que se ha localizado corres-

ponde a una fecha de alrededor del 9.500 aP., en el interior, dando por descontado que los sitios contemporáneos de la Costa, si es que existieron o todavía no se localizan o han quedado bajo las aguas, cuando por la deglaciación general subió el nivel del mar.

Desde antes del 9.000 y hasta el 3.000 quizá, se extendió la tradición paleártica a lo largo de la costa del Golfo de Alaska y hacia el interior con las mismas características que se señalaron para la Alaska, llegando hasta Namu, en la costa central de la Columbia Británica. En los yacimientos conocidos se constata la presencia de foliáceas bifaciales.

Más al sur existe lo que se ha llamado la tradición del Paleo-altiplano, conformada con tajaderas, tajadores y raederas, de una edad de unos 10.000 años. Este conjunto de artefactos, llamado complejo Pasika, está divorciado de todo lo que se conoce en el área; se sitúa en las terrazas del río Fraser y podría ser la expresión de un patrón cultural mucho más antiguo, como ya se señaló en páginas anteriores. Sin embargo la representación más real de la tradición del Paleo-altiplano es la que se encuentra donde se sitúan las cuencas superiores de los ríos Columbia y Fraser, que alcanza hasta las montañas costeras de la Columbia Británica. Con reminiscencias de la tradición paleártica, el conjunto lo forman puntas de proyectil con aletas, de cuerpo relativamente corto, pedúnculos rectos o contraídos y bases rectas o relativamente cóncavas; hay algunas puntas foliáceas o lanceoladas, cuchillos ovoides o foliáceos, pocos buriles, tajadores y tajaderas sobre cantos rodados y también unas pocas puntas de proyectil obtenidas de núcleos discoidales, con técnica semejante a la Levallois. Son escasos, pero existen, los instrumentos de molienda.

A partir del 8.000 se hace cada vez más frecuente el tipo de puntas Cascade, de forma lanceolada con puntas en ambos extremos, de sauce, viéndose también un incremento en el

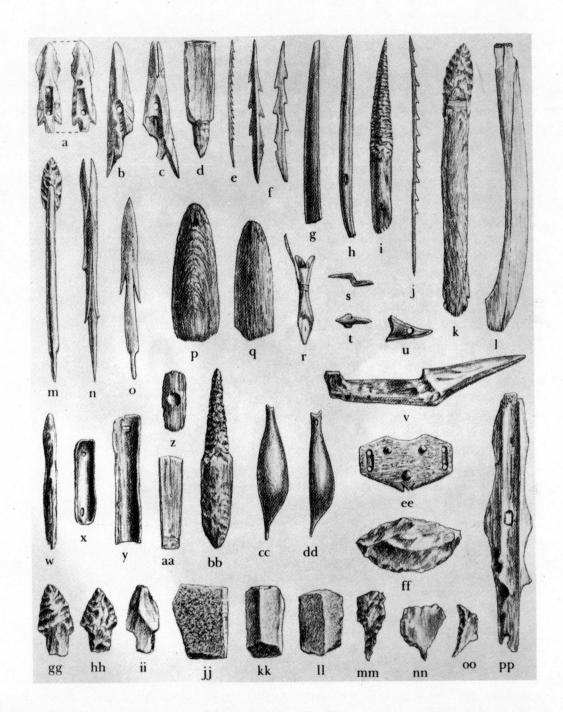

46 / Artefactos de comienzos de la tradición Thule, de la Isla de San Lorenzo: a-c, cabezas de arpón de marfil; d, pieza de enchufe de un arpón de marfil; e, punta de marfil de arpón de pescar; f, dardos de marfil con púas laterales para cazar pájaros; g, fragmento de una varilla de marfil; h, trinquete de arpón de marfil; i, pica-hielo de marfil; j, punta de lanza de pesca, de marfil; k, cuchillo con mango; l, asa de madera para azuela; m-o, puntas de flechas; p, q, tacos de madera; r, amolador de cuchillos de colmillo de morsa; s, t, espigas de marfil para puntas de tablillas arrojadizas; u, apoya dedo elaborado de marfil para el lanzamiento del arpón; v, garfio de marfil para carne; w, mango de madera de un taladro; x, y, raspador de grasa, de marfil; z, embocadura hecha por un taladro de marfil; aa, cuña de marfil; bb, picador de hielo de marfil; cc, dd, pesa de marfil para hilos de pescar; ee, garfio de hueso para hielo; ff, cuchilla o ulu; gg-ii, hojas de cuchillos; jj-ll, piedras de amolar; mm, taladro de mano, nn, oo, cinceles; pp, fragmento de tabla arrojadiza.

47 / Artefactos de la tradición Thule, de la Isla de San Lorenzo: a, vasija de marfil; b, c, anteojeras de madera para la nieve; d, kayak (canoa de pieles de los pueblos esquimales) de juguete, elaborada en madera; e, manija de tambor y fragmento de aro; f, cuchara de asta de venado; g, cucharón de cuerna de venado; h, cintillo frontal de marfil; i, peine de marfil; j, muñeca de corteza de árbol; k, punta de taladro de hueso; l, m, lesnas de marfil; n, cogedor de hielo de piel de ballena; o, cucharór de hueso; p, canalete de madera; q, r, cuchillos de pizarra, con empuñadura; s, vasija de piel de ballena; t, asa de madera para balde; u, arco de madera para taladro; v, w, ulus de pizarra con mangos de madera; x, mortero de cerámica; y, arco de madera utilizada como juguete; z, aa, calzas de trineo de marfil, utilizados como juguete; bb, corredera de trineo elaborado en madera y utilizado como juguete; cc, dd, correderas de trineo, en marfil; ee, pala de nieve, elaborada en hueso.

instrumental de molienda y de puntas de proyectil grandes con muescas marginales. Se puede pensar que el conjunto de materiales de la tradición Paleo-altiplano tiene relaciones genéticas y formales con sus contemporáneos de la zona Norte de la Gran Cuenca, vecina, e inclusive algunas influencias de fases muy antiguas del Sur de California que podrían hablarnos de un viejo substrato. En cierta forma la gente del altiplano tuvo contactos con la costa, pero no es posible discernir si se trata de contactos con otros grupos o de variantes estacionales de la misma gente.

Más tarde, hacia el 7.000 y hasta el 5.000 aP., hay una fase en la que se ponen en uso las micronavajas y se nota un incremento en las puntas de proyectil con muescas angulares y basales, a lo que sigue un tiempo en el que abandona la tradición descrita, para incorporar puntas triangulares pequeñas, con muescas laterales, hachas pulidas de nefrita y cuentas tubulares de cobre, así como figurillas labradas en esteatita y objetos hechos en concha marina.

Al igual que en unas fechas se reciben influencias del Sur, por el 4-3.000 aP., se establecen contactos con el Norte, al existir una cierta facilidad de comunicación.

Por la costa la ocupación más antigua conocida, en las islas de la Reina Carlota, es una tradición de productores de micronavajas, de alrededor del 7.000. Después de 5.000 esta tradición cambió a la que se ha descrito como de percusión bipolar, aunque el resto de material siguió siendo el mismo. Algo más tarde las islas comienzan a integrarse al patrón cultural general de la costa del Noroeste, con la acumulación de conchales impresionantes y la aparición de artefactos de pizarra y hueso pulidos.

En Prince Rupert, por el 4.500 y hasta el 2.500 se encuentran grandes y gruesas puntas foliáceas, puntas de proyectil con base cuadrada, cuchillos bifaciales grandes, raederas y objetos cortantes de lascas de cantos rodados y muy numerosos cantos con los bordes desgastados, a lo que se unen arpones barbados con perforaciones para amarrar el cable. Por el 2.000 aparecen los bezotes junto con elegantes puntas de pizarra pulida para, más tarde, alcanzar un gran desarrollo en la industria de hueso pulido, en detrimento de la lítica. Se encuentran cuchillos del tipo "uluk" hechos de valva de concha y hay huellas que denotan un activo trabajo en madera.

Posiblemente el origen de Prince Rupert esté muy influenciado por la tradición del Paleo-altiplano, ya que abundan los artefactos afiliables. Es importante connotar el hecho de que existen una gran cantidad de restos óseos de mamíferos marinos, de especies cuya captura significa el empleo de algún tipo de elemento de navegación.

En el estrecho de Georgia, más al sur, del 5.500 al 3.500 aP., se nota una gran importancia a la subsistencia mediante la obtención de productos marítimos que alcanza tanto las islas como la tierra firme del estrecho y que conforma la base tradicional de los pueblos que históricamente habitaron la misma región. En el tiempo se ve cómo los establecimientos humanos van ampliándose hasta formar aldeas que se ligan directamente con las encontradas en uso, por los visitantes europeos de la región. La riqueza de los productos marinos, aunada a la explotación de los terrestres, estableció una liga entre lo arqueológico y lo etnográfico que aunque también sea aparente en otras muchas regiones, en ésta marca uno de los puntos de mayor importancia.

En relación directa con la región estudiada se encuentran otras tres a cuya descripción general pasaremos a continuación: el Altiplano, la Gran Cuenca y California. Siguiendo a Aikens (1978) diremos con él: "Las divergentes adaptaciones económicas y las variables categorías de complejidad social desarrolladas entre las

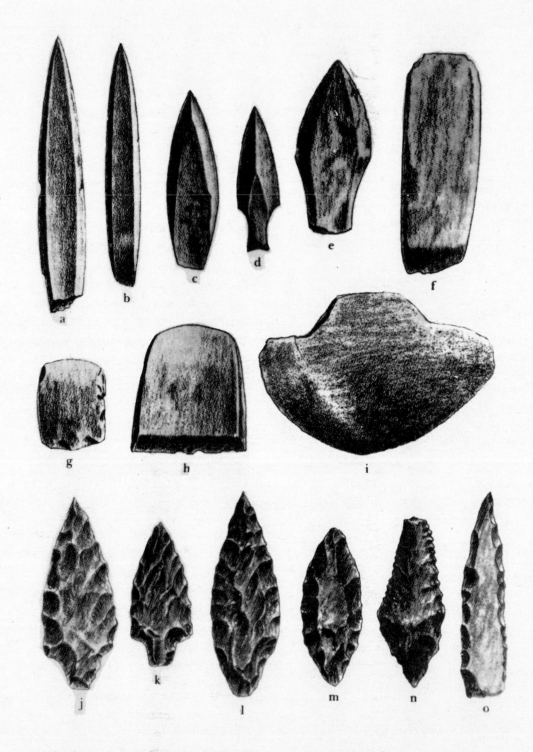

48 / Artefactos de la tradición del Golfo de Georgia, de la región del Delta del Fraser: a-e, puntas de pizarra; f-h, hojas de azuela pulida; i, ulu de pizarra j-n, puntas de piedra labradas; o, punta labrada y afilada.

tres tradiciones, pueden ser vistas como íntimamente relacionadas con los factores ambientales" (*op. cit.*, 173).

Se dará comienzo con el Altiplano. La primera presencia humana es la fechable entre 11.500 y 11.000, dado que en la región se han encontrado algunas puntas Clovis y, según se vio con anterioriridad, también hay restos de ocupaciones más antiguas, aunque no estén ampliamente documentados. A esto siguen una serie de ocupaciones de fase Windust que van de 10.500 a 7.500, afiliables con el algo vacuo horizonte San Dieguito, de California, que se caracteriza por puntas de proyectil foliáceas grandes, algunas otras de silueta semejante pero con pedúnculo, cuchillos lanceolados u ovalados, raederas grandes, raspadores aquillados y tajaderas, junto con una casi absoluta ausencia de instrumentos de molienda. A esto, característico de San Dieguito, en el Altiplano, en la fase correspondiente de ocupación, se unen grandes navajas obtenidas de núcleos prismáticos, buriles de una o varias facetas, junto con punzones y agujas de hueso, así como ganchos de lanzadardos. Entre los restos de alimentación se encuentran huesos de ciervo, alce, antilocapra, liebre, conejo y castor junto con conchas de mejillón de río. La presencia de conchas marinas, en forma de cuentas, denota la relación con la costa y también están presentes prácticas funerarias con cremación.

Sigue la fase Cascade, de 7.500 a 5.000 aP., con una marcada continuidad que señala un proceso evolutivo. Como artefactos marcadores se encuentran puntas Cascade, de tamaño mediano, foliáceas, cuidadosamente trabajadas. Alrededor de 7.000 hacen acto de presencia puntas de proyectil grandes con muescas laterales. El empleo del lanzadardos se atestigua con la presencia de contrapesos y ganchos de piedra pulida para este artefacto. Hay un mayor consumo de productos de origen acuático, como salmón y trucha y ahora se entierra a los muertos

en forma flexionada o extendida. Fabricaron graneros semi-subterráneos para la conservación de productos alimenticios.

La fase Tucannon es la que sigue a la anterior y se fecha entre 5 y 2.500 aP., y se ve que es un cambio evolutivo respecto a la anterior, sin que se pueda hablar de un rompimiento, incorporándose unas puntas pequeñas, triangulares de pedúnculo contraído y con muescas angulares. En todo lo demás del ajuar no se perciben cambios notables salvo, quizá, una lanzadera para la fabricación de redes.

Se siguen otras fases, por este orden: Harder, Piqunin y Numipu, que cubren desde el 2.500 hasta tiempos históricos. En la primera se establecen aldeas con construcciones semi-subterráneas y, por la presencia de puntas de proyectil de pequeño tamaño se piensa que ya había entrado en uso el arco. Los salmónidos siguen tomando importancia en la dieta y aparecen los perros. Las fases que siguen muestran la diferencia entre ellas por cuanto en la última se encuentran ya los elementos adoptados de la cultura occidental, como el caballo, y una clara influencia de las culturas de las Llanuras.

La anterior descripción, hasta cierto punto detallada, marca el patrón general que prevaleció en el Altiplano, con las diferencias zonales que es natural se produzcan y de las cuales una de las más importantes fue la de los grupos que manejaron la pesca del salmón como fuente básica de alimentación, claro está que esto se restringía a los que tenían asentamientos ribereños, mientras que otros siguieron manteniéndose, sobre todo de la cacería de las especies, grandes y chicas, que poblaban el territorio junto con, en el tiempo, un incremento de la dependencia en productos vegetales, de lo que es demostrativo la abundancia de muelas y morteros de piedra, con sus correspondientes manos.

La dependencia en el salmón implica la existencia de todo un proceso de manejo de este género de presa, pues era necesario pescarlo, o

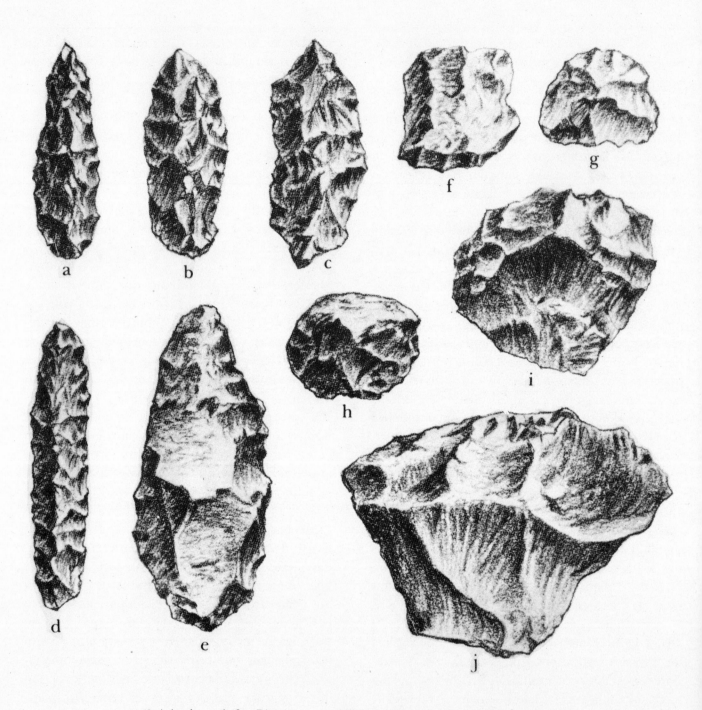

49 / Artefactos de San Dieguito: a-e, cuchillos; f-i, raspadores; j, cuchilla de carnicero.

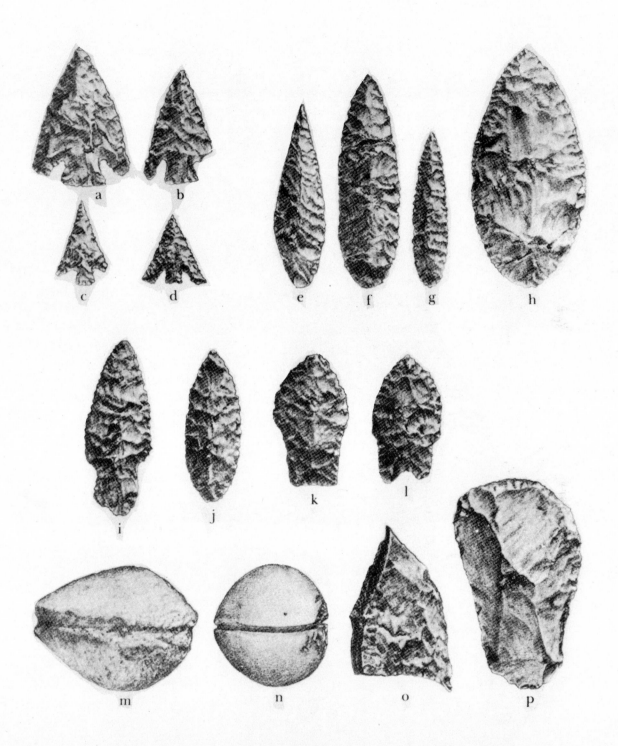

50 / Artefactos analizados de la parte baja de la región del Río de la Culebra (Snake River)
Secuencias: a-d, fase Harder; e-h, fase Cascade; i-p, fase Windust.

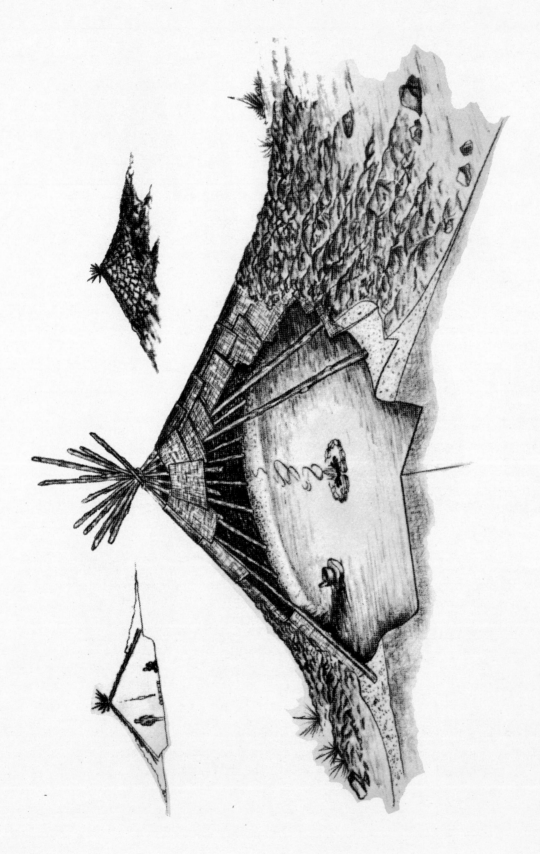

51 / Reconstrucción artística de una casa semisubterránea en la parte baja de la región del Río de la Culebra (Snake River) que pertenece a la fase Harder.

arponearlo, preservarlo, por desecación o ahumado, y luego almacenarlo en condiciones tales que permitieran su conservación para utilizar las grandes capturas del tiempo de arribazón del salmón hasta las mismas fechas, en el año siguiente. En unos casos la explotación del salmón se atestigua desde fechas muy antiguas, 8.000 aP., y en otros apenas desde 3.000, pero la norma general es la de una muy temprana en el uso de este recurso alimenticio que, por otro lado, se localiza en todos los ríos de la zona y no era cuestión de dejarlo sin utilizar.

Por lo anterior podemos imaginar, sin estar demasiado lejos de la realidad, una serie de campamentos veraniegos a lo largo de los cursos de agua y luego una residencia en las aldeas de casas semisubterráneas enclavadas en cañones bien protegidos durante el invierno.

La Gran Cuenca (Aikens, 1978) es un territorio desértico que, en tiempos del contacto, estaba habitado por pequeños grupos de cazadores recolectores de gran movilidad. Por su arqueología obtenemos un buen ejemplo de la manera en la que los grupos humanos fueron capaces de enfrentarse a unas muy duras condiciones ambientales, de entre las más rigurosas de Norteamérica, si no la que más.

Hasta ahora los restos de ocupación humana claramente presentados no atestiguan una gran edad existiendo, sin embargo, una fecha de un hogar con artefactos asociados que produjo 13.150 años aP., en la cueva de Fort Rock, sobre gravas lacustres. Los artefactos asociados son algo disímbolos: una muela y su mano, dos puntas de proyectil, varias raederas y grabadores y cierto número de lascas. Esto lleva a que algunos no crean la asociación con el hogar como válida, pero sea como fuere el hecho de la fecha del hogar, que es un tipo de artefacto, prevalece.

Del horizonte siguiente contamos con varios hallazgos de puntas Clovis, todas de super-

ficie, y por lo tanto de edad de difícil atribución pudiéndose admitir la general de 11.500-11.000 aP.

Entre 11.000 y 8.000 se localizan los restos del Complejo San Dieguito, mejor conocido en el Sur de California, pero presente aquí con virtualmente el mismo ajuar: puntas lanceoladas grandes con hombrera y pedúnculo, cuchillos o puntas foliáceos, semilunares, raederas sobre lasca y raspadores aquillados.

Muchos de los hallazgos, la mayor parte, han tenido lugar en las líneas de las antiguas playas que se formaron en la región en los muy numerosos lagos que allí existieron, lo que simultáneamente, nos demuestra la existencia de estos cuerpos de agua, en el pasado, explica la presencia humana, pues las posibilidades de explotación que estas formas del paisaje permiten son muchas y altamente productivas.

En las zonas ahora desérticas de California Sur y en la parte suriana de la Gran Cuenca al Complejo San Dieguito sigue el Complejo Cuenca-Pinto, que va de 7.000 a 3.500 y se caracteriza por puntas de dardo con pedúnculo y base indentada y también puntas foliáceas, cuchillos, perforadores, tajaderas, raederas y raspadores, junto con muelas y sus manos, del género metate. Del patrón de vida nomádico de cazadores recolectores, en algunos casos se han encontrado huellas de postes, dispuestos de tal manera que se interpretan como los de cabañas, por lo cual se infiere que, en ciertos lugares de alta productividad, se establecían por temporadas largas, dentro de su ciclo ambulatorio estacional.

Siguió el Complejo Amargosa, que en algunas zonas parece haber alcanzado hasta 1.000 aP. y en él y hacia su final, es posible que se haya comenzado el empleo del arco y la flecha. Para estas fechas ya estaban, y en realidad, desde algún tiempo atrás, en contacto con los pueblos agricultores y ceramistas del Suroeste.

Hay algo digno de mencionarse en el estudio de los yacimientos de la región del tema y es la abundancia de hallazgos de artefactos, enteros o fragmentados, de origen orgánico. Objetos de madera, fibras vegetales y cuero son muy abundantes. Restos de esteras, de canastas, de tejidos, ástiles de dardos y flechas, cordelería, sandalias, mocasines de cuero, señuelos de cacería, líneas de pesca con sus anzuelos y otras muchas piezas enriquecen nuestro conocimiento, con lo cual se hace más amplia la reconstrucción de la forma de vida del pasado a la vez que plantea un cierto problema pues, a la hora de tratar de establecer comparaciones de gran alcance geográfico, la ausencia de este género de materiales en los demás lugares lleva a depender exclusivamente del material lítico.

California ya hemos visto que posee pruebas de ocupaciones muy antiguas, aunque exista escepticismo a su respecto, pero el horizonte que nos ocupa está ampliamente documentado. Del anterior, son abundantes los hallazgos de puntas Clovis y ya se vio que no sólo se empleaba este tipo de puntas, sino otros, que precisamente en California tienen claras expresiones.

El Complejo San Dieguito, ya mencionado, da comienzo hacia el 9.000 aP., muy claramente representado en la parte Sur de California y, en forma difusa, aparece también por todo el resto del territorio e inclusive, ya vimos, lo sobrepasa. Atribuido al cómodo pero inexpresivo conjunto de tajadera-raedera, de instrumentos grandes y con refinamiento en su acabado, también incorpora puntas foliáceas y pedunculadas a lo que hay que unir manos y muelas, siendo estas de factura poco convencional.

Debido a la gran riqueza biótica del territorio y a sus diversos ecosistemas, contiene muchas variantes culturales, distinguidas por sus elementos de adaptacición a determinados ambientes, con lo cual se marcan claras diferencias regionales de un patrón básico común.

Tómese en cuenta que Kroeber (1925) dividió la región en cuatro entidades culturales mayores: California del NW, relacionada con las culturas de la Costa del Pacífico de Oregón, Washington y la Columbia Británica en su economía ribereño-marítima y con el trabajo en madera, con gran hincapié en la riqueza individual; la California Central, cuyos grupos humanos compartían mucho de su cultura con la Gran Cuenca trasmontana; las culturas costeras del sur de California y las de los desiertos de la misma zona, relacionadas con las del Suroeste. A esto unamos el hecho de que se registraron, en tiempos históricos, unos 500 grupos étnicos, perfectamente estabilizados, con sus relaciones claramente establecidas y los territorios igualmente definidos.

Es muy interesante el hecho de la existencia de comunidades estables asentadas en grandes aldeas, dentro del patrón de vida de recolección y cacería, lo que parece ser una contradicción, pero las condiciones mediales, con su variedad y riqueza de productos, lo permitieron.

Continuando con las Culturas Costeras, a San Dieguito sigue la Tradición Encinitas, en la que se agrupan una serie de Complejos y que van de 7.500 hasta 5.000 en unos sitios y en otros perdura hasta el 3.000 aP. Abundan las manos y los metates así como martilladores y artefactos como tajaderas, raederas y lascas cortantes de gran tamaño; puntas de proyectil toscas y grandes, a veces foliáceas, están presentes pero son escasas. Es peculiar también la industria ósea y la de concha viéndose, por los restos de alimentación, que basaban ésta sobre todo en los productos marinos, siendo muy abundantes los restos de moluscos. La cacería, aunque practicada, lo era en menor grado y los numerosos metates y manos nos hablan de un gran aprovechamiento de productos vegetales.

A continuación se establece la Tradición Campbell, muy claramente en la zona costera de Santa Bárbara y más tarde y con menos fuerza en otros lugares. Por su hincapié en la cacería, en vez de la recolección de productos del mar y vegetales, que fuera el patrón básico de la fase anterior, existe la opinión de que se trata de un grupo de cazadores que llega a la costa y allí, manteniendo su forma tradicional de vida, la amplía con los productos locales, pero sigue basándose en aquello que le era más practicado y mejor conocido. Hay proliferación de tipos de puntas de proyectil y de morteros de piedra. Termina el desarrollo cultural de la costa con los grupos Shumash, ya en tiempos históricos, continuadores de la previa tradición.

Con vecindad inmediata a las culturas brevemente referidas están las de las Grandes Llanuras y las del Suroeste; seguiremos con las primeramente mencionadas, en el intento de mantener el método descriptivo que hasta aquí se ha llevado, con la secuencia de Norte a Sur y de Oeste a Este.

Siguiendo a Wedel (1978) las Grandes Llanuras es una región que, pese a su denominador común, muestran clara diversidad, con importantes variantes climáticas, pudiéndose diferenciar los llanos del NW, las llanuras del Missouri medio, las de la periferia del NO, las Centrales y las Surianas. Sometidas a la influencia directa de factores climáticos generados en un tiempo por el casquete glacial que cubría gran parte de Norteamérica y luego a las implicaciones que contienen una situación continental, en el tiempo han visto sucederse una serie de fuertes cambios en la flora y en la fauna, pero siempre existió algo que normaba la vida de sus ocupantes humanos: la presencia o ausencia, la abundancia o escasez de bisontes. Estos, como presa predilecta una vez desaparecida la otra megafauna, eran el indicador de la presencia humana.

Wedel (*op. cit.*) llama a la primera fase de ocupación la de los "cazadores de grandes presas" siguiendo la nomenclatura tradicional ya comentada, y los sitúa entre 12 y 7.000 aP. Con esto abarca todo el Cenolítico, con el inferior, ya comentado en otro lugar, a la vez que incluye el superior. No se trata, ahora, de dirimir la validez o invalidez de su proposición, pero está claro que, salvo la divergencia de fecha en la iniciación que yo propongo en 14.000, la que cierra el horizonte concuerda con la que considero para el final del Cenolítico en su conjunto, con la diferencia de periodificación cultural de que al autor comentado juzgo considera un Arcaico de las llanuras, que va de 7 a 2.000 aP., y un patrón cultural Bosque-llanura de 2.250 a 1.000 aP., al que sigue el de las aldeas de los Llanos, que alcanza la fecha histórica de 1850 de nuestra era. Trataremos de seguir el esquema general y marcar el punto de vista propio en cada instancia.

Desde que se ha comenzado el intento de sintetizar los elementos componentes de cada horizonte, como yo los entiendo, se ha intentado reunir, buscando denominadores comunes, expresiones culturales diferentes. Manejando en cierto criterio, esto se hace imposible cuando tratamos cada caso, cada hallazgo o yacimiento en sus detalles mínimos, pero aunque quizá el tiempo de la síntesis no está todavía maduro, hay que intentar la agrupación de elementos de conocimiento, a sabiendas de que todavía falta mucho y que los intentos de síntesis, cuando mucho, sirven para señalar los vacíos de información.

Los "cazadores de grandes presas" se nos ilustran sobre todo, a través del análisis de sitios de matanza y destazamiento, con las cortapisas culturales que tales sitios comportan, como se ha hecho ver. Fechados entre 12 y 7.000 aP., consistentemente se asocian en sus inicios con la tradición de las puntas acanaladas y los demás artefactos del conjunto, incluyendo piedras de molienda que aunque escasas, podrían indicar el uso de algunas gramíneas, sus granos, o también haber sido empleadas para moler carne seca, por ejemplo. Está atestiguado que mataban bisontes en gran número, posiblemente mediante arreadas, desde 10.000 años aP. y hay yacimientos, como el de Jones-Miller en el que se han encontrado restos de cuando menos 300 bisontes, *Bison antiquus*, para ser precisos. El conjunto de hallazgos de Hell Gap denota un lugar de campamento más que de matanza, como **caso** distinto del anterior, y en el que se han encontrado puntas Plainview que subyacen puntas Folsom, con lo cual puede suponerse que Plainview es transicional entre Clovis y Folsom, al menos en cierta región, y que no hubo por todos los sitios un proceso evolutivo gradual y forzoso entre Clovis y Folsom.

El que regionalmente se ha llamado Arcaico, nuestro Cenolítico superior, comienza hacia 7.000 aP. y alcanza hasta el 2.000 aP., en realidad hasta la llegada de los primeros occidentales, y mantiene un modo de producción en el que, con base en la cacería del bisonte como fenómeno casi general, el espectro de recursos alimenticios se amplía materialmente a toda clase de animales, además de moluscos, a la vez que un gran abanico de recolección de productos vegetales. En el ajuar lítico se encuentran puntas foliáceas mal hechas, puntas con muesca lateral, otras con pedúnculo y aletas, raederas, raspadores, perforadores, algunas piedras de molienda y pipas tubulares pulidas. El conjunto de artefactos de materia orgánica está pobremente representado, pero hay cestería del tipo de enrollado, cordelería, redes y fragmentos de cuero y de madera trabajados. Los asentamientos son de dos tipos: o en cuevas y covachas o en terrazas fluviales.

Ya se dijo que todo el territorio en el que se encuentran las Grandes Llanuras sufre de alteraciones climáticas bastante intensas y es por ello que, la fase de sequía que tuvo lugar entre 7.000 y 5.000 aP., llevó a que las áreas de mayor aridez fueran abandonadas y se note una disminución poblacional. La baja precipi-

tación produjo la disminución de las herbáceas de las que se alimentan los bisontes, con lo cual deben haber disminuido en número a la vez que desplazado para buscar refugio en áreas de mayor humedad. La población humana parece haberse ido hacia las laderas de las zonas montañosas y de colinas, más húmedas, abandonando las planicies propiamente dichas.

El patrón cultural de las Grandes Llanuras no sufrió mayores cambios hasta el siglo XVII en unas zonas y el XVIII en otras, cuando comenzó a extenderse el uso del caballo. Esta adquisición supuso una gran ampliación del territorio dominable, por la mayor movilidad del grupo, y también un aumento en los bienes transportables, elementos mediante los cuales se obtiene un incremento demográfico, con toda seguridad seguido de una serie de conflictos entre los diversos grupos colindantes, en razón de invasiones territoriales.

La franja oriental de las Grandes Llanuras con el tiempo fue siendo invadida por grupos que practicaban la agricultura, se agrupaban en aldeas y se instalaban en el fondo de los valles, en las tierras más fértiles, manteniendo un modo de producción que es el general del horizonte Protoneolítico, que más adelante comentaremos.

Precisamente la colindancia con esa parte Oriental es con la región que llamamos Noreste y a la que Griffin (1978) une las Tierras Medias. Surcada por numerosos ríos, con grandes lagos, montañosa en partes, pero no accidentada en ningún caso, alcanza hasta la costa Atlántica que en su parte sur está bañada por la cálida corriente del Golfo, elementos todos los cuales llevan a que posea una gran variedad y abundancia de recursos alimenticios, entre los que no son los menores los productos de sus grandes bosques, que cubren casi todo el territorio. El bisonte se encontraba en la región occidental y la oriental poseía abundancia de ciervos y alces y las partes más norteñas reno y anta. Los ríos y las costas eran ricos en pesca y marisco y el bosque bajo proveía de abundantes bayas y otros frutos, a lo que se une un clima relativamente templado por la proximidad del mar.

En esta región recordemos que se tienen fechas de ocupación muy antiguas en Meadowcroft (Adovasio, *et. al.*, 1975) del orden cercano a los 20.000 años aP., y ya se ha indicado la extensión que por esta parte de Norteamérica tuvo el Cenolítico inferior. El Cenolítico superior se inicia con lo que localmente se llama Arcaico temprano, de 10 a 8.000 aP., en una demarcación temporal algo arbitraria que se constata, sobre todo, en la proliferación de tipos de punta de proyectil, así como un numeroso instrumental de raspadores, raederas y perforadores, atribuido al trabajo en cuero, pero que también pudo haber sido utilizado en el de madera. Hay pulidores de piedra y cantos rodados que tienen huellas de uso según las cuales se emplearon para moler a lo que se unen morteros; este conjunto nos habla de un sistema de molienda que puede haber sido aplicado a diversos productos. Como parte del conjunto lítico están hachas talladas por percusión, indudablemente para trabajos pesados en madera. Por desgracia hay muy poca preservación de hueso o materia orgánica por lo cual se carece de los elementos suficientes para hablar de cuáles eran los recursos alimenticios específicos que empleaban, aunque por la fecha puede afirmarse que contaban con los mismos que tenían los habitantes de la región cuando entraron en contacto con los primeros occidentales, pues las condiciones climáticas eran las mismas.

En el Arcaico medio, de 8 a 6.000 aP., es diferenciable gracias, sobre todo, a la aparición de instrumentos de piedra pulida. Las puntas de proyectil mantienen una gran diversidad de formas y hacen acto de presencia las hachas de piedra pulida con garganta completa. El mar, para estas fechas, había alcanzado casi su nivel

actual, por lo que a lo largo de costas y desembocaduras de ríos se encuentran sitios que demuestran la variante costera del mismo patrón cultural, la cual sin duda también existió en la fase anterior pero que, por estar el nivel del mar más bajo entonces, tiene ahora sus lugares de ocupación costera por debajo del agua. La verdad es que, en conjunto, los sitios de esta fase a pesar de todo no son muchos y no han producido la información suficiente como para obtener una buena imagen cultural, coherente y concreta.

El Arcaico tardío, de 6 a 3.000 aP., está representado por numerosos sitios que nos dan idea de un conjunto complicado y diverso de grupos sociales, atribuidos a diferentes condicionamientos mediales y con una fijación territorial mucho más acentuada de lo que hasta entonces había existido.

Se nota un mayor aprovechamiento de recursos vegetales, incluyendo la madera para fabricar casas, canoas y demás, lo que se infiere de la abundancia de artefactos cortantes de piedra pulida y la existencia de gubias de hueso, material que también fue muy utilizado en la manufactura de diversos objetos. Hubo una gran relación con otras áreas y son abundantes los objetos hechos de materia prima foránea, quizá transportados en su forma final, quizá en bruto. A este respecto conviene no confundir comercio con trueque, explicación clara y sencilla que ha sido expresada en otros lugares, pero que en nuestro tiempo parece haber sido olvidada.

Los sitios arqueológicos excavados demuestran la existencia de asentamientos humanos que lo fueron por tiempo prolongado con gran posibilidad de que lo fueran permanentemente para una parte del grupo, mientras que la otra parte deambulaba en la búsqueda de distintos productos que, luego de obtenidos, eran encaminados a la base.

Se han establecido complejos culturales cerrados, en relación consistente unos con otros y se podrían explicar, dada su especialidad circunscrita y su contemporaneidad, como representativos de áreas tribales o de bandas. En lo general asistimos a una expansión demográfica evidente.

Existen una serie de técnicas de explotación del medio de las que son prueba, por ejemplo, los restos de nasas fijas para pesca, encontrados en varios lugares ribereños, sobre todo en estuarios. La explotación de recursos alimenticios acuáticos se denota con mayor intensidad ahora, pero ya estaba presente desde la fase anterior, el Arcaico medio, por la presencia de plomadas hechas con piedras, a las que se hacía una incisión circular, en la que se ataba la línea. Ahora se encuentran, además, anzuelos y arpones. En cuanto a mamíferos terrestres lo más importante parece haber sido la cacería del ciervo, del que hay muchos restos.

La explotación de recursos alimenticios vegetales tiene huellas de haber sido importante, como puede inferirse por la abundancia de morteros y muelas de piedra a lo que hay que unir unas piedras preparadas especialmente con una oquedad, para partir nueces, de las que también se han encontrado sus restos carbonizados.

Las huellas de habitación nos demuestran que hubo agrupaciones de 50 o más personas, habitantes de cabañas de 9 a 14 metros de diámetro, por lo que se puede suponer que alojaban grupos familiares. En algún caso la existencia de cabañas de hasta 20 metros de diámetro permite pensar que se trata de unidades no habitacionales, construidas para reuniones de carácter social o ceremonial.

Otro patrón cultural que se observa durante el mismo tiempo de duración del Arcaico superior y cuya presencia, en distintos grados de intensidad, se registra en diversos lugares es el de la Vieja Cultura del Cobre. La tecnología del trabajo en cobre es originaria de la región de los Grandes Lagos, donde este metal aparece en estado nativo, en afloramientos en forma de grandes pepitas, más bien núcleos, o de filones.

Una vez conseguido el fragmento de materia prima este era martillado en frío, o calentándolo, y aprovechando la maleabilidad natural del cobre se le daba la forma deseada que, en casi todos los casos, no era más que la repetición de alguno de los artefactos líticos u óseos que los que estaban en uso, pero como la calidad de la materia prima permitía formas propias no usuales en la piedra se unieron puntas de proyectil con pedúnculo muy largo, que se han llamado de cola de rata, hachas y anzuelos de media cajera y cuchillos de tipo "uluk".

Es necesario señalar, una vez más, que esta Vieja Cultura del Cobre que corre entre el 6 y el 3.000 aP., no se trata de una cultura que manejase la metalurgia en sus distintos procesos, sino que empleaba el cobre nativo sin recurrir a proceso de transformación físico-química de ninguna índole y usándolo como una piedra especial que se trabajaba a golpes con martillos de piedra (Willey, 1966).

Otro elemento cultural que se encuentra ahora y que es partícipe de un complejo tecnológico, es el contrapeso de lanzadardos o atlatl la "piedra bandera" (banner-stone). Este género de piezas, de muy buen acabado y en ocasiones de gran valor estético, es posible que hayan tenido un valor ceremonial con el objeto de que formaban parte, pues el arco y la flecha parece que ya eran de uso común.

Además de la variante del Arcaico marítimo, es posible distinguir el que se ha llamado Arcaico del Escudo, por encontrarse en la zona del escudo Laurentido. Se trata de un Arcaico que se desarrolla en los bosques boreales que se extienden entre los lagos del Gran Oso y del Gran Esclavo y que por el Este alcanzan hasta el Labrador, formando una especie de gran arco en territorio poco fértil y de duro clima invernal. Su integración comienza hacia el 6.500 aP. y alcanza hasta tiempos históricos; la fecha de su inicio,

52 / Ejemplares tipos del Arcaico del Escudo, lascas de cuarcita de áspera granulación, encontrados en varios sitios interiores de Barren Grounds, al noroeste de la Bahía de Hudson: a, b, puntas lanceoladas de Keewatin; c, d, puntas buriladas; e, cuchillo bifacial; f, raspador de pieles; g, h, raspadores de punta chata.

53 / Artefactos del Arcaico Noreste Boreal de sitios de la costa sur de Labrador: a-c, pequeñas puntas de proyectil; d, cuchillo bifacial; e, Gubia; f-h, puntas grandes de proyectil.

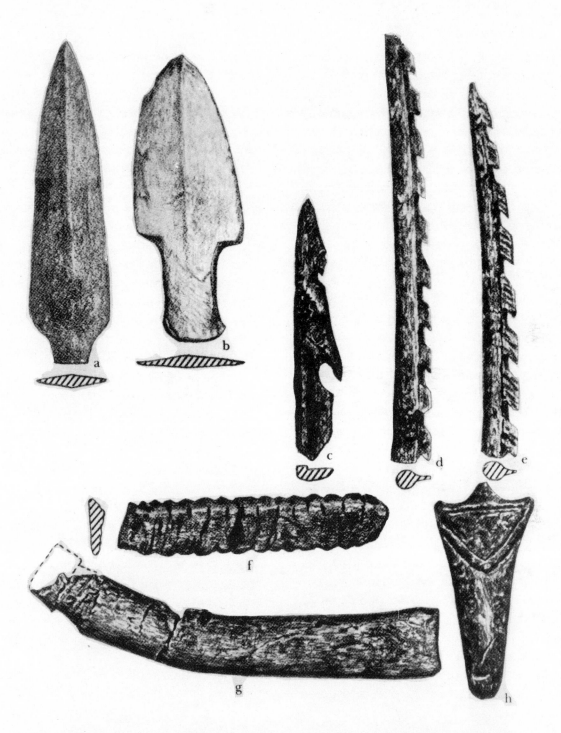

54 / Artefactos del Arcaico Noreste Marítimo, recobrados en el oeste de Terranova: a, b, puntas de proyectil de pizarra biselada; c, punta de arpón de hueso con receptáculo abierto; d, e, fragmentos de arpones de hueso de pescado con púas; f, raspador o sierra de piedra; g, mango de cuchillo de hueso con punta biselada; h, amuleto de esteatita (jabón de sastre).

aparentemente tardía, está normada por los procesos de deglaciación de la zona, pues con anterioridad era una región periglacial, muy inhóspita.

La economía de esta variante regional se apoyaba fundamentalmente en la cacería del reno y se complementaba con la de otros mamíferos y la pesca. Como en otros patrones de los que integran el Arcaico, existía una gran variedad de tipos de puntas de proyectil y abundaban los raspadores y raederas, cuchillos y navajas de dorso retocado. En ciertas zonas hacen acto de presencia artefactos y ornamentos de cobre martillado y de pizarra.

La región de las Tierras Medias y del Noreste en su casi totalidad pasa del Arcaico superior a la cultura del Bosque (Woodland) con agricultura y cerámica. La fecha más antigua es de 3.000 aP. en algunos lugares y de 2.000 aP. en otros y en las partes más frías y de peores suelos no llega a alcanzarse ni en tiempos pre-occidentales. El complejo cultural maíz-calabaza-frijol penetra desde el sur con todos los fenómenos sociales y económicos que este tránsito acarrea, y se llega a modos de producción aparentemente contradictorios, como el de cacería y cultivo de maíz. Este es el panorama cultural que encuentran los primeros europeos que llegan a la región en los siglos XVI y XVII, un Protoneolítico pleno, según el sistema clasificatorio que se sigue.

Las mayores influencias del tipo de modo de producción aldeano agrícola fueron las que se recibieron desde la región que en este trabajo y siguiendo a Jennings (1978) llamamos Sureste. De acuerdo con Muller (1978) en gran parte corresponde a la Llanura Costera del Atlántico e incluye la mitad sur de los Apalaches, pero para los propósitos de la arqueología prehistórica los mas importantes fueron los valles de los ríos Tennessee y Mississippi, con sus correspondientes afluentes.

De clima templado, libre de heladas, tiene abundante precipitación. Casi todo el territorio estuvo cubierto de bosques y abundaba la fauna, existiendo las naturales diferencias locales en estos aspectos.

En el Cenolítico inferior, localmente de 12 a 8.000 aP., hubo extensiones culturales de los patrones existentes al Oeste de la región, la de las Grandes Llanuras, aunque, a juzgar por el número de hallazgos no parece haber tenido muchos habitantes. Es característico de la región el Complejo Dalton, cuya punta de proyectil prototipo es una, ligeramente acanalada, con las cicatrices de las acanaladuras no muy grandes y silueta francamente triangular en sus tercios medio y distal; su longitud oscila entre 4 y 8 cm, agrupándose la mayoría entre los 5 y los 6 cm. Al parecer se usaba indistintamente como cuchillo o como punta de proyectil y es indudable una relación con las clásicas acanaladas. En la zona los hallazgos pertenecientes al Complejo Dalton son más numerosos que los atribuibles al Clovis.

A juzgar por los hallazgos parece que los pobladores de la región, en sus primeros tiempos, eran poco especializados y recurrían a cuanto producto alimenticio se encontraba a su alcance.

La fase del Arcaico tuvo lugar entre el 8 y el 3.000 aP. en unas zonas y en otras hasta el 2.500 y se caracteriza por numerosos modos de adaptación a distintos ecosistemas, produciéndose diversas variaciones culturales, dentro del mismo patrón general. Se explotaban bayas y nueces, productos de pesca fluvial y marítima, se recolectaban moluscos y los ciervos eran la presa mayor preferida, dentro de la gran variedad faunística regional.

El ajuar, en lo que a la parte lítica se refiere, se integraba con puntas de proyectil de muescas basales, que generaban pedúnculos y aletas, de muescas angulares con pedúnculo y de muescas laterales; en algunos casos el gran tamaño que tienen conduce a pensar que se trataba de cuchillos y no de puntas de proyectil. También hay perforadores, cuidadosamente trabajados. De piedra pulida encontramos manos y morteros, hachas de garganta completa y típicas son unas lajas de piedra en las que se han excavado oquedades semiesféricas, que se piensa fueron preparadas para recibir nueces que ahí, una vez detenidas, se partían con un golpe de cualquier piedra. De huesos se fabricaban punzones, agujas de ojo, anzuelos y partes de atlatl.

Cuando tomamos en consideración los restos encontrados, es más plausible pensar que la gente estaba organizada en bandas y, por las pocas evidencias obtenidas, hicieron cabañas que por su tamaño, unos 4,5 m de diámetro, no podrían albergar más de una familia nuclear. Por otro lado, en el conchal de Indian Knoll, en Kentucky, que tiene 120 m de largo por 60 de ancho y una altura promedio de 1,5 m, se han sacado más de 1.100 entierros humanos. Aquí, una vez más, se plantea la interrogante de si se trata de una ocupación corta de mucha gente o de una muy larga, de poca gente. Este es uno de los puntos para el que los arqueólogos, sinceramente, carecemos de respuesta.

El Arcaico finaliza cuando se transforma en el Período Sedentario, ya con cerámica y agricultura, que con el tiempo sobrepasa el horizonte Protoneolítico y alcanza un desarrollo zonal con culturas en las que es frecuente la existencia de grandes obras, construcciones de tipo piramidal o grandes montículos alargados, tales como los de Poverty Point en Luisiana, Kolomoki y Etowah en Georgia, Moundville en Alabama, Kincaid en Illinois y otros más que se extendieron por parte de la región anteriormente tratada, en la parte de las Tierras Medias, con sitios tales como Cahokia y Angel.

Alcanzado, y en cierto aspecto, sobrepasado, nuestro límite temporal, pasaremos ahora a otra región, el Suroeste.

La región del Suroeste (Lipe, 1978) es una de las mejor conocidas por la Arqueología, pues a más de tener abundantes expresiones éstas son únicas.

La región no es coincidente ni con una fisiográfica ni con una biótica y, en ciertas partes, sus fronteras de definición difícil ya que más bien, se trata de zonas transicionales. La región de nuestro interés incluye parte de las Montañas Rocosas de la cuenca de Wyoming, el altiplano del Colorado completo, parte de la Gran Cuenca, parte del sistema de Cuenca y Sierra, las Tierras Altas de Mogollón y el margen SW de las Grandes Llanuras, en la porción que se llama de las Llanuras Altas.

Como ocupación más antigua, el Cenolítico inferior, sólo se toma en cuenta la correspondiente al Complejo Clovis, ya que lo correspondiente a Sandía cada vez se hace más dudoso. El Complejo Clovis es, por lo tanto, el de mayor edad en la región y su orientación cultural hizo que, en el transcurso del tiempo, se fuera desplazando hacia el Este, ocupando su lugar otros complejos.

En el Arcaico, nuestro Cenolítico superior, al igual que se ha demostrado sucedió en las demás regiones descritas, se caracterizó por una gran facilidad de adaptación a distintos ecosistemas y, si se puede expresar así, por una especialización en la no especialización. Esto conlleva mucha variación interregional, precisamente por la diferencia de recursos.

En la cueva Ventana, Arizona, se tiene la mejor expresión del inicio del Arcaico con materiales Clovis en la base, a lo que sigue un amplio conjunto de artefactos que en parte pueden atribuirse al Complejo San Dieguito, con lo cual la equívoca tradición de cazadores de grandes presas, si es que alguna vez existió, se ve que ahí no fue la imperante, sino que desde fechas muy lejanas se practicaba una economía de gran diversificación, como lo demuestra la gran variedad de tipos de artefactos, entre ellos artefactos de molienda sencillos.

Es de mucha importancia la Tradición Cochise, que se inicia con materiales que se asocian con la fauna del Pleistoceno final, puesto que la primera expresión encontrada subyace restos de mamutes. Desde el principio el ajuar se ca-

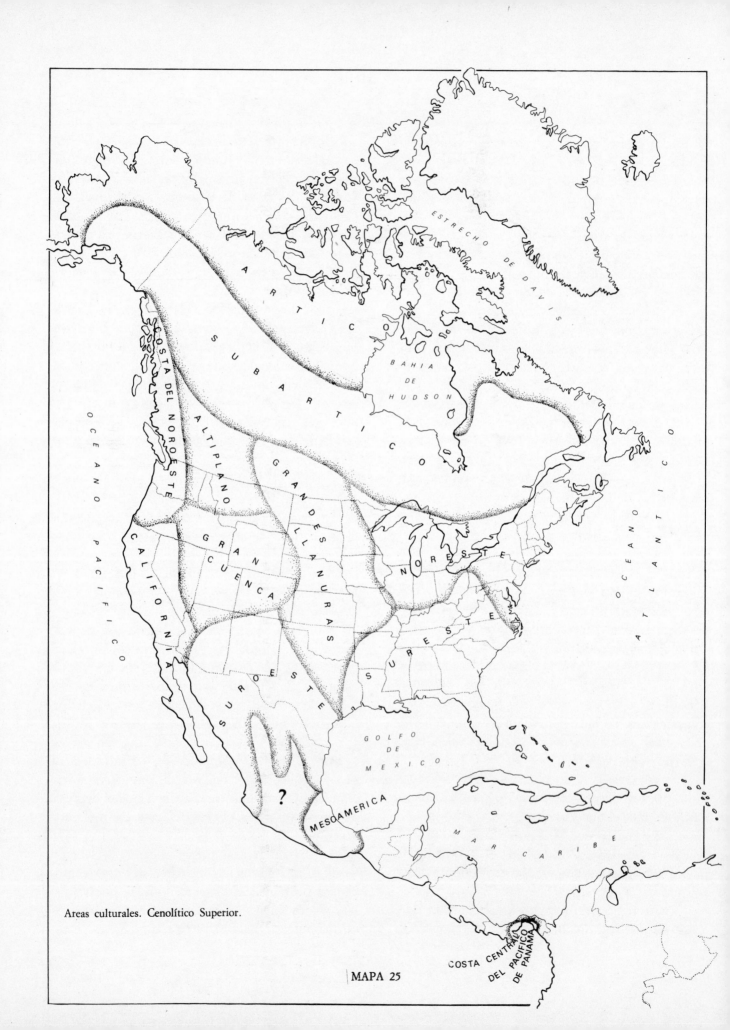

Areas culturales. Cenolítico Superior.

MAPA 25

racteriza por tajaderas, raederas, raspadores y cuchillos, todos ellos tallados en grandes lascas; también están presentes instrumentos de molienda rudimentarios. La fecha de iniciación es aproximadamente de 9.500 aP. y finaliza hacia el 2.500 aP. y es importante señalar que en su fase más antigua carece de puntas líticas de proyectil, las cuales, en forma de muesca basal, muescas laterales hacia la base y muescas angulares, hacen acto de aparición por 5.500 aP.

Aunque, como se vió, en las fechas más antiguas hay restos de fauna pleistocénica, inclusive algunos huesos quemados en asociación con los hallazgos de este complejo, por suponer que la tradición es exclusivamente de recolectores de productos vegetales, y partiendo de la ausencia de proyectiles, algunos autores niegan esa asociación y piensan que no estaban capacitados para la cacería de grandes herbívoros. Vuelve a presentarse aquí el fantasma de los cazadores de megafauna, con todo lo negativo que comporta.

Según transcurre el tiempo se van incorporando elementos a su ajuar primario y así existen puntas de proyectil con muescas laterales que dejan un pedúnculo ancho. Hay puntas pequeñas de piedra, grandes piedras de molienda con sus correspondientes manos y graneros excavados. Los campamentos son bastante grandes y en ellos es posible definir áreas de actividades específicas.

En algunos yacimientos, debido a sus condiciones de sequedad, se han preservado objetos de materia orgánica en buenas condiciones y por ellos es posible saber que tenían un amplio sentido de los recursos alimenticios vegetales y que cazaban toda clase de animales, chicos y medianos.

El Complejo Cochise, en lo que nos interesa aquí, acaba con una fase en la que ya se han incorporado plantas cultivadas, maíz primero, luego calabaza y por último frijol, recibidos desde el Sur, de México.

Otra tradición de las que forman el Cenolítico superior en el Suroeste, es la llamada Oshara. Al parecer su origen se liga con la tradi-

ción San Dieguito, más al Oeste y cuando la gente del Cenolítico inferior comienza a emigrar hacia el Este, siguiendo los ecosistemas a los que estaban acostumbrados, que se desplazan en esa dirección y hacia el Norte debido a la retirada de los hielos, el territorio que abandonan es ocupado por los portadores de esta tradición. Se inicia hacia 7.500 u 8.000 aP. y el ajuar, en la primera fase, que dura hasta 7.000 aP., es muy reducido. Incluye grandes puntas de proyectil de pedúnculo ancho, raederas y cuchillos bifaciales; no hay instrumentos de molienda. Al parecer no fueron muy numerosos y juzgando por los restos dejados, se desplazaban en grupos pequeños. En su proceso evolutivo va incrementándose el instrumental, por una parte, a la vez que por otra sufre algunas modificaciones formales. Así, las puntas van mejorando y se les incorpora una muesca basal al pedúnculo, a la vez que se definen mejor las hombreras; abundan los raspadores toscos y las tajaderas y se emplean hogares que se encuentran llenos de cantos rodados, quemados, lo que nos dice de una técnica de cocimiento por calentamiento de piedras, en un proceso semejante a la barbacoa, a lo que se añaden hornillos excavados. A partir de 5.500 aP. hacen acto de presencia instrumentos sencillos de molienda y se incrementa el número de tipos de puntas de proyectil que, al parecer, provienen de más al Oeste. Los campamentos son grandes e inclusive ya usaban algún tipo de construcción ligera, pues se han encontrado huellas de agujeros para implantar postes. El Complejo Oshara, en cuanto tiene de Cenolítico superior, finaliza hacia el 4.000 aP., cuando sus portadores comienzan a cultivar maíz.

Otro complejo que participa de los elementos básicos de los dos mencionados es el Complejo Desha. Relacionado con la Gran Cuenca, de la que es vecino, no está todavía bien definido. Comienza alrededor de 8.000 aP. y termina entre 4 y 3.000 aP., según las regiones. Desde el principio cuenta con instrumentos de molienda, aunque sean sencillos, algunas puntas de proyectil, pocas, de forma alargada con muescas laterales someras, cestería y sandalias. Su final, como en los casos anteriores, lo situamos con los inicios de la agricultura del maíz.

Los distintos Complejos que conforman el Cenolítico superior en el Suroeste de los Estados Unidos de Norteamérica, penetran en lo que ahora es el territorio de México, extendiéndose por él en grados y alcances distintos y, hasta ahora, poco conocidos. La causa de esta ignorancia se encuentra precisamente en la gran riqueza arqueológica del país, misma que ha conducido a que las investigaciones, y los medios, se orienten a la arqueología monumental, en detrimento de la no espectacular.

Hace ya algunos años MacNeish (1964) con los pocos datos existentes a la fecha, que no han sido muy mejorados en nuestros días, estableció cuatro áreas culturales en contemporaneidad con el Arcaico, incluyendo agricultura incipiente, que en parte cubre lo que aquí llamamos Protoneolítico. La primera, que afilia al Complejo Cochise, se extiende por el Noroeste de México, desde las costas del Golfo de California, hasta la parte Occidental del Altiplano Central Norte, incluyendo la Sierra Madre Occidental y llegando, por el Sur, hasta más o menos el paralelo 20 de latitud Norte. Por la parte central del Altiplano Norte, extiende hacia el Sur el Foco Río Pecos, y por el extremo Noreste del país, ya en contacto con la costa del Golfo, crea un área, la Falcón, Repelo y Abasolo que, por la forma en la que se presenta, penetra en Texas en la parte central sur de este estado. Integra otra área, que llama Mesoamérica, con los hallazgos que corren desde Chiapas en el SE de México, por la parte central Este hasta llegar a entrar en contacto con la anteriormente dicha, a la altura del Trópico de Cáncer.

Más tarde (MacNeish, *et. al.,* 1967), con algunos datos nuevos se lleva a cabo una nueva distribución espacial de las tradiciones culturales

más antiguas. Para el Cenolítico inferior todo México, incluyendo la Baja California, Centroamérica y el NW de Sudamérica, quedan comprendidos en la Tradición Cordillerana, que es la que atribuye, para las mismas fechas, a todo el Oeste de Norteamérica, desde Alaska; es, en lo fundamental, la tradición de las puntas foliáceas. En el Cenolítico superior todo México y Guatemala quedan incluidos en la Tradición de la Cultura del Desierto, o sea el aspecto Occidental del Arcaico. El Protoneolítico contiene una cierta diversificación cultural en México, única parte considerada, puesto que, para la región Central y Central Sur, específicamente la Tradición Tehuacán; a lo largo de la Sierra Madre Occidental, está la tradición Cochise, como una cuña que penetra por el Centro Norte de México, la Tradición del Big Bend y corriendo hacia el Norte, por el Noroeste de México, la Tradición Abasolo.

Desde luego MacNeish en la obra citada no emplea la nomenclatura de periodización que yo empleo, pero las fechas son coincidentes, ya que la primera fase es de antes de 9.000 hasta esta fecha; la segunda de 9 a 7.000 y la tercera de 7 a 4.500 aP. La coincidencia era obligatoria puesto que se manejaron los mismos materiales y sólo es divergente en cuanto a que no contiene un equivalente del Arqueolítico.

Síntesis ambas muy atrevidas para su época, es necesario mencionarlas, aunque algún tiempo después, cuando hice la extensión de sitios conocidos para el Cenolítico superior en México (Lorenzo, 1975) no me sintiera capaz de tomar en cuenta lo dicho por MacNeish, debido que apoyaba sus conclusiones en muy pocos sitios, separados a veces por más de 1.000 km unos de otros y en hallazgos de piezas sueltas, en superficie.

Para una mejor comprensión del fenómeno cultural que, en términos generales, y para México, tiene lugar entre el 9 y el 7.000 aP., debemos recurrir a la síntesis de varios artículos publicados en 1966, a los que se puede incorporar ciertos datos, muy pocos, obtenidos con posterioridad a esa fecha.

Pero quizá convenga, por aquello de los principios cronológicos, hacer ver algo que apoya el dilema de tratar de poner fechas precisas y, por lo tanto, incluir periodizaciones rígidas, ciertos hallazgos. Se trata de los afamados mamutes de Iztapan.

En marzo de 1952 se encontraron los restos de una osamenta de mamut asociados a los cuales había varios artefactos líticos (Aveleyra, 1962). En junio de 1954, cercano al anterior en el pueblo de Santa Isabel Iztapan, Edo. de México, se descubría otro (Aveleyra, *op. cit.*). Los artefactos que se encontraron asociados no son los que comunmente se encuentran con los restos óseos del destazamiento de mamutes, sino que corresponden a etapa muy posterior, a lo que se une el que se obtuviera una fecha, insegura si se quiere, de los laboratorios del Lamont Geological Observatory, enviada por el Dr. Lawrence J. Kulp, que daba 9.000±250 aP., como fecha mínima, es cierto.

La categorización de las puntas de proyectil asociadas y la fecha obtenida nos separan grandemente de los "cazadores de mamutes", aunque lo hayan sido, con lo cual se demuestra que, en ciertos casos, las rigideces de las periodizaciones y de los procesos culturales inherentes, son meramente juegos académicos y que hay que tener una gran flexibilidad, sobre todo cuando se trata de los primeros pobladores y se manejan los milenios como en otras fases se manejan los siglos.

Entrando ya en materia, en lo respectivo a los equivalentes del Cenolítico superior en México, se debe comenzar por la península de Baja California. Territorio que se prolonga por unos 1.500 km, montañoso, con zonas desérticas en la actualidad, pero mucho más húmedo en el remoto pasado, como lo demuestran los restos de varios lagos; por el Este tiene el Golfo de Cortés, o de California, y por el Oeste el Océano Pacífico.

Constituye, por su peculiar forma geográfica, un verdadero callejón sin salida y los grupos humanos que penetraron en este largo corredor terrestre, según iban avanzando hacia el Sur, se iban adentrando en un territorio del que no había retorno, pues otros grupos, los que les seguían, taponaban la salida.

Ya se ha mencionado la ocupación más antigua que se identifica, la de la Cuenca o Laguna de Chapala que, en sus varias expresiones, contiene también restos de ocupación de gente del Complejo San Dieguito, aunque ésta es más tardía, de aproximadamente 10.000 aP. (Massey, 1966), pero en tiempos posteriores, se sigue la relación con las fases subsiguientes del mismo Complejo, siendo posible que hayan alcanzado hasta la región Central Norte de la Península. Sin embargo, hasta el extremo Sur, se encuentran artefactos que no corresponden a San Dieguito típico, ni a las culturas posteriores, de las que hablaremos, y que indican la presencia de algún grupo, muy antiguo, todavía no identificado con claridad.

En realidad toda la parte Norte, hasta aproximadamente la latitud 30º, se puede incluir como parte de las Culturas del Sur de la California norteamericana, con la que comparten la gran mayoría de elementos del ajuar. Es importante la presencia de muy numerosos conchales a lo largo de ambas costas, así como el uso, en piezas ornamentales y funcionales, de las conchas de moluscos, que también se encuentran como tales en yacimientos del interior, lo que es demostrativo de movimientos estacionales hacia la costa o desde ésta al interior.

La primera cultura característica de la Baja California que encontramos es la de Las Palmas. Se extiende desde el extremo Sur de la península hasta aproximadamente el paralelo 26 de latitud Norte y, aunque por su posición suriana interrumpe el orden geográfico en el que se siguen las culturales, se comienza por ella por ser la más antigua que se ha localizado. Lo curioso es que esta cultura perdura en esa zona hasta muy tarde y hay pruebas de que, en su fase más antigua, se extendió por toda la Península; luego vendría la Cultura Comondú, de la que hablaremos más adelante, que se sobrepuso, dejando aislados a los restos de la Cultura Las Palmas en la posición geográfica que se ha dado.

Se conoce por lo hallado en varias cuevas mortuorias, a través del ajuar con el que eran enterrados los cadáveres. Se descarnaban los cuerpos y se ataban los huesos, pintados de ocre rojo, en un paquete que se cubría con una piel de venado y hojas de palma y se acompañaba el entierro de una serie de artefactos. También hubo entierros primarios, pero muy escasos en comparación con los secundarios.

Los únicos artefactos de piedra encontrados en asociación con los entierros fueron tajaderas toscas, pero en excavación de sitios de campamentos, supuestamente de la misma cultura, se han hallado instrumentos simples de molienda. Por otro lado hay una gran riqueza en restos de origen orgánico: redes, canastas, lanzadardos, recipientes de corteza de palma cosidos y unas piezas de madera dura, alargadas pero en óvalo y planas que llevan inserto en un extremo un diente de tiburón. De hueso hay espátulas y punzones y son abundantes los objetos colgantes hechos de concha, entre ellos collares de *Olivella* perforada. Es curioso el que se hayan encontrado lanzadardos y no aparezcan las puntas líticas de los dardos, lo que puede tomarse como que usaban puntas de otro material, pero éstas tampoco han sido halladas.

Es factible que el ajuar de materia orgánica que se encuentra formando parte de la Cultura Las Palmas, haya sido compartido por otros grupos, al Norte, desde tiempos muy antiguos, pero la excepcional preservación del extremo sur de la Baja California, no es comparable con la de los sitios más antiguos al Norte, por lo cual, salvo que alguna vez se presente un caso único, no llegaremos a saber si existía esa relación.

Hay que añadir que el material óseo humano de los entierros muestra una gran dolicocefalia, lo que se acepta como característica de las poblaciones más antiguas del Continente, casi siempre, como en este caso, localizadas en lugares de difícil vida, inaptos para la agricultura y, geográficamente, marginales.

La cultura que sigue en el tiempo, la Comondú, se sitúa desde el paralelo 26 de latitud Norte hasta casi el 30 y es de tiempo posterior a la de Las Palmas. Es triste pero es el caso que no se pueden atribuir fechas concretas a ninguna de las dos culturas, salvo el socorrido uso de circunloquios en cuanto se toca el tema de la temporalidad.

Esta cultura es tanto más importante cuanto, sin poderse definir la fecha de su origen, es la que encontraron los primeros españoles que llegaron por la región, con lo cual su estudio participa de la prehistoria y de la etnohistoria, ejemplificando el enriquecimiento que se puede obtener en América del estudio de la Historia cultural del hombre, cuando se tienen casos como éste, que son más abundantes de lo que parece.

En el aspecto lítico se conforma con piedras planas de moler en las que existe una concavidad, oval o circular, con sus correspondientes manos hechas en cantos rodados. Las semillas que se molían en estos artefactos se tostaban en unas canastas planas, de un tipo que se conoce pre e históricamente de la California del Sur. Pequeñas puntas triangulares, de bordes aserrados, de obsidiana, se montaban en avante-astas de madera dura que luego se encajaban en ástiles de caña y son muy distintas de las grandes puntas, de la familia Gary, que se encuentran en sitios abiertos, ya que el material que se describe corresponde al encontrado en cuevas. Otro artefacto que también tiene su contraparte en el desierto del Suroeste son los "ganchos de pitahaya", que allá llaman "Ganchos de sahuaro"; consisten en una punta de madera dura, de unos 10 cm de largo, que se ata formando un ángulo muy agudo respecto al palo que es de caña, y con esto se alcanzaban los frutos de distintas cactáceas. Redes de carga, redes para el pelo, distintas en su técnica constructiva de las de la Cultura Las Palmas, se han encontrado en diversos lugares, a lo que se unen muchos restos de cordaje, de distintos tipos y mecapales (bandas frontales de carga). También hay pipas tubulares. La canastería estaba bastante desarrollada, como lo muestran los numerosos restos de ella, y hay elementos para considerar la existencia de conceptos mágico-religiosos desde tiempos antiguos, pues se han encontrado capas y máscaras de cabello humano, a la vez que silbatos, elementos de la parafernalia de los chamanes que los primeros colonizadores encontraron.

Es curioso el hecho de que, aunque disponían de medios de navegación no existen huellas de relación con los inmediatos habitantes de las costas sonorenses, a lo que se une el que estos también disponían de los mismos medios. La zona de Sonora, desde la costa hasta la Sierra Madre Occidental, incluyendo parte de ésta, es la región que a continuación estudiaremos.

El autor al que seguimos (Johnson, 1966) divide esta región en cuatro partes: Costa, Noroeste, Noreste y Sur, pero esta división está muy fuera de la realidad cuando enfocamos el estudio del territorio bajo el punto de vista del Cenolítico superior, teniéndonos que concretar a una visión general, a causa de la carencia de estudios suficientes y a la presencia, relativamente temprana, de sistemas de explotación agrícola, y a la de cerámica, ambos siendo los *terminus ante quem* de nuestro estudio en esta parte.

Ya se vio la presencia abundante del Cenolítico inferior en el Oeste y Norte de Sonora, sobre todo, en lo que sigue a la indudable existencia de grupos que comparten el Complejo Cochise, desde muy temprana época, de los cuales una expresión local muy distintiva es el Complejo Peralta (Fay, 1959) el cual, de acuerdo

con su tipología, al establecer la correlación con la fechada similarmente en los Estados Unidos de Norteamérica, podría situarse entre 3.500 y 2.000 aP., con lo cual nos queda un hiato, todavía no cubierto, entre el Complejo Clovis y la base del Cochise y esta expresión para lo que podrían ser los yacimientos más antiguos, y es la manera en la que prevalecieron los tipos de artefactos de mayor edad, situación que conduce a fáciles confusiones o a interpretaciones de temporalidad exagerada. Pues teniendo en cuenta esta cortapisa, es posible decir, sin embargo, que en la Sonora costera existen una serie de conchales, la mayor parte de los cuales contienen cerámica, pero los hay en los que la cerámica sólo se encuentra en capas superiores. Las inferiores, acerámicas, o precerámicas, carecen de elementos culturales dictaminativos de época. Si se trata de lugares de habitación propios de una especialidad en la explotación de recursos costeros, o nada más que de lugares temporales de explotación marítima de grupos de tierra adentro, está por definirse.

En la zona Noroeste hasta ahora no se han encontrado restos más que de tiempos cerámicos, o por lo menos eso es lo que se informa, siendo indudable que deben existir otros, extensiones de la zona de Arizona y California, sobre todo esta última, que compartan la cultura general. Lo mismo sucede en la zona Noreste y peor aún es para la Sur, tan inmediata a las extensiones culturales de Mesoamérica por esa parte. En concreto, aunque conjeturalmente, puede decirse que el Noroeste de México mantiene una integridad con ese extremo Suroeste de los Estados Unidos de Norteamérica que, como es lógico, y debe haberse ido modificando según se adentraba, hacia el Sur, en ecosistemas diferentes, pero carecemos de información suficiente.

En inmediata colindancia con esta región está la que Di Peso (1966) ha llamado la Sierra Norte, dando por sabido que se trata de la

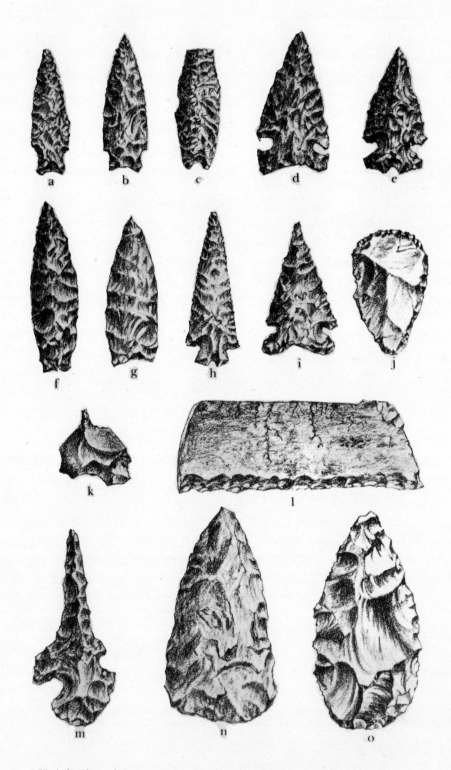

55 / Artefactos líticos de Danger Cave: a-i, puntas de proyectil; j, raspadores; k, buril; l, cuchillo; m, taladro; n, cuchillo de basalto; o, cuchillo de obsidiana.

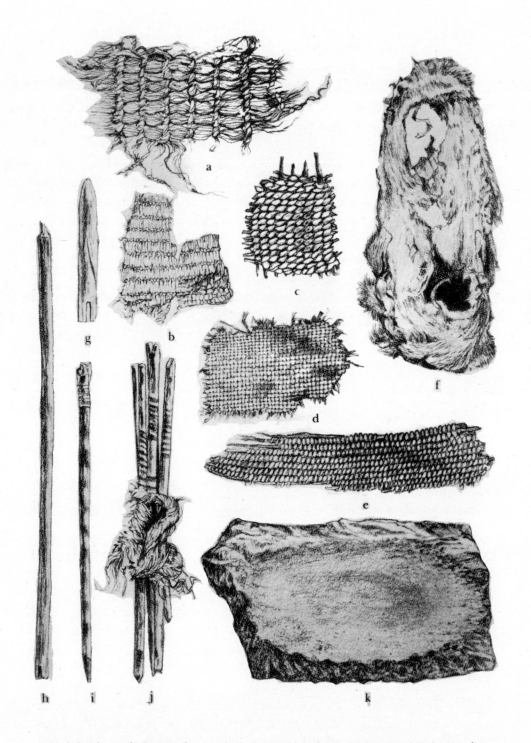

56 / Artefactos de Danger Cave: a, b, esteras-acordonadas; c, cestería acordonada; d, tela burda; e, cestería enrollada; f, mocasín de cuero; g, mango de cuchillo, de madera; h, fuste para dardos; i, fuste para flecha con punta de proyectil quebrada; j, atado de bastones de caza; k, piedra de moler.

Sierra Madre Occidental, de la que Sonora es parte occidental. Aquí, en el horizonte precerámico y como parte de estudio completo de las ruinas de Casas Grandes y su vecindad, establece un período Cazador, hipotético pero necesario para explicarse el resto; le atribuye una edad Pleistocénica y que se corrobora con los sitios del Cenolítico inferior que se han señalado para el área. Le sigue el que se llama Período Forraje, transliteración del término "forager" que, en español no tiene el mismo significado, pero que puede tomarse como recolector de vegetales. Parece, por la descripción, que ya maneja el maíz; si lo hace como agricultor o si lo que lleva a cabo es cosechar una planta silvestre, no está en claro y optamos por la primera instancia ya que la variante de maíz identificada es un prechapalote, no demasiado antigua.

Prosiguiendo el recorrido vamos más hacia el Oeste y, forzosamente, hacia el sur, ya que el territorio que a continuación trataremos de explicar lo hacemos a través del trabajo de Spence (1971) que prolonga hacia el Sur, por el flanco Este de la Sierra Madre Occidental, los elementos culturales que Di Peso (*op. cit.*) indica, quizá con mayor independencia.

Existen, en el flanco central Este de la Sierra Madre Occidental, por la parte de los Estados de Durango y Zacatecas, algunos datos que permiten asegurar que, durante el Cenolítico inferior, no estaba deshabitada, pero los elementos de juicio son pocos, además de muy dispersos. En el Cenolítico superior, con la independencia de fechas que ya se ha hecho notar, hace acto de presencia con las Culturas de Los Caracoles y Las Chivas, de indudable afiliación con la Tradición Cochise, por lo tanto fechable en su inicio hacia el 10.000 aP., aunque localmente y de modo altamente conservador se le atribuye una edad más joven, finalizando en fecha que podría anteceder los 3.000 aP., se sitúa por el somontano de la Sierra Madre Occidental, en Zacatecas-Durango la de Los Caracoles y en Chihuahua la de Las Chivas, alcanzando en sus relaciones tipológicas hasta el inmediato SW de los Estados Unidos de Norteamérica. Si seguimos a Di Peso (1979) la gente con la Cultura del Desierto (léase Arcaico del Oeste) como patrón básico, o sea Cenolítico superior, se desplazaba territorialmente buscando elementos alimenticios de todo orden, dentro del ritmo estacional. Consumían granos, tostándolos y moliéndolos con instrumentos simples, metates planos, manos circulares de metate y también unas bolas de piedra, chicas; disponían de canastas, hechas por técnicas de enrollado y entretejido; curtían, cortaban y cosían pieles de animales y conformaban calabazas de distintos recipientes, que también hacían de piedra. Tejían sandalias de fibra y con el mismo material hacían redes y esteras. La fauna local era su presa, en todas las variantes, y de las pieles hacían su vestimenta y bolsas para llevar en ellas artefactos y materiales diversos. Para la cacería usaban trampas, una especie de boomerang en forma de palo aplanado, y dardos propulsados con lanzadardos; aquéllos, por lo general, tenían puntas de piedra tallada o de madera dura. Disponían de diversos artefactos de piedra tallada, además de las puntas de proyectil, que eran con muescas laterales, pedunculadas y con aletas, en muchas variantes. También tenían tajaderas, raederas y raspadores fabricados en lascas grandes y bien acabados. Con el tiempo surgió el uso de pipas tubulares y tubos de hueso, quizá estos últimos como el objeto empleado para "chupar la enfermedad" por parte de los curanderos o chamanes.

Ocasionalmente se han encontrado conchas marinas, enteras o fragmentadas, sobre todo *Olivella*, lo que indica una relación con la costa.

Este patrón cultural sobrevivió hasta cerca de los 2.000 aP., cuando comenzó a hacer acto de presencia la cerámica, o quizá el patrón básico comenzó a modificarse con la presencia de la agricultura, en fecha que es difícil precisar, pero que podría calcularse hacia 4.000 aP.

Relacionada con lo anterior, pero marcando una fase que va rompiendo nexos o aislándose del SW de los Estados Unidos de Norteamérica y estableciendo su carácter propio, a continuación aparece, a veces en simultaneidad, la Cultura de Las Nieves. Se extiende por Durango y Chihuahua, alcanzando hasta Coahuila y es posible que su auge haya sido entre 2.000 y 1.000 aP.; mantiene un ajuar semejante en todo al que se ha descrito para las fases anteriores, al que une plomadas de red o de línea de pesca, raspadores con mango, de varios estilos, y más puntas de proyectil. Se ve que se había iniciado una explotación formal de recursos piscícolas, hasta entonces no aplicada. El ajuar general no ofrece variantes mayores que las señaladas, pero se nota una mejoría técnica general. Su final se puede marcar cuando llega a la región el primer cultivo identificado, que es de maíz, casi sin importancia al principio, pero poco a poco transformando toda la economía.

La fase subsiguiente, Santa Marta, por ser un derivado de Las Nieves, de la que en parte es simultánea, conserva mucho de ella. Se extiende hacia el Este, hacia Zacatecas y San Luis Potosí y, posiblemente, hacia el NE, Coahuila y Texas. Es poco conocida y entre lo poco que se sabe es que su final está marcado por la agricultura del maíz y la cerámica.

Prosiguiendo con el estudio resumido del Cenolítico superior en la zona Norte de México, llegamos a la parte Central y NE de la región en la que, de acuerdo con Taylor (1966) lo más antiguo que en ella se ha encontrado, aparte de los pocos hallazgos relacionables con el Cenolítico inferior, se une al Arcaico de Norteamérica, en la variante del Desierto o del Oeste, como se le prefiera llamar, pudiéndose decir que es la misma cultura durante 10.000 años. Sin embargo, dentro de esta unidad, es posible distinguir varios complejos: el Ciénega, el Coahuila, el Jora, el Mayran y la variante costera. Los Complejos Ciénega y Coahuila están íntimamente relacionados y su diferencia es más bien la cronológica, siendo el Ciénega el más antiguo, al que sigue el Coahuila. Jora y Mayran son tardíos y son distintos a los anteriores, con semejanzas entre si, aunque Mayran sólo está identificado en cuevas mortuorias, por lo que podría tratarse de una falsa diferencia, establecida sobre la específica que puede existir en el ajuar funerario del Complejo Jora, inclusive del Coahuila, no siendo discernible la cronología por carecerse de fechas. El Complejo Costero quizá no sea otra cosa más que la expresión de las relaciones que siempre tuvieron los grupos del interior con la Costa del Golfo de México, inmediata.

El Complejo Ciénega podría haber comenzado en 12.000 y alcanzado hasta el 8.000 aP., cubriendo en parte el Coahuila, cuyo origen se establece en 10.000 aP., y su terminación en 2.000 aP. La información, como puede verse es confusa, y en los sitios excavados hay serias discrepancias en los fechamientos por lo que la diferenciación se ha llevado a cabo sobre la base de la estratigrafía, que tampoco es muy clara.

Por cuanto a la lítica, como para el resto de los materiales culturales, adoptamos el sistema de englobar en la misma descripción a ambos Complejos y así tenemos que se encuentran puntas foliáceas, algo gruesas, triangulares con grandes muescas en los ángulos inferiores, con pedúnculo rectangular, de bordes dentados y de las de tipo Gary. Tajadores sobre cantos rodados alargados, conformando un tipo de pieza que en cuanto a su posible función se aproxima a la del hacha, y otros tajadores hechos sobre laja de piedra, perforadores y denticulados. De hueso, punzones, punzones-espátula, retocadores de asta y un tipo especial de grabador formado con mandíbula de roedor grande, siendo los incisivos la parte funcional.

La terrible sequedad que impera en esta región, aunada a que los yacimientos excavados en su mayoría lo han sido en cueva, ha permitido la preservación de la materia orgánica en forma espectacular. Contamos con abundantes restos de materia orgánica vegetal, enteros o en fragmentos y, de fibras vegetales, hay toda clase de cordelería, canastas, tejidos, redes, bolsas, bandas trenzadas, sandalias de varios tipos, delantales, trampas de lazo, en fin, una multitud de materiales que, en mucho, corroboran las primeras descripciones de los conquistadores de la región.

De madera hay lanzadardos, dardos con avante-asta, que en muchos casos todavía conserva la punta lítica única y que, por el tamaño, pueden haber sido empleadas como cuchillos enmangados, que también se encuentran; puntas de proyectil de madera, incluyendo un tipo que casi no tiene punta y que se conoce con el nombre de "atontaderas", empleado sobre todo para pájaros; enderazadores de ástiles de dardos o flechas; escarificadores de espinas de Opuntia, lanzaderas para tejer redes, pinzas de madera para retirar piedras calientes del fuego obtenido por fricción, prácticamente de todo, siendo lo más abundante y completo lo hallado formando parte de los bultos mortuorios.

Los complejos Jora y Mayran, que deben también tratarse en conjunto, podrían haberse iniciado hacia el 2.000 aP. y, a lo que parece, son el mismo complejo cultural que se encontraron los primeros viajeros europeos que recorrieron la región. En la lítica incrementan el ajuar ya descrito con un sinnúmero de pequeñas puntas de proyectil, de bordes aserrados, bases indentadas, que en otros casos se transforman en profundas indentaciones en el tercio inferior; por su tamaño se han atribuido a flechas, más que a dardos y, por las antiguas fuentes históricas del área, se sabe que efectivamente poseían el arco y la flecha. También tenían tajaderas y, como rasgo diferencial, grandes cuchillos, planos.

En lo que respecta a las industrias en madera, fibras vegetales, hueso y asta, poseían lo mismo que sus antecesores.

Yendo adelante con la descripción de las Culturas del Norte de México hay que aclarar que ésta, en cierto sentido, es más detallada de la que se hizo con el mismo tema cuando se trataba la otra parte de Norteamérica, más nórdica, lo que se debe a que, al haber menos conocimientos, la síntesis es menos factible, y hay que prestar mayor atención a las pocas expresiones culturales con que se cuenta.

A continuación, geográficamente hablando, de las áreas que se han descrito, se encuentra la zona de la Sierra Madre Oriental, a la que se le puede añadir la Costa del Golfo inmediato, en la que, siguiendo a Taylor (*op. cit.*) pero manteniendo lo dicho por MacNeish (1958) pueden considerarse dos grandes bloques de tradiciones culturales: el más antiguo, entre 12 y 7.500 aP. y el que le sigue, de 7.500 a 4.500 aP. El primero, por lo tanto, corresponde más o menos al Cenolítico inferior y el segundo al Cenolítico superior, nuestro tema.

Del Cenolítico inferior los pocos datos existentes ya han sido incorporados en el capítulo anterior, así que proseguiremos con el Cenolítico superior, tema de éste, con el serio problema que significa la aparición temprana de plantas cultivadas, o de plantas que posteriormente fueron cultivadas y que, sin duda, ya estaban sometidas a un proceso de recolección selectiva, cuando no de cultivo incipiente. Una vez más nos enfrentamos a aquella situación en la que prácticamente se hace muy difícil establecer un corte neto entre dos expresiones culturales que han sido concebidas y aisladas en el punto máximo de su expresión.

En el área en discusión hay dos complejos, o fases, claros: Nogales, de 7 a 5.000 y La Perra, de 5 a 4.500 aP., en los que se puede tener plena confianza y que corresponden a lo elaborado con los sitios excavados en la Sierra de

Tamaulipas. Según los datos ambas fases radican su economía en la recolección de productos vegetales, aunque no despreciaron la cacería de animales medianos y chicos, como en toda región de las hasta ahora revisadas. Hay ciertas variantes en el tiempo, debidas a cambios climáticos que provocaron cambios en la flora y en la fauna y que se resienten en un mismo lugar, que está físicamente inmóvil, como es el caso de los yacimientos arqueológicos. Dentro de estas alteraciones queda el espectro de lo acontecido y de los medios materiales que se emplearon para aprovecharlo durante la fase Nogales y así tenemos puntas de proyectil foliáceas de base redonda y de base puntiaguda, puntas triangulares, sin muescas de ninguna índole, cuchillos de base recta, raspadores discoidales, raederas, gubias, grabadores y morteros con sus manos, en lo que a industria lítica se refiere; de concha, cuentas tubulares y discoides y de hueso apenas un artefacto, un punzón, posiblemente esta escasez de material pudiera ser debida a las condiciones químicas del suelo.

En la fase siguiente, La Perra, se incorporan tajadores, navajas ovales, raspadores aquillados, lascas con muescas y metales incipientes, hechos en grandes cantos rodados con el suficiente aplanamiento. Lo demás sigue igual y no se puede decir que haya desapariciones, quizá disminución en la frecuencia de ciertos artefactos cuya función se cumple igual con los nuevamente adquiridos. Por pertenecer a una etapa más seca hay mejor preservación y encontramos cordelería abundante, esteras y lanzadardos y las primeras huellas del uso de plantas, que no sabemos si ya estaban domesticadas o en proceso de serlo, maíz y calabaza.

Los materiales excavados por Irwin (1963), más al sur y al suroeste de la zona que se acaba de revisar, en Querétaro e Hidalgo, nos indican una mezcla de la tradición Arcaica que conocemos de todo el Occidente de México, con algunos elementos de la tradición Tehuacán, que

veremos más adelante. Más cerca de Tehuacán, y por lo tanto perfectamente afiliable, está la cueva del Texcal (García Moll, 1977) y así llegamos a la región seca del valle de Tehuacán, en donde también la preservación permitió obtener muchos materiales importantes.

En diversos lugares en las cercanías de Tehuacán se hicieron excavaciones que alcanzaron a producir una secuencia bastante completa (MacNeish, et. al., 1967). De acuerdo con ella hay una primera fase, llamada barbáricamente Ajuereado por agujereado, que va desde una fecha no calculable hasta 9.000 aP., o sea, queda dentro del Cenolítico inferior y los materiales encontrados así lo demuestran, aunque carezca de puntas acanaladas, pero las hay lanceoladas, del tipo Lerma y Plainview, inclusive una variante, de la Lerma que se encuentra también en Tamaulipas, la Abasolo, una Lerma de base redondeada. Las Lerma son de base algo apuntada. Hay núcleos poliédricos y semicónicos, sin plataforma de percusión preparada, navajas toscas, raspadores también toscos aquillados, ovalados y plano convexos, largos, fabricados en lascas grandes; tajaderas en lasca grande y un núcleo. Hay una serie de artefactos atípicos la mayor parte de los cuales son raederas y alguno que otro buril, unos sobre lasca grande y gruesa y otros sobre lascas delgadas; también hay grabadores y lascas con muesca. Se encuentran presentes, aunque muy pobremente representados, un solo caso, instrumentos primarios de molienda.

También utilizaron cuentas de concha y se han encontrado una serie de fragmentos de palos pulidos, pertenecientes a artefactos que no es posible identificar.

El conjunto, en realidad, apunta más hacia una situación cultural referible al Cenolítico superior, pero como la fecha inicial es problemática se prefiere adjudicarlo al inferior, posiblemente como una fase bastante adelantada.

La fase siguiente, El Riego, de 9 a 7.000 es de un Cenolítico superior que calificaríamos de intenso. En cierto sentido no podría incluirse en esta fase, sino en la del Protoneolítico, puesto que desde fecha muy temprana hacen acto de presencia restos vegetales. La razón que conduce a no incluir esta fase en la posterior, a pesar de la presencia de plantas que luego sabemos fueron cultivadas, es que, como más adelante se explica más ampliamente, no existe la certeza de que en este tiempo ya lo fueran, sino que sean producto de una recolección selectiva.

En la fase El Riego, a todo lo anterior, que sigue en uso, se unen una serie de otros artefactos, que incrementan el ajuar en varios tantos, aunque esto puede que sea un simple efecto de mejor preservación, de ocupación más intensa o más larga. Aparecen núcleos semicónicos con plataforma de percusión preparada por lasqueado, navajas toscas pero de base apuntada, que muestran en esta hechura el uso de percutor intermedio, estando también presentes las de simple percusión lanzada, con restos de plataforma de percusión preparada; raspadores toscos discoidales en lasca delgada, gubias y raspadores gruesos de facetas múltiples con la parte superior plana en unos casos y abombada en otros. Se mantienen los artefactos atípicos, incrementándose los buriles. Hay cantos rodados usados como machacadores, tajaderas en cantos rodados elipsoides, tajaderas que fueron núcleos discoidales, cuchillos bifaciales elipsoides gruesos y también toscos bifaciales delgados de base recta, junto con raederas discoides grandes. Abundan los instrumentos de molienda, las muelas fabricadas en grandes cantos rodados o en piedras laja, con sus manos, sobre todo ovaladas.

Las puntas de proyectil de la fase anterior se mantienen y se incorporan la de tipo El Riego, que es una ligera variante de la Plainview, la Flacco (nadie sabe el porqué de la doble c) que es una Plainview corta; Nogales, una Lerma de base recta o ligeramente convexa;

Tortugas, también variante de Plainview; Hidalgo y Trinidad, de la familia Gary; La Mina, de pedúnculo rectangular que forma pequeñas aletas; Agata, lanceoladas de base recta; San Nicolás, como las Gary pero con pedúnculo y aletas poco marcadas; Abejas, triangulares alargadas, con pequeñas muescas en los bordes, en el tercio basal; Tilapa, que es una Gary con aletas muy marcadas y pedúnculo rectangular y las Coxcatlán, como las anteriores, más bien cortas y de pedúnculo apuntado.

Hay palos plantadores y excavadores, lanzadardos, partes de trampas de lazo, fragmentos de avante-asta de dardos, fragmentos de calabaza trabajada, quizá como recipiente, cordelería muy abundante y de diversos tipos y restos de canastas y textiles.

Por otras partes de México tenemos representantes del Cenolítico superior en lo que también se ha llamado Arcaico costero, como en Guerrero (González Q. y Mora, 1978), en la parte norte central de Veracruz, sobre el Golfo de México (Wilkerson, 1972 y 1980) y en Belize, sobre el mar Caribe, pero algo al interior (MacNeish, *et. al.*, 1980).

Los trabajos en el SE de México, en el interior del Estado de Chiapas (García Bárcena, 1982; García Bárcena y Santamaría, en prensa) indican otro posible Complejo, todavía no bien definido, por la corta información de que se dispone, pero que, manteniendo indudable relación con Tehuacán, sin embargo tiene características propias que podrían considerarse como surianas, por cuanto la región está alejada de los climas áridos o semiáridos en los que se ha encontrado el Complejo Tehuacán y por ello existe una flora y una fauna distinta y, en fin, el paisaje es bastante diferente; la extensión más al S y el SE es por ahora desconocida.

En la costa (Voorhies, 1976) encontró en conchales una prolongación del Arcaico del Occidente de México, dentro de lo implicado en la variante de recursos costeros que se explotaban y, en ciertos aspectos, semejante a la localizada al Noroeste, también sobre las orillas del Pacífico y en situación semejante trabajada por Mountjoy (1974).

Los hallazgos que permitirían ampliar el espacio que ocuparon las gentes portadoras del conjunto cultural u horizonte del Cenolítico superior, se restringe enormente pues a partir del Sureste y Este de México no se han encontrado restos, mediante apropiada excavación, dignos de mención. Es muy posible que el sitio de Turrialba, en Costa Rica (Snarskis, 1979) también lo contenga, pero se trata de hallazgos de superficie. Hay que llegar hasta Panamá para encontrar algo real que incorporar a la lista.

Allí, en Panamá (Ranere y Hansell, 1978) trabajando en el mero istmo, donde la geografía en algunos sitios hace que el Caribe y el Pacífico no estén separados por más de 75 km, con montañas que marcan la divisoria de aguas de hasta 1.600 m o más, en una revisión hecha a la luz de sus propios hallazgos encuentran sitios que, como Cerro Mangote y Monagrillo, son de una afinidad costera casi total; la covacha de Aguadulce, que quedaba apenas a 12 km del mar en las fechas de su ocupación, combina el empleo de recursos terrestres con los costeros y la Cueva de los Ladrones, a 25 kilómetros de la costa, en la que se muestra una dependencia de los recursos terrestres exclusiva. No es posible diferenciar tres complejos o culturas distintas en un área tan reducida y los materiales indican más bien un proceso de movimientos estacionales de un mismo grupo.

Es posible, sin embargo, que los yacimientos de la cuenca superior del Chiriqui (Ranere, 1976), a unos 30 km del mar, con su profusión de cuñas bifaciales oblongas, tajaderas tubulares, raederas de borde abrupto, tajaderas aquilladas, buriles, navajas retocadas, núcleos cónicos y bipolares, martilladores en cantos rodados, manos de mortero y hachas de garganta,

nos estén marcando la existencia de un complejo distinto, puede que sencillamente anterior.

Las fechas de los sitios costeños oscilan entre 5.500 y 3.500 aP., y las de la zona de Chiriqui de 6.500 a 5.500 en la Fase Talamanca y de 5.500 a 2.500 aP., en la Boquete. Es aparente que las cronologías de estos lugares tienen diferencias grandes respecto a las establecidas para el Cenolítico superior, en el que las incluimos y la inclusión se debe a su patrón de vida y a sus elementos culturales, pero no hay que olvidar lo ya expresado desde el principio: la obligatoria asincronía de los procesos culturales, sea por el ritmo de expansión o sea por el de adaptación a sistemas ecológicos nuevamente aparecidos, proceso este que tampoco es de simultaneidad global.

En cierto sentido, y ya se ha indicado, el Cenolítico nos acerca al Paleolítico superior en bastantes aspectos, pues en lo fundamental se trata de formaciones sociales que viven de la apropiación, a través de la cacería y la recolección. A la vez existen diferencias importantes, una de ellas de orden cuantitativo indudable, sobre todo cuando se comparan series líticas de yacimientos que podría suponerse son equivalentes, pues entonces vemos la riqueza en número y la variabilidad y acabado formal del Paleolítico europeo frente a la parquedad y sencillez de la Etapa lítica americana, aunque en el renglón de puntas de proyectil América alcanza una diversificación y calidad que Europa no conoció en tiempos semejantes. Otro aspecto, de orden cualitativo, como en el fondo es el último que hemos señalado, es la carencia de un arte mobiliario, inclusive de uno parietal.

Hay, sin embargo, algunas denuncias o casos en la literatura prehistórica, pero muy pocos y francamente dudosos, cuando no totalmente rechazables. El primero es el del grabado de un mamut peludo en concha de caracol marino, que fue encontrado en 1864 en Holly Oak, en la bahía de Delaware, en el estado del mismo

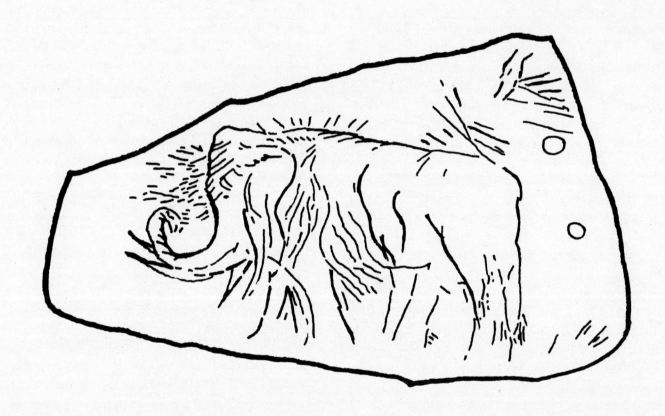

57 / Mamut lanudo grabado en concha, Holly Oak, Estados Unidos.

nombre. De forma general triangular, con dos perforaciones circulares en la zona de la base, tienen unos 13,5 cm de largo por aproximadamente 7 cm en su parte más ancha. Hallazgo fuera de contexto, sin embargo, se asegura que el grabado fue hecho cuando el caracol estaba fresco, o casi, y se le da por auténtico (Kraft, 1977). Las condiciones de hallazgo, fuera de control, y su similitud con ciertas piezas del arte parietal europeo hacen muy difícil su aceptación ya que, si fuera original, sin duda no sería un ejemplo único, por su estilística, sino una pieza más entre otras muchas. No es posible aceptar un caso de elaboración tan elevado sin que pertenezca a toda una tradición representativa, que hubiera dejado muchas más huellas.

También se ha atribuido gran antigüedad a una pieza, conocida en la literatura como el "Sacro de Tequixquiac", encontrada en las excavaciones de las obras de desagüe de la Ciudad de México, por los trabajadores, quienes atestiguaron que provenía de gran profundidad. Por esta aseveración, por tratarse de un sacro fósil de camélido y por tener adheridos restos de arena volcánica que se atribuyeron a la de ciertos estratos, se le adjudicó edad geológica grande y como tiene dos perforaciones de indudable factura humana, se convirtió en la primera pieza de arte mobiliar de la Prehistoria mexicana.

Encontrada el 4 de febrero de 1870, en la región de Tequixquiac, unos 50 km al norte del centro de la ciudad y aproximadamente a 12 metros de profundidad, se trata de un hueso sacro de camélido, de 17,2 cm de altura mayor, por 16,9 de anchura máxima. Ambas caras de articulación con el ilion, las sínfisis sacroilíacas, están rotas habiendo casi desaparecido hacia la extremidad distal del sacro, en la cual tampoco es posible hallar los procesos transversos, resaltando la cara articular posterior de la 4ª vértebra sacra, en lo que corresponde a la cara ventral. La cara dorsal está aún más destruida, ya

que han desaparecido las crestas sacrales media, articular y lateral en todos los casos. Sin embargo, la destrucción ha dejado los agujeros sacros entre los procesos transversos de la primera y la segunda vértebras sacras y el izquierdo (visto desde la cara ventral) de los formados por los procesos transversales de la 2ª y 3ª vértebras.

El resultado es que, dentro de una cierta asimetría, el conjunto presenta por la cara ventral un aspecto que recuerda la cabeza de un animal sobre todo al existir dos perforaciones cónicas de pequeño tamaño, sobre la cara articular aparente del cuerpo de la 4ª vértebra, lo que da la idea de orificios nasales. La observación cuidadosa permite asegurar que éstas son las únicas intervenciones por parte del hombre y que todas las demás, que conforman la supuesta cara, son accidentales, lo cual se corrobora con la observación de numerosas piezas semejantes, sacros también de camélidos, en las colecciones paleontológicas del Pleistoceno americano, en las que se observan las fracturas de las caras de articulación con el ilión casi como norma. La dudosa posición estratigráfica, unida al mínimo de trabajo, que pudo haber sido hecho, anulan la gran antigüedad atribuida. (Lorenzo, 1968 y 1964).

Otra pieza también curiosamente considerada como obra de arte mobiliar es un fragmento de hueso plano, proveniente sea de una cintura pélvica o de una escapular de un animal grande, que se encontró en Valsequillo, lugar de conocidos yacimientos fosilíferos del Pleistoceno. Presenta una serie de huellas de incisiones, en varios órdenes que, al unirse a fracturas menores, agrietamientos y porciones perdidas de la parte externa del hueso hacen que, con indudable fantasía, se hayan querido ver imágenes de dos tapires o mastodontes, un tapir y un bisonte. No se quiso tomar en cuenta lo tan claramente expresado por Semenov (1964) quien muestra como en muchos casos se emplearon las superficies planas de los grandes huesos para cortar sobre ellas materiales blandos, evitando

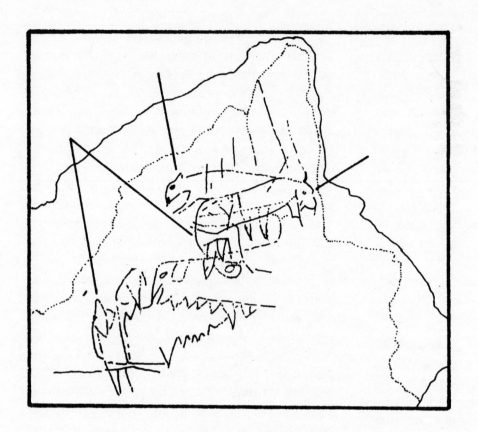

58 / Hueso labrado de Valsequillo, México. Interpretación de J. Arwenk y de la revista Life. Abajo, Serie de incisiones curvas.

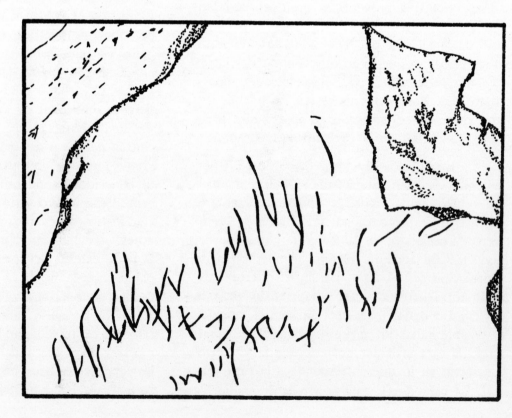

a

59 / Hueso labrado de Valsequillo, México. Interpretación de
J. Arwenk y de la revista Life.
a, incisiones rectilíneas; b, incisiones curvas.

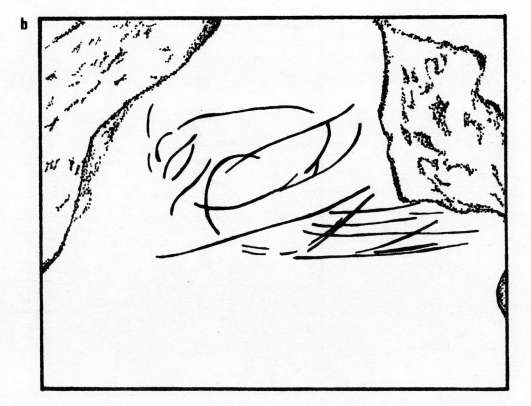

b

a

60 / Hueso labrado de Valsequillo, México. Interpretación de
J. Arwenk y de la revista Life.
a, accidentes naturales; b, super-
posición de las calcas anteriores.

b

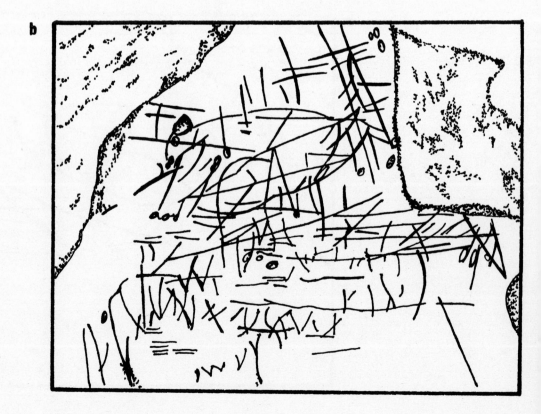

de esta manera el hacerlo sobre otro material plano disponible, piedras que presentan superficies planas, pero en las cuales los instrumentos, también de piedra, se hubieran roto o, cuando menos, perdido el filo. (Lorenzo, 1968 y 1964).

Las rayaduras y la serie de otros accidentes en la superficie del hueso son indudables, pero de ahí a la existencia de representaciones animales hay un abismo que sólo la más desbocada imaginación puede llenar.

CAPITULO IX

EL PROTONEOLITICO

Tras una revisión sucinta del Cenolítico superior, en la que se han señalado con cierto detalle algunos procesos del cambio cultural que ese horizonte significa y que merecían la pena, por ilustrativos, se pasa ahora al siguiente horizonte, el Protoneolítico. De acuerdo con su enunciado original (Lorenzo, 1967) se sitúa entre los años 7 y 4.500 aP., y se debe considerar como de transición cultural, aunque algunos grupos hayan permanecido en este horizonte hasta los tiempos de los primeros contactos con los occidentales. Durante su transcurso se consolidan los cultivos de maíz, frijol y calabaza, que vimos se habían iniciado desde el Cenolítico superior, cuando más bien estos productos vegetales eran utilizados, se cree, como recolección preferencial; otros cultivos más también comienzan a utilizarse, aunque no llegaron a alcanzar la base alimenticia que los mencionados alcanzaron en Norte y Centroamérica, inclusive algunos, con el tiempo, perdieron la importancia que tuvieron inicialmente. Con todo, esta agricultura incipiente es de volumen reducido y la dieta sigue siendo, en su mayor parte, proporcionada por la recolección y la cacería. Sin embargo, la necesidad de cuidar los campos en los que se ha propiciado el crecimiento de ciertos vegetales, sea por plantío o por selección mediante la limpieza de otras plantas, posibles competidores, obliga a la residencia fija, al menos por unos cuantos meses del año y por una parte del grupo, aunque es muy posible que, en ciertos casos, se hayan establecido aldeas que se ocupaban todo el año y que hubiera una serie de campamentos periféricos desde donde se explotaban recursos locales de carácter estacional, siendo estos campamentos residencias temporales de ciertos sectores del grupo.

En el aspecto lítico hay una disminución general en el tamaño de los artefactos y un gran cuidado en el retoque secundario. Esta tendencia al buen acabado de la forma es también visible en los objetos de piedra pulida y los morteros y muelas planas (metates) no sólo son funcionales sino que también se busca en ellos una buena apariencia y regularidad en la forma. La técnica de la piedra pulida se aplica con frecuencia a otras piezas que las mencionadas, como son cuentas, pipas, hachas y azuelas, entre otras.

La cordelería, la cestería, las redes, los textiles, las demás piezas de materia orgánica, tanto de fibras vegetales como de madera, incrementan su número y su calidad existiendo algunos casos de tinción de hilos para tejer, con colorantes vegetales.

Objetos de hueso, asta, cuerno y concha también aumentan en número, indicando un acrecentamiento en el adorno corporal que trasciende la vida y se ve acompañando a la muerte como parte de los numerosos objetos ornamentales que forman el ajuar funerario.

Como fin de este horizonte se atribuye la total sedentarización, el cultivo estable, permanente, de campos que conforman un territorio, quizá ya tribal y, considerando la facilidad de su identificación, el comienzo de la cerámica. A este renglón, todavía no ha sido posible encontrar las formas iniciales y las cerámicas más antiguas que se conocen, aunque primitivas, muestran que ya están perfectamente situadas en lo tecnológico y en lo formal. Puede ser que, una vez dominado el proceso de conversión físico-químico de la arcilla en cerámica, la misma ductilidad del material haya conducido a avances muy rápidos.

Para Norteamérica tenemos la posibilidad de que la cerámica haya sido una difusión desde Asia (Griffin, 1966), hipótesis poco aceptada, aunque no de echar en saco roto, y para Mesoamérica y América Central, casi con seguridad heredada del Noroeste de Sudamérica; la zona de iniciación se localiza en un cuadrángulo cuyos vértices son Tehuacán, Acapulco, Ocós y Ulúa (Lorenzo, 1961b) sin olvidar que puede haber aparecido, en simultaneidad, en el Occidente de México (Kelly, 1980).

La verdad es que puede haberse iniciado en más de un lugar, sin otra relación que la comunicación de la idea.

Como ya hemos visto en cualquier transición, es difícil no sólo fijar la fecha, sino los rangos y las categorías que marcan el cambio y es que estamos en un momento de los que algún historiador llamó momentos estelares de la humanidad.

Existió un Cenolítico superior del que surgió el Protoneolítico, lo que es posible observar en ciertas variantes regionales, mientras otra parte de los portadores de las culturas que conforman el Cenolítico superior se mantienen en ese modo de producción sin alteraciones. La diferencia entre unos y otros, los factores que permiten el cambio de aquellos y el estancamiento de éstos, debemos buscarla en la diferencia de condiciones mediales, en la posibilidad de las distintas biotas y las soluciones que se encontraron para enfrentarse a los procesos del clima cambiante, con toda la serie de alteraciones que esos cambios generan.

Además, podríamos hablar de un Protoneolítico con éxito y de otro frustrado, refiriéndonos en primer lugar a aquel que prosiguió su línea evolutiva hasta alcanzar el Neolítico pleno y más tarde ser la base de las altas culturas de Norte y Centroamérica, con agricultura altamente desarrollada que produjo concentraciones humanas del tipo urbe y estados incipientes, y en segundo lugar el que quedó en comunidades aldeanas, cuando mucho alcanzando el rango de cacicazgos.

En el fondo, una mejor definición de lo que pensamos del Protoneolítico, debe incluir también las sociedades con cerámica y agricultura que, sin embargo, no pasaron del nivel aldeano, o tribal, sin llegar a la integración superior, la de la Revolución Neolítica, que, en unos casos, abrió el campo a la categoría superior, la Revolución urbana, como partícipe directo, o se quedó en su estado original, comunidad aldeana, aislada en unos casos y en otros sustentativa de los grandes centros urbanos; hemos de admitir una composición social cada vez más elaborada, según nos acercamos a los grandes centros de poder, las ciudades-estado, las que a la vez incluyen en sus funciones la de gran centro ceremonial.

En la larga Historia de la Humanidad es posible que el tránsito de la etapa de depredación a la de producción de sus alimentos sea la más importante.

El hombre es el más poderoso de los factores de alteración de los ecosistemas, quizá es el prototipo de alterador, pues todo lo que alcanzamos a ver y medir, como proceso destructivo de la ecología, es producto del hombre. El hombre puede ser considerado como un componente heterotrófico, macro consumidor, pero a estos calificativos biológicos une algo único: es un animal social.

Ahora sabemos que desde hace unos dos o tres millones de años, unos pequeños seres, con características humanas indudables, comenzaron a depredar en la fauna coterránea y por el tipo de dentición aunque no existan huellas de ello, a utilizar productos vegetales que recolectaban, de acuerdo con las estaciones. Esta forma de vivir, como depredadores, se mantuvo por un larguísimo lapso, hasta hará unos diez mil o siete mil años, según regiones, que fue cuando comenzó a pasar de depredador a productor.

Este tránsito, de fundamental importancia, no fue rápido, ni se dio en todos los lugares que ya ocupaba el hombre. En la literatura arqueológica se ha llamado Revolución neolítica a esta transición, que algunos no juzgan como Revolución, pues al parecer confunden lo que en la Historia moderna se llaman revoluciones, esto es, movimientos de masas con secuelas sangrientas, con el hecho revolucionario en sí mismo de adquirir la capacidad de producir los alimentos que se consumen, en vez de estar dependiendo de lo que se puede cazar, pescar o recolectar. A esto, tan importante, se une el que las relaciones sociales tuvieron que cambiar también, ante la necesidad de modificar los sistemas y técnicas de obtención de alimentos.

Antes del acontecimiento a que nos referimos, ya había especializaciones, según las posibilidades de los distintos territorios que ocupaban los grupos humanos, y en unos casos podemos decir que se trataba de cazadores-recolectores, o sea que eran primordialmente cazadores que también practicaban la recolección, y en otros eran recolectores-cazadores, con lo que se indica que se cambiaban los términos, siendo más recolectores que cazadores. Debe tenerse en cuenta, además, el aspecto de pesca que en unos casos, se aproxima a la cacería en otros está más cerca de la recolección. En todos los casos nos encontramos ante economías mixtas, con importantes cambios estacionales en lo que respecta a la obtención de un tipo u otro de animales o de vegetales, y un obligatorio nomadismo, precisamente normado por la obtención de lo necesario de acuerdo con los cambios de estación.

Esta forma de vida muy rara vez permitía la agrupación de muchas personas en un sólo lugar y por largo tiempo y el grupo social se veía reducido a la unidad familiar, con algunas fechas en las que los que entre sí se consideraban relacionados se reunían en algún lugar en el que los productos naturales de la localidad lo permitían por su abundancia, siempre pasajera.

Cuando se habla de economías mixtas es difícil, sin embargo, calificar propiamente lo que cada sector de esa economía significaba. Debe tomarse muy en cuenta que los restos que le llegan al arqueólogo no son más que una parte del total de lo que podríamos llamar detritus humano por lo que el establecimiento de valores cuantitativos o cualitativos siempre es esquemático y, con toda probabilidad, no refleja la realidad propiamente. Debido a ello también se hace difícil establecer el cambio de la economía de

depredador a la de productor, pues los alimentos, en el sentido de entes biológicos que conforman la alimentación del depredador, son los mismos que los que el productor pone a su servicio. Se quiere señalar con lo anterior que, para alcanzar la domesticación de una planta, por ejemplo, primero había sido utilizada en su estado silvestre y el que se comenzase su cultivo y empezase a practicarse la selección de las mejores semillas, pongamos por caso, sin lugar a dudas condujo a una mejoría del producto, pero esto llevó mucho tiempo.

También es necesario tener en cuenta las posibilidades de plantas y animales de cada región, en lo que respecta al potencial subyacente de domesticación, que puede ser positivo o negativo, con variabilidad entre ambos extremos. No menor importancia tiene el que, habiendo sido lento el proceso, también haya tenido papel importante las oscilaciones climáticas que han tenido lugar en los últimos 10 ó 7.000 años. La verdad es que el paso de una etapa a otra es tema que se ha venido tratando desde hace algunos decenios y que sigue siendo un problema.

Gracias a la Etnografía disponemos de una serie de ejemplos, de los que se han llamado *primitivos contemporáneos*, grupos humanos que, por lo general debido a sus enclaves remotos o de muy difícil acceso, fueron encontrados hace relativamente poco tiempo en estadios de evolución cultural que la mayoría de la humanidad había sobrepasado desde hacía milenios. Lo importante es que entre ellos se encuentra toda una gama de posibilidades de esa transición y de esos estadios. Casos como el de los grupos de pescadores muy especializados de la costa del Pacífico, en Norteamérica, los cuales perteneciendo a la etapa de recolector-cazador, sin embargo vivían en grandes aldeas, lo que significa un sedentarismo, practicando un complicado sistema de relaciones sociales. La causa mayor, sin lugar a dudas, se encuentra en la enorme riqueza en pesca de las aguas a cuyas orillas vivían, o sea una alta productividad que permitía la agrupación permanente de núcleos humanos bastante grandes. Semejante es el caso de los grupos que vivían en California, básicamente dedicados a la recolección de la bellota, y también agrupados en extensas aldeas con toda la complejidad social que el sedentarismo exige. (Murdock, 1945; Krickeberg, 1946).

Los casos anteriores serían los de una integración social por encima del sistema económico practicado que, en ambos casos, se muestra suficiente por la riqueza de los productos mayoritariamente existentes en las respectivas zonas.

Caso diferente es el de los Paiute del valle de Owens, en la Gran Cuenca de los Estados Unidos de Norteamérica, cazadores-recolectores que vivían en grandes penurias, pero que eran capaces de desviar arroyos para inundar ciertas zonas, aquellas en las que crecían plantas silvestres de las que colectaban y a las que por este procedimiento ayudaban en su crecimiento, para beneficio propio (Steward, 1933). Es obvio que esta técnica se encuentra muy cercana al cultivo con irrigación, en gente que, en ciertos años, llegaba hasta el canibalismo por hambre. También es interesante lo que sucedía con los sirionó, en el Chaco boliviano (Holmberg, 1969) quienes hacen plantíos de yuca y maíz, que abandonan hasta la fecha en que calculan ya estar en madurez, regresando para la cosecha. Este grupo, que conoce la alfarería además, sin embargo, vive en un estado de desarrollo sumamente bajo, ya que ni siquiera alcanzan la talla de la piedra y tienen como únicos instrumentos bivalvos cuyos bordes cortantes aprovechan para hacer sus instrumentos de madera. Es posible que el grupo comentado haya sufrido una pérdida de elementos culturales en el transcurso del tiempo y, por algunas cosas que todavía les quedan, hayan conocido una fase superior a la que ahora viven.

También está lo que en el aspecto de la domesticación de animales sucede con los lapones. Pero antes de presentar el ejemplo conviene indicar que la domesticación de animales presenta características distintas a la de las plantas. Las plantas encuentran los elementos nutrientes que requieren, junto con la humedad, en la misma tierra en la que crecen. Hay, desde luego, suelos más buenos que otros, al igual que zonas más húmedas y otras menos, o años con mayor o menor pluviosidad, pero los animales silvestres que se vayan a domesticar requieren ser alimentados o si no ellos mismos irán a buscar su comida, con lo cual fácilmente vuelven al estado salvaje. Esto nos señala que para alimentar a una cría silvestre, que sería el inicio, y para que luego, en edad adulta, pueda permanecer cerca del hombre, se necesita disponer de un excedente de alimentos vegetales o, si no, de un tiempo no requerido por otra actividad para conseguir el forraje que el animal en proceso de domesticación requiere para alimentarse.

Una etapa quizá intermedia, es la que mantienen los lapones respecto a los renos, con los cuales han establecido una especie de simbiosis, o parasitismo, llegando a un amansamiento, que no domesticación, de tal manera que entresacan machos jóvenes para sacrificarlos, comerlos, aprovechar sus pieles, cornamenta y huesos, ordeñan a las hembras y usan leche para alimentarse, en forma tal que se aprovechan del rebaño, al que están obligados a seguir en sus recorridos anuales, ante la imposibilidad de almacenar la suficiente hierba o líquen para alimentarlos durante el invierno. Es el rebaño el que lo busca, el grupo humano los sigue, se aprovecha de ellos y a cambio los defiende de los lobos, sus mayores depredadores (Leroi-Gourhan, 1936).

En esta breve ojeada se han visto una serie de situaciones que nos muestran bien a las claras varios estadios semejantes a los transicionales que pueden haberse presentado históricamente en el paso de la etapa de la depredación a la de la producción de alimentos. Podemos inferir, con grandes visos de estar en lo cierto, que el primer paso fue el de seleccionar, por su mayor productividad, su facilidad de obtención o, porqué no, por su gusto más agradable, algunas plantas o ciertos animales, para ayudarles en su crecimiento, mismo que se vigilaba convenientemente, para protegerlo de diversos factores nocivos, entre otros el mismo hombre. Ahora bien, esto obliga a un cierto sedentarismo, si no de todo el grupo al menos de parte de él, lo que significa que o encuentran el alimento necesario en el mismo sitio en el que se sitúan, o tienen que ser alimentados por el resto del grupo, que estará desplazándose para hacerlo a la vez de que se hace necesario un excedente de productos alimenticios con el que dar de comer a quienes, al menos por una temporada, no pueden producir directa e inmediatamente su propia alimentación.

El planteamiento general de las etapas mediante las que se puede llegar a la domesticación de plantas y animales es fácil, hasta cierto punto, cuando tomamos en cuenta los datos que la Etnografía ha puesto en nuestras manos. Pero cuando, mediante los materiales arqueológicos tratamos de hacerlo, cambia la situación. Ya se ha hecho ver que lo que el arqueólogo alcanza a obtener es muy escaso, a lo que se une el que los restos de plantas sólo se encuentran en sitios muy especiales, aquellos que, durante milenios, han mantenido condiciones de sequedad capaces de impedir la putrefacción o bien de tal humedad que se ha producido un proceso de carbonización por reducción que ha preservado esos restos. No es difícil darse cuenta que tales condiciones se dan en pocos lugares, con lo cual es de los únicos de los que se tiene información suficente y nos llevan a pensar en que en esos sitios, y nada más en ellos, se llevó a cabo el paso de una etapa a otra, lo cual es una posición a todas luces errónea.

Existen plantas alimenticias que se reproducen por sus semillas, de preservación relativamente más fácil, pero hay otras que se reproducen vegetativamente, o sea por medio de enterrar en ciertas condiciones partes de esas plantas, a lo que hay que unir, como sucede en muchos árboles frutales, la reproducción por esquejes que son fragmentos de ramas jóvenes. Los productos comestibles de cualquiera de ellas tienen partes que desaparecen totalmente, al ser asimiladas en el tracto intestinal humano de tal manera que sólo quedan algunos fragmentos, en muchos casos imposibles de determinar en cuanto a que sean de plantas silvestres o de planta cultivada. Se ha recurrido, cuando las condiciones lo han permitido, al análisis de heces humanas, en cuyo contenido, mediante preparaciones que se observan al microscopio (Callen, 1967a y 1967b) se han podido distinguir restos de lo que fue la alimentación del individuo, pero el hallazgo de heces bien conservadas es muy fortuito en los sitios arqueológicos.

Como es aparente el dilucidar el tránsito de la depredación a la producción de alimentos mediante la información que provee la arqueología no es sencillo.

A lo anterior se une algo de mucha importancia y es el determinar cuáles fueron las causas que condujeron a un grupo humano a buscar el aprovechamiento, por reproducción dirigida, de los alimentos que requerían para su subsistencia.

Según Boserup (1965) la presión demográfica interna puede traducirse en una búsqueda de mejores medios de producción, para así incrementar el aprovechamiento de lo explotable, pero también y por la misma razón se llegan a producir emigraciones de los excedentes de población, la parte del grupo social a la que las condiciones mediales, el desarrollo tecnológico y las posibilidades de explotación de los recursos a su alcance no les deja otra salida que el desplazamiento; cuando ha habido mejorías en un grupo humano, estas mejorías se traducen, entre otras cosas, en que hay más nacimientos, disminuye la mortalidad infantil, hay más viejos que viven más, prolongándose la vida y todo ello se traduce en incremento demográfico, lo cual, a su vez, obliga a ampliar los territorios en explotación, medida más fácil que buscar posibles mejorías en las técnicas de producción, al menos a corto plazo, sin que se excluya el último término. Es más simple, mientras existan tierras vírgenes, extenderse geográficamente, colonizar nuevos territorios. Sin embargo, también los territorios pueden tener otros pobladores y entonces surgen situaciones de conflicto.

Ahora bien, antes de que un grupo se fragmente o de que busque la manera de mejorar sus sistemas de producción, con mejorías técnicas, tiene que haberse quedado estable en un lugar, haberse hecho sedentario y, como obligación, haber establecido una territorialidad. Hemos visto, páginas atrás, cómo pueblos de recolectores-cazadores llegaron a ser sedentarios, en condiciones muy especiales, es cierto, pero ahí nos enfrentamos a un género de situación que no se compagina con muchos otros casos conocidos.

Por un tiempo se manejó la teoría de que, al llegar el final del Pleistoceno con la desaparición de los grandes casquetes glaciares que cubrieron gran parte de la Tierra, como la causa fue una mejoría climática en las altas latitudes, en las más bajas sobrevino una desecación, la cual condujo a muchos grupos humanos que las habitaban a ir abandonando la cacería y hacer hincapié en la recolección, hasta llegar a la domesticación de plantas forzados por las circunstancias climáticas. Esta teoría luego cayó en desuso, aunque ahora, sin caer en determinismos geográficos ratzelianos, se está volviendo sobre lo abandonado y se toma muy en cuenta la circunstancia climática, si no como causa única, sí como una de aquellas que no es posible menospreciar. Con esto se trata de señalar que, en

el cambio tremendo que fue el alcanzar la capacidad de producir alimentos, son muchos y muy diversos los factores que pueden haber intervenido y que, sin disminuir la importancia de los mecanismos de retroalimentación, ni exagerar el dato que produce la arqueología, tampoco debemos caer en el falso dilema de qué fue antes, el huevo o la gallina.

El problema, como se planteó desde el principio, no es sencillo, y no lo vamos a aclarar recurriendo al encadenamiento de puntos de vista teóricos, sin sustentación salida del campo de los hechos.

Los planteamientos anteriores deben servirnos para enfrentarnos a lo que con certeza sabemos de la agricultura en el Continente americano y en lo que ahora es México de donde quizá más se sabe.

La práctica de la agricultura, según los datos de origen arqueológico y etnográfico, se extendía desde las orillas de los grandes lagos, en el norte, hasta la isla de Chiloé, en el sur del actual Chile. Hubo regiones, como las de las llanuras del centro de los actuales Estados Unidos de Norteamérica que, en un tiempo, estuvieron pobladas por agricultores y que las abandonaron ante un cambio climático, y también partes del Continente en las que nunca hubo agricultura, a veces en situaciones inexplicables, como el extremo sur de la península de Florida y la parte occidental de la isla de Cuba, pese a que, en ambos casos, estas zonas eran colindantes con las ocupadas por pueblos que sí la tenían. Las crónicas de los primeros viajeros, religiosos o laicos, nos han dejado abundante información etnográfica que, en algunos casos, pocos, se suplementa con la arqueológica.

Lo más comúnmente empleado era el bastón plantador, que en México y en náhuatl se llamaba *coa*, aunque en algunos lugares se empleaba la azada, cuya hoja en unos casos se hacía con una piedra plana, labrada convenientemente, y en otros con omoplato de bisonte. En la zona incaica

Areas con agricultura pre-occidental
Datos etnográficos y arqueológicos

MAPA 26

se empleaba la *chuqui-taclla*, mezcla entre azada y bastón plantador y también el azadón. Al no haber animales de tracción o tiro la labor dependía exclusivamente de la fuerza humana.

Algunos pueblos, pocos, empleaban abonos que eran los desechos de la casa, incluyendo el excremento humano, y en el Perú desde antiguo se usó el guano de ave y el pescado. En ciertos casos se empleaban los almácigos y el riego, aunque no frecuente, alcanzó a tener mucha importancia en lugares como la zona incaica. La variedad de cultivos fue muy grande, pero los de mayor importancia, por estar presentes en casi toda América, son: maíz, quínua, mandioca o yuca, papas, frijol y calabazas, entre los alimenticios; el chile, como condimento y el algodón, para textiles.

Las técnicas agrícolas van desde las muy elaboradas que se efectúan en las chinampas, hasta las más sencillas del milpero de temporal, pasando por obras hidráulicas de diversa envergadura. A este respecto conviene indicar que las chinampas, fenómeno cultural tan sólo identificado en la Cuenca de México, fue posible desde el momento en el que se construyeron los diques-calzada que eran el acceso a la isla artificial sobre la que se asentaba México-Tenochtitlan, pues mediante ellos se mantenía el control de los niveles de los diferentes lagos, ya que se encontraban a alturas distintas, siendo el más bajo el de México-Texcoco.

En otros lugares de América se han encontrado sistemas de riego que en realidad funcionan como recuperación de zonas pantanosas, ya que las obras lo que hacen es avenar los campos inundados, o temporalmente inundables, buscándole al agua un flujo por gravedad para lo cual se excavan zanjas, amontonando el material excavado en camellones, con lo que se obtiene una humedad constante en la parte de las raíces de las plantas. Este sistema es muy frecuente en las zonas llanas tropicales húmedas, con frecuencia en las orillas o cercanía de los ríos, o también a orillas de los lagos, tal como sucede en las del Titicaca (Sanoja, 1981).

También muy importantes fueron los sistemas de riego de los Hohokam en el actual Estado de Arizona, Estados Unidos de Norteamérica, en donde se captaba agua de los ríos y se conducía por distancias superiores a los 15 kilómetros mediante canales, inclusive forrados por una capa de arcilla, para regar campos de cultivo (Lipe, 1978).

Las plantas que se cultivaron y las fechas en las que se inició este cultivo, por domesticación de la planta del caso, se han venido conociendo mediante los aportes de la arqueología, con lo que a la vez se enriquece la genética botánica y la citología.

Se ha producido, lógicamente, discusiones muy interesantes en las que a veces campea un cierto nacionalismo, o regionalismo, por aquel prurito tan de los arqueólogos, y sus colaboradores de otros campos, que se podría enunciar con: lo mío es más antiguo que lo tuyo. La disputa es, ahora, la de cuál es el centro de origen de los cultivos más importantes del continente americano, a la vez que la de los movimientos humanos, portadores de cultura, y la dirección de éstos.

Frente a la idea de Harlan (1971) de que en América sólo hubo un centro de domesticación de plantas, Mesoamérica, Pickersgill (1977) considera que en América pueden haber existido cuatro centros de desarrollo agrícola, independientes. Dos inequívocos: Mesoamérica y la zona Andina, donde entre 7.500 y 7.000 años aP., se cultivaron plantas cuyo orden de domesticación no es el mismo en un lugar que en el otro y con frecuencia pertenecen a especies distintas. Más tarde se intercambiaron algunos cultivos entre ambas zonas, notablemente el maíz, pero estos intercambios fueron absorbidos por los complejos agrícolas indígenas, sin alterar el carácter distintivo de cada región.

Puede que se haya desarrollado un tercer centro en el Este de Norteamérica, pero éste fue enmascarado por la extensión hacia el Norte de los cultivos mesoamericanos.

Un cuarto complejo de cultivos es de las tierras bajas tropicales húmedas, pero siendo tan malas las condiciones de preservación en esos lugares, es difícil decir en qué fecha se inició la domesticación. Aquellas plantas domesticadas en estas regiones capaces de sobrevivir en condiciones semi-áridas (mandioca o yuca, batata, cacahuate, piña) se extendieron por Mesoamérica y la zona Andina, a la vez que las que podrían resistir la fuerte precipitación y el ambiente húmedo (maíz y algodón) penetraron en la selva de las tierras bajas.

El encubrimiento por causas culturales a que se refiere Pickersgill en el caso del posible centro de cultivo en el Este de Norteamérica tiene otra clase de aspecto, muy importante, en lo que se refiere a la información que produce la arqueología para el conocimiento de los orígenes de la agricultura en cuanto a las plantas en sí mismas y a las fechas en las que fueron domesticadas; este otro encubrimiento es el originado por las condiciones climáticas de los sitios arqueológicos pues en los húmedos, o que en el pasado y con posterioridad a la deposición de los restos que hubieran aportado esa información pasaron por un ciclo húmedo, no conservan evidencias suficientes.

Surgen, también, algunas hipótesis respecto a las plantas cultivadas en tiempos prehispánicos y la importancia que se juzga debieron tener en el desarrollo de las altas culturas. Sabido es el caso de lo muy importante que fue la recolección de la *Setaria* (Callen, 1967b) antes del comienzo del uso del maíz, al igual que la que tuvo el cultivo del huauhtli (*Amaranthus leucocarpus*) de muy abundante consumo, pero en Mesoamérica íntimamente relacionado con la esfera religiosa, por lo cual durante el tiempo de la Colonia su cultivo y consumo fue relegado (Martínez, 1959).

En estado silvestre existe en México una especie de papa, *Solanum cardiophyllum*, que se consume normalmente, como recolectada, e inclusive llega a los mercados pueblerinos. Se encuentra en la zona central del país, asociada a los cultivos del maíz, a las milpas, y no ha sido domesticada, aunque parece que se colectó sistemáticamente. Lo curioso es que en México existen 31 especies de papa, pero parece ser que la llamada "papita güera" es la única comestible. Según las zonas recibe nombres distintos y así es conocida como papita de monte, papita puerquera, papita loca, papita de barbecho y sin duda algunos más; es de tamaño pequeño, pues rara vez alcanza más de 5 cm de diámetro y contiene 3,2% de proteínas, es decir un 1% más que el *Solanum tuberosum,* la papa normalmente utilizada, y es muy resistente a la sequía.

Es posible que se haya intentado su domesticación, pero tiene dos enemigos mortales, un hongo, el *Phytophora infestans,* al parecer con varias razas específicas, y otro hongo, el *Alternari solari,* que bien pudiera ser originario de fuera de América. En campos experimentales se llegan a alcanzar hasta 2.500 kg por hectárea (Galindo Alonso, 1982).

En ciertos casos se ha llegado a extremos que demuestran quizá nada más un afán de notoriedad por parte de los originadores de ciertas hipótesis, como es el caso de atribuir una importancia fundamental en el desarrollo de la civilización maya al cultivo del *Brosimun alicastrum,* conocido en la zona maya como ramón y en el resto de México por capomo.

Por muchas regiones del país se sigue usando su semilla como mezcla con el café, para hacer el brebaje, a la vez que se consumen tostadas, molidas o no, y a veces mezclando la harina con la tortilla (Martínez, *op. cit.*). Por Roys (1931) sabemos que, efectivamente, los mayas comían el ramón, pero sólo lo hacían en tiempos de verdadera hambruna, por lo cual se hace difícil pensar que éste, que era un recurso extremo, haya sido la base alimenticia capaz de originar una alta cultura.

Es posible que estos vuelos imaginativos se deban al hecho de que, en lo que respecta al origen de la agricultura, su lugar, plantas domesticadas y fecha, tenemos una imagen muy especial, normada por los sitios de donde, hasta ahora, proviene la información necesaria. Estos sitios, salvo algunas excepciones menores, se sitúan en lugares secos, en los que las condiciones ambientales han permitido la conservación de la materia orgánica: cuevas de Tamaulipas y Tehuacán, en México; costa del Perú o cuevas secas en el mismo país. O sea que las condiciones físicas de los lugares de los hallazgos circunscriben las áreas, o las áreas de origen de la agricultura, según la información arqueológica, se limitan a las zonas que en la actualidad tienen la constante de ser áridas o semiáridas, con baja o nula precipitación. Esto es natural que arroje un saldo de extrema selectividad, el cual no necesariamente debe concordar con la realidad en lo que respecta al verdadero origen de la agricultura, o los orígenes, en lugar, cultivo y fecha.

Es cierto que también hay hallazgos importantes fuera de esas regiones, en forma de material vegetal carbonizado, huellas de impresiones en cerámica, casos de procesos de carbonización por reducción, circunstancias únicas de preservación en lugares húmedos, etcétera. Pero la circunstancia de sequedad prevalece, con lo cual la perspectiva obligatoriamente es la de que la agricultura se originó en lugares semi-áridos, y tampoco se toma en cuenta que en las fechas en las que este proceso tenía lugar, esos lugares es muy posible que no fueran tan áridos como ahora lo son.

De todas maneras estamos ante una realidad y de ella hay que sacar lo que sea posible.

En los dos centros mayores de domesticación de plantas tenemos ya materiales para obtener una idea bastante completa del proceso. No

está clara, en casi ningún caso, la fecha precisa en la que una planta pasa de ser recolectada a ser cultivada, pues los indicadores que se han tomado en cuenta, fundamentalmente tamaño de los restos, no son seguros, ya que las series de éstos no son estadísticamente suficientes como para asegurar cuándo un tamaño y porqué significan cultivo y cuándo es una simple selección en la colecta. Todavía, y como ejemplo hay aguacates de hueso grande y también de hueso chico, ambos cultivados.

En el caso del Sureste de Estados Unidos de Norte América nos enfrentamos a una situación distinta. En un tiempo se creyó que los grandes conjuntos de montículos que caracterizan gran parte de la región, eran debidos a grupos de agricultores que, con el concepto de las construcciones monumentales, venido de Mesoamérica, también habían recibido la tríada maíz-frijol-calabaza y que precisamente estos cultivos eran los que habían generado el incremento demográfico, los grandes asentamientos humanos y la gran complejidad social que son requisitos para la arquitectura monumental. Al ir adelantando el conocimiento de la arqueología regional se vió que la llegada de esos cultivos, base de todo, era relativamente tardía y que la explicación de esos restos arquitectónicos había que buscarla por otro lado.

Ahora se va conformando la idea de que lo que sucede es que estamos ante otro centro originador de agricultura, otro centro de domesticación de plantas, que se basaba en el girasol, las quenopodiáceas, las amarantáceas y una gramínea *Iva,* además de otras plantas todas ellas nativas, en fecha que puede ser 3.000 aP. (Muller, 1978).

En el Suroeste la agricultura parece haberse iniciado 4.000 años aP. aproximadamente, con maíz primitivo y posiblemente calabaza, aunque el frijol se cree que es más tardío. Se considera que la adquisición de la agricultura se debe a difusión desde México, a lo largo de las tierras altas de la Sierra Madre Occidental, donde se han localizado los sitios en los que hay restos de actividad agrícola.

Manteniendo el orden descriptivo que se adoptó para las culturas de Norte y Centro américa en los horizontes anteriores, al enfrentarnos al Protoneolítico encontramos que en algunas de ellas nunca se alcanzó tal categoría de desarrollo, que en otras, según veremos, apenas se presentó y quedó en este horizonte transicional y que en algunas alcanzó a un alto desarrollo agrícola, base en algunos casos de procesos de alta civilización.

En la Gran Cuenca se encuentra una extensión tardía y de gente de influencia Pueblo que hacia 1.000 aP. tiene agricultura y cerámica, en la parte SE, y en la Este, la cultura Fremont (1.500-500 aP.) tiene cerámica y un patrón hortícola con maíz, también heredado de los Pueblo. En California, en los bajiales del río Colorado se practicó la agricultura de maíz, frijol y calabaza en tiempos históricos por gente que tenía también cerámica (Aikens, 1978).

En las Grandes Llanuras, en las del Este, el clima y los suelos eran propicios para la agricultura, que se practicó en los suelos de fondo de valle, combinando una estación en la que se dedicaban a la cacería del bisonte con la del cultivo de maíz, calabaza, frijol y girasol. Tuvieron una gran afinidad con la cultura geográficamente inmediata de Woodland, durante Hopewell. Este mismo modo de producción mixto se practicó desde los Dakotas a Texas en tiempos históricos, recibiendo el nombre de aldeas de los indios de las Llanuras, por su modo de asentamiento, alcanzando de 1.000 aP. hasta el contacto con los occidentales, en 1850, misma situación que se repite más al Oeste, en Oklahoma. Estos grupos establecieron un sistema de intercambio de sus productos agrícolas con los de cacería y recolección de los grupos más al Oeste (Wedel, 1978).

En las Tierras Centrales y en el Noreste parece que se inició el cultivo de algunas plantas durante el Arcaico tardío, de 6.000 a 3.000 aP.,

pero la conformación corresponde a los complejos del Woodland temprano, con el comienzo de la cerámica (Griffin, 1978).

En Mesoamérica el *Phaseolus soccineus* (botil o ayocote) se utilizaba por el hombre desde hará unos 11.000 años, siendo segura su domesticación hacia el 2.200 aP. *Cucurbita pepo* se coloca desde 10.000 y se cultiva desde 7.000. El caso de la *Setaria* es especial pues se encuentra desde 9.000 y podría haber estado si no cultivado, protegido, desde la misma fecha aunque con más seguridad 5.000. La *Persea americana,* el aguacate, plantea un caso difícil de dilucidar en cuanto a la fecha de domesticación. Hace acto de presencia en 9.000 y se da por cultivado casi desde esa fecha, tomando en cuenta el tamaño de sus frutos, pero no se tiene en cuenta que ese tamaño puede ser sencillamente producto de una selectividad en la recolección, aparte de que en algunos tipos de aguacate el mayor tamaño del fruto va acompañado de menor parte comestible y también hay casos contrarios, en los domesticados, de pequeño fruto y mucha carne.

La *Lagenaria siceraria* se utiliza desde 9.000 también y este es otro caso en el que hablar de cultivo propiamente no señala la realidad.

El maíz, *Zea mays,* aparece como cultivo en 7.000 y su ancestro, *Zea mexicana,* como colectado desde la misma fecha.

El origen del maíz fue motivo de polémica por muchos años, hasta que se encontró solución al problema, cuando se llegó a la reconstrucción teórica de la evolución del maíz por Mangelsdorf (1958) hipótesis que se considera corroborada con los restos de maíz hallados en las excavaciones de Tehuacán (Mangelsdorf, Mac-Neish y Gallinat, 1964) demostrando que el maíz había sido tal desde el principio, en una forma muy pequeña pero que ya reunía todas las cualidades que después alcanzó. Pese a todo se mantenía la duda por cuanto en ningún lugar de los que pudieron ser origen del maíz existían ni los menores restos de ese maíz silvestre.

FECHAS DE PLANTAS CULTIVADAS EN MESOAMERICA
MILES DE AÑOS ANTES DEL PRESENTE

CULTIVOS	11	10	9	8	7	6	5	4	3	2	1
Phaseolus coccineus		- ———
Cucurbita pepo			- ———————————————————
Setaria				- —————————————
Persea americana (en duda el cultivado)				- -
Lagenaria siceraria (idem)				- -
Zea mexicana					- -
Zea mays (en duda lógica la fase de recolección)					————————————————————
Ph. acutifolius						———————————————
Amaranthacex						———————————————
Capsicum annuum						———————————————
Ph. vulgaris							—————————————
C. mixta							—————————————
Gossyhium hirsutum							—————————————
	11	10	9	8	7	6	5	4	3	2	1

- - - - - - - - - - - - - - - - - Recolectado o cultivado dudoso

——————————— Domesticado

CUADRO 2

322

Se habían presentado datos, que no pruebas, según los cuales existía polen fósil de maíz de una edad que oscilaba entre los 80 y 40.000 años, según diversos cálculos (Barghoorn, *et. al.*, 1954) pues no existían fechamientos concretos. El material se había obtenido del núcleo de una perforación profunda en el centro de la Ciudad de México, hecha con propósitos de estudio de la mecánica de suelos. Hubo alguna discusión acerca del tema hasta que se demostró que la identificación no era segura, puesto que la exina del polen del maíz y la del teosintle son iguales y en cuanto a sus tamaños hay traslape, siendo por lo tanto indistinguibles (Bannerjee y Barghoorn, 1972).

Ante el material de Huarmey (Grobman, *et. al.*, 1977; Bonavia y Grobman, 1978; Grobman y Bonavia, 1978) se llegó a postular la existencia de diversos centros de domesticación de maíz; según Mangelsdorf (1974) se trataría de dos razas independientes en México, dos en Colombia y tres en el Perú. Desde luego esto sería aceptando el ancestro silvestre del maíz, jamás encontrado, que postula Mangelsdorf desde hace tantos años (Mangelsdorf, 1958; Mangelsdorf, *et. al.*, 1964).

Hubo quien no quedó nada conforme con la solución dada al problema, el Dr. George W. Beadle (1977 y 1980), por cierto Premio Nobel en la rama de Biología, pues mantenía desde hacía mucho tiempo la íntima relación genética entre el maíz y el teosintle. Debe señalarse que ésta es una de las formas correctas de escribirlo, pues por ser palabra náhuatl es la correcta, junto con teocintle, que quieren decir, en ambos casos, maíz de los dioses. El término teosintle es un anglicismo, por lo que no es propio emplearlo en español.

Otro que tampoco está convencido es Gallinat (1975, 1977), quien dice que aunque falta la prueba arqueológica de que el teosintle se convirtió en maíz, la evidencia experimental apoya el caso.

La situación actual, que parece ser la tan buscada respuesta al origen del maíz, es la de que el maíz y el teosintle tienen una clara relación ancestral (Beadle, *op. cit.*) y que algunos mutantes de este último pueden haber sido tomados por el hombre, consumidos con mayor facilidad, buscados, conservados y plantados, hasta que, por selección, el maíz se estabilizó. Este enunciado se encuentra respaldado por años de investigación genética, citológica y bioquímica.

Es interesante el hecho de que el teosintle tiene un área de distribución restringida al Occidente y Centro de México, Guatemala y Honduras (Wilkes, 1967), que tiene varias especies, que se ha encontrado arqueológicamente (Lorenzo y González, 1970) y que, inclusive, lo hay perenne con rizoma (Iltis, Doebley, Guzmán y Pazy, 1979).

Con seguridad hace 6.000 años se cultivaban en Mesoamérica el *Phaseolus acutifolius,* los amarantos y el *Capsicum annuum,* y para 5.000 el *Ph. vulgaris,* la *Cucurbita mixta* y el *Gossypium hirsutum,* (Lorenzo, 1977a).

También sobre los datos que aporta Sanoja (*op. cit.*), en Centroamérica durante los primeros siglos de la era cristiana, más o menos hacia 1.800 aP. se cultivaba una raza primitiva de maíz en las regiones bajas de Costa Rica, y en las tierras altas de Panamá, un híbrido primitivo, asociado con el frijol, estaba siendo cultivado desde aproximadamente 2.500 aP. a lo que se une el que en el centro de Panamá exista polen de maíz entre 5.100 y 2.200 aP. (Bartlett, *et. al.*, 1969). Todo esto nos señala un estadio Protoneolítico, en fechas diversas, como es lógico suponer.

La lista de plantas cultivadas de la zona andina es mucho mayor, sin duda por la enorme riqueza que en material arqueológico preservado, de origen orgánico, presenta la costa, por la sequedad reinante, a lo que se une las cuevas del altiplano, de la puna, en las que la conjunción

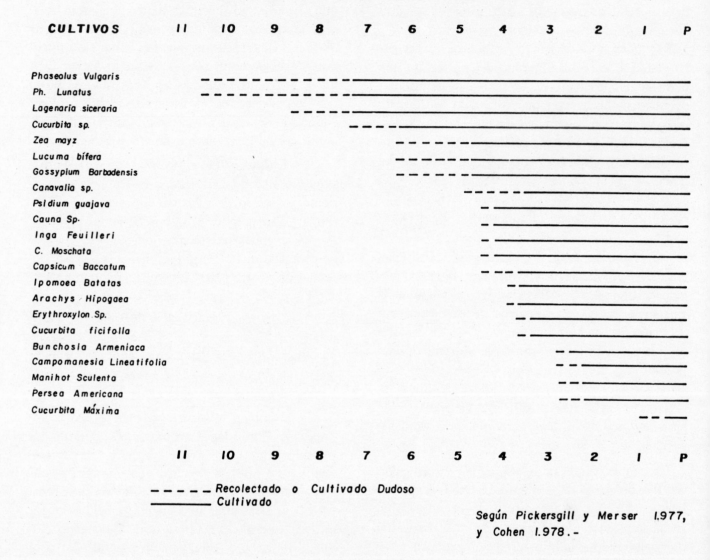

FECHAS DE PLANTAS CULTIVADAS EN LA ZONA ANDINA
MILES DE AÑOS ANTES DEL PRESENTE

CULTIVOS	11	10	9	8	7	6	5	4	3	2	1	P

Phaseolus Vulgaris
Ph. Lunatus
Lagenaria siceraria
Cucurbita sp.
Zea mayz
Lucuma bífera
Gossypium Barbadensis
Canavalia sp.
Psidium guajava
Cauna Sp.
Inga Feuilleri
C. Moschata
Capsicum Baccatum
Ipomoea Batatas
Arachys Hipogaea
Erythroxylon Sp.
Cucurbita ficifolia
Bunchosia Armeniaca
Campomanesia Lineatifolia
Manihot Sculenta
Persea Americana
Cucurbita Máxima

- - - - - Recolectado o Cultivado Dudoso
_____ Cultivado

Según Pickersgill y Merser 1.977,
y Cohen 1.978.-

CUADRO 3

de bajas temperaturas y también de bajas precipitaciones han ayudado mucho a la preservación.

Lo más antiguo que hasta ahora se tiene como cultivo son dos Phaseolus, el *vulgaris* y el *lunatus* desde 10.500, aunque su corroboración corresponda más bien a 7.500. La omnipresente *Lagenaria siceraria,* desde 8.500, con seguridad, 7.500. Las Cucurbitáceas sudamericanas parecen tener algunos problemas taxonómicos y filogenéticos, Cucurbita sp. se encuentra desde 7.500 y se confirman en 6.300. Con alguna duda desde 6.300 y con seguridad a partir de 4.800 están *Zea mays, Lucuma bifera* y *Gossypium barbadensis.* La Canavalia sp. comienza en 4.800 y se conforma en 3.700 y luego, de 4.500 a 4.300, encontramos en contextos arqueológicos: *Psidium guajava, Canna,* sp. *Inga feuilleri, Cucurbita moschata,* y *Capsicum baccatun, Ipomoea batatas* y

324

Arachys hipogaea, entre 3.900 y 3.750, *Erythro-xylon* sp. y *C. ficifolia,* de 3.750 a 3.650 la primera y 3.650 a 3.350 la segunda. Un grupo muy importante comienza a mostrarse entre 2.900 y 2.600: *Bunchosia armeniaca, Campomanesia lineatifolia, Manihot sculenta* y *Persea americana,* para terminar con *Cucurbita* máxima entre 1.000 y 500 antes del Presente, que es el valor cronológico de todas las fechas dadas, considerando el Presente el 1.950 de nuestra era (Pickersgill, *op. cit.*).

El tercer punto de domesticación de plantas, siguiendo a Pickersgill, como ya se dijo, es el del Este de Norteamérica, del cual tenemos dos cultivos seguros, en cuanto a fecha, uno inseguro, de los tres autóctonos, y cinco que indudablemente llegaron por transmisión cultural.

Hacia el 3.000 aP. encontramos *Helianthus annuus, Iva annua* y *Chenopodiaceae.* Los dos primeros nativos y el tercero probablemente, aunque es difícil definirlo. La *Proboscidea parviflora* es también nativa pero su fecha de do-

FECHAS DE PLANTAS CULTIVADAS EN EL E. CENTRAL DE NORTEAMERICA
MILES DE AÑOS ANTES DEL PRESENTE

CULTIVOS	5	4	3	2	1	P
Meliatheus annuus			————————————			
Iva annua			————————————			
Chenopodiaceae			————————————			
Cucurbita sp.			———————————			
Lagenaria siceraria			———————————			
Zea Mays			—————————			
Proboscidea parviflora			- - - - - - ————————			
Phaseolus Sp.					———————	

- - - - - - - - - **Recolectado o cultivado dudoso**

————————— **Domesticado**

Según Yarvell, 1.977

CUADRO 4

325

mesticación no está nada clara y puede haberlo sido desde los 3.000 a los 1.900.

Hacia 2.700-2.000, *Cucurbita* sp. y *Lagenaria siceraria* hacen acto de presencia, en 2.300-1.400, el maíz *Zea mays,* aunque en Bat Cave, Nuevo México se conocía desde unos 4.000 aP. y hay otra fecha, en Colorado, de 4.850. *Phaseolus* sp., desde 1.100 (Yarnell, 1977).

El cuarto centro de domesticación de plantas es, en realidad, un supuesto lógico, pero hipotético, pues se carece de la más elemental información directa.

Siguiendo a Sanoja (*op. cit.*), la yuca, mandioca o guacamote, *Manihot esculenta Crantz,* con sus numerosas especies, dada su amplia difusión en los Trópicos del Continente americano, pudo haber existido en estado silvestre en cualquier lugar, desde las tierras bajas al somontano de los Andes y hasta las montañas del Este de Sudamérica, luego el punto de su domesticación es difícil de precisar. Sin embargo, a la luz de una serie de indicios, botánicos, etnológicos y arqueológicos, el autor citado señala dos áreas en las que hay grandes posibilidades de que se haya iniciado su cultivo, una, en Centroamérica, en lo que ahora es Belice, y otra en las tierras bajas del Norte de Colombia opinando, además, que la primera en cultivarse debió ser la yuca dulce, por su mayor facilidad de consumo, y que posteriormente se cultivó la brava, o tóxica, de preparación mucho más elaborada.

De la domesticación de plantas debemos pasar a la de animales, misma que presenta un muy importante desbalance entre los dos centros americanos de cultura, pues en el andino se alcanzó la domesticación de animales no sólo como fuente fácil de proteínas como alimento, sino que se consiguió incorporar a la producción un animal de carga, capaz de ayudar al hombre en el transporte de bienes de consumo, o de producción, aunque fuese en la reducida escala que una llama macho, un urco, puede hacer, alrededor de 50 kilos. Mesoamérica no tuvo esa posibilidad y fue el hombre, el tameme, el único animal de carga.

Se ha divagado algo sobre la posibilidad de domesticación que hubiera tenido el bisonte, también sobre la de la oveja o carnero *Ovis canadensis,* y aquí es posible que la respuesta sea que los lugares en los que existía el bisonte y el carnero salvaje son aquellos en los que, salvo en fechas relativamente tardías y sólo en algunos puntos, hubo desarrollo agrícola, con lo cual lo dicho respecto de que, para domesticar un animal herbívoro se necesita un excedente de producción agrícola, se muestra como premisa básica real, ya que en la zona de alta cultura mesoamericana, que fue donde este excedente se producía, o podía producirse, los animales indicados no se encontraban. La domesticación de cualquier animal implicó el sedentarismo, al que debe unirse el excedente de producción agrícola suficiente para alimentar a los animales precisamente en su etapa de amansamiento, previa a la domesticación y en ésta también, pues no es posible dejarlos en libertad para que coman, ya que volverían al estado salvaje, y hay que tenerlos recluidos, dándoles de comer, única forma en la que pueden acostumbrarse al hombre, que además es quien los alimenta. Más tarde, ya domesticados, también hay que suplirles la alimentación y cubrir las necesidades alimenticias de quienes se encargan de ellos.

En casi toda Mesoamérica y en algunos lugares de Norteamérica, el perro, que como animal doméstico en todo el Continente, era empleado como alimento, engordándole, inclusive, y aún castrándole, para el propósito. Hernández (1959) distingue para Mesoamérica tres clases de domésticos y uno salvaje. Los domésticos son el xoloitzcuintli grande y sin pelo, el itzcuintepotzotli, también grande y con joroba, restringido a la zona tarasca, y el techichi, pequeño. En cuanto al salvaje en realidad dice "...este animal es como un perro..." y más adelante: "tiene pelo largo, larga cola y cabeza como de perro... por lo que se puede dudar de que sea un verdadero perro" (Hernández, *op. cit.*, 111: 306-7, 313-14).

Restos óseos de perro han aparecido en casi todas las excavaciones arqueológicas de Mesoamérica, pero no sabemos mucho más, pese a los numerosos estudios hechos.

También en Mesoamérica se domesticó el guajolote (*Meleagris gallipavo*), dudosa la crianza de patos, al igual que de unos gallináceos pues, en este último caso, en algunas crónicas del tiempo del contacto se habla de "gallinas de la tierra" a la vez que de guajolotes, es decir estableciendo una diferenciación clara. Tampoco en este caso ha sido posible establecer la diferenciación osteológica entre domésticos y silvestres.

En la zona andina desde tiempos precerámicos, hacia 3.000 aP., aparecen perros con cierta frecuencia, aunque no abundantes, y tenemos de dos tipos, uno grande y otro chico, que debieron acompañar al hombre desde el norte. Las *Cavia* sp., cuis, conejillo de Indias o cobayas, son muy abundantes en contexto arqueológico desde fechas tempranas, sin que sea posible determinar si estaban domesticados o no, quizá siendo atraídas a la vecindad de los asentamientos humanos para alimentarse de las basuras. Entre 6.000 y 3.000 se observa un crecimiento en el tamaño que permite suponer que se habían domesticado en ese lapso.

Los camélidos, llama (*Lama glama*) y alpaca (*Lama pacos*) fueron domesticados, no así la vicuña (*Vicugna vicugna*) y el guanaco (*Lama guanicoides*). La domesticación pudiera haber tenido lugar desde 5.000 aP., siendo inicialmente productores de carne, quizá de lana,

para más tarde pasar a animales de carga los primeros (Wing, 1978). Por parte de otros autores (Wheeler, *et. al.*, 1976) la domesticación de los camélidos debe situarse en 4.500, habiendo sido empleados como cacería desde 9.000 hasta 7.500 aP., para luego cambiar a los cérvidos como fuente de aprovisionamiento de carne, quizá mientras se domesticaban los primeros.

En Horkheimer (1973), encontramos una ampliación a la lista de animales domésticos de Sudamérica, zona andina concretamente, que incluye pato doméstico y también dos clases de perro, uno pequeño y sin pelo, y otro de dorso arqueado, que recuerda al jorobado de los purépechas de México. Está además una gallinácea de la que quedan restos lingüísticos y que podría ser la que se ha descrito de Chile, donde Wilhelm (1978) nos habla de una gallinácea que pone huevos verdes o azules, con mechones alrededor de los canales auditivos, que a veces salen de un pedúnculo, con dos o tres variedades, una de ellas carente de cola. Es posible que una variedad de éstas se encuentre en la Isla de Pascua.

Se ha presentado el material disponible del Continente americano en lo que respecta a las bases económicas sobre las que se desarrollarían las altas culturas. Hay elementos bastantes para encontrar las diferencias y las similitudes, al igual que ver que desde tempranas fechas no estuvieron aislados Mesoamérica y la zona Andina, pese a lo cual mantuvieron su personalidad distinta. También se perciben situaciones dinámicas, por cuanto a extensiones territoriales de grupos agrícolas, en Sudamérica, agropecuarios, que en el tiempo modificaron sus territorios, en casos ampliándolos, en otros disminuyéndolos.

CAPITULO X

LOS PRIMEROS HABITANTES

Sin todavía haberse dilucidado el problema del poblamiento de América por seres humanos en lo que respecta al camino y a la fecha, ya se planteaba otro, relacionado, pero de mayor complicación, el de a cuál de los grupos humanos conocidos del Viejo Mundo pertenecían originalmente los primeros habitantes.

En el siglo XVIII se hizo una afirmación según la que: "Visto un indio de cualquier región, se puede decir que se han visto todos en cuanto al color y contextura" (Ulloa, 1772) lo que implicaba la unidad somática de todos los americanos, punto de vista compartido por bastantes a lo largo de los siglos, aunque no era el único, pues había otro grupo, quizá más numeroso, que difería de esa posición al encontrar que ·había variaciones entre los indígenas, por lo que se propusieron numerosas y complicadas clasificaciones. Por ser tantas se remite a los interesados a la revisión general que hizo Comas (1961) aunque no es posible pasar algo tan relevante por alto, por lo cual se hará un análisis rápido y concreto de lo que puede considerarse como más importante.

La preocupación existente por identificar a los americanos como descendientes de grupos humanos ya conocidos y estudiados en otros lugares del mundo, condujo a diversos trabajos que intentaban fijar posiciones y aclarar la situación. En el afán de encontrar los ancestros de los americanos se llegó a extremos graves como el de la autoctonía del hombre americano, exaltada al grado de dar por lugar de origen de la humanidad a la región meridional de América del Sur, tesis sostenida por el paleontólogo F. Ameghino quien, sobre hallazgos no ya dudosos, sino francamente artificiales, organizó todo un árbol filogenético que comenzaba con el Pitheculites para seguir con Anthropops, Homínido primitivo, Tetraprothomo, Triprothomo, Diprothomo, Homo, Homo pampeus y Homo sapiens (Comas, 1957).

Entre los primeros trabajos dignos de tomarse en cuenta están los de Hrdlicka (1912) quien continuó por años laborando sobre el tema (1928). Parte del principio de que se trata de una sola raza, por considerar que hay una homogeneidad absoluta, de origen mongoloide, aunque acepta la existencia de subrazas que son de origen pre y extra-americano, a lo que une que no llegaron a América antes del principio del Holoceno, lo que en los tiempos que escribía significaba una fecha inferior a los 15.000 años. A pesar de la homogeneidad de tipo que se da como fundamento, señala que llegaron en varias oleadas, cada una de ellas con ciertos rasgos distintivos, siendo la primera un grupo dolicocefálico, después unos braquicéfalos que llama "toltecas", para diferenciarlos de otros braquicéfalos que les siguieron, "atapascanos", y finalmente los esquimales, reducidos a la zona ártica.

Paul Rivet, en diversos trabajos (1925a, 1925b, 1926a, 1926b y 1943) combinando datos de diversas ramas, antropología física, etnografía y lingüística, es también partidario de la llegada de varios grupos humanos, en este orden: elementos australianos, elementos malayopolinesios (melanesios), elementos asiáticos y elementos urálicos, los esquimales; para los primeros había manejado la hipótesis de Mendes Correa (1925 y 1928). Fue severamente criticado por varios autores, Koppers (1930), Davidson (1937) y Martínez del Río (1953) que demostraron la debilidad de sus argumentos.

Cottevieille-Giraudet (1928) había aportado a la discusión un elemento nuevo, la presencia de europeos, concretamente de tipo Cromagnon, pues encontraba semejanzas absolutas entre ellos y los llamados "pieles rojas", sin por ello negar la llegada de elementos de Asia y Oceanía. Años más tarde otro autor, Greenman (1963) retomaría esta idea incorporando una serie de datos bastante peregrinos.

El intento de aclaraciones para el polimorfismo americano prosiguió con Montandon

(1933) quien explicaba la presencia de malayo-polinesios y australianos, buenos navegantes los primeros, ineficaces los segundos, de una manera muy curiosa. Los malayo-polinesios que poblaron la isla de Pascua, se habrían llevado esclavos australianos como trabajadores y, una vez asentados en esa isla, pasaron a Sudamérica.

Algunos autores no estaban satisfechos con reunir en América a australianos, malayo-polinesios, melanesios y todos los demás que ya se han mencionado, sino que además incluían negros africanos. Bernardino de Saint Pierre, Corette y Hugo Grocio llevaron a América etíopes y otras poblaciones negras y a esos autores se unió Gaffarel, quien no sólo llevó a los negros, sino que hizo de Africa escala intermedia de otros grupos humanos en su camino a América (Pericot, 1961). Y esto no fue producto de determinada época pues todavía en 1966, como ya se hizo ver en anteriores páginas, un tal Wuthenau señaló la presencia de negros en el complejo cultural olmeca.

Vemos que el tema de las razas humanas de América ha sido debatido con frecuencia, desde su descubrimiento hasta la actualidad, pese a que ya ha tomado cuerpo el concepto de que el ser humano, desde hace ya bastantes miles de años, pertenece a una sola especie biológica, polimórfica, *Homo sapiens sapiens*, lo cual da a la humanidad una gran diversificación somática, aunque existan poblaciones con seres semejantes entre sí, pero sin barreras biológicas entre esas poblaciones; hay casos en los que existen diferencias mayores entre los individuos de una misma variedad que las que puedan existir respecto a otra.

En todo lo revisado anteriormente subyace una fuerte corriente difusionista que, aparte de ser una posición teórica, podría existir como manera de encontrar una explicación cuando los datos escasean. Muy dentro de esa visión se encuentra la obra de Imbelloni, quien a lo largo del tiempo (1938, 1939, 1958, 1966) produce

una clasificación racial de orden continental la cual, aunque muy discutida, sigue siendo la única de ese carácter. Considera el autor citado que a América, en distintos tiempos y una tras otra, llegaron siete migraciones: tasmanoides, australoides, melanesoides, protoindonesios, indonesios, mongoloides y esquimales, mismas que dieron origen a once tipos humanos en América: subártidos, colúmbidos, plánidos, apalácidos, sonóridos, pueblo-andinos, ístmicos, amazónicos, pámpidos, láguidos y fuéguidos. Muchos autores han hecho saber sus críticas al sistema: Canals Frau (1950); Newman (1951, 1953, 1960 y 1962); Neuman (1952 y 1960) y Stewart, 1960. Canals Frau propuso algunas modificaciones menores, pero los demás autores hicieron saber que el trabajo de Imbelloni no es de confianza por partir de colecciones óseas humanas muy antiguas y de informaciones insuficientes (Comas, 1957).

Los grupos que establece Imbelloni, además de conformarse por las líneas de la antropología física, también se integran tomando en consideración factores culturales y etnográficos, tanto en su caracterización americana como en su relación respecto al origen. Esta es, sin duda, una debilidad mayor que las señaladas como existentes en el campo de la antropología física. Sin embargo es la única clasificación que abarca todo el continente americano.

De acuerdo con el orden en el que se presentan en el mapa de distribución adjunto, se dará una descripción somera, ampliable en las obras citadas del autor.

Subártidos: De 1,64 de estatura entre los que habitan hacia el este, hasta 1,58 entre los que se sitúan al oeste. Cuerpo rechoncho y robusto, con extremidades bastante cortas y manos y pies pequeños; piel pardo-amarillenta; la mancha mongólica muy frecuente. Cabeza aquillada y dolicocéfala, aunque en Alaska los hay meso y aún braquicéfalos; cara pentagonoide, por el gran desarrollo mandibular y de los

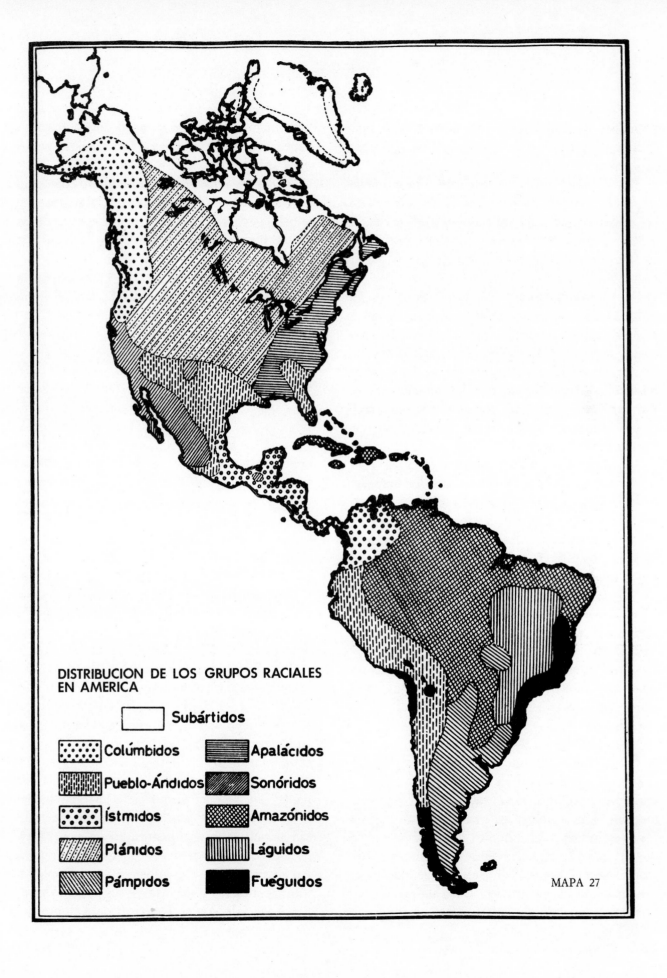

DISTRIBUCION DE LOS GRUPOS RACIALES
EN AMERICA

Subártidos

Colúmbidos   Apalácidos

Pueblo-Ándidos   Sonóridos

Ístmidos   Amazónidos

Plánidos   Láguidos

Pámpidos   Fuéguidos

MAPA 27

pómulos; nariz más bien prominente; alto porcentaje de presencia de ojo mongólico; pelo negro, grueso y rígido.

Colúmbidos: De estatura alta o media (1,61 a 1,70 en los hombres; 1,52 a 1,60 en las mujeres); muy braquicéfalos (índice de 84 a 90); torso corto y grueso, piernas cortas, brazos muy largos; piel color claro; pilosidad facial escasa.

Pueblo-andinos: De baja estatura (1,59 a 1,62) meso y braquicéfalos (índice de 81.5 a 89), cabeza pequeña, sin platicefalia; cara corta; nariz de base ancha, pecho con dorso saliente; gran diámetro bicigomático. Torso muy desarrollado en relación con los miembros; color variable, pero predominando las pigmentaciones intensas: cabello negro, duro y liso; escasa pilosidad corporal.

Istmidos: Baja estatura (1,50 a 1,58 los hombres, 1,43 las mujeres, entre los mayas); braquicéfalos (índice de 86 a 89,5); cuerpo tosco; cara ancha y corta; nariz de base ensanchada y platirrina; mentón huidizo; cabellos y ojos negros, iris muy pigmentado; cabellos lisos y rígidos; muy braquiesquélicos.

Plánidos: De alta estatura (1,66 a 1,76 los hombres, 1,58 las mujeres); mesocéfalos (índice de 79,3 a 81,5); pómulos prominentes; mentón saliente, grueso y cuadrado; nariz larga y encorvada. Con gran dimorfismo sexual fisonómico. Color bronceado, más bien claro. Cabello e iris oscuros. Son los llamados "pieles rojas".

Pámpidos: De talla alta, inclusive muy alta (1,60 a 1,70 los hombres, en el Chaco, 1,73 a 1,83 también los hombres, en Patagonia). Braquicéfalos, si es que han tenido deformación, dolicocéfalos, los ona (índice de 78 a 79) y también los habitantes del Chaco (índice de 77 a 78). Su cráneo es voluminoso y de gran espesor; pómulos robustos y salientes; mentón pronunciado y grueso; cara alargada; leptorrinos; esqueleto macizo, a veces enorme, pero

armónico en sus proporciones; pigmentación cutánea intensa, con reflejos bronceados; pelo duro y liso.

Apalácidos: De estatura media o alta, cráneo dolico-morfo con bóveda alta; cara larga y bien perfilada, pómulos no salientes. El color de la piel es claro y el cuerpo de estructura ligera.

Sonóridos: De talla más bien alta (1,66 a 1,70 los hombres, 1,52 a 1,58 las mujeres); mesocefalia (índice de 78.5 a 80) cabeza pequeña y frente angosta y huidiza; cara con contornos redondeados; macrosquelia; color bastante oscuro, tendiendo a reflejos rojizos.

Amazónidos: De estatura mediana o baja (de 1,55 a 1,58 los hombres de la zona norte y de 1,61 a 1,66 también los hombres, en la zona sur). Dolicoides, tendiendo a la braquicefalia (índice de 79 a 84); cuerpo robusto; brazos largos y fuertes; piernas relativamente débiles y cortas. Piel de distintas tonalidades, sobre fondo amarillo.

Láguidos: De baja estatura (1,50 a a 1,57); fuertemente dolicocéfalos (índice de 66 a 73); bóveda craneana elevada; cara ancha y baja; platirrinos; paladar corto. Hombros, pecho, brazo y pantorrilla más desarrollados que en los amazónidos. Dimorfismo sexual bastante acentuado.

Fuéguidos: De estatura baja (1,57 los hombres, 1,47 las mujeres) dolicocéfalos (índice de 73 a 77); platicéfalos; de frente angosta y cara alargada; leptorrinos; con fuertes arcadas supraorbitarias. Escaso desarrollo de los miembros inferiores.

Hay que tomar en cuenta que las variedades que se encuentran en la especie humana, lo que corrientemente se han llamado razas, están sometidas a un dinamismo, pues no se trata de tipos, aparte de tener un carácter histórico. En su formación han intervenido múltiples factores: contactos y mestizajes; aislamiento geográfico o social; deriva genética; selección natural o cultural, etcétera. La posibilidad de la existencia de una raza, se ve difícil, por lo tanto, pues se trataría de una abstracción independiente del tiempo, en aislamiento espacial absoluto y por lo anterior no sometida a procesos biológicos naturales (Berdichewski, 1973).

Imbelloni (1958) en trabajo posterior a los citados (el de 1966 es segunda edición de uno de 1941) se ve obligado a establecer, para América del Sur, una serie de regiones en las que encuentra lo que llama "metamorfismo local", o sea zonas en las que las mezclas de sus cinco grupos sudamericanos: fuéguidos, láguidos, pámpidos, amazónicos y andinos, dan diversos productos; a) lago-fuéguidos mestizados, a veces mezclados, b) pámpidos sobre base fuéguida, c) pámpidos sobre base láguida, d) grupos con caracteres pámpidos atenuados, e) ándidos sobre base láguida, f) láguidos bajo influencia amazónida y g) amazónidos sobre fondo láguido-fuéguido.

Newmann (1951) llegó a ciertas conclusiones por otros caminos y partiendo de puntos de vista distintos, aunque también el poblamiento de América lo considera como producto de una serie de olas sucesivas y encuentra, en una serie de lugares y en posición marginal, tipos físicos que son los restos de esas oleadas. Tomando como material de estudio restos óseos humanos de sitios arqueológicos seleccionados y de un solo nivel estratigráfico o cultural, parte de la premisa de que estas series, aunque pequeñas, son teóricamente grupos homogéneos, entrecruzados, con un mínimo de posibilidades de mezclas con genes extraños. La ruta del movimiento humano la vio por las llanuras, al este de las Rocallosas, quedándose más al este y al oeste los restos marginados.

El grupo más antiguo, los Otámidos, está representado por restos que se han localizado en la costa texana del Golfo de México y encuentra que tienen semejanza con lo de la cueva superior de Chukutien; son de cráneo alargado,

altura media, arcos supraorbitales fuertes y tienen un pequeño "chignon" o moño. Después de estos, y por orden de presentación, fueron llegando: Iswánidos, Ashíwidos, Walcólidos, Lenápidos, Inuídos, Deneídas y Lakótidos. El estudio que produjo estos resultados se basó en la morfología de los huesos y en los fenotipos que pueden establecerse por el material óseo, más que en los genotipos. En trabajo posterior (Newman 1960) se muestra menos seguro de que los materiales que manejó requieran, o supongan, la serie de incrementos sucesivos que señaló en la obra anterior, sugiriendo que un proceso evolucionario también podría explicar satisfactoriamente las diferencias morfológicas. Por otro lado la naturaleza de los materiales que manejó hace que su clasificación se reduzca a la parte Norte del Continente, nada más.

Dentro del mismo campo de las características físicas de los pobladores de América, Stewart (1960) piensa que los hombres llegaron en una sola oleada, que luego la entrada quedó cerrada por muchos milenios y que la actual homogeneidad, así como la existencia de variantes locales, se deben a la larga permanencia en aislamiento, de 20 a 30.000 años. Sin embargo, acepta la llegada posterior de Denés y Esquimales (Jennings, 1968).

En simultaneidad con la obra de Neumann (1952) está la de Birdsell (1951), quien ataca las ideas sobre los fundamentos del poblamiento.

Hasta la fecha de este trabajo los métodos seguidos para resolver el problema habían demostrado su insuficiencia y se hacía necesario buscar otros, distintos. El origen de los elementos no mongoloides se había estudiado analizando detalladamente materiales americanos pero, a juicio del autor, lo que había que hacer era definir, dentro de posibilidades amplias, los elementos raciales que existían en Asia en el tiempo de las migraciones tempranas por el estrecho de Bering, lo cual razonaba de la siguiente manera: primero, las evidencias de que se dispone indican que la raza mongoloide ha alcanzado su actual distribución geográfica mediante una expansión rapidísima, quizá explosiva; segundo, es un caso muy conocido que la presencia de los cultivadores neolíticos altera gravemente el patrón de distribución de los cazadores y recolectores, con importantes repercusiones sobre la genética de poblaciones, y teniendo presente el potencial que poseen los agricultores para alcanzar una densidad de población mucho más alta, es posible que la aparición de la agricultura y la de los mongoloides expandiéndose por Asia no sean fenómenos separados, sino que se hayan dado al unísono. A causa de ello, los pueblos aún vivos en Asia no pueden presentar las evidencias necesarias para resolver el problema del origen racial de los americanos.

Partiendo del concepto de que las áreas marginales contienen refugios en los que es posible la preservación de poblaciones tempranas, encontramos que, para la comprensión del este asiático, existen dos áreas mayores con esas características: una en América y la otra en Australia. Podría parecer extraño pero la interpretación del poblamiento de Australia y Melanesia puede informar, con las debidas precauciones, de la naturaleza de los elementos raciales que existían en Asia y que también pudieron emigrar al Nuevo Mundo al final del Pleistoceno y tiempos recientes.

Apoyándose en sus propios estudios en Melanesia y, sobre todo, en Australia, encuentra que existen tres poblaciones distintas: los negritos oceánicos, que serían la primera oleada; los murrayanos, la segunda y los carpentarios, la tercera. La primera la de *Homo sapiens*, los negritos, tiene una clara afinidad por territorios tropicales húmedos, boscosos, y por su distribución no parecen haber remontado hacia el norte esta franja climática en momento alguno. Los murrayanos, presentes en Australia, tienen como parientes cercanos a los ainu y por los hallazgos

de Australia, deben haber entrado en ella durante el último período glacial. Encuentra que en la zona del río Amur debieron existir antes, en una forma afín a los ainu, una forma a la que llama amurianos, una especie de protocaucasoides, o paleocaucasoides, no muy estable, de la que juzga que derivaron los mongoloides; los terceros en ocupar Australia fueron los llamados carpentarios, tardíos, pues llegaron al final de la última glaciación.

Considera que los restos humanos encontrados en la cueva superior de Chukutien son los únicos fósiles que pueden darnos indicaciones sobre los tipos que poblaron América, ya que representan los existentes en el NE de Asia durante el Pleistoceno final y principios del Holoceno. A las interpretaciones de Hooton y Widenreich opone la propia y dice que el cráneo 101 (el viejo) es murrayano y rechaza algunas particularidades que llevaron a otros autores a ver en él una hibridación con mongoloide, al demostrar que esas particularidades también existen entre los murrayanos. La mujer 102 (considerada como melanesoide) es un híbrido del tipo mongoloide de cráneo largo y alto con amuriano de cráneo largo y bajo. La mujer 103 (considerada esquimoide) es un mongoloide de cráneo muy largo y relativamente muy alto, con elementos ainoides. En resumen, la población de la cueva superior de Chukutien presenta dos elementos raciales discretos: 1) un tipo caucasoide arcaico, posiblemente ancestral, relacionado con ambos, los ainu y los murrayanos, y 2) una forma mongoloide de cráneo largo y angosto.

Al iniciarse la cuarta glaciación, la reconstrucción hipotética de la población humana en el Asia del este indica la presencia de tres grupos raciales mayores: los negritos y los carpentarios en las latitudes tropicales y los amurianos (murrayanos) en las zonas templadas. Esto puede afirmarse pues en el Asia continental no se ha encontrado negroides, papúes, melanesios o elementos de la rama mediterránea de los caucasoides, todos ellos, según algunos autores, presentes en la población americana.

En el Pleistoceno final evolucionaron los mongoloides en algún lugar de Asia, bajo condiciones ambientales muy extremas, en ambiente ártico seco. Birdsell postula a los caucasoides arcaicos como la población ancestral de los mongoloides evolucionados.

La distribución de los pueblos de Asia del este, al igual que la escasa evidencia arqueológica, supone un origen dihíbrido para los indios americanos. Los dos elementos raciales presentes en el momento y lugar oportuno para poblar América fueron los amurianos y los mongoloides. Si la llegada del hombre al Continente americano fue en el tercer interglacial, con seguridad era caucasoide: un amuriano sin mezcla. Cualquier grupo que haya emigrado en tiempos post-glaciales será un dihíbrido de origen y, de acuerdo con ese tiempo el componente mongoloide será débil al principio y mayor el amuriano, y más fuerte el mongoloide y más débil el amuriano al final.

La hipótesis del dihibridismo tiene poca confirmación en la craneología americana, debido a la naturaleza del material de que por ahora se dispone, aunque hay grupos, entre los indios vivos, que revelan rasgos amurianos, como los cahuilla de la parte sur del estado de California (Estados Unidos) y los pomo y yuki del norte del mismo estado.

Otro trabajo que arroja luces nuevas sobre el problema del poblamiento de América y del origen de esos pobladores es el de Cavalli-Sforza (1973) quien, mediante el análisis filogenético basado en el polimorfismo genético llega a conclusiones que, para el poblamiento del Continente americano, refuerzan la hipótesis de Birdsell. Presenta un estudio en el que toma cinco grupos sanguíneos y un total de 20 alelos de 15 poblaciones humanas elegidas como representantes de todo el mundo. De aquí obtiene un dendrograma de descendencia en el que

en una de las ramas mayores del árbol filogenético se separan claramente tres grupos africanos de tres europeos; en la otra el aspecto es más bien heterogéneo, aunque existen elementos para discernir relaciones entre los grupos de Australia y Nueva Guinea con los indios de Venezuela, esquimales e indios de Arizona. Más tarde apoyándose en los trabajos de Kidd (1971) eligió poblaciones distintas, aunque también representativas de todo el mundo, todas ellas poseedoras de alto polimorfismo. Además de los cinco grupos sanguíneos que se habían tomado en las otras: ABO, MN, Rh, Fy y Diego, se añadieron cuatro marcadores: Hp, Tb, PGM y AK. Los resultados obtenidos fueron esencialmente los mismos, aunque la heterogeneidad que en cierta parte presentaba el dendrograma anterior se aclaraba, con mejor definición y separación, mostrando que el conjunto integrado por las poblaciones humanas que abarcan el extremo este asiático, Australia, Melanesia y las del Continente americano, aparecen claramente unidas en una sola rama.

Más recientemente Laughlin, *et. al.* (1979) mantiene la tesis de que el Nuevo Mundo se pobló originalmente por dos pueblos asiáticos diferentes: por siberianos del Interior, de los que evolucionaron los indios americanos, y por mongoloides del Mar de Bering, o asiáticos costeños del Pacífico Norte, de los que evolucionaron los esquimos-aleutas.

Es visible como, a los extremos difusionistas de otros tiempos, ahora se imponen otras bases teóricas y metodológicas, con sistemas y técnicas analíticas de mayor precisión, sin que esto quiera decir que no son imaginativas. Faltan, sin embargo, datos suficientes, aunque ya es aparente que las navegaciones transpacíficas en épocas tan tempranas, de por sí y por esa causa imposibles de realizar, no es asunto que deba tomarse en cuenta y existen otros caminos por los cuales también es posible explicar semejanzas.

Arbol evolutivo computado de las frecuencias de genes de grupos sanguíneos.

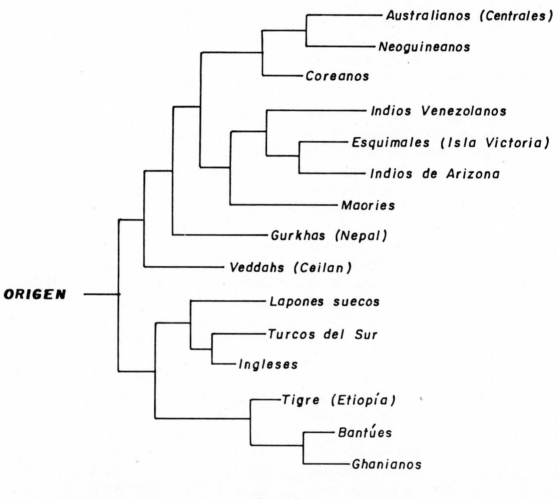

Australianos (Centrales)

Neoguineanos

Coreanos

Indios Venezolanos

Esquimales (Isla Victoria)

Indios de Arizona

Maories

Gurkhas (Nepal)

Veddahs (Ceilan)

ORIGEN

Lapones suecos

Turcos del Sur

Ingleses

Tigre (Etiopía)

Bantúes

Ghanianos

CUADRO 5

En cuanto a la heterogeneidad de la población americana, dentro de lo indudable de muchos rasgos compartidos, hay que tener en cuenta que, por lo general, se admiten las influencias ambientales como factores capaces de ejercer cambios en las poblaciones humanas a lo que en el caso de América hay que añadir que los primeros pobladores que entraron por Bering tuvieron que recorrer algunos miles de kilómetros hasta llegar a la Patagonia, luego entonces también se debe tomar en cuenta que no se trató de un simple cambio de habitat, sino de múltiples cambios y en un tiempo prolongado, con lo cual la aceptada influencia ambiental adquiere características mucho más poderosas. A esto se une el que en una etapa de vida nómadica, que se conjunta con bajo índice demográfico, se presentan factores que no son los mismos que los reinantes cuando se trata de grupos sedentarios, con densidad demográfica muy superior, todo lo cual lleva implícito, además, el factor tiempo, de tal manera que la acción se-

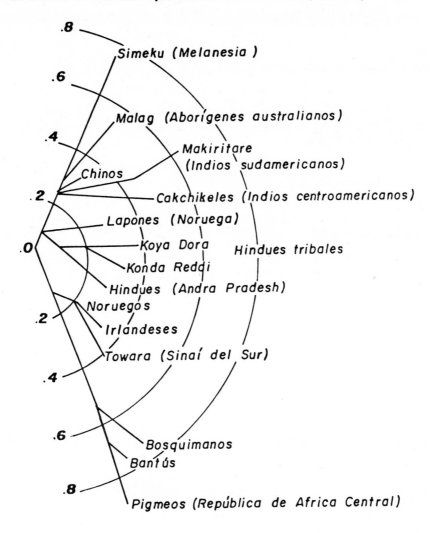

Arbol de 15 poblaciones, 3 por continente, reconstruidas sobre la base de 9 *loci*. Se añaden 3 poblaciones a las 12 empleadas por Kidd.

.8

Simeku (Melanesia)

.6

Malag (Aborígenes australianos)

.4

Makiritare
(Indios sudamericanos)

Chinos

.2

Cakchikeles (Indios centroamericanos)

Lapones (Noruega)

Koya Dora

Hindues tribales

.0

Konda Reddi

Hindues (Andra Pradesh)

Noruegos

.2

Irlandeses

Towara (Sinaí del Sur)

.4

.6

Bosquimanos

Bantús

.8

Pigmeos (República de Africa Central)

CUADRO 6

lectiva y la deriva genética, así como los mestizajes, adquieren valores diferentes en un caso y en otro.

Pero sigue en pie, primero, la pregunta de cuándo, y luego la de quiénes. En lo que respecta a la primera ya se ha dicho, en páginas anteriores lo suficiente que, ahora y aquí, conviene sintetizar, aunque sea repetitivo.

Para aquellos que admiten la llegada del hombre al Continente americano en fecha relativamente temprana, unos 14.000 años aP., se presenta el problema de por dónde pudo internarse en la masa continental norteamericana cuando iba rumbo hacia el sur. El problema lo es a causa de la irreductible oposición a una llegada todavía más temprana, ya que si se piensa en una llegada posible durante el interglacial Sangamon el problema de cómo pudieron expandirse hacia el sur deja de existir, puesto que no había masas de hielo que lo impidiesen, pero sí es difícil explicarse la manera en la que cruzaron el estrecho de Bering para esas fechas cubierto por el mar. Dada la fecha en la que se sitúa el interglacial Sangamon, de 125.000 a 70.000 aP., no es posible imaginar que los grupos humanos que habitaban el extremo NE de Siberia dispusieran de elementos de navegación ni de que fueran capaces de aventurarse sobre el hielo que cubre el estrecho de Bering en el invierno, pues las posibilidades de subsistir sobre él requieren de un equipo material que en las fechas citadas y a juzgar por los hallazgos prehistóricos de otros lugares, no parece haber existido.

Si la inauguración del Continente americano por el hombre se sitúa en el subestadio glacial Altoniense, de 70 a 30.000 aP., el paso por Bering no presenta dificultades a partir de 55.000 y hasta 35.000 puesto que el descenso del mar había dejado en seco una gran masa de tierra que conectaba ambos continentes, Asia y América, en la que abundaban plantas y animales y por la que corrían grandes cursos de agua.

Al situar el paso del hombre en el subestadio interglacial Farmdaliense, entre 28 y 22.000 años aP., de nuevo nos encontramos con la dificultad de cruzar el estrecho de Bering, pues el nivel del mar había vuelto a subir, hasta casi cubrir toda Beringia, aunque fuese con aguas poco profundas, e insistimos, la otra dificultad de que en ese tiempo el hombre estuviera ya en el nivel cultural suficiente como para construir elementos de navegación de índole alguna.

Por lo tanto, el problema a que se enfrentan los partidarios de la fecha 14.000 (fecha para cuya razón no hay otra realidad que la que existió hace pocos años para otro límite máximo, 11.000 años aP., una posición arbitraria) se circunscribe al hecho de que durante el subestadio glacial Woodfordiense, 22.000-12.500 aP., es cierto que el nivel del mar había descendido entre 90 y 140 m, con lo cual quedó al descubierto el enorme territorio de Beringia, que de norte a sur, de las orillas del mar Artico a las del Pacífico norte tenía más de 1.000 kilómetros y en el cual existía una biota boreal y sub-boreal capaz de mantener cumplidamente al hombre, aparte de la enorme riqueza alimenticia que significaron siempre las costas, sobre todo la del Pacífico. Fácil, por lo tanto, el tránsito de Asia a América, entonces en esa región una sola masa. Tampoco era difícil el internarse por el centro de Alaska, siguiendo el curso del Mackenzie, puesto que su gran valle no estaba glaciado; la situación se complicaba al alcanzar el curso superior de este río, debido a que la extensión noroeste del casquete Laurentido se unía con las lenguas de los glaciares que descendían de las montañas Rocallosas, cerrando el paso; al llegar a esta zona no había manera de seguir adelante.

Esta es la situación que se presentaba respecto a la colonización humana del Continente americano entre 22.000-12.500 aP., en la ruta que desde el NE de Asia, atravesando Beringia y penetrando en Alaska a lo largo de la cuenca del Mackenzie. Pero hay otra ruta posible, aquella que se establece durante un máximo glacial, sea el Altoniense o el Woodfordiense, a lo largo de la costa del Pacífico norte de Norteamérica, a causa del descenso del nivel del mar.

Teóricamente esta posibilidad es muy clara y concreta, pero presenta serias dificultades de hecho. Desde el parteaguas Atlántico-Pacífico de las Rocallosas, descienden una serie de valles, tanto hacia el este como hacia el oeste, en los cuales no sólo hay huellas de que contuvieron grandes glaciares, sino que, en muchos de ellos, todavía existen glaciares de gran tamaño, sobre aquellos valles que descienden hacia el Pacífico, pues llegan a alcanzar el mismo mar en una forma muy característica, creando un tipo de glaciar llamado de Malaspina, precisamente por uno de ellos, el de ese nombre. Este tipo específico de glaciar es aquel en el que la lengua terminal se extiende por la llanura costera en forma de gran abanico y llega hasta la misma orilla, en realidad proyectando una lengua de hielo sobre el agua de la cual se desprenden icebergs y bancos de no mal tamaño.

No es imaginación, sino un hecho, que de las Rocallosas y en dirección oeste durante una glaciación se desprendían numerosísimos glaciares de estas características, anastomosándose en la planicie costera dejada por el descenso del nivel del mar, cubriendo la costa de tal manera que los tramos libres eran escasos y separados entre sí por masas de hielo, cruzadas por muchas grietas traicioneras. Pocos de quienes preconizan esta ruta costera, cruzando kilómetros de lenguas glaciares, han efectuado travesías semejantes sin crampones, piolets, cables y, además, cargando todo su ajuar y la comida necesaria. Las teorías, cuando no tienen en cuenta la práctica de los procedimientos que señalan, se quedan en los gabinetes en los que se originan.

Hay, aparte, otro pequeño problema acerca de esta vía costera, mismo que, en cierto sentido, exime a sus autores de toda responsabilidad; las huellas posibles de su demostración se encuentran a algunas decenas de brazas bajo el agua. Por lo tanto, sin negar por completo la posibilidad de tal ruta, tampoco se puede aceptarla con mayor valor del que una conjetura, posible pero no comprobable.

Se vuelve, aunque no se quiera, si es que se mantiene la fecha de los 14.000 años, a lo que esta fecha representa en cuanto a la manera en la que los hombres que se adentraron en el Continente americano pudieron hacerlo. Si lo hicieron por la costa, habrá que esperar a que otra glaciación haga descender el nivel del mar, para encontrar las pruebas, o disponer de los medios económicos suficientes para iniciar una serie de exploraciones con batiscafo o aparatos semejantes. Está, además, la posibilidad de que hayan desfilado a lo largo del pasillo, posible aunque esporádico, que pudo existir en la zona de coalescencia de los hielos

del casquete Laurentido con los de los glaciares al este de las Rocallosas, al pie de éstas.

En cuanto a este posible corredor en fecha reciente la AMQUA (American Quaternary Association) celebró su quinta reunión bienal misma que tuvo por tema "The ice free corridor peopling of the New World" o sea "El corredor deshelado y el poblamiento del Nuevo Mundo". Durante esta reunión el tema fue analizado desde varios puntos de vista y de acuerdo con los conocimientos existentes y, a nuestro juicio, no se llegó a nada concluyente en lo que respecta a la existencia del corredor.

Pero sigue la incógnita ¿quiénes llegaron?

Si nos atenemos a ciertos hallazgos en el Yukón (Jopling, *et. al.*, 1981) o a los de Valsequillo, México (Szabo, *et. al.*, 1969 y Steen-MacIntyre, *et. al.*, 1981) América sería inicialmente poblada por el *Pithecanthropus erectus* pues las fechas que dan los primeros mediante el hallazgo de una serie de huesos con huellas de uso, correspondería a un tiempo anterior al interglacial Sangamon, o sea de más de 125.000 años. Aceptando, en principio, esta antigüedad sigue pendiente la gran pregunta ¿a qué tipo de hombre pertenecieron estos restos culturales y a qué cultura?

Si tomamos en cuenta el caso de Valsequillo, México, nos encontramos con fechas que, según se nos dice, demuestran la presencia humana entre los 300.000 a los 180.000 años aP. (Szabo, *et. al.*, *op. cit.* y Steen-MacIntyre, *et. al.*, *op. cit.*) lo cual plantea otro problema pues cómo explicar fechas de presencia humana tan adentro y al sur del Continente americano sin antecedentes en las vías de acceso, además de que se les atribuye una industria bifacial que, cuando mucho, comenzaba a hacer acto de presencia en contextos y lugares que, sin complejos de inferioridad, tenían una antigüedad mucho mayor.

La ignorancia de nuestra prehistoria es mayor que nuestro conocimiento, pero creo y me atrevo a decir que extremos tan grandes y la defensa de los mismos, van en contra de toda lógica, al menos la que se puede manejar a la luz de la información existente, información real, digo.

Si el cuándo puede precisarse con cierta exactitud, nos queda el quiénes, en lo que respecta a grupo y características culturales.

Algunos autores, influenciados por la ya caduca teoría de los "kultur kreise", modo de difusionismo casi providencialista, llevan, o traen musterienses y auriñacienses desde Europa hasta América. Caminata curiosa pues en el territorio intermedio, el que se supone que debieron recorrer, no se encuentra absolutamente nada que corrobore ese tránsito. Son varios miles de kilómetros de recorrido y, si suponemos ese movimiento cultural de Oeste a Este, no es posible explicarlo si no existen etapas intermedias, a lo que se une que, en el caso de haber existido tal movimiento, debió llevar algunos milenios, pues no es posible imaginar una migración de grupos humanos en una dirección determinada llevada a cabo con un sentido de "destino manifiesto", un motivo de predestinados al poblamiento de América.

La negación de la capacidad humana para cubrir sus necesidades mínimas, si no es mediante la difusión de los elementos básicos, me parece extraña y sin negar, ni mucho menos, la difusión de actos, ideas y procedimientos, tampoco podemos negar la capacidad de recrear actos, traducidos en sistemas, ante necesidades, condiciones y posibilidades iguales.

Las pruebas que, por ejemplo, aduce Müller-Beck (1965) para demostrar que en Europa y en el musteriense, o en el auriñaciense, que para el caso es lo mismo, existían puntas de proyectil con acanaladuras, muestran una grave carencia de observación de procesos tecnológicos, pues es obvio que los ejemplares que se ilustran son casos no de acanaladura por talla específica, sino que son cicatrices de lasqueado formativo semejantes a una acanaladura, pero de otro origen.

El sistema comparativo de esta índole puede llevar a situaciones de gran complicación, hasta de incomprensibilidad de lo que se trata de explicar por comparación, cuando ésta se efectúa entre miembros que no son comparables.

De esta manera nos tenemos que enfrentar a dos procesos en los que ha intervenido la comparación con ese defecto, en lo que respecta a la arqueología prehistórica americana, el de las extensiones culturales del Paleolítico de Europa occidental y el de las glaciaciones de la misma región, en primer término de error en el procedimiento, y en segundo en el intento de considerar igualdad entre territorios y tiempos muy alejados entre sí, dentro del mismo Continente americano.

Los tajadores y tajaderas (Chopping y chopping-tools) tienen una perduración que los hace independientes del tiempo, por lo tanto no son marcadores ni fósiles directivos, ya que se encuentran en mayor o menor número asociados a prácticamente todas las culturas líticas, como una revisión somera puede constatarlo.

Los chelenses, acheulenses y abevillenses que a veces se encuentran en la literatura prehistórica de América del Sur, lo son a causa de la existencia de las llamadas "hachas de mano", esto es, artefactos bifaciales que por su forma recuerdan a los de las industrias del Viejo Mundo mencionadas, incluyéndose entre las formas semejantes hasta aquellas que tienen *talón reservado,* o sea las hechas sobre canto rodado en el que se ha conservado parte del corte en el extremo proximal.

De un aspecto nos atendremos, como base, a lo sucedido con la presencia de Clactoniense y de Mustero-Levalloisiense, en Asia y en América, y del Auriñaciense y Solutrense en América.

Por Clactoniense se ha entendido una industria de lascas, así nombrada debido a que se estableció con el material encontrado en Clactonon-Sea, en Essex, al sur de Inglaterra, y a la que se atribuye una edad de más de 500.000 años hasta quizá 200.000. La técnica clactoniense específica consiste en la obtención de lascas de un fragmento de roca, o de un canto rodado, por lo general de tamaño más bien grande, trabajándolo desde los bordes, por la periferia, primero en una sola dirección y luego, usando el borde formado por las cicatrices de lasca en su parte proximal, obtener lascas en la dirección contraria a la anterior, de tal manera que idealizando la figura geométrica posible, quedaría el núcleo como formado por dos conos irregulares, de poca altura, unidos por la base.

Es característico de esta técnica la obtención de lascas gruesas y anchas que presentan un ángulo superior a los 90^0 entre la parte que conservan de la plataforma de percusión, bastante grande, y el plano de fractura; también es típico el que presenten un bulbo de percusión abultado, o varios. Estos elementos formales han llevado a pensar que el procedimiento para el lasqueo era golpeando el núcleo contra una piedra fija, que servía de yunque. Una variante de clactoniense forma parte del Tayaciense, de la Micoque, en Dordoña, Francia, asociado con la técnica de preparación de la plataforma de percusión de los núcleos, lo que para algunos autores es lo que pudo dar origen al Musteriense.

Ya desde hace algún tiempo se ha hecho ver que el Clactoniense, como industria, no es sólo de lascas, sino que se trata de una industria en la que se tomaron en cuenta éstas como el producto buscado, cuando en verdad no son otra cosa que desechos de talla de una industria que buscaba la fabricación de tajadores (choppers) o tajaderas (chopping-tools) sobre materiales cuya presentación, en fragmentos arriñonados o más o menos nodulares, no permitía aplicar el mismo procedimiento que se aplicaba a los cantos rodados. De esta manera el Clactoniense se cambia en su contenido formal y queda la técnica como epónima, o sea aquella manera de tallar la piedra mediante la cual se obtienen lascas como las descritas.

Otro de los casos problema es el de la aplicación simplista del "musteriense-levalloisiense" que bien en el binomio expresado o tomando separadamente cada uno de los miembros, hace acto de presencia por casi toda Asia, y algunos también lo encuentran en América.

Para empezar, ninguno de los que lo mencionan se toma la molestia de aclarar de cuál de ellos se trata, pues se identifican 5 tipos, con algunas variantes internas:
— Musteriense de tradición acheulense, con dos facies técnicas, tipo "A" y tipo "B",
— Musteriense típico,
— Musteriense de denticulados,
— Musteriense tipo Quina-Ferrassie o Charentiense (en realidad el tipo Quina sería el Charentiense y el Ferrassie el aspecto Levallois del tipo Quina), y
— Musteriense tipo Olha, o Vascón.

Pero a las cinco especies anteriores, que son las que se localizan en Francia, debemos unir otras, que son variantes geográficas: en Suiza, el musteriense que se ha llamado alpino; en Alemania el musteriense de las puntas foliadas (blattspitzen) que se cree es originador del solutrense, en Hungría un musteriense particular, que podría llamarse Tattiense, por el yacimiento epónimo, Tata, que carece de lascas levallois. Se une al grupo el micromusteriense de la región de Montenegro en Yugoslavia, el pontiniense en Italia y el musteriense vasconiense del Norte de España (Sonneville-Bordes, 1964).

¿A cuál musteriense se refieren los difusionistas? Sería bueno saberlo.

El Musteriense parece haber comenzado a definirse hará unos 100.000 años y prevalecer hasta unos 35.000 aP.

Por lo que respecta al Levalloisiense, éste se trata de una técnica de talla, caracterizada por la obtención de lascas provenientes de núcleos preparados especialmente para el propósito. Lo más común es conformar un núcleo, por lasqueado periférico y centrípeto, en forma semejante a un carapacho de tortuga, para que, al golpear uno de sus bordes, en el que se ha preparado una plataforma de percusión mediante un retoque en facetas, por lo general, se desprenda una lasca, con la forma determinada en la talla previa del núcleo. En resumen, y de acuerdo con la tendencia actual, el Levalloisiense no es otra cosa que un procedimiento de talla concreto, atribuible a un modo de talla del Musteriense, hasta el punto de que en los Musterienses anteriormente citados se toma en cuenta la presencia o ausencia de talla levallois, sin que esto signifique un elemento definitorio del tipo de musteriense de que se trata, salvo, quizá, que es muy escaso en el tipo Quina y abundante en el Ferrassie.

Vemos, pues, que el Musteriense es un conjunto de industrias, en realidad más bien un complejo cultural que una industria, cuyas diferencias tipológicas indican orígenes distintos, lo cual no nos permite suponer que se trate de facies diferentes de una misma cultura. Las industrias que lo componen tienen edades distintas, todas dentro del tiempo más antiguo de la última glaciación (Wurm), y ciertas características del trabajo de la lítica, ya vienen desde el interglacial anterior, e inclusive desde fines de la glaciación previa, Riss.

Se extiende por toda Europa, Africa, Cercano Oriente y Rusia europea, con variantes formales y técnicas, como podría ser el caso del musteriense de puntas foliáceas (blattspitzen) de Alemania, semejantes a las puntas de laurel del solutrense, pero de técnicas de fabricación muy distintas.

Puede hablarse de un musteriense generalizado, unido al *H. Neardenthalensis,* a una cierta fauna y a un tiempo geológico determinado, pero que presenta peculiaridades regionales, dentro de elementos o rasgos comunes; ahora bien, según se amplía el ámbito geográfico sería mejor hablar de industrias "musteroides" que de Musteriense.

En este sentido cuando Bordes (1968: 130) habla de los materiales obtenidos por Teilhard de Chardin en Choei-Tong-Keu, estudiados por Breuil y conservados en París, que él volvió a estudiar, señala algo que, por su importancia, conviene citar integralmente:

"La impresión, en efecto, es de un musteriense muy evolucionado pasando al paleolítico superior, pero un paleolítico superior que no tendría gran cosa que ver, en conjunto, con las formas occidentales, aunque bien podría prefigurar el paleolítico superior de tipo siberiano."

La observación es muy oportuna y de mayor contenido que lo que el problema del caso concreto contiene. La expresión: "...un paleolítico superior que no tendría gran cosa que ver, en conjunto, con las formas occidentales..." es digno de ser tomado muy en cuenta, pues pienso que ahí existe una explicación de fondo.

Tomando como ejemplo el complejo cultural musteriense, aún con sus diversas modalidades que lo hacen más complicado, tenemos el caso de un conjunto de industrias con bases comunes que llegan a integrar un conjunto que, a pesar de mostrar diferencias como las señaladas, mantiene una articulación interna, específica en el territorio europeo, y más alta en cuanto se refiere a sus extensiones fuera de esa porción continental.

Supongamos que gente con esa "cultura" se mueve, cambia de territorio o, simplemente, transmite a sus vecinos inmediatos un modo de fabricar el instrumental lítico y de obtener piezas utilitarias que incluyen ciertas formas específicas. Una transmisión, o un movimiento demográfico semejantes no son cuestión de pocos años, sino de muchas generaciones.

Podríamos entrar en la práctica de "modelos" matemáticos, siempre alejados de toda realidad cultural y humana, pero no lo juzgo necesario. Sencillamente tomemos en consideración distancias, que son tiempo, cambios climáticos como parte del transcurrir del tiempo mencionado, condiciones fisiográficas diferentes en el transcurso del tiempo y la distancia (aunque parezca bolero de moda) y tendremos que admitir que lo inicial tuvo que cambiar forzosamente o bien no se toma en cuenta para nada el proceso inherente a la dinámica cultural, incluyendo en ella, aunque no sea precisamente dinámica, la desaparición del grupo ante circunstancias drásticamente antagónicas.

Aquí entramos en una crítica, ya sobrepasada, a la teoría difusionista, capaz de admitir que, en el transcurso del espacio y del tiempo, nada cambia ni se modifica, y que la gente se desplazaba en una cápsula atemporal.

Es cierto que en un modelo climático primario son los valores latitudinales los que más cuentan, pero no es posible olvidar los cambios que generan, longitudinalmente, las masas continentales, las distancias a los mares y las cadenas montañosas.

Parte del mismo complejo Mustero-levalloisiense son el Micoquiense y el Tayaciense, con lo que podría pensarse en la existencia de etnias que, compartiendo un mismo patrón cultural genérico, llegaron a tener diferencias específicas, complicándose esta visión con el hecho de que en muchos yacimientos se sobreponen los distintos musterienses, lo que ha llevado a pensar, también, en la posibilidad de que se trate de conjuntos e instrumentales de una misma cultura, con diferencias formales de acuerdo con los recursos explotables estacionalmente, o bien que sean los conjuntos de artefactos que se emplearon en la misma región, siguiendo los cambios climáticos mayores, que imponían variaciones profundas en la flora y la fauna, pues debe tenerse en cuenta que hay un pre-Musteriense fechable en aproximadamente 100.000 años aP. con un Tayaciense todavía más antiguo, y el mustero-auriñaciense es de alrededor de 40.000 años, con lo cual los cambios climáticos incluyen el interglacial Riss-Wurm (en el N de Europa) más el Wurm I y el interestadial Wurm I-II. (Bordes, 1961).

Tampoco es posible hablar del Auriñaciense a secas, pues estamos, nuevamente, ante un complejo cultural en el que entran conjuntos diversos. Tan sólo en Francia se pueden distinguir dos líneas mayores, Auriñaciense y Perigordiense, además del Chatelperroniense y del Gravettiense, dentro de un tiempo que va de los 35.000 a los 18.000 años aP., con las naturales variantes tipológicas que se presentan tanto en lo regional como en lo temporal. Los elementos comunes que caracterizan a este amplio complejo son los artefactos sobre navaja, sobre todo aquellos en los que uno de los bordes de la navaja ha recibido un retoque abrupto, que mata el corte, dejando el otro borde vivo; suelen ser apuntados. Los buriles son muy frecuentes y de muchos tipos, siendo lo fundamental la formación, sobre una navaja, una lasca o un núcleo, de un pequeño borde formado por un diedro, aunque a veces se forma sacando varias lascas de muy pequeño tamaño, más bien navajas, de tal manera que queda una zona facetada. Son abundantes las raederas sobre navajas y muy típicas las que el retoque de borde forma muescas cóncavas; hay también raspadores en navaja y en núcleo. Existen varios tipos de navajas apuntadas con mínimo retoque, posibles puntas de proyectil (Sonneville-Bordes, 1960).

Quizá más característico que las nuevas incorporaciones a la lítica, funcionales y formales, sea la presencia de una industria ósea bastante desarrollada, trabajándose el hueso, el marfil y el asta mediante el empleo de buriles para cortar longitudinalmente, aserrando en cortes transversales y puliendo como técnica formativa y de acabado. Las formas más frecuentes son punzones, agujas y puntas de proyectil con base hendida o biselada, a lo que se unen muchos objetos con perforaciones, como para colgarlos de algún cordel o fina tira de cuero. (Sonneville-Bordes y Perrot; 1954, 1955, 1956a y 1956b).

Parte de la industria en hueso o marfil son las famosas "Venus", figuras femeninas con los caracteres sexuales secundarios muy marcados y también se atribuye al complejo cultural Auriñaciense el arte parietal, las pinturas rupestres.

Otro aspecto del Auriñaciense es la práctica de cacerías comunales, o arreadas, como lo demuestran ciertos lugares en los que se acumulan las osamentas de decenas, cuando no cientos, de caballos, por ejemplo.

También el Solutrense ha sido visto en América. Son famosas las puntas de proyectil llamadas Sandía (Hibben, 1941), por el sitio epónimo, las cuales consisten en puntas de talla bifacial con una muesca lateral, en unos de los bordes del tercio proximal y se han comparado con las de silueta semejante del Solutrense, sólo que éstas son de talla manofacial, con algún retoque en la otra cara, que suele ser para quitar el resto del bulbo de percusión o cualquier otra pequeña parte que deforme o haga perder aerodinamia. Es cierto que también en el Solutrense hay algunos casos de talla bifacial que producen las llamadas hojas de laurel o de sauce (Smith, 1966) y que esta forma, lanceolada, de talla bifacial, se encuentra en diversos lugares de América, pero es una de las formas más simples de obtención, por lo que su repetición en distintos lugares y tiempos no es insólita.

Para dilucidar la presencia de industrias de Europa occidental en América lo primero que se debe hacer es conocer aquellas, para lo cual en su grado más general existen manuales como los de Bordes (1947), Oakley (1952), Leroi-Gourhan, *et. al.* (1966), Sonneville-Bordes (1964), Grahmann y Müller-Beck (1967) y Bordes (1968) que no por sus fechas de edición han perdido validez, pues los temas básicos no han sufrido mayores cambios. Y si se quiere profundizar más sobre el tema, para poder entenderlo mejor, están los tratados específicos de Bordes (1961), Sonneville-Bordes (1960) y Smith (1966) a los que poco se ha añadido después.

Los que en América nos hemos querido dedicar al estudio del equivalente americano del Paleolítico, nos tuvimos que ir a formar en Europa, ante la inadecuada y visible mala formación de quienes en este Continente se dedicaban al tema. Hemos adquirido, por lo tanto, la visión que se tiene desde Europa del resto del mundo, la cual, en resumen simple, consiste en la extrapolación directa: las cosas, litos o seres humanos, son en cuanto pueden ser establecidas comparaciones directas, formales, con lo europeo; desde luego, europeo occidental y, además, francés, pues todos sabemos que el origen de la Prehistoria se sitúa en Francia, como lo demuestra la nomenclatura.

Ante esta imposición cultural se planteó la primera rebelión por parte de los africanistas, los cuales, al manejar sus hallazgos, sobre todo los hechos al sur del Sáhara, se encontraron con la dificultad práctica de establecer correlaciones que era obvio no correspondían a nada, pues ni las fases climáticas y su cronología inherente, ni la tipología de los artefactos que encontraban, era posible asimilarla a lo conocido y definido en Europa, pese a que la mayor parte, si no todos los investigadores, habían sido formados en el Viejo continente (sector norte, diríamos).

El caso del Lejano Oriente era distinto, aunque en el fondo era igual, puesto que allí y en China, es un ejemplo, privaba la línea intelectual dirigente europea y los aspectos faunísticos, por interpolaciones no demostradas, eran los que marcaban las diferencias estrati-cronológicas que asociaban con los procesos glaciares de los Alpes, pese a su lejanía y a que en inmediata vecindad existían grandes montañas, todavía con glaciares, en verdad más numerosos y más grandes que los de los Alpes, y que eran visibles las huellas de su actividad en el pasado, en la forma clásica de viejas morrenas y demás huellas de actividad.

Las zonas tropicales, o sub-tropicales, recibieron el tratamiento vulgar de que a una glaciación correspondía un pluvial, y a un interglacial, un interpluvial. Desde luego este tratamiento tan pedestre no podía ser, ni era, compartido por los climatólogos, pero es que los climatólogos rara vez son tomados en cuenta por los prehistoriadores.

A lo anterior, y al fin al cabo si no comprensible, al menos disculpable dentro de la amplia ignorancia de los prehistoriadores de cierta formación, preocupados tan solo por los "litos", se unía precisamente este tema: la lítica misma.

La situación conflictiva se inicia con la calidad formal de los artefactos. Primero se toma en cuenta la forma, en cuanto al valor estético que ésta pueda comportar, es decir, intuitivamente y por formación clásica, se busca la simetría, el acabado, la aproximación a piezas conocidas de carácter artesanal, por lo tanto con una atribución funcional aparente. Es el famoso y terrible criterio de la "belle pièce", la digna de ser presentada en lámina grabada, la que sobresale del conjunto, la anormal por su perfección. Primera fase, podría decirse, salvo que, en nuestro tiempo y por los altos costos de las ilustraciones se vuelve, involuntariamente, a caer en otro precipicio, el de la insuficiencia de ilustraciones.

Tuvieron que pasar muchos años hasta que se comenzase a prestar atención a los procedimientos de talla y con ello a los desechos de la misma, esto es, a valorar los restos dejados en el proceso de formación de un artefacto, de los artefactos, únicos testimonios del cómo se había llegado a la fabricación de la pieza, y en el cómo estaba también parte del porqué.

Mientras tanto se había llegado al estudio comparativo de lo prehistórico con lo de los llamados "contemporáneos primitivos", en cuanto a forma y función se refiere, aunque hay que confesar que mucho más en cuanto a lo primero que en cuanto a lo segundo. Otra vez surgieron las extrapolaciones, consideradas lógicas, sin tomar en cuenta que las comparaciones partían de algo de difícil explicación, pues no era asunto fácil de comprender cómo era posible que un grupo de hoy (de aquel hoy) pudiera compararse con otro de hacía 30 ó 10.000 años atrás, puesto que el tiempo había transcurrido por igual para ambos, para el caso problema y para el ejemplo comparativo, por lo tanto, había que comenzar por interrogarse qué es lo que le había sucedido al ejemplo vivo, para permanecer en las mismas supuestas condiciones de lo que había pasado una serie de millares de años antes. Esta conjetura creo que sigue teniendo el mismo "caveat" en nuestro tiempo, necesitándose explicar la involución.

Con lo anterior nos situamos en el caso en el que el eurocentrismo tuvo que valerse de explicaciones de orden extracontinental, como posibilidad para entender lo propio. Pero hubo más facetas que, a mi juicio, han tenido mucho que ver en el atraso general de las prehistorias no europeas.

La talla de la piedra, por percusión, o sea lanzada o apoyada, en sus pocas variantes, es bastante sencilla, tanto en los procedimientos como en los resultados, con claras dependencias, en lo que respecta a los resultados, de acuerdo con la calidad de la materia prima. Esto, cualquiera que talle la piedra, lo sabe. No es imposible, por lo tanto, sino más bien lógico que, quien trate de obtener un objeto tallando la piedra, cierto tipo de piedra, se vea forzado a trabajarla en la manera en la que obtenga los mejores resultados para el propósito que busca y que, por la misma causa, los procedimientos sean coincidentes con gran frecuencia, independientemente del tiempo y del espacio. Existen, desde luego, técnicas específicas aplicables a la obtención de determinado objeto, que en la mayoría de los casos quedan como procesos de temporalidad y espacialidad circunscritas, ante la alta especialización de la pieza.

Sin negar la posibilidad de que las técnicas de talla atribuibles a lo que hemos llamado clactoniense y levaloisiense hayan podido extenderse muy por fuera de su ámbito original, las extensiones que algunos autores atribuyen a lo que es una extensión de técnica o una convergencia en el proceso de talla, con extensiones culturales, tiene otra línea mental.

Tampoco creo necesaria una revisión de la teoría difusionista, pero es innegable que la frecuencia de apariciones de chelenses, abevillenses, musterienses, clactonienses, solutenses y auriñacienses no se escapa a esa manera de ver el desarrollo cultural. De la misma manera los fabricantes de pedernales para los fusiles de chispa, que tuvieron producción hasta los principios del siglo XX, serían los últimos representantes de la tradición de litos geométricos del microlitismo mesolítico.

Sin llevar más allá la explicación, pues en el fondo el caso no merece más, si creo necesario el insistir en los puntos fundamentales, causa y efecto de tanta confusión. En primer lugar, las posibilidades de la talla de la piedra por percusión, en sus pocas variantes, y la importancia que, en los resultados, tiene el tipo de materia prima; tomar muy en cuenta la persistencia de ciertos tipos, casi siempre por no ser mejorable su función en la forma ya establecida y para el propósito buscado (hachas, p. ej.).

De lo anterior, las naturales convergencias, cuando el conocimiento de las técnicas de talla y la calidad de la materia prima es semejante, si es que el propósito es el mismo (excéntricos mayas son prueba de una destreza en la talla, que otros grupos, en otros sitios y en otras fechas también tuvieron, pero que no expresaron en esa misma forma).

En cuanto a las técnicas específicas: clactoniense y levaloisiense, la primera es de una frecuencia tan grande que, aceptando su existencia como técnica, es del todo irrelevante darle el rasgo de "cultura". En cuanto a la segunda,

todos los casos que conozco, para América, los que se han publicado, nunca han demostrado en sus elaboradas láminas ni uno sólo de núcleo preparado, ni de "chapeau de gendarme". Se mencionan nada más dos casos que, de haber existido, deberían haber sido ejemplificados para asegurar la afiliación "mustero-levalloisiense" que con tanta premura se atribuye. No conozco ni uno solo, repito, aunque podría faltarme información, lo admito.

Por cuanto al difusionismo inmanente en el caso que tratamos, también contiene elementos aparentes de la doctrina de los "kulturkreise", teoría esta última de tal simplismo que ni sus más ardientes defensores de antaño, la escuela de Viena, levantaron la voz para defenderla.

Aquí entra, quizá como colofón, otro tema, uno que es muy de los arqueólogos. Con esto me estoy refiriendo al problema que significa el atribuir fecha y lugar de origen a cualquiera de las "culturas" con las que hemos poblado al Paleolítico. No siendo francófobo, ni mucho menos, se me hace difícil, a fines del siglo XX, seguir aceptando que virtualmente el origen de todas las "culturas" del Paleolítico haya sido en Francia.

En cierto estudio, Müller-Beck (1967) emite su opinión según la cual América fue poblada por gente que llevaba consigo industrias líticas musteroides y auriñacoides. La desinencia "oide" de por sí ya indica que no se trata más que de algo "semejante a", con lo cual se puede estar de acuerdo, pero junto a esta posición precavida en el mismo título del artículo no deja lugar a error ya que la presencia de esas industrias "semejantes a" las llevan grupos humanos, es decir, se trata de un caso concreto de difusión cultural desde Europa.

Para demostrarlo se apoya, primero, en señalar en el centro de Europa y extendiéndose hacia la Siberia occidental, un grupo de industrias, musterienses, de carácter "acheuloide" en las que son conspicuas las puntas bifaciales y que llegan hasta Pescherny Log. Si contemplamos un mapa se puede ver que entre este lugar, cercano a Perm y el extremo Noreste de Siberia hay una distancia de algo más de 7.000 km y en ese espacio no existe absolutamente ninguna clase de hallazgo que permita suponer el paso de gente con ese tipo de industria, razón por la cual en el cuadro que acompaña (*op. cit.*, Fig 9) la zona intermedia la cubre como ocupada por: "industrias con puntas de proyectil de piedra *que se asume estuvieron presentes*" (el subrayado es mío). Si ésta es la explicación para la llegada a las orillas de Bering de gente con industria "musteroide", las de industria "auriñacoide", cuya presencia más oriental sitúa en Malta, tan solo tuvieron que recorrer unos 4.000 km, pero sucede lo mismo que en el caso anterior, ya que en el territorio intermedio hasta Bering se nos dice que estuvo cubierto por: "industrias auriñacoides que se asume estuvieron presentes". En este caso ya no hace falta subrayar nada.

Aceptando la cronología del Musteriense, que cubre algo más de 100.000 años, es necesario saber a cuál de sus fases se puede atribuir el "musteroide" que tanto viaja. En el caso del Auriñaciense, dada su menor duración, unos 14.000 años, el problema se reduce algo. Sin embargo no se alcanza a entender cómo es posible que el "musteroide" americano se sitúe, cronológicamente, en fechas de alrededor de 11.000 aP. (los sitios Lehner y Blackwater Draw) cuando en su lugar de origen había desaparecido unos 30.000 años antes, así como tampoco se entiende con sencillez el que el "auriñacoide" sea en América unos 10.000 años posterior a su extinción en la región de origen.

Es pertinente señalar que el mismo autor, en la p. 383 nos dice que en las llanuras del Centro y del Este de Europa la industria de puntas de proyectil es contemporánea con el Micoquiense y el Musteriense del Occidente de Eu-

ropa, por lo cual no es aconsejable extender la terminología francesa a otros lugares, salvo en forma generalizada. Esta recomendación es la que debe también tomarse en cuenta para América, quizá con más fuerza.

Un movimiento humano cubriendo distancia tan grande y en tiempos tan prolongados no es concecible cuando, además, resulta que en ese doble transcurso se mantienen, de extremo a extremo, las mismas formas, el mismo patrón formal-cultural básico, a lo que se une, en el caso de lo "musteroide" el que el *H. Neandertalensis*, tan partícipe de esa industria que casi se puede decir es su representante, tiene su posición más al este en Teshik-Tash, en el sur de Uzbekistan, ya que los hallazgos de Ngandong, así como el de Ma'pa y otros del extremo oriente, no son aceptados como Neandertales por la mayoría de los especialistas, que encuentran en ellos una derivación del *H. erectus*, en posible evolución, o ya dentro de *H. Sapiens*.

También es causa de extrañeza (Müller-Beck, *op. cit.*), el cuadro de la Fig. 1, en el que se presentan las divisiones geológicas y la historia climática del Pleistoceno superior en el hemisferio norte, comprendiendo Norteamérica y el Norte de Europa. De la parte europea se toman en cuenta los avances del hielo del Norte de Europa, fundamentalmente los correspondientes a la glaciación Wechsel (Wurm) pero en realidad tan solo unos cuantos subestadiales al parecer aquellos que cumplen cierta correlación con los de Norteamérica, dejándose otros muchos sin mencionar (Cepek, 1965; Woldstedt, 1958). Ahora bien, con los de Norteamérica sucede que los que se toman en cuenta, Valders y Two Creeks, pertenecen la lóbulo del lago Michigan, otros dos, Port Stanley y Catfish Creek, al lóbulo del lago Erie; uno, Port Hurón, al lóbulo del lago del mismo nombre, y otro más, Plum Point, al lóbulo del lago Ontario (Black, *et. al.*, 1973). Es cierto que todos corresponden a la zona central de los Grandes Lagos, pero la selección hecha, tomando de un punto y de otro para buscar coincidencia de fechas, también seleccionadas, debilita el caso que se presenta, además de que la cronología empleada, tanto la de Europa como la de Norteamérica, no es la correcta.

Al enfoque presente en la obra comentada creo preferible el que nos da Sulimirski (1970) en cuanto a la presencia de industria Musteriense en Rusia. Este autor considera que los sitios de tipo musteriense se deben a grupos humanos que entraron en Rusia desde el sur, desde el Suroeste de Asia, sobreponiéndose a los grupos pre-existentes, de cultura Acheulense, por lo que en algunos lugares de Transcaucasia y Crimea, como en la cueva de Kiik-Koba y también en la región de los rápidos del Dnieper, Kruglyk y Nenasytets I, hay artefactos transicionales entre las dos industrias. Los hallazgos musterienses más antiguos están en el Cáucaso y en Crimea, así como en la orilla norte del mar de Azov, alcanzando por el este hasta el bajo Volga.

El punto de vista de Klein (1969), aunque restringido a la zona europea de Rusia, es semejante al del autor anteriormente citado, a pesar de que plantea una situación digna de tenerse en cuenta y es la de la rápida suplantación de los grupos del Paleolítico superior sobre los del medio, con industrias que no tienen filiación posible con las anteriores y un tipo humano ya completamente *H. Sapiens sapiens*.

También refuerza el argumento de la gran variedad de culturas que existen bajo el denominador común de Musteriense, con lo cual la calificación "musteroide" se hace cada vez más evanescente.

Tras una minuciosa revisión sobre el complejo Musteriense, que fuera él quien llevase a cabo un estudio detallado, revisión y reclasificación, Bordes (1981) emite estas opiniones.

Entre 1951 (Bordes y Bourgon, 1951) y 1976 (Bordes, 1976) el autor revisó y analizó lo que en un tiempo se calificaba genéricamente de Musteriense, para establecer una nueva clasificación en la que distingue siete tipos distintos, todos en Francia. Al estudiar los conjuntos líticos de distintas partes de Europa, los cuales diversos autores consideraban también musterienses, encuentra que si bien es cierto que hay algunos elementos comunes, también es verdad que tienen características propias mayoritarias que los hacen distintos o, al menos, los imposibilita para formar parte del conjunto musteriense.

Amplía sus estudios a lugares del Cercano Oriente, de Africa y de Asia, para llegar a la conclusión de que, aún en Francia y en la región del Périgord, que fue donde se inició el estudio y la clasificación, hay diferencias notables que hacen muy difícil resolver el problema del origen de los diversos tipos de musteriense. Las relaciones entre los tipos musteriense que están bastante separados geográficamente plantea otro género de preguntas, tales como las de llegar a saber si tuvieron ancestros comunes, si se trata de evoluciones convergentes o desplazamientos de grupos humanos. Rechaza la variabilidad de tipos como producto de ser la expresión de diferentes actividades atribuibles a sitios concretos y piensa que más bien se trata de algo de carácter cultural, la presencia de grupos humanos ya con diferenciaciones. Algunas variaciones tipológicas pueden deberse al predominio de tal o cual actividad en un sitio o en otros, desde luego, pero también hay que tomar en cuenta que jamás o muy rara vez se excava todo el sitio, con lo cual se alcanza a tener un conocimiento parcial, y nada más.

Por cuanto a los musterienses que desde hace mucho tiempo se creía ver en Asia: el Nevasiense de la India; el de Teshik-Tash, en el Cáucaso, y Choel-Tong-Keu, en China, como se ha dicho más bien pudiera ser una forma arcaica del Paleolítico superior, puesto que, además, las posiciones estratigráficas no están claras en ningún caso.

En el Asia del Sudeste no hay nada que recuerde al Musteriense y las viejas industrias australianas y las de Tasmania, aunque tengan tipos musterienses, no pueden ser calificadas como tales.

Creo que existen pruebas suficientes como para descalificar la presencia del musteriense-llevalloisiense y auriñaciense como tales en el Continente americano, admitiendo que los posibles "oides" no son otra cosa que naturales coincidencias en técnicas de talla o en formas, como se ha insistido, producto de la reducción de posibilidades dentro de los procedimientos de talla de la piedra y la similitud del cumplimiento de necesidades que cubrir en determinadas etapas de la evolución cultural.

Es cierto que para el comienzo del Paleolítico superior, el Auriñaciense, no disponemos de voz crítica tan autorizada como la vista con anterioridad para el musteriense, pero la propia reducción espacial del Auriñaciense en Europa Occidental hace innecesaria su localización fuera de un área reducida.

Ahora quedan por dilucidar las influencias que en América pudieron haber tenido la gente, o sea las industrias, del territorio que comprende el Este de Asia y su Sureste. Australia no se toma en cuenta, si bien es posible que sus más antiguos habitantes sean otra rama que, desde un centro común, en su caso fueran para el sur, en vez de para el Norte y Noreste, como aquellos que nos interesan. El alejamiento de ambas partes hace que se hayan podido encontrar rasgos comunes, como se ha visto en ciertas afiliaciones que la antropología física señala, pero estas semejanzas, en todos los casos, parecen ser de edad tan antigua que es más prudente atribuirlas a un origen común lejano que a contactos posteriores.

Nos queda lo indicado: el Este y el Sureste de Asia.

Algo que debe tomarse en cuenta es el hecho de que en Asia, sea el extremo Oriente o el Sureste asiático, parece que se dio muy poca importancia al acabado formal de las piezas, líticas u óseas, y lo que contaba era la capacidad de prestar la función específica (o general) requerida. Esto se enfrenta totalmente con el caso de la Europa occidental, nuestro inexorable parangón; aunque pudiera ser que el Paleolítico de la Europa occidental no haya sido tan fundamentalmente formalista y que sean los que lo han trabajado, estudiado y publicado, quienes, partiendo de conceptos estéticos clásicos, involuntariamente hayan exagerado la condición formal de los instrumentos en un proceso obviamente selectivo.

Por sureste asiático (Glover, 1973) se entienden los territorios actuales de Birmania, Tailandia, Laos, Kampuchea, Viet Nam, sur de China, Malaya, Malasia este y oeste, Indonesia, Filipinas y Nueva Guinea. Esta zona tiene serios problemas en cuanto a la cronología del Pleistoceno, hasta ahora establecida sobre comparaciones faunísticas y geomorfológicas, fundamentalmente, y estos problemas pudieran deberse a la insistencia en establecer correlaciones directas con las glaciaciones europeas, sin tomar en cuenta el carácter tropical de la región del caso, lo que también podría extenderse a las zonas subtropicales inmediatas, afectadas por el clima monzónico.

La correlación de fenómenos paleoclimáticos registrados en las altas latitudes con los de las bajas, como semejantes en causa y efecto, puede que sea factible en cuanto a los grandes ciclos, aquellos que se cuentan por cientos de miles de años, pero cuando se llega a los de duración de decenas de miles, la dificultad se incrementa, son todavía mayores si se trata de miles y se hacen difíciles cuando el intento es de tan solo cientos.

Por esta causa Günz, Mindel y Riss bajo el punto de vista cronológico en nuestro caso deben interesarnos, como antecedentes sin mayor compromiso, pero la preocupación en lo que respecta a los orígenes del hombre americano se inicia con el Riss/Würm y con el Würm, o como se hayan llamado en la zona más cercana y de cuyas maneras de presentarse en esta región hay más conjeturas que indicios y menos realidades todavía.

Al parecer en el Pleistoceno medio existieron relaciones entre la India peninsular y Africa; podría ser que a fines del Pleistoceno medio las haya habido con el centro de Asia, por la presencia de supuestos aspectos levalloisio-musteroides, mientras que el complejo Tajador-tajadera del sureste asiático se extendió hasta el noreste de la India con el Soanense.

Los microlitos de borde retocado de la Edad Tardía de la Piedra (late Stone Age) son muy semejantes tipológicamente en la India, Ceylán, Java, Sulawesi y Australia, lo cual sugiere o un amplio intercambio de ideas y técnicas o un movimiento efectivo de gente hacia el este desde la India.

El panorama se complica en la región por el fenómeno cultural, bien conocido, de la coexistencia de grupos no ya agrícolas, sino de alta civilización, con recolectores-cazadores selváticos, lo cual parece que tiene una larga historia y situaciones simbióticas bastante complicadas. No se puede dejar de mencionar el posible desarrollo de un centro independiente de agricultura, un Neolítico, de fecha muy temprana, con núcleos sedentarios.

Con el nombre de Patjitaniense tenemos una industria de tajadores, proto-hachas de mano, raederas y tajaderas, tanto sobre núcleo como sobre lasca; los bifaciales de carácter acheulense existen pero son muy raros y, según algún autor el Patjitaniense no es distinto a las industrias de las mismas fechas del Asia del este, Africa y Eurasia, se trataría entonces de una plataforma común atribuible al *H. erectus*.

En el Pleistoceno superior si es posible encontrar tradiciones líticas regionales diferen-

tes, aunque su fechamiento anterior a 40.000 aP., todavía no ha sido posible.

La fauna del Pleistoceno superior es casi igual a la de nuestros días salvo por dos o tres especies, y es su presencia el mejor calificativo, cuando no se dispone de fechamiento por radiocarbón.

En Java tenemos al hombre de Solo y su industria de piedra, hueso y asta, la encontrada en las terrazas de Ngandong, sobre el río Solo, aunque ahora han surgido algunas dudas, tanto sobre el cráneo como sobre la industria, por lo cual deben esperarse nuevos trabajos para tener seguridad en este caso. Son más seguros, como materiales del Pleistoceno superior, los conjuntos de lascas de las capas Notopuro, en Sangiran, centro de Java, en donde se encuentran raederas, raspadores, perforadores, puntas y navajas ocasionales, hechas de calcedonia, pedernal y jaspe. Algunas lascas son estrechas y largas, pero no hay huellas de la manufactura de navajas como tales, ni de lascas de núcleo preparado, como las de técnica levalloisiense. Los artefactos están tallados sobre lascas gruesas, con plataformas de percusión simples y ángulo obtuso de fractura. Esta industria ha sido llamada de Sangiran y tiene semejantes en Tjabenge, Sulawesi, y cerca de Mangeruda, en Flores, donde también se encuentran artefactos aliables con el Patjitaniense.

Aunque las informaciones para esta región de Asia sean escasas y de cronología dudosa, existen dos lugares, cuevas en ambos casos, de los que se han obtenido buenas secuencias, fechas y materiales: la cueva de Niah, en Borneo, y la de Tabon, en Palawan, siendo de unos 40.000 años aP., la fecha más antigua de la primera y de 30.000 aP., la segunda.

En Niah la serie de artefactos correspondientes a los niveles pleistocénicos es bastante pobre, en realidad una lasca de cuarcita, pero existe un cráneo humano, indudablemente *H. Sapiens.* Luego aparecen más lascas de cuarcita, sin retoque, hasta que entre 15 y 10.000 aP., hacen acto de presencia hachas con el borde cortante pulido. Es interesante la presencia de este tipo de artefactos en Nueva Guinea, Indochina y varias partes de Australia, demostrativos de que el pulimento de la piedra, en esta región, es anterior a su aparición en otros lugares, invento independiente y fuera de la posición crono-cultural que siempre le ha atribuido, ya que no indica la presencia de la agricultura.

Las tradiciones de lascas del Pleistoceno tardío se conocen mejor por los materiales de la cueva de Tabon, de donde existe una secuencia desde acaso 40.000 hasta 9.000 aP. Se considera que existen cinco conjuntos industriales de lascas, que se encadenan y muestran muy pocos cambios a través del tiempo, por lo que tienen grandes dificultades de caracterización. Las lascas por lo general son anchas y la mayor parte son de más de 5 cm de longitud; hechas de pedernal café, de grano grueso, obtenidas de cantos rodados cuyo cortex es aparente en la mayoría de los casos. La mayor parte de las lascas fueron utilizadas, pero muy pocas muestran retoque secundario y éste se aleja de todos los patrones formales que comúnmente se emplean, tanto por la morfología como por la posición de los lugares del retoque. La verdad es que más bien se sugieren "tipos" que el que estos se establezcan con claridad. Su descripción general sería la de artefactos aplanados, de bordes polimorfos, o polifuncionales, encontrándose en una sola pieza bordes funcionales cóncavos, convexos y rectilíneos; ocasionalmente también hacen acto de presencia muescas de pequeño tamaño.

Tabon y Niah nos muestran una tradición de lascas de carácter muy sencillo, muy primitivo, en la que es notable la ausencia de formas especializadas y de artefactos de núcleo. Esta tradición, aunque poco conocida por el momento, es muy distinta de aquella, quizá, es más antigua, aunque también pertenezca al Pleistoceno superior, la representada en Sangiran y Tjabengé, que se localizan en Java, Célebes y Flores. En la tierra firme de Asia no existe nada comparable a ellas, hasta ahora.

Aparte de las anteriores industrias, en el Sureste asiático existe otra, conocida en principio desde hace bastante tiempo, pero que ha venido constituyendo un caso específico, de bastante importancia. Casi restringido a la tierra firme, el Hoabinhiense, se consideró como una variedad, una de ellas, del complejo de tajador-tajadera, tal como el Anyathiense de Birmania, prolongado en tiempos del Pleistoceno tardío, e inclusive del post-Pleistoceno, para dar lugar a la tradición de las lascas de canto rodado del **Hoabinhiense.**

Frente a esta posición existe otra según la cual lo que sucede es que la ausencia de una tradición de lasca en el Continente, al menos en Indochina, Tailandia, Malaya y Birmania, se debe a la falta de investigaciones.

La verdad es que faltan materiales arqueológicos de la tierra firme del Sureste asiático que puedan fecharse, con cierta seguridad, entre 30.000 y 12.000 aP., que pudieran proveer de una secuencia paralela a las de Niah y Tabon. En Tailandia, en la cueva de Spirit, se ha encontrado una muy buena secuencia de artefactos de hueso y restos vegetales, fechados entre 12 y 7.500 aP., que se pueden dividir en dos fases culturales mayores: la inferior, Nivel I, contiene material hoabinhiense típico, lascas unifaciales de cantos rodados de cuarcita, piedras de molienda manchadas de ocre y algunas lascas de cuarcita usadas. El material lítico se considera como de uso para fabricar artefactos de madera y bambú, tales como dardos, arcos, flechas, palos plantadores y demás, y no como utensilios de empleo directo en técnicas adquisitivas, tales como cacería, recolección o preparación de alimentos.

Los restos faunísticos denotan el uso de vertebrados, tanto mamíferos como aves, reptiles y anfibios, así como peces, moluscos y crustáceos de agua dulce. Los restos botánicos son de interés extraordinario, ya que algunos de ellos parecen presentar cambios que señalan proceso de domesticación ante los de sus congéneres silvestres, como son los frijoles, *Prunus* y los chícharos, aparte de los cuales también hay *Areca, Lagenaria*, castaña de agua, pimienta de liana y diversas nueces y pepinos.

El nivel cultural II, fechado entre 8.750 y 7.500 aP., presenta cerámica, cuchillos de pizarra y azadas cuadrangulares, que son las típicas de las culturas Neolíticas del Sureste asiático. Estas fechas parecen ser demasiado tempranas si se las compara con las que se han considerado como tradicionales para ese género de complejo: 4.000-4.500 pero no hay razón para rechazarlas por esa causa. Es de tenerse en cuenta que en Laang Spean, Kampuchea, artefactos hoabinhienses más tardíos y cerámica más elaborada se han fechado en 6.200 aP.

Es necesario tomar en cuenta, cuando se estudian las variaciones culturales atribuibles al fin del Pleistoceno y comienzo del Holoceno, que si bien los cambios fueron muy significativos en las altas y medias latitudes, lo acontecido, climáticamente, en las bajas, no fue drástico en ningún momento, salvo en los lugares en los que el factor altimétrico también estaba presente, con lo cual los cambios en técnicas explotativas del medio ambiente, apenas fueron necesarios, ya que si aceptamos que la diferencia de temperatura entre un glacial y un interglacial oscila entre 4° y 5°C en el promedio anual, de altas latitudes, este cambio no es significativo en las zonas tropicales, con lo cual las culturas residentes en estas zonas no requirieron una reorientación obligada por el cambio climático, con sus concatenaciones florísticas y faunísticas, pues la alteración no fue de consecuencias graves, salvo en las plataformas continentales (o insulares) que comenzaron a ser inundadas desde hará unos 16.000 años aP., lenta, pero inexorablemente.

Debido a que el Hoabinhiense cubrió un área muy extensa: desde Birmania a Indochina, Yunnan, Szechuan y Kuantung, hasta Malaya y Sumatra (única isla del Sureste Asiático en la que se ha encontrado), sin lugar a dudas deben existir variantes regionales y temporales, las que, con las evidencias publicadas, son difíciles de establecer. Se repite el concepto de la poca variabilidad requerida en el instrumental de aquellos grupos de zonas tropicales que permanecieron en sus áreas, traspasando, por carecer de causación mayor, la frontera Pleistoceno-Holoceno.

Es necesario hacer hincapié en este aspecto, ignorado por quienes han normado los estudios prehistóricos, los habitantes de las altas latitudes, para quienes, con toda lógica surgida del conocimiento, las oscilaciones climáticas características del Pleistoceno, acarrean cambios de enorme importancia en los patrones culturales, pues es necesario atribuir la obligatoriedad de alteración del modo de vida cuando el ecosistema al que se ha atribuido el patrón cultural se modifica. Esto, establecido sobre bases teóricas paleoclimáticas, resulta que apenas es perceptible en las zonas tropicales (en lo que respecta a alteración climática de orden mayor) y se traduce en la permanencia de los conjuntos industriales.

En tiempos más tardíos, en el Pleistoceno final y en tiempos inmediatos posteriores, hacen acto de presencia industrias microlíticas como la encontrada en las cuevas cercanas a Maros, en Sulawesi, de formas geométricas y navajas con retoque dorsal. Este microlitismo muy pronto se asocia con cerámica, que como hemos visto es de fecha muy antigua en la zona, por lo cual se aleja de nuestros propósitos, en este caso.

La comparación entre la porción continental y la isleña en el Sureste asiático ofrece diferencias interesantes, pero muy primarias. A la porción isleña puede atribuirsele un patrón básico en el que se conjugan diversas industrias de lasca, a las que se une para tiempos tardíos, el conjunto de microlitos y navajas de retoque dorsal atribuible a una extensión hacia el este de un patrón originado en la India. La porción continental, incluyendo el Noroeste de Sumatra, comparte el muy confuso Hoabinhiense. Es de importancia el señalar que las hachas talladas, de borde cortante pulido forman parte de contextos del Norte de Australia, al igual que los artefactos de dorso retocado hacen acto de presencia en el Norte de Australia hacia 5.000 aP.

Es muy conocida la llamada línea Wallace, que separa ciertas islas de la masa continental, como consecuencia de haber existido, a lo largo de ella, difíciles condiciones para pasar de una isla a otra por parte de la fauna, en consecuencia del hombre, pero vemos que especies extintas de elefantes pudieron hacerlo. Al igual debemos aceptar que el hombre, en una región de grandes árboles no debió tener mayores dificultades en agenciarse troncos caídos en número y tamaño suficiente como para construir almadías capaces de llevarle de una isla a la otra, cuando éstas se encontraban a la vista.

Queda por dilucidar, y es obvio que faltan datos, los movimientos mayores, sea en el sentido que fuere, así como las fechas en las que tuvieron lugar.

Si partimos del principio de que los primeros en llegar a América fueron seres humanos que provenían del Este o Noreste de Asia y en una fecha en la que difícilmente podían disponer de elementos de navegación, o bien que éstos eran de carácter muy primario, apenas almadías, se hace necesaria una revisión de la prehistoria de aquellas regiones en las fechas algo anteriores a la supuesta de la primera llegada.

Como hasta ahora los seres humanos *sapiens* más antiguos que se conocen por aquella región son los correspondientes a la cueva superior de Chukutien, tomaremos en cuenta lo que dice Chia Lan-Po (1976) sobre las industrias.

El Paleolítico del Norte de China puede dividirse en dos tradiciones básicas: una, la de Koho-Tingtsun, la tradición de tajaderas grandes, hechas en lasca y las grandes puntas triédricas; la otra la de la localidad Nº 1 de Chukutien-Shiyu, o del raspador-buril aquillado. De la comparación de ambas se ven claras diferencias, pues en Koho-Tingtsun existen algunos artefactos de relativo pequeño tamaño, puntiagudos, siendo la forma más frecuente la de grandes tajaderas en lascas anchas, grandes; en ambos lugares son notables las puntas triédricas. Estas puntas también se han encontrado en el sitio del hombre de Lantien, asociadas con el cráneo, y en el sitio de Shudo, del Pleistoceno temprano, por lo que la tradición de las puntas triédricas se nos muestra como muy antigua.

Aunque las localidades de Chukutien 1 y 15 no son de la misma edad, las culturas que contienen están relacionadas estrechamente y debe tomarse en cuenta que entre ambas localidades existen varias gruesas capas, por lo que no son directamente continuas, pero la localidad 15 geológica y paleontológicamente se correlaciona con las capas 1 a 3 de la localidad del hombre de Peking. En estos yacimientos se obtuvieron tajaderas o grandes cantos y grandes lascas, aunque en el conjunto lo más característico son lascas pequeñas y artefactos tallados en ellas y los tipos de artefactos de las localidades 1 y 15 son fundamentalmente los mismos. En todos los lugares del Paleolítico tardío se encuentran raspadores aquillados y microlitos, fabricados con la técnica del buril, siendo los de la localidad Nº 1 los ejemplos más tempranos de este género de artefacto que se conocen en el Asia del Este, con lo cual si los pequeños artefactos de pedernal del sitio de Hoshino, en el Japón, fueran tipológicamente similares, se podría hablar de una fuerte relación entre ambos lugares.

El sitio de Shiyu es, en opinión del autor que citamos, el intermedio entre Chukutien y los conjuntos de microlitos que se encuentran distribuidos por toda China, Japón, Mongolia, Siberia y América; con el tiempo se encontrarán más sitios de este carácter intermedio.

Shiyu, que ha sido fechado recientemente en 28.135±1.330 aP., presenta navajillas, raederas circulares, buriles, puntas de proyectil y núcleos acuñados, junto con los conjuntos tan ampliamente distribuidos que se han mencionado con anterioridad.

En 1975 se descubrió un sitio muy importante en la aldea de Shuchiayao, con artefactos básicamente iguales a los de Shiyu. Todos los de tamaño pequeño eran de cuarzo de veta, pedernal, ágata y cuarcita y los más interesantes son los que también se encuentran en los conjuntos de microlitos que tanto abundan en los lugares mencionados en párrafo anterior, entre los que se incluyen núcleos proto-prismáticos, artefactos semejantes a núcleos en cuña, varios tipos de raspadores, puntas, raspadores de uña, buriles y perforadores.

Shiyu y Shuchiayao y las localidades de Chukutien 1 y 15 forman dos grupos distintos que, además, cronológicamente son diferentes por completo. Existe un vacío entre ambos, pero son semejantes en el carácter de sus industrias líticas, por lo cual consideramos todos estos lugares como parte de una misma tradición cultural.

La sucesión de esta tradición es la siguiente:

1) Localidad N.º 1 de Chukutien (incluye Loc. N.º 15)
2) Shuchiayao
3) Shiyu
4) Hsiaonanhai
5) Cultura de microlitos

Estos hechos llevan a creer que los conjuntos microlíticos de Asia se originaron en el Norte de China.

Tomando en cuenta lo que Ikawa-Smith (1978) nos dice del Japón, desde el Pleistoce-no Basal, que fecha de 3.000.000 a 800.000 aP., hay restos que prueban la presencia del hombre: un fragmento de calota, perdido ahora, pero estudiado estratigráficamente, y algunos artefactos de piedra y hueso, atípicos, lo que da un cuadro poco claro. En el Pleistoceno inferior, de 800.000 a 300.000 aP., el Japón estaba unido a China, lo que se ha demostrado a través de la fauna, y para esas fechas ya había ocupación humana en el Norte de China, inmediato, luego es fácil que hayan podido llegar, sin embargo los artefactos estratigráficamente en posición son pocos y algo dudosos. Durante el Pleistoceno medio, de 300.000 a 130.000 aP., no existen huellas claras de presencia humana, salvo tres artefactos.

Es en el Pleistoceno superior, de 130.000 a 10.000 cuando se encuentran numerosos restos, tanto de restos óseos humanos como de industrias, con el caso excepcional de haber cerámica desde 12.000 aP.

En el estadio estratigráfico Shimosue-yoshi, de 130.000 a 60.000 aP., hay asociados a restos humanos tajadores y tajaderas, junto con abundantes raederas, algunas de ellas apuntadas. En el estadio Musashino de 60 a 30.000 aP., se encuentran las industrias Goyenyama I, Horizonte Fukui 15, Horizontes Hoshino 5, 6 y 7 en los que, obviando las diferencias menores, el conjunto muestra algunos restos humanos, abundantes raederas, piezas bifaciales y navajas toscas. En el estadio Tachikawa, de 30 a 12.000 aP., ya existe el *Homo sapiens sapiens,* atestiguado de varios lugares, con semejanzas, en algún caso, con el cráneo 101 de Chu-Kutien superior. Hay navajas, hachas con el borde de corte pulido, numerosos artefactos tipo raedera e inclusive buriles, de talla irregular, puntas de costilla de bisonte, de huesos de otros animales y de marfil. Finalmente, cerámica. Es importante hacer constar que en los horizontes 2 y 3, con cerámica, y en el 4, sin cerámica se encuentran núcleos aquillados semejantes a los que se han llamado "auriñacienses" en Norteamérica. Por la temprana edad de la cerámica y el que aparezcan desde el precerámico, pueden fecharse en 12.000 aP., cuando menos.

En la búsqueda de los antecedentes culturales y biológicos, de los primeros pobladores de América, yendo de oeste a este, abandonando lo menos probable, Europa, sea oriental u occidental, nos adentramos en la gran masa continental asiática, de la que es poco lo que se sabe, sin duda debido a las dificultades que el territorio presenta. Existen, desde hace bastantes años, algunos indicios prometedores en la región de Ordos, en Shui-tung-ku, a orillas del río Huangho, y en la orilla del Sjara-Osso-gol, un río intermitente del desierto, ambos sitios en la Mongolia interior, donde, en el primer caso, se ha encontrado una industria que se halla como a medio camino entre un musteriense muy evolucionado y un auriñaciense naciente, o como la combinación de ambos elementos, o sea un Paleolítico medio final pasando al Paleolítico superior, pero un Paleolítico superior que tiene muy poco que ver con el de Europa occidental, pero que podría prefigurar del siberiano (Bordes, 1968; Cheng, 1959). En el segundo caso la industria presenta un aspecto microlítico, pero esto se debe a estar normado por el tipo de material de que se disponía, pequeños cantos rodados, pese a lo cual Cheng (*op. cit.*) tomando en cuenta sus características morfológicas lo sitúa como perteneciente a una etapa intermedia entre el Paleolítico medio y el superior, apoyándose en el microlitismo forzado de la industria.

Más al norte y al noreste, en Siberia, parece presentarse un panorama algo distinto, aunque es muy posible que la diferencia se deba a que esta información proviene de la escuela soviética y la anterior, la del centro asiático, de la francesa, matizada después por la china.

Como anteriores a 35.000 aP., se han encontrado en Ezhantsi e Ijinie I ciertas ocupaciones, a las que siguen Ijinie II y Ust. Mil II,

con fechas que van de 35.400±600 (Le-954) a 33.000±500 (Le-1.000). Luego, entre 31.290 más o menos 500 (Gin-1.020) y 23.500 ± (Le-999) están las capas más recientes de los sitios Ijinie I y II y de Ust. Mil II. Los artefactos encontrados son, sobre todo, lascas retocadas en los bordes, para mejorar el corte, o crear zonas de raído, algo de bifacialismo que, en algunos casos y por haberse empleado como materia prima cantos rodados, como sucede en Ijinie I, semejan tajadores y tajaderas; hay también núcleos aquillados, para la obtención de pequeñas navajas y, aunque escasos, huesos trabajados, inclusive por lasqueo.

Esta tradición se mezcla, geográficamente con la Diuktai inicial la cual, como otra tradición aparece entre 33.000 y 18.300±180 (Le-905) teniendo su expresión más típica de esa fecha hasta 10.360±350 (Mo-345), la cual aparece en una serie de sitios y, a lo largo de sus casi 8.000 años de duración, muestra indudables variantes. Su presencia se señala en Troitskaya superior e inferior, el sitio a campo abierto de Diuktai y la cueva del mismo nombre, Mayorich, Avdeija, Tumulur, las capas superiores de Ust. Mil II, Berelej, Kujtui III, Ushki y Timiton. Esta es una industria muy desarrollada, con abundantes bifaciales, raspadores, raederas, buriles, huesos trabajados, inclusive uno grabado con la estilización de un mamut, en Berelej. Muchos de los bifaciales, lanceolados, por sus dimensiones pueden haber sido empleados como puntas de proyectil, al igual que otros, bastante más grandes, podrían ser cuchillos (Mochanov, 1977).

Se considera según Mochanov (1976) que entre 35-22.000 años aP., en Siberia existían varias tradiciones Diuktai, muy extendidas, junto con las otras ya indicadas, que aún no se conocen bien. Entre 22-20.000 años aP., parece que en el Norte de Asia hay dos provincias culturales mayores, una, la "occidental", de tipo Mal'ta-Afontova, y otra, la "oriental", de carácter Diuktai. La línea de demarcación geográfica entre ambos grupos podría establecerse a lo largo del parteaguas que separa las cuencas del Yenisei y el Lena y las diferencias entre ambas culturas difícilmente se pueden atribuir a la influencia directa de las condiciones mediales, pues virtualmente disponían ambas culturas de los mismos recursos naturales, tanto en materiales para la talla de sus artefactos como fauna y flora.

Las culturas de la tradición Diuktai están genéticamente relacionadas con las de bifaciales del sur de los Urales, Kazajstan, Mongolia y el Noreste de China, de los comienzos del interglacial Kazantsev (Riss-Wurm) e inclusive antes. Las tradiciones Malta-Afontova parecen haberse originado en las culturas Levallois-Moustier del Asia Central y Media.

Al parecer una cultura reemplazaba a la otra, viniendo desde el sur, expulsando a los previos ocupantes hacia regiones menos favorables y asimilando a los que se quedaban. Es muy factible que en el Pleistoceno este empuje desde el sur hiciera que la gente pasara por el puente terrestre de Bering y que en el Holoceno el paso se efectuara por el hielo.

Hay elementos para pensar que tres migraciones penetraron claramente en América: Diuktai, que pueden haber sido los ancestros de algunos "paleo-indios"; Sumnagin, como la rama ancestral de la población proto-esquimo-aleuta y Belkachi, la rama ancestral de los proto-atabascanos (Mochanov y Fedoseeva, 1976).

A la luz de lo presentado puede decirse que el poblamiento de América se inició hace unos 70.000 años o, más bien pudo iniciarse en esa fecha, aunque lo más factible es que haya sido alrededor de 50.000 aP. Esta primera gente podría afiliarse a un grupo humano derivado del que está representado en la cueva superior de Chukutien, con una industria que, originada en el Sureste y Este asiático, presenta pocos elementos característicos y se basaba en lascas retocadas para crear bordes cortantes o rayentes, a lo que se unía la ausencia de bifacialismo y una industria ósea en la que la materia prima, cuando se trataba de grandes huesos, era tratada como piedra y trabajada por lasqueado. Sin reclamación de contactos podría decirse que en el sentido tecnológico se recreó el modo de talla clactoniense en muchos casos y que la falta de especialización de los artefactos les permitió perdurar cuando se fueron desplazando del Sur al Norte, pasando de condicionamientos boreales a los sub-árticos de tal manera que cuando bajó el nivel del mar y el estrecho de Bering se convirtió en la masa continental que llamamos Beringia, estaban perfectamente habituados a ese género de clima y se desplazaron en un movimiento natural hacia el Este, hasta penetrar en lo que ahora es el Continente americano.

La ausencia de hallazgos de la primera oleada cultural en el Noreste asiático y su presencia en el Norte de China, hay que atribuirla a las dificultades de terreno que se encuentran en el Noreste siberiano y a la escasa demografía que, en aquellos tiempos debió tener el territorio, bajo índice que todavía se mantiene, a lo que se unen los efectos que por procesos de crio-alteración deben haber sufrido los suelos contenedores de los restos culturales en el transcurso de la última glaciación.

Milenios más tarde, entre 22-12.000 aP., una segunda oleada siguió la misma ruta, pero estos eran de tipo distinto, más acentuadamente mongoloides que los anteriores y con una industria derivada de la Diuktai, o sea la tradición de Siberia Oriental, a la que podrían haberse unido elementos de la tradición Occidental Siberiana, más afín a las industrias que hemos visto se encontraban en un término intermedio entre las musteroides y las auriñacoides, sin tener otra cosa que afinidades generales con ellas, producto de reinvenciones, no de contactos con los sitios epónimos y sus representaciones clásicas, restringidas al Occidente de Europa.

Finalmente una tercera oleada que se caracteriza por casi un microlitismo y que se circunscribe a las orillas del mar de Bering.

Es muy importante tomar en cuenta la general pobreza de los sitios hasta ahora trabajados, sobre todo si se comparan con los excavados en Europa, que es con la región con la que se establecen las comparaciones tipo y tecnoló-gicas. Esto, que por un lado indica un simplismo poco científico, por otro y concatenadamente conduce a apreciaciones sumamente erróneas. La respuesta debe encontrarse, en lo que a tipología y técnicas se refiere (también en lo referente a los tipos humanos) en una proximidad geográfica más lógica y en establecer culturas y tradiciones con lo que se tiene y no con lo que se quiere ver en los materiales.

BIBLIOGRAFIA

ACKERMAN, R. E.:
1968 /

"The Arcaheology of the Glacier Bay Region, Southeastern Alaska". *Washington State Univ. Lab. Anthrop. Reps. Invests.*, 44.

ACOSTA, JOSE de:
1962 /

Historia Natural y Moral de las Indias. Biblioteca Americana, Cronistas de Indias. Edición preparada por E. O'Gorman. Fondo de Cultura Económica.

ADAM, DAVID R.:
1975 /

"The Tropical cyclone as a global climatic stabilizing mechanism". *Geology,* 3 (11): 625-24.

ADEM, JULIAN:
1964 /

"On the physical basis for the numerical prediction of monthly and seasonal temperatures in the Troposphere Ocean-Continent system". *Month. Weath. Rev.* 92 (3): 91-103.

ADEM, JULIAN:
1965 /

"Experiments siming at monthy and seasonal numerical weather predictions". *Month. Weath. Rev.* 93 (8): 495-503.

ADOVASIO, J. M., J. D. GUNN, J. DONAHUE y
R. STUCKENRATH:
1975 /

"Excavations at Meadowcroft rockshleter, 1973-1974. A progress report". *Penn. Archaeol.* 45 (3): 1-30. Pittsburg.

ADOVASIO, J. M., J. D. GUNN, J. DONAHUE y
R. STUCKENRATH:
1977 /

"Meadowcroft Shelter: Retrospect 1976. *Pennsylvania Archaeologist,* 47 (2/3): 1-93. Ann Arbor.

ADOVASIO, J. M., J. D. GUNN, J. DONAHUE,
R. STUCKENRATH, J. E. GUILDAY y
K. VOLKMAN:
1980 /

"Yes Virginia it really is that old: A reply to Haynes and Mead". *Amer. Antiq.,* 45 (3) 588-595. Salt Lake City.

AIKENS, C. MELVIN:
1978 /

"The Far West". *Ancient Native Americans: 131-182.* Jesse D. Jennings, Editores W. H. Greeman and Co. San Francisco.

ALCORTA GUERRERO, RAMON:
1964

"Esquema geográfico de México". *Caminos de México: 1-8.* Cia. Hulera Euzkadi, S. A. México, D. F.

ALEXANDER, HERBERT L.:
1963 /
"The Levi site: a paleoindian campsite in Central Texas".
Amer. Antiq. 28 (4): 510-522.

ALEXANDER, HERBERT L.:
1976 /
"The Association of Aurignacoid elements with fluted point complexes in North America". *International Conference on the Prehistory and Palaeoecology of Western North American Arctic and Subarctic*: 21-31. R. y P. Schledermann, ediciones (Reimpr.) Univ. of Calgary Edmonton.

ALVAREZ, TICUL y
FRANCISCO DE LACHICA:
1974 /
"Zoogeografía de los vertebrados de México". *México, Panorama histórico y cultural*: II. *El escenario geográfico, recursos naturales*: 219-302. SEP-INAH.

ALVAREZ, TICUL, R. CASAMIQUELA y
OSCAR POLACO:
1977 /
Informe de las excavaciones paleontológicas realizadas en el Rancho "La Amapola", Cedral, San Luis Potosí. Departamento de Prehistoria (mecanoscrito).

ANDERSON, DOUGLAS D.:
1968 /
"A stone age campsite at the gateway of America". *Scientific American*, 218 (6): 24-33.

ANDERSON, ADRIAN:
1975 /
"The Coopertown Mammoth: an early man bone quarry". *Great Plains Journ.*, 14 (2): 130-173. Lawton.

ALLISON, R. C.:
1973 /
"Marine paleoclimatology and palaeoecology of a Pleistocene invertebrate fauna from Amchitka island, Aleutian islands, Alaska". *Paleogeography, Paleoclimatology, Palaeoecology*. 13: 15-48.

ANDERSON, DOUGLAS D.:
1970 /
"Akmak, an early archaeological assemblage from Onion Portage, Northwestern, Alaska". *Acta Artica,* 16.

ANDERSON, DOUGLAS D.:
1978 /
"Western Arctic and Sub-arctic". *Chronologies in New World Archaeology*, 29:50. R. E. Taylor y Clement W. Meighan, editores: Academic Press. Studies in Archaeology.

ANDREWS, J. T.:
1975 /
Glacial Systems. Environmental Systems Series. Duxbury Press. North Sciutate.

ARELLANO, ALBERTO R. V.:
1953 /
"Barrilaco Pedocal, a stratigraphic marker, ca. 5.000 BC its climatic significance". Congr. Geol. Internal. Compts. Rends. 19e Sess.: Sect. VII., Fasc. VII: 53-76. Alger.

ARGUEDAS R. DE LA BORBOLLA, SOL y
LUIS AVELEYRA ARROYO DE ANDA:
1953 /
"A Plainview point from Northern Tamaulipas". *American Antiq.* 18 (14): 392-393. Salt Lake City.

ARNOLD, BRIGHAM A.:
1957 /
"Late Pleistocene and Recent changes in land forms, climate, and Archaeology in Central Baja California". *Univ. California Publs. Geography,* 10 (4): 201-318. University of California Press. Berkeley and Los Angeles.

ASHMANN, MOMER:
1952 /
"A fluted point from Baja California". *American Antiq.* 17 (3): 262. Salt Lake City.

AVELEYRA ARROYO DE ANDA, LUIS:
1950 /
Prehistoria de México. Eds. Mexicanas, S. A., México, D. F.

AVELEYRA ARROYO DE ANDA, LUIS:
1961 /
"El primer hallazgo Folsom en territorio mexicano y su relación con el complejo de puntas canaladas de Norteamérica". *Homenaje a Pablo Martínez del Río*: 31-48. I.N.A.H. México, D. F.

AVELEYRA ARROYO DE ANDA, LUIS:
1962 /
"Antigüedad del hombre en México y Centroamérica: catálogo razonado y bibliografía selecta (1867-1961)". *Cuads. Inst. Hist. Ser. Antropolog.* 14. U.N.A.M. México.

AVELEYRA ARROYO DE ANDA, LUIS:
1964 /
"The primitive Hunters". Handbook Middle American Indians, Robert Wauchope, Gral. ed.; 1 *Natural Environment and Early Cultures,* Robert C. West, ed.: 384-412. Univ. Texas Press. Austin.

BADA, J. L. y
P. M. HELFMAN:
1975 /
"Amino acid racemization dating of fossil bones". *World Archaeology,* 7 (2): 160-171.

BAGGERLY, CARMEN:
1954 /
"Waterworn and glacial Stonetools from the Thumb District of Michigan". *American Antiq.* 20: 171-173. Salt Lake City.

BAGGERLY, CARMEN:
1956 /
"Artifacts from drift of the Wisconsin glaciation". *New World Antiq.* 3 (1): 3-7. Londres.

BANNERJEE, U. C. y
E. S. BARGHOORN:
1972 /
"Fine structure of pollen grain ektxine of maize, teosinte and tripsacum". *Thirtieth Ann. Procs. Electro Microscop. Soc. America*: 226-7. Los Angeles.

BARGHOORN, E. S., M. K. WOLFE y
K. H. CLISBY:
1954 /
"Fossil maize from the Valley of Mexico". *Botanical Mus. Leafls., Harvard Univ.* 16: 229-240. Harvard.

BARTLETT, KATHERINE:
1943 /
"A Primitive stone industry of the Little Colorado Valley, Arizona". *American Antic.,* 8: 266-268.

BARTLETT, ALEXANDRA S.,
E. S. BARGHOORN y
R. BERGER:
1969 /
"Fossil maize from Panama". *Science,* 1965 (3891): 389-390. Washington, D.C.

BEADLE, GEORGE. W.:
1977 /
"The Origin of Zea mays". *Origins of Agriculture,* 615-635. Charles A. Reed, ed.: Mouton. The Hague.

BEADLE, GEORGE W.:
1980 /
"The ancestry of corn". *Scientific American,* 242 (1): 96-103. New York.

BELTRAO, M. M. C.:
1974 /
"Dataçoes Arqueológicas mais antiguas do Brasil". *Ans. Acad. Brasil. Cs.* 46 (2): 211-251.

BELL, R. E.:
1958 /
Guide to the identification of certain American indian projectile points. Spec Bull. 1. Oklahoma Anthropological Society. Oklahoma City.

BELLAIR, PIERRE y
CHARLES POMEROL:
1965 /
Eléments de Géologie. Libr. Armand Colin. París.

BELLWOOD, PETER:
1978 /
Man Conquest of the Pacific. The Prehistory of Southeast Asia and Oceania. William Collins, Publish. Ltd. Auckland.

BENDER, BARBARA:
1975 /
Farming in Prehistory: From Hunter-gatherer to food producer. John Baker. Londres.

BENDER, BARBARA:
1978 /
"Gatherer-hunter to farmer: a social perspective". *World Archaeology,* 10 (2): 204-222. Londres.

BERDICHEWSKI, BERNARDO:
1973 /
En torno a los orígenes del hombre americano. Col. Imagen de América Latina, N° 15. Editorial Universitaria. Santiago.

BERGER, RAINER:
1980 /
"Early Man on Santa Rosa Island". *The California Islands:* 73-78, Dennis M. Power, ed. Santa Bárbara Mus. Nat. Hist. Santa Bárbara.

BERGER, R., R. PROTSCH,
R. REYNOLD, C. ROZAIRE y
J. R. SACKETT:
1971 /
"Radiocarbon dates based on bone collagen of California paleoindians". *Contribs. Univ. California Archaeol. Res. Fasc.* N° 12. Berkeley.

BERNARD, ETIENNE-A.:
1962 /
"Théorie astronomique des pluviaux et interpluviaux du Quaternaire african". *Mems. Acad. Roy. Scs. Outre-Mer. Classe Scs. Nats. et Meds.* 12 (1): 1-282.

BIBERSON, PIERRE:
1961 /
"Le Paléolithique inférieur du Maroc Atlantique". *Pubs. Serv. Antiqts. Marocaines,* 17: 260-263; 476-479.

BIBERSON, PIERRE y
EMILIANO AGUIRRE:
1965 /
"Expériences de taille, d'outils préhistoriques dans des os d'éléphant". *Quaternaria,* 7: 165-183. Roma.

BIRD, JUNIUS B.:
1967 /
The Physiography of Arctic Canada. The John Hopkins Press. Baltimore.

BIRD, JUNIUS B.:
1970 /
"Paleoindian discoidal stone from South America". *American Antiq.* 35 (2): 205-209. Salt Lake City.

BIRD, JUNIUS B. y
R. COOKE:
1978 /
"The occurrence in Panama of two types of Paleo-indian projectile points". *Early Man in North America from a Circum-Pacific Perspective:* 263-272. Alan L. Bryan ed. Occ. Paps. Dept. Anthrop. 1. University of Alberta. Edmonton.

BIRDSELL, J. B.:
1951 /
"The Problem of the Early Peopling of the Americas as viewed from Asia".*Paps. Phys. Anthrop. American Inds. W. S. Laughlin,* ed.: 1-68. The Viking Fund, Inc. New York.

BIRKELAND, P. W., D. R. CRANDELL y
G. M. RICHMOND:
1971 /
"Status of Correlation of Quaternary Stratigraphic units in the Western coterminous United States". *Quat. Res.,* 1 (2): 208-227.

BLACK, ROBERT F.,
RICHARD P. GOLDTHWAIT y
H. B. WILLMAN:
1973 /
The Wisconsinan Stage. The Geological Society of America. Mem. 136.

BLACK, ROBERT F.:
1978 /
"Comment on 'Greatlakean substage: A replacement for Valderan Substage in Lake Michigan Basin' by E. B. Evenson, W. R. Farrand, D. F. Eschman, D. M. Mickelson, and Louis J. Mahler". *Quaternary Research,* 9 (1): 119-123. New York.

BOMBIN, MIGUEL y
ALAN L. BRYAN:
1978 /
"New Perspectives on Early Man in Southwestern Rio Grande do Sul, Brazil". *Early Man in American from a Circum-Pacific Perspective.* 301-302; Alan L. Bryan, ed. Occ. Paps. Dept. Anthrop. N° 1, University of Alberta. Edmonton.

BONAVIA, DUCCIO y
ALEXANDER GROBMAN:
1978 /
"El origen del maíz andino". *Estds. Americanistas I:* 82-91. R. Hartmann y U. Oberem, eds. Bonn.

BONNICHSEN, ROBSON:
1978 /
"Critical arguments for Pleistocene artifacts from the Old Crow Basin, Yukon: a preliminary statement". *Early Man in America from a Circum-Pacific Perspective:* 102-118, Alan L. Bryan ed. Occ. Paps. Dept. Anthrop. N° 1, Univ. Alberta. Edmonton.

BOPP-OESTE, MONIKA G.:
1961a /
"La investigación palinológica en México". *Tlatoani,* 2ª ép., 14/15: 15-26. México, D. F.

BOPP-OESTE, MONIKA G.:
1961b /
"El análisis de polen con referencia especial a dos perfiles polínicos de la Cuenca de México". *Homenaje a Pablo Martínez del Río:* 49-56. México, D. F.

BORDEN, C.:
1961 /
"Frazer River Archaeological Project. Progress Report, April 20, 1961". *Anthrop. Paps.* N° 1. Nat. Mus. Canada.

BORDEN, CHARLES E.:
1979 /
"Peopling and early cultures of the Pacific Northwest". *Science* 203 (4384): 963-971. Washington, D. C.

BORDES, FRANÇOIS:
1947 /
"Etude comparative des différentes techniques de taille du silex et des roches dures". *L'Anthropologie,* 51 (1): 1-29.

BORDES, FRANÇOIS:
1961 /
Typologie du Paléolithique ancien et Moyen. Pubs. Inst. Péhist. Univ. Bordeaux, Mém. 1. Imprimmeries Delmas. Bordeaux.

BORDES, FRANÇOIS:
1968 /
El Mundo del hombre cuaternario. Eds. Guadarrama, S. A. Madrid.

BORDES, FRANÇOIS:
1976 /
"Moustérien et Aterién". *Quaternaria* 19; 19-34. Roma.

BORDES, FRANÇOIS:
1981 /
"Vingt-cinq ans après: le complexe moustérien revisité". *Bull. S.P.H.* 78 (3): 77-87. París.

BORDES, FRANÇOIS y
M. BOURGON:
1951 /
"Le complexe moustérien: Mousterién, Levalloisien et Tayacien". *L'Anthropologie* 55; 1-23. Masson et Cie. Ed. París.

BORNS, Jr. H. W.:
1966 /
"The Geography of Paleo-Indian Occupation in Nova Scotia". *Quaternaria* 8: 49-57. Vol. 15 Procs. 7 Congr. INQUA. Roma.

BORRERO, LUIS ALBERTO:
1981 /
"El Poblamiento de la Patagonia Austral: revalorización de los cazadores de Milodonte". *Comisión XII, Coloquio. X Congreso UISPP:* 90-93. México, D.F.

BOSERUP, ESTER:
1965 /
The Conditions of Agricultural growth: the economic of agrarian change under population pressure. Aldine.

BRAY, WARWICK:
1976 /
"From predation to production: The nature of agricultural evolution in Mexico and Peru". *Problems in Economic and Social Archaeology:* 73-95. G. de G. Sieveking, T. H. Longworth y K. E. Wilson, eds. Londres.

BRAY, WARWICK:
1977 /
"From foragin to farming in early Mexico". *Hunters, gatherers and first farmers beyond Europe*: 225-250; J.V.S. Megaw, ed. Leicester Univ. Press. Leicester.

BRAY, WARWICK:
1978 /
"An eighteenth Century reference to a fluted point from Guatemala". *Amer. Antiq.* 43: 457-460. Washington.

BREUIL, H.:
1932 /
"Le feu et l'industrie de pierre et dos dans le gisement du 'Sinanthropus' a Chou-kou-tien". *L'Authropologie* 42: 1-17.

BREUIL, H.:
1939 /
"Bone and antler industry of the Choukoutien *Sinanthropus* site". *Palaeontl. Sinica* (n.s.) D. 6. Peiping.

BREUIL, H. y
L. BARRAL:
1955 /
"Bois de cervidés et autres os travaillés sommairement au Paléolithique Ancien du Vieux Monde-et au Moustérien des Grottes de Grimaldi et de l'Observatoire de Monaco". *Bull. Mus. Anthrop. Préhist, Monaco* 2: 3-26. Mónaco.

BREZILLON, MICHEL N.:
1971 /
La dénomination des objets de pierre taillée. Suppl. Gallia Préhist. 4 C.N.R.S. París.

BROECKER, W. S. y
W. R. FARRAND:
1963 /
"Radiocarbon age of the Two Creeks forest bed, Wisconsin". *Geol. Soc. America, Bull* 74: 795-802. Boulder.

BROECKER, W. S. y
J. van DONK:
1970 /
"Insolation changes, ice volumes and the 18 record in deep sea cores". *Revs. Geophys. and Space Phys.* 8 (1): 169-198.

BROWNE, J.:
1940 /
"projectile points: uses and identifications". *American Antiq.* 5 (3) 209-213. Menasha.

BRYAN, ALAN L.:
1968 /
"Early Man in Western Canada: A critical Review". *Early Man in Western North America*: 70-77, C. Irwin-Williams, ed. *Eastern New Mexico Contrs. Anthrop.* 1:4.

BRYAN, ALAN L.:
1977 /
"Developmental stages and technological traditions". *Anns. New York Acad. Scs.* 288: 355-368. The New York Acad. Scs. New York.

BRYAN, ALAN L.:
1980 /
"The stemmed point tradition: an early technological tradition in western-North America". *Anthropological Papers in memory of Earl H. Swanson, Jr.*, Lucile B. Harten, Claude N. Warren and Donald R. Tuohy eds.: 77-107. Spl. Publ. The Idaho Mus. Nat. Hist. Pocatello.

BRYAN, ALAN L. y
MARIA C. de M. C. BELTRAO:
1978 /
"An Early Stratified Sequence near Rio Claro, East Central Sao Paulo State, Brazil". *Early Man in American from a Circum-Pacific Perspective.* 303-305; Alan L. Bryan, ed., Occ. Paps. Dept. Anthrop. Nº 1. University of Alberta. Edmonton.

BRYAN, ALAN L., R. CASAMIQUELA,
JOSE M. CRUXENT y
C. OCHSENIUS:
1978 /
"An El Jobo mastodon kill at Taima-taima, northern Venezuela". *Science,* 2000 (4347): 1275-77. Washington, D. C.

BRYAN, KIRK:
1938 /
"Prehistoric quarries and implements of pre-amerindian aspect in New Mexico". *Science* n.s. 87 (2259): 343-346. Washington, D. C.

BRYAN, KIRK:
1939 /
"Stone cultures near Cerro Pedernal and their geological antiquity". *Texas Arch. & Palaeont. Soc. Bull.* 11: 9-42. Austin.

BRYSON, REID A. y
PAUL R. JULIAN:
1963 /
Proceedings on the Climate of the Eleventh and Sixteenth Centuries. National Center for Atmospheric Research. Boulder.

BRYSON, REID A. y
WAYNE M. WENDLAND:
1967 /
"Tentative Climatic Patterns for Some Late Glacial and Post-Clacial Episodes in Central North America". *Life, Land, and Water*, William J. Mayer-Oakes, ed.: 271-298. University of Manitoba Press. Winnipeg.

BURASHNIKOVA, T. A., M. V. MURATOVA y
I. A. SUETOVA:
1979 /
"Paleotemperaturas en la última Edad del Hielo sobre el territorio de la URSS" (en ruso, resumen en inglés). *Datos de estudios glaciológicos; crónica, discusión;* 36: 95-102. Academia de Ciencias de la URSS. Sección de Glaciología, Comité Geofísico Soviético e Instituto de Geografía. Moscú.

BUREN, G. E. Van:
1974 /
Arrowheads and projectile points. Arrowhead Publishing Co. Garden Grove.

BÜRGL, HANS:
1957 /
"Artefactos paleolíticos de una tumba en Garzón, Huila". *Rev. Colombiana de Antrop.*, 6: 7-30. Bogotá.

BURKE, KEVIN, A. B. DUROTOYE y
A. J. WHITEMAN:
1971 /
"A Dry Phase South of the Sahara 20.000 years ago". *West African Journ. Archaeol.* 1: 1-8.

BUTZER, KARL W.:
1971 /
Environment and Archaeology: an Ecological approach, 2ª ed. Aldine. Atherton. Chicago.

BUTZER, KARL W., GLYNN L. ISAAC,
JONATHAN L. RICHARDSON y
CELIA WASHBOURN-KAMAU:
1972 /
"Radiocarbon dating of East African Lake Levels". *Science* 175 (4026): 1069-1076. Washington, D. C.

BYERS, DOUGLAS S.:
1959 /
"The Eastern Archaic: Some problems and Hypothesis". *American Antiq.*, 24: 233-256. Salt Lake City.

BYERS, DOUGLAS S.:
1966 /
"The Debert Archaeological Project: the position of Debert with respect of the Paleo-Indian tradition". *Quaternaria* 8: 33-47. Vol. 15 Procs. 7 Congres INQUA. Roma.

CAILLEUX, A.:
1956 /
La Era Cuaternaria. Mems. y Coms. Inst. Geológico. Consejo Sup. Invest. Cients. Barcelona.

CALLEN, ERIC O.:
1967a /
"The First New World Cereal". *American Antiq.* 32 (4): 535-538. Salt Lake City.

CALLEN, ERIC O.:
1967b /
"Analysis of Tehuacan Coprolites". *The Prehistory of Tehuacan Valley; Environment and Subsistence* 1: 261-289. Douglas S. Byers, ed. The University of Texas Press. Austin.

CAMPBELL, JOHN M.:
1961 /
"The Krogruk Complex of Anaktuvuk Pass, Alaska". *Anthrologica*, (n.s.), 3 (1): 3-20. Ottawa.

CAMPBELL, JOHN M.:
1962 /
"Cultural succession at Anaktuvuk Pass". *Prehistoric cultural relations between the Arctic and Temperate zones of North America*, J. M. Campbell ed. Artic Institute of North America, Technical Pap. 11: 39-54.

CAMPS-FABRER, H.:
1968 /
"Industrie osseuse épipaleolithique et mésolithique du Mahgreb et du Sahara". Fiches typologiques africaines, 6/7. Cahiers: 167-225. París.

CAMPS-FABRER, H.:
1974 /
Editor
Premier Colloque International sur L'Industrie de l'os dans la Préhistoire. Eds. Univ. Provence. Aix-en-Provence.

CAMPS-FABRER, H.:
1977 /
Editor
Méthodologie appliquée a l'industrie de l'os préhistorique. Eds. C.N.R.S. París.

CAMPS-FABRER, H.:
1979 /
Editor
"Historique des recherches sur L'industrie de l'os préhistorique". *Trav. Lab. Anthrop. Préhist. Ethnol. pays Mediterranée Occidentale:* 1-14, Univ. Provence. Aix-en-Provence.

CAMPS-FABRER, H.:
1979 /
Editor
L'industrie en os et bois cervidé durant le Néolithique et l'age des métaux. Eds. C.N.R.S. París.

CAMPS-FABRER, H., L. BOURRELLY y
N. MIVELLE:
1974 /
Lexique des termes descriptifs de l'industrie de l'os. Univ. Provence. Aix-en-Provence.

CANALS FRAU, S.:
1950 /
Prehistoria de América. Editorial Sudamericana. Buenos Aires.

CARDICH, AUGUSTO:
1964 /
"Lauricocha: fundamentos para una prehistoria de los Andes Centrales". *Studia Prehistorica* III. Centro Argentino de Estudios Prehistóricos. Buenos Aires.

CARDICH, AUGUSTO:
1978 /
"Recent excavations at Lauricocha (Central Andes) and Los Toldos (Patagonia). *Early Man in America from a Circum-Pacific Perspective.* 296-300. Alan L. Bryan, ed. Occ. Paps. Dept. Anthrop. Univ. Alberta, Nº 1. Edmonton.

CARDICH, A., L. A. CARDICH y
A. HADJACK:
1973 /
"Secuencia arqueológica y cronológica-radiocarbónica de la Cueva 3 de Los Toldos, Sta. Cruz, Argentina". *Soc. Argentina de Antrop., Relacs.* 7: Buenos Aires.

CARDICH, LUCIO ADOLFO:
1973 /
"Dos fechas obtenidas por el método del radiocarbono para el sitio arqueológico de Huargo, Perú". *Rev. Mus. Nal.*, 39:30. Lima.

CARRASCO, PEDRO:
1945 /
Meteorología. Fondo de Cultura Económica. México, D. F.

CAVALLI-SFORZA, L. L.:
1973 /
"Origin and Differentiation of Human Races". *Procs, R.A.I. for 1972*: 15-25. Royal Anthropological Institute. London.

CAVIEDES, CESAR N.:
1975 /
"Quaternary Glaciations in the Andes of North-Central Chile". *Journ. Glac.* 14 (70): 155-170. Cambrigde.

CEPEK, A.:
1965 /
"Stratigraphie der quartären Ablagerungen des Norddeutschen Tieflandes". *Die Weichselvereisung auf dem Territorien der D. R. D.*: 45-65. Deutsche Akedemie der Wissenschaften zum Berlin. Quartär Komitee del D. D. R. Akademie Verlag. Berlín.

CINQ-MARS, J.:
1979 /
"Blue Fish Cave I: a late Pleistocene Eastern Beringia cave deposit in Northern Yukon". *Canadian Journal Archaeol.*, 3: 1-32.

CLARK, D. N.:
1972 /
"Archaeology of the Batza Tena obsidian source, West Central Alaska". *Anthrop. Paps. Univ. Alaska*, 15 (2): 1-21.

CLARK, D. N.:
1975 /
"Fluted points from the Batza Tena obsidian source of the Koyukut river region, Alaska". *Anthrop. Paps. Univ. Alaska*, 17 (2): 31-38.

CLAUSEN, C. J., A. D. COHEN,
CESARE EMILIANI, J. A. HOLMAN y
J. S. STIPP:
1979 /
"Little Salt Spring, Florida: a unique underwater site". *Science*, 203 (438?): 609-614. Washington, D. C.

CLIMAP PROJECT MEMBERS:
1976 /
"The Surface of the Ice-Age Earth". *Science*, 191 (4232): 1131-1137. Washington, D. C.

CLISBY, J. H. y
P. B. SEARS:
1955 /
"Palinology in Southern North America. Part III: Microfossil Profiles under Mexico City Correlated With Sedimentary Profiles". *Geol. Soc. America Bull.*, 66 (5): 511-520. Baltimore.

COE, MICHAEL D.:
1960 /
"A fluted point from Highland Guatemala". *American Antiq.* 25: 412-413. Salt Lake City.

COHEN, MARK N.:
1978 /
"Population Pressure and the Origins of Agriculture: An Archaeological Example From the Coast of Perú". *Advances in Andean Archaeology*, 91-132, David L. Browman, ed. Mouton Publishers. La Haya.

COMAS, JUAN:
1957 /
Manual de Antropología Física. Fondo de Cultura Económica. México.

COMAS, JUAN:
1961 /
"El origen del hombre americano y la antropología física". *Cuads. Inst. Historia, Ser. Antropo.*, N° 11. UNAM. México.

COMISION AMERICANA DE
NOMENCLATURA ESTRATIGRAFICA:
1970 /
Código de Nomenclatura Estratigráfica, 2ª ed. Instituto de Geología de la UNAM, Sociedad Geológica Mexicana, Asociación Mexicana de Geólogos Petroleros. México, D. F.

COOK, J. P. y
R. A. McKENNAN:
1970 /
"The Athapascan tradition: a view from Healy Lake in the Yukon-Tanana upland". *10th. Ann. Meet. of the Northwestern Anthrop. Assoc.* Ottawa.

COON, C.:
1970 /
The Hunting Peoples. Little, Brown and Co. Boston.

CORREAL URREGO, G., T. VAN DER HAMMEN y
J. C. LERMAN:
1970 /
"Artefactos líticos de abrigos rocosos en El Abra, Colombia". *Rev. Colombiana Antrop.* 14: 9-52. Instituto Colombiano de Cultura. Bogotá.

CORREAL URREGO, GONZALO y
THOMAS VAN DER HAMMEN:
1977 /
*Investigaciones arqueológicas en los abrigos rocosos del Te-
quendama.* Premios de Arqueología, I. Biblioteca Banco Po-
pular.

COTTEVIEILLE-GIRAUDET, REMY:
1928 /
"Les races et le peuplement du Nouveau Monde. Comment
l'Europe y a participé" *III Session Inst. Interntl. Anthrop.:*
268-273.

COULTER, H. W., D. M. HOPKINS,
T. V. KARLSTROM, T. L. PEWE,
CLYDE WAHRHAFTIG y
J. R. WILLIAMS:
1962 /
Map Showing extent of glaciations in Alaska. Misc. Geol.
Invs., Map. I-415. U. S. Geological Survey.

COULTER, H. W., D. M. HOPKINS,
T. N. V. KARLSTROM, T. L. PEWE,
CLYDE WAHRHAFTIG y
J. R. WILLIAMS:
1965 /
Map showing extent of glaciations in Alaska. Misc. Geol.
Invs., Map I-415. U. S. Geological Survey. Washington, D. C.

COX, A., D. M. HOPKINS y
G. B. DALRYMPLE:
1966 /
"Geomagmetic polarity epochs: Pribilof Islands". *Geol. Soc.
America Bull.* 77: 883-909. Baltimore

CRABTREE, DONALD:
1969 /
"A technological description of artefacts in Assemblage I, Wilson Butte cave, Idaho" (Research report). *Curr. Anthrop.,* 10
(4): 366-67. Chicago.

CRABTREE, D. E.:
1972 /
An Introduction to Flintworking. Occ. Paps. Idaho St. Univ.,
28, Pocatello.

CROOK Jr., WILSON W. y
R. K. HARRIS:
1957 /
"Hearths and artifacts of Early Man near Lewisville, Texas,
and associated faunal material". *Bull. Texas. Arch. Soc.* 28:
7-97.

CROOK Jr., WILSON W. y
R. K. HARRIS:
1958 /
"A Pleistocene Campsite near Lewisville, Texas". *Amer. Antiq.* 23: 233-246. Salt Lake City.

CRUZ, FRANCISCO SANTIAGO:
1962 /
La Nao de China. Editorial Jus, México, D. F.

CRUXENT, J. M.:
1972 /
"Early Man in America". *Scient. Amer.* San Francisco.

CSERNA, ZOLTAN DE:
1974 /
"La evolución geológica del panorama fisiográfico actual de
México". *México: panorama histórico y cultural,* 1; *El escenario geográfico, introducción ecológico:* 19-56. SEP-INAH. México.

CURRAY, J. R. y
F. P. SHEPARD:
1972 /
"Some major problems of Holocene sea levels". *Amer. Quatern. Assoc. (AMQUA) Abstracts* 16-18.

CHAMBERLIN, T. C.:
1894 /
"Proposed genetic classification of Pleistocene Glacial Formations". *Jour. Geol.,* 2: 517-538. Chicago.

CHAMBERLIN, T. C.:
1895 /
"Glacial Phenomena of North America". *The Great Ice Age,*
J. Geikie, ed.: 724-775, 2 ed. Appleton. New York.

CHARLESWORTH, J. K.:
1957 /
The Quaternary Era, With special reference to its glaciation.
Edward Arnold, 2 vols. London.

CHENG TE-K'UNG:
1959 /
Archaeology in China, I: Prehistoric China. W. Heffer and
Sons, Ltd. Cambridge.

CHIA LAN PO:
1976 /
"On the origin of microlithic industries in East Asia". *Le premier peuplement de l'archipel Nippon et des iles du Pacifique:
chronologie, paléogeographie, industries:* 7-9. Chosuke Serizawa
dir. IX Congr. UISPP. Niza.

CHIZOV. O. P.
1969 /
"On the hypothesis of Ice Ages suggested by Captain E. S.
Gernet". *Journ. Glac.,* 8 (53): 225-228. Cambridge.

DANIEL, GLYN E.:
1950 /
A Hundred Years of Archaeology. Gerald Duckworth & Co.,
Ltd. Londres.

DANIEL, GLYN E.:
1967 /
The Origins and Growth of Archaeology. Penguin Books,
A-885. Harmondsworth.

DARLINGTON Jr., PHILIP J.:
1957 /
Zoogeography. The Geographic distribution of animals. John Wiley and Sons, Inc. Publs. New York.

DART, RAYMOND A.:
1957 /
"Tre Osteodontokeratic Culture of Australopithecus Prometheus". *The Transvaal Museum, Mem.* 10 Pretoria.

DAVIDSON, D. S.:
1937 /
"The Question of Relationship between the Cultures of Australia and Tierra del Fuego". *American Anthrop.* 39: 229-243. Menasha.

DAVIS, EMMA LOU:
1978 /
The Ancient Californians. Naturay History Museum of Los Angeles. Science Series 29. Los Angeles.

DE TERRA, H.:
1947 /
"Teoría de una Cronología Geológica para el Valle de México". *Rev. Mex. Ests. Antrops.,* 9 (1, 2 y 3): 11-26. Sociedad Mexicana de Antropología, México, D. F.

DE TERRA, H., J. ROMERO y
D. T. STEWART:
1949 /
"Tepexpan Man". *Viking Fund Pubs. Anthropol.* N° 11. New York.

DENTON, GEORGE H.,
RICHARD L. ARMSTRONG, y
MINZE STUIVER:
1971 /
"The Late Cenozoic Glacial History of Antarctica". *Late Cenozoic Glacial Ages,* Karl K. Turekian, ed.: 267-306. Yale University Press. New Haven.

DESMOND, CLARK J.:
1959 /
The Prehistory of South Africa. Pelikan Books, A-458. Penguin Books, Ltd.

DESNOYERS, J.:
1829 /
"Observations sur un ensemble de dépots marins plus récents que les terrains tertiaires du bassin de la Seine, etc....". *Anns. Scs. Ntrlls.,* 16: 171-214; 402-491. París.

DEUSER, W. G., E. H. ROSS y
L. S. WATERMAN:
1976 /
"Glacial and Pluvial Periods: Their Relationship Revealed by Pleistocene Sediments of the Red Sea and Gulf of Aden". *Science,* 191 (4232): 1168-1170. Washington, D. C.

DEVENDER, THOMAS R. Van:
1977 /
"Holocene woodlands in the Southwestern deserts". *Science,* 198 (4313): 189-192. Washington, D. C.

DI PESO, CHARLES C.:
1955 /
"Two Cerro Guaymas Clovis Fluted points From Sonora, Mexico". *The Kiva* 21 (½): 83-87. Tucson.

DI PESO, CHARLES C.:
1965 /
"The Clovis fluted point from the Timmy site, Northwestern Chihuahua, México". *The Kiva* 31 (2): 83-87. Tucson.

DI PESO, CHARLES C.:
1966 /
"Archaeology and Ethnohistory of the Norther Sierra". *Handbook of Middle American Indians 4, Archaeological Frontiers and External Connections:* 3-25. Gordon F. Ekholm y Gordon R. Willey, eds. The University of Texas Press, Austin.

DI PESO, CHARLES C.:
1979 /
"Prehistory on the Southerm Periphery". *Handbook of North American Indians 9. Southwest:* 152-161. A. Ortiz, ed. Smithsonian Institution. Washington, D. C.

DILLEHAY, TOM:
1981 /
"Early Man in South-Central Andes: Monte Verde". *Comisión XII, Coloquio. X Congreso UISPP:* 58-61. México, D. F.

DIXON Jr., E. T.:
1976 /
"The Pleistocene Prehistory of Arctic North America". *Coll. XVII. Habitats humains antérieus à l'Holocene en Amérique:* 168-198. IX Congr. UISPP. Nice.

DOEBLEY, JOHN F. y
HUGLE H. ILTIS:
1980 /
"Taxonomy of Zea (Gramineae). I. A subgeneric classification with key to Taxa". *Amer. J. Bot.,* 67 (6): 982-993.

DOLLFUS, OLIVIER:
1965 /
Les Andes Centrales du Pérou et leurs piémonts. Travaux de l'Institut Francais d'Etudes Andines, T. X. Institut Francais d'Etudes Andines. Lima.

DOLLFUS, OLIVIER:
1981 /
El reto del espacio andino. Instituto de Estudios Peruanos; Perú Problemas, 20. Lima.

DONN WILLIAM L., y
MAURICE EWING:
1966 /
"A Theory of Ice Ages: III". *Science,* 152 (3730): 1706-1712. Washington, D. C.

DORT-GORTZ, Yu. E. y
V. E. TERESKHOVA:
1976 /
"Evolución de los límites occidentales del puente terrestre de Bering en el Cenozoico". *Beringia en el Cenozoico*: 43-59; V. L. Kontrimabichys, ed. (en ruso, res. en inglés). Acad. Ciencs. URSS. Centr. Científ. Lejano Este. Vladivostok.

DREIMANIS, A. y
R. P. GOLDTHWAIT:
1973 /
"Wisconsin Glaciation in the Huron, Erie, and Ontario Lobes" *The Wisconsinian Stage*, Robert F. Black, Richard P. Goldthwait, and H. B. Willman, eds. 71-106. The Geological Society of America, Mem. 136. Boulder.

DRIVER, HAROLD E. y
WILLIAM C. MASSEY:
1957 /
"Comparative studies of North American Indians". *Trans. American Philos. Soc., N. S.* 47 (2) 163-456. The American Philosophical Society. Philadelphia.

DUMOND, DON E.:
1978 /
"Alaska and the Northwest Coast". *Ancient Native Americans*: 43-94, Jesse D. Jennings. ed. W. H. Freeman and Co. San Francisco.

DUMOND, D. E., W. HENN y
R. STUCKENRATH:
/sf
Archaeology and Prehistory on the Alaska Peninsula. Manuscrito no publicado. University of Oregon.

DUNBAR, MOIRA:
1967 /
"The Monthly and Extreme Limits of Ice in the Bering Sea". *Physics of Snow and Ice*, Hirobumi Oura, ed.: 1 (1): 687-703. The Institute of Low Temperature Science. Sapporo.

ELSON, JOHN A.:
1967 /
"Geology of Glacial Lake Agassiz". *Life, Land and Water*: 37-95, W. J. Mayer-Oakes, ed. Occ. Paps. 1, Dept. Anthropology. Univ. Manitoba Press. Winnipeg.

EMILIANI, CESARE:
1971 /
"Pleistocene climatic cycles at low altitudes". *Late Cenozoic Glacial Ages*: 183-197. Karl K. Turekian, ed. New Haven.

ENDT, DAVID W. Von:
1979 /
"Techniques of amino acid dating". *Pre-Llano cultures of the Americas: paradoxes and possibilities*: 71-100. Robert L. Humphrey. Dennis Stanford, eds. The Anthropological Society of Washington. Washington, D. C.

ENGERRAND, JORGE:
1910 /
"Informe sobre una excursión prehistórica en el Estado de Yucatán". *Ans. Mus. Nal. México*, 3ª ép. 2: 245-259. México, D. F.

ENGERRAND, JORGE:
1912 /
"La huella más antigua quizá del hombre en la península de Yucatán". *Res. 2ª Ses. 17º Congr. Internl. Americanistas*: 89-100. México, D. F.

EPSTEIN JEREMIAH F.:
1961 /
"The San Isidro and Puntita Negra sites: evidence of Early Man horizons in Nuevo León, México". *Homenaje a Pablo Martínez del Río*: 71-74. INAH. México, D. F.

EPSTEIN, JEREMIAH F.:
1969 /
"The San Isidro Site, an early campsite in Nuevo León, México". *Anthrop. Paps. University of Texas*. The University of Texas. Austin.

ESPINOSA ESTRADA, JORGE:
1976 /
Excavaciones arqueológicas en "El Bosque". Depto. de Antrop. Hist.; Inst. Geogr. Nal. Inf. 1. Managua.

EVANS, GLEN L.:
1961 /
The Friesenhahn Cave. Texas Mem. Mus. Bull. 2. Austin.

EVENSON, EDWARD B.:
1973 /
"Late Pleistocene Shorelines and Stratigraphic Relations in the Lake Michigan Basin". *Geol. Soc. America Bull.* 84 (7): 2281-2298. Boulder.

EVENSON, EDWARD B.,
WILLIAM R. FARRAND,
DONALD F. ESCHMEN,
DAVID M. MICKELSON y
LOUIS J. MAHER:
1976 /
"Greatlakean substage: A replacement for Valderan Substage in the Lake Michigan Basin". *Quaternary Research* 6 (3): 411-424. New York.

EVENSON, EDWARD B.,
WILLIAM R. FARRAND,
DONALD F. ESCHMAN,
DAVID M. MICKELSON y
LOUIS J. MAHLER:
1978 /
"Reply to comments by P. F. Karrow and R. F. Black". *Quaternary Research* 9 (1): 123-129. New York.

EWING, MAURICE, y
WILLIAM L. DONN:
1956 /
"A Theory of Ice Ages". *Science,* 123 (3207): 1061-1066. Washington, D. C.

EWING, MAURICE, y
WILLIAM L. DONN:
1958 /
"A Theory of Ice Ages: II". *Science,* 127 (...): 1159-1162. Washington, D. C.

FAIRBRIDGE, RHODES W.:
1961 /
"Convergence of Evidence on climatic change and ice ages". *Ann. New York Acad. Scs.* 95 (1): 542-579. New York.

FAIRBRIDGE, RHODES W.:
1966 /
Editor
The Encyclopedia of Oceanography. Encyclopedia of Earth Sciences, I. Reinhold Publishing Co. New York.

FAY, G. E.:
1959 /
"Peralta complex, a Sonoran variant of the Cochise Culture: new data". *El Palacio* 66: 21-24.

FIELD, WILLIAM O.:
1975 /
Editor
Mountain Glaciers of the Northern Hemisphers. Atlas Vol. 1. Cold Regions Research and Engineering Laboratory.

FLADMARK, KNUT R.:
1978 /
"The feasability of the Northwest Coast as a migration route for Early Man". *Early Man in America from a Circum-Pacific Perspectve,* Alan L. Bryan, ed.: 119-128. Occ, Pap. Nº 1, Dept. Anthrop. Univ. Alberta. Edmonton.

FLARDMARK, KNUT R.:
1979 /
"Routes: alternate migration corridors for early man in North America". *Amer. Antiq.* 44 (1): 55-69. Salt Lake City.

FLANNERY, KENT V.:
1967 /
"Vertebrate Fauna and Hunting Patterns". *The Prehistory of Tehuacan Valley. Environment and subsistence,* 1: 132-177. (Douglas S. Byers, Gral. Ed.) The University of Texas Press, Austin.

FLANNERY, KENT V.:
1973 /
"The Origins of Agriculture". *Ann. Rev. Anthrop.,* 2: 271-310.

FLANNERY, KENT V., MARCUS WINTER,
SUSAN LEES, JAMES NEELY
J. SCHOENWETTER, S. KITCHEN y
JANE C. WHEELER:
1970 /
Preliminary Archaeological Investigations in the Valley of Oaxaca, México. Informe remitido al Instituto Nacional de Antropología e Historia. México, D. F.

FLINT, RICHARD FOSTER:
1947 /
Glacial Geology and the Pleistocene Epoch. John Wiley and Sons, Inc. New York.

FLINT, RICHARD FOSTER:
1971 /
Glacial and Quaternary Geology. John Wiley and Sons, Inc. New York.

FLORES, ANTONIO:
1969 /
Observaciones en la Peña Nevada de San Antonio. Informe interno, Depto. de Prehistoria, INAH. México, D. F.

FORBES E.:
1846 /
"On the connexion between the distribution of existing faunas, etc.". *Great Britain Geol. Surv. Mem.* 1: 336-432.

FORBES B.:
Editor
1975 /
Contributions to the Geology of the Bering. Sea Basin and Adjacent Regions. Spec. Pap. 151. The Geological Society of America. Boulder.

FOREMAN, P.:
1955 /
"Palinology in Southern North America. Part. II; Study of two cores from lake sediments of the Mexico, City Basin". *Geol. Soc. America Bull.,* 66 (5): 475-510. Baltimore.

FRENZEL, BURKHARD:
1973 /
Climatic Fluctuations of the Ice Age. The Press of Case Western Reserve University. Cleveland.

FRISON, GEORGE C.:
1978 /
Prehistoric Hunters of the High Plains. Academic Press, New York.

FRISON, GEORGE C. y
GEORGE M. ZEIMENS:
1980 /
"Bone proyectile points: an addition to the Folsom culture". *Amer. Antiq.* 45 (2): 231-237. Salt Lake City.

FRYE, JOHN C.:
1973 /
"Pleistocene Succession of the Central Interior United States". *J. Quat. Res.*, 3 (2): 275-283. University of Washington.

FRYE, JOHN C., H. B. WILLMAN,
MEYER RUBIN y
ROBERT F. BLACK:
1968 /
Definition of Wisconsinian Stage. Contribs. to Stratigraphy. Geol. Surv. Bull., 1274-E. Washington, D. C.

FRYE, JOHN C. y
H. B. WILLMAN:
1973 /
"Wisconsin Climatic History interpreted from Lake Michigan Lobe Deposits and soils". *The Wisconsinian Stage*, Robert F. Black, Richard P. Goldthwait and H. B. Willman, eds.: 135-152. The Geological Society of America, Mem. 136, Boulder.

FUNK, ROBERT F., GEORGE R. WALTERS,
WILLIAM F. EHLERS, Jr.,
JOHN E. GUILDAY y
GORDON CONNALLY:
1969 /
"The Archaeology of Duchess Quarry Cave Orange Country, New York". *Pennsylvania Archaeologist* 39 1-4: 7-22.

GALINDO ALONSO, JORGE:
1982 /
"La papita güera". *Naturaleza* 13 (3): 175-180. México, D. F.

GALLINAT, WALTON C.:
1975 /
"The evolutionary emergence of maize". *Bul. The Torrey Botanical Club*, 102 (6): 313-324.

GALLINAT, WALTON C.:
1977 /
"The origin of corn". *Corn and corn improvement*: 1-47. G. F. Sprague, ed. American Soc. Agronomy, Madison.

GALLOWAY, R. W.:
1965 /
"A note on World precipitation during the last glaciation". *Eiszeitalter und Gegenwart*, 16: 76-77.

GARCIA-BARCENA, JOAQUIN:
1976 /
"Paleotemperaturas e hidratación de obsidiana". *Bol. INAH*, ép. II; 17: 19-24. México, D. F.

GARCIA-BARCENA, JOAQUIN:
1979 /
Una punta acanalada de la Cueva Los Grifos, Ocozocuautla, Chiapas. Cuads. Trabajo, 17. Depto. Prehistoria INAH. México, D.F.

GARCIA-BARCENA, JOAQUIN:
(en prensa)
El Precerámico de Ahuacatenango, Chiapas, México. Col. Científica, Prehistoria INAH. México, D. F.

GARCIA-BARCENA, JOAQUIN y
D. SANTAMARIA:
(en prensa)
La Cueva de Santa Marta, Ocozocuautla, Chiapas. Estratigrafía, cronología y cerámica. Col. Científ. Prehistoria INAH. México, D. F.

GARCIA-COOK, ANGEL:
1967 /
Análisis tipológico de artefactos. Ser. Investigs., 12. INAH, México, D. F.

GARCIA-COOK, ANGEL:
1973 /
"Una punta acanalada en el Estado de Tlaxcala, México". *Comunicaciones*, 9: 39-42, Puebla.

GARCIA MOLL, ROBERTO:
1977 /
Análisis de materiales arqueológicos, Cueva del Texcal, Puebla. Col, Cientif. (Arqueología) 56 INAH, México.

GEIKIE, J.:
1894 /
The Great Ice Age and its relation to the Antiquity of Man. Stanford, 3ª ed. London.

GEOLOGICAL SURVEY OF CANADA:
1968 /
Glacial Map of Canada. Department of Energy, Mines and Resources. Ottawa.

GERBI, ANTONELLO:
1960 /
La disputa del Nuevo Mundo. Fondo de Cultura Económica. México, D. F.

GIDDINGS, J. L.
1965 /
"A long record of eskimos and indians at the forest edge". *Context and meaning in cultural anthropology*: 189-205, M. E. Spiro, ed. The Free Press.

GIRESSE, PIERRE, y
LOIC LE RIBAULT:
1981 /
"Contribution a l'étude exoscopique des quartz à la reconstitution paléogéographique des derniers épisodes du Quaternaire Littoral du Congo". *Quatern. Res.* 15 (1): 86-100.

GITERMAN, R. E.:
1976 /
"Vegetación de las tierras bajas de Kolyma en las épocas frías del Pleistoceno y el problema de los paisajes de Beringia" (en ruso, resumen en inglés). *Beringia en el Cenozoico* (V. L. Kontrimabichus, ed.): 166-170. Acad. Cs. URSS, Centro Cientif. Lejano Este. Vladivostok.

GLOVER, I. C.:
1973 /
"Late Stone Age traditions in South East Asia". *South Asian Archaelogy*: 51-65, Norman Hammond, ed. Noyes Press, Park Ridge.

GONZALEZ Q., L. y
J. MORA:
1978 /
"Estudio arqueológico-ecológico de un caso de explotación de recursos litorales en el Pacífico". *Arqueobotánica (métodos y aplicaciones)*:51-60. F. Sánchez coord. Col., Cientif., 63, INAH, México, D. F.

GONZALEZ, ALBERTO REX y
H. A. LAGIGLIA:
1973 /
"Registro nacional de fechados radiocarbónicos, necesidad de su creación". *Soc. Argentina Antrop. Relacs.* VII, Buenos Aires.

GONZALEZ QUINTERO, LAURO:
1972 /
Análisis polínico de los sedimentos de Tlapacoya, México. Informe, Depto. de Prehistoria, INAH, México, D. F.

GONZALEZ QUINTERO, LAURO:
1974 /
"Tipo de vegetación de México". *México: panorama histórico y cultural, 2: El escenario geográfico, recursos naturales*: 109-218. SEP-INAH, México, D. F.

GONZALEZ RUL, FRANCISCO:
1959 /
Una punta acanalada del Rancho La Chuparrosa. Depto. Prehist. 8, INAH, México, D. F.

GOOD, R.:
1974 /
The Geography of the flowering plants. Longman Group Ltd. London.

GORMAN, FREDERICK:
1972 /
"The Clovis hunters: an alternate view of their environment and ecology". *Contemporary archaeology*, Mark Leone, ed.: 206-221, Carbondale.

GRAHAM, RUSSELL:
1976 /
Pleistocene and Holocene Mammals Taphonomy, and Palaeoecology of the Friesenhahn Cave local Fauna, Bexar County, Texas. Ph. D. Dissertation. Dept. of Geology University of Texas, Austin.

GRAHAM, RUSSELL W.:
1979 /
"Paleoclimates and Late Pleistocene Faunal Provinces in North America". *Pre-Llano Cultures of the Americas: Paradoxes and possibilities*: 49-69, Robert L. Humphrey and Dennis Stanford, eds. The Anthropological Society of Washington. Washington, D. C.

GRAHAM, R., C. V. HAYNES, D. JOHNSON y
M. KAY:
1981 /
"Kimmswick: a Clovis-mastodon association in eastern Missouri". *Science* 213 (4512): 1115-1116, Washington, D. C.

GRAHMANN, R. y
H. MULLER-BECK:
1967 /
Urgeschichte der Menschheit. W. Kohlhammer Verlag. Stuttgart.

GRAYSON, DONALD K.:
1977/
"Pleistocene avifaunas and the overkill hypothesis". *Science* 195 (1,279): 691-693, Washington, D. C.

GREENMAN, E. F.:
1963 /
"The Upper Palaeolithic and the New World". *Current Anthropology*, 4 (1): 41-91, Utrecht.

GRICHUK, M. P.:
1976 /
"Cambios en la flora de Eurasia del Noreste en el Cenozoico tardío" (en ruso, resumen en inglés). *Beringia en el Cenozoico*: 195-201; V. L. Kontrimabichys, ed. Acad. Ciencs. URSS. Centr. Cientif. Lejano Este. Vladivostok.

GRIFFIN, JAMES B.:
1946 /
"Cultural change and continuity in Eastern United States Archaeology". *Man in Northeastern North America*, Frederick Johnson, Ed.: 37-95. Paps. Robert S. Peabody Found. Archaeol. 3, Andover.

GRIFFIN, JOHN B.:
1966 /
"The origins of prehistoric North-american Pottery". *Atti 6 Congr. Int. Scs. Pre, Proto.* Secc. 5/7: 267-271. UISPP. Roma.

GRIFFIN, JAMES B.:
1978 /
"The Midlands and Northeaster United States". *Ancient Native Americans*: 221-280. Jesse D. Jennings, ed. W. H. Freeman and Co. San Francisco.

GRIFFIN, JAMES B.:
1979 /
"The origin and dispersion of American Indians in North America". *The First americans: origins, affinities, and adaptations*: 43-55; William S. Laughlin and Albert B. Harper, eds. Gustav Fischer. New York.

GROBMAN, ALEXANDER, DUCCIO BONAVIA, DAVID H. KELLEY, PAUL C. MANGELSDORF y
J. CAMARA HERNANDEZ:
1977 /
"Study of pre-ceramic maize from Huarmey, North-Central Coast of Peru". *Botan. Mus. Leafls.* 25 (8): 221-242. Harvard University, Cambrindge.

GROBMAN, A. y
DUCCIO BONAVIA:
1978 /
"Pre-ceramic maize on the north-central coast of Peru". *Nature* (276) 5686: 386-387, London.

GROSVALD, M. G.:
1977 /
"Sobre el último manto de hielo Eurasiático" (en ruso, resumen en inglés). *Datos de estudios glaciológicos; crónica y discusión;* 30: 45-60. Academia de Ciencias de la URSS. Sección de Glaciología, Comité Geofísico Soviético e Instituto de Geografía. Moscú.

GRUHN, RUTH:
1961 /
"The Archaeology of Wilson Butte Cave, South Central Idaho". *Occ. Paps. Idaho State Coll. Mus. 6*, Pocatello.

GRUHN, RUTH:
1965 /
"Two early carbon dates from the lower levels of Wilson Butte Cave, South Central Idaho". *Tebiwa*, 8 (2): 57, Pocatello.

GRUHN, R., A. L. BRYAN y
J. D. NANCE:
1977 /
"Los Tapiales; a paleoindian campsite in the Guatemala Highlands". *Procs. American Philosoph. Soc. 121: 235.* Philadelphia.

GRUHN, RUTH y
ALAN L. BRYAN:
1981 /
"A summary report and implications of the Taima-Taima mastodon kill site, Northern Venezuela". *Comisión XII. Coloquio. X Congreso UISPP,* 48-49, México, D.F.

GUEVARA SANCHEZ, ARTURO:
1981 /
Los Talleres líticos de Ahuacatenango Chiapas. Col. Científica 95, INAH, México, D. F.

GUIDON, NIEDE:
1981 /
"Las unidades culturales de Sao Raimundo Nonato, sudeste del Estado de Piauí". *Comisión XII, Coloquio X Congreso UISPP:* 101-111 México, D.F.

GUILDAY, J. E.:
1967 /
"Differential extinctions during late Pleistocene and Recent times". *Pleistocene extinction: the search for a cause,* P. S. Martin y H. E. Wright, eds. Yale University Press.

HACK, JOHN T.:
1941 /
"The changing physical environment of the Hopi indians of Arizona". *Peabody Mus. Paps.* 35 (1), Cambridge.

HADLEIGH-WEST, F.:
1967 /
"The Donnelly ridge site and the definition of an early core and blade Complex in Central Alaska". *Amer. Antiq.,* 32 (3): 360-382.

HADLEIGH-WEST, F.:
1973 /
"Old World affinity and archaeological complexes from Tangle lakes, Central Alaska". *Thes. & Reps. all-union Symp. Bering land brd. and its role. Hist. Holarctic Flores & faunas late Cenozoic:* 209-211. Acad. Scs. URSS. Far Easterns Centre.

HADLEIGH-WEST, F.:
1975 /
"Dating the Denali complex". *Arctic Anthropology,* 12 (1): 76-81.

HALL, E. RAYMOND:
1981 /
The Mammals of North America. John Wiley & Sons (2 ed.) 2 vols. New York.

HAMMEN, THOMAS van der:
1957 /
"Las terrazas del río Magdalena y la posición estratigráfica de los hallazgos de Garzón". *Rev. Colombiana de Antrop.,* 6: 261-270. Bogotá.

HAMMEN, THOMAS van der:
1961 /
"Late Cretaceous and Tertiary Stratigraphy and tectogenesis of the Colombian Andes". *Geol. Mijnbouw,* 40: 181-188.

HAMMEN, THOMAS van der y
B. GONZALEZ:
1960 /
"Upper Pleistocene and Holocene clite and vegetation of the sabana de Bogotá". *Leidse Geol. Medes.,* 25: 261-315.

HARLAN, JACK R.:
1971 /
"Agricultural Origins: Centers and Noncenters". *Science,* 174 (4008): 468-474.

HARLAND, W. B. y
K. N. HEROD:
1975 /
"Glaciations through time". *Ice Ages: ancient and Modern:* 189-216. A. E. Wright and F. Moseley, eds. Seel House Press, Liverpool.

HARP, Jr., ELMER:
1978 /
"Pioneer cultures of the Sub-arctic and Arctic". *Ancient Native Americans:* 95-130. Jesse D. Jennings, ed. W. H. Freeman and Co. San Francisco.

HARRINGTON, MARK R.:
1948 /
An Ancient site at Borax Lake, California. Southwest Mus. Paps. 16, Los Angeles.

HARRINGTON, MARK R.:
1975 /
"A Bone Tool found with Ice Age Mammals Remains near Dawson City, Yukon". *Arctic Circular*, 23 (1): 2-5.

HARRINGTON, M. R. y
R. D. SIMPSON:
1961 /
Tule Springs, Nevada, with other evidences of Pleistocene Man in North America. Southwest Mus. Paps. 19. Los Angeles.

HASTENRATH, STEFAN:
1973 /
"On the Pleistocen Glaciation of the Cordillera de Talamanca, Costa Rica". *Zeitschr. Gletscherkunde u. Glazial-geologie:* 9 (1/2): 105-121.

HASTENRATH, STEFAN:
1974 /
"Spuren pleistozäner Vereisung in den Altos Cuchumatanes, Guatemala". *Eiszeitalter und Gegenwart,* 25: 125-134.

HAUG, E.:
1907-11 /
Traité de Géologie. Armand Colin, 2 vols. París.

HAURY, EMIL W.:
1950 /
The Stratigraphy and Archaeology of Ventana Cave, Arizona University of New Mexico Press, Albuquerque.

HAURY, EMIL:
1956 /
"The Lehner Mammoth Site". *The Kiva* 21 (¾) 23-24. Tucson.

HAYNES, C. VANCE:
1964 /
"Fluted projectile points: their age and dispersion". *Science,* 145 (3639): 1408-1413. Washington, D. C.

HAYNES, Jr. C. VANCE, A. R. DOBERENZ y
JACK A. ALLEN:
1966 /
"Geological and geochemical evidence concerning the antiquity of bone tools from Tule Springs, site 2, Clark Country, Nevada". *American Antiquities,* 31 (4): 517-521. Salt Lake City.

HAYS, JAMES D.:
1970 /
"Stratigraphy and Evolutionary trends of Radiolaria in North Pacific Deep. Sea Sediments". *Geological Investigations of the North Pacific,* 185-218, James D. Hays, ed. The Geological Society of America, Pub. 126. Boulder.

HAYNES Jr. C. VANCE:
1980 /
"The Clovis Culture". *Canadian Journal of Anthropology,* 1 (1): 115-121. (Spec. ANQUA issue: The Ice free Corridos and peopling of the New World, N. M. Rutter y C. E. Schweger, eds.) Edmonton.

HAYNES Jr. C. VANCE:
1969 /
"The Earliest Americans". *Science,* 166 (3906): 709-715. Washington, D. C.

HEINE, KLAUS:
1973a /
"Die jungpleistozänen un holozänen Gletschervorstosse am Malinche-Vulkan, Mexiko". *Eiszeitalter u. Gegerwart,* 23/24: 46-62. Ohringen.

HEINE, KLAUS:
1973 /
"Zur Glazialmorphologie und Präkeramischen Archäologie des Mexikanischen Hochlandes wahrend des Spatglazials (Wisconsin) und Holozäns". *Erdkunde,* 27 (3): 161-180. Bonn.

HEINE, KLAUS:
1973 /
"Variaciones más importantes del clima durante los últimos 40.000 años en México". *Comunicaciones,* 7: 51-58. Proyecto Puebla-Tlaxcala; Fundación Alemana para la Investigación Científica. Puebla.

HEINE, KLAUS:
1978 /
"Neue Beobachtungen zur Chronostratigraphie der mittelwisconsinzeitlichen Vergletscherungen und Böden mexikanischer Vulkane". *Eiszeitalter und Gegenwart,* 28 (4): 139-147. Ohringen.

HEINE, KLAUS y
HELGA HEIDE-WEISE:
1972 /
"Estratigrafía del Pleistoceno Reciente y del Holoceno en el volcán de la Malinche y región circunvecina". *Comunicaciones,* 5: 3-7. Proyecto Puebla-Tlaxcala; Fundación Alemana para la Investigación Científica. Puebla.

HEINE, KLAUS y
HELGA HEIDE-WEISE:
1973 /
"Jungquartare Forderfolgen des Malinche Vulkans und des Popocateptl (Sierra Nevada, Mexiko) und ihre Bedeutung fur die Glazialgeologie, Palaoclimatologie un Archaologie". *Munster. Forsch. Geol. Palaont.* h. 31/32: 303-322. Munster.

HEIZER, ROBERT F. y
RICHARD A. BROOKS:
1965 /
"Lewisville-Ancient campsite or wood rat houses?" *Southwestern J. Anthrop.,* 21 (2): 155-165. Albuquerque.

HERMAN, IVONNE:
1970 /
"Arctic paleo-oceanography in late Cenozoic time". *Science,* 169: 474-477. Washington, D. C.

HERMAN, IVONNE:
1974 /
Editor
Marine Geology and Oceanography of the Artic Seas. Springer-Verlag, New York.

HERMAN, IVONNE:
1974 /
"Artic Ocean Sediments, Microfauna, and Climatic Record in Late Cenozoic Time". *Marine Geology and Oceanography of the Artic Seas,* 283-348. Herman, I. (ed.). Springer-Verlag, New York.

HERNANDEZ, FRANCISCO:
1959 /
Historia Natural de las Indias. Universidad Nacional Autónoma de México. México, D. F.

HEYERDAHL, THOR:
1976 /
"Primitive Navigation". *Mankind's Future in the Pacific,* 172-196. R. F. Scagel, Ed. Plenary and Special Lectures, 13th. Pacific Science Congres. Vancouver.

HIBBEN, FRANK C.:
1941 /
Evidences of early occupation in Sandia cave, New Mexico, and other sites in the Sandia-Manzano region. Smithson. Misc. Coll. 99, Nº 23. Washington, D.C.

HOFFMANN, ROBERT S.:
1976 /
"Un análisis ecológico y zoogeográfico de la migración de animales a través del estrecho terrestre de Bering durante el período Cuaternario", (en ruso, resumen en inglés). *Beringia en el Cenozoico,* 354-367; V. L. Kontrimabichs, ed. Acad. Ciencs. URSS. Centr. Cientif., Lejano Este. Vladivostok.

HOLMBERG, ALLAN R.:
1969 /
Nomads of the Long Bow. American Museum Science Books. The American Museum of Natural History.

HOPKINS, DAVID M.:
1967 /
Editor
The Bering Land Bridge. Stanford University Press, Stanford.

HOPKINS, DAVID M.:
1972 /
"The Paleogeopraphy and Climatic History of Beringia during Late Cenozoic time". *Inter-Nord,* 12: 121-150. Centre d'Etudes Artiques. Eds., Mouton & Co. La Haye.

HOPKINS, DAVID M.:
1979 /
"Landscape and Climate of Beringia during Late Pleistocene and Holocene Time". *The First Americans: origins, affinities and adaptations:* 15-41. William S. Laughlin and Albert B. Harper, eds. Gustav Fischer. New York.

HOPKINS, D. M., F. S. MacNEIL y
E. B. LEOPOLD:
1960 /
"The coastal plain at Nome, Alaska. A late Cenozoic type section for the Bering strait region". *21st. Intern. Geol. Congr., Copenhagen,* Norden, pt. 4: 46-67.

HOPKINS, D. M., J. V. MATTHEWS,
J. A. WOLFE y
M. L. SILBERMAN:
1971 /
"A Pliocene flora and insects from the Bering strait region". *Paleogeography, Paleoclimatology, Paleoecology,* 9: 211-231.

HOPKINS, D. M., J. S. CREAGER,
H. J. KNEBEL y
R. J. ECHOLS:
1972 /
"Middle and Late Quaternary Sea-level History in the Bering Sea Region". *Abstrs. 2nd. Natl. Conf. American Quatern. Assoc.,* 34, AMQUA. Miami.

HOPKINS, D. M., R. W. ROWLAND y
W. W. PATTON:
1972 /
"Middle pleistocene mollusks from St. Lawrence island and their significance for paleo-oceanography of the Bering Sea". *Quatern. Res.* 2: 2.

HOPKINS, M. L. y
B. ROBERT BUTLER:
1961 /
"Remarks on a notched fossil Bison Ischium". *Tebiwa,* 4 (2): 10-18. Pocatello.

HORKHEIMER, HANS:
1973 /
Alimentación y obtención de alimentos en el Perú prehispánico. Universidad Nacional Mayor de San Marcos. Lima, Perú.

HRDLICKA, A.:
1912 /
"The problems of the unity or plurality and the probable place of origin of the American Aborigines". *American Anthrop.,* 14: 11.

HRDLICKA, A.:
1928 /
"The Origin and Antiquity of the American Indian", (rev. edition). *Smithsonian Rept.,* 1923, Pub. 2778. Washington, D. C.

HUGHES, T., G. H. DENTON y
M. G. GROZWALD:
1977 /
"Was there a late-Wurm Artic Ice Sheet?" *Nature*, 266 (5603):
596-602. London.

HUNKINS, KENNETH, ALLAN W. H. BE,
NEIL D. OPDYKE y
GUY MATHUE:
1971 /
"The Late Cenozoic History of the Artic Ocean". *Late Cenozoic
Glacial Ages*, 215-237. Karl K. Turekian, ed. Yale University
Press. New Haven.

HUNT, CHARLES B.:
1953 /
"Pleistocene-Recent boundary in the Rocky Mountain Region".
Geol. Surv. Bull, 996-A. Washington, D. C.

HURT, W. y
T. van der HAMMEN:
1972 /
"Preceramic sequences in the El Abra Rock-shelters, Colombia".
Science, 175 (4026): 1106-1108. Washington, D. C.

HURT, WESLEY R.:
1981 /
"The Cultural relationships of the Alice Boër site, São Paulo".
Comisión XII, Coloquio. X Congreso UISPP, 97-98. México, D. F.

IKAWA-SMITH, FUMIKO:
1978 /
"Chronological Framework for the Study of the Palaeolithic in
Japan". *Asian Perspectives*, 19 (1): 61-90.

ILTIS, H. H., J. F. DOEBLEY,
R. GUZMAN M. y
B. PAZY:
1979 /
"*Zea diploperennis* (Gramineae): A new Teosinte from Mexico".
Science, 203 (4376): 186-188. Washington, D. C.

ILTIS, H. H. y
JOHN F. DOEBLEY:
1980 /
"Taxonomy of Zea (Gramineae). II Subspecific categories in the
Zea mays complex and a generic synopcis". *Amer. J. Bot.*,
67 (6): 999-1009.

IMBELLONI, JOSE:
1938 /
"Tabla clasificatoria de los indios, regiones biológicas y grupos
raciales humanos en América". *Physis*, 12: 229-49. Buenos Aires.

IMBELLONI, JOSE:
1939 /
"Estado actual de la sistemática del hombre con referencia a
América". *Physis*, 16: 302-21. Buenos Aires.

IMBELLONI, JOSE:
1941 /
"Le Gente indigena dell'America". *Razze e Popoli della Terra*,
R. Biasutti, ed., 3. Torino.

IMBELLONI, JOSE:
1958 /
"Nouveaux apports a la classification de l'homme americain".
Miscellanea Paul Rivet. Octogenario Dicata, 1: 107-136. Universidad Nacional Autónoma de México. México, D. F.

IMBELLONI, JOSE:
1966 /
"Le Gentil indigena dell'America". *Razze e Popoli della Terra*,
Terra. R. Biasutti, ed. (2ª ed.); 4: 307-330. Unione Tipografico-
Editrice Torinese, Torino.

IRVING, W. N. y
C. R. HARRINGTON:
1973 /
"Upper Pleistocene Radiocarbon dated Artifacts from the Northern
Yukon". *Science*, 179 (4071): 335-340. Washington, D. C.

IRVING, W. N. y
J. CINQ-MARS:
1974 /
"A tentative archaeological sequence from Old Crow Flats".
Arctic Anthrop. 11. Suppl.: 65-81.

IRWIN, CYNTHIA:
1963 /
*Informe sobre las excavaciones realizadas en Hidalgo y Queré-
taro.* Archivos del Depto. de Prehistoria. I.N.A.H. México.

IRWIN-WILLIAMS, C.:
1973 /
"Summary of Archaeological Evidence from the Valsequillo
Region. Puebla. México". *IX Congr. Anthrop. Ethnol. Scs.*
Chicago.

JAEGER, FRITZ:
1926 /
Forschugen über das Diluviale Klima in Mexiko. Petermanns
Mitteilungen Erganzungsheft, 190. Justus Perthes. Gotha.

JENNINGS, JESSE D.:
1968 /
Prehistory of North America. McGraw-Hill Book Co. New York.

JENNINGS, JESSE D.:
1974 /
Prehistory of North America (2nd. ed.). McGraw-Hill Book, Co.
New York.

JENNINGS, JESSE D.:
1978 /
Editor
Ancient Native Americans. W. H. Freeman and Co. San Francisco.

JOSSELYN, DANIEL W.:
1965 /
The Lively Complex. Discussion of some of the ABC's of this technology. Interamerican Inst. Denton.

JOPLING, A. V., W. V. IRVING y
B. F. BEEBE:
1981 /
"Stratigraphic, sedimentological and faunal evidence of Pre-Sangamonian artifacts in North Yukon". *Comision XII, Coloquio. X Congreso U.I.S. P.P.* 27. México, D. F.

JOHNSON, ALFRED E.:
1966 /
"Archaeology of Sonora". *Handbook of Middle American Indians 4; Archaeological Frontiers and External Connections*, 26-37. Gordon F. Ekholm y Gordon R. Willey, eds. The University of Texas Press. Austin.

KARROW, P. F.:
1978 /
"Comment on 'Greatlakean substage: for Valderan Substage in the Lake Michigan Basin' by E. B. Evenson, W. R. Farrand, D. F. Eschman, D. M. Mickelson, and Louis J. Mahler". *Quaternary Research,* 9 (1): 116-118. New York.

KELLY, ISABEL:
-1980/
Ceramic sequence in Colima: Capacha, an early phase. Anthrop. Paps. Univ. Arizona, 37. The University of Arizona Press. Tucson.

KENNERLY, T. E:.
1956 /
"Comparisons between Fossil and Recent Species of the Genus *Perognathus*". *Texas Journ. Sci.* 8: 74-86.

KIDD, K. K.:
1971 /
"Genetic approaches to human evolution". *L'Origine dell'uomo.* Procs. Darwin Centennial Symposium. Roma.

KIRCHHOFF, PAUL:
1943 /
"Mesoamérica: sus límites geográficos, composición étnica y caracteres culturales". *Acta Americana,* 1: 92-107.

KLEBELSBERG, RAIMOND von:
1948-49 /
Handbuch der Gletscherkunde und Glazialgeologie. Springer Verlag. Viena, 2 vols.

KLEIN, RICHARD G.:
1969 /
"Mousterian Cultures in European Russia". *Science,* 165 (3890): 257-265. Washington, D. C.

KNEBEL, H. J. y
J. S. CREAGER:
1973 /
"Yukon River: Evidence for extensive migration during the Holocen transgression". *Science,* 179: 1230-1231. Washington, D.C.

KNEBEL, HARLEY J., JOE S. CREAGER y
RONALD J. ECHOLS:
1974 /
"Holocene Sedimentary Framework East-Central Bering continental Shell". *Marine Geology and Oceanography of the Arctic Sears,* 157-172. Herman, I. (ed.), Springer-Verlag. New York.

KNOWLES, FRANCIS H. S.:
1953 /
Stone-Workers Progress. Occ. Paps. Technol., 6. Pitt Rivers Mus., Univ. Oxford. Oxford.

KOECHLIN, RENE:
1944 /
Les Glaciers et leur mécanisme. Librairie de l'Université. F. Bouge et Cie., S. A.

KOEPPEN, W.:
Editor
1948 /
Climatología. Fondo de Cultura Económica. México, D. F.

KONTRIMABICHYS, V. L.:
Editor
1976 /
Beringia en el Cenozoico. Informe del Simposio "El puente de Beringia y su papel en la Historia de las faunas y floras holárticas en el Cenozoico superior"; Jabarosk, 10-15 de mayo de 1973 (en ruso en el original, con resúmenes en inglés). Academia de Ciencias de la URSS. Centro científico del lejano Este. Vladivostok.

KOPPEN, W. y
A. WEGENER:
1924 /
Die Klimate der Geologische Vorzeit. Berlín.

KOPPERS, W.:
1930 /
"Die Frage der Eventuellen alten Kulturbeziehungen zwischen dem südlichsten Südamerika und Südaustralien". *Procs. Intern Congr. Amers.,* 23: 678-686. Berlín

KOZHEVNIKOV, Yu. P.:
1976 /
"El elemento americano en la flora de Chukotka", (en ruso, con resumen en inglés). *Beringia en el Cenozoico,* 195-201; V. L. Kontrimabichys, ed. Acad. Ciencs. URSS. Centr. Cientif. Lej. Este. Vladivostok.

KRAFT, JOHN C.:
1977 /
"Late Quaternary paleogeographic changes in the coastal environments of Delaware. Middle Atlantic Bight, related to Archaeological settings". *Amerinds and their paleoenvironments in Northeastern North America*, 35-69. Walter S. Newman y Bert Salwen, eds. The New York Academy of Sciences. New York.

KRICKEBERG, WALTER:
1946 /
Etnología de América. Fondo de Cultura Económica. México, D. F.

KRIEGER, ALEX D.:
1957 /
"Notes and News: Early Man". *Amer. Antiq.*, 22: 321-323. Salt Lake City.

KRIEGER, ALEX D.:
1963 /
"Comment" en Greenman, E. F. 1963. *Current Anthropology*, 4 (1): 74-76. Utrecht.

KRIEGER, ALEX D.:
1964 /
"Early Man in the New World". *Prehistoric Man in the New World*, 23-81. Jesse D. Jennings y Edward Norbeck, edc. William Marsh Rice University-The University of Chicago Press. Chicago.

KROEBER, A. L.:
1925 /
Handbook of the Indians of California. Bur. American Ethnol. Bull, 78. Washington, D. C.

KUMMER, J. T. y
J. S. CREAGER:
1971 /
"Marine geology and Cenozoic History of the Gulf of Anadyr". *Marine Geology*, 10: 257-280.

KURTEN, BJORN:
1976 /
"Poblaciones carnívoras transberíngicas en el Pleistoceno" (en ruso, resumen en inglés). *Beringia en el Cenozoico*, 258-262; V. L. Kontrimabychis, ed. Acad. Ciencs. URSS. Centro Cientif. Lej. Este Vladivostok.

LAHREN, LARRY A. y
ROBSON BONNICHSEN:
1974 /
"Bone foreshafts from a Clovis Burial site in Southwestern Montana". *Science*, 186 (4159): 147-150. Washington, D. C.

LAMB, H. H.:
1972 /
Climate: Present, Past and Future. Methuen & Co., Ltd. London.

LAMB, H. H.:
1975 /
"Changes of Climate: the perspective of time scales and a particular examination of recent changes", *Ice Ages: ancient and modern*, 169-186, A. E. Wright and F. Moseley, eds. Geological Journal Special Issue N° 6. Seel House Press. Liverpool.

LAMING-EMPERAIRE, ANNETTE:
1962 /
"Les grandes théories sur le Peuplement de l'Amérique et le poins de vue de l'Archéologie". *Origens do Homen Americano*, 28 pp. II Encontros Intelectuais de São Paulo, Instituto de Prehistoria de Universidade de São Paulo. São Paulo, Brasil.

LANGSTON, WANN y
LAWRENCE OSCHINSKY:
1963 /
"Notes on Taber 'Early Man' site". *Anthropologica*, n. s. 5 (2): 147-150.

LAPLACE, GEORGES:
1966 /
Recherches sur l'origine et l'évolution des complexes leptolithiques. Mélanges d'Archéol. et Hist. Suppl. 4. Ecole francaise de Rome. París.

LARSEN, HELGE:
1968 /
"Trail Creek: final report of the excavations of two caves on Seward peninsula, Alaska". *Acta Arctica*, 15. Kobenhavn.

LAUGHLIN, WILLIAM S. y
ALBERT B. HARPER:
Editores
1979 /
The First Americans: Origins, Affinities and Adaptations. Gustav Fischer. New York.

LAUHLIN, WILLIAM S.,
JØRGEN B. JØRGENSEN y
BRUNO FRØHLICH:
1979 /
"Aleuts and Eskimos: Survivors of the Bering Land Bridge Coast". *The First Americans: Origins, affinities, and adaptations*, 91-104, William S. Laughlin and Albert B. Harper, eds. Gustav Fischer, Inc. New York.

LEE, THOMAS E.:
1954 /
"The First Sheguiandah expedition, Manitoulin Island, Ontario". *American Antiq.* 20 (2): 101-111. Salt Lake City.

LEE, THOMAS E.:
1955 /
"The second Sheguiandah expedition. Manitoulin Island, Ontario". *American Antiq.*, 21 (1): 63-71. Salt Lake City.

LEON PORTILLA, MIGUEL:
1965 /
"Aculturación y Ecosis". *Ans. Antropol.*, 2:131-136. Inst. Invests. Hists. UNAM. México, D. F.

LEROI-GOURHAN, A.:
1936 /
La Civilisation du Renne. Ed. Gallimard. París.

LEROI-GOURHAN, A.:
1943 /
L'Homme et la matière. Scs. d'aujourdhui. Eds. Albin Michel. París.

LEROI-GOURHAN, A., G. BAILLOUD,
J. CHAVAILLON y
A. LAMING-EMPERAIRE:
1966 /
La Préhistoire. Nlle. Clio; L'Histoire et ses problèmes, 1. PUF. París.

LEVERETT, F.:
1898 /
The Illinois Glacial Lobe. U. S. Geol. Surv. Mon. 38. Washington.

LIPE, WILLIAM D.:
1978 /
"The Southwest". *Ancient Native Americans*, 327-402. Jesse D. Jennings, ed. W. H. Freeman and Co. San Francisco.

LIVELY, M.:
1965 /
The Lively Complex. Preliminary report on a pebble tool complex in Alabama. Interamerican Inst. Denton.

· LORENZO, JOSE L.:
1953 /
"A fluted point from Durango, Mexico". *American Antiq.*, 18 (4): 394-395. Salt Lake City.

LORENZO, JOSE L.:
1958 /
"Una hipótesis paleoclimática para la Cuenca de México". *Miscell. Paul Rivet. Octogenario Dicata*, 1: 579-584. UNAM. México, D. F.

LORENZO, JOSE L.:
1961a /
"Notas sobre Geología Glacial del Nevado de Colima. *Instituto de Geología,* Bol. 61: 77-92. UNAM. México, D. F.

LORENZO, JOSE L.:
1961b /
La Revolución Neolítica en Mesoamérica. Depto. de Prehistoria, 11. INAH. México, D. F.

LORENZO, JOSE L.
1964a /
Los Glaciares de México. Monografías del Instituto de Geofísica, 1 (2ª ed.) UNAM. México, D. F.

LORENZO, JOSE L.:
1964b /
"Dos puntas acanaladas en la región de Chapala, México". *Boletín INAH*, 18: 1-6. México, D. F.

LORENZO, JOSE L.:
1965 /
Tlatilco: los artefactos. Ser, Invetigs., 7. INAH. México, D.F.

LORENZO, JOSE L.:
1967a /
"Mesoamerican beginnings: economies based on hunting, gathering, and incipient agriculture". *Indian México: Past Present*, 24-45; Betty Bell, ed. Latin American Center, UCLA, Los Angeles.

LORENZO, JOSE L.:
1967b /
"La Etapa lítica en México". *INAH Depto. de Pheristoria,* Pub. 20. México, D. F.

LORENZO, JOSE L.:
1967c /
"Sobre método arqueológico". *Bol. INAH.* 28. México, D. F

LORENZO, JOSE L.
1968 /
"Sur les pièces d'art mobilier de la Préhistoire mexicaine". *La Préhistoire. Problèmes et tendences:* 283-289. CNRS. París.

LORENZO, JOSE L.:
1969 /
Piezas de Arte mobiliar en la Prehistoria de México. Inst. Poblano de Antrop. e Hist., 3, Puebla.

LORENZO, JOSE L.:
1969 /
"Condiciones periglaciales de las altas montañas de México". *Palaeoecología*, 4. Depto. de Prehistoria, INAH. México, D. F.

LORENZO, JOSE L.:
1972 /
"Problèmes du peuplement de l'Amérique a la lumière des découvertes de Tlapacoya". *Procs. Colloq. Homo sapiens Origins; Ecology and Conservation:* 261-264. UNESCO. París.

LORENZO, JOSE L.:
1973 /
"Las glaciaciones del Pleistoceno superior en México". *Estudios dedicados al Profesor Dr. Luis Pericot:* 385-410. Universidad de Barcelona. Instituto de Arqueología y Prehistoria, Pubs. events. Nº 23. Barcelona.

LORENZO, JOSE L.:
1974a /
"Poblamiento del Continente Americano". *Historia de México*, 1: 27-54. Salvat Editores de México, S. A. México, D. F.

LORENZO, JOSE L.:
1974b /
Sobre la fauna pleistocénica de Tequixquiac y los artefactos que se han hallado en la misma región". *Bol. INAH* 9: 41-46. Ep. II. México, D. F.

LORENZO, JOSE L.:
1975 /
"Los primeros pobladores". *Del Nomadismo a los Centros ceremoniales*: 15-59. *México: panorama histórico y cultural* VI. INAH. México, D. F.

LORENZO, JOSE L.:
1977a /
"Agroecosistemas Prehistóricos". *Agroecosistemas de México: contribuciones a la enseñanza, investigación y divulgación agrícola*: 1-20, E. Hernández Xolocotzi, ed. y coord. Colegio de Postgraduados. Chapingo.

LORENZO, JOSE L.:
1977b /
Un conjunto lítico de Teopisca, Chiapas. Informes 4, Depto. de Prehistoria INAH. México, D. F.

LORENZO, JOSE L.:
1978 /
"Early Man Research in the American Hemisphere: appraisal and perspectives". *Early Man in America, from a Circum-Pacific Perspective*, Alan L. Bryan, ed., 1-9. Occs. Paps., 1; Dept. Anthrop. Univ. Alberta Archaeol. Res. Interntnl.

LORENZO, JOSE L. y
LAURO GONZALEZ:
1970 /
"El más antiguo teosinte". *Bol. INAH* 42: 141-143. México, Distrito Federal.

LORENZO, JOSE L. y
TICUL ALVAREZ:
1979 /
"Presencia del hombre en México hace más de 30.000 años". *Ciencia y Desarrollo*, 26: 114-115. CONACYT. México, D. F.

LORENZO, JOSE L. y
LORENA MIRAMBELL:
1978 /
Informe de la segunda temporada de excavaciones realizadas en El Cedral, S.L.P. Departamento de Prehistoria (mecanoscrito).

LORENZO, JOSE L. y
LORENA MIRAMBELL:
1979 /
Informe de la tercera temporada de excavaciones en el sitio "Rancho La Amapola", Proyecto El Cedral, S.L.P. Departamento de Prehistoria (mecanoscrito).

LORENZO, JOSE L. y
LORENA MIRAMBELL:
1980 /
Informe de la cuarta temporada de excavaciones realizadas en El Cedral, S.L.P. Departamento de Prehistoria (mecanoscrito).

LORENZO, JOSE L. y
LORENA MIRAMBELL:
1982 /
Informe de la quinta temporada de excavaciones realizadas en El Cedral, S.L.R. Depto. de Prehistoria (mecanoscrito).

LOZHKIN, A. V.:
1976 /
"Vegetación del Pleistoceno tardío y del Holoceno en Beringia Occidental" (en ruso, resumen en inglés). *Beringia en el Cenozoico*: 71-77; V. L. Kontrimabichys, ed: Acad. Cs. URSS, Centro Cientif. Lejano Este. Vladivostok.

LUNDELIUS, Jr., ERNEST L.:
1960 /
Mylohyus nasutus: Long nose Peccary of the Texas Pleistocene. Texas Mem. Mus. Bull. 1. Austin.

LYELL, CHARLES:
1830-33 /
Principles of Geology. J. Murray, 3 vols. London.

LYELL, CHARLES:
1839 /
Nouveaux éléments de Géologie. Pitois-Levrault, eds. París.

LYNCH, THOMAS F..
1980 /
Guitarrero Cave. Early Man in the Andes. Academic Press. Studies in Archaeology. New York.

LLIBOUTRY, LUIS:
1956 /
Nieves y Glaciares de Chile. Eds. de la Universidad de Chile. Santiago de Chile.

LLIBOUTRY, LUIS:
1965 /
Traité de Glaciologie. Masson et Cie. Eds. 2 vols. París.

MacDONAL, G. F.:
1966 /
"The Technology and Settlement Pattern of a Paleo-Indian Site at Debert, Nova Scotia". *Quaternaria* 8: 59-74. (Vol. 15 Procs. 7 Congr. INQUA). Roma, Italia.

MacNEISH, ROBERT S.:
1956 /
The Engigsciak site on the Yukon Arctic Coast. Anthrop. Paps., 4 (2). Univ. Alaska. Fairbanks.

MacNEISH, R. S.:
1958 /
"Preliminary Archaeological Investigations in the Sierra de Tamaulipas, México". *Trans. Philos. Soc.* 48 (6). Philadelphia.

MacNEISH, RICHARD S.:
1964a /
Investigations in Southwest Yukon. Paps Robert S. Peabody Found. Archaeol., 6 (2). Phillips Acad. Andover.

MacNEISH, RICHARD S.:
1964b /
"The food-gathering and incipient agriculture stage in/of prehistoric Middle America". *Hand Book of Middle American Indians,* 1: *Natural environment and Early cultures:* 413-426; Robert C. West, ed. The University of Texas Press. Austin.

MacNEISH, RICHARD S.:
1969 /
"First Annual Report of the Ayacucho-Huanta Archaeological Project". R. S. Peabody Foundation. Andover.

MacNEISH, RICHARD S.:
1971 /
"Early Man in the Andes". *Scientif. Amer.,* 224 (4): 36-46. New York.

MacNEISH, RICHARD S.:
1979 /
"The Early Man remains from Pikimachay Cave, Ayacucho Basin, Highland Peru". *Pre-Llano Cultures of the Americas: Paradoxes and Possibilities:* 1-47, Robert. L. Humbrey y Dennis Stanford, eds. The Anthropoligical Soc. of Washington. Washington, D. C.

MacNEISH, R. S., A. NELKEN y I. WEITLANER DE JOHNSON:
1967 /
The Non-ceramic artifacts. The Prehistory of Tehuacan Valley, 4: 227-245. The University of Texas Press. Austin.

MacNEISH, R. S., A. NELKEN-TERNER y A. GARCIA COOK:
1970 /
"Second Annual Report of the Ayacucho Archaeological-Botanical Project". *R. S. Peabody Foundation, Rep.* Nº 2. Andover.

MacNEISH, ROBERT S., S. JEFFREY y WILKERSON y ANTOINETTE NELKEN:
1980 /
First Annual Report of the Belize Archaic Archaeological Reconnaisance. Robert F. Peabody Found. Archaeol. Phillips Academy. Andover.

MAHANEY, W C.:
Editor
1976 /
Quaternary Stratigraphy of North America. Dowden, Hutchinson & Ross, Inc. Stroudsburg.

MALDONADO-KOERDELL, MANUEL:
1964 /
"Geohistory and Paleography of Middle America". *Handbook of Middle American Indians.* R. Wauchope, Gen. Ed. *Natural Environment and Early Cultures* 1: 3-32, R. C. West, vol. ed. University of Texas Press. Austin.

MANGELSDORF, PAUL C.:
1958 /
"Reconstructing the ancestor of Corn. *Procs. American Philos. Soc.,* 102: 454-463. Philadelphia.

MANGELSDORF, PAUL C.
1974 /
Corn. Its origin, evolution, and improvement. The Belknap Press of Harvard University. Cambridge.

MANGELSDORF, PAUL C.: RICHARD S. MacNEISH y WALTON GALLINAT:
1964 /
"Domestication of Corn". *Science,* 143 (3606): 538-545. Wahsington, D. C.

MANLEY, G.:
1951 /
"The Range of Variations of the British Climate". *Geograph. J.,* 117. Norman.

MARSHALL, LARRY G.:
1980 /
"South American Mammalian Chronology and the Interamerican Interchange". *Abstrs. and Program.,* 1980 Ann. Meets.: 476. The Geol. Soc. America. Boulder.

MARTIN, PAUL S.:
1964 /
"Paleoclimatology and a Tropical Pollen Profile". *Rep. VI Intern. Congr. Quatern.,* 2: 319-323.

MARTIN, PAUL S.:
1973 /
"The discovery of America". *Science,* 197 (4077): 969-974. Washington, D. C.

MARTIN, PAUL S.. JAMES SCHOENWETTER y BERNARD C. ARMS:
1961 /
The Last 10.000 Years: Southwestern Palynology and Prehistory. Geochronology Laboratories. The University of Arizona. Tucson.

MARTINEZ, MAXIMINO:
1959 /
Plantas útiles de la flora mexicana. Ediciones Botas. México, D.F.

MARTINEZ DEL RIO, PABLO:
1936 /
Los orígenes americanos. Porrúa Hnos. y Cía. México, D. F.

MARTINEZ DEL RIO, PABLO:
1943 /
Los orígenes americanos. Cía. Edtra. y Librera Ars, S. A. México, D. F.

MARTINEZ DEL RIO, PABLO:
1953 /
Los orígenes americanos. Páginas del Siglo XX (3ª ed.). México.

MASSEY, WILLIAM C.:
1966 /
"Archaeology and Ethnohistory of Lower California". *Handbook of Middle American Indians, 4; Archaeological Frontiers and External Connections:* 38-58. Gordon F. Ekholm y Gordon R. Willey, eds. The University of Texas Press. Austin.

MATHEWS, W. H.:
1978 /
"The Geology of the Ice-free corridor". *Abstrs. 5th. Bienn. Meet. American Quater. Assoc.,* 16-18. Univ. of Alberta. Edmonton.

MAUNY, R.:
1969 /
"Documents à verser au dossier de l'hypothèse de l'origine negro-africaine de la civilization olmeque du Méxique". *Bull. IFAN,* 31 B (2): 574-587.

MAYER-OAKES, WILLIAM J.:
Editores
1967 /
Life, Land and Water. Occ. Paps., Dept. Anthrop. Univ. Manitoba, Nº 1. University of Manitoba Press. Winnipeg.

McDONALD, BARRIE C.:
1971 /
"Late Quaternary Stratigraphy and Deglaciation in Eastern Canada". *Late Cenozoic Glacial Ages:* 331-353. Karl K. Turekian, ed. Yale University Press. New Haven.

McGHEE, R.:
1970 /
"Excavations at Bloody Falls, North Western Territories, Canada". *Arctic Anthropology,* 6 (2): 53-72.

McINTYRE, A., W. F. RUDDIMAN y R. JANTZEN.
1972 /
"Southward penetration of the North Atlantic polar front: Faunal and floral evidence of large-scale surface movements over the last 225,000 years". *Deep-sea Research* 19: 61-77.

McKENNAN, R. S. y J. P. COOK:
1968 /
"Prehistory of Healy Lake, Alaska". *8th. Intern. Congr. Anthrop. and Ethnol. Scs.* Tokyo.

MENDES CORREA, A.:
1925 /
"O significado genealogico do Australopithecus e do craneo de Tabgha e o arco antropofiletico indio". *Trabalhos Antrop. Etnol. Soc. Portuguesa Antrop.,* 2 (3). Porto.

MENDES CORREA, A.:
1928 /
"Nouvelle hypothèse sur le peuplement de l'Amérique du Sud". *Anns. Faculdade Sc. Porto,* 15: 5-31. Porto.

MERCER, J. H.:
1972 /
"Chilean Glacial Chronology 20,000 to 11,000 carbon 14 years ago: some global comparisons". *Science,* 176 (4039): 1118-20. Washington, D. C.

MERINO, J. M.:
1980 /
Tipología lítica. Munibe, supl. 4, Soc. Cs. Aranzadi, San Sebastián.

MERRIL, ROBERT K. y TROY L. PEWE:
1972 /
"Late Quaternary Glacial Chronology of the White Mountains, East-Central Arizona". *J. Geol.,* 80 (4): 493-501. Chicago.

MILANKOVITCH, M.:
1920 /
Théorie mathématique des phénomènes thermiques produits par la radiation solaire. Acad. Yougoslave Scis. Arts, Zagreb, París.

MILLER, E. Th..
1976 /
"Resultados preliminares das pesquisas arqueológicas paleoindígenas no Rio Grande do Sul". *Actas XLI Congr. Intern. Americanistas* III: 483-491. México, D. F.

MILLER, SUZANNE J. y WAKEFIELD DORT, Jr.:
1978 /
"Early man at Owl Cave: current investigations at the Wasden site". *Early Man in America from a Circum Pacific Perspective:* 129-139; Alan L. Bryan ed. Dept. of Antropology, Occ. Paps. 1 University of Alberta. Edmonton.

MINTZ, LEIGH W.:
1977 /
Historical Geology: The Science of a Dynamic Earth. Charles E. Merrill Publishing Co. Columbus.

MIRAMBELL, LORENA:
1964 /
"Estudio microfotográfico de artefactos líticos". *Departamento de Prehistoria* 14, INAH, México, D. F.

MIRAMBELL, LORENA:
1969 /
"Estudio de un xilolito" Bol. INAH: 42-45. México, D. F.

MIRAMBELL, LORENA:
1974 /
"La Etapa Lítica". *Historia de México,* 1: 55-76. Salvat Editores, S. A. México, D. F.

MIRAMBELL, LORENA:
1978 /
"Tlapacoya: A Late Pleistocene Site in Central México". *Early Man in America from a Circum-Pacific Perspective*: 221-230. Alan L. Bryan, Ed. Occ. Paps. Dept. Anthrop. Nº 1. University of Alberta. Edmonton.

MIRAMBELL, LORENA:
1980 /
Prehistoria de Australia y Tasmania: una visión general. Depto. de Prehistoria, Ests. ENAH, 3 INAH. México, D. F.

MIRAMBELL, LORENA y
JOSE L. LORENZO:
1974 /
"Materiales líticos arqueológicos: Generalidades. Consideraciones sobre la industria lítica". *Apuntes para la Arqueología. Cuadernos de trabajo*, 4. Depto. de Prehistoria, INAH. México, D. F.

MOCHANOV, YU. A.:
1976 /
"El paleolítico de Siberia". *Beringia en el Cenozoico*: 540-565. V. L. Kontrimabichys, ed. (en ruso en el original, res. inglés). Centr. Cientif. Lejano Este, Acad. Ciencs. URSS. Vladivostok.

MOCHANOV, YU. A.:
1977 /
"The North Eurasia Paleolithic and the first stages of Men settling in America". *Thesis and reports of all-union Symposium of the Bering land bridge and its role for the history of Holarctic floras and faunas in the late Cenozoic*: 11-13. Acad. Soc. URSS; Far Eastern Centre.

MOCHANOV, YU. A.:
1977 /
Antiguas etapas de ocupación humana en el Noreste Asiático (en ruso). Instituto de Lenguas, literatura e historia. Filial de Yakutia, Sección siberiana. Academia de Ciencias de la URSS. Novosibirsk.

MOCHANOV, YU. y
S. A. FEDOSEEVA:
1976 /
"Períodos mayores de la Historia antigua del Noreste de Asia" (en ruso, resumen en inglés). *Beringia en el Cenozoico*: 515-539. V. L. Kontrimabichys, ed. Centro Cientif. Lejano Este, Acad. Cs. URSS. Vladiyostok.

MONTANDON, GEORGE:
1933 /
La Race. Les Races. Mise au point d'Ethnologie somatique. Payot. París.

MONTANE, JULIO:
1968 /
"Paleo-Indian Remains from Laguna de Tagua-Tagua, Central Chile". *Science*, 161 (3846): 1137-38. Washington, D. C.

MOORE, D. G.:
1964 /
"Acoustic-reflection reconnaissance of continental shelves eastern Bering and Chukchi Seas". *Papers in Marine Geology: Shepard Conmemorative. Volume*: 319-362.

MOORE, W. G.:
1956 /
A Dictionary of Geography. Penguin Reference Books. Penguin Books, Ltd.

MORGAN, JACQUES DE:
1947 /
La Humanidad Prehistórica. Trad. 2ª ed. francesa. Editorial Cervantes, Barcelona.

MORLAN, RICHARD E.:
1979 /
"A stratigraphic framework for Pleistocene artifacts from Old Crow River, Northern Yukon Territory". *Pre-Llano cultures of the Americas: paradoxes and possibilities*: 125-145. Robert L. Humphrey and Dennis Stanford, eds.: The Anthropological Society of Washington, Washington, D. C.

MORLAN, RICHARD E.:
1980 /
Taphonomy and Archaeology in the upper Pleistocene of the Northern Yukon Territory: a glimpse of the peopling of the New World. Nat. Mus. of Man. Mercury Series Archaeological Survey of Canada, Pap. 94. Ottawa.

MORLOT, ADOLPHE DE:
1856 /
Notice sur le Quaternaire en Suisse. Soc. Vaudoise Scs. Nats. Bull. 4: 41-45. Lausanne.

MORNER, N. A.:
1971 /
"The position of ocean level during the interstadial at about 30,000 BP. A discusion from a climatic point of view". *Canadian Journal of Earth Science* 8: 132-143.

MORRISON, ROGER B.:
1968 /
"Pluvial Lakes". *The Encyclopedia of Geomorphogy*, Rhodes W. Fairbridge, ed.: 873-883. Reinhold Book, Corp. New York.

MORRISON, ROGER B. y
JOHN C. FRYE:
1965 /
"Correlation of the Middle and Late Quaternary Successions of the Lake Lahontan, Lake Bonneville, Rocky Mountain (Wasatch Range), Southern Great Plains, and Eastern Midwest Areas". *Nevada Bureau of Mines, Rep*. Nº 9. University of Nevada. Reno.

MOSIMANN, JAMES E., y
PAUL S. MARTIN:
1975 /
"Simulating overkill by Paleoindians" *American Scientist* 63: 304-313.

MOSIÑO, PEDRO A.:
1975 /
"Apuntes de Meteorología y Climatología, 2ª pte". *Cuadernos de Trabajo, Depto. de Prehistoria. Apuntes para la Arqueología,* 11., INAH. México, D. F.

MOUNTJOY, JOSEPH B.:
1974 /
"San Blas Complex Ecology". *The Archaeology of West México:* 109-116. Betty Bell, ed. Soc. Estds. Avanzds. Occ. México. Ajijic.

MOUSINHO DE MEIS, MARIA REGINA:
1971 /
"Upper Quaternary Process Changes of the Middle Amazon Area". *GSAB,* 82 (2): 1073-1078. Boulder.

MULLER, JON D.:
1978 /
"The Southeast". *Ancient Native Americans:* 281-326. Jesse D. Jennings, ed. W. H. Freman and Co. San Francisco.

MULLER-BECK, HANSJURGEN:
1967 /
"On migrations of Hunters across the Bering land bridge in the Upper Pleistocene". *The Bering Land Bridge,* 373-408. David M. Hopkins, ed. Stanford University Press. Stanford.

MURDOCK, GEORGE P.:
1945 /
Nuestros contemporáneos primitivos. Fondo de Cultura Económica. México, D. F.

NANCE, C. R.:
1972 /
"Cultural evidence for the Altithermal in Texas and Mexico". *Southwestern Journ. Antrop.,* 28: 169-91.

NATIONAL ATLAS /
1960 /
Land-surface forms. Geological Survey. U. S. Dept. of the Interior. Washington, D. C.

NATIONAL GEOGRAPHIC SOCIETY:
1981 /
Atlas of the World. Washington, D. C.

NAUGLER, FREDERIC,
NORMAN SILVERBERGER y
JOE S. CREAGER:
1974 /
"Recent Sediments of the East Siberian Sea". *Marine Geology and Oceanography of the Arctic Seas:* 191-210. Herman, I. (ed.) Springer-Verlag. New York.

NELKEN-TERNER, A. y
RICHARD S. MacNEISH:
1977 /
"Séquences et Conséquences ou des modalités américaines de l'adaptation de l'homme au Pléistocène". *Bull. SPF., 74, Ets. et Travs.,* Fasc. 1: 293-312. París.

NELSON, C. HANS,
DAVID M. HOPKINS y
DAVID W. SCHOLL:
1974 /
"Cenozoic sedimentary and tectonic history of the Bering Sea". *Oceanography of the Bering Sea.* 485-516. D. W. Hood y E. J Kelley, eds.: Institute of Marine Sciences. University of Alaska. Fairbanks.

NEUMANN, GEORG K.:
1952 /
"Archaeology and Race in the American Indian". *Archaeology of Eastern United States:* 13-34, James B. Griffin, Ed. The University of Chicago Press. Chicago.

NEUMANN, GEORG K.:
1960 /
"Origins of the Indians of the Middle Mississippi Area". *Procs. Indiana Acd. Scs.,* 69: 66-68. Indianapolis

NEWMANN, MARSHALL T.:
1951 /
"The sequence of Indian physical types in South America". *Paps. Phys. Anthrop. American Indians:* 69-97. The Viking Fund Inc. New York.

NEWMANN, MARSHALL T.:
1953 /
"The application of ecological rules to the racial anthropology of the aboriginal New World". *Amer. Anthrop.,* 55 (3): 311. 327. Menasha.

NEWMANN, MARSHALL T..
1960 /
"Adaptations in the physiqu_ of american aborigines to nutritional factors". *Human Biol.,* 32 (3): 288-313. Detroit.

NEWMANN, MARSHALL T.:
1962 /
"Evolutionary Changes in Body Size and Head Form in American Indians". *Amer. Anthrop.* 64 (2): 237-57. Menasha.

NOBLE, W. C.:
1971 /
"Archaeological Surveys and sequences in Central district Mc. Kenzie, NWT". *Arctic Anthropology,* 8 (1): 102-135.

NUÑEZ, LAUTARO,
JUAN VARELA y
RODOLFO CASAMIQUELA:
1981 /
"Ocupación paleoindio en Quereo: reconstrucción multidisciplinaria (Chile semiárido)". *Comisión XII, Coloquio. X Congreso UISPP:* 55-57. México, D. F.

OAKLEY, KENNETH P:.
1952 /
Man the toolmaker. British Museum (Natural History), 2ª ed. revised. London.

OBERMAIER, HUGO:
1925 /
El Hombre Fósil. Mem. 9, Cons. Inves. Paleont, y Prehist. Mus, Nal. Cs. Naturales. Madrid.

O'GORMAN, EDMUNDO:
1951 /
La idea del descubrimiento de América. Centro de Estudios Filosóficos. UNAM. México, D. F.

O'GORMAN, EDMUNDO:
1977 /
La Invención de América (2ª ed.) Col. Tierra Firme. Fondo de Cultura Económica. México, D. F.

OHNGEMACH, DIETER y
HERBERT STRAKA:
1978 /
"La historia de la vegetación en la región Puebla Tlaxcala durante el Cuaternario tardío" *Comunicaciones,* 15: 189-198. Puebla.

ORR, P. C.:
1968 /
Prehistory of Santa Rosa Island. Santa Bárbara Museum of Natural History. Santa Bárbara.

PASKOFF, ROLAND:
1970 /
Recherches Géomorphologiques dans le Chili semi-aride. Biscaye Frères, Imprimeurs.

PAVLOV, A. P.:
1922 /
"Epoques glaciaires et interglaciaires de l'Europe, etc." *B.S. nat. Moscou, n.s.* 31: 23-76. Moscú.

PEI-WENG-CHUNG:
1938 /
"Le role des animaux et les causes naturelles dans la cassure des os". *Palaeontl. Sinica* (n.s.) D 7 Nanking.

PENCK, A. y
E. BRÜCKNER:
1909 /
Die Alpen im Eiszeitalter. Leipzig.

PERICOT y
GARCIA, LUIS:
1961 /
América Indígena I. El hombre Americano - Los pueblos de América. Salvat Editores, S. A. Barcelona, España.

PETROV, O. M.:
1976 /
"Historia geológica del estrecho de Bering en el Cenozoico tardío", (en ruso, resumen en inglés). *Beringia en el Cenozoico,* 28-32, Kontrimabichys, ed. Centr. Cientif. Lejano Este. Acad. Ciencs. URSS. Vladivostok.

PETTERSEN, SVERRE:
1951 /
Introducción a la Meteorología. Espasa-Calpe Argentina, S. A. Buenos Aires, Argentina.

PIERCE, KENNETH L.,
JOHN D. OBRADOVICH e
IRVING FRIEDMAN:
1976 /
"Obsidian hydration dating and correlation of Bull Lake and Pinedale Glaciations near West Yellowstone, Montana". *Geol. Soc. American Bull.* 87 (5): 703-710. Boulder.

PIKERSGILL, BARBARA:
1977 /
"Taxonomy and the origin and evolution of cultivated plants in the New World". *Nature,* 268 (5621): 591-595.

PIKERSGILL, BARBARA y
CHARLES B. HERSER Jr.:
1977 /
"Origins and Distribution of Plants Domesticated in the New World Tropics". *Origins of Agriculture,* 803-835. Charles A. Reed, ed. Mouton Fress. The Hague.

PORTER, STEPEHEN C.:
1971 /
"Fluctuations of Late Pleistocene Alpine Glaciers in Western America". *Late Cenozoic Glacial Ages:* 307-329. Karl K. Turekian ed Yale University Press. New Haven.

POWERS, W. R. y
T. D. HAMILTON:
s/f
"Dry Creek: a late Paleolithic human occupation in Central Alaska". *Procs. 13th. Pacific. Sc. Conf.* Vancouver.

PREST, V. K.:
1969 /
Retreat of Wisconsin and Recent Ice in North America. Geological Survey of Canada Map 1257 A. Ottawa.

PULESTON, D. E.:
1975 /
"Richmond Hill, a probable Early Man site in the Maya Lowlands". *Acts. XLI Congr. Intern. Americs.,* 1: 522-533. México.

PULGAR VIDAL, JAVIER:
s/f
Geografía del Perú. Editorial Universo, S. A. Lima, Perú.

RAASVELDT, H. C.:
1957 /
"Las glaciaciones de la Sierra Nevada de Santa Marta". *Rev. Acad. Colombiana Ciencs.* 9 (38): 469-482. Bogotá.

RAEMSCH, BRUCE E.:
1977 /
(Informe sobre el sitio Timlin). *Early Man News,* 2: 34-35. Comm. Palaeoecol. Early Man, INQUA. Tübingen.

RAEMSCH, BRUCE E. y
W. W. VERNON:
1977 /
"Some Palaeolithic Tools from North East North America".
Current Anthrop, 18 (1): 97-99. Chicago.

RAISZ, ERWIN:
1953 /
Cartografía. Eds. Omega. Barcelona, España.

RANERE, ANTHONY J.:
1976 /
"The Preceramic of Panama: the view from the interior". *Prcs.
1rst. Puerto Rican Symp. Arch*. 103-137; Linda Sickler Robinson,
ed. Fund. Arqueol. Antropol. Hist. de Puerto Rico. San Juan.

RANERE, ANTHONY J. y
PAT HANSELL:
1978 /
"Early subsistence patterns along the Pacific Coast of Central
Panama". *Prehistoric Coastal Adaptations: The Economy and
Ecology of Maritime Middle America*, 43-59; Barbara L. Stark y
Barbara Voorhies, eds. Academic Press, Inc. New York.

RANKAMA, KALERVO:
Editor
1962 /
The Geology Systems, 2: The Quaternary. Interscience Publishers.
John Wiley & Sons. New York.

REAGAN, MICHAEL J., RALPH M. ROWLETT,
ERVAN G. GARRISON, VAUGHN M. BRYANT, Jr. y
CHRIS J. JOHANOSEN:
1978 /
"Flake tools stratified below Paleo-indian artifacts". *Science*, 200
(4347): 1272-1275. Washington, D.C.

REBOUL, H.:
1833 /
*Géologie de la période quaternaire, et introduction a l'Histoire
ancienne*, F.-G. Levrault. París.

RENAUD, E. B.:
1938 /
"The Black's Fork Culture of South West Wyoming". *Archaeol.
Surv. High Western. Plains: 10, Rep*. Univ. Denven. Denver.

RENAUD, E. B.:
1940 /
"Further Research in the Black's Fork Basin, Southwest Wyoming,
1938-39". *Archaeol. Surv. High Westr. Plains: 10, Rep*. Univ.
Denver. Denver.

REPENNING, CHARLES A.:
1967 /
"Palearctic-Nearctic Mammals Dispersal in Late Cenozoic". *The
Bering Land Bridge*, 288-311. David M. Hopkins, ed. Stanford
University Press. Stanford.

REYES CORTES, M. y
JOSE L. LORENZO:
1980 /
*Relaciones petrográficas entre un grupo de artefactos líticos y
su posible lugar de origen*. Col. Cientif., Prehistoria, 94. I.N.A.H.
México, D. F.

RICHMOND, GERALD M.:
1955 /
Quaternary Stratigraphy of the La Sal Mountains, Utah. Univ.
Colorado. Ph. D. Dissertation. Boulder.

RITTER, ERIC, W:.
1976 /
"The antiquity of Man in the Laguna Seca Chapala Basin of
Baja California". *Pacific Coast Archaeol. Soc. Quart.*, 12 (1):
39-46. Santa Ana.

RIVET, PAUL:
1925a /
"Les origines de l'homme américain". *L'Anthropologie*, 35:
293-319.

RIVET, PAUL:
1925b /
"Les australiens en Amérique". *Bull. Soc. Linguistique Paris*, 26:
23-63. París.

RIVET, PAUL:
1926a /
"Les malayo-polinesiens en Amérique". *J. Soc. Americanistes
París*, n.s , 18: 141-278. París.

RIVET, PAUL:
1926b /
"Migration australienne en Amérique". *Procs. 3rd. Pan Pacific
Congr.*, 2: 354-356. Tokyo.

RIVET, PAUL:
1943 /
Les origines de l'homme américain. Coll. "France forever". Les
éditions de l'Arbre. Montreal.

ROBERTS, Jr., FRANK H. H.:
1935 /
A Folsom Complex. Smithson. Misc. Coll. 94(4). Smithsonian
Institution. Washington, D. C.

ROBERTS, Jr., FRANK H. H.:
1936 /
Additional information on the Folsom Complex. Smithson. Misc.
Coll., 95 (10). Smithsonian Institution. Washington, D. C.

ROBERTS, Jr., FRANK H. H.:
1940 /
"Developments in the Problem of the North-American Paleo-
Indian". *Essays in Historical Anthropology of North America*,
51-116. Smithsonian Miscell. Coll. 100. Washington, D. C.

ROBLES ORTIZ, MANUEL:
1974 /
"Distribución de artefactos Clovis en Sonora". *Bol. INAH,* ép. 2, 9: 25-32. México, D. F.

RODWELL, Ll. y
P. W. BRYAN:
s/f
América del Norte. Eds. Omega. Barcelona, España.

ROGERS, MALCOLM J.:
1939 /
Early Lithic Industries of the lower Basin of the Colorado River and adjacent desert areas. San Diego Mus. Paps. 3. San Diego.

ROGERS, MALCOLM J.:
1958 /
"San Dieguito Implements from the terraces of the Rincon-Pantano and Rillito Drainage System". *Kiva,* 24: 1-23. Tucson.

ROOSA, WILLIAM B.:
1956 /
"The Lucy site in Central New Mexico". *Amer. Antiq.,* 21 (3): 310. Salt Lake City.

ROOSA, WILLIAM B.:
1977 /
"Great lakes paleoindian: The Parkhill site, Ontario". *Amerind and their palaeoenvironments in Northeastern North America,* 349-354, Walter S. Newman y Bert Salwen, eds. Anns. The New York Acad. Scs. 288. The New York Acad. Scs. New York.

ROYS, RALPH L.:
1931 /
"The Ethno-botany of the Mayas". *Md. Am. Res. Ser.,* 2. Tulane University. New Orleans, U.S.A.

RUTTER, N. W.:
1978 /
"Geology of the Ice-free corridor". *Abstrs, 5th. Bienn. Meet American Quatern. Assoc.,* 2-12. Univ. of Alberta. Edmonton.

RUTTER, N. W.:
1980 /
"Late Pleistocene History of the Western Canadian Ice-free Corridor". *Canadian Journal of Anthropology,* 1 (1): 1-8. (Spec. AMQUA issue; The ice free corridor and peopling of the New World. N. W. Rutter and C. E. Scheweger, eds.). Edmonton.

SAENZ DE BURUAGA, MARIA PILAR:
1977 /
"La iniciación agrícola en los ámbitos de México y Perú". *Cuadernos Prehispánicos,* 5: 109-126. Seminario Americanista de la Universidad. Valladolid.

SAINSBURY, C. I.:
1976 /
Upper Pleistocene features in the Bering Strait area. U.S. Geological Survey Prof. Pap. 575-D, D-203, D-213.

SANDER, D.:
1964 /
"Lithic material from Panama-fluted points from Madden Lake". *Acts. Mems. 1. 35 Congr. Internl. Americanistas,* 182-183. México, D. F.

SANFORD, JOHN T.:
1971 /
"Sheguiandah reviewed". *Anthrop Journ. Canada,* 9 (1): 1-15.

SANOJA, MARIO:
1981 /
Los hombres de la yuca y del maíz. Monte Avila Editores. Caracas, Venezuela.

SAUER, CARL O.:
1963 /
"Geography of South America". *Handbook of South American Indians,* I: 319-344. Ed. Julian H. Steward (reimpr.). Cooper Square Publishers, Inc. New York.

SAUNDERS, JEFFREY J.:
1980 /
"A Model for Man-Mammoth Relationships in Late Pleistocene North America". *Canadian J. of Anthrop.* 1 (1): 87-98. (Spec. AMQUA issue; The Ice free corridor and peopling of the New World, N. M. Rutter y C. E. Schweger, eds.). Edmonton.

SCHEFFER, VICTOR B.:
1967 /
"Marine Mammals and the History of Bering Strait". *The Bering Land Bridge,* 350-363. David M. Hopkims, ed. Stanford University Press. Stanford.

SCHMIDT-EFFING, R.:
1980 /
"El origen del Istmo centroamericano como vínculo de continentes". *Nuevos resultados de la investigación geocientífica en Latinoamérica,* 21-29. Deutsche Forschungsgemeinschaft-Instituto de Colaboración Científica. Bonn/Tubingen.

SCHMIEDER, OSCAR:
1946 /
Geografía de América. Fondo de Cultura Económica. México, D. F.

SCHOBINGER, JUAN:
1973 /
"Nuevos hallazgos de puntas 'colas de pescado' y consideraciones en torno al origen y dispersión de la cultura de cazadores superiores del toldense (Fell II) en Sudamérica". *Atti XL Congr. Internl. Americ.,* I: 33-50. Genova.

SCHOENWETTER, JAMES:
1974 /
"Pollen records of Guila Naquitz Cave". *American Antiq.,* 39 (2): 292-303. Salt Lake City.

SCHOLL, DAVID W. y
D. M. HOPKINS:
1969 /
"Newly discovered Cenozoic Basin, Bering Shelf, Alaska". *Amer
Assoc. Petrol. Geologists Bull.*, 53: 2067-2078.

SCHOLL, DAVID W.,
EDWIN C. BUFFINGTON y
MICHAEL S. MARLOW:
1975 /
"Plate tectonicas and the Structural Evolution on the Aleutia-
Bering Sea Region". *Contributions to the Geology of the Bering
Sea Basin and Adjacent Area.*

SCHUBERT, CARLOS:
1972 /
"Cronología glacial tardía y evidencias neotectónicas en los Andes venezolanos nororiental". *Act. Cient. Venezolana,* 23 (Supl.
3): 89-94. Caracas, Venezuela.

SCHUBERT, CARLOS:
1974 /
"Late Pleistocene glaciation of Paramo de la Culata, north-central
Venezuelan Andes". *Geol. Runds.* 63 (2): 516-538. Stuttgart.

SCHULING, WALTER C.:
1972 /
Pleistocene Man at Calico. San Bernardino Cy, Mus. Assoc. San-
Bernardino.

SEARS, P. B.:
1955 /
"Palinology in Southern North America. Introduction and ack-
nowledgments". *Geol. Soc. America Bull.,* 66 (55): 471-474.
Baltimore.

SEARS, P. B. y
J. H. CLISBY:
1955 /
"Palinology in Southern North America. Part IV: Pleistocene
climate in Mexico". *Geol. Soc. America Bull.,* 66 (55): 521-530.
Baltimore.

SELLARDS, E. H.:
1952 /
Early Man in North America. University of Texas Press. Austin.

SEMENOV, S. A.:
1964 /
Prehistoric Technology. Cory, Adams & Mackay. Londres.

SERGIN, S. Ya. y
M. S. SHCHEGLOVA:
1976 /
"El clima de Beringia durante las épocas glaciales como resultado
de la influencia de factores globales y locales", (en ruso, resumen en inglés). *Beringia en el Cenozoico,* 171-176; V. L. Kontrimabichys, ed. Acad. Ciencias URSS, Centro Cientif. Lej. E.
Vladivostok.

SERVANT, MICHEL y
SIMON SERVANT:
1970 /
"Les formations lacustres et les diatomées du Quaternaire recent
du fond de la cuvette Tchadienne". *Rev. Geogr. Phys. Géol.
Dyn.,* 12 (1): 63-76. París.

SHANAHAN, E. W.:
s/f
América del Sur. Edics. Omega. Barcelona.

SHARMA, GHANSHYAM D.:
1974 /
"Geological Oceanography of the Bering Shelf". *Marine Geology
and Oceanography of the Arctic Seas,* 141-156. Herman, I. (ed.).
Springer-Verlag. New York.

SHLEMON, ROY J. y
JAMES L. BISCHOFF:
1981 /
"Soil-geomorphic and Uranium-series dating of the Calico site,
San Bernardino Country, California". *Comisión XII, Coloquio X.
Congreso UISPP:* 41-42. México, D. F.

SHOOK, EDWIN M.:
1951 /
"The present status of research in the Preclassic horizons
of Guatemala". *The Civilization of Ancient America.* Selected
Paps. XXIX Intern. Congr. Americanists, Sol Tax, ed.: 93-100.
Chicago.

SHUTLER, Jr., RICHARD:
1965 /
"Tule Springs Expedition". *Curr. Anthrop.* 6 (1): 110-111.
Utrecht.

SIKES, S. K.:
1971 /
The Natural History of the African Elephant. Weidenfeld and
Nicholson. London.

SIMONE, SUZANNE:
1980 /
Choppers et bifaces de l'Acheuléen méditerranéen. Mus. Anthropol. préhistorique. Mónaco.

SIMPSON, RUTH D.:
1958 /
"The Manix Lake Archaeological Survey". *Masterkey,* 32 (1):
4-10.

SIMPSON, RUTH D.:
1960 /
"Archaeological Survey of the Eastern Calico Mountains". *Masterkey,* 34 (1): 25-35.

SIMPSON, RUTH D.:
1961 /
"Coyote Gulch: Archaeological Investigations of an Early Nithic locality in the Mohave Desert of San Bernardino Country". *Archaeol. Surv. Assoc. Southern California*, Paps. 5. Los Angeles.

SIMPSON, RUTH D.:
1973 /
"The Calico Mountains Sites. Pleistocene Archaeology in the Mohave Desert, California". *IX Intern. Congr. Anthrop. Etnol. Scs* Chicago.

SMITH, ARTHUR G.:
1957 /
"Suggested change in Nomenclature of the major American time Periods". *Amer. Antiq.* 23 (2/1): 169. Salt Lake City.

SMITH, C. EARLE:
1967 /
"Plant Remains". *The Prehistory of Tehuacan Valley. Environment and subsistence*, 1: 220-255. Douglas S. Byers, Gral. ed. The University of Texas Press. Austin.

SMITH, PHILIP E. L.:
1966 /
"Le Solutréen en France". *Publs. Inst. Préhist. Univ. Bordeaux.* Mém. 5. Impr. Delmas. Bordeaux.

SNARSKIS, MICHAEL J.:
1979 /
"Turrialba: a paleoindian quarry and workshop site in eastern Costa Rica". *Amer. Antiq.* 44 (1): 125-138. Salt Lake City.

SOLORZANO, FEDERICO A.:
1962 /
Reporte preliminar sobre el estudio de artefactos y huesos humanos fosilizados procedentes de la zona de Chapala. Edición particular. Guadalaja, México.

SOLORZANO, FEDERICO A.:
1976 /
Artefactos prehistóricos de hueso del Occidente de México. Cuads. de los Museos; Museo Regional de Guadalajara. Centro Regional de Occidente. Guadalajara, México.

SONNEVILLE-BORDES, DENISE DE:
1960 /
Le Paléolithique supérieur en Perigord, Impr. Delmas, 2 vols. Bordeaux.

SONNEVILLE-BORDES, DENISE DE:
1964 /
Antropología y Prehistoria: Notas de curso (en francés). Facultad de Letras y Ciencias Humanas. Universidad de Burdeos. Talence.

SONNEVILLE-BORDES, DENISE DE y J. PERROT:
1954 /
"Lexique typologique du Paléolithique supérieur: Outillege lithique, I Gratoirs, II Outils solutréens". *Bull SPF.* 51 (7): 327-335. Le Mans.

SONNEVILLE-BORDES, DENISE DE y J. PERROT:
1955 /
"Lexique typologique du Paléolithique supérieur: Outillage lithique, III Outils composites, Perçoirs". *Bull. SPF.* 52 (1-2): 76-79. Le Mans.

SONNEVILLE-BORDES, DENISE DE y J. PERROT:
1956a /
"Lexique typologique du Paléolithique supérieur: Outillage lithique, IV Burins". *Bull. SPF.* 53 (7/8): 408-412. Le Mans.

SONNEVILLE-BORDES, DENISE DE y J. PERROT:
1956b /
"Lexique typologique du Paléolithique supérieur: Outillage lithique, V. Outillage à bord abattu Pièces tronquées, VII Lames retouchées, VIII Pieces variées, IX Outillage lamellaire. Pointe azillienne". *Bull. SPF.*, 53 (9): 547-559. Le Mans.

SPENCE, MICHAEL W.:
1971 /
Some Lithic Assemblages of Western Zacatecas and Durango. Mesoamerican Stds. 8. Southern Illinois University and Museum. Carbondale.

STALKER, A. MacS.:
1963 /
Quaternary stratigraphy in Southern Alberta. Geol. Surv. Canada Paper 62-34. Ottawa.

STALKER, A. MacS.:
1969 /
"Geology and Age of the Early Man site at Taber, Alberta". *Amer. Antiq.* 34 (4): 425-428. Salt Lake City.

STALKER, A. MacS.:
1977 /
"Indications of Wisconsin and earlier Man from the Southwest Canadian Prairies". *Amerinds and their Palaeoenvironments in Northeastern North America*, 119-136; Walter S. Neuman y Bert Salwen, eds. Anns. The New York Acad. Scs. 288. The New York Academy of Sciences. New York.

STALKER, A. MacS.:
1978 /
"The Geology of the Ice Free Corridor: the southern half". *Abstrs. 5th. Bienn. Meet. American Quatern Assoc.*, 19-22. Univ. of Alberta. Edmonton, Canada.

STALKER, A. MacS.:
1980 /
"The Geology of the Ice Free Corridor: the southern half". *Canadian Journal of Anthropology*, 1 (1): 11-14. (Spec. AMQUA issue: The ice free corridor and peopling of the New World, N. W. Rutter and C. E. Schweger, eds.). Edmonton, Canadá.

STANFORD, DENNIS:
1979 /
"The Selby and Dutton sites: evidence for a possible pre-Clovis occupation of the High Plains". *Pre-Llano Cultures of the Americas: paradoxes and possibilities*, 101-123. Robert L. Humphrey and Dennis Stanford, eds. The Anthropological Society of Washington. Washington, D.C.

STANFORD, DENNIS:
(en prensa)
"A Critical Review of Archaeological Evidence Relating to the antiquity of the Human Occupation of the New World". *Plains Indian Studies: a Collection of Essays in Honor of John C. Ewers and Waldo R. Wedel*, D. Ubelaker and H. Viola, eds.: Smithsonian Contrs. Anthrop. Sers. Washington, D. C.

STANFORD, DENNIS, R. BONNICHSEN y
R. MORLAN:
1981 /
"The Ginsberg experiment: modern and prehistoric evidence of bone flaking technology". *Science*, 212 (4493): 438-439. Washington, D. C.

STANFORD, DENNIS, WALDO R. WEDEL y
GLENN R. SCOTT:
(en prensa)
"Archaeological Investigations of the Lamb Spring site". *Southwestern Lore*.

STEEN-McINTYRE, V., RONALD FRYXELL y
HAROLD E. MALDE:
1981 /
"Geologic evidence for age of deposits at Hueyatlaco archaeological site, Valsequillo, México". *Quat. Res.* 16 (1): 1-17.

STEWARD, JULIAN H.:
1933 /
Ethnography of the Owens Valley Paiute. *Univ. California Pbs. American Ethol. Archaeol.*, 33. Berkeley.

STEWARD, JULIAN H.:
1936 /
"The Economic and Social basis of primitive bands". *Essays in Anthropology presented to. A. L. Kroeber*, 331-350. Univ. of California Press. Berkeley.

STEWARD, JULIAN H.:
1955 /
Theory of Cultural Change. University of Illinois Press. Urbana.

STEWART, THOMAS DALE:
1960 /
"A physical anthropologist's view of the peopling of the New World". *Southwest. Journ. Anthrop.*, 16 (3): 259-273. Albuquerque.

STEWART, THOMAS D. y
MARSHALL T. NEWMAN:
1951 /
"An Historical Resumé of the Concept of Differences in Indian Types". *American Anthrop.*, 53: 19-36. Menasha.

STORDEUR, DANIELLE:
1981 /
"L'outil d'os dans la Phéhistoire". *La Recherche*, 121: 452-461. París.

STREET, F. ALAYNE y
A. T. GROVE:
1976 /
"Environmental and climatic implications of the late Quaternary lake-level fluctuactions in Africa". *Nature*, 261 (5559): 385-390. London.

STUART, L. C.:
1964 /
"Fauna of Middle America". *Handbook of Middle American Indians* I, gral. ed. Robert Wauchope, *Natural Environment and Early Cultures*: 316-362 Vol. ed. Robert C. West, University of Texas Press. Austin.

STUCKENRATH, Jr., R.:
1966 /
"The Debert Archaeological Project, Nova Scotia. Radiocarbón dating". *Quaternaria* 8: 75-80. (Vol. 15 Procs. 7 Congr. IMQUA). Roma.

SUHM, DEE ANN, ALEX D. KRIEGER y
EDWARD B. JELKS:
1954 /
"An Introductory Handbook of Texas Archeology". *Bull. Texas Archeol. Soc.*, 25, Austin.

SULIMIRSKI, TADEUSZ:
1970 /
Prehistoric Russia: an outline. John Baker. Humanities Press, London.

SUSLOV, S. P.:
1961 /
Physical Geography of Asiatic Russia. W. H. Freeman and Co. San Francisco.

SZABO, B. J., H. E. MALDE y
C. IRWIN-WILLIAMS:
1969 /
"Dilemma posed by Uranium-series dates on archaeologically significant bones from Valsequillo, Puebla, México". *Earth and Planetary Science Letters* 6: 327-344.

TAMAYO, JORGE L.:
1964 /
"The Hydrogeography of Middle America". *Handbook of Middle America Indians*, 1: Robert Wauchope, Gen. ed. Robert C. West, vol. ed., 84--121. University of Texas Press. Austin.

TAYLOR, WALTER W.:
1966 /
"Archaeic Cultures Adjacent to the Northeastern Frontiers". *Handbook of Middle American Indians, 4, Archaeological Frontiers and External Connections*, 59-94. Gordon F. Ekholm y Gordon R. Willey, eds. The University of Texas Press, Austin.

TOMIRDIARO, S. V.:
1976 /
"Llanura ártica del este del loess del Pleistoceno superior: un puente asiático-americano que soportó desintegración termocárstica en el Holoceno" (en ruso, resumen en inglés). *Beringia en el Cenozoico*: 78-88. (V. L. Kontrimabichys, ed.). Acad. Cs. URSS, Centro Cientif. Lejano Este. Vladivostok.

TOMSKAYA, A. I.:
1976 /
"Semejanza de las floras del Cenozoico entre Yakutia y Norteamérica". *Beringia en el Cenozoico*: 135-139. (V. L. Kontrimabichys, ed.). Acad. Cs. URSS, Centro Cientif. Lejano Este. Vladivostok.

TREGANZA, A. E.:
1952 /
"Archaeological investigations in the Farmington reservoir area, Stanislaus Country, California". *Reps. Univ. California Archaeol. Surv.*, 14. Berkeley.

TREGANZA, A. E. y
ROBERT F. HEIZER:
1953 /
"Additional Data on the Farmington Complex: A stone implement assemblage of probable post-glacial date from Central California". *Reps. Univ. California Archaeol. Surv.*, 22: 28-38. Berkeley.

UDVARDY, MIKLOS D. F.:
1969 /
Dynamic Zoogeography. Van Nostrand Reinhold Co. New York.

ULLOA, ANTONIO DE:
1772 /
Noticias americanas: entretenimientos físico-históricos sobre la América Meridional y la Septentrional Oriental: comparación general de los territorios, climas y producciones en las tres especies, vegetal, animal y mineral; con una relación particular de los indios de aquellos países, sus costumbres y usos, de las petrificaciones de cuerpos marinos y de las antigüedades. Madrid.

UPDIKE, R. G. y
T. L. PEWE:
1970 /
"The Glacial and Related Quaternary Events of the San Francisco Peaks, Arizona". *Guidebook to Four Corners, Colorado Plateau, Central Rocky Mountain Region, 1970*, 39-42. Clay T. Smith, ed.

VANGENGEIM, E. A.:
1967 /
"The Effect of the Bering Land Bridge on the Quaternary Mammalina Faunas of Siberia and North America". *The Bering Land Bridge*, 281-287. David M. Hopkins, ed. Stanford University Press. Stanford.

VENCL, SLAVOMIL:
1980 /
"K. Poznání Méne Nápadnych Artepaktú" (Sobre la identificación de los artefactos menos conspicuos; res. en alemán). *Archeologické Rozhledy*, 32 (5): 521-37. Praga.

VOORHIES, BARBARA:
1976 /
The Chantuto People: an Archaic period society of the Chiapas littoral. Mexico. Paps. New World Archaeol. Found. 41, Brigham Young University. Provo.

WAGNER, PHILIP L.:
1964 /
"Natural Vegetation of Middle America". *Handbook of Middle American Indians*, I gral. ed. Robert Wauchope, *Natural Environment and Early Cultures*, 216-264. Vol. ed. Robert C. West. University of Texas Press. Austin.

WALCOTT, R. I.:
1972 /
"Past sea levels, eustacy and deformation of the Earth". *Quatern. Res.*, 2: 1-14. New York.

WATSON, WILLIAM:
1950 /
Flint Implements. The Trustees of the British Museum. Londres.

WASHBURN, A. L.:
1970 /
"Interdisciplinary Quaternary Research and Environmental History". *Quat. Res.*, 1 (1): 1-2. New York.

WEDEL, WALDO R.:
1978 /
"The Prehistoric Plains". *Ancient Native Americans*, 183-220. Jesse D. Jennings, ed. W. H. Freeman and Co. San Francisco.

WEBB, J. E.:
1979 /
Guide to the living mammals. McMillan Ltd. London.

WEGENER, A.:
1970 /
The Origins of Continents and Oceans. University Paperbacks. Methuen & Co. Ltd. London.

WEIGAND, PHIL C.:
1970 /
"Huichol ceremonial reuse of a fluted point". *American Antiq.,* 35 (3): 365-367. Salt Lake City.

WEISCHET, W. y
D. HAVLIK:
1966 /
"La diversa distribución vertical de la precipitación pluvial en las zonas tropicales y extratropicales; sus razones y efectos geográficos". *Unión Geográfica Internacional; Conferencia Regional Latinoamericana,* México, 3: 457-478. México, D. F.

WENDORF, FRED:
1970 /
"The Lubbock subpluvial". *Pleistocene and Recent environments of the Central Great Plains.* Wakefield Dort, Jr. and J. Knox Jones, Jr., eds.: Dept. of Geology, University of Kansas, Sp. Pub, 3.

WENDORF, FRED, ALEX D. KRIEGER,
CLAUDE C. ALBRITTON y
T. D. STEWART:
1955 /
The Midland Discovery. University of Texas Press. Austin.

WEST, ROBERT C.:
1964 /
"The Natural Regions of Middle America". *Handbook of Middle American Indians I,* gral. ed. Robert Wauchope, *Natural Environment and Early Cultures,* 363-383 Vol. ed. Robert C. West, University of Texas Press. Austin.

WEYL, R.:
1961 /
Die Geologie Mittelamerikas. Beiträge zur Regionalen Geologie der Erde, Band 1. Gebrüder Borntraeger. Berlín.

WEYL, R.:
1965 /
Erdgeschichte und Landschaftsbild in Mittelamerika. Verlag von Waldemar Kramer. Frankfurt am Main.

WHEAT, JOE BEN:
1971 /
"Lifeways of early man in North America". *Arctic Anthropology,* 8: 22-31.

WHEELER PIRES-FERREYRA, J.,
E. PIRES FERREYRA y
PETER MAULICKE:
1976 /
"Preceramic Animal utilization in Central Peruvian Andes". *Science,* 194: 483-490. Washington, D. C.

WHITE, SIDNEY E.:
1954 /
"The Firn Field on the Volcano Popocatépetl, Mexico". *J. Glac.,* 2 (16): 389-392. Cambridge.

WHITE, SIDNEY E.:
1956 /
"Probable substages of Glaciation on Iztaccihuatl, Mexico". *J. Geol.,* 64 (3): 289-395. Chicago.

WHITE, SIDNEY E.:
1962a /
El Iztaccihuatl: acontecimientos volcánicos y geomorfológicos en el lado Oeste durante el Pleistoceno superior. Serie Investigaciones 6. INAH - SEP., México, D. F.

WHITE, SIDNEY E.:
1962b /
"Late Pleistocene Glacial Sequence for the West Side of Iztaccihuatl, Mexico". *Geol. Soc. America, Bull,* 73: 935-958. Boulder.

WHITE, SIDNEY E.:
1978 /
"Acontecimientos glaciales y periglaciales en el Ajusco". *Antropología e Historia,* 22: 51-56. Boletín del INAH. México, Distrito Federal.

WHITE, SIDNEY E.:
1981 /
"Equilibrium line altitudes of Late Pleistocene and Recent glaciers in Central México". *Geografiska Annaler,* 63A (3/4): 241-249.

WILHELM, O. E.:
1978 /
"The Pre-columbian Araucanian Chicken *Gallus inauris* of the Mapuche indians". *Advances in Andean Archaeology,* 189-196. David L. Browman, ed. Mouton Press. The Hague.

WILKERSOH, S. J. K.:
1972 /
Ethnogenesis of the Huastecs and Totonacs: early cultures of North Central Veracruz at Santa Luisa, Mexico. Ph. D. Dissertation. Tulane University. Tulane.

WILKERSON, S. J. K.:
1980 /
"Man's 80 centuries in Veracruz". *Natl. Geographic Magaz.* 158 (2): 203-232. Natl. Geographic Society. Washington, D. C.

WILKES, H. GARRISON:
1967 /
Teosinte: the closest relative to maize. The Bussey Institution of Harvard Universidad. Cambridge.

WILMSEN, EDWIN N.:
1965 /
"An Outline of Early Man Studies in the United States". *Amer. Antiq.,* 31 (1-2): 172-192. Salt Lake City.

395

WILLEY, GORDON R.:
1966 /
An Introduction to American Archaeology: 1, North and Middle America. Prentice-Hall, Inc. Englewood Cliffs.

WILLEY, GORDON R.:
1971 /
An Introduction to American Archaeology: 2, South America. Prentice-Hall, Inc. Englewood Cliffs.

WILLEY, GORDON R. y
PHILIP PHILLIPS:
1958 /
Method and Theory in American Archaelogy. The University of Chicago Press. Chicago.

WING, ELIZABETH S.:
1978 /
"Animal Domestication in the Andes". *Advances in Andean Archaeology,* 167-188. David L. Browman, ed. Mouton Press. The Hague.

WOLDSTEDT, PAUL:
1958 /
Das Eiszeitalter. Grundlinien einer Geologie des Quartärs, 2 Band. Ferdinand Enke Verlag. Stuttgart.

WOLLIN, G., D. B. ERICSON y
M. EWING:
1971 /

Late Cenozoic Glacial Ages, Karl K. Turekian, ed., 199-214. Yale University Press. New Haven.

WORKMAN, W. B.:
1974 /
"First dated traces of early Holocene man in the Southwest Yukon Territory, Canada". *Arctic Anthropology, 11. Suppl.,* 94-103.

WORMINGTON, H. M. y
RICHARD G. FORBIS:
1965 /
An Introduction to the Archaeology of Alberta, Canada. Procs. II; Denver Mus. Nat. Hist. Denver.

WRIGHT, A. E. y
F. MOSLEY:
1975 /
Ice Ages: Ancient and Modern. Seel House Press. Liverpool.

WRIGHT, Jr., H. E.:
1971 /
"Late Quaternary Vegetational History of North America". *Late Cenozoic Glacial Ages,* 424-464. Karl K. Turekian, ed. Yale University Press. New Haven.

WUTHENAU, ALEXANDER von:
1965 /
Altameriganische Tonplastik. Das Menschenbild der Neuen Welt. Holle Verlag. Baden-Baden.

YARNELL, RICHARD A.:
1977 /
"Native Plant husbandry North of Mexico". *Origins of Agriculture,* 861-875. Charles A. Reed, ed. Mouton Press. The Hague.

YURTSEV, B. A.:
1976 /
"Problemas de la paleogeografía del Cenozoico superior en Beringia (una evidencia Fitogeográfica)". (En ruso, resumen en inglés). *Beringia en el Cenozoico,* 101-102; V. L. Kontrimabichys, ed. Acad. Ciencs. URSS. Centro Cientif. Lej. E. Vladivostok.

ZAVALA, SILVIO:
1977 /
La Filosofía Política de la Conquista de América (3ª ed.). Col. Tierra Firme. Fondo de Cultura Económica. México.

ZAVATTI, SILVIO:
1967 /
El Polo Artico. Nueva Colección Labor, 32, Ed. Labor, S. A. Barcelona, España.

ZAVATTI, SILVIO:
1969 /
El Polo Antártico. Nueva Col. Labor. Ed. Labor, S. A. Barcelona, España.

ZINDEREN BAKKER, Sr., E. M. van:
1976 /
"The Evolution of Late-Quaternary Paleoclimates of Southern Africa". *Palaeoecology of Africa,* 1972-1974, 9: E. M. van Zinderen Bakker, ed., 160-202. Capetown.

ZONNEVELD, J. I. S.:
1968 /
"Quaternary climatic changes in the Caribbean and N. South America". *Eiszeitalter und Gegenwart,* 19: 203-208. Ohringen.

INDICE DE LAMINAS - MAPAS
DIAGRAMAS - GRAFICOS
Y CUADROS

INDICE GENERAL DE LAMINAS

400

404

INDICE DE MAPAS

INDICE DE DIAGRAMAS, CUADROS Y GRAFICOS

408

INDICE
ONOMASTICO-GEOGRAFICO

Cordillera de Mérida: 37
Cordillera de los Frailes: 37
Cordillera de Vilcabamba: 37
Córdova (Pico): 151
Corea (Península): 91
Corette: 332
Correal Urrego, G.: 162, 213
Corriente de Florida: 96
Costa Rica: 50, 76, 107, 212, 235, 236, 301, 323
Cottevieille-Giraudet, Remy: 331
Coxey: 229
Crabtree: 185, 206
Cracroft (Isla): 153
Creager: 145
Cresta Azul (Sierra): 31
Crimea: 350
Crook Jr., Wilson W.: 161
Cruhn: 235
Cruz Francisco Santiago: 139
Cuba: 36, 38, 52, 94, 316
Cuchumatanes: 36, 76
Cuenca Artica: 90
Cuenca del Congo: 58
Cuenca de México: 106, 223, 318
Cuenca y Sierra (Región): 79
Cueva Fell: 236
Cueva de los Grifos: 235, 236
Cueva de Guitarrero (Perú): 162
Cueva de Huargo (Perú): 162
Cueva de los Ladrones: 301
Cueva de Pikimachay (Perú): 162
Cueva Sandía: 239
Cueva de Smith Creek: 244
Cueva de Tecolote: 235
Cueva Ventana: 241
Cuitzeo: 82
Cumberland: 173, 229
Cupicá (Golfo): 36

— CH —

Chaco: 314, 331
Chad (Lago): 100
Chalco (Lago): 106, 204, 210
Chala: 205
Chamberlin T. C.: 55, 154
Chapala (Región): 210
Chapala (Lago): 82, 200, 209
Chapala (Laguna): 79, 199, 207
Chaplin (Valle): 144

Chaybal (Guatemala): 235
Cheng Te-Kung: 357
Chia Lan-Po: 355
Chiapas: 199, 200, 211, 236, 257, 290, 300
Chiginagak (Monte): 151
Chihuahua (México): 76, 79, 233, 296, 297
Chile: 37, 38, 47, 49, 51, 164, 214, 316, 327
Chiloé (Isla): 316
China: 19, 24, 25, 47, 58, 244, 346, 350, 351, 355, 356, 358
Chiriquí (Panamá): 76, 301
Chirripó (Cerro): 76, 107
Chizov, O. P.: 63
Choci-Tong-Ken: 344
Chugasch (Sierra): 31, 151
Chukchi (Mar): 31, 121, 125, 129, 133, 144
Chukotka (Mar): 121, 122, 123, 124, 125, 128, 129, 132, 142, 143, 144, 154
Chukutien Shiyu: 198, 199, 335, 336, 355, 356, 358
Chuparrosa, La: 233

— D —

Dakar: 25
Dakotas, Los: 105, 321
Dalton: 229
Daniel, Glyn E.: 175, 185
Darlington Jr., Philip J.: 50
Dart, Raymond A.: 198
Davidson, D. S.: 31, 24, 331
Davis, Emma Lou: 31, 94, 244
De Long (Serranías): 31, 121, 141
De Martonne: 38
De Moines (Sitio): 65
De Terra, H.: 73, 74, 204
Debert (Sitio): 230, 233
Delaware (Bahía): 301
Denton, George H.: 63
Deuser, W. G.: 101
Desnoyers J.: 55
Dezhnev (Cabo): 121, 143
Di Peso, Charles C.: 233, 293, 296
Dillehay, Tom: 214
Diomedas (Islas): 144
Dismal (Pantano): 90
Diuktai (Cueva): 357
Dnieper (Río): 350
Do Meio (Brasil): 164, 214
Doebley, John F.: 323
Dollfus, Olivier: 222

Dominica (Isla): 212
Donn William L.: 60, 61, 62
Dordoña (Francia): 343
Dort-Gortz, Yu. E.: 140, 230
Double (Pico): 151
Douglas (Monte): 151, 207
Dover: 229
Draper (Lago): 79
Dreimanis A.: 155, 206
Driver, Harold E.: 222
Dumond, Don E.: 268
Dunbar Moira: 123, 141
Durango (México): 76, 236, 296, 297
Dutton (Monte): 151, 199, 206

— E —

Ecuador: 37, 49, 107, 181
Ecuador (República): 45, 59, 84, 87, 88, 98, 101, 102
Ectza (Lago): 79
El·Abra (Colombia): 162
El Bosque (Nicaragua): 162
Ellesmere (Isla): 29, 65, 94
Ellsworth (Isla): 140
Emiliani, Cesare: 99
Endicott (Serranías): 31
Eneinos, El: 203
Engels, Federico: 174
Engerrand, Jorge: 205
Engigsiak (sitio): 203
Epónimo (sitio): 239
Erie (Lago): 31
Escandinavia: 58
Escocia: 58
Esilao (sitio): 153
Esmeralda (Isla): 140
España: 13, 19, 21, 58, 175, 343
Espinoza Estrada, Jorge: 162, 212
Essex (Ingalterra): 343
Estado Libre de Orange: 101
Estados Unidos de Norteamérica: 22, 34, 43, 66, 71, 79, 84, 88, 96, 102, 103, 105, 108, 114, 147, 154, 170, 172, 173, 174, 225, 229, 233, 251, 252, 253, 268, 290, 293, 296, 297, 314, 316, 318, 320, 337
Estados Unidos Mexicanos: (Ver México).
Etiopía: 58
Eurasia: 108, 142, 221, 352
Europa: 20, 26, 45, 47, 50, 55, 57, 63, 102, 103, 117, 118, 139, 154, 174, 197, 204, 224, 301, 342, 344, 345, 346, 348, 349, 350, 351, 357, 358

Eva: 19
Evans, Glen L.: 161
Evenson, Edward B.: 113
Ewing Maurice: 60, 61, 62
Ezhantsi (sitio): 357
Fairbanks (Area): 130
Fairbridge, Rhodes W.: 91, 102
Falklandr (Isla): 58
Faris (Pico): 151
Farmington: 204
Fay, G. E.: 204
Fedoseeva: 358
Fernández, Juan: 47
Filipinas: 24, 25, 351
Fladmark, Knut R.: 153, 233
Flannery, Kent V.: 223
Flint, Richard Foster: 206
Flores, Antonio: 69, 75
Flores (Islas): 352, 353
Florida: 34, 36, 42, 47, 49, 94, 96, 111, 316
Folsom (sitio): 160, 169, 172, 173, 229, 241
Forbes, R. B.: 233
Forbis: 200
Foreman, P.: 106
Formosa: 91
Fort Rock (Cueva): 153, 277
Fort Saint John: 233

Franch, Alcina: 14
Francia: 13, 224, 243, 245, 346, 348, 350
Fraser (Río): 31, 153, 268
Fiesengan (Texas): 161
Frison, George: 241
Frye, John C.: 66, 79, 155
Gaffarel: 332
Galápagos (Islas): 47, 49
Galindo Alonso, Jorge: 319
Gallegos (Río): 214
Gallinat, Walton C.: 321, 323
Galloway, R. W.: 99
García Bárcena, Joaquín: 197, 200, 211, 219, 235, 236, 250, 300
García Cook, Angel: 185, 235
García Moll, Roberto: 299
Garzón (Sitio): 213
Gauss: 111
Geikie, J.: 55, 56
Georgia (Estrecho): 65, 271, 287
Gerbi, Antonello: 20
Gerdine (Pico): 151

Gerner: 62
Gervaís: 57
Giraudet: 331
Giresse, Pierre: 101
Giterman, R. E.: 133
Glover, I. C.: 351
Goldthmait: 155, 206
Golfo de Alaska: 24, 38, 45, 65, 94, 96, 153, 268
Golfo de Guayaquil: 37, 38
Golfo de Honduras: 34
Golfo de México: 34, 36, 45, 82, 84, 94, 96, 335
Golfo de Urabá: 36
Goltz: 140
Gondwana (Continente): 60
González Crespo: 212
González Quintero, Lauro: 106, 306, 323
González Rul, Francisco: 233
Good, R.: 45
Graban: 57
Gracias a Dios (Nicaragua): 38
Grocio, Hugo: 332
Graham, Russell: 140, 161, 221
Grahmann, R.: 346
Gran Bahama (Isla): 96
Gran Can: 19
Gran Cuenca (Región): 49, 79, 84, 223, 244, 251, 314, 321
Gran Chaco: 43, 49
Gran Diomede (Isla): 143
Gran Esclavo: 282
Gran Norte de Chile (Salar): 37
Gran Oso (Lago): 282
Grand Cahe: 233
Grand Salt (Lago): 77
Grandes Lagos (E.E.U.U.): 47, 65, 90, 113, 349
Grenman, E .F.: 139, 331
Grichuk, M. P.: 142
Griffin, James B.: 160, 170, 280, 321
Griffin, John: 311
Grifos, Los: 235
Grivalja (Río): 34
Grivalja (Depresión): 36
Grinsberg: 199
Grobman, Alexander: 323
Groenlandia: 31, 45, 47, 58, 65, 94, 98, 257, 263
Groundhog (Bahía): 152, 248
Grove: 101
Gruhn, Ruth: 162, 206, 212
Guadalupe (Isla): 49
Guatemala: 30, 34, 36, 49, 76, 82, 235, 290, 323

Guayana: 37, 38, 49
Guayana, Las: 94
Guaymas: 233
Guevara Sánchez, Arturo: 200, 211
Guidon, Neide: 214
Guija (Lago): 82
Guitarrero (Cueva): 214
Günz: 55, 351
Guzmán: 323

— H —

Haití: 22
Hall (Cueva): 94
Hall, E. Raymond: 108
Hansell: 257, 301
Harlam, Jack R.: 318
Harp, Jr., Elmer: 257
Harris: 161
Harrington, Mark R.: 161, 199, 236, 250
Hastenrath, Stefan: 76
Hatteras (Cabo): 38, 96
Haug E.: 55
Havlik: 99
Hawai: 24, 139
Haynes, Jr. C. Vance: 178, 180, 229, 230, 233, 241
Hazel: 229
Healy: (Lago): 152
Heide Weise: 75
Heine, Klaus: 75, 106
Heizer, Robert F.: 161, 204
Herald (Cañón): 129
Herman, Ivonne: 141
Hermosillo (Ciudad): 204
Hernández, Francisco: 327
Herod: 58
Heyerdah, Thor: 139
Hibben, Frank C.: 239, 346
Hidalgo (México): 235, 299
Himalayas: 37, 58
Hoffmann, Robert S.: 143
Hohokan, Los: 318
Hokkaido (Isla): 91
Holmberg, Allan R.: 314
Holly Oak: 301
Honduras: 30, 36, 82, 323
Honshu (Isla): 91
Hood (Arroyo): 204
Hooton: 336
Hope (Valle): 129, 144

418

Kennedy (Estrecho): 94, 161
Kentucky: 287
Khudzakhsk: 133
Kidd, K. K.: 337
Kiik-Koba (Cueva): 350
King (Isla): 144
Kiowa: 207
Kirchhoff, Paul: 173
Klein, Richard: 350
Klebesberg, Raimond: 57
Knowles: 185
Kobuk (Río): 122, 144
Kodiak (Isla): 1'30, 153, 257
Koeppen, W.: 40, 87
Koerdell: 50, 171
Kogruk: 201
Koho-Tingtsun: 355
Kølyma (Lugar): 117, 142
Kolyma (Cordillera): 144
Kolyma (Río): 141, 144
Komandorski: 122, 125
Kookoolik (Valle): 144
Köppen, W.: 60
Koppers, W.: 24, 331
Koriak: 118, 119, 120, 121
Koriaka: 120
Koryak (Volcán): 140
Koryak (Montañas): 144
Kotzebue: 122, 123, 124, 125, 128, 131
Kozhevnikov, Yu. P.: 142
Kraft, John C.: 303
Krasnoozerk (Región): 140
Krickeberg, Walter: 314
Krieger, Alex D.: 160, 161, 170, 171, 226, 239, 241
Kroeber, A. L.: 278
Kruglyk (Río): 350
Kuantung: 354
Knebel, H. J.: 145
Kula: 118
Kulp, Lawrence J.: 291
Kuriles: 118, 122
Kuriles, Las: 91
Kuro-Shio: 94, 96, 143, 268
Kuro-Shio (Corriente): 38, 91
Kuro Shyo (Mar): 24
Kurtén, Bjorn: 142
Kuskokwin (Sierra): 31, 122, 145
Kuskokwin (Río): 144
Kuttawa: 229
Kwakiutl (Lugar): 25

— L —

Labrador: 38, 90, 94, 96
Ladrica: 50
Lago Madden (Panamá): 236
Lago Superior: 206
Lahontau (Lago): 79
Lahren, Larry A.: 229, 230
Lam, H. H.: 102
Lamb Spring (Colorado): 162, 199, 207
Langston, Wann: 206
Lantren (Sitio): 355
Laos: 351
Laplace, Georges: 185
Leptev (Mar): 63, 133, 144
Larsen, Helge: 162, 205
Lauphlin, William S.: 337
Laurentido (Sitio): 65
Laurncocha (Perú): 214
Le Conee (Río): 152
L'ehner (Sitio): 230, 348
Lejano Oriente: 346
Lena (Río): 141, 358
León Portilla, Miguel: 229
Le Ribault: 101
Lerma (Lago): 82
Leroi Gourhan, A.: 185, 314, 346
Leverett, F.: 55
Levi (Sitio): 236
Lewisville (Texas): 161
Liard (Río): 149
Lincoln (Mar): 94
Lindenmier (Sitio): 172, 241
Lipe, William D.: 287
Little Colorado (Río): 203
Lively, M.: 203
Lold Crow (Planicies): 162
Loltún (lugar): 199, 212
Londres: 57
Lorenzo, José L.: 74, 75, 77, 101, 185, 199, 200, 204, 208, 210, 211, 225, 226, 235, 290, 303, 307, 311, 323
Los Toldos (Argentina): 164
Louisiana: 287
Lozhkin, A. V.: 136
Lucy (Sitio): 239
Luna, La: 61
Lundelius, Ernest: 161
Lyell, Charles: 55, 57
Lynch, Thomas F.: 162, 214

HISTORIA GENERAL DE AMERICA
Bajo la Dirección de Guillermo Morón

COLABORADORES:

PERIODO INDIGENA

Mario Sanoja Obediente (Venezuela)
Luis Felipe Bate (Chile)
José Luis Lorenzo (España)
Lyle Cambell (USA)
Luis Guillermo Lumbreras (Perú)
Eduardo Matos Moctezuma (México)
Charles Di Peso (USA) †
Melvin L. Fowler (USA)
Ernest Migliazza (USA)
V. Alexeev (URSS)
N. Dikov (URSS)

PERIODO COLONIAL

Hispanoamérica

Demetrio Ramos Pérez (España)
Teófanes Egido (España)
Pedro Cunill Grau (Chile)
Ernesto de la Torre Villar (México)
Francisco Morales Padrón (España)
Jorge Luján Muñoz (Guatemala)
Guillermo Lohman Villena (Perú)
Edberto Oscar Acevedo (Argentina)
Carlos Corona Baratech (España)
Laurio H. Destefani (Argentina)
Jesse Noel (Trinidad)
Ricardo Zorraquín Becú (Argentina)
Santiago Lasaosa (España)
Ismael Sánchez Bella (España)
Santiago Gerardo Suárez (Venezuela)
Lino Gómez Canedo (España)
Angel Sanz Tapia (España)
Magnus Morner (Suecia)
Gastón Gabriel Doucet (Argentina)
Angel Santos H. (España)
Miguel Acosta Saignes (Venezuela)
Eduardo Arcila Farías (Venezuela)
Horacio Juan Cuccoresse (Argentina)
François Chevalier (Francia)
Víctor Tau Anzoátegui (Argentina)
Bernardino Bravo Lira (Chile)
Nelson Martínez Díaz (Uruguay)
Mario Germán Romero (Colombia)
María Concepción García Saíz (España)
Carlos Felice Cardot (Venezuela) †
José A. de la Puente Candamo (Perú)

Brasil

Manuel Nunes Dias (Brasil)
Antonio Rocha Penteado (Brasil)
Odilón Nogueira de Matos (Brasil)
Sonia A. Siqueira (Brasil)
Pedro Brasil Bandecchi (Brasil) †
Laima Mesgravis (Brasil)
Virgilio Noya Pinto (Brasil)
Arthur Cézar Ferreira Reis (Brasil)
Alvaro Teixeira Soares (Brasil)
Americo Jacobina Lacombe (Brasil)

Angloamérica

Max Savelle (USA) †
Jack P. Greene (USA)
Joseph H. Smith (USA) †
John J. McCusker (USA)
Darold Wax (USA)
Louis B. Wright (USA) †
José Igartua (Puerto Rico)
John Shy (USA)
Javier Malagón (España)
Sidney V. James (USA)

PERIODO NACIONAL

J. A. de la Puente Candamo (Perú)
María del Carmen Velázquez (México)
Jaime Rodríguez O. (USA)
Eduardo Arcila Farías (Venezuela)
Javier Ocampo López (Colombia)
Kenneth McNaught (Canadá)
Bruno Ramírez (Canadá)
Robert Gallman (USA)
Clifford E. Clark, Jr. (USA)
Raul de Andrada e Silva (Brasil)
Tito Livio Ferreira (Brasil)
Fernando Sgarbi Lima (Brasil)
María Lucía de Souza Rangel (Brasil)
Odilón Nogueira de Matos (Brasil)
Thomas Mathews (USA)
J. C. M. Ogelsby (Canadá)
Walter Guido (Uruguay)
Nelson Osorio (Chile)
Alicia Patiño (Venezuela)
Carlos Silva (Venezuela)
Roberto Gabaldón, traductor (Venezuela)

HISTORIA GENERAL DE AMERICA
Bajo la Dirección de Guillermo Morón

INTRODUCCIONES Y COORDINACIONES

PERIODO INDIGENA

LOS PRIMEROS POBLAMIENTOS DE SUDAMERICA: COMUNIDADES PRIMITIVAS DE CAZADORES Y RECOLECTORES

DE LA RECOLECCION A LA AGRICULTURA: SINTESIS DE LA HISTORIA PREHISPANICA DE BRASIL, COLOMBIA, VENEZUELA, LAS GUAYANAS, LAS ANTILLAS Y CENTRO AMERICA

LAS SOCIEDADES NUCLEARES DE SURAMERICA

PERIODO LITICO: NORTE Y CENTROAMERICA

LAS SOCIEDADES NUCLEARES DE MESO AMERICA

LAS SOCIEDADES NO NUCLEARES DE NORTEAMERICA: "LA GRAN CHICHIMECA"

LAS SOCIEDADES NO NUCLEARES DE NORTEAMERICA: LLANURAS, PRADERAS Y EL ESTE

LAS SOCIEDADES NO NUCLEARES DE NORTEAMERICA: ARTICO, SUB-ARTICO Y MESETAS

PANORAMA GENERAL DE LAS LENGUAS INDIGENAS EN AMERICA

PERIODO COLONIAL

HISTORIA GENERAL DE AMERICA

IMPRESO EN LOS TALLERES DE
ITALGRAFICA, S.R.L.
EN LA CIUDAD DE CARACAS,
VENEZUELA,
1987
DISEÑO GRAFICO DE
MARIANO DIAZ
DIAGRAMACION
HUMBERTO GONCALVES